中国对外经济统计年鉴

CHINA FOREIGN ECONOMIC STATISTICAL YEARBOOK

1994

国家统计局贸易外经统计司 编

中国统计出版社
CHINA STATISTICAL PUBLISHING HOUSE

（京）新登字 041 号

图书在版编目（CIP）数据

中国对外经济统计年鉴 1994=CHINA FOREIGN ECONOMIC STATISTICAL YEARBOOK 1994/国家统计局贸易外经统计司编．-北京：中国统计出版社，1995.6
ISBN 7-5037-1798-X

Ⅰ．中…
Ⅱ．国…
Ⅲ．对外贸易-统计资料-中国-年鉴-1994
Ⅳ．F752-54

中国统计出版社出版
China Statistical Publishing House
（北京阜外北礼士路北营房东里 13 号　100037）
13 Beiyingfang Dongli Beilishilu，Fuchengmenwai，Beijing，100037. P. R. China.
新华书店经销
友谊印刷经营公司印刷
*
787×1092 毫米　16 开本　42.5 印张　99 万字
1995 年 6 月第 1 版　1995 年 6 月北京第 1 次印刷
印数：1—2000
ISBN 7-5037-1798-X/C・1022
定价：180.00 元

编 者 说 明

1. 本书是《1979—1991 中国对外经济统计大全》一书的续篇。列入本书的资料有 1990 至 1993 年中国对外经济贸易和国际旅游业的主要统计数据。本书内容分为五部分，即（1）国际收支篇；（2）外贸篇；（3）外资篇；（4）合作篇；（5）旅游篇。为便于读者使用，本书对所用略语和主要统计指标含义、统计范围和统计方法作了简要说明。

2. 本书所列资料系由国家统计局贸易外经司根据对外贸易经济合作部、海关总署、国家外汇管理局、公安部、国家旅游局、国家工商行政管理局等部门的资料加工整理，由于各部门职能不同，统计口经、范围和方法亦有所不同，因此书中有些数据可能不一致，使用统计数据时请参看附录。

3. 书中涉及的全国性统计数据均未包括台湾省和香港、澳门地区。

PREFACE

1. This book is the continuation of "1979—1991 China Foreign Economic Statistics". The material in the book includes major statistical data reflecting the foreign economic trade and international tourism development of the People's Republic of China from 1990 to 1993. Data are presented in 5 sections. These sections are 1) Balance of Payments. 2) Foreign Trade. 3) Foreign Capital. 4) International Cooperation. 5) International Tourism. For convenience to reader, an Appendix section, which gives brief descriptions of concepts and definitions of data, their scope and coverage, methods of data collection and calculation, is attached to this book.

2. The major sources of data are the regular statistical reporting forms provided by sectors such as the Ministry of Foreign Trade and Economic Relations, the General Administration of Customs, the state Administration of Exchange Control, the Ministry of Public Security, the General Administration of Travel and Tourism, the General Bureau of Industrial Commercial Administration. The data in this book are recorded by the Department of Trade and Foreign Economy Statistics under the State Statistical Bureau. Since the functions of mentioned sectors are different, the requirement, the scope、the calculating specification and the method of statistics are not the same, some of the figures may not be in contformity, reader who wants to use the data, please consult the explanatory note.

3. All national figures exclude those of Taiwan province、Hong Kong and Macao.

目　录
CONTENTS

1. 国际收支篇
Balance of Payments

1—1 国际收支概况 ………… (3)
Aggregated Presentation：Balance of Payments

1—2 国际收支平衡表 ………… (6)
Sheet of Balance of Payments

项目说明 ………… (9)
Explanations to the Items

1—3 中国外债概况 ………… (10)
China's External Debt by the End of Year

1—4 中国外债来源及构成 ………… (11)
Source of China's Borrowings

1—5 中国外债币种 ………… (12)
Repayable Currency of China's External Debt

1—6 中国外债币种构成 ………… (12)
Proportion of Repayable Currency of China's External Debt

1—7 人民币对主要外币年平均汇价 ………… (13)
Average Exchange Rate of Foreign Currencies for RMB Yuan

1—8 人民币对主要外币年末汇价 ………… (14)
Exchange Rate of Foreign Currencies for RMB Yuan by the End of Year

1—9 黄金和外汇储备 ………… (15)
Gold and Foreign Exchange Reserves

2. 外贸篇
Foreign Trade

2—1 进出口总额（按美元） ………… (19)
Total Value of Imports and Exports by USD

2—2 进出口总额（按人民币） ………… (20)
Total Value of Imports and Exports by RMB

2—3 进出口额指数 ………… (21)
Indices of Total Value of Imports and Exports by USD

2—4 进出口额增长速度 ………… (21)
Growth Rates of Imports and Exports Value by USD

2—5 中国出口额占国民生产总值比重 …… (22)
China's Exports Share in GNP
2—6 中国出口额占世界出口总额的比重和位次 …… (22)
China's Exports Share and Ranking in World Exports
2—7 进出口贸易总额（按贸易方式分） …… (23)
Imports and Exports by Trade Mode
2—8 出口商品分类构成 …… (24)
Composition of Exports by SITC
2—9 进口商品分类构成 …… (25)
Composition of Imports by SITC
2—10 出口商品分类金额 …… (26)
Value of Exports by SITC
2—11 进口商品分类金额 …… (27)
Value of Imports by SITC
2—12 出口商品分类金额 …… (28)
Value of Exports by HS
2—13 进口商品分类金额 …… (41)
Value of Imports by HS
2—14 对港澳地区进出口商品分类金额 …… (54)
Value of Exports to and Imports from Hong Kong and Macao by HS
2—15 对日本进出口商品分类金额 …… (67)
Value of Exports to and Imports from Japan by HS
2—16 对欧共体进出口商品分类金额 …… (80)
Value of Exports to and Imports from EEC by HS
2—17 对美国进出口商品分类金额 …… (93)
Value of Exports to and Imports from United States by HS
2—18 中国对各国进出口总额 …… (106)
China's Imports and Exports to Countries and Regions by Origin and Consumption
2—19 中国对各国出口总额 …… (112)
China's Exports to Countries and Regions of Consumption
2—20 中国从各国进口总额 …… (118)
China's Imports from Countries and Regions of Origin
2—21 中国出口额超过一亿美元的国家（地区） …… (124)
Countries and Regions：China's Exports over US ＄ 100 Millions
2—22 中国进口额超过一亿美元的国家（地区） …… (126)
Countries and Regions：China's Imports over US ＄ 100 Millions
2—23 主要出口商品数量 …… (128)
Major Export Commodities in Quantity
2—24 主要出口商品金额 …… (133)
Major Export Commodities in Value

2—25 主要进口商品数量 …………………………………………………………………………… (138)
Major Import Commodities in Quantity
2—26 主要进口商品金额 …………………………………………………………………………… (141)
Major Import Commodities in Value
2—27 出口金额在一亿美元以上的商品 ……………………………………………………………… (144)
Commodities of Export Value over US $ 100 Millions
2—28 进口金额在一亿美元以上的商品 ……………………………………………………………… (150)
Commodities of Import Value over US $ 100 Millions
2—29 出口、进口总额分月情况 …………………………………………………………………… (157)
Monthly Value of Imports and Exports
2—30 主要商品出口分月情况 ……………………………………………………………………… (158)
Monthly Volume of Exports of Major Commodities
2—31 主要商品进口分月情况 ……………………………………………………………………… (161)
Monthly Volume of Imports of Major Commodities
2—32 外商投资企业进出口额 ……………………………………………………………………… (164)
Imports and Exports of Foreign-funded Enterprises
2—33 各地外商投资企业出口额 …………………………………………………………………… (165)
Exports of Foreign-funded Enterprises by Regions
2—34 各地中外合资企业出口额 …………………………………………………………………… (166)
Exports of Equity Joint Ventures by Regions
2—35 各地中外合作企业出口额 …………………………………………………………………… (167)
Exports of Contractual Joint Ventures by Regions
2—36 各地外商独资企业出口额 …………………………………………………………………… (168)
Exports of Wholly Foreign-owned Enterprises by Regions
2—37 各地外商投资企业进口额 …………………………………………………………………… (169)
Imports of Foreign-funded Enterprises by Regions
2—38 各地中外合资企业进口额 …………………………………………………………………… (170)
Imports of Equity Joint Ventures by Regions
2—39 各地中外合作企业进口额 …………………………………………………………………… (171)
Imports of Contractual Joint Ventures by Regions
2—40 各地外商独资企业进口额 …………………………………………………………………… (172)
Imports of Wholly Foreign-owned Enterprises by Regions
2—41 经济特区及沿海开放城市外商投资企业出口情况 ………………………………………… (173)
Exports of Foreign-funded Enterprises in Special Economic Zones and Open Coastal Cities
2—42 经济特区及沿海开放城市中外合资企业出口情况 ………………………………………… (174)
Exports of Equity Joint Ventures in Special Economic Zones and Open Coastal Cities
2—43 经济特区及沿海开放城市中外合作企业出口情况 ………………………………………… (175)
Exports of Contractual Joint Ventures in Special Economic Zones and Open Coastal Cities

2—44 经济特区及沿海开放城市外商独资企业出口情况 …………………………… (176)
Exports of Wholly Foreign-owned Enterprises in Special Economic Zones and Open Coastal Cities
2—45 经济特区及沿海开放城市外商投资企业进口情况 …………………………… (177)
Imports of Foreign-funded Enterprises in Special Economic Zones and Open Coastal Cities
2—46 经济特区及沿海开放城市中外合资企业进口情况 …………………………… (178)
Imports of Equity Joint Ventures in Special Economic Zones and Open Coastal Cities
2—47 经济特区及沿海开放城市中外合作企业进口情况 …………………………… (179)
Imports of Contractual Joint Ventures in Special Economic Zones and Open Coastal Cities
2—48 经济特区及沿海开放城市外商独资企业进口情况 …………………………… (180)
Imports of Wholly Foreign-owned Enterprises in Special Economic Zones and Open Coastal Cities
2—49 中国出口额在部分国家（地区）进口额中的比重 …………………………… (181)
China's Exports Share in Total Imports of Some Countries and Regions
2—50 中国进口额在部分国家（地区）出口额中的比重 …………………………… (183)
China's Imports Share in Total Exports of Some Countries and Regions
2—51 部分中国商品出口主要国家（地区） …………………………………… (185)
Major Commodities Exports by Countries（Regions）of Consumption
2—52 中国部分进口商品主要来源国家（地区） ………………………………… (213)
Major Commodities Imports by Countries（Regions）of Origin
2—53 1993年中国进出口额最大的200家企业排名 …………………………… (231)
China's 200 Foreign Trads Enterprises with the Biggest Export and Import Value in 1993

3. 外资篇

Foreign Capital

3—1 利用外资概况 ……………………………………………………………… (249)
Utilization of Foreign Capital
3—2 对外签订利用外资协议额（按方式分） …………………………………… (250)
Agreement of China's Utilization of Foreign Capital by Form
3—3 对外签订利用外资协议额（按行业分） …………………………………… (251)
Agreement of China's Utilization of Foreign Capital by Sectors
3—4 对外签订利用外资协议额（按国别、地区分） …………………………… (252)
Agreement of China's Utilization of Foreign Capital by Countries/Regions
3—5 对外签订利用外资协议额（按地区、部门分） …………………………… (257)
Agreement of China's Utilization of Foreign Capital by Regions/Departments
3—6 对外签订借款协议额（按行业分） ………………………………………… (259)

Agreement of China's Utilization of External Loans by Sectors
3—7 对外签订借款协议额（按国别、地区分） …………………………………… (260)
Agreement of China's Utilization of External Loans by Countries/Regions
3—8 对外签订借款协议额（按地区、部门分） …………………………………… (261)
Agreement of China's Utilization of External Loans by Regions/Departments
3—9 对外签订外商直接投资及其他投资协议额（按行业分） ………………… (263)
Agreement of Direct and Other Foreign Investment by Sectors
3—10 对外签订外商直接投资及其他投资协议额（按国别、地区分） ………… (264)
Agreement of Direct and Other Foreign Investment by Countries/Regions
3—11 对外签订外商直接投资及其他投资协议额（按地区、部门分） ………… (269)
Agreement of Direct and Other Foreign Investment by Regions/Departments
3—12 实际利用外资额（按方式分） ………………………………………………… (271)
Foreign Capital Actually Used by Form
3—13 实际利用外资额（按国别、地区分） ………………………………………… (272)
Foreign Capital Actually Used by Countries/Regions
3—14 实际利用外资额（按地区、部门分） ………………………………………… (277)
Foreign Capital Actually Used by Regions/Departments
3—15 对外借款实际使用额（按国别、地区分） …………………………………… (280)
External Loans Actually Used by Countries/Regions
3—16 对外借款实际使用额（按地区、部门分） …………………………………… (281)
External Loans Actually Used by Regions/Departments
3—17 外商直接投资及其他投资实际发生额（按国别、地区分） ……………… (283)
Direct and Other Foreign Investment Actually Used by Countries/Regions
3—18 外商直接投资及其他投资实际发生额（按地区、部门分） ……………… (286)
Direct and Other Foreign Investment Actually Used by Regions/Departments
3—19 各地区吸收外商直接投资情况 ……………………………………………… (288)
Direct Foreign Investment by Regions
3—20 各地区吸收外商直接投资情况（合资经营） ………………………………… (290)
Direct Foreign Investment in Joint Ventures by Regions
3—21 各地区吸收外商直接投资情况（合作经营） ………………………………… (292)
Direct Foreign Investment in Contractual Joint Ventures by Regions
3—22 各地区吸收外商直接投资情况（独资经营） ………………………………… (294)
Direct Foreign Investment in Wholly Foreign-owned Enterprises by Regions
3—23 农、林、牧、渔、水利业吸收的外商直接投资协议额 ……………………… (296)
Agreement of Direct Foreign Investment in Agriculture、Forestry、Animal Husbandry、Fishering and Water Conservancy
3—24 工业吸收的外商直接投资协议额 …………………………………………… (297)
Agreement of Direct Foreign Investment in Industry
3—25 建筑业吸收的外商直接投资协议额 ………………………………………… (298)
Agreement of Direct Foreign Investment in Construction

3—26 运输、邮电业吸收的外商直接投资协议额 …………………………………… (299)
Agreement of Direct Foreign Investment in Transportation、Post and Telecommunication Services
3—27 商业、饮食、物资供销业吸收的外商直接投资协议额 …………………………… (300)
Agreement of Direct Foreign Investment in Commerce、Food Services、Material Supply and Marketing
3—28 房地产、公用事业、服务业吸收的外商直接投资协议额 ………………………… (301)
Agreement of Direct Foreign Investment in Real Estate、Public Utility and Services
3—29 其他行业吸收的外商直接投资协议额 ………………………………………… (302)
Agreement of Direct Foreign Investment in Other Sectors
3—30 港澳客商在大陆直接投资协议额 ……………………………………………… (303)
Agreement of Direct Investment of Hong Kong & Macao Corporations
3—31 台湾客商在大陆直接投资协议额 ……………………………………………… (304)
Agreement of Direct Investment of Taiwan Corporations
3—32 日本国在华直接投资协议额 ………………………………………………… (305)
Agreement of Japanese Direct Investment in China
3—33 美国在华直接投资协议额 …………………………………………………… (306)
Agreement of American Direct Investment in China
3—34 年末注册登记的外商投资企业数 ……………………………………………… (307)
Registered Enterprises with Foreign Capital by the End of Year
3—35 年末注册登记的外商投资企业投资额 ………………………………………… (308)
Investment of Registered Enterprises with Foreign Capital by the End of Year
3—36 年末外商投资企业注册资本 ………………………………………………… (309)
Registered Capital of Enterprises with Foreign Capital by the End of Year
3—37 1993年末注册登记的外商投资企业基本情况 ……………………………… (310)
Status of Registered Enterprises with Foreign Capital by the End of 1993
3—38 1993年末注册登记的外商投资企业基本情况（按行业分） ………………… (311)
Status of Registered Enterprises with Foreign Capital by Sectors，End of 1993
3—39 1993年末注册登记的中外合资企业基本情况（按行业分） ………………… (312)
Status of Registered Joint Ventures by Sectors，End of 1993
3—40 1993年末注册登记的中外合作企业基本情况（按行业分） ………………… (313)
Status of Registered Contractual Joint Ventures by Sectors，End of 1993
3—41 1993年末注册登记的外商独资企业基本情况（按行业分） ………………… (314)
Status of Registered Wholly Foreign-owned Enterprises by Sectors，End of 1993
3—42 1993年度中国最大的二百家外商投资生产企业 …………………………… (315)
China's 200 Top Productive Foreign-funded Enterprises in 1993

4. 合作篇
International Cooperation

4—1 对外经济合作概况 …… (327)
China's Foreign Economic Cooperation
4—2 对外承包工程概况 …… (328)
Foreign Engineering Projects
4—3 对外劳务合作概况 …… (328)
Foreign Labour Services
4—4 1979 至 1993 年对外经济合作合同数额（按洲别分） …… (329)
Contracts of Foreign Economic Cooperation from 1979 to 1993 by Continents
4—5 1979 至 1993 年对外经济合作营业额（按洲别分） …… (329)
Turnover of Foreign Economic Cooperation from 1979 to 1993 by Continents
4—6 1979 至 1993 年对外承包工程和劳务合作合同份数（按国别、地区分） …… (330)
Contract Number of Foreign Engineering Projects and Labour Services from 1979 to 1993 by Countries and Regions
4—7 1979 至 1993 年对外承包工程和劳务合作合同金额（按国别、地区分） …… (335)
Contract Value of Foreign Engineering Projects and Labour Services from 1979 to 1993 by Countries and Regions
4—8 1979 至 1993 年对外承包工程和劳务合作营业额（按国别、地区分） …… (340)
Turnover of Foreign Engineering Projects and Labour Services from 1979 to1993 by Countries and Regions
4—9 1979 至 1993 年对外承包工程和劳务合作合同份数（按公司分） …… (345)
Contract Number of Foreign Engineering Projects and Labour Services from 1979 to 1993 by Corporations
4—10 1979 至 1993 年对外承包工程和劳务合作合同金额（按公司分） …… (354)
Contract Value of Foreign Engineering Projects and Labour Services from 1979 to 1993 by Corporations
4—11 1979 至 1993 年对外承包工程和劳务合作营业额（按公司分） …… (363)
Turnover of Foreign Engineering Projects and Labour Services from 1979 to 1993 by Corporations
4—12 1979 至 1993 年中国在国外从事对外承包工程和劳务合作的人数(按公司分） …… (371)
Personnel Sent Abroad for Foreign Engineering Projects and Labour Services from 1979 to 1993 by Corporations
4—13 1993 年各公司与孟加拉的承包工程和劳务合作 …… (379)
Engineering Projects and Labour Services in Bangladesh by Corporations in 1993
4—14 1993 年各公司与香港的承包工程和劳务合作 …… (381)
Engineering Projects and Labour Services in Hong Kong by Corporations in 1993
4—15 1993 年各公司与伊朗的承包工程和劳务合作 …… (383)

Engineering Projects and Labour Services in Iran by Corporations in 1993
4—16 1993年各公司与约旦的承包工程和劳务合作 …… (384)
Engineering Projects and Labour Services in Jordan by Corporations in 1993
4—17 1993年各公司与韩国的承包工程和劳务合作 …… (385)
Engineering Projects and Labour Services in Korea by Corporations in 1993
4—18 1993年各公司与日本的承包工程和劳务合作 …… (387)
Engineering Projects and Labour Services in Japan by Corporations in 1993
4—19 1993年各公司与科威特的承包工程和劳务合作 …… (390)
Engineering Projects and Labour Services in Kuwait by Corporations in 1993
4—20 1993年各公司与澳门的承包工程和劳务合作 …… (392)
Engineering Projects and Labour Services in Macao by Corporations in 1993
4—21 1993年各公司与巴基斯坦的承包工程和劳务合作 …… (394)
Engineering Projects and Labour Services in Pakistan by Corporations in 1993
4—22 1993年各公司与菲律宾的承包工程和劳务合作 …… (396)
Engineering Projects and Labour Services in Philippines by Corporations in 1993
4—23 1993年各公司与新加坡的承包工程和劳务合作 …… (398)
Engineering Projects and Labour Services in Singapore by Corporations in 1993
4—24 1993年各公司与泰国的承包工程和劳务合作 …… (405)
Engineering Projects and Labour Services in Thailand by Corporations in 1993
4—25 1993年各公司与也门的承包工程和劳务合作 …… (409)
Engineering Projects and Labour Services in Yemen by Corporations in 1993
4—26 1993年各公司与阿尔及利亚的承包工程和劳务合作 …… (410)
Engineering Projects and Labour Services in Algeria by Corporations in 1993
4—27 1993年各公司与马来西亚的承包工程和劳务合作 …… (411)
Engineering Projects and Labour Services in Malaysia by Corporations in 1993
4—28 1993年各公司与埃及的承包工程和劳务合作 …… (412)
Engineering Projects and Labour Services in Egypt by Corporations in 1993
4—29 1993年各公司与突尼斯的承包工程和劳务合作 …… (413)
Engineering Projects and Labour Services in Tunisia by Corporations in 1993
4—30 1993年各公司与利比亚的承包工程和劳务合作 …… (414)
Engineering Projects and Labour Services in Libya by Corporations in 1993
4—31 1993年各公司与卢旺达的承包工程和劳务合作 …… (415)
Engineering Projects and Labour Services in Rwanda by Corporations in 1993
4—32 1993年各公司与刚果的承包工程和劳务合作 …… (416)
Engineering Projects and Labour Services in Congo by Corporations in 1993
4—33 1993年各公司与俄罗斯联邦的承包工程和劳务合作 …… (417)
Engineering Projects and Labour Services in The Russian Federation by Corporations in 1993
4—34 1993年各公司与美国的承包工程和劳务合作 …… (421)
Engineering Projects and Labour Services in United States by Corporations in 1993

4—35 对外承包工程合同数额（按国别、地区分） …………………………………………… (428)
Contracts Signed for Foreign Engineering Projects by Countries and Regions
4—36 对外劳务合作合同数额（按国别、地区分） …………………………………………… (431)
Contracts Signed for Foreign Labour Services by Countries and Regions
4—37 对外承包工程营业额（按国别、地区分） …………………………………………… (436)
Turnover of Foreign Engineering Projects by Countries and Regions
4—38 对外劳务合作营业额（按国别、地区分） …………………………………………… (441)
Turnover of Foreign Labour Services by Countries and Regions
4—39 对外承包工程出国人数（按国别、地区分） …………………………………………… (446)
Personnel Sent Abroad for Engineering Projects by Countries and Regions
4—40 对外劳务合作出国人数（按国别、地区分） …………………………………………… (451)
Personnel Sent Abroad for Labour Services by Countries and Regions
4—41 年末在国外从事承包工程人数（按国别、地区分） ……………………………… (456)
Personnel Abroad for Engineering Projects by the End of Year，Classified by Countries and Regions
4—42 年末在国外从事劳务合作人数（按国别、地区分） ……………………………… (461)
Personnel Abroad for Labour Services by the End of Year，Classified by Countries and Regions
4—43 各公司对外承包工程合同数额 …………………………………………………………… (466)
Contracts Singed for Foreign Engineering Projects by Corporations
4—44 各公司对外劳务合作合同数额 …………………………………………………………… (475)
Contracts Singed for Foreign Labour Services by Corporations
4—45 各公司对外承包工程营业额 ……………………………………………………………… (485)
Turnover of Foreign Engineering Projects by Corporations
4—46 各公司对外劳务合作营业额 ……………………………………………………………… (493)
Turnover of Foreign Labour Services by Corporations
4—47 各公司对外承包工程出国人数 …………………………………………………………… (501)
Personnel Sent Abroad for Foreign Engineering Projects by Corporations
4—48 各公司对外劳务合作出国人数 …………………………………………………………… (507)
Personnel Sent Abroad for Foreign Labour Services by Corporations
4—49 各公司年末在国外从事承包工程人数 …………………………………………………… (515)
Personnel Abroad for Foreign Engineering Projects by the End of Year，Classified by Corporation
4—50 各公司年末在国外从事劳务合作人数 …………………………………………………… (521)
Personnel Abroad for Foreign Labour Services by the End of Year，Classified by Corporation
4—51 1993年中国对外承包工程和劳务合作新签合同额前五十名的公司 ………………… (529)
50 Corporations：Top Contract Value of China's Foreign Engineering Projects and Labour Services in 1993
4—52 1993年中国对外承包工程和劳务合作完成营业额前五十名的公司 ………………… (531)

50 Corporations：Top Turnover of China's Foreign Engineering Projects and Labour Services in 1993
4—53 1993年中国对外承包工程和劳务合作年末在外人数前50名的公司 ……………… (533)
50 Corporations：Top Personnel Abroad for China's Foreign Engineering Projects and Labour Services by the End of 1993
4—54 1993年中国对外承包工程和劳务合作新签合同额前五十名的国家和地区 ……… (535)
50 Countries and Regions：Top Contract Value of China's Foreign Engineering Projects and Labour Services in 1993
4—55 1993年中国对外承包工程和劳务合作完成营业额前五十名的国家和地区 ……… (537)
50 Countries and Regions：Top Turnover of China's Foreign Engineering Projects and Labour Services in 1993
4—56 对外经济技术合作公司简称、全称对照表 ………………………………………… (539)
Abbreviated Form for the International Economic and Technical Cooperative Corporation

5. 旅游篇
International Tourism

5—1 国际旅游者人数 ……………………………………………………………… (547)
International Visitor Arrivals to China
5—2 接待外国旅游者人数（按洲别分） …………………………………………… (547)
Foreign Tourist Arrivals by Continent
5—3 外国旅游者性别、年龄 ……………………………………………………… (548)
Foreign Tourist Arrivals by Sex，Age
5—4 外国旅游者职业 …………………………………………………………… (548)
Foreign Tourist Arrivals by Occupation
5—5 外国旅游者所乘交通工具 …………………………………………………… (549)
Foreign Tourist Arrivals by Mode of Transport
5—6 国际旅游者人数发展指数 …………………………………………………… (549)
International Visitors Indices
5—7 旅游外汇收入发展指数 ……………………………………………………… (549)
Tourism Receipts Indices
5—8 旅游外汇收入 ……………………………………………………………… (550)
Tourism Receipts
5—9 旅行社接待国际旅游人数 …………………………………………………… (550)
Tourists Received by Travel Agencies
5—10 各月份接待国际旅游者人数 ………………………………………………… (551)
Monthly International Visitor Arrivals to China
5—11 各月份接待国际旅游者人数比重 …………………………………………… (551)
Proportion of Monthly International Visitor Arrivals to China

5—12 各月份接待外国旅游者人数 …… (552)
Monthly Foreign Visitor Arrivals to China
5—13 各月份接待外国旅游者人数比重 …… (552)
Proportion of Monthly Foreign Visitor Arrivals to China
5—14 各月份接待华侨人数 …… (553)
Monthly Overseas Chinese Arrivals to China
5—15 各月份接待华侨人数比重 …… (553)
Proportion of Monthly Overseas Chinese Arrivals to China
5—16 各月份接待港澳台胞人数 …… (554)
Monthly Compatriot Arrivals to China
5—17 各月份接待港澳台胞人数比重 …… (554)
Proportion of Monthly Compatriot Arrivals to China
5—18 接待外国旅游者人数（按国籍分） …… (555)
Annual Foreign Visitor Arrivals by Nationality
5—19 各地区接待国际旅游者人数、人天数 …… (556)
International Tourists Received by Regions
5—20 各地区接待外国旅游者人数、人天数 …… (557)
Foreign Tourists Received by Regions
5—21 各地区旅游外汇收入 …… (558)
Tourism Receipts by Regions
5—22 各地区旅游商品性收入 …… (559)
Tourism Commodity Receipts by Regions
5—23 各地区旅游劳务性收入 …… (560)
Tourism Service Receipts by Regions
5—24 重点城市接待国际旅游者人数 …… (561)
International Visitor Received by Major Cities
5—25 重点城市接待外国旅游者人数 …… (563)
Foreign Visitor Received by Major Cities
5—26 重点城市接待日本旅游者人数 …… (565)
Japanese Received by Major Cities
5—27 重点城市接待泰国旅游者人数 …… (567)
Thailander Received by Major Cities
5—28 重点城市接待新加坡旅游者人数 …… (569)
Singaporean Received by Major Cities
5—29 重点城市接待英国旅游者人数 …… (571)
Briton Received by Major Cities
5—30 重点城市接待法国旅游者人数 …… (573)
Frenchman Received by Major Cities
5—31 重点城市接待德国旅游者人数 …… (575)
German Received by Major Cities

5—32 重点城市接待美国旅游者人数 …………………………………………………………… (577)
American Received by Major Cities
5—33 重点城市接待加拿大旅游者人数 ………………………………………………………… (579)
Ganadian Received by Major Cities
5—34 重点城市接待澳大利亚旅游者人数 ……………………………………………………… (581)
Australian Received by Major Cities
5—35 重点城市旅游外汇收入 ………………………………………………………………… (583)
Tourism Receipts by Major Cities
5—36 重点城市旅游商品性收汇 ……………………………………………………………… (585)
Tourism Commodity Income by Major Cities
5—37 重点城市旅游商品销售收入 …………………………………………………………… (587)
Receipts of Shopping in Major Cities
5—38 重点城市旅游饮食销售收入 …………………………………………………………… (589)
Receipts of Food-Beverage in Major Cities
5—39 重点城市劳务性旅游外汇收入 ………………………………………………………… (591)
Tourism Service Income in Major Cities
5—40 重点城市旅游宿费收入 ………………………………………………………………… (593)
Receipts of Hotel Accommodation in Major Cities
5—41 重点城市旅游长途交通收入 …………………………………………………………… (595)
Tourism Receipts of Long-distance Transportation in Major Cities
5—42 重点城市旅游者平均停留天数 ………………………………………………………… (597)
Tourist's Average Length of Stay in Major Cities
5—43 重点城市旅游者平均消费额 …………………………………………………………… (599)
Tourist's Average Expense in Major Cities
5—44 重点城市旅游部门营业收入 …………………………………………………………… (601)
Business Revenue of Travel Agency in Major Cities
5—45 重点城市旅游部门毛利额 ……………………………………………………………… (603)
Pre-Tax Profit of Travel Agency in Major Cities
5—46 重点城市旅游部门税金 ………………………………………………………………… (605)
Tax Paid by Travel Agency in Major Cities
5—47 重点城市旅游部门营业费用 …………………………………………………………… (607)
Business Expense of Travel Agency in Major Cities
5—48 重点城市旅游部门企业管理费 ………………………………………………………… (609)
Administration Expense of Travel Agency in Major Cities
5—49 重点城市旅游部门经营利润 …………………………………………………………… (611)
After-Tax Profit of Travel Agency in Major Cities
5—50 重点城市旅游部门利润额 ……………………………………………………………… (613)
Net Profit of Travel Agency in Major Cities
5—51 涉外饭店经济类型 ………………………………………………………………………… (615)
Tourist Hotels by Ownership

5—52 涉外饭店规模 …… (615)
Tourist Hotels by Capacity
5—53 涉外饭店客房出租率 …… (615)
Hotel Room Occupancy
5—54 各地区涉外饭店数 …… (616)
Tourist Hotels by Regions
5—55 各地区涉外饭店客房数 …… (617)
Hotel Rooms by Regions
5—56 各地区涉外饭店床位数 …… (618)
Hotel Beds by Regions
5—57 各地区涉外饭店客房出租率 …… (619)
Hotel Room Occupancy by Regions
5—58 各地区国营涉外饭店数 …… (620)
State-owned Tourist Hotels by Regions
5—59 各地区合营涉外饭店数 …… (621)
Jointly State-collective Tourist Hotels by Regions
5—60 各地区集体所有制涉外饭店数 …… (621)
Collective Tourist Hotels by Regions
5—61 各地区个体涉外饭店数 …… (622)
Private Tourist Hotels by Regions
5—62 各地区外方独资涉外饭店数 …… (622)
Wholly Foreign-owned Tourist Hotels by Regions
5—63 各地区中外合资涉外饭店数 …… (623)
Joint Venture Tourist Hotels by Regions
5—64 各地区中外合作涉外饭店数 …… (624)
Contractual Joint Venture Tourist Hotels by Regions
5—65 各地区拥有500间客房以上的涉外饭店数 …… (625)
Tourist Hotels Possessing Rooms Over 500 by Regions
5—66 各地区拥有300—499间客房的涉外饭店数 …… (626)
Tourist Hotels Possessing Rooms Between 300 and 499 by Regions
5—67 各地区拥有200—299间客房的涉外饭店数 …… (627)
Tourist Hotels Possessing Rooms Between 200 and 299 by Regions
5—68 各地区拥有100—199间客房的涉外饭店数 …… (628)
Tourist Hotels Possessing Rooms Between 100 and 199 by Regions
5—69 各地区拥有99间以下客房的涉外饭店数 …… (629)
Tourist Hotels Possessing Rooms Under 99 by Regions
5—70 各地区国营涉外饭店营业收入 …… (630)
Business Revenue of State-owned Tourist Hotel by Regions
5—71 各地区国营涉外饭店利润率 …… (631)
Profit Rate of State-owned Tourist Hotel by Regions

5—72 重点城市涉外饭店数 …………………………………………………………… (632)
Tourist Hotels in Major Cities
5—73 重点城市涉外饭店客房数 ………………………………………………………… (634)
Tourist Hotel Rooms in Major Cities
5—74 重点城市涉外饭店床位数 ………………………………………………………… (636)
Tourist Hotel Beds in Major Cities
5—75 各地区旅游业企业数 …………………………………………………………… (638)
Enterprises of Tourism Industry by Regions
5—76 各地区旅馆业企业户数 ………………………………………………………… (639)
Enterprises of Hotel Industry by Regions
5—77 各地区旅游业从业人数 ………………………………………………………… (640)
Employees of Tourism Industry by Regions
5—78 各地区旅馆业从业人数 ………………………………………………………… (641)
Employees of Hotel Industry by Regions
5—79 各地区旅行社总数 ……………………………………………………………… (642)
Travel Agencies by Regions
5—80 各地区一类旅行社数 …………………………………………………………… (643)
First Category Travel Agencies by Regions
5—81 各地区二类旅行社数 …………………………………………………………… (644)
Second Category Travel Agencies by Regions
5—82 各地区三类旅行社数 …………………………………………………………… (645)
Third Category Travel Agencies by Regions
附录Ⅰ 主要指标解释 ……………………………………………………………… (646)
Appendix Ⅰ Explanatory Notes
附录Ⅱ 英文缩略语及符号 …………………………………………………………… (657)
Appendix Ⅱ Abbrevlations and Symbols

1. 国际收支篇
BALANCE OF PAYMENTS

1—1（1） 国际收支概况

AGGREGATED PRESENTATION：BALANCE OF PAYMENTS

单位：亿美元

Unit：US $ 100 Millions

项目 Item	1990	1991	1992	1993
一、经常项目差额 Current Account Balance	**119.97**	**132.71**	**64.02**	**−119.01**
（一）对外贸易差额　Foreign Trade Balance	91.65	87.43	51.82	−106.54
1. 出口　Exports	515.19	589.19	695.68	756.59
2. 进口　Imports	−423.54	−501.76	−643.86	−863.13
（二）非贸易往来差额　Non-trade Account Balance	25.58	36.98	0.63	−24.20
1. 货运收入　Shipment Revenue	21.63	15.20	17.80	18.43
货运支出　Shipment Expenditure	−22.33	−24.06	−41.51	−54.95
2. 港口供应与劳务收入　Port Supplies and Service Revenue	2.89	3.38	3.68	2.45
港口供应与劳务支出　Port Supplies and Service Expenditure	−11.06	−3.15	−4.49	−3.45
3. 旅游收入　Tourism Revenue	22.18	28.40	39.47	46.83
旅游支出　Tourism Expenditure	−4.70	−5.11	−25.12	−27.97
4. 投资收支差额　Investment Balance	10.56	8.40	2.49	−12.82
（1）利润收入　Profit Revenue				
利润支出　Profit Expenditure	−0.46	−0.10	−0.22	−2.30
（2）利息收入　Interest Revenue	6.68	7.47	6.14	5.35
利息支出　Interest Expenditure	−3.80	−8.70	−18.86	−20.78
（3）银行收入　Bank Revenue	23.50	29.72	49.81	38.55
银行支出　Bank Expenditure	−15.36	−19.99	−34.38	−33.64
5. 其他非贸易往来收入　Other Non-trade Revenue	11.84	22.80	31.54	41.27
其他非贸易往来支出　Other Non-trade Expenditure	−5.43	−8.88	−23.23	−33.99

1—1（2） 国际收支概况

AGGREGATED PRESENTATION: BALANCE OF PAYMENTS

单位：亿美元

Unit：US $ 100 Millions

项目 Item	1990	1991	1992	1993
（三）无偿转让差额 Unrequited Transfers Balance	2.74	8.30	11.57	11.73
1. 侨汇收入 Migrant Transfers Revenue	1.24	2.07	2.29	1.08
侨汇支出 Migrant Transfers Expenditure	−0.05	−0.18	−0.15	−0.15
2. 无偿援助捐赠收入 Donation Revenue	0.59	2.14	2.12	2.29
无偿援助捐赠支出 Donation Expenditure	−0.76	−0.10		−0.67
3. 国际组织往来收入 Revenue from International Organizations	0.84	1.92	1.73	1.60
国际组织往来支出 Expenditure to International Organizations	−0.15	−0.10	−0.33	−0.33
4. 居民其他收支差额 Household and Others Balance	1.03	2.55	5.91	7.91
二、资本往来项目差额 Capital Account Balance	**32.56**	**80.32**	**−2.50**	**234.72**
（一）长期资本往来差额 Long-term Capital Balance	64.54	76.71	6.56	274.11
长期资本流入 Long-term Capital Inflow	116.11	128.59	276.42	503.54
长期资本流出 Long-term Capital Outflow	−51.57	−51.88	−269.86	−229.43
1. 外国在华直接投资 Foreign Direct Investments in China	34.87	43.66	111.56	275.15
中国在海外直接投资 Direct Investments Out of China	−8.30	−9.13	−40.00	−44.00
2. 外国在华证券投资 Foreign Purchases of Chinese Stocks and Bonds		5.65	3.93	36.46
中国在海外证券投资 Chinese Purchases of Foreign Bonds and Stocks	−2.41	−3.30	−4.50	−5.97
3. 外国政府贷款 Foreign Government Loans to China	14.41	10.26	15.01	26.50
偿还外国政府贷款 Payback of Foreign Government Loans	−5.78	−3.42	−6.29	−9.22
4. 国际组织贷款 International Organizations Loans to China	13.11	27.43	27.68	21.37
偿还国际组织贷款 Payback of International Organizations Loans	−2.12	−16.46	−59.96	−2.12
5. 银行对外借款 Bank Borrowings from Abroad	13.46	13.41	15.83	3.80
银行偿还借款 Payback of Bank Borrowings	−8.99	−2.74	−2.02	−2.49

1—1 (3) 国际收支概况
AGGREGATED PRESENTATION: BALANCE OF PAYMENTS

单位：亿美元

Unit：US $ 100 Millions

项　目 Item	1990	1991	1992	1993
6. 延期付款差额 Deferred Payable Balance	2.42	1.19	0.80	0.45
7. 延期收款差额 Deferred Receivable Balance	−0.51	0.21	0.84	−3.74
8. 地方部门对外借款 Local Governments and Central Departments Borrowings from Abroad	21.36	9.71	6.59	13.21
地方部门偿还借款 Payback of Local Governments and Central Departments Borrowings from Abroad	−9.69	−4.37	−29.30	−34.10
9. "三来一补"外商提供设备 Equipment Offered by Foreign Investors through Processing and Compensation Trade	2.37	2.93	2.76	0.55
偿还"三来一补设备款 Payment for Equipment Offered by Foreign Investors through Processing and Compensation Trade	−2.10	−2.34	−8.14	−0.53
10. 国际租赁应付设备款 Payable Rent for Equipment in International Leasing	6.19	6.87	7.97	21.05
国际租赁偿付设备款 Payback of Rent for Equipment in International Leasing	−2.59	−2.37	−2.69	−4.85
11. 我国对外贷款 China's Loans to Foreigners	−1.95	−1.30	−1.47	−2.06
收回对外贷款本金 Receipt of Principals of China's Loans to Foreigners	0.48	0.64	0.07	0.35
12. 其他资本往来差额 Other Capital Accounts Balance	0.31	0.18	−32.11	−15.70
(二) 短期资本往来差额 Short-term Capital Balance	−31.98	3.61	−9.06	−39.39
1. 延期付款差额 Defer Payable Balance	0.72	−0.71		
2. 延期收款差额 Defer Receivable Balance	−0.64	−1.30		
3. 银行借还款差额 Borrowings by Bank Balance	−27.62	5.58	24.41	−5.46
4. 地方部门借还款差额 Borrowings by Local Government and Departments Balance	−1.15		1.40	1.75
5. 其他 Other Capital Flows Balance	−3.29	0.04	−34.87	−35.68
三、误差与遗漏 Net Errors and Omissions	**−31.31**	**−67.91**	**−82.74**	**−98.04**
四、储备资产增减额 Changes in Reserves	**−121.22**	**−145.12**	**21.22**	**−17.67**
(一) 外汇 Foreign Exchange Assets	−115.72	−140.71	22.69	−17.56
(二) 在国际货币基金储备 Reserve Position in IMF		−0.03	−3.25	0.54
(三) 特别提款权 SDRs	−0.58	−0.15	1.78	−0.65
(四) 对基金信贷的使用 Trnst Funds	−4.92	−4.12		
(五) 黄金储备 Monetary Gold		−0.11		

1—2（1）

国际收支平衡表
SHEET OF BALANCE OF PAYMENTS

单位：万美元
Unit：US＄ 10000

项目 Item	1992 差额 Balance	1992 借方 Debit	1992 贷方 Credit	1993 差额 Balance	1993 借方 Debit	1993 贷方 Credit
国际收支总计 Total Balance	**－212218**	**11796493**	**11584275**	**176733**	**14129920**	**14306653**
一、经常项目 Current Account	**640232**	**7921713**	**8561945**	**－1190153**	**10413932**	**9223779**
（一）对外贸易 Foreign Trade	518229	6438544	6956773	－1065464	8631329	7565865
1. 出口 Exports	6956773		6956773	7565865		7565865
2. 进口 Imports	－6438544	6438544		－8631329	8631329	
（二）非贸易往来 Non-trade Account	6326	1478111	1484437	－242013	1770918	1528905
1. 货运 Shipment	－237064	415029	177965	－365294	549549	184255
其中：运费 Of Which：Freight	－258272	387637	129365	－374314	513398	139084
保险 Insurance	21208	27392	48600	9020	36151	45171
2. 港口供应与劳务 Port Supplies and Services	－8123	44915	36792	－9985	34518	24533
3. 旅游收支 Tourism	143473	251214	394687	188650	279667	468317
其中：国际客运 Of Which：Inter'l Passenger Transport	41678		41678	29422		29422
4. 投资收支 Investment Income	24983	534573	559556	－128247	567329	439082
（1）利润 Profit earning	－2155	2160	5	－23051	23088	37
（2）利息 Interest earning	－127135	188561	61426	－154354	207861	53507
（3）银行收支 Bank Revenue and Expenditure	154273	343852	498125	49158	336380	385538

1—2（2）

国际收支平衡表
SHEET OF BALANCE OF PAYMENTS

单位：万美元

Unit：US $ 10000

项 目 Item	1992 差 额 Balance	1992 借 方 Debit	1992 贷 方 Credit	1993 差 额 Balance	1993 借 方 Debit	1993 贷 方 Credit
5. 其他非贸易往来 Other Services	83057	232380	315437	72863	339855	412718
（1）邮电收支 Communications	27688	7238	34926	38546	8540	47086
（2）政府交往收支 Inter-government	－8627	22708	14081	－27255	47292	20037
（3）劳务承包收支 Engineering Projects and Labour Services	4042	2000	6042	2521	2200	4721
（4）其他收支 Others	59954	200434	260388	59051	281823	340874
（三）无偿转让 Unreguired Transfers	115677	5058	120735	117324	11685	129009
1. 与国际组织往来 Inter'l Organizations	13960	3362	17322	12715	3270	15985
2. 无偿援助和捐赠 Aid and Grants	21239		21239	16217	6699	22916
3. 侨汇 Migrant Transfers	21355	1489	22844	9319	1454	10773
4. 居民其他收支 Household and Others	59123	207	59330	79073	262	79335
二、资本往来项目 Capital Account	**－25015**	**3047345**	**3022330**	**2347242**	**2735632**	**5082874**
（一）长期资本往来 Long-term Capital	65589	2698652	2764241	2741102	2294272	5035374
1. 直接投资 Direct Investment	715600	400000	1115600	2311495	440000	2751495
（1）外国和港澳台地区在华直接投资 Foreign Direct Investments in China	1115600		1115600	2751495		2751495
（2）中国在外国和港澳台地区直接投资 Direct Investments out of China	－400000	400000		－440000	440000	
2. 证券投资 Portifolio Investments	－5661	92165	86504	304910	199263	504173
（1）外国和港澳台地区在华证券投资 Foreign Investments in China	39339	47165	86504	364658	139515	504173
（2）中国在外国和港澳台地区证券投资 China's Investments Out of China	－45000	45000		－59748	59748	

1—2（3）

国际收支平衡表
SHEET OF BALANCE OF PAYMENTS

单位：万美元
Unit：US＄ 10000

项目 Item	1992 差额 Balance	1992 借方 Debit	1992 贷方 Credit	1993 差额 Balance	1993 借方 Debit	1993 贷方 Credit
3. 国际组织贷款 Loans from Inter'l Organization	138096	20240	158336	192551	21196	213747
4. 外国政府贷款 Loans from Foreign Government	87208	62884	150092	172784	92235	265019
5. 银行借款 Borrowings by Bank	－322793	599551	276758	13107	24939	38046
6. 地方、部门借款 Borrowings by Local Government and Department	－227057	292987	65930	－208856	340964	132108
7. 延期付款 Defferred Payments	7951	179771	187722	4490	354144	358634
8. 延期收款 Defferred Receipts	8388	606917	615305	－37369	590027	552658
9. 加工装配补偿贸易中应付客商作价设备款 Equipment Offered by Foreign Investor through Processing and Compensation Trade	－53803	81403	27600	210	5331	5541
10. 租赁 Financial Leasing	52753	26941	79694	161947	48532	210479
11. 对外贷款 Loans Abroad	－14000	14700	700	－17126	20600	3474
12. 其他 Other Capital Flows	－321093	321093		－157041	157041	
（二）短期资本往来 Short-term Capital	－90604	348693	258089	－393860	441360	47500
1. 银行借款 Borrowings by Bank	244101		244101	－54602	54602	
2. 地方、部门借款 Borrowings by Local Government and Department	13988		13988	17500	30000	47500
3. 其他 Other Capital Flows	－348693	348693		－356758	356758	
三、误差与遗漏 Net Errors and Omissions	**－827435**	**827435**		**－980356**	**980356**	
四、储备资产增减额 Changes in Reserves	**212218**	**32500**	**226996**	**－176733**	**182133**	**5400**
（一）外汇储备 Foreign Exchange Assets	226918		226918	－175633	175633	
（二）特别提款权 SDRs in IMF	17800		17800	－6500	6500	
（三）在基金组织的储备头寸 Reserve Position in IMF	－32500	32500		5400		5400

项目说明：

1. 贸易数字是在海关统计的基础上，按国际收支口径进行了调整。

2. 劳务包括货物的运费、保险费，港口供应与服务，旅游，投资收益，银行的利息、手续费和其他项目。

3. 无偿转让包括国际组织、各国政府对中国和中国对他们的无偿援助和捐赠，以及侨汇和居民收支等。

4. 长期资本指合同规定偿还期超过一年的资本或未定偿还期的资本（如公司股本）。具体包括直接投资，证券投资，国际组织贷款，外国政府贷款，银行借款，部门和地方借款，延期收款，延期付款，加工装配及补偿贸易应付客商作价设备款，中国对外贷款和其他项目。

5. 短期资本指即期付款的资本和合同规定偿还期限为一年或一年以下的资本，包括现汇。具体内容为银行借款，部门和地方借款，延期付款，延期收款，其他项目。

6. 错误与遗漏是经常项目、资本项目与储备资产增减额之间的差额。

7. 储备资产增减额是反映中国在黄金储备、外汇储备、在基金组织的储备头寸、特别提款权、使用基金信贷等方面，本年末与上年末余额之间的差额。在国际收支平衡表中储备资产的增加用负号来表示，储备资产的减少则无负号。

Explanations to the Items

1. The trade figures have been read justed according to the balance of payments norm on the basis of the customs statistics.

2. Labour services include expenses for cargo freight, insurance, port supply and service, tourism, investment earning, bank interests, service charge and other items.

3. Unrequited transfer includes aids and donations of the international organizations, governments of various nations to China and vice versa, foreign exchange from overseas Chinese remittance and the income and outlay of the residents.

4. Long-term capital refers to the capital with more than one year of redemption period as prescribed in the contract or without any redemption period prescribed (such as the capital stock of the company). They include direct investment, bonds, loans by international organizations, foreign government loans, departmental and local borrowings, deferred account payable, deferred account receivable, payment due for processing or compensation trade, loans to foreigners and others.

5. Short-term capital refers to capital paid on the spot or capital with redemption period of one year or shorter as prescribed by the contract, this is to include cash, bank borrowings, departmental and local borrowings, deferred account payable, deferred account receivable and other items.

6. Errors and omissions is a regular item, to show discrepancy between current account item, capital account item and the increase and decrease amount of reserve holding item.

7. The increase and decrease amount of the reserve assets (total change on reserves) shows China's gold reserves, hard currency reserves, the reserve in the International Monetary Fund, special drawing rights, and the use of IMF credits in the year end of the current year and the previous year. Increases are shown with a minus sign before the figures in the balance of payments statement, while the decreases are shown while there is without a sign.

1—3 中国外债概况
CHINA'S EXTERNAL DEBT BY THE END OF YEAR

金额单位：亿美元
Unit：US＄ 100 Millions

年　份 Year	合　计 Outstanding Debt	长期外债 Long-term Debt	短期外债 Short-term Debt
1985	158.28	94.10	64.18
1986	214.83	167.14	47.69
1987	302.05	244.85	57.20
1988	400.03	326.96	73.07
1989	412.99	370.32	42.67
1990	525.45	457.79	67.66
1991	605.61	502.57	103.04
1992	693.21	584.75	108.46
1993	835.73	700.27	135.46
构成　% Proportion			
1985	100	59.5	40.5
1986	100	77.8	22.2
1987	100	81.1	18.9
1988	100	81.7	18.3
1989	100	89.7	10.3
1990	100	87.1	12.9
1991	100	83.0	17.0
1992	100	84.4	15.6
1993	100	83.8	16.2

1—4 中国外债来源及构成
SOURCE OF CHINA'S BORROWINGS

金额单位：亿美元
Unit：US $ 100 Millions

年份 Year	合计 Outstanding Debt	政府贷款 Government Loans	国际金融组织贷款 International Organization Loans	商业贷款 Commercial Loans	其它 Others
1985	158.28	36.34	11.85	64.51	45.58
1986	214.83	49.37	26.31	75.97	63.18
1987	302.05	50.17	37.40	121.79	92.69
1988	400.03	66.48	42.53	189.82	101.20
1989	412.99	69.49	53.44	216.74	73.32
1990	525.45	83.90	62.86	291.84	86.85
1991	605.61	95.06	70.71	315.90	123.94
1992	693.21	114.95	84.15	354.79	139.32
1993	835.73	143.15	104.64	410.80	177.14
构成 % Proportion					
1985	100	23.0	7.5	40.7	28.8
1986	100	23.0	12.2	35.4	29.4
1987	100	16.6	12.4	40.3	30.7
1988	100	16.6	10.6	47.5	25.3
1989	100	16.8	12.9	52.5	17.8
1990	100	16.0	12.0	55.5	16.5
1991	100	15.7	11.7	52.1	20.5
1992	100	16.6	12.1	51.2	20.1
1993	100	17.1	12.5	49.2	21.2

1—5 中国外债币种

REPAYABLE CURRENCY OF CHINA'S EXTERNAL DEBT

金额单位：折亿美元

Unit：Measured in US $ 100 Millions

币别 Foreign Currency	1990	1991	1992	1993
总计 Total	**525.45**	**605.61**	**693.21**	**692.87**
美元 US Dollar	241.88	295.04	326.32	335.30
英镑 British Pound	12.32	9.52	17.99	13.39
港元 Hong Kong Dollar	16.05	41.95	49.52	51.00
日元 Japanese Yen	162.35	168.29	182.88	176.53
德国马克 GFR Mark	17.45	15.53	18.99	15.51
法国法郎 French Franc	23.25	23.16	33.36	30.72
瑞士法郎 Swiss Franc	3.75	2.25	2.69	2.53
比利时法郎 Belgian Franc	1.24	1.14	1.44	1.41
丹麦克朗 Danish Krone	2.54	2.10	2.51	2.32
澳大利亚元 Australian Dollar	0.70	0.24	0.19	0.17
加拿大元 Canadian Dollar	1.67	0.72	0.98	1.00
芬兰马克 Finnish Markka	0.50	0.72	0.82	0.81
特别提款权 Special Drawing Rights	35.20	36.09	43.05	43.17
其他 Others	6.55	8.86	12.47	19.01

1—6 中国外债币种构成

PROPORTION OF REPAYABLE CURRENCY OF CHINA'S EXTERNAL DEBT

单位 Unit：%

币别 Foreign Currency	1990	1991	1992	1993
总计 Total	**100**	**100**	**100**	**100**
美元 US Dollar	46.0	48.7	47.1	48.4
英镑 British Pound	2.4	1.6	2.6	1.9
港元 Hong Kong Dollar	3.1	6.9	7.1	7.4
日元 Japanese Yen	30.9	27.8	26.4	25.5
德国马克 GFR Mark	3.3	2.6	2.7	2.2
法国法郎 French Franc	4.4	3.8	4.8	4.4
瑞士法郎 Swiss Franc	0.7	0.4	0.4	0.4
比利时法郎 Belgian Franc	0.2	0.2	0.2	0.2
丹麦克朗 Danish Krone	0.5	0.3	0.4	0.3
澳大利亚元 Australian Dollar	0.1			
加拿大元 Canadian Dollar	0.3	0.1	0.2	0.1
芬兰马克 Finnish Markka	0.1	0.1	0.1	0.1
特别提款权 Special Drawing Rights	6.7	6.0	6.2	6.2
其他 Others	1.3	1.5	1.8	2.8

1—7 人民币对主要外币年平均汇价
AVERAGE EXCHANGE RATE OF FOREIGN CURRENCIES FOR RMB YUAN

单位：人民币元
Unit：RMB Yuan

币　　别 Foreign Currency	外币单位 Unit of Foreign Currency	1990	1991	1992	1993
美元　US Dollar	100	478.37	532.27	551.49	576.19
英镑　British Pound	100	854.46	940.48	974.14	866.04
港元　Hong Kong Dollar	100	61.39	68.44	71.24	74.41
法国法郎　French Franc	100	88.22	94.63	104.43	101.90
德国马克　GFR Mark	100	297.16	321.68	354.16	348.77
意大利里拉　Italian Lire	10000	40.06	43.02	44.98	36.74
荷兰盾　Dutch Guilder	100	263.68	285.65	314.37	310.56
瑞典克朗　Swedish Krona	100	80.97	88.20	95.10	74.19
日元　Japanese Yen	100000	3323.28	3960.21	4360.77	5201.99
瑞士法郎　Swiss Franc	100	346.58	372.61	393.67	390.21
丹麦克朗　Danish Krone	100	77.55	83.46	91.59	89.02
芬兰马克　Finnish Markka	100	125.29	132.48	123.75	101.11
挪威克朗　Norwegian Krone	100	76.60	82.33	89.00	81.35
加拿大元　Canadian Dollar	100	409.47	463.35	457.31	446.83
马来西亚林吉特　Malaysia Dollar	100	177.23	193.16	216.66	223.20
新加坡元　Singapore Dollar	100	264.26	307.74	338.26	356.26
澳大利亚元　Australia Dollar	100	373.61	414.22	405.66	391.50
奥地利先令　Austrian Schilling	100	42.25	45.76	50.30	49.54
澳门元　Macao Dollar	100	59.59	66.37	69.16	72.24
比利时法郎　Belgian Franc	10000	1436.66	1562.75	1719.75	1670.87
欧洲货币单位　Euro-currency Unit	100	609.20	659.66	714.20	675.73
记帐瑞士法郎　Swiss Franc in Account	100	271.67	293.62	310.21	307.49

1—8 人民币对主要外币年末汇价

EXCHANGE RATE OF FOREIGN CURRENCIES FOR RMB YUAN BY THE END OF YEAR

单位：人民币元

Unit：RMB Yuan

币别 Foreign Currency	外币单位 Unit of Foreign Currency	1990	1991	1992	1993
美元 US Dollar	100	522.21	543.42	575.18	580.00
英镑 British Pound	100	1006.56	1016.37	867.49	856.66
港元 Hong Kong Dollar	100	67.00	69.42	74.31	75.09
法国法郎 French Franc	100	102.54	104.26	105.69	98.88
德国马克 GFR Mark	100	349.19	356.44	356.41	335.75
意大利里拉 Italian Lire	10000	45.35	46.97	39.18	34.06
荷兰盾 Dutch Guilder	100	310.05	316.23	317.08	299.90
瑞典克朗 Swedish Krona	100	92.49	97.59	81.62	69.58
日元 Japanese Yen	100000	3872.53	4316.28	4612.33	5208.10
瑞士法郎 Swiss Franc	100	409.74	401.30	392.75	391.50
丹麦克朗 Danish Krone	100	90.55	91.52	92.41	86.10
芬兰马克 Finnish Markka	100	141.62	131.42	110.97	101.58
挪威克朗 Norwegian Krone	100	89.03	90.33	83.45	78.02
加拿大元 Canadian Dollar	100	448.92	468.37	454.17	433.66
马来西亚林吉特 Malaysia Dollar	100	193.75	195.96	220.20	213.54
新加坡元 Singapore Dollar	100	298.15	333.06	351.04	363.49
澳大利亚元 Australia Dollar	100	401.34	415.23	397.33	392.49
奥地利先令 Austrian Schilling	100	49.69	50.68	50.65	47.54
澳门元 Macao Dollar	100	64.98	67.40	72.14	72.91
比利时法郎 Belgian Franc	10000	1693.56	1735.06	1735.61	1616.05
欧洲货币单位 Euro-currency Unit	100	706.33	725.51	694.32	649.58
记帐瑞士法郎 Swiss Franc in Account	100	322.87	316.22	309.49	308.50

1—9 黄金和外汇储备
GOLD AND FOREIGN EXCHANGE RESERVES

年份 Year	黄金储备（万盎司） Monetary Gold (10000 Ounces)	外汇储备（亿美元） Foreign Exchange Assets (US$ 100 Millions)	国家外汇库存 State Stock	中国银行外汇结存 Bank of China Balance
1979	1280	21.54	8.40	13.14
1980	1280	22.62	−12.96	35.58
1981	1267	47.73	27.08	20.65
1982	1267	111.25	69.86	41.39
1983	1267	143.42	89.01	54.41
1984	1267	144.20	82.20	62.00
1985	1267	119.13	26.44	92.69
1986	1267	105.14	20.72	84.42
1987	1267	152.36	29.23	123.13
1988	1267	175.48	33.72	141.76
1989	1267	170.22	55.50	114.72
1990	1267	285.94	110.93	175.01
1991	1267	426.65	217.12	209.53
1992	1267	194.43	194.43	(255.65)
1993	1267	211.99	211.99	(258.14)

※：1992年起，外汇储备中不包括中国银行外汇结存。

The figures of Foreign Exchange Assets from 1992 exclude that of Bank of China Balance.

2. 外贸篇
FOREIGN TRADE

2—1 进出口总额（按美元） TOTAL VALUE OF IMPORTS AND EXPORTS BY USD*

单位：亿美元

Unit：US＄ 100 Millions

年份 Year	进出口总额 Total	出口额 Exports	进口额 Imports	差额（＋顺差，－逆差） Balance
1950	11.3	5.5	5.8	－0.3
1951	19.6	7.6	12.0	－4.4
1952	19.4	8.2	11.2	－3.0
1953	23.7	10.2	13.5	－3.3
1954	24.4	11.5	12.9	－1.4
1955	31.4	14.1	17.3	－3.2
1956	32.1	16.5	15.6	0.9
1957	31.0	16.0	15.0	1.0
1958	38.7	19.8	18.9	0.9
1959	43.8	22.6	21.2	1.4
1960	38.1	18.6	19.5	－0.9
1961	29.4	14.9	14.5	0.4
1962	26.6	14.9	11.7	3.2
1963	29.2	16.5	12.7	3.8
1964	34.7	19.2	15.5	3.7
1965	42.5	22.3	20.2	2.1
1966	46.2	23.7	22.5	1.2
1967	41.6	21.4	20.2	1.2
1968	40.5	21.0	19.5	1.5
1969	40.3	22.0	18.3	3.7
1970	45.9	22.6	23.3	－0.7
1971	48.4	26.4	22.0	4.4
1972	63.0	34.4	28.6	5.8
1973	109.8	58.2	51.6	6.6
1974	145.7	69.5	76.2	－6.7
1975	147.5	72.6	74.9	－2.3
1976	134.3	68.5	65.8	2.7
1977	148.0	75.9	72.1	3.8
1978	206.4	97.5	108.9	－11.4
1979	293.3	136.6	156.7	－20.1
1980	381.4	181.2	200.2	－19.0
1981	440.3	220.1	220.2	－0.1
1982	416.1	223.2	192.9	30.4
1983	436.2	222.3	213.9	8.4
1984	535.5	261.4	274.1	－12.7
1985	696.0	273.5	422.5	－149.0
1986	738.5	309.4	429.0	－119.6
1987	826.5	394.4	432.2	－37.8
1988	1027.9	475.2	552.8	－77.6
1989	1116.8	525.4	591.4	－66.0
1990	1154.4	620.9	533.5	87.5
1991	1356.3	718.4	637.9	80.4
1992	1655.3	849.4	805.9	43.5
1993	1957.0	917.4	1039.6	－122.2

*：1. 本表1979年以前为外贸业务统计数，1980年以后为海关进出口统计数。以下诸表同。

2. 进出口差额负数为入超。

1. Figures before 1980 are recored by the Ministry of Foreign Trade and figures since 1980 are recorded by the Customs General Administration. The same to the follouing tables.

2. Negative figures in balance refer to unfavourable positions.

2—2

进出口总额（按人民币）
TOTAL VALUE OF IMPORTS AND EXPORTS BY RMB*

单位：亿元

Unit：RMB¥ 100 Millions

年 份 Year	进出口总额 Total	出口额 Exports	进口额 Imports	差额（＋顺差，－逆差） Balance
1950	41.5	20.0	21.3	−1.1
1951	59.5	24.2	35.3	−11.1
1952	64.6	27.1	37.5	−10.4
1953	80.9	34.8	46.1	−11.3
1954	84.7	40.0	44.7	−4.7
1955	109.8	48.7	61.1	−12.4
1956	108.7	55.7	53.0	2.7
1957	104.5	54.5	50.0	4.5
1958	128.7	67.0	61.7	5.3
1959	149.3	78.1	71.2	6.9
1960	128.4	63.3	65.1	−1.8
1961	90.7	47.7	43.0	4.7
1962	80.9	47.1	33.8	13.3
1963	85.7	50.0	35.7	14.3
1964	97.5	55.4	42.1	13.3
1965	118.4	63.1	55.3	7.8
1966	127.1	66.0	61.1	4.9
1967	112.2	58.8	53.4	5.4
1968	108.5	57.6	50.9	6.7
1969	107.0	59.8	47.2	12.6
1970	112.9	56.8	56.1	0.7
1971	120.9	68.5	52.4	16.1
1972	146.9	82.9	64.0	18.9
1973	220.5	116.9	103.6	13.3
1974	292.2	139.4	152.8	−13.4
1975	290.4	143.0	147.4	−4.4
1976	264.1	134.8	129.3	5.5
1977	272.5	139.7	132.8	6.9
1978	355.0	167.6	187.4	−19.8
1979	454.6	211.7	242.9	−31.2
1980	570.0	271.2	298.8	−27.6
1981	735.3	367.6	367.7	−0.1
1982	771.3	413.8	357.5	56.3
1983	860.1	438.3	421.8	16.5
1984	1201.0	580.5	620.5	−40.0
1985	2066.7	808.9	1257.8	−448.9
1986	2580.4	1082.1	1498.3	−416.2
1987	3084.2	1470.0	1614.2	−144.2
1988	3821.8	1766.7	2055.1	−288.4
1989	4155.9	1956.0	2199.9	−243.9
1990	5560.1	2985.8	2574.3	411.5
1991	7225.8	3827.1	3398.7	428.4
1992	9123.6	4679.4	4444.2	235.2
1993	11271.0	5285.3	5985.7	−700.4

*：同前表。

The same to the table before.

2—3 进出口额指数

INDICES OF TOTAL VALUE OF IMPORTS AND EXPORTS BY USD

(1980=100)

年 份 Year	进出口总额 Total	出口额 Exports	进口额 Imports
1980	100	100	100
1981	115.4	121.5	110.0
1982	109.1	123.2	96.4
1983	114.4	122.7	106.8
1984	140.4	144.3	136.9
1985	182.5	150.9	211.0
1986	193.6	170.8	214.3
1987	216.7	217.7	215.9
1988	269.5	262.3	276.1
1989	292.8	290.0	295.4
1990	302.7	342.7	266.5
1991	355.6	396.5	318.6
1992	434.2	469.1	402.6
1993	513.1	506.4	519.2

2—4 进出口额增长速度

GROWTH RATES OF IMPORTS AND EXPORTS VALUE BY USD

(Percentage Change Over Previous Year)

单位 Unit:%

年 份 Year	进出口总额 Total	出口额 Exports	进口额 Imports
1980	—	—	—
1981	15.4	21.5	9.9
1982	−5.4	1.4	−12.4
1983	4.8	−0.4	10.9
1984	22.8	17.6	28.1
1985	30.0	4.6	54.2
1986	6.1	13.1	1.5
1987	11.9	27.5	0.7
1988	24.4	20.5	27.9
1989	8.7	10.6	7.0
1990	3.4	18.2	−9.8
1991	17.5	15.7	19.6
1992	22.0	18.2	26.3
1993	18.2	8.0	29.0

2—5 中国出口额占国民生产总值比重
CHINA'S EXPORTS SHARE IN GNP

金额单位：人民币亿元

Value Unit：RMB¥ 100 million

年 份 Year	国民生产总值 GNP	出口额 Exports	出口占国民生产总值的比重（%） Exports Propotion（%）
1980	4470	271	6.1
1981	4773	368	7.7
1982	5193	414	8.0
1983	5809	438	7.5
1984	6962	581	8.3
1985	8558	809	9.5
1986	9696	1082	11.2
1987	11301	1470	13.0
1988	14068	1767	12.6
1989	15993	1956	12.2
1990	17695	2986	16.9
1991	20236	3827	18.9
1992	24036	4679	19.5
1993	31380	5285	16.8

2—6 中国出口额占世界出口总额的比重和位次
CHINA'S EXPORTS SHARE AND RANKING IN WORLD EXPORTS

金额单位：亿美元

Value Unit：US＄ 100 million

年 份 Year	世界出口总额 World Exports	中国出口额 China Exports	中国出口额占世界出口总额的比重（%） China's Share（%）	位次 Ranking
1980	19906	181	0.9	26
1981	19724	220	1.1	19
1982	18308	223	1.2	17
1983	18078	222	1.2	17
1984	19019	261	1.4	18
1985	19277	274	1.4	17
1986	51157	310	1.5	16
1987	24969	394	1.6	16
1988	28382	475	1.7	16
1989	30361	525	1.7	14
1990	34700	621	1.8	15
1991	35300	718	2.0	13
1992	37000	849	2.3	11
1993	35800	918	2.6	11

2—7 进出口贸易总额（按贸易方式分）

IMPORTS AND EXPORTS BY TRADE MODE

单位：万美元
Unit：US＄ 10000

贸 易 方 式 Trade Mode	1992		1993	
	出口 Exprots	进口 Imports	出口 Exports	进口 Imports
合 计 Total	**8494006**	**8058533**	**9174401**	**10395898**
一般贸易 Ordinary Trade	4367539	3361715	4647477	4278506
补偿贸易 Compensation Trade	29816	24979	31346	32972
进料加工贸易 Processing with Imported Materials	2430709	1887408	2827450	2339637
外商投资企业进口供加工内销产品料件 Materiais or Components Imported for Manufacture of Products for Home Use by Foreign-invested Enterprises		224283		312094
寄售代销贸易 Goods on Consignment	444	11207	237	11662
边境小额贸易 Border Trade	107777	78742	36855	17942
租赁贸易 Goods on Lease		72426		99341
来料加工装配贸易 Processing and Assembling with Materials Provided Abroad	1529975	1263949	1596151	1296375
来料加工装配进口的设备 Equipment Imported for Processing and Assembling		120726		132579
出料加工贸易 Outward Processing	1871	2278	1960	2709
外商投资企业作为投资进口的设备物品 Eguipment or Materials Imported as Investment by Foreign-invested Enterprises		801777		1661279
对外承包工程货物 Contracting Projects	10004		14137	
国家间、国际组织无偿援助赠送的物资 Aid or Donation between Governments or by International Organizations	915	17322	1957	15985
华侨、港澳台同胞、外籍华人捐赠物资 Donation by Overseas Chinese、Compatriots in Hongkong Macao or Taiwan，or Chinese with Foreign Citizenship		58425		79317
其他免费提供的货物 Other Goods for Free		21239		22661
其他 Others	14956	112057	16831	92839

2—8

出口商品分类构成
COMPOSITION OF EXPORTS BY SITC

单位 Unit:%

商品分类 Category	1988	1989	1990	1991	1992	1993
总额 Total	**100.0**	**100.0**	**100.0**	**100.0**	**100.0**	**100.0**
一、初级产品 Primary Goods	**30.3**	**28.7**	**25.6**	**22.5**	**20.0**	**18.2**
食品及主要供食用的活动物 Food and Live Animals Chiefly for food	12.4	11.7	10.6	10.1	9.8	9.2
饮料及烟类 Beverages and Tobacco	0.5	0.6	0.6	0.7	0.8	1.0
非食用原料 Crude Materials, Inedible, Except Fuels	8.9	8.0	5.7	4.9	3.7	3.3
矿物燃料、润滑油及有关原料 Mineral Fuels、Lubricants and Related Materials	8.3	8.2	8.4	6.6	5.5	4.5
动植物油、脂及蜡 Animal and Vegetable Oils、Fats and Waxes	0.2	0.2	0.3	0.2	0.2	0.2
二、工业制成品 Manufactured Goods	**69.7**	**71.3**	**74.4**	**77.5**	**80.0**	**81.8**
化学品及有关产品 Chemicals and Related Products	6.1	6.1	6.0	5.3	5.1	5.0
轻纺产品、橡胶制品、矿冶产品及其制品 Manufactured Goods Classified Chiefly by Material	22.1	20.7	20.3	20.1	19.0	17.9
机械及运输设备 Machinery and Transport Equipment	5.8	7.4	9.0	10.0	15.6	16.6
杂项制品 Miscellaneous Manufactured Articles	17.4	20.5	20.4	23.1	40.3	42.3
未分类的其他商品 Products Not Classified Elsewhere	18.3	16.6	18.7	19.0		

*:进出口商品分类构成以联合国《国际贸易标准分类》为基础计算(下表同)。

The composition of imports and exports by category is based on the UN's SITC (the same to table 2—9、10、11).

2—9 进口商品分类构成

COMPOSITION OF IMPORTS BY SITC

单位 Unit:%

商品分类 Category	1988	1989	1990	1991	1992	1993
总额 Total	**100.0**	**100.0**	**100.0**	**100.0**	**100.0**	**100.0**
一、初级产品 Primary Goods	**18.3**	**19.9**	**18.5**	**17.0**	**16.4**	**13.7**
食品及主要供食用的活动物 Food and Live Animals Chiefly for Food	6.3	7.1	6.3	4.4	3.9	2.1
饮料及烟类 Beverages and Tobacco	0.6	0.3	0.3	0.3	0.3	0.3
非食用原料 Crude Materials, Inedible, Except Fuels	9.2	8.2	7.7	7.9	7.2	5.2
矿物燃料、润滑油及有关原料 Mineral Fuels、Lubricants and Related Materials	1.4	2.8	2.4	3.3	4.4	5.6
动植物油、脂及蜡 Animal and Vegetable Oils、Fats and Waxes	0.7	1.5	1.8	1.1	0.6	0.5
二、工业制成品 Manufactured Goods	**81.8**	**80.1**	**81.5**	**83.0**	**83.6**	**86.3**
化学品及有关产品 Chemicals and Related Products	16.6	12.8	12.5	14.5	13.9	9.3
轻纺产品、橡胶制品、矿冶产品及其制品 Manufactured Goods Classified Chiefly by Material	18.8	20.8	16.7	16.5	23.9	27.5
机械及运输设备 Machinery and Transport Equipment	30.2	30.8	31.6	30.7	38.9	43.3
杂项制品 Miscellaneous Manufactured Articles	3.6	3.5	3.9	3.8	6.9	6.2
未分类的其他商品 Products Not Classified Elsewhere	12.6	12.2	16.8	17.5		

2—10 出口商品分类金额
VALUE OF EXPORTS BY SITC

单位：亿美元
Unit：US$ 100 millions

商品分类 Category	1988	1989	1990	1991	1992	1993
总额 Total	**475.16**	**525.38**	**620.91**	**718.43**	**849.40**	**917.44**
一、初级产品 Primary Goods	**144.06**	**150.78**	**158.86**	**161.45**	**169.89**	**166.66**
食品及主要供食用的活动物 Food and Live Animals Chiefly for Food	58.90	61.45	66.09	72.29	83.24	83.99
饮料及烟类 Beverages and Tobacco	2.35	3.14	3.42	5.28	6.80	9.01
非食用原料 Crude Materials，Inedible，Except Fuels	42.57	42.12	35.37	34.84	31.43	30.52
矿物燃料、润滑油及有关原料 Mineral Fuels、Lubricants and Related Materials	39.50	43.21	52.37	47.54	46.72	41.09
动植物油、脂及蜡 Animal and Vegetable Oils、Fats and Waxes	0.74	0.86	1.61	1.50	1.70	2.05
二、工业制成品 Manufactured Goods	**331.10**	**324.60**	**462.05**	**556.98**	**679.51**	**750.78**
化学品及有关产品 Chemicals and Related Products	28.97	32.01	37.30	38.18	43.32	46.23
轻纺产品、橡胶制品、矿冶产品及其制品 Manufactured Goods Classified Chiefly by Material	104.89	108.97	125.76	144.56	161.39	163.92
机械及运输设备 Machinery and Transport Equipment	27.69	38.34	55.88	71.49	132.50	152.82
杂项制品 Miscellaneous Manufactured Articles	82.68	107.55	126.86	166.20	342.30	378.81
未分类的其他商品 Products Not Classified Elsewhere	86.87	87.33	116.25	136.55		

2—11

进口商品分类金额
VALUE OF IMPORTS BY SITC

单位：亿美元
Unit：US$ 100 millions

商品分类 Category	1988	1989	1990	1991	1992	1993
总额 Total	**552.75**	**591.40**	**533.45**	**637.91**	**805.85**	**1039.60**
一、初级产品 Primary Goods	**100.68**	**117.54**	**98.53**	**108.35**	**132.16**	**142.10**
食品及主要供食用的活动物 Food and Live Animals Chiefly for food	34.76	41.92	33.35	27.99	31.43	22.06
饮料及烟类 Beverages and Tobacco	3.46	2.02	1.57	2.00	2.42	2.45
非食用原料 Crude Materials，Inedible，Except Fuels	50.90	48.35	41.07	50.03	58.01	54.38
矿物燃料、润滑油及有关原料 Mineral Fuels、Lubricants and Related Materials	7.87	16.50	12.72	21.14	35.46	58.19
动植物油、脂及蜡 Animal and Vegetable Oils、Fats and Waxes	3.69	8.75	9.82	7.19	4.84	5.02
二、工业制成品 Manufactured Goods	**452.07**	**473.86**	**434.92**	**529.56**	**673.69**	**897.49**
化学品及有关产品 Chemicals and Related Products	91.39	75.56	66.48	92.77	112.01	97.04
轻纺产品、橡胶制品、矿冶产品及其制品 Manufactured Goods Classified Chiefly by Material	104.10	123.35	89.06	104.92	192.60	285.27
机械及运输设备 Machinery and Transport Equipment	166.97	182.07	168.45	196.01	313.48	450.23
杂项制品 Miscellaneous Manufactured Articles	19.82	20.73	21.03	24.39	55.60	64.95
未分类的其他商品 Products Not Classified Elsewhere	69.79	72.15	898.90	111.47		

2—12（1） 出口商品分类金额
VALUE OF EXPORTS BY HS

单位：亿元
Unit：100 millions

商品分类 HS Section and Division	1992 人民币 RMB¥	1992 美元 US$	1993 人民币 RMB¥	1993 美元 US$
总额 Total	**4679.45**	**849.40**	**5285.31**	**917.44**
第一类 活动物；动物产品 I、LIVE ANIMALS；ANIMAL PRODUCTS	**153.66**	**27.90**	**147.70**	**25.63**
01章 活动物 1. Live animals	26.33	4.79	26.10	4.53
02章 肉及食用杂碎 2. Meat and edible meat offal	20.44	3.72	20.04	3.47
03章 鱼、甲壳动物、软体动物及其他水生无脊椎动物 3. Fish and crustaceans，molluscs and other aquatic invertebrates	75.33	13.66	72.28	12.54
04章 乳品；蛋品；天然蜂蜜；其他食用动物产品 4. Dairy produce；birds' eggs；natural honey；edible products of animal origin，not elsewhere specified or included	8.76	1.59	8.25	1.43
05章 其他动物产品 5. Products of animal origin，not elsewhere specified or included	22.80	4.14	21.03	3.66
第二类 植物产品 II、VEGETABLE PRODUCTS	**238.09**	**42.80**	**251.62**	**43.71**
06章 活树及其他活植物；鳞茎、根及类似品；插花及装饰用簇叶 6. Live trees and other plants；bulbs，roots and the like；cut flowers and ornamental foliage	0.85	0.15	1.09	0.19
07章 食用蔬菜、根及块茎 7. Edible vegetables and certain roots and tubers	58.00	10.53	65.40	11.34
08章 食用水果及坚果；甜瓜或柑桔属水果的果皮 8. Edible fruit and nuts；peel of citrus fruit or melons	15.66	2.83	19.66	3.45

2—12（2） 出口商品分类金额

VALUE OF EXPORTS BY HS

单位：亿元

Unit：100 millions

商品分类 HS Section and Division	1992 人民币 RMB¥	1992 美 元 US $	1993 人民币 RMB¥	1993 美 元 US $
09 章 咖啡、茶、马黛茶及调味香料 9. Coffee，tea，mate and spices	25.49	4.63	26.76	4.65
10 章 谷物 10. Cereals	83.47	14.85	84.83	14.73
11 章 制粉工业产品；麦芽；淀粉；菊粉；面筋 11. Products of the milling industry；malt；starches；inulin；wheat gluten	2.58	0.47	3.68	0.64
12 章 含油子仁及果实；杂项子仁及果实；工业用或药用植物；稻草、秸秆及饲料 12. Oil seeds and oleaginous fruits；miscellaneous grains，seeds and fruit；industrial or medicinal plants；straw and fodder	47.66	8.55	45.65	7.92
13 章 虫胶；树胶、树脂及其他植物液、汁 13. Lac；gums，resins and other vegetable saps and extracts	1.56	0.28	1.95	0.34
14 章 编结用植物材料；其他植物产品 14. Vegetable plaiting materials；vegetable products not elsewhere specified or included	2.82	0.51	2.60	0.45
第三类 动、植物油、脂及其分解产品；精制的食用油脂；动、植物蜡 **Ⅲ、ANIMAL OR VEGETABLE FATS AND OILS AND THEIR CLEAVAGE PRODUCTS；PREPARED EDIBLE FATS；ANIMAL OR VEGETABLE WAXES**	**7.70**	**1.40**	**11.91**	**2.06**
15 章 动、植物油、脂及其分解产品；精制的食用油脂；动、植物蜡 15. Animal or vegetable fats and oils and their cleavage products；prepared edible fats；animal or vegetable waxes	7.70	1.40	11.91	2.06
第四类 食品；饮料、酒及醋；烟草、烟草及烟草代用品的制品 **Ⅳ、PREPARED FOODSTUFFS；BEVERAGES，SPIRITS AND VINEGAR；TOBACCO AND MANUFACTURED TOBACCO SUBSTITUTES**	**181.62**	**32.95**	**207.63**	**36.12**

2—12（3） 出口商品分类金额

VALUE OF EXPORTS BY HS

单位：亿元

Unit：100 millions

商品分类 HS Section and Division	1992		1993	
	人民币 RMB¥	美　元 US$	人民币 RMB¥	美　元 US$
16 章　肉、鱼、甲壳动物、软体动物及其他水生无脊椎动物的制品 16. Preparations of meat，of fish or of crustaceans，molluscs or other aquatic invertebrates	22.00	3.98	34.56	6.02
17 章　糖及糖食 17. Sugars and sugar confectionery	37.16	6.72	37.51	6.55
18 章　可可及可可制品 18. Cocoa and cocoa preparations	2.01	0.36	2.59	0.45
19 章　谷物、粮食粉、淀粉或乳的制品；糕饼点心 19. Preparations of cereals，flour，starch or milk；pastrycooks' products	7.02	1.28	7.05	1.22
20 章　蔬菜、水果、坚果或植物其他部分的制品 20. Preparations of vegetables，fruit，nuts or other parts of plants	37.91	6.88	39.37	6.83
21 章　杂项食品 21. Miscellaneous edible preparations	6.14	1.11	7.04	1.22
22 章　饮料、酒及醋 22. Beverages，spirits and vinegar	18.15	3.29	17.18	2.99
23 章　食品工业的残渣及废料；配制的动物饲料 23. Residues and waste from the food industries；prepared animal fodder	26.99	4.92	25.53	4.44
24 章　烟草及烟草代用品的制品 24. Tobacco and manufactured tobacco substitutes	24.24	4.41	36.80	6.40
第五类　矿产品 **Ⅴ、MINERAL PRODUCTS**	**308.86**	**56.17**	**280.63**	**48.74**
25 章　盐；硫磺；泥土及石料；石膏料、石灰及水泥 25. Salt；sulphur；earths and stone；plastering materials，lime and cement	45.19	8.23	39.86	6.91

2—12（4）

出口商品分类金额
VALUE OF EXPORTS BY HS

单位：亿元
Unit：100 millions

商品分类 HS Section and Division	1992 人民币 RMB¥	1992 美 元 US$	1993 人民币 RMB¥	1993 美 元 US$
26章 矿砂、矿渣及矿灰 26. Ores，slag and ash	5.60	1.02	4.24	0.74
27章 矿物燃料、矿物油及其蒸馏产品；沥青物质；矿物蜡 27. Mineral fuels，mineral oils and products of their distillation；bituminous substances；mineral waxes	258.07	46.92	236.53	41.09
第六类 化学工业及其相关工业的产品 **Ⅵ、PRODUCTS OF THE CHEMICAL OR ALLIED INDUSTRIES**	**227.06**	**41.23**	**253.45**	**43.98**
28章 无机化学品；贵金属、稀土金属、放射性元素及其同位素的有机及无机化合物 28. Inorganic chemicals；organic or inorganic compounds of precious metals，of rare-earth metals，of radioactive elements or of isotopes	57.81	10.50	65.97	11.44
29章 有机化学品 29. Organic chemicals	77.27	14.04	88.83	15.41
30章 药品 30. Pharmaceutical products	25.40	4.60	24.57	4.27
31章 肥料 31. Fertilizers	1.63	0.30	2.80	0.48
32章 鞣料浸膏及染料浸膏；鞣酸及其衍生物；染料、颜料及其他着色料；油漆及清漆；油灰及其他类似胶粘剂；墨水、油墨 32. Tanning or dyeing extracts；tannins and their derivatives；dyes，pigments and other colouring matter；paints and varnishes；putty and other mastics；inks	19.51	3.54	21.49	3.73
33. 精油及香膏；芳香料制品及化妆盥洗品 33. Essential oils and resinoids；perfumery，cosmetic or toilet preparations	9.96	1.81	12.43	2.16

2—12（5） 出口商品分类金额

VALUE OF EXPORTS BY HS

单位：亿元

Unit：100 millions

商品分类 HS Section and Divosion	1992 人民币 RMB¥	1992 美元 US$	1993 人民币 RMB¥	1993 美元 US$
34章 肥皂、有机表面活性剂、洗涤剂、润滑剂、人造蜡、调制蜡、光洁剂、蜡烛及类似品、塑型用膏、"牙科用蜡"及牙科用熟石膏制剂 34. Soap，organic surface-active agents，washing preparations，lubricating preparations，artificial waxes，prepared waxes，polishing or scouring preparations，candles and similar articles，modelling pastes，"dental waxes" and dental preparations with a basis of plaster	5.63	1.02	6.74	1.17
35章 蛋白类物质；改性淀粉；胶；酶 35. Albuminoidal substances；modified starches；blues；enzymes	1.28	0.23	1.44	0.25
36章 炸药；烟火制品；火柴；引火合金；易燃材料制品 36. Explosives；pyrotechnic products；matches；pyrophoric alloys；certain combustible preparations	8.54	1.55	8.01	1.39
37章 照相及电影用品 37. Photographic or cinematographic goods	2.08	0.38	2.91	0.51
38章 杂项化学产品 38. Miscellaneous chemical products	17.95	3.26	18.26	3.17
第七类 塑料及其制品，橡胶及其制品 **Ⅶ、PLASTICS AND ARTICLES THEREOF；RUBBER AND ARTICLES THEREOF**	**100.75**	**18.29**	**126.26**	**21.98**
39章 塑料及其制品 39. Plastics and articles thereof	83.50	15.16	105.10	18.25
40章 橡胶及其制品 40. Rubber and articles thereof	17.25	3.13	21.52	3.73
第八类 生皮、皮革、毛皮及其制品；鞍具及挽具；旅行用品、手提包及类似品；动物肠线（蚕胶丝除外）制品 **Ⅷ、RAW HIDES AND SKINS，LEATHER，FURSKINS AND ARTICLES THEREOF；SADDLERY AND HARNESS；TRAVEL GOODS，HANDBAGS AND SIMILAR CONTAINERS；ARTICLES OF ANIMAL GUT（OTHER THAN SILK-WORM GUT）**	**160.25**	**29.13**	**198.24**	**34.43**

2—12（6）

出口商品分类金额
VALUE OF EXPORTS BY HS

单位：亿元
Unit：100 millions

商品分类 HS Section and Division	1992		1993	
	人民币 RMB¥	美 元 US$	人民币 RMB¥	美 元 US$
41章 生皮（毛皮除外）及皮革 41. Raw hides and skins (other than furskins) and leather	8.57	1.56	8.65	1.49
42章 皮革制品；鞍具及挽具；旅行用品、手提包及类似容器；动物肠线（蚕胶丝除外）制品 42. Articles of leather；saddlery and harness；travel goods，handbags and similar containers；articles of animal gut (other than silk-worm gut)	133.56	24.27	166.54	28.93
43章 毛皮、人造毛皮及其制品 43. Furskins and artificial fur；manufactures thereof	18.12	3.30	23.05	4.01
第九类 木及木制品；木炭；软木及软木制品；稻草，秸秆、针茅或其他编结材料制品；篮筐及柳条编结品 **Ⅸ、WOOD AND ARTICLES OF WOOD；WOOD CHARCOAL；CORK AND ARTICLES OF CORK；MANUFACTURES OF STRAW，OF ESPARTO OR OF OTHER PLAITING MATERIALS；BASKETWARE AND WICKERWORK**	**64.55**	**11.74**	**72.27**	**12.54**
44章 木及木制品；木炭 44. Wood and articles of wood；wood charcoal	38.85	7.07	48.12	8.35
45章 软木及软木制品 45. Cork and articles of cork	0.24	0.04	0.20	0.03
46章 稻草、秸秆、针茅或其他编结材料制品；篮筐及柳条编结品 46. Manufactures of straw，of esparto or of other plaiting materials；basketware and wickerwork	25.46	4.63	23.95	4.16
第十类 木浆及其他纤维状纤维素浆；纸及纸板的废碎品；纸、纸板及其制品 **Ⅹ、PULP OF WOOD OR OF OTHER FIBROUS CELLULOSIC MATERIAL；WASTE AND SCRAP OF PAPER OR PAPERBOARD；PAPER AND PAPERBOARD AND ARTICLES THEREOF**	**28.88**	**5.25**	**36.25**	**6.30**
47章 木浆及其他纤维状纤维素浆；纸及纸板的废碎品 47. Pulp of wood or of other fibrous cellulosic material；waste and scrap of paper or paperboard	0.12	0.02	0.23	0.04

2—12（7）

出口商品分类金额
VALUE OF EXPORTS BY HS

单位：亿元
Unit：100 millions

商品分类 HS Section and Division	1992 人民币 RMB¥	1992 美元 US$	1993 人民币 RMB¥	1993 美元 US$
48章 纸及纸板；纸浆、纸或纸板制品 48. Paper and paperboard; articles of paper pulp, of paper or of paperboard	23.95	4.35	28.88	5.02
49章 书籍、报纸、印刷图画及其他印制品；手稿、打字稿及设计图纸 49. Printed books, newspapers, pictures and other products of the printing industry; manuscripts, typescripts and plans	4.81	0.88	7.14	1.24
第十一类 纺织原料及纺织制品 **Ⅺ、TEXTILES AND TEXTILE ARTICLES**	**1355.73**	**246.17**	**1501.24**	**260.64**
50章 蚕丝 50. Silk	52.07	9.44	45.42	7.88
51章 羊毛、动物细毛或粗毛；马毛纱线及其机织物 51. Wool, fine or coarse animal hair; horsehair yarn and woven fabric	39.25	7.13	34.99	6.08
52章 棉花 52. Cotton	141.24	25.67	160.31	27.84
53章 其他植物纺织纤维；纸纱线及其机织物 53. Other vegetable textile fibres; paper yarn and woven fabrics of paper yarn	19.86	3.61	22.05	3.83
54章 化学纤维长丝 54. Man-made filaments	13.18	2.40	13.68	2.37
55章 化学纤维短纤 55. Man-made stape fibres	82.79	15.05	83.83	14.56
56章 絮胎、毡呢及无纺织物；特种纱线；线、绳、索、缆及其制品 56. Wadding, felt and nonwovens; special yarns; twine, cordage, ropes and cables and articles thereof	5.23	0.95	6.47	1.12
57章 地毯及纺织材料的其他铺地制品 57. Carpets and other textile floor coverings	28.52	5.18	29.95	5.19

2—12（8）

出口商品分类金额
VALUE OF EXPORTS BY HS

单位：亿元
Unit：100 millions

商品分类 HS Section and Division	1992 人民币 RMB¥	1992 美元 US$	1993 人民币 RMB¥	1993 美元 US$
58章 特种机织物；簇绒织物；花边；装饰毯；装饰带；刺绣品 58. Special woven fabrics；tufted textile fabrics；lace；tapestries；trimmings；embroidery	13.47	2.45	13.80	2.40
59章 浸渍、涂布、包覆或层压的纺织物；工业用纺织制品 59. Impregnated，coated，covered or laminated textile fabrics；textile articles of a kind suitable for industrial use	3.26	0.59	4.06	0.72
60章 针织物及钩编织物 60. Knitted or crocheted fabrics	27.48	4.99	31.33	5.44
61章 针织或钩编的服装及衣着附件 61. Articles of apparel and clothing accessories，knitted or crocheted	255.48	46.39	289.92	50.32
62章 非针织或非钩编的服装及衣着附件 62. Articles of apparel and clothing accessories，not knited or crocheted	580.08	105.26	664.85	115.41
63章 其他纺织制成品；成套物品；旧衣着及旧纺织品；碎织物 63. Other made up textile articles；sets；worn clothing and worn textile articles；rags	93.82	17.06	100.58	17.48
第十二类 鞋、帽、伞、杖、鞭及其零件；已加工的羽毛及其制品；人造花；人发制品 **XII、FOOTWEAR，HEADGEAR，UMBRELLAS，SUN UMBRELLAS，WALKING-STICKS，SEAT-STICKS，WHIPS，RIDING-CROPS AND PARTS THEREOF；PREPARED FEATHERS AND ARTICLES MADE THEREWITH；ARTIFICIAL FLOWERS；ARTICLES OF HUMAN HAIR**	**283.08**	**51.44**	**362.42**	**62.91**
64章 鞋靴、护腿和类似品及其零件 64. Footwear，gaiters and the like；parts of such articles	233.46	42.42	304.19	52.80

2—12（9）

出口商品分类金额
VALUE OF EXPORTS BY HS

单位：亿元
Unit：100 millions

商品分类 HS Section and Division	1992 人民币 RMB￥	1992 美元 US＄	1993 人民币 RMB￥	1993 美元 US＄
65章 帽类及其零件 65. Headgear and parts thereof	11.97	2.17	14.50	2.52
66章 雨伞、阳伞、手杖、鞭子、马鞭及其零件 66. Umbrellas，sun umbrellas，walking-sticks. seat-sticks，whips，riding-crops and parts thereof	15.61	2.84	19.24	3.34
67章 已加工羽毛、羽绒及其制品；人造花；人发制品 67. Prepared feathers and down and articles made of feathers or of down；artificial flowers；articles of human hair	22.04	4.01	24.49	4.25
第十三类 石料、石膏、水泥、石棉、云母及类似材料的制品；陶瓷产品；玻璃及其制品 **XIII、ARTICLES OF STONE，PLASTER，CEMENT，ASBESTOS，MICA OR SIMILAR MATERIALS；CERAMIC PRODUCTS；GLASS AND GLASSWARE**	**71.47**	**13.00**	**76.50**	**13.29**
68章 石料、石膏、水泥、石棉、云母及类似材料的制品 68. Articles of stone，plaster，cement，asbestos，mica or similar materials	16.27	2.95	21.29	3.70
69章 陶瓷产品 69. Ceramic products	39.17	7.14	38.74	6.73
70章 玻璃及其制品 70. Glass and glassware	16.03	2.91	16.47	2.86
第十四类 天然或养殖珍珠、宝石或半宝石、贵金属、包贵金属及其制品；仿首饰；硬币 **XIV、NATURAL OR CULTURED PEARLS，PRECIOUS OR SEMI-PRECIOUS STONES，PRECIOUS METALS，METALS CLAD WITH PRECIOUS METAL AND ARTICLES THEREOF；IMITATION JEWELLERY；COIN**	**55.37**	**10.05**	**50.79**	**8.81**
71章 天然或养殖珍珠、宝石或半宝石、贵金属、包贵金属及其制品；仿首饰；硬币 71. Natural or cultured pearls，precious or semi-precious stones，precious metals，metals clad with precious metal and articles thereof，imitation jewellery；coin	55.37	10.05	50.79	8.81

2—12（10） 出口商品分类金额
VALUE OF EXPORTS BY HS

单位：亿元
Unit：100 millions

商品分类 HS Section and Division	1992 人民币 RMB¥	1992 美元 US $	1993 人民币 RMB¥	1993 美元 US $
第十五类 贱金属及其制品 XV、BASE METALS AND ARTICLES OF BASE METAL	**250.45**	**45.51**	**269.30**	**46.70**
72章 钢铁 72. Iron and steel	61.21	11.13	48.56	8.41
73章 钢铁制品 73. Articles of iron or steel	70.15	12.74	83.41	14.48
74章 铜及其制品 74. Copper and articles thereof	13.14	2.39	12.22	2.12
75章 镍及其制品 75. Nickel and articles thereof	0.27	0.05	0.19	0.03
76章 铝及其制品 76. Aluminium and articles thereof	15.04	2.73	15.48	2.66
78章 铅及其制品 78. Lead and articles thereof	3.06	0.56	2.33	0.40
79章 锌及其制品 79. Zinc and articles thereof	6.16	1.12	11.18	1.94
80章 锡及其制品 80. Tin and articles thereof	8.75	1.59	10.84	1.88
81章 其他贱金属、金属陶瓷及其制品 81. Other base metals；cermets；articles thereof	7.48	1.36	8.15	1.42
82章 贱金属工具、器具、利口器、餐匙、餐叉及其零件 82. Tools，implements，cutlery，spoons and forks，of base metal；parts thereof of base metal	36.31	6.65	43.43	7.54
83章 贱金属杂项制品 83. Miscellaneous articles of base metal	28.58	5.19	33.51	5.82

2—12（11） 出口商品分类金额

VALUE OF EXPORTS BY HS

单位：亿元

Unit：100 millions

商品分类 HS Section and Division	1992 人民币 RMB¥	1992 美元 US$	1993 人民币 RMB¥	1993 美元 US$
第十六类 机器、机械器具、电气设备及其零件；录音机及放声机、电视图象、声音的录制和重放设备及其零件、附件				
XVI、MACHINERY AND MECHANICAL APPLIANCES；ELECTRICAL EQUIPMENT；PARTS THEREOF；SOUND RECORDERS AND REPRODUCERS，TELEVISION IMAGE AND SOUND RECORDERS AND REPRODUCERS；AND PARTS AND ACCESSORIES OF SUCH ARTICLES	**636.03**	**115.43**	**801.69**	**139.07**
84章 核反应堆、锅炉、机器、机械器具及其零件				
84. Nuclear reactors，boilers，machinery and mechanical appliances；parts thereof	185.60	33.67	242.72	42.11
85章 电机、电气设备及其零件；录音机及放声机、电视图象、声音的录制和重放设备及其零件、附件				
85. Electrical machinery and equipment and parts thereof；sound recorders and reproducers，television image and sound recorders and reproducers，and parts and accessories of such articles	450.42	81.76	558.97	96.96
第十七类、车辆、航空器、船舶及有关运输设备				
XVII、VEHICLES，AIRCRAFT，VESSELS AND ASSOCIATED TRANSPORT EQUIPMENT	**121.44**	**22.03**	**111.09**	**19.26**
86章 铁道及电车道机车、车辆及其零件；铁道及电车轨道固定装置及其零件、附件；各种机械（包括电动机械）交通信号设备				
86. Railway or tramway locomotives，rolling-stock and parts thereof；railway or tramway track fixtures and fittings and parts thereof；mechanical（including electro-mechanical）traffic signalling equipment of all kinds	18.64	3.38	17.56	3.02
87章 车辆及其零件、附件，但铁道及电车道车辆除外				
87. Vehicles other than railway or tramway rolling-stock，and parts and accessories thereof	55.86	10.15	69.05	12.00
88章 航空器、航天器及其零件				
88. Aircraft，spacecraft，and parts thereof	20.57	3.70	10.54	1.83

2—12（12）

出口商品分类金额
VALUE OF EXPORTS BY HS

单位：亿元
Unit：100 millions

商品分类 HS Section and Division	1992 人民币 RMB¥	1992 美元 US$	1993 人民币 RMB¥	1993 美元 US$
89章　船舶及浮动结构体 89. Ships，boats and floating structures	26.37	4.80	13.94	2.41
第十八类　光学、照相、电影、计量、检验、医疗或外科用仪器及设备、精密仪器及设备；钟表；乐器；上述物品的零件、附件 XVIII、OPTICAL，PHOTOGRAPHIC，CINEMATOGRAPHIC，MEASURING，CHECKING，PRECISION，MEDICAL OR SURGICAL INSTRUMENTS AND APPARATUS；CLOCKS AND WATCHES；MUSICAL INSTRUMENTS；PARTS AND ACCESSORIES THEREOF	**128.30**	**23.29**	**154.70**	**26.84**
90章　光学、照相、电影、计量、检验、医疗或外科用仪器及设备、精密仪器及设备；上述物品的零件、附件 90. Op tical，photographic，cinematographic measuring，checking，precision medical or surgical instruments and apparatus；parts and aaccessories thereof	49.61	9.01	62.98	10.92
91章　钟表及其零件 91. Clocks and watches and parts thereof	74.82	13.58	86.98	15.10
92章　乐器及其零件、附件 92. Musical instruments；parts and accessories of such articles	3.87	0.70	4.74	0.82
第十九类　武器、弹药及其零件、附件 XIX、ARMS AND AMMUNITION；PARTS AND ACCESSORIES THEREOF	**18.09**	**3.27**	**17.18**	**2.98**
93章　武器、弹药及其零件、附件 93. Arms and ammunition；parts and accessories thereof	18.09	3.27	17.18	2.98
第二十类　杂项制品 XX、MISCELLANEOUS MANUFACTURED ARTICLES	**285.70**	**51.92**	**351.60**	**61.02**

2—12（13） 出口商品分类金额
VALUE OF EXPORTS BY HS

单位：亿元
Unit：100 millions

商品分类 HS Section and Divosion	1992 人民币 RMB￥	1992 美 元 US $	1993 人民币 RMB￥	1993 美 元 US $
94 章 家具；寝具、褥垫、弹簧床垫、软坐垫及类似的填充制品；未列名灯具及照明装置；发光标志、发光名牌及类似品；活动房屋 94. Funiture；bedding，mattresses，mattress supports，cushions and similar stuffed furnishings；lamps and lighting fittings，not elsewhere specified or included；illuminated signs，illuminated name-plates and the like；prefabricated buildings	71.15	12.93	101.76	17.65
95 章 玩具、游戏品、运动用品及其零件、附件 95. Toys，games and sports requisites；parts and accessories thereof	179.43	32.61	213.73	37.10
96 章 杂项制品 96. Miscellaneous manufactured articles	35.12	6.38	36.11	6.27
第二十一类 艺术品、收藏品及古物 **XXI、WORKS OF ART，COLLECTORS′ PIECES AND ANTIQUES**	**2.36**	**0.43**	**2.47**	**0.43**
97 章 艺术品、收藏品及古物 97. Works of art，collectors′ pieces and antiques	2.36	0.43	2.47	0.43
第二十二类 特殊交易品及未分类商品 **XXII、COMMODITIES AND TRANSACTIONS NOT CLASSIFIED ACCORDING TO KIND**			**0.01**	
98 章 特殊交易品及未分类商品 98. Commodities not classified according to kind			0.01	

2—13（1） 进口商品分类金额

VALUE OF IMPORTS BY HS

单位：亿元

Unit：100 millions

商品分类 HS Section and Division	1992 人民币 RMB¥	1992 美 元 US $	1993 人民币 RMB¥	1993 美 元 US $
总额 Total	**4444. 18**	**805. 85**	**5985. 65**	**1039. 59**
第一类 活动物；动物产品 **Ⅰ、LIVE ANIMALS；ANIMAL PRODUCTS**	**28. 16**	**5. 10**	**31. 62**	**5. 49**
01 章 活动物 1. Live animals	1. 11	0. 20	1. 08	0. 19
02 章 肉及食用杂碎 2. Meat and edible meat offal	3. 14	0. 57	3. 93	0. 68
03 章 鱼、甲壳动物、软体动物及其他水生无脊椎动物 3. Fish and crustaceans，molluscs and other aquatic invertebrates	17. 86	3. 23	20. 92	3. 64
04 章 乳品；蛋品；天然蜂蜜；其他食用动物产品 4. Dairy produce；birds' eggs；natural honey；edible products of animal origin，not elsewhere specified or included	3. 79	0. 69	3. 25	0. 57
05 章 其他动物产品 5. Products of animal origin，not elsewhere specified or included	2. 26	0. 41	2. 44	0. 41
第二类 植物产品 **Ⅱ、VEGETABLE PRODUCTS**	**109. 09**	**19. 87**	**73. 54**	**12. 77**
06 章 活树及其他活植物；鳞茎、根及类似品；插花及装饰用簇叶 6. Live trees and other plants；bulbs，roots and the like；cut flowers and ornamental foliage	0. 32	0. 06	0. 57	0. 10
07 章 食用蔬菜、根及块茎 7. Edible vegetables and certain roots and tubers	2. 11	0. 38	1. 44	0. 25
08 章 食用水果及坚果；甜瓜或柑桔属水果的果皮 8. Edible fruit and nuts；peel of citrus fruit or melons	2. 24	0. 41	2. 59	0. 45

2—13（2）

进口商品分类金额
VALUE OF IMPORTS BY HS

单位：亿元
Unit：100 millions

商品分类 HS Section and Division	1992		1993	
	人民币 RMB¥	美　元 US＄	人民币 RMB¥	美　元 US＄
09 章　咖啡、茶、马黛茶及调味香料 9. Coffee，tea，mate and spices	1.31	0.24	0.81	0.14
10 章　谷物 10. Cereals	91.98	16.77	57.45	9.97
11 章　制粉工业产品；麦芽；淀粉；菊粉；面筋 11. Products of the milling industry；malt；starches；inulin；wheat gluten	2.12	0.38	1.65	0.28
12 章　含油子仁及果实；杂项子仁及果实；工业用或药用植物；稻草、秸秆及饲料 12. Oil seeds and oleaginous fruits；miscellaneous grains，seeds and fruit；industrial or medicinal plants；straw and fodder	6.42	1.16	5.91	1.03
13 章　虫胶；树胶、树脂及其他植物液、汁 13. Lac；gums，resins and other vegetable saps and extracts	0.91	0.16	1.37	0.24
14 章　编结用植物材料；其他植物产品 14. Vegetable plaiting materials；vegetable products not elsewhere specified or included	1.68	0.31	1.75	0.31
第三类　动、植物油、脂及分解产品；精制的食用油脂；动、植物蜡 **Ⅲ、ANIMAL OR VEGETABLE FATS AND OILS AND THEIR CLEAVAGE PRODUCTS；PREPARED EDIBLE FATS；ANIMAL OR VEGETABLE WAXES**	**29.69**	**5.40**	**29.70**	**5.16**
15 章　动、植物油、脂及其分解产品；精制的食用油脂；动、植物蜡 15. Animal or vegetable fats and oils and their cleavage products；prepared edible fats；animal or vegetable waxes	29.69	5.40	29.70	5.16
第四类　食品；饮料、酒及醋；烟草、烟草及烟草代用品的制品 **Ⅳ、PREPARED FOODSTUFFS；BEVERAGES，SPIRITS AND VINEGAR；TOBACCO AND MANUFACTURED TOBACCO SUBSTITUTES**	**60.07**	**10.93**	**48.40**	**8.41**

2—13（3） 进口商品分类金额

VALUE OF IMPORTS BY HS

单位：亿元

Unit：100 millions

商品分类 HS Section and Division	1992		1993	
	人民币 RMB¥	美 元 US $	人民币 RMB¥	美 元 US $
16章 肉、鱼、甲壳动物、软体动物及其他水生无脊椎动物的制品 16. Preparations of meat，of fish or of crustaceans，molluscs or other aquatic invertebrates	0.40	0.07	0.28	0.05
17章 糖及糖食 17. Sugars and sugar confectionery	14.94	2.73	7.62	1.33
18章 可可及可可制品 18. Cocoa and cocoa preparations	1.96	0.36	2.26	0.39
19章 谷物、粮食粉、淀粉或乳的制品；糕饼点心 19. Preparations of cereals，flour，starch or milk；pastrycooks′ products	0.85	0.16	1.38	0.24
20章 蔬菜、水果、坚果或植物其他部分的制品 20. Preparations of vegetables，fruit，nuts or other parts of plants	0.77	0.14	1.48	0.26
21章 杂项食品 21. Miscellaneous edible preparations	2.57	0.47	3.50	0.61
22章 饮料、酒及醋 22. Beverages，spirits and vinegar	1.94	0.35	2.67	0.46
23章 食品工业的残渣及废料；配制的动物饲料 23. Residues and waste from the food industries；prepared animal fodder	25.32	4.61	17.68	3.07
24章 烟草及烟草代用品的制品 24. Tobacco and manufactured tobacco substitutes	11.32	2.04	11.53	2.00
第五类 矿产品 **V、MINERAL PRODUCTS**	**264.77**	**47.81**	**412.56**	**71.57**
25章 盐；硫磺；泥土及石料；石膏料、石灰及水泥 25. Salt；sulphur；earths and stone；plastering materials，lime and cement	3.35	0.61	7.13	1.24

2—13（4）

进口商品分类金额
VALUE OF IMPORTS BY HS

单位：亿元

Unit：100 millions

商品分类 HS Section and Division	1992 人民币 RMB¥	1992 美元 US$	1993 人民币 RMB¥	1993 美元 US$
26 章 矿砂、矿渣及矿灰 26. Ores, slag and ash	63.29	11.49	69.91	12.14
27 章 矿物燃料、矿物油及其蒸馏产品；沥青物质；矿物蜡 27. Mineral fuels, mineral oils and products of their distillation; bituminous substances; mineral waxes	198.13	35.71	335.52	58.19
第六类 化学工业及其相关工业的产品 **Ⅵ、PRODUCTS OF THE CHEMICAL OR ALLIED INDUSTRIES**	**394.53**	**71.75**	**322.67**	**56.08**
28 章 无机化学品；贵金属、稀土金属、放射性元素及其同位素的有机及无机化合物 28. Inorganic chemicals; organic or inorganic compounds of precious metals, of rare-earth metals, of radioactive elements or of isotopes	20.82	3.77	25.05	4.35
29 章 有机化学品 29. Organic chemicals	103.21	18.75	98.21	17.05
30 章 药品 30. Pharmaceutical products	17.53	3.19	15.12	2.63
31 章 肥料 31. Fertilizers	164.80	30.04	85.05	14.79
32 章 鞣料浸膏及染料浸膏；鞣酸及其衍生物；染料、颜料及其他着色料；油漆及清漆；油灰及其他类似胶粘剂；墨水、油墨 32. Tanning or dyeing extracts; tannins and their derivatives; dyes, pigments and other colouring matter; paints and varnishes; putty and other mastics; inks	27.54	5.00	34.09	5.92
33. 精油及香膏；芳香料制品及化妆盥洗品 33. Essential oils and resinoids; perfumery, cosmetic or toilet preparations	1.81	0.33	2.23	0.39

2—13（5） 进口商品分类金额

VALUE OF IMPORTS BY HS

单位：亿元

Unit：100 millions

商品分类 HS Section and Division	1992		1993	
	人民币 RMB¥	美　元 US $	人民币 RMB¥	美　元 US $
34章　肥皂、有机表面活性剂、洗涤剂、润滑剂、人造蜡、调制蜡、光洁剂、蜡烛及类似品、塑型用膏、“牙科用蜡”及牙科用熟石膏制剂 34. Soap，organic surface-active agents，washing preparations，lubricating preparations，artificial waxes，prepared waxes，polishing or scouring preparations，candles and similar articles，modelling pastes，“dental waxes” and dental preparations with a basis of plaster	9.10	1.65	9.68	1.68
35章　蛋白类物质；改性淀粉；胶；酶 35. Albuminoidal substances；modified starches；blues；enzymes	7.39	1.34	9.03	1.57
36章　炸药；烟火制品；火柴；引火合金；易燃材料制品 36. Explosives；pyrotechnic products；matches；pyrophoric alloys；certain combustible preparations	0.21	0.04	0.22	0.04
37章　照相及电影用品 37. Photographic or cinematographic goods	5.03	0.91	5.45	0.95
38章　杂项化学产品 38. Miscellaneous chemical products	37.09	6.73	38.54	6.71
第七类　塑料及其制品，橡胶及其制品 **Ⅶ、PLASTICS AND ARTICLES THEREOF；RUBBER AND ARTICLES THEREOF**	**292.24**	**53.09**	**319.82**	**55.53**
39章　塑料及其制品 39. Plastics and articles thereof	261.68	47.54	285.36	49.55
40章　橡胶及其制品 40. Rubber and articles thereof	30.56	5.55	34.46	5.98
第八类　生皮、皮革、毛皮及其制品；鞍具及挽具；旅行用品、手提包及类似品；动物肠线（蚕胶丝除外）制品 **Ⅷ、RAW HIDES AND SKINS，LEATHER，FURSKINS AND ARTICLES THEREOF；SADDLERY AND HARNESS；TRAVEL GOODS，HANDBAGS AND SIMILAR CONTAINERS；ARTICLES OF ANIMAL GUT（OTHER THAN SILK-WORM GUT）**	**76.72**	**13.94**	**106.17**	**18.42**

2—13（6） 进口商品分类金额
VALUE OF IMPORTS BY HS

单位：亿元
Unit：100 millions

商品分类 HS Section and Division	1992		1993	
	人民币 RMB¥	美 元 US$	人民币 RMB¥	美 元 US$
41章 生皮（毛皮除外）及皮革 41. Raw hides and skins（other than furskins）and leather	65.37	11.88	91.04	15.80
42章 皮革制品；鞍具及挽具；旅行用品、手提包及类似容器；动物肠线（蚕胶丝除外）制品 42. Articles of leather；saddlery and harness；travel goods，handbags and similar continers；articles of animal gut（other than silk-worm gut）	3.21	0.58	3.95	0.68
43章 毛皮、人造毛皮及其制品 43. Furskins and artificial fur；manufactures thereof	8.14	1.48	11.18	1.94
第九类 木及木制品；木炭；软木及软木制品；稻草，秸秆、针茅或其他编结材料制品；篮筐及柳条编结品 **Ⅸ、WOOD AND ARTICLES OF WOOD；WOOD CHARCOAL；CORK AND ARTICLES OF CORK；MANUFACTURES OF STRAW，OF ESPARTO OR OF OTHER PLAITING MATERIALS；BASKETWARE AND WICKERWORK**	**78.19**	**14.20**	**91.65**	**15.91**
44章 木及木制品；木炭 44. Wood and articles of wood；wood charcoal	77.71	14.11	91.15	15.83
45章 软木及软木制品 45. Cork and articles of cork	0.33	0.06	0.38	0.06
46章 稻草、秸秆、针茅或其他编结材料制品；篮筐及柳条编结品 46. Manufactures of straw，of esparto or of other plaiting materials；basketware and wickerwork	0.15	0.03	0.12	0.02
第十类 木浆及其他纤维状纤维素浆；纸及纸板的废碎品；纸、纸板及其制品 **Ⅹ、PULP OF WOOD OR OF OTHER FIBROUS CELLULOSIC MATERIAL；WASTE AND SCRAP OF PAPER OR PAPERBOARD；PAPER AND PAPERBOARD AND ARTICLES THEREOF**	**120.07**	**21.84**	**117.21**	**20.35**
47章 木浆及其他纤维状纤维素浆；纸及纸板的废碎品 47. Pulp of wood or of other fibrous cellulosic material；waste and scrap of paper or paperboard	22.70	4.14	16.95	2.94

2—13（7）

进口商品分类金额
VALUE OF IMPORTS BY HS

单位：亿元
Unit：100 millions

商品分类 HS Section and Division	1992 人民币 RMB￥	1992 美 元 US $	1993 人民币 RMB￥	1993 美 元 US $
48 章 纸及纸板；纸浆、纸或纸板制品 48. Paper and paperboard；articles of paper pulp，of paper or of paperboard.	90.91	16.53	93.29	16.20
49 章 书籍、报纸、印刷图画及其他印制品；手稿、打字稿及设计图纸 49. Printed books，newspapers，pictures and other products of the printing industry；manuscripts，typescripts and plans	6.46	1.17	6.97	1.21
第十一类 纺织原料及纺织制品 **XI、TEXTILES AND TEXTILE ARTICLES**	**558.01**	**101.14**	**557.62**	**96.68**
50 章 蚕丝 50. Silk	9.63	1.74	10.43	1.81
51 章 羊毛、动物细毛或粗毛；马毛纱线及其机织物 51. Wool，fine or coarse animal hair；horsehair yarn and woven fabric	70.70	12.82	68.71	11.91
52 章 棉花 52. Cotton	94.57	17.19	71.25	12.37
53 章 其他植物纺织纤维；纸纱线及其机织物 53. Other vegetable textile fibres；paper yarn and woven fabrics of paper yarn	7.20	1.31	9.19	1.60
54 章 化学纤维长丝 54. Man-made filaments	125.39	22.59	136.93	23.73
55 章 化学纤维短纤 55. Man-made stape fibres	108.98	19.79	106.19	18.41
56 章 絮胎、毡呢及无纺织物；特种纱线；线、绳、索、缆及其制品 56. Wadding，felt and nonwovens；special yarns；twine，cordage，ropes and cables and articles thereof	16.36	2.97	16.88	2.92
57 章 地毯及纺织材料的其他铺地制品 57. Carpets and other textile floor coverings	1.49	0.27	1.74	0.30

2—13（8）

进口商品分类金额
VALUE OF IMPORTS BY HS

单位：亿元
Unit：100 millions

商品分类 HS Section and Division	1992		1993	
	人民币 RMB￥	美　元 US＄	人民币 RMB￥	美　元 US＄
58 章　特种机织物；簇绒织物；花边；装饰毯；装饰带；刺绣品 58. Special woven fabrics；tufted textile fabrics；lace；tapestries；trimmings；embroidery.	20.71	3.76	21.77	3.78
59 章　浸渍、涂布、包覆或层压的纺织物；式业用纺织制品 59. Impregnated，coated，covered or laminated textile fabrics；textile articles of a kind suitable for industrial use	45.88	8.34	43.36	7.53
60 章　针织物及钩编织物 60. Knitted or crocheted fabrics	32.98	5.99	39.72	6.89
61 章　针织或钩编的服装及衣着附件 61. Articles of apparel and clothing accessories，knitted or crocheted	7.60	1.38	7.63	1.33
62 章　非针织或非钩编的服装及衣着附件 62. Articles of apparel and clothing accessories，not knited or crocheted	14.58	2.64	21.90	3.77
63 章　其他纺织制成品；成套物品；旧衣着及旧纺织品；碎织物 63. Other made up textile articles；sets；worn clothing and worn textile articles；rags	1.94	0.35	1.92	0.33
第十二类　鞋、帽、伞、杖、鞭及其零件；已加工的羽毛及其制品；人造花；人发制品 **XII、FOOTWEAR，HEADGEAR，UMBRELLAS，SUN UMBRELLAS，WALKING-STICKS，SEAT-STICKS，WHIPS，RIDING-CROPS AND PARTS THEREOF；PREPARED FEATHERS AND ARTICLES MADE THEREWITH；ARTIFICIAL FLOWERS；ARTICLES OF HUMAN HAIR**	**27.88**	**5.06**	**29.52**	**5.13**
64 章　鞋靴、护腿和类似品及其零件 64. Footwear，gaiters and the like；parts of such articles	20.77	3.77	21.87	3.80

2—13（9） 进口商品分类金额
VALUE OF IMPORTS BY HS

单位：亿元
Unit：100 millions

商品分类 HS Section and Division	1992		1993	
	人民币 RMB¥	美　元 US $	人民币 RMB¥	美　元 US $
65 章　帽类及其零件 65. Headgear and parts thereof	0.30	0.05	0.34	0.06
66 章　雨伞、阳伞、手杖、鞭子、马鞭及其零件 66. Umbrellas，sun umbrellas，walking-sticks. seat-sticks，whips，riding-crops and parts thereof.	4.95	0.90	5.32	0.92
67 章　已加工羽毛、羽绒及其制品；人造花；人发制品 67. Prepared feathers and down and articles made of feathers or of down；artificial flowers；articles of human hair	1.86	0.34	1.99	0.35
第十三类　石料、石膏、水泥、石棉、云母及类似材料的制品；陶瓷产品；玻璃及其制品 **XIII、ARTICLES OF STONE，PLASTER，CEMENT，ASBESTOS，MICA OR SIMILAR MATERIALS；CERAMIC PRODUCTS；GLASS AND GLASSWARE**	**25.25**	**4.57**	**31.70**	**5.50**
68 章　石料、石膏、水泥、石棉、云母及类似材料的制品 68. Articles of stone，plaster，cement，asbestos，mica or similar materials	4.17	0.75	6.10	1.06
69 章　陶瓷产品 69. Ceramic products	5.10	0.93	7.86	1.36
70 章　玻璃及其制品 70. Glass and glassware	15.98	2.89	17.74	3.08
第十四类　天然或养殖珍珠、宝石或半宝石、贵金属、包贵金属及其制品；仿首饰；硬币 **XIV、NATURAL OR CULTURED PEARLS，PRECIOUS OR SEMI-PRECIOUS STONES，PRECIOUS METALS，METALS CLAD WITH PRECIOUS METAL AND ARTICLES THEREOF；IMITATION JEWELLERY；COIN**	**47.42**	**8.60**	**48.86**	**8.49**
71 章　天然或养殖珍珠、宝石或半宝石、贵金属、包贵金属及其制品；仿首饰；硬币 71. Natural or cultured pearls，precious or semi-precious stones，precious metals，metals clad with precious metal and articles thereof，imitation jewellery；coin	47.42	8.60	48.86	8.49

2—13（10）

进口商品分类金额
VALUE OF IMPORTS BY HS

单位：亿元

Unit：100 millions

商品分类 HS Section and Division	1992 人民币 RMB¥	1992 美 元 US $	1993 人民币 RMB¥	1993 美 元 US $
第十五类　贱金属及其制品 **XV、BASE METALS AND ARTICLES OF BASE METAL**	**432.96**	**78.44**	**952.23**	**165.40**
72 章　钢铁 72. Iron and steel	198.10	35.83	693.33	120.46
73 章　钢铁制品 73. Articles of iron or steel	80.60	14.68	105.90	18.38
74 章　铜及其制品 74. Copper and articles thereof	86.55	15.65	85.59	14.87
75 章　镍及其制品 75. Nickel and articles thereof	5.41	0.99	3.30	0.57
76 章　铝及其制品 76. Aluminium and articles thereof	36.92	6.69	33.51	5.82
78 章　铅及其制品 78. Lead and articles thereof	0.40	0.07	0.35	0.06
79 章　锌及其制品 79. Zinc and articles thereof	3.70	0.67	4.30	0.75
80 章　锡及其制品 80. Tin and articles thereof	0.71	0.13	1.00	0.17
81 章　其他贱金属、金属陶瓷及其制品 81. Other base metals；cermets；articles thereof	2.48	0.45	2.17	0.38
82 章　贱金属工具、器具、利口器、餐叉及其零件 82. Tools，implements，cutlery，spoons and forks，of base metal；parts thereof of base metal	5.28	0.96	6.56	1.12
83 章　贱金属杂项制品 83. Miscellaneous articles of base metal	12.81	2.32	16.22	2.82

2—13（11）

进口商品分类金额
VALUE OF IMPORTS BY HS

单位：亿元
Unit：100 millions

商品分类 HS Section and Division	1992 人民币 RMB¥	1992 美 元 US $	1993 人民币 RMB¥	1993 美 元 US $
第十六类 机器、机械器具、电气设备及其零件；录音机及放声机、电视图象、声音的录制和重放设备及其零件、附件 **XVI、MACHINERY AND MECHANICAL APPLIANCES；ELECTRICAL EQUIPMENT；PARTS THEREOF；SOUND RECORDERS AND REPRODUCERS，TELEVISION IMAGE AND SOUND RECORDERS AND REPRODUCERS；AND PARTS AND ACCESSORIES OF SUCH ARTICLES**	**1349.41**	**244.62**	**2064.92**	**358.47**
84章 核反应堆、锅炉、机器、机械器具及其零件 84. Nuclear reactors，boilers，machinery and mechanical appliances；parts thereof	824.56	149.44	1329.54	230.91
85章 电机、电气设备及其零件；录音机及放声机、电视图象、声音的录制和重放设备及其零件、附件 85. Electrical machinery and equipment and parts thereof；sound recorders and reproducers，television image and sound recorders and reproducers，and parts and accessories of such articles	524.85	95.18	735.38	127.56
第十七类、车辆、航空器、船舶及有关运输设备 **XVII、VEHICLES，AIRCRAFT，VESSELS AND ASSOCIATED TRANSPORT EQUIPMENT**	**340.86**	**61.62**	**499.82**	**87.23**
86章 铁道及电车道机车、车辆及其零件；铁道及电车轨道固定装置及其零件、附件；各种机械（包括电动机械）交通信号设备 86. Railway or tramway locomotives，rolling-stock and parts thereof；railway or tramway track fixtures and fittings and parts thereof；mechanical (including electro-mechanical) traffic signalling equipment of all kinds	3.30	0.61	5.11	0.89
87章 车辆及其零件、附件，但铁道及电车道车辆除外 87. Vehicles other than railway or tramway rolling-stock，and parts and accessories thereof	200.28	36.14	315.33	55.21
88章 航空器、航天器及其零件 88. Aircraft，spacecraft，and parts thereof	112.38	20.35	130.79	22.70

2—13（12） 进口商品分类金额
VALUE OF IMPORTS BY HS

单位：亿元
Unit：100 millions

商品分类 HS Section and Division	1992		1993	
	人民币 RMB¥	美 元 US $	人民币 RMB¥	美 元 US $
89 章 船舶及浮动结构体 89. Ships，boats and floating structures	24.90	4.52	48.59	8.43
第十八类 光学、照相、电影、计量、检验、医疗或外科用仪器及设备、精密仪器及设备；钟表；乐器；上述物品的零件、附件 **XVIII、OPTICAL，PHOTOGRAPHIC，CINEMATOGRAPHIC，MEASURING，CHECKING，PRECISION，MEDICAL OR SURGICAL INSTRUMENTS AND APPARATUS；CLOCKS AND WATCHES；MUSICAL INSTRUMENTS；PARTS AND ACCESSORIES THEREOF**	**164.99**	**29.91**	**194.78**	**33.80**
90 章 光学、照相、电影、计量、检验、医疗或外科用仪器及设备、精密仪器及设备；上述物品的零件、附件 90. Optical，photographic，cinematographic measuring，checking，precision medical or surgical instruments and apparatus；parts and aaccessories thereof	111.66	20.24	133.69	23.20
91 章 钟表及其零件 91. Clocks and watches and parts thereof	51.56	9.35	58.96	10.23
92 章 乐器及其零件、附件 92. Musical instruments；parts and accessories of such articles	1.77	0.32	2.13	0.37
第十九类 武器、弹药及其零件、附件 **XIX、ARMS AND AMMUNITION；PARTS AND ACCESSORIES THEREOF**	**1.91**	**0.35**	**4.17**	**0.75**
93 章 武器、弹药及其零件、附件 93. Arms and ammunition；parts and accessories thereof	1.91	0.35	4.17	0.75
第二十类 杂项制品 **XX、MISCELLANEOUS MANUFACTURED ARTICLES**	**41.79**	**7.58**	**46.18**	**8.01**

2—13（13） 进口商品分类金额
VALUE OF IMPORTS BY HS

单位：亿元
Unit：100 millions

商品分类 HS Section and Division	1992 人民币 RMB¥	1992 美 元 US $	1993 人民币 RMB¥	1993 美 元 US $
94 章 家具；寝具、褥垫、弹簧床垫、软坐垫及类似的填充制品；未列名灯具及照明装置；发光标志、发光名牌及类似品；活动房屋 94. Funiture；bedding，mattresses，mattress supports，cushions and similar stuffed furnishings；lamps and lighting fittings，not elsewhere specified or included；illuminated signs，illuminated name-plates and the like；prefabricated buildings	9.82	1.78	12.54	2.17
95 章 玩具、游戏品、运动用品及其零件、附件 95. Toys，games and sports requisites；parts and accessories thereof	16.62	3.02	18.83	3.27
96 章 杂项制品 96. Miscellaneous manufactured articles	15.35	2.78	14.81	2.57
第二十一类 艺术品、收藏品及古物 **XXI、WORKS OF ART，COLLECTORS′ PIECES AND ANTIQUES**	**0.17**	**0.03**	**0.12**	**0.02**
97 章 艺术品、收藏品及古物 97. Works of art，collectors′ pieces and antiques	0.17	0.03	0.12	0.02
第二十二类 特殊交易品及未分类商品 **XXII、COMMODITIES AND TRANSACTIONS NOT CLASSIFIED ACCORDING TO KIND**			**2.39**	**0.42**
98 章 特殊交易及未分类商品 98. Commodities not classified according to kind			2.39	0.42

2-14 (1) 对港澳地区进出口商品分类金额

VALUE OF EXPORTS TO AND IMPORTS FROM HONG KONG AND MACAO BY HS

单位：亿美元

Unit：US $ 100 millions

商品分类 HS Section and Division	1992 出口 Exports	1992 进口 Imports	1993 出口 Exports	1993 进口 Imports
总额 Total	**380.41**	**207.04**	**225.74**	**106.00**
第一类 活动物；动物产品 **I、LIVE ANIMALS；ANIMAL PRODUCTS**	**9.41**	**0.34**	**7.58**	**0.33**
01章 活动物 1. Live animals	4.55	0.01	4.26	0.01
02章 肉及食用杂碎 2. Meat and edible meat offal	0.89	0.03	0.68	0.02
03章 鱼、甲壳动物、软体动物及其他水生无脊椎动物 3. Fish and crustaceans，molluscs and other aquatic invertebrates	2.56	0.19	2.00	0.19
04章 乳品；蛋品；天然蜂蜜；其他食用动物产品 4. Dairy produce；birds' eggs；natural honey；edible products of animal origin，not elsewhere specified or included	0.53	0.06	0.38	0.09
05章 其他动物产品 5. Products of animal origin，not elsewhere specified or included	0.88	0.05	0.26	0.02
第二类 植物产品 **II、VEGETABLE PRODUCTS**	**5.91**	**0.30**	**4.70**	**0.20**
06章 活树及其他活植物；鳞茎、根及类似品；插花及装饰用簇叶 6. Live trees and other plants；bulbs，roots and the like；cut flowers and ornamental foliage	0.07	0.01	0.06	0.01
07章 食用蔬菜、根及块茎 7. Edible vegetables and certain roots and tubers	1.80	0.01	1.36	0.01
08章 食用水果及坚果；甜瓜或柑桔属水果的果皮 8. Edible fruit and nuts；peel of citrus fruit or melons	1.03	0.01	0.69	0.01

2-14 (2) 对港澳地区进出口商品分类金额

VALUE OF EXPORTS TO AND IMPORTS FROM HONG KONG AND MACAO BY HS

单位：亿美元

Unit：US＄ 100 millions

商品分类 HS Section and Division	1992		1993	
	出口 Exports	进口 Imports	出口 Exports	进口 Imports
09章　咖啡、茶、马黛茶及调味香料 9. Coffee，tea，mate and spices	0.67	0.01	0.63	0.01
10章　谷物 10. Cereals	0.33		0.26	0.06
11章　制粉工业产品；麦芽；淀粉；菊粉；面筋 11. Products of the milling industry；malt；starches；inulin；wheat gluten	0.12	0.13	0.11	0.03
12章　含油子仁及果实；杂项子仁及果实；工业用或药用植物；稻草、秸秆及饲料 12. Oil seeds and oleaginous fruits；miscellaneous grains，seeds and fruit；industrial or medicinal plants；straw and fodder	1.68	0.11	1.40	0.05
13章　虫胶；树胶、树脂及其他植物液、汁 13. Lac；gums，resins and other vegetable saps and extracts	0.05	0.01	0.07	0.01
14章　编结用植物材料；其他植物产品 14. Vegetable plaiting materials；vegetable products not elsewhere specified or included	0.16	0.01	0.12	0.01
第三类　动、植物油、脂及其分解产品；精制的食用油脂；动、植物蜡 **III、ANIMAL OR VEGETABLE FATS AND OILS AND THEIR CLEAVAGE PRODUCTS；PREPARED EDIBLE FATS；ANIMAL OR VEGETABLE WAXES**	**0.64**	**0.39**	**1.01**	**0.23**
15章　动、植物油、脂及其分解产品；精制的食用油脂；动、植物蜡 15. Animal or vegetable fats and oils and their cleavage products；prepared edible fats；animal or vegetable waxes	0.64	0.39	1.01	0.23
第四类　食品；饮料、酒及醋；烟草、烟草及烟草代用品的制品 **IV、PREPARED FOODSTUFFS；BEVERAGES，SPIRITS AND VINEGAR；TOBACCO AND MANUFACTURED TOBACCO SUBSTITUTES**	**6.92**	**1.35**	**6.35**	**1.50**

2-14（3） 对港澳地区进出口商品分类金额

VALUE OF EXPORTS TO AND IMPORTS FROM HONG KONG AND MACAO BY HS

单位：亿美元

Unit：US$ 100 millions

商品分类 HS Section and Division	1992 出口 Exports	1992 进口 Imports	1993 出口 Exports	1993 进口 Imports
16章 肉、鱼、甲壳动物、软体动物及其他水生无脊椎动物的制品 16. Preparations of meat, of fish or of crustaceans, molluscs or other aquatic invertebrates	0.76	0.01	0.69	0.02
17章 糖及糖食 17. Sugars and sugar confectionery	0.38	0.08	0.22	0.08
18章 可可及可可制品 18. Cocoa and cocoa preparations	0.02	0.01	0.02	0.02
19章 谷物、粮食粉、淀粉或乳的制品；糕饼点心 19. Preparations of cereals, flour, starch or milk; pastrycooks' products	0.55	0.07	0.43	0.14
20章 蔬菜、水果、坚果或植物其他部分的制品 20. Preparations of vegetables, fruit, nuts or other parts of plants	0.94	0.03	0.60	0.05
21章 杂项食品 21. Miscellaneous edible preparations	0.48	0.14	0.52	0.20
22章 饮料、酒及醋 22. Beverages, spirits and vinegar	1.77	0.18	1.61	0.18
23章 食品工业的残渣及废料；配制的动物饲料 23. Residues and waste from the food industries; prepared animal fodder	0.57	0.27	0.51	0.13
24章 烟草及烟草代用品的制品 24. Tobacco and manufactured tobacco substitutes	1.45	0.56	1.75	0.67
第五类 矿产品 V、MINERAL PRODUCTS	**3.72**	**4.29**	**2.70**	**3.65**
25章 盐；硫磺；泥土及石料；石膏料、石灰及水泥 25. Salt; sulphur; earths and stone; plastering materials, lime and cement	1.22	0.15	0.98	0.26

2-14（4） 对港澳地区进出口商品分类金额

VALUE OF EXPORTS TO AND IMPORTS FROM HONG KONG AND MACAO BY HS

单位：亿美元

Unit：US$ 100 millions

商品分类 HS Section and Division	1992 出口 Exports	1992 进口 Imports	1993 出口 Exports	1993 进口 Imports
26章 矿砂、矿渣及矿灰 26. Ores，slag and ash	0.13		0.07	0.03
27章 矿物燃料、矿物油及其蒸馏产品；沥青物质；矿物蜡 27. Mineral fuels，mineral oils and products of their distillation；bituminous substances；mineral waxes	2.37	4.14	1.65	3.36
第六类 化学工业及其相关工业的产品 **VI、PRODUCTS OF THE CHEMICAL OR ALLIED INDUSTRIES**	**10.16**	**7.28**	**7.92**	**5.32**
28章 无机化学品；贵金属、稀土金属、放射性元素及其同位素的有机及无机化合物 28. Inorganic chemicals；organic or inorganic compounds of precious metals，of rare-earth metals，of radioactive elements or of isotopes	1.49	0.45	0.98	0.64
29章 有机化学品 29. Organic chemicals	3.46	1.35	2.92	0.58
30章 药品 30. Pharmaceutical products	1.04	0.33	0.70	0.30
31章 肥料 31. Fertilizers	0.02	0.02	0.02	0.19
32章 鞣料浸膏及染料浸膏；鞣酸及其衍生物；染料、颜料及其他着色料；油漆及清漆；油灰及其他类似胶粘剂；墨水、油墨 32. Tanning or dyeing extracts；tannins and their derivatives；dyes，pigments and other colouring matter；paints and varnishes；putty and other mastics；inks	1.61	2.10	1.24	1.45
33章 精油及香膏；芳香料制品及化妆盥洗品 33. Essential oils and resinoids；perfumery，cosmetic or toilet preparations	0.80	0.11	0.80	0.13

2-14（5） 对港澳地区进出口商品分类金额

VALUE OF EXPORTS TO AND IMPORTS FROM HONG KONG AND MACAO BY HS

单位：亿美元

Unit：US＄ 100 millions

商品分类 HS Section and Division	1992		1993	
	出口 Exports	进口 Imports	出口 Exports	进口 Imports
34章 肥皂、有机表面活性剂、洗涤剂、润滑剂、人造蜡、调制蜡、光洁剂、蜡烛及类似品、塑型用膏、“牙科用蜡”及牙科用熟石膏制剂 34. Soap，organic surface-active agents，washing preparations，lubricating preparations，artificial waxes，prepared waxes，polishing or scouring preparations，candles and similar articles，modelling pastes，“dental waxes” and dental preparations with a basis of plaster	0.52	0.40	0.40	0.42
35章 蛋白类物质；改性淀粉；胶；酶 35. Albuminoidal substances；modified starches；blues；enzymes	0.08	0.56	0.09	0.28
36章 炸药；烟火制品；火柴；引火合金；易燃材料制品 36. Explosives；pyrotechnic products；matches；pyrophoric alloys；certain combustible preparations	0.25	0.01	0.07	0.01
37章 照相及电影用品 37. Photographic or cinematographic goods	0.23	0.24	0.31	0.16
38章 杂项化学产品 38. Miscellaneous chemical products	0.66	1.71	0.39	1.16
第七类 塑料及其制品，橡胶及其制品 VII、PLASTICS AND ARTICLES THEREOF；RUBBER AND ARTICLES THEREOF	**11.27**	**23.18**	**6.19**	**7.68**
39章 塑料及其制品 39. Plastics and articles thereof	10.51	22.54	5.76	7.38
40章 橡胶及其制品 40. Rubber and articles thereof	0.76	0.64	0.43	0.30
第八类 生皮、皮革、毛皮及其制品；鞍具及挽具；旅行用品、手提包及类似品；动物肠线（蚕胶丝除外）制品 VIII、RAW HIDES AND SKINS，LEATHER，FURSKINS AND ARTICLES THEREOF；SADDLERY AND HARNESS；TRAVEL GOODS，HANDBAGS AND SIMILAR CONTAINERS；ARTICLES OF ANIMAL GUT（OTHER THAN SILK-WORM GUT）	**17.24**	**5.42**	**7.43**	**1.86**

2-14（6） 对港澳地区进出口商品分类金额

VALUE OF EXPORTS TO AND IMPORTS FROM HONG KONG AND MACAO BY HS

单位：亿美元

Unit：US $ 100 millions

商品分类 HS Section and Division	1992 出口 Exports	1992 进口 Imports	1993 出口 Exports	1993 进口 Imports
41章 生皮（毛皮除外）及皮革 41. Raw hides and skins (other than furskins) and leather	0.94	4.64	0.58	1.41
42章 皮革制品；鞍具及挽具；旅行用品、手提包及类似容器；动物肠线（蚕胶丝除外）制品 42. Articles of leather; saddlery and harness; travel goods, handbags and similar containers; articles of animal gut (other than silk-worm gut)	14.49	0.45	5.77	0.28
43章 毛皮、人造毛皮及其制品 43. Furskins and artificial fur; manufactures thereof	1.81	0.33	1.08	0.13
第九类 木及木制品；木炭；软木及软木制品；稻草，秸秆、针茅或其他编结材料制品；篮筐及柳条编结品 **IX、WOOD AND ARTICLES OF WOOD; WOOD CHARCOAL; CORK AND ARTICLES OF CORK; MANUFACTURES OF STRAW, OF ESPARTO OR OF OTHER PLAITING MATERIALS; BASKETWARE AND WICKERWORK**	**3.80**	**0.53**	**1.94**	**0.32**
44章 木及木制品；木炭 44. Wood and articles of wood; wood charcoal	2.09	0.51	1.37	0.30
45章 软木及软木制品 45. Cork and articles of cork	0.02	0.01	0.01	0.01
46章 稻草、秸秆、针茅或其他编结材料制品；篮筐及柳条编结品 46. Manufactures of straw, of esparto or of other plaiting materials; basketware and wickerwork	1.69	0.01	0.56	0.01
第十类 木浆及其他纤维状纤维素浆；纸及纸板的废碎品；纸、纸板及其制品 **X、PULP OF WOOD OR OF OTHER FIBROUS CELLULOSIC MATERIAL; WASTE AND SCRAP OF PAPER OR PAPERBOARD; PAPER AND PAPERBOARD AND ARTICLES THEREOF**	**3.43**	**7.63**	**2.78**	**3.37**
47章 木浆及其他纤维状纤维素浆；纸及纸板的废碎品 47. Pulp of wood or of other fibrous cellulosic material; waste and scrap of paper or paperboard	0.01	0.50	0.01	0.34

2-14（7） 对港澳地区进出口商品分类金额

VALUE OF EXPORTS TO AND IMPORTS FROM HONG KONG AND MACAO BY HS

单位：亿美元

Unit：US $ 100 millions

商品分类 HS Section and Division	1992 出口 Exports	1992 进口 Imports	1993 出口 Exports	1993 进口 Imports
48 章 纸及纸板；纸浆、纸或纸板制品 48. Paper and paperboard；articles of paper pulp，of paper or of paperboard	2.79	6.63	2.37	2.60
49 章 书籍、报纸、印刷图画及其他印制品；手稿、打字稿及设计图纸 49. Printed books，newspapers，pictures and other products of the printing industry；manuscripts，typescripts and plans	0.63	0.50	0.40	0.43
第十一类 纺织原料及纺织制品 **XI、TEXTILES AND TEXTILE ARTICLES**	**120.94**	**50.26**	**85.34**	**26.08**
50 章 蚕丝 50. Silk	4.35	1.38	3.31	0.65
51 章 羊毛、动物细毛或粗毛；马毛纱线及其机织物 51. Wool，fine or coarse animal hair；horsehair yarn and woven fabric	3.91	3.17	2.80	1.29
52 章 棉花 52. Cotton	13.90	9.48	12.28	5.67
53 章 其他植物纺织纤维；纸纱线及其机织物 53. Other vegetable textile fibres；paper yarn and woven fabrics of paper yarn	2.69	1.03	2.48	0.74
54 章 化学纤维长丝 54. Man-made filaments	1.25	11.68	0.85	5.39
55 章 化学纤维短纤 55. Man-made stape fibres	8.17	7.52	5.61	3.86
56 章 絮胎、毡呢及无纺织物；特种纱线；线、绳、索、缆及其制品 56. Wadding，felt and nonwovens；special yarns；twine，cordage，ropes and cables and articles thereof	0.57	1.51	0.50	0.73
57 章 地毯及纺织材料的其他铺地制品 57. Carpets and other textile floor coverings	0.26	0.10	0.20	0.10

2-14（8） 对港澳地区进出口商品分类金额

VALUE OF EXPORTS TO AND IMPORTS FROM HONG KONG AND MACAO BY HS

单位：亿美元

Unit：US $ 100 millions

商品分类 HS Section and Division	1992 出口 Exports	1992 进口 Imports	1993 出口 Exports	1993 进口 Imports
58章 特种机织物；簇绒织物；花边；装饰毯；装饰带；刺绣品 58. Special woven fabrics；tufted textile fabrics；lace；tapestries；trimmings；embroidery	1.45	2.28	0.97	1.18
59章 浸渍、涂布、包覆或层压的纺织物；工业用纺织制品 59. Impregnated，coated，covered or laminated textile fabrics；textile articles of a kind suitable for industrial use	0.35	4.47	0.25	1.32
60章 针织物及钩编织物 60. Knitted or crocheted fabrics	4.09	4.48	3.72	3.02
61章 针织或钩编的服装及衣着附件 61. Articles of apparel and clothing accessories，knitted or crocheted	24.30	1.25	15.54	0.72
62章 非针织或非钩编的服装及衣着附件 62. Articles of apparel and clothing accessories，not knited or crocheted	51.61	1.72	34.19	1.30
63章 其他纺织制成品；成套物品；旧衣着及旧纺织品；碎织物 63. Other made up textile articles；sets；worn clothing and worn textile articles；rags	4.04	0.19	2.65	0.11
第十二类 鞋、帽、伞、杖、鞭及其零件；已加工的羽毛及其制品；人造花；人发制品 **XII、FOOTWEAR，HEADGEAR，UMBRELLAS，SUN UMBRELLAS，WALKING-STICKS，SEAT-STICKS，WHIPS，RIDING-CROPS AND PARTS THEREOF；PREPARED FEATHERS AND ARTICLES MADE THEREWITH；ARTIFICIAL FLOWERS；ARTICLES OF HUMAN HAIR**	**22.27**	**1.99**	**7.52**	**0.72**
64章 鞋靴、护腿和类似品及其零件 64. Footwear，gaiters and the like；parts of such articles	16.46	1.10	5.50	0.52

2-14（9） 对港澳地区进出口商品分类金额

VALUE OF EXPORTS TO AND IMPORTS FROM HONG KONG AND MACAO BY HS

单位：亿美元

Unit：US$ 100 millions

商品分类 HS Section and Division	1992 出口 Exports	1992 进口 Imports	1993 出口 Exports	1993 进口 Imports
65章 帽类及其零件 65. Headgear and parts thereof	0.93	0.04	0.56	0.03
66章 雨伞、阳伞、手杖、鞭子、马鞭及其零件 66. Umbrellas，sun umbrellas，walking-sticks. seat-sticks，whips，riding-crops and parts there-of	1.99	0.61	0.45	0.07
67章 已加工羽毛、羽绒及其制品；人造花；人发制品 67. Prepared feathers and down and articles made of feathers or of down；artificial flowers；articles of human hair	2.89	0.24	1.01	0.10
第十三类 石料、石膏、水泥、石棉、云母及类似材料的制品；陶瓷产品；玻璃及其制品 **XIII、ARTICLES OF STONE，PLASTER，CEMENT，ASBESTOS，MICA OR SIMILAR MATERIALS；CERAMIC PRODUCTS；GLASS AND GLASSWARE**	**5.42**	**1.11**	**2.88**	**0.87**
68章 石料、石膏、水泥、石棉、云母及类似材料的制品 68. Articles of stone，plaster，cement，asbestos，mica or similar materials	0.77	0.18	0.70	0.23
69章 陶瓷产品 69. Ceramic products	3.38	0.22	1.30	0.20
70章 玻璃及其制品 70. Glass and glassware	1.27	0.71	0.88	0.44
第十四类 天然或养殖珍珠、宝石或半宝石、贵金属、包贵金属及其制品；仿首饰；硬币 **XIV、NATURAL OR CULTURED PEARLS，PRECIOUS OR SEMI-PRECIOUS STONES，PRECIOUS METALS，METALS CLAD WITH PRECIOUS METAL AND ARTICLES THEREOF；IMITATION JEWELLERY；COIN**	**8.90**	**6.41**	**5.74**	**0.89**
71章 天然或养殖珍珠、宝石或半宝石、贵金属、包贵金属及其制品；仿首饰；硬币 71. Natural or cultured pearls，precious or semi-precious stones，precious metals，metals clad with precious metal and articles thereof，imitation jewellery；coin	8.90	6.41	5.74	0.89

2-14（10） 对港澳地区进出口商品分类金额

VALUE OF EXPORTS TO AND IMPORTS FROM HONG KONG AND MACAO BY HS

单位：亿美元

Unit：US＄ 100 millions

商品分类 HS Section and Division	1992 出口 Exports	1992 进口 Imports	1993 出口 Exports	1993 进口 Imports
第十五类 贱金属及其制品 XV、BASE METALS AND ARTICLES OF BASE METAL	**14.78**	**13.06**	**11.15**	**6.90**
72章 钢铁 72. Iron and steel	1.69	3.68	1.72	1.72
73章 钢铁制品 73. Articles of iron or steel	3.72	2.23	2.99	1.49
74章 铜及其制品 74. Copper and articles thereof	1.94	3.56	1.38	1.61
75章 镍及其制品 75. Nickel and articles thereof	0.04	0.14	0.01	0.06
76章 铝及其制品 76. Aluminium and articles thereof	1.48	1.35	0.98	0.78
78章 铅及其制品 78. Lead and articles thereof	0.10	0.03	0.02	0.02
79章 锌及其制品 79. Zinc and articles thereof	0.29	0.51	0.28	0.18
80章 锡及其制品 80. Tin and articles thereof	0.47	0.10	0.25	0.06
81章 其他贱金属、金属陶瓷及其制品 81. Other base metals；cermets；articles thereof	0.26	0.08	0.15	0.04
82章 贱金属工具、器具、利口器、餐匙、餐叉及其零件 82. Tools，implements，cutlery，spoons and forks，of base metal；parts thereof of base metal	2.02	0.26	1.33	0.19
83章 贱金属杂项制品 83. Miscellaneous articles of base metal	2.77	1.12	2.04	0.75

2-14（11） 对港澳地区进出口商品分类金额

VALUE OF EXPORTS TO AND IMPORTS FROM HONG KONG AND MACAO BY HS

单位：亿美元

Unit：US＄ 100 millions

商品分类 HS Section and Division	1992 出口 Exports	1992 进口 Imports	1993 出口 Exports	1993 进口 Imports
第十六类 机器、机械器具、电气设备及其零件；录音机及放声机、电视图象、声音的录制和重放设备及其零件、附件 **XVI、MACHINERY AND MECHANICAL APPLIANCES；ELECTRICAL EQUIPMENT；PARTS THEREOF；SOUND RECORDERS AND REPRODUCERS，TELEVISION IMAGE AND SOUND RECORDERS AND REPRODUCERS；AND PARTS AND ACCESSORIES OF SUCH ARTICLES**	**77.00**	**66.28**	**36.81**	**36.12**
84章 核反应堆、锅炉、机器、机械器具及其零件 84. Nuclear reactors，boilers，machinery and mechanical appliances；parts thereof	15.08	25.45	8.63	16.61
85章 电机、电气设备及其零件；录音机及放声机、电视图象、声音的录制和重放设备及其零件、附件 85. Electrical machinery and equipment and parts thereof；sound recorders and reproducers，television image and sound recorders and reproducers，and parts and accessories of such articles	61.92	40.83	28.18	19.51
第十七类、车辆、航空器、船舶及有关运输设备 **XVII、VEHICLES，AIRCRAFT，VESSELS AND ASSOCIATED TRANSPORT EQUIPMENT**	**6.63**	**1.22**	**4.74**	**0.70**
86章 铁道及电车道机车、车辆及其零件；铁道及电车轨道固定装置及其零件、附件；各种机械（包括电动机械）交通信号设备 86. Railway or tramway locomotives，rolling-stock and parts thereof；railway or tramway track fixtures and fittings and parts thereof；mechanical (including electro-mechanical) traffic signalling equipment of all kinds	1.92		1.80	0.01
87章 车辆及其零件、附件，但铁道及电车道车辆除外 87. Vehicles other than railway or tramway rolling-stock，and parts and accessories thereof	3.66	0.90	1.41	0.38
88章 航空器、航天器及其零件 88. Aircraft，spacecraft，and parts thereof	0.03	0.06	0.01	0.03

2-14（12） 对港澳地区进出口商品分类金额
VALUE OF EXPORTS TO AND IMPORTS FROM HONG KONG AND MACAO BY HS

单位：亿美元
Unit：US $ 100 millions

商品分类 HS Section and Division	1992		1993	
	出口 Exports	进口 Imports	出口 Exports	进口 Imports
89章 船舶及浮动结构体 89. Ships, boats and floating structures	1.02	0.26	1.52	0.28
第十八类 光学、照相、电影、计量、检验、医疗或外科用仪器及设备、精密仪器及设备；钟表；乐器；上述物品的零件、附件 **XVIII、OPTICAL, PHOTOGRAPHIC, CINEMATOGRAPHIC, MEASURING, CHECKING, PRECISION, MEDICAL OR SURGICAL INSTRUMENTS AND APPARATUS; CLOCKS AND WATCHES; MUSICAL INSTRUMENTS; PARTS AND ACCESSORIES THEREOF**	**18.08**	**10.96**	**8.03**	**5.34**
90章 光学、照相、电影、计量、检验、医疗或外科用仪器及设备、精密仪器及设备；上述物品的零件、附件 90. Optical, photographic, cinematographic measuring, checking, precision medical or surgical instruments and apparatus; parts and accessories thereof	4.96	3.08	2.07	2.07
91章 钟表及其零件 91. Clocks and watches and parts thereof	12.74	7.76	5.79	3.23
92章 乐器及其零件、附件 92. Musical instruments; parts and accessories of such articles	0.38	0.12	0.17	0.04
第十九类 武器、弹药及其零件、附件 **XIX、ARMS AND AMMUNITION; PARTS AND ACCESSORIES THEREOF**				
93章 武器、弹药及其零件、附件 93. Arms and ammunition; parts and accessories thereof				
第二十类 杂项制品 **XX、MISCELLANEOUS MANUFACTURED ARTICLES**	**33.79**	**5.04**	**14.81**	**2.91**

2-14（13） 对港澳地区进出口商品分类金额

VALUE OF EXPORTS TO AND IMPORTS FROM HONG KONG AND MACAO BY HS

单位：亿美元

Unit：US$ 100 millions

商品分类 HS Section and Division	1992 出口 Exports	1992 进口 Imports	1993 出口 Exports	1993 进口 Imports
94章 家具；寝具、褥垫、弹簧床垫、软坐垫及类似的填充制品；未列名灯具及照明装置；发光标志、发光名牌及类似品；活动房屋 94. Funiture；bedding，mattresses，mattress supports，cushions and similar stuffed furnishings；lamps and lighting fittings，not elsewhere specified or included；illuminated signs，illuminated name-plates and the like；prefabricated buildings	6.67	0.90	4.00	0.70
95章 玩具、游戏品、运动用品及其零件、附件 95. Toys，games and sports requisites；parts and accessories thereof	23.32	2.39	8.90	1.16
96章 杂项制品 96. Miscellaneous manufactured articles	3.80	1.75	1.91	1.05
第二十一类 艺术品、收藏品及古物 **XXI、WORKS OF ART，COLLECTORS′ PIECES AND ANTIQUES**	**0.10**		**0.12**	**0.01**
97章 艺术品、收藏品及古物 97. Works，of art，collectors′ pieces and antiques	0.10		0.12	0.01
第二十二类 特殊交易品及未分类商品 **XXII、COMMODITIES AND TRANSACTIONS NOT CLASSIFIED ACCORDING TO KIND**				**0.98**
98章 特殊交易品及未分类商品 98. Commodities not classified according to kind				0.98

2-15（1） 对日本进出口商品分类金额

VALUE OF EXPORTS TO AND IMPORTS FROM JAPAN BY HS

单位：亿美元

Unit：US $ 100 millions

商品分类 HS Section and Division	1992		1993	
	出口 Exports	进口 Imports	出口 Exports	进口 Imports
总额 Total	**116.99**	**136.81**	**157.77**	**232.89**
第一类 活动物；动物产品 I、LIVE ANIMALS；ANIMAL PRODUCTS	**9.38**	**0.26**	**9.73**	**0.43**
01章 活动物 1. Live animals	0.08		0.07	
02章 肉及食用杂碎 2. Meat and edible meat offal	1.48	0.02	1.50	0.03
03章 鱼、甲壳动物、软体动物及其他水生无脊椎动物 3. Fish and crustaceans，molluscs and other aquatic invertebrates	6.73	0.21	7.05	0.38
04章 乳品；蛋品；天然蜂蜜；其他食用动物产品 4. Dairy produce；birds' eggs；natural honey；edible products of animal origin，not elsewhere specified or included	0.36	0.02	0.34	
05章 其他动物产品 5. Products of animal origin，not elsewhere specified or included	0.73	0.01	0.77	0.02
第二类 植物产品 II、VEGETABLE PRODUCTS	**10.82**	**0.20**	**11.83**	**0.15**
06章 活树及其他活植物；鳞茎、根及类似品；插花及装饰用簇叶 6. Live trees and other plants；bulbs，roots and the like；cut flowers and ornamental foliage	0.03		0.07	0.01
07章 食用蔬菜、根及块茎 7. Edible vegetables and certain roots and tubers	3.64		5.02	0.01
08章 食用水果及坚果；甜瓜或柑桔属水果的果皮 8. Edible fruit and nuts；peel of citrus fruit or melons	0.70		0.98	

2-15（2） 对日本进出口商品分类金额

VALUE OF EXPORTS TO AND IMPORTS FROM JAPAN BY HS

单位：亿美元

Unit：US$ 100 millions

商品分类 HS Section and Division	1992		1993	
	出口 Exports	进口 Imports	出口 Exports	进口 Imports
09章 咖啡、茶、马黛茶及调味香料 9. Coffee，tea，mate and spices	0.66	0.01	0.70	0.01
10章 谷物 10. Cereals	2.96		2.34	
11章 制粉工业产品；麦芽；淀粉；菊粉；面筋 11. Products of the milling industry；malt；starches；inulin；wheat gluten	0.02	0.08	0.07	0.03
12章 含油子仁及果实；杂项子仁及果实；工业用或药用植物；稻草、秸秆及饲料 12. Oil seeds and oleaginous fruits；miscellaneous grains，seeds and fruit；industrial or medicinal plants；straw and fodder	2.55	0.10	2.45	0.08
13章 虫胶；树胶、树脂及其他植物液、汁 13. Lac；gums，resins and other vegetable saps and extracts	0.09	0.01	0.06	0.01
14章 编结用植物材料；其他植物产品 14. Vegetable plaiting materials；vegetable products not elsewhere specified or included	0.17		0.14	
第三类 动、植物油、脂及其分解产品；精制的食用油脂；动、植物蜡 **III、ANIMAL OR VEGETABLE FATS AND OILS AND THEIR CLEAVAGE PRODUCTS；PREPARED EDIBLE FATS；ANIMAL OR VEGETABLE WAXES**	**0.16**	**0.05**	**0.12**	**0.05**
15章 动、植物油、脂及其分解产品；精制的食用油脂；动、植物蜡 15. Animal or vegetable fats and oils and their cleavage products；prepared edible fats；animal or vegetable waxes.	0.16	0.05	0.12	0.05
第四类 食品；饮料、酒及醋；烟草、烟草及烟草代用品的制品 **IV、PREPARED FOODSTUFFS；BEVERAGES，SPIRITS AND VINEGAR；TOBACCO AND MANUFACTURED TOBACCO SUBSTITUTES**	**6.16**	**0.37**	**7.10**	**0.40**

2-15（3） 对日本进出口商品分类金额

VALUE OF EXPORTS TO AND IMPORTS FROM JAPAN BY HS

单位：亿美元

Unit：US$ 100 millions

商品分类 HS Section and Division	1992 出口 Exports	1992 进口 Imports	1993 出口 Exports	1993 进口 Imports
16章 肉、鱼、甲壳动物、软体动物及其他水生无脊椎动物的制品 16. Preparations of meat, of fish or of crustaceans, molluscs or other aquatic invertebrates	1.76		2.67	
17章 糖及糖食 17. Sugars and sugar confectionery	0.03	0.01	0.04	0.01
18章 可可及可可制品 18. Cocoa and cocoa preparations	0.01			
19章 谷物、粮食粉、淀粉或乳的制品；糕饼点心 19. Preparations of cereals, flour, starch or milk; pastrycooks′ products	0.16	0.01	0.19	0.02
20章 蔬菜、水果、坚果或植物其他部分的制品 20. Preparations of vegetables, fruit, nuts or other parts of plants	2.50		2.85	
21章 杂项食品 21. Miscellaneous edible preparations	0.20	0.09	0.27	0.16
22章 饮料、酒及醋 22. Beverages, spirits and vinegar	0.42	0.01	0.34	0.02
23章 食品工业的残渣及废料；配制的动物饲料 23. Residues and waste from the food industries; prepared animal fodder	0.98	0.22	0.64	0.16
24章 烟草及烟草代用品的制品 24. Tobacco and manufactured tobacco substitutes	0.10	0.03	0.10	0.03
第五类 矿产品 **V、MINERAL PRODUCTS**	**23.47**	**1.24**	**21.81**	**2.22**
25章 盐；硫磺；泥土及石料；石膏料、石灰及水泥 25. Salt; sulphur; earths and stone; plastering materials, lime and cement.	1.82	0.04	1.95	0.21

2-15（4） 对日本进出口商品分类金额

VALUE OF EXPORTS TO AND IMPORTS FROM JAPAN BY HS

单位：亿美元

Unit：US$ 100 millions

商品分类 HS Section and Division	1992		1993	
	出口 Exports	进口 Imports	出口 Exports	进口 Imports
26章 矿砂、矿渣及矿灰 26. Ores, slag and ash	0.19	0.02	0.11	0.08
27章 矿物燃料、矿物油及其蒸馏产品；沥青物质；矿物蜡 27. Mineral fuels; mineral oils and products of their distillation; bituminous substances; mineral waxes	21.46	1.18	19.75	1.93
第六类 化学工业及其相关工业的产品 **VI、PRODUCTS OF THE CHEMICAL OR ALLIED INDUSTRIES**	**5.29**	**8.64**	**5.59**	**8.46**
28章 无机化学品；贵金属、稀土金属、放射性元素及其同位素的有机及无机化合物 28. Inorganic chemicals; organic or inorganic compounds of precious metals, of rare-earth metals, of radioactive elements or of isotopes	2.20	0.25	2.35	0.34
29章 有机化学品 29. Organic chemicals	1.43	4.50	1.60	4.26
30章 药品 30. Pharmaceutical products	0.32	0.57	0.39	0.36
31章 肥料 31. Fertilizers	0.10	0.03	0.11	0.05
32章 鞣料浸膏及染料浸膏；鞣酸及其衍生物；染料、颜料及其他着色料；油漆及清漆；油灰及其他类似胶粘剂；墨水、油墨 32. Tanning or dyeing extracts; tannins and their derivatives; dyes, pigments and other colouring matter; paints and varnishes; putty and other mastics; inks	0.12	0.79	0.18	1.08
33章 精油及香膏；芳香料制品及化妆盥洗品 33. Essential oils and resinoids; perfumery, cosmetic or toilet preparations	0.21	0.02	0.14	0.04

2-15（5） 对日本进出口商品分类金额

VALUE OF EXPORTS TO AND IMPORTS FROM JAPAN BY HS

单位：亿美元

Unit：US＄ 100 millions

商品分类 HS Section and Division	1992		1993	
	出口 Exports	进口 Imports	出口 Exports	进口 Imports
34章 肥皂、有机表面活性剂、洗涤剂、润滑剂、人造蜡、调制蜡、光洁剂、蜡烛及类似品、塑型用膏、“牙科用蜡”及牙科用熟石膏制剂 34. Soap，organic surface-active agents，washing preparations，lubricating preparations，artificial waxes，prepared waxes，polishing or scouring preparations，candles and similar articles，modelling pastes，“dental waxes” and dental preparations with a basis of plaster	0.01	0.57	0.01	0.44
35章 蛋白类物质；改性淀粉；胶；酶 35. Albuminoidal substances；modified starches；blues；enzymes	0.04	0.08	0.04	0.15
36章 炸药；烟火制品；火柴；引火合金；易燃材料制品 36. Explosives；pyrotechnic products；matches；pyrophoric alloys；certain combustible preparations	0.29		0.28	
37章 照相及电影用品 37. Photographic or cinematographic goods	0.03	0.43	0.03	0.39
38章 杂项化学产品 38. Miscellaneous chemical products	0.54	1.39	0.46	1.35
第七类 塑料及其制品，橡胶及其制品 **VII、PLASTICS AND ARTICLES THEREOF；RUBBER AND ARTICLES THEREOF**	**0.52**	**6.24**	**1.52**	**10.47**
39章 塑料及其制品 39. Plastics and articles thereof	0.47	5.14	1.40	9.30
40章 橡胶及其制品 40. Rubber and articles thereof	0.05	1.10	0.12	1.17
第八类 生皮、皮革、毛皮及其制品；鞍具及挽具；旅行用品、手提包及类似品；动物肠线（蚕胶丝除外）制品 **VIII、RAW HIDES AND SKINS，LEATHER，FURSKINS AND ARTICLES THEREOF；SADDLERY AND HARNESS；TRAVEL GOODS，HANDBAGS AND SIMILAR CONTAINERS；ARTICLES OF ANIMAL GUT（OTHER THAN SILK-WORM GUT）**	**1.88**	**0.51**	**3.92**	**0.82**

2-15（6） 对日本进出口商品分类金额

VALUE OF EXPORTS TO AND IMPORTS FROM JAPAN BY HS

单位：亿美元

Unit：US＄ 100 millions

商品分类 HS Section and Division	1992		1993	
	出口 Exports	进口 Imports	出口 Exports	进口 Imports
41章 生皮（毛皮除外）及皮革 41. Raw hides and skins (other than furskins) and leather.	0.08	0.42	0.10	0.69
42章 皮革制品；鞍具及挽具；旅行用品、手提包及类似容器；动物肠线（蚕胶丝除外）制品 42. Articles of leather；saddlery and harness；travel goods，handbags and similar containers；articles of animal gut (other than silk-worm gut)	1.38	0.03	3.02	0.06
43章 毛皮、人造毛皮及其制品 43. Furskins and artificial fur；manufactures thereof	0.42	0.06	0.80	0.07
第九类 木及木制品；木炭；软木及软木制品；稻草，秸秆、针茅或其他编结材料制品；篮筐及柳条编结品 **IX、WOOD AND ARTICLES OF WOOD；WOOD CHARCOAL；CORK AND ARTICLES OF CORK；MANUFACTURES OF STRAW，OF ESPARTO OR OF OTHER PLAITING MATERIALS；BASKETWARE AND WICKERWORK**	**3.92**	**0.07**	**4.72**	**0.09**
44章 木及木制品；木炭 44. Wood and articles of wood；wood charcoal	2.81	0.07	3.51	0.09
45章 软木及软木制品 45. Cork and articles of cork			0.01	
46章 稻草、秸秆、针茅或其他编结材料制品；篮筐及柳条编结品 46. Manufactures of straw，of esparto or of other plaiting materials；basketware and wickerwork	1.11		1.20	
第十类 木浆及其他纤维状纤维素浆；纸及纸板的废碎品；纸、纸板及其制品 **X、PULP OF WOOD OR OF OTHER FIBROUS CELLULOSIC MATERIAL；WASTE AND SCRAP OF PAPER OR PAPERBOARD；PAPER AND PAPERBOARD AND ARTICLES THEREOF**	**0.26**	**2.23**	**0.46**	**2.12**
47章 木浆及其他纤维状纤维素浆；纸及纸板的废碎品 47. Pulp of wood or of other fibrous cellulosic material；waste and scrap of paper or paperboard			0.01	

2-15（7） 对日本进出口商品分类金额

VALUE OF EXPORTS TO AND IMPORTS FROM JAPAN BY HS

单位：亿美元

Unit：US$ 100 millions

商品分类 HS Section and Division	1992 出 口 Exports	1992 进 口 Imports	1993 出 口 Exports	1993 进 口 Imports
48章 纸及纸板；纸浆、纸或纸板制品 48. Paper and paperboard; articles of paper pulp, of paper or of paperboard	0.22	2.07	0.37	1.88
49章 书籍、报纸、印刷图画及其他印制品；手稿、打字稿及设计图纸 49. Printed books, newspapers, pictures and other products of the printing industry; manuscripts, typescripts and plans	0.04	0.16	0.08	0.24
第十一类 纺织原料及纺织制品 **XI、TEXTILES AND TEXTILE ARTICLES**	**36.94**	**12.96**	**51.15**	**16.61**
50章 蚕丝 50. Silk	1.68	0.10	1.64	0.19
51章 羊毛、动物细毛或粗毛；马毛纱线及其机织物 51. Wool, fine or coarse animal hair; horsehair yarn and woven fabric	0.75	1.30	0.77	1.88
52章 棉花 52. Cotton	2.61	1.62	2.87	1.85
53章 其他植物纺织纤维；纸纱线及其机织物 53. Other vegetable textile fibres; paper yarn and woven fabrics of paper yarn	0.16	0.06	0.21	0.11
54章 化学纤维长丝 54. Man-made filaments	0.05	4.03	0.07	4.62
55章 化学纤维短纤 55. Man-made stape fibres	0.70	3.41	0.71	3.97
56章 絮胎、毡呢及无纺织物；特种纱线；线、绳、索、缆及其制品 56. Wadding, felt and nonwovens; special yarns; twine, cordage, ropes and cables and articles thereof	0.07	0.36	0.11	0.54
57章 地毯及纺织材料的其他铺地制品 57. Carpets and other textile floor coverings	1.10	0.03	1.34	0.03

2-15（8） 对日本进出口商品分类金额

VALUE OF EXPORTS TO AND IMPORTS FROM JAPAN BY HS

单位：亿美元

Unit：US＄ 100 millions

商品分类 HS Section and Division	1992		1993	
	出口 Exports	进口 Imports	出口 Exports	进口 Imports
58章 特种机织物；簇绒织物；花边；装饰毯；装饰带；刺绣品 58. Special woven fabrics；tufted textile fabrics；lace；tapestries；trimmings；embroidery	0.10	0.42	0.18	0.65
59章 浸渍、涂布、包覆或层压的纺织物；式业用纺织制品 59. Impregnated，coated，covered or laminated textile fabrics；textile articles of a kind suitable for industrial use	0.08	0.40	0.12	0.45
60章 针织物及钩编织物 60. Knitted or crocheted fabrics	0.08	0.40	0.07	0.63
61章 针织或钩编的服装及衣着附件 61. Articles of apparel and clothing accessories，knitted or crocheted	8.14	0.04	12.54	0.10
62章 非针织或非钩编的服装及衣着附件 62. Articles of apparel and clothing accessories，not knited or crocheted	19.00	0.69	27.28	1.55
63章 其他纺织制成品；成套物品；旧衣着及旧纺织品；碎织物 63. Other made up textile articles；sets；worn clothing and worn textile articles；rags	2.42	0.10	3.24	0.04
第十二类 鞋、帽、伞、杖、鞭及其零件；已加工的羽毛及其制品；人造花；人发制品 **XII、FOOTWEAR，HEADGEAR，UMBRELLAS，SUN UMBRELLAS，WALKING-STICKS，SEAT-STICKS，WHIPS，RIDING-CROPS AND PARTS THEREOF；PREPARED FEATHERS AND ARTICLES MADE THEREWITH；ARTIFICIAL FLOWERS；ARTICLES OF HUMAN HAIR**	**2.51**	**0.12**	**5.00**	**0.22**
64章 鞋靴、护腿和类似品及其零件 64. Footwear，gaiters and the like；parts of such articles	1.87	0.06	3.71	0.10

2-15（9） 对日本进出口商品分类金额

VALUE OF EXPORTS TO AND IMPORTS FROM JAPAN BY HS

单位：亿美元

Unit：US＄ 100 millions

商品分类 HS Section and Division	1992 出口 Exports	1992 进口 Imports	1993 出口 Exports	1993 进口 Imports
65章 帽类及其零件 65. Headgear and parts thereof	0.11		0.14	0.01
66章 雨伞、阳伞、手杖、鞭子、马鞭及其零件 66. Umbrellas，sun umbrellas，walking-sticks. seat-sticks，whips，riding-crops and parts thereof	0.39	0.01	0.87	0.02
67章 已加工羽毛、羽绒及其制品；人造花；人发制品 67. Prepared feathers and down and articles made of feathers or of down；artificial flowers；articles of human hair	0.14	0.05	0.28	0.09
第十三类 石料、石膏、水泥、石棉、云母及类似材料的制品；陶瓷产品；玻璃及其制品 **XIII、ARTICLES OF STONE，PLASTER，CEMENT，ASBESTOS，MICA OR SIMILAR MATERIALS；CERAMIC PRODUCTS；GLASS AND GLASSWARE**	**1.74**	**1.75**	**2.48**	**1.71**
68章 石料、石膏、水泥、石棉、云母及类似材料的制品 68. Articles of stone，plaster，cement，asbestos，mica or similar materials	1.34	0.12	2.03	0.19
69章 陶瓷产品 69. Ceramic products	0.19	0.17	0.23	0.30
70章 玻璃及其制品 70. Glass and glassware	0.21	1.46	0.22	1.22
十四类 天然或养殖珍珠、宝石或半宝石、贵金属、包贵金属及其制品；仿首饰；硬币 **XIV、NATURAL OR CULTURED PEARLS，PRECIOUS OR SEMI-PRECIOUS STONES，PRECIOUS METALS，METALS CLAD WITH PRECIOUS METAL AND ARTICLES THEREOF；IMITATION JEWELLERY；COIN**	**0.11**	**0.05**	**0.19**	**0.08**
71章 天然或养殖珍珠、宝石或半宝石、贵金属、包贵金属及其制品；仿首饰；硬币 71. Natural or cultured pearls，precious or semi-precious stones，precious metals，metals clad with precious metal and articles thereof，imitation jewellery；coin	0.11	0.05	0.19	0.08

2-15（10） 对日本进出口商品分类金额

VALUE OF EXPORTS TO AND IMPORTS FROM JAPAN BY HS

单位：亿美元

Unit：US＄ 100 millions

商品分类 HS Section and Division	1992 出 口 Exports	1992 进 口 Imports	1993 出 口 Exports	1993 进 口 Imports
第十五类 贱金属及其制品 **XV、BASE METALS AND ARTICLES OF BASE METAL**	**4.84**	**22.20**	**5.50**	**43.30**
72 章 钢铁 72. Iron and steel	2.35	13.44	2.34	31.57
73 章 钢铁制品 73. Articles of iron or steel	1.09	6.08	1.45	7.37
74 章 铜及其制品 74. Copper and articles thereof	0.12	1.41	0.17	2.56
75 章 镍及其制品 75. Nickel and articles thereof		0.06	0.01	0.07
76 章 铝及其制品 76. Aluminium and articles thereof	0.37	0.67	0.45	0.78
78 章 铅及其制品 78. Lead and articles thereof	0.09	0.02	0.08	0.02
79 章 锌及其制品 79. Zinc and articles thereof	0.12	0.02	0.10	0.09
80 章 锡及其制品 80. Tin and articles thereof	0.21	0.01	0.20	0.04
81 章 其他贱金属、金属陶瓷及其制品 81. Other base metals；cermets；articles thereof	0.29	0.06	0.36	0.10
82 章 贱金属工具、器具、利口器、餐叉及其零件 82. Tools，implements，cutlery，spoons and forks，of base metal；parts thereof of base metal	0.14	0.17	0.21	0.28
83 章 贱金属杂项制品 83. Miscellaneous articles of base metal	0.06	0.26	0.13	0.42

2-15（11） 对日本进出口商品分类金额

VALUE OF EXPORTS TO AND IMPORTS FROM JAPAN BY HS

单位：亿美元

Unit：US＄ 100 millions

商品分类 HS Section and Division	1992 出口 Exports	1992 进口 Imports	1993 出口 Exports	1993 进口 Imports
第十六类　机器、机械器具、电气设备及其零件；录音机及放声机、电视图象、声音的录制和重放设备及其零件、附件 **XVI、MACHINERY AND MECHANICAL APPLIANCES；ELECTRICAL EQUIPMENT；PARTS THEREOF；SOUND RECORDERS AND REPRODUCERS，TELEVISION IMAGE AND SOUND RECORDERS AND REPRODUCERS；AND PARTS AND ACCESSORIES OF SUCH ARTICLES**	**5.10**	**58.55**	**15.56**	**106.90**
84章　核反应堆、锅炉、机器、机械器具及其零件 84. Nuclear reactors，boilers，machinery and mechanical appliances；parts thereof	0.95	38.84	2.71	63.68
85章　电机、电气设备及其零件；录音机及放声机、电视图象、声音的录制和重放设备及其零件、附件 85. Electrical machinery and equipment and parts thereof；sound recorders and reproducers，television image and sound recorders and reproducers，and parts and accessories of such articles	4.15	19.71	12.85	43.22
第十七类、车辆、航空器、船舶及有关运输设备 **XVII、VEHICLES，AIRCRAFT，VESSELS AND ASSOCIATED TRANSPORT EQUIPMENT**	**0.46**	**13.46**	**0.71**	**25.64**
86章　铁道及电车道机车、车辆及其零件；铁道及电车轨道固定装置及其零件、附件；各种机械（包括电动机械）交通信号设备 86. Railway or tramway locomotives，rolling-stock and parts thereof；railway or tramway track fixtures and fittings and parts thereof；mechanical (including electro-mechanical) traffic signalling equipment of all kinds	0.15	0.01	0.27	0.01
87章　车辆及其零件、附件，但铁道及电车道车辆除外 87. Vehicles other than railway or tramway rolling-stock，and parts and accessories thereof.	0.21	12.06	0.38	22.84
88章　航空器、航天器及其零件 88. Aircraft，spacecraft，and parts thereof.		0.01	0.01	0.02

2-15（12） 对日本进出口商品分类金额

VALUE OF EXPORTS TO AND IMPORTS FROM JAPAN BY HS

单位：亿美元

Unit：US$ 100 millions

商品分类 HS Section and Division	1992 出口 Exports	1992 进口 Imports	1993 出口 Exports	1993 进口 Imports
89章 船舶及浮动结构体 89. Ships，boats and floating structures	0.10	1.38	0.05	2.78
第十八类 光学、照相、电影、计量、检验、医疗或外科用仪器及设备、精密仪器及设备；钟表；乐器；上述物品的零件、附件 **XVIII、OPTICAL，PHOTOGRAPHIC，CINEMATOGRAPHIC，MEASURING，CHECKING，PRECISION，MEDICAL OR SURGICAL INSTRUMENTS AND APPARATUS；CLOCKS AND WATCHES；MUSICAL INSTRUMENTS；PARTS AND ACCESSORIES THEREOF**	**1.14**	**6.89**	**5.25**	**11.77**
90章 光学、照相、电影、计量、检验、医疗或外科用仪器及设备、精密仪器及设备；上述物品的零件、附件 90. Optical，photographic，cinematographic measuring，checking，precision medical or surgical instruments and apparatus；parts and accessories thereof	0.96	5.49	2.16	6.95
91章 钟表及其零件 91. Clocks and watches and parts thereof	0.11	1.27	3.01	4.60
92章 乐器及其零件、附件 92. Musical instruments；parts and accessories of such articles	0.07	0.13	0.08	0.22
第十九类 武器、弹药及其零件、附件 **XIX、ARMS AND AMMUNITION；PARTS AND ACCESSORIES THEREOF**				
93章 武器、弹药及其零件、附件 93. Arms and ammunition；parts and accessories thereof				
第二十类 杂项制品 **XX、MISCELLANEOUS MANUFACTURED ARTICLES**	**2.23**	**1.02**	**5.08**	**1.42**

2-15（13） 对日本进出口商品分类金额

VALUE OF EXPORTS TO AND IMPORTS FROM JAPAN BY HS

单位：亿美元

Unit：US$ 100 millions

商品分类 HS Section and Division	1992 出口 Exports	1992 进口 Imports	1993 出口 Exports	1993 进口 Imports
94章 家具；寝具、褥垫、弹簧床垫、软坐垫及类似的填充制品；未列名灯具及照明装置；发光标志、发光名牌及类似品；活动房屋 94. Funiture；bedding，mattresses，mattress supports，cushions and similar stuffed furnishings；lamps and lighting fittings，not elsewhere specified or included；illuminated signs，illuminated name-plates and the like；prefabricated buildings	0.69	0.24	1.99	0.28
95章 玩具、游戏品、运动用品及其零件、附件 95. Toys，games and sports requisites；parts and accessories thereof	1.20	0.21	2.64	0.59
96章 杂项制品 96. Miscellaneous manufactured articles	0.34	0.57	0.45	0.55
第二十一类 艺术品、收藏品及古物 **XXI、WORKS OF ART，COLLECTORS' PIECES AND ANTIQUES**	**0.06**		**0.05**	
97章 艺术品、收藏品及古物 97. Works of art，collectors' pieces and antiques	0.06		0.05	
第二十二类 特殊交易品及未分类商品 **XXII、COMMODITIES AND TRANSACTIONS NOT CLASSIFIED ACCORDING TO KIND**				**0.03**
98章 特殊交易及未分类商品 98. Commodities not classified according to kind				0.03

2-16（1） 对欧共体进出口商品分类金额

VALUE OF EXPORTS TO AND IMPORTS FROM EEC BY HS

单位：亿美元

Unit：US $ 100 millions

商品分类 HS Section and Division	1992		1993	
	出口 Exports	进口 Imports	出口 Exports	进口 Imports
总额 Total	**76.01**	**98.13**	**116.92**	**144.08**
第一类 活动物；动物产品 **I、LIVE ANIMALS；ANIMAL PRODUCTS**	**3.07**	**0.55**	**2.97**	**0.50**
01章 活动物 1. Live animals	0.02	0.05	0.02	0.02
02章 肉及食用杂碎 2. Meat and edible meat offal	0.49	0.12	0.63	0.11
03章 鱼、甲壳动物、软体动物及其他水生无脊椎动物 3. Fish and crustaceans，molluscs and other aquatic invertebrates	0.48	0.06	0.48	0.12
04章 乳品；蛋品；天然蜂蜜；其他食用动物产品 4. Dairy produce；birds' eggs；natural honey；edible products of animal origin，not elsewhere specified of included	0.22	0.29	0.20	0.19
05章 其他动物产品 5. Products of animal origin，not elsewhere specified or included	1.86	0.03	1.64	0.06
第二类 植物产品 **II、VEGETABLE PRODUCTS**	**4.24**	**2.01**	**4.26**	**0.32**
06章 活树及其他活植物；鳞茎、根及类似品；插花及装饰用簇叶 6. Live trees and other plants；bulbs，roots and the like；cut flowers and ornamental foliage	0.03	0.01	0.04	0.01
07章 食用蔬菜、根及块茎 7. Edible vegetables and certain roots and tubers	2.14		1.82	
08章 食用水果及坚果；甜瓜或柑桔属水果的果皮 8. Edible fruit and nuts；peel of citrus fruit or melons	0.21		0.20	

2-16（2） 对欧共体进出口商品分类金额

VALUE OF EXPORTS TO AND IMPORTS FROM EEC BY HS

单位：亿美元

Unit：US$ 100 millions

商品分类 HS Section and Division	1992		1993	
	出口 Exports	进口 Imports	出口 Exports	进口 Imports
09章 咖啡、茶、马黛茶及调味香料 9. Coffee，tea，mate and spices	0.44		0.66	0.01
10章 谷物 10. Cereals	0.05	1.93	0.15	0.22
11章 制粉工业产品；麦芽；淀粉；菊粉；面筋 11. Products of the milling industry；malt；starches；inulin；wheat gluten	0.01	0.03		0.05
12章 含油子仁及果实；杂项子仁及果实；工业用或药用植物；稻草、秸秆及饲料 12. Oil seeds and oleaginous fruits；miscellaneous grains，seeds and fruit；industrial or medicinal plants；straw and fodder	1.24	0.02	1.26	0.01
13章 虫胶；树胶、树脂及其他植物液、汁 13. Lac；gums，resins and other vegetable saps and extracts	0.03	0.02	0.05	0.02
14章 编结用植物材料；其他植物产品 14. Vegetable plaiting materials；vegetable products not elsewhere specified or included	0.09		0.08	
第三类 动、植物油、脂及其分解产品；精制的食用油脂；动、植物蜡 **III、ANIMAL OR VEGETABLE FATS AND OILS AND THEIR CLEAVAGE PRODUCTS；PREPARED EDIBLE FATS；ANIMAL OR VEGETABLE WAXES**	**0.29**	**0.70**	**0.52**	**0.65**
15章 动、植物油、脂及其分解产品；精制的食用油脂；动、植物蜡 15. Animal or vegetable fats and oils and their cleavage products；prepared edible fats；animal or vegetable waxes	0.29	0.70	0.52	0.65
第四类 食品；饮料、酒及醋；烟草、烟草及烟草代用品的制品 **IV、PREPARED FOODSTUFFS；BEVERAGES，SPIRITS AND VINEGAR；TOBACCO AND MANUFACTURED TOBACCO SUBSTITUTES**	**3.27**	**0.56**	**3.52**	**0.65**

2-16（3） 对欧共体进出口商品分类金额

VALUE OF EXPORTS TO AND IMPORTS FROM EEC BY HS

单位：亿元

Unit：US$ 100 millions

商品分类 HS Section and Division	1992		1993	
	出　口 Exports	进　口 Imports	出　口 Exports	进　口 Imports
16章　肉、鱼、甲壳动物、软体动物及其他水生无脊椎动物的制品 16. Preparations of meat, of fish or of crustaceans, molluscs or other aquatic invertebrates	0.03		0.05	
17章　糖及糖食 17. Sugars and sugar confectionery	0.03	0.01	0.02	0.02
18章　可可及可可制品 18. Cocoa and cocoa preparations	0.01		0.05	0.01
19章　谷物、粮食粉、淀粉或乳的制品；糕饼点心 19. Preparations of cereals, flour, starch or milk; pastrycooks' products	0.08	0.02	0.09	0.01
20章　蔬菜、水果、坚果或植物其他部分的制品 20. Preparations of vegetables, fruit, nuts or other parts of plants	1.27		1.15	
21章　杂项食品 21. Miscellaneous edible preparations	0.05	0.05	0.04	0.04
22章　饮料、酒及醋 22. Beverages, spirits and vinegar	0.07	0.07	0.13	0.11
23章　食品工业的残渣及废料；配制的动物饲料 23. Residues and waste from the food industries; prepared animal fodder	1.24	0.11	1.55	0.10
24章　烟草及烟草代用品的制品 24. Tobacco and manufactured tobacco substitutes	0.49	0.30	0.44	0.36
第五类　矿产品 V、MINERAL PRODUCTS	**2.43**	**0.43**	**2.17**	**1.03**
25章　盐；硫磺；泥土及石料；石膏料、石灰及水泥 25. Salt; sulphur; earths and stone; plastering materials, lime and cement	0.69	0.07	0.79	0.09

2-16（4） 对欧共体进出口商品分类金额

VALUE OF EXPORTS TO AND IMPORTS FROM EEC BY HS

单位：亿元

Unit：US $ 100 millions

商品分类 HS Section and Divosion	1992		1993	
	出口 Exports	进口 Imports	出口 Exports	进口 Imports
26 章 矿砂、矿渣及矿灰 26. Ores，slag and ash	0.22	0.16	0.11	0.16
27 章 矿物燃料、矿物油及其蒸馏产品；沥青物质；矿物蜡 27. Mineral fuels，mineral oils and products of their distillation；bituminous substances；mineral waxes	1.52	0.20	1.27	0.78
第六类 化学工业及其相关工业的产品 **VI、PRODUCTS OF THE CHEMICAL OR ALLIED INDUSTRIES**	**9.20**	**11.99**	**9.50**	**10.13**
28 章 无机化学品；贵金属、稀土金属、放射性元素及其同位素的有机及无机化合物 28. Inorganic chemicals；organic or inorganic compounds of precious metals，of rare-earth metals，of radioactive elements or of isotopes	1.73	0.51	1.91	0.46
29 章 有机化学品 29. Organic chemicals	4.67	5.42	4.84	4.35
30 章 药品 30. Pharmaceutical products	0.93	1.40	0.74	0.94
31 章 肥料 31. Fertilizers		2.33		1.85
32 章 鞣料浸膏及染料浸膏；鞣酸及其衍生物；染料、颜料及其他着色料；油漆及清漆；油灰及其他类似胶粘剂；墨水、油墨 32. Tanning or dyeing extracts；tannins and their derivatives；dyes，pigments and other colouring matter；paints and varnishes；putty and other mastics；inks	0.39	0.53	0.45	0.65
33 章 精油及香膏；芳香料制品及化妆盥洗品 33. Essential oils and resinoids；perfumery，cosmetic or toilet preparations	0.30	0.05	0.35	0.06

2-16（5） 对欧共体进出口商品分类金额

VALUE OF EXPORTS TO AND IMPORTS FROM EEC BY HS

单位：亿元

Unit：US$ 100 millions

商品分类 HS Section and Division	1992 出口 Exports	1992 进口 Imports	1993 出口 Exports	1993 进口 Imports
34章 肥皂、有机表面活性剂、洗涤剂、润滑剂、人造蜡、调制蜡、光洁剂、蜡烛及类似品、塑型用膏、“牙科用蜡”及牙科用熟石膏制剂 34. Soap, organic surface-active agents, washing preparations, lubricating preparations, artificial waxes, prepared waxes, polishing or scouring preparations, candles and similar articles, modelling pastes, “dental waxes” and dental preparations with a basis of plaster	0.08	0.18	0.12	0.15
35章 蛋白类物质；改性淀粉；胶；酶 35. Albuminoidal substances; modified starches; blues; enzymes	0.04	0.12	0.04	0.21
36章 炸药；烟火制品；火柴；引火合金；易燃材料制品 36. Explosives; pyrotechnic products; matches; pyrophoric alloys; certain combustible preparations	0.29	0.01	0.29	0.01
37章 照相及电影用品 37. Photographic or cinematographic goods	0.01	0.10	0.02	0.16
38章 杂项化学产品 38. Miscellaneous chemical products	0.76	1.34	0.74	1.29
第七类 塑料及其制品，橡胶及其制品 **VII、PLASTICS AND ARTICLES THEREOF; RUBBER AND ARTICLES THEREOF**	**1.54**	**2.48**	**3.19**	**2.91**
39章 塑料及其制品 39. Plastics and articles thereof	1.20	2.23	2.73	2.58
40章 橡胶及其制品 40. Rubber and articles thereof	0.34	0.25	0.46	0.33
第八类 生皮、皮革、毛皮及其制品；鞍具及挽具；旅行用品、手提包及类似品；动物肠线（蚕胶丝除外）制品 **VIII、RAW HIDES AND SKINS, LEATHER, FURSKINS AND ARTICLES THEREOF; SADDLERY AND HARNESS; TRAVEL GOODS, HANDBAGS AND SIMILAR CONTAINERS; ARTICLES OF ANIMAL GUT (OTHER THAN SILK-WORM GUT)**	**2.81**	**0.58**	**6.86**	**2.48**

2-16（6） 对欧共体进出口商品分类金额

VALUE OF EXPORTS TO AND IMPORTS FROM EEC BY HS

单位：亿元

Unit：US＄ 100 millions

商品分类 HS Section and Division	1992		1993	
	出口 Exports	进口 Imports	出口 Exports	进口 Imports
41章 生皮（毛皮除外）及皮革 41. Raw hides and skins (other than furskins) and leather	0.24	0.41	0.33	1.54
42章 皮革制品；鞍具及挽具；旅行用品、手提包及类似容器；动物肠线（蚕胶丝除外）制品 42. Articles of leather；saddlery and harness；travel goods，handbags and similar containers；articles of animal gut (other than silk-worm gut)	2.35	0.01	6.04	0.02
43章 毛皮、人造毛皮及其制品 43. Furskins and artificial fur；manufactures thereof	0.22	0.16	0.49	0.92
第九类 木及木制品；木炭；软木及软木制品；稻草，秸秆、针茅或其他编结材料制品；篮筐及柳条编结品 **IX、WOOD AND ARTICLES OF WOOD；WOOD CHARCOAL；CORK AND ARTICLES OF CORK；MANUFACTURES OF STRAW，OF ESPARTO OR OF OTHER PLAITING MATERIALS；BASKETWARE AND WICKERWORK**	**2.05**	**0.07**	**2.27**	**0.16**
44章 木及木制品；木炭 44. Wood and articles of wood；wood charcoal	0.87	0.03	1.11	0.12
45章 软木及软木制品 45. Cork and articles of cork	0.01	0.04	0.01	0.04
46章 稻草、秸秆、针茅或其他编结材料制品；篮筐及柳条编结品 46. Manufactures of straw，of esparto or of other plaiting materials；basketware and wickerwork	1.17		1.15	
第十类 木浆及其他纤维状纤维素浆；纸及纸板的废碎品；纸、纸板及其制品 **X、PULP OF WOOD OR OF OTHER FIBROUS CELLULOSIC MATERIAL；WASTE AND SCRAP OF PAPER OR PAPERBOARD；PAPER AND PAPERBOARD AND ARTICLES THEREOF**	**0.23**	**1.23**	**0.48**	**1.49**
47章 木浆及其他纤维状纤维素浆；纸及纸板的废碎品 47. Pulp of wood or of other fibrous cellulosic material；waste and scrap of paper or paperboard		0.05		0.10

2-16（7） 对欧共体进出口商品分类金额

VALUE OF EXPORTS TO AND IMPORTS FROM EEC BY HS

单位：亿元

Unit：US$ 100 millions

商品分类 HS Section and Division	1992 出口 Exports	1992 进口 Imports	1993 出口 Exports	1993 进口 Imports
48章 纸及纸板；纸浆、纸或纸板制品 48. Paper and paperboard；articles of paper pulp，of paper or of paperboard	0.21	0.96	0.38	1.24
49章 书籍、报纸、印刷图画及其他印制品；手稿、打字稿及设计图纸 49. Printed books，newspapers，pictures and other products of the printing industry；manuscripts，typescripts and plans	0.02	0.22	0.09	0.15
第十一类 纺织原料及纺织制品 **XI、TEXTILES AND TEXTILE ARTICLES**	**22.90**	**3.38**	**27.93**	**2.34**
50章 蚕丝 50. Silk	1.60	0.02	1.29	0.02
51章 羊毛、动物细毛或粗毛；马毛纱线及其机织物 51. Wool，fine or coarse animal hair；horsehair yarn and woven fabric	1.70	0.51	1.55	0.50
52章 棉花 52. Cotton	1.16	0.04	1.14	0.14
53章 其他植物纺织纤维；纸纱线及其机织物 53. Other vegetable textile fibres；paper yarn and woven fabrics of paper yarn	0.03	0.09	0.14	0.16
54章 化学纤维长丝 54. Man-made filaments	0.07	0.32	0.12	0.22
55章 化学纤维短纤 55. Man-made stape fibres	0.37	2.13	0.47	0.86
56章 絮胎、毡呢及无纺织物；特种纱线；线、绳、索、缆及其制品 56. Wadding，felt and nonwovens；special yarns；twine，cordage，ropes and cables and articles thereof	0.04	0.10	0.07	0.11
57章 地毯及纺织材料的其他铺地制品 57. Carpets and other textile floor coverings	1.67	0.02	1.54	0.01

2-16（8） 对欧共体进出口商品分类金额

VALUE OF EXPORTS TO AND IMPORTS FROM EEC BY HS

单位：亿元

Unit：US $ 100 millions

商品分类 HS Section and Division	1992 出口 Exports	1992 进口 Imports	1993 出口 Exports	1993 进口 Imports
58章 特种机织物；簇绒织物；花边；装饰毯；装饰带；刺绣品 58. Special woven fabrics；tufted textile fabrics；lace；tapestries；trimmings；embroidery	0.14	0.02	0.16	0.06
59章 浸渍、涂布、包覆或层压的纺织物；工业用纺织制品 59. Impregnated，coated，covered or laminated textile fabrics；textile articles of a kind suitable for industrial use	0.03	0.08	0.06	0.12
60章 针织物及钩编织物 60. Knitted or crocheted fabrics	0.17	0.01	0.29	0.03
61章 针织或钩编的服装及衣着附件 61. Articles of apparel and clothing accessories，knitted or crocheted	3.42		4.93	0.03
62章 非针织或非钩编的服装及衣着附件 62. Articles of apparel and clothing accessories，not knited or crocheted	9.35	0.03	12.99	0.07
63章 其他纺织制成品；成套物品；旧衣着及旧纺织品；碎织物 63. Other made up textile articles；sets；worn clothing and worn textile articles；rags	3.15	0.01	3.18	0.01
第十二类 鞋、帽、伞、杖、鞭及其零件；已加工的羽毛及其制品；人造花；人发制品 **XII、FOOTWEAR，HEADGEAR，UMBRELLAS，SUN UMBRELLAS，WALKING-STICKS，SEAT-STICKS，WHIPS，RIDING-CROPS AND PARTS THEREOF；PREPARED FEATHERS AND ARTICLES MADE THEREWITH；ARTIFICIAL FLOWERS；ARTICLES OF HUMAN HAIR**	**5.01**	**0.04**	**8.19**	**0.07**
64章 鞋靴、护腿和类似品及其零件 64. Footwear，gaiters and the like；parts of such articles	4.14	0.04	5.98	0.06

2-16（9） 对欧共体进出口商品分类金额
VALUE OF EXPORTS TO AND IMPORTS FROM EEC BY HS

单位：亿元

Unit：US$ 100 millions

商品分类 HS Section and Division	1992 出口 Exports	1992 进口 Imports	1993 出口 Exports	1993 进口 Imports
65章 帽类及其零件 65. Headgear and parts thereof	0.42		0.66	
66章 雨伞、阳伞、手杖、鞭子、马鞭及其零件 66. Umbrellas，sun umbrellas，walking-sticks. seat-sticks，whips，riding-crops and parts thereof	0.13		0.73	
67章 已加工羽毛、羽绒及其制品；人造花；人发制品 67. Prepared feathers and down and articles made of feathers or of down；artificial flowers；articles of human hair	0.32		0.82	0.01
第十三类 石料、石膏、水泥、石棉、云母及类似材料的制品；陶瓷产品；玻璃及其制品 **XIII、ARTICLES OF STONE，PLASTER，CEMENT，ASBESTOS，MICA OR SIMILAR MATERIALS；CERAMIC PRODUCTS；GLASS AND GLASSWARE**	**1.52**	**0.64**	**2.05**	**0.84**
68章 石料、石膏、水泥、石棉、云母及类似材料的制品 68. Articles of stone，plaster，cement，asbestos，mica or similar materials	0.14	0.19	0.13	0.26
69章 陶瓷产品 69. Ceramic products	1.11	0.25	1.56	0.33
70章 玻璃及其制品 70. Glass and glassware	0.27	0.20	0.36	0.25
第十四类 天然或养殖珍珠、宝石或半宝石、贵金属、包贵金属及其制品；仿首饰；硬币 **XIV、NATURAL OR CULTURED PEARLS，PRECIOUS OR SEMI-PRECIOUS STONES，PRECIOUS METALS，METALS CLAD WITH PRECIOUS METAL AND ARTICLES THEREOF；IMITATION JEWELLERY；COIN**	**0.24**	**0.27**	**0.60**	**0.70**
71章 天然或养殖珍珠、宝石或半宝石、贵金属、包贵金属及其制品；仿首饰；硬币 71. Natural or cultured pearls，precious or semi-precious stones，precious metals，metals clad with precious metal and articles thereof，imitation jewellery；coin	0.24	0.27	0.60	0.70

2-16 (10) 对欧共体进出口商品分类金额

VALUE OF EXPORTS TO AND IMPORTS FROM EEC BY HS

单位：亿元

Unit：US $ 100 millions

商品分类 HS Section and Division	1992 出口 Exports	1992 进口 Imports	1993 出口 Exports	1993 进口 Imports
第十五类 贱金属及其制品 **XV、BASE METALS AND ARTICLES OF BASE METAL**	**4.68**	**6.76**	**6.13**	**19.51**
72章 钢铁 72. Iron and steel	0.39	2.36	0.45	14.98
73章 钢铁制品 73. Articles of iron or steel	1.76	2.09	2.29	2.48
74章 铜及其制品 74. Copper and articles thereof	0.02	1.27	0.07	1.15
75章 镍及其制品 75. Nickel and articles thereof		0.12	0.01	0.04
76章 铝及其制品 76. Aluminium and articles thereof	0.22	0.56	0.31	0.42
78章 铅及其制品 78. Lead and articles thereof		0.01		0.01
79章 锌及其制品 79. Zinc and articles thereof		0.02	0.03	0.09
80章 锡及其制品 80. Tin and articles thereof	0.28		0.26	0.01
81章 其他贱金属、金属陶瓷及其制品 81. Other base metals；cermets；articles thereof	0.36	0.02	0.28	0.03
82章 贱金属工具、器具、利口器、餐匙、餐叉及其零件 82. Tools，implements，cutlery，spoons and forks，of base metal；parts thereof of base metal	1.31	0.18	1.84	0.16
83章 贱金属杂项制品 83. Miscellaneous articles of base metal	0.34	0.13	0.59	0.14

2-16（11） 对欧共体进出口商品分类金额

VALUE OF EXPORTS TO AND IMPORTS FROM EEC BY HS

单位：亿元

Unit：US＄ 100 millions

商品分类 HS Section and Division	1992 出口 Exports	1992 进口 Imports	1993 出口 Exports	1993 进口 Imports
第十六类 机器、机械器具、电气设备及其零件；录音机及放声机、电视图象、声音的录制和重放设备及其零件、附件 **XVI、MACHINERY AND MECHANICAL APPLIANCES; ELECTRICAL EQUIPMENT; PARTS THEREOF; SOUND RECORDERS AND REPRODUCERS, TELEVISION IMAGE AND SOUND RECORDERS AND REPRODUCERS; AND PARTS AND ACCESSORIES OF SUCH ARTICLES**	**5.27**	**49.00**	**20.63**	**76.14**
84章 核反应堆、锅炉、机器、机械器具及其零件 84. Nuclear reactors, boilers, machinery and mechanical appliances; parts thereof	2.78	35.76	6.33	59.59
85章 电机、电气设备及其零件；录音机及放声机、电视图象、声音的录制和重放设备及其零件、附件 85. Electrical machinery and equipment and parts thereof; sound recorders and reproducers, television image and sound recorders and reproducers, and parts and accessories of such articles	2.49	13.24	14.30	16.55
第十七类、车辆、航空器、船舶及有关运输设备 **XVII、VEHICLES, AIRCRAFT, VESSELS AND ASSOCIATED TRANSPORT EQUIPMENT**	**1.34**	**13.60**	**1.36**	**19.46**
86章 铁道及电车道机车、车辆及其零件；铁道及电车轨道固定装置及其零件、附件；各种机械（包括电动机械）交通信号设备 86. Railway or tramway locomotives, rolling-stock and parts thereof; railway or tramway track fixtures and fittings and parts thereof; mechanical (including electro-mechanical) traffic signalling equipment of all kinds	0.26	0.27	0.12	0.60
87章 车辆及其零件、附件，但铁道及电车道车辆除外 87. Vehicles other than railway or tramway rolling-stock, and parts and accessories thereof	0.60	10.96	1.07	13.49
88章 航空器、航天器及其零件 88. Aircraft, spacecraft, and parts thereof	0.04	1.34	0.04	3.97

2-16 (12) 对欧共体进出口商品分类金额

VALUE OF EXPORTS TO AND IMPORTS FROM EEC BY HS

单位：亿元

Unit：US $ 100 millions

商品分类 HS Section and Division	1992 出口 Exports	1992 进口 Imports	1993 出口 Exports	1993 进口 Imports
89 章 船舶及浮动结构体 89. Ships，boats and floating structures	0.44	1.03	0.13	1.40
第十八类 光学、照相、电影、计量、检验、医疗或外科用仪器及设备、精密仪器及设备；钟表；乐器；上述物品的零件、附件 **XVIII、OPTICAL，PHOTOGRAPHIC，CINEMATOGRAPHIC，MEASURING，CHECKING，PRECISION，MEDICAL OR SURGICAL INSTRUMENTS AND APPARATUS；CLOCKS AND WATCHES；MUSICAL INSTRUMENTS；PARTS AND ACCESSORIES THEREOF**	**0.96**	**3.58**	**3.38**	**4.45**
90 章 光学、照相、电影、计量、检验、医疗或外科用仪器及设备、精密仪器及设备；上述物品的零件、附件 90. Op tical，photographic，cinematographic measuring，checking，precision medical or surgical instruments and apparatus；parts and accessories thereof	0.68	3.54	1.60	4.21
91 章 钟表及其零件 91. Clocks and watches and parts thereof	0.16	0.03	1.56	0.23
92 章 乐器及其零件、附件 92. Musical instruments；parts and accessories of such articles	0.12	0.01	0.22	0.01
第十九类 武器、弹药及其零件、附件 **XIX、ARMS AND AMMUNITION；PARTS AND ACCESSORIES THEREOF**	**0.05**	**0.03**	**0.06**	**0.01**
93 章 武器、弹药及其零件、附件 93. Arms and ammunition；parts and accessories thereof	0.05	0.03	0.06	0.01
第二十类 杂项制品 **XX、MISCELLANEOUS MANUFACTURED ARTICLES**	**4.87**	**0.23**	**10.80**	**0.24**

2-16（13） 对欧共体进出口商品分类金额

VALUE OF EXPORTS TO AND IMPORTS FROM EEC BY HS

单位：亿元

Unit：US$ 100 millions

商品分类 HS Section and Division	1992 出口 Exports	1992 进口 Imports	1993 出口 Exports	1993 进口 Imports
94章 家具；寝具、褥垫、弹簧床垫、软坐垫及类似的填充制品；未列名灯具及照明装置；发光标志、发光名牌及类似品；活动房屋 94. Funiture；bedding，mattresses，mattress supports，cushions and similar stuffed furnishings；lamps and lighting fittings，not elsewhere specified or included；illuminated signs，illuminated name-plates and the like；prefabricated buildings	1.30	0.17	2.25	0.13
95章 玩具、游戏品、运动用品及其零件、附件 95. Toys，games and sports requisites；parts and accessories thereof	3.06	0.03	7.46	0.06
96章 杂项制品 96. Miscellaneous manufactured articles	0.51	0.03	1.09	0.05
第二十一类 艺术品、收藏品及古物 **XXI、WORKS OF ART，COLLECTORS′ PIECES AND ANTIQUES**	**0.04**		**0.06**	
97章 艺术品、收藏品及古物 97. Works of art，collectors′ pieces and antiques	0.04		0.06	
第二十二类 特殊交易品及未分类商品 **XXII、COMMODITIES AND TRANSACTIONS NOT CLASSIFIED ACCORDING TO KIND**				
98章 特殊交易品及未分类商品 98. Commodities not classified according to kind				

2—17（1） 对美国进出口商品分类金额

VALUE OF EXPORTS TO AND IMPORTS FROM UNITED STATES BY HS

单位：亿美元

Unit：US ＄ 100 millions

商品分类 HS Section and Division	1992		1993	
	出 口 Exports	进 口 Imports	出 口 Exports	进 口 Imports
总额 Total	**85.94**	**89.00**	**169.65**	**106.87**
第一类 活动物；动物产品 I、LIVE ANIMALS；ANIMAL PRODUCTS	**3.65**	**1.03**	**2.81**	**1.04**
01章 活动物 1. Live animals		0.11		0.09
02章 肉及食用杂碎 2. Meat and edible meat offal	0.01	0.30	0.01	0.43
03章 鱼、甲壳动物、软体动物及其他水生无脊椎动物 3. Fish and crustaceans，molluscs and other aquatic invertebrates	2.99	0.46	1.99	0.39
04章 乳品；蛋品；天然蜂蜜；其他食用动物产品 4. Dairy produce；birds' eggs；natural honey；edible products of animal origin，not elsewhere specified or included	0.22	0.06	0.27	0.04
05章 其他动物产品 5. Products of animal origin，not elsewhere specified or included	0.43	0.10	0.54	0.09
第二类 植物产品 II、VEGETABLE PRODUCTS	**0.85**	**5.10**	**1.27**	**3.83**
06章 活树及其他活植物；鳞茎、根及类似品；插花及装饰用簇叶 6. Live trees and other plants；bulbs，roots and the like；cut flowers and ornamental foliage		0.01	0.01	0.01
07章 食用蔬菜、根及块茎 7. Edible vegetables and certain roots and tubers	0.22	0.10	0.47	0.03
08章 食用水果及坚果；甜瓜或柑桔属水果的果皮 8. Edible fruit and nuts；peel of citrus fruit or melons	0.08	0.04	0.15	0.07

2—17（2） 对美国进出口商品分类金额
VALUE OF EXPORTS TO AND IMPORTS FROM UNITED STATES BY HS

单位：亿美元
Unit：US ＄ 100 millions

商品分类 HS Section and Divosion	1992		1993	
	出口 Exports	进口 Imports	出口 Exports	进口 Imports
09章 咖啡、茶、马黛茶及调味香料 9. Coffee，tea，mate and spices	0.29	0.01	0.29	0.01
10章 谷物 10. Cereals		4.48	0.03	3.10
11章 制粉工业产品；麦芽；淀粉；菊粉；面筋 11. Products of the milling industry；malt；starches；inulin；wheat gluten		0.03	0.01	0.02
12章 含油子仁及果实；杂项子仁及果实；工业用或药用植物；稻草、秸秆及饲料 12. Oil seeds and oleaginous fruits；miscellaneous grains，seeds and fruit；industrial or medicinal plants；straw and fodder	0.19	0.42	0.20	0.57
13章 虫胶；树胶、树脂及其他植物液、汁 13. Lac；gums，resins and other vegetable saps and extracts	0.06	0.01	0.10	0.02
14章 编结用植物材料；其他植物产品 14. Vegetable plaiting materials；vegetable products not elsewhere specified or included	0.01		0.01	
第三类 动、植物油、脂及其分解产品；精制的食用油脂；动、植物蜡 **III、ANIMAL OR VEGETABLE FATS AND OILS AND THEIR CLEAVAGE PRODUCTS；PREPARED EDIBLE FATS；ANIMAL OR VEGETABLE WAXES**	**0.01**	**0.15**	**0.02**	**0.05**
15章 动、植物油、脂及其分解产品；精制的食用油脂；动、植物蜡 15. Animal or vegetable fats and oils and their cleavage products；prepared edible fats；animal or vegetable waxes	0.01	0.15	0.02	0.05
第四类 食品；饮料、酒及醋；烟草、烟草及烟草代用品的制品 **IV、PREPARED FOODSTUFFS；BEVERAGES，SPIRITS AND VINEGAR；TOBACCO AND MANUFACTURED TOBACCO SUBSTITUTES**	**1.06**	**0.68**	**1.31**	**0.99**

2—17（3）　对美国进出口商品分类金额

VALUE OF EXPORTS TO AND IMPORTS FROM UNITED STATES BY HS

单位：亿美元

Unit：US $ 100 millions

商品分类 HS Section and Division	1992 出口 Exports	1992 进口 Imports	1993 出口 Exports	1993 进口 Imports
16章　肉、鱼、甲壳动物、软体动物及其他水生无脊椎动物的制品 16. Preparations of meat，of fish or of crustaceans，molluscs or other aquatic invertebrates	0.02	0.01	0.06	
17章　糖及糖食 17. Sugars and sugar confectionery	0.01	0.02	0.02	0.03
18章　可可及可可制品 18. Cocoa and cocoa preparations	0.23		0.26	0.02
19章　谷物、粮食粉、淀粉或乳的制品；糕饼点心 19. Preparations of cereals，flour，starch or milk；pastrycooks′ products	0.01	0.01	0.03	0.01
20章　蔬菜、水果、坚果或植物其他部分的制品 20. Preparations of vegetables，fruit，nuts or other parts of plants	0.56	0.03	0.56	0.04
21章　杂项食品 21. Miscellaneous edible preparations	0.04	0.09	0.07	0.11
22章　饮料、酒及醋 22. Beverages，spirits and vinegar	0.10	0.01	0.08	0.06
23章　食品工业的残渣及废料；配制的动物饲料 23. Residues and waste from the food industries；prepared animal fodder		0.22	0.04	0.31
24章　烟草及烟草代用品的制品 24. Tobacco and manufactured tobacco substitutes	0.09	0.29	0.19	0.41
第五类　矿产品 V、MINERAL PRODUCTS	**6.08**	**2.97**	**4.47**	**3.84**
25章　盐；硫磺；泥土及石料；石膏料、石灰及水泥 25. Salt；sulphur；earths and stone；plastering materials，lime and cement	0.63	0.05	0.81	0.07

2—17 (4) 对美国进出口商品分类金额

VALUE OF EXPORTS TO AND IMPORTS FROM UNITED STATES BY HS

单位：亿美元

Unit：US $ 100 millions

商品分类 HS Section and Division	1992		1993	
	出口 Exports	进口 Imports	出口 Exports	进口 Imports
26章 矿砂、矿渣及矿灰 26. Ores, slag and ash	0.13	0.21	0.11	0.25
27章 矿物燃料、矿物油及其蒸馏产品；沥青物质；矿物蜡 27. Mineral fuels, mineral oils and products of their distillation; bituminous substances; mineral waxes	5.32	2.71	3.55	3.52
第六类 化学工业及其相关工业的产品 **VI、PRODUCTS OF THE CHEMICAL OR ALLIED INDUSTRIES**	**4.31**	**14.58**	**5.63**	**9.43**
28章 无机化学品；贵金属、稀土金属、放射性元素及其同位素的有机及无机化合物 28. Inorganic chemicals; organic or inorganic compounds of preious metals, of rare-earth metals, of radioactive elements or of isotopes	1.15	0.34	1.83	0.40
29章 有机化学品 29. Organic chemicals	1.32	3.52	1.77	2.89
30章 药品 30. Pharmaceutical products	0.74	0.18	0.66	0.18
31章 肥料 31. Fertilizers		8.47	0.01	3.80
32章 鞣料浸膏及染料浸膏；鞣酸及其衍生物；染料、颜料及其他着色料；油漆及清漆；油灰及其他类似胶粘剂；墨水、油墨 32. Tanning or dyeing extracts; tannins and their derivatives; dyes, pigments and other colouring matter; paints and varnishes; putty and other mastics; inks	0.27	0.43	0.31	0.52
33. 精油及香膏；芳香料制品及化妆盥洗品 33. Essential oils and resinoids; perfumery, cosmetic or toilet preparations	0.14	0.08	0.19	0.09

2—17（5） 对美国进出口商品分类金额
VALUE OF EXPORTS TO AND IMPORTS FROM UNITED STATES BY HS

单位：亿美元

Unit：US $ 100 millions

商品分类 HS Section and Division	1992 出口 Exports	1992 进口 Imports	1993 出口 Exports	1993 进口 Imports
34 章 肥皂、有机表面活性剂、洗涤剂、润滑剂、人造蜡、调制蜡、光洁剂、蜡烛及类似品、塑型用膏、“牙科用蜡”及牙科用熟石膏制剂 34. Soap，organic surface-active agents，washing preparations，lubricating preparations，artificial waxes，prepared waxes，polishing or scouring preparations，candles and similar articles，modelling pastes，“dental waxes” and dental preparations with a basis of plaster	0.02	0.24	0.09	0.24
35 章 蛋白类物质；改性淀粉；胶；酶 35. Albuminoidal substances；modified starches；blues；enzymes	0.02	0.04	0.03	0.07
36 章 炸药；烟火制品；火柴；引火合金；易燃材料制品 36. Explosives；pyrotechnic products；matches；pyrophoric alloys；certain combustible preparations	0.52	0.01	0.56	0.01
37 章 照相及电影用品 37. Photographic or cinematographic goods	0.01	0.11	0.03	0.20
38 章 杂项化学产品 38. Miscellaneous chemical products	0.12	1.16	0.15	1.03
第七类 塑料及其制品，橡胶及其制品 **VII、PLASTICS AND ARTICLES THEREOF；RUBBER AND ARTICLES THEREOF**	**1.88**	**4.82**	**6.03**	**5.42**
39 章 塑料及其制品 39. Plastics and articles thereof	1.64	4.67	5.49	5.21
40 章 橡胶及其制品 40. Rubber and articles thereof	0.24	0.15	0.54	0.21
第八类 生皮、皮革、毛皮及其制品；鞍具及挽具；旅行用品、手提包及类似品；动物肠线（蚕胶丝除外）制品 **VIII、RAW HIDES AND SKINS，LEATHER，FURSKINS AND ARTICLES THEREOF；SADDLERY AND HARNESS；TRAVEL GOODS，HANDBAGS AND SIMILAR CONTAINERS；ARTICLES OF ANIMAL GUT（OTHER THAN SILK-WORM GUT）**	**3.25**	**0.76**	**9.10**	**1.27**

2—17（6） 对美国进出口商品分类金额

VALUE OF EXPORTS TO AND IMPORTS FROM UNITED STATES BY HS

单位：亿美元

Unit：US $ 100 millions

商品分类 HS Section and Division	1992 出口 Exports	1992 进口 Imports	1993 出口 Exports	1993 进口 Imports
41章 生皮（毛皮除外）及皮革 41. Raw hides and skins (other than furskins) and leather	0.03	0.47	0.10	0.98
42章 皮革制品；鞍具及挽具；旅行用品、手提包及类似容器；动物肠线（蚕胶丝除外）制品 42. Articles of leather；saddlery and harness；travel goods，handbags and similar continers；articles of animal gut (other than silk-worm gut)	3.14	0.01	8.62	0.01
43章 毛皮、人造毛皮及其制品 43. Furskins and artificial fur；manufactures thereof	0.08	0.28	0.38	0.28
第九类 木及木制品；木炭；软木及软木制品；稻草，秸秆、针茅或其他编结材料制品；篮筐及柳条编结品 **IX、WOOD AND ARTICLES OF WOOD；WOOD CHARCOAL；CORK AND ARTICLES OF CORK；MANUFACTURES OF STRAW，OF ESPARTO OR OF OTHER PLAITING MATERIALS；BASKETWARE AND WICKERWORK**	**0.89**	**1.85**	**1.76**	**1.79**
44章 木及木制品；木炭 44. Wood and articles of wood；wood charcoal	0.53	1.85	0.90	1.79
45章 软木及软木制品 45. Cork and articles of cork	0.01		0.01	
46章 稻草、秸秆、针茅或其他编结材料制品；篮筐及柳条编结品 46. Manufactures of straw，of esparto or of other plaiting materials；basketware and wickerwork	0.35		0.85	
第十类 木浆及其他纤维状纤维素浆；纸及纸板的废碎品；纸、纸板及其制品 **X、PULP OF WOOD OR OF OTHER FIBROUS CELLULOSIC MATERIAL；WASTE AND SCRAP OF PAPER OR PAPERBOARD；PAPER AND PAPERBOARD AND ARTICLES THEREOF**	**0.13**	**3.34**	**0.73**	**3.77**
47章 木浆及其他纤维状纤维素浆；纸及纸板的废碎品 47. Pulp of wood or of other fibrous cellulosic material；waste and scrap of paper or paperboard		1.17		0.78

2—17（7） 对美国进出口商品分类金额
VALUE OF EXPORTS TO AND IMPORTS FROM UNITED STATES BY HS

单位：亿美元
Unit：US $ 100 millions

商品分类 HS Section and Division	1992 出口 Exports	1992 进口 Imports	1993 出口 Exports	1993 进口 Imports
48章 纸及纸板；纸浆、纸或纸板制品 48. Paper and paperboard; articles of paper pulp, of paper or of paperboard	0.07	2.00	0.47	2.82
49章 书籍、报纸、印刷图画及其他印制品；手稿、打字稿及设计图纸 49. Printed books, newspapers, pictures and other products of the printing industry; manuscripts, typescripts and plans	0.06	0.17	0.26	0.17
第十一类 纺织原料及纺织制品 **XI、TEXTILES AND TEXTILE ARTICLES**	**20.90**	**5.91**	**33.03**	**2.28**
50章 蚕丝 50. Silk	0.20		0.21	0.02
51章 羊毛、动物细毛或粗毛；马毛纱线及其机织物 51. Wool, fine or coarse animal hair; horsehair yarn and woven fabric	0.11	0.08	0.20	0.10
52章 棉花 52. Cotton	1.65	2.95	1.66	0.16
53章 其他植物纺织纤维；纸纱线及其机织物 53. Other vegetable textile fibres; paper yarn and woven fabrics of paper yarn	0.08	0.01	0.08	0.02
54章 化学纤维长丝 54. Man-made filaments	0.04	2.19	0.06	1.11
55章 化学纤维短纤 55. Man-made stape fibres	0.48	0.36	0.37	0.41
56章 絮胎、毡呢及无纺织物；特种纱线；线、绳、索、缆及其制品 56. Wadding, felt and nonwovens; special yarns; twine, cordage, ropes and cables and articles thereof	0.02	0.05	0.06	0.06
57章 地毯及纺织材料的其他铺地制品 57. Carpets and other textile floor coverings	1.58	0.08	1.38	0.11

2—17（8） 对美国进出口商品分类金额

VALUE OF EXPORTS TO AND IMPORTS FROM UNITED STATES BY HS

单位：亿美元

Unit：US $ 100 millions

商品分类 HS Section and Divosion	1992		1993	
	出口 Exports	进口 Imports	出口 Exports	进口 Imports
58章 特种机织物；簇绒织物；花边；装饰毯；装饰带；刺绣品 58. Special woven fabrics；tufted textile fabrics；lace；tapestries；trimmings；embroidery	0.15	0.02	0.28	0.04
59章 浸渍、涂布、包覆或层压的纺织物；工业用纺织制品 59. Impregnated，coated，covered or laminated textile fabrics；textile articles of a kind suitable for industrial use	0.02	0.12	0.09	0.07
60章 针织物及钩编织物 60. Knitted or crocheted fabrics	0.04	0.01	0.15	0.04
61章 针织或钩编的服装及衣着附件 61. Articles of apparel and clothing accessories，knitted or crocheted	3.00	0.02	5.04	0.05
62章 非针织或非钩编的服装及衣着附件 62. Articles of apparel and clothing accessories，not knited or crocheted	11.09	0.01	20.57	0.07
63章 其他纺织制成品；成套物品；旧衣着及旧纺织品；碎织物 63. Other made up textile articles；sets；worn clothing and worn textile articles；rags	2.44	0.01	2.88	0.02
第十二类 鞋、帽、伞、杖、鞭及其零件；已加工的羽毛及其制品；人造花；人发制品 **XII、FOOTWEAR，HEADGEAR，UMBRELLAS，SUN UMBRELLAS，WALKING-STICKS，SEAT-STICKS，WHIPS，RIDING-CROPS AND PARTS THEREOF；PREPARED FEATHERS AND ARTICLES MADE THEREWITH；ARTIFICIAL FLOWERS；ARTICLES OF HUMAN HAIR**	**15.76**	**0.05**	**31.25**	**0.06**
64章 鞋靴、护腿和类似品及其零件 64. Footwear，gaiters and the like；parts of such articles	14.71	0.05	28.47	0.05

2—17（9） 对美国进出口商品分类金额
VALUE OF EXPORTS TO AND IMPORTS FROM UNITED STATES BY HS

单位：亿美元

Unit：US $ 100 millions

商品分类 HS Section and Division	1992 出口 Exports	1992 进口 Imports	1993 出口 Exports	1993 进口 Imports
65章 帽类及其零件 65. Headgear and parts thereof	0.43		0.56	
66章 雨伞、阳伞、手杖、鞭子、马鞭及其零件 66. Umbrellas，sun umbrellas，walking-sticks. seat-sticks，whips，riding-crops and parts there-of	0.12		0.59	
67章 已加工羽毛、羽绒及其制品；人造花；人发制品 67. Prepared feathers and down and articles made of feathers or of down；artificial flowers；articles of human hair	0.50		1.63	0.01
第十三类 石料、石膏、水泥、石棉、云母及类似材料的制品；陶瓷产品；玻璃及其制品 **XIII、ARTICLES OF STONE，PLASTER，CEMENT，ASBESTOS，MICA OR SIMILAR MATERIALS；CERAMIC PRODUCTS；GLASS AND GLASSWARE**	**1.44**	**0.40**	**2.36**	**0.70**
68章 石料、石膏、水泥、石棉、云母及类似材料的制品 68. Articles of stone，plaster，cement，asbestos，mica or similar materials	0.16	0.07	0.15	0.11
69章 陶瓷产品 69. Ceramic products	1.13	0.16	1.91	0.25
70章 玻璃及其制品 70. Glass and glassware	0.15	0.17	0.30	0.34
第十四类 天然或养殖珍珠、宝石或半宝石、贵金属、包贵金属及其制品；仿首饰；硬币 **XIV、NATURAL OR CULTURED PEARLS，PRECIOUS OR SEMI-PRECIOUS STONES，PRECIOUS METALS，METALS CLAD WITH PRECIOUS METAL AND ARTICLES THEREOF；IMITATION JEWELLERY；COIN**	**0.19**	**0.45**	**0.87**	**0.56**
71章 天然或养殖珍珠、宝石或半宝石、贵金属、包贵金属及其制品；仿首饰；硬币 71. Natural or cultured pearls，precious or semi-precious stones，precious metals，metals clad with precious metal and articles thereof，imitation jewellery；coin	0.19	0.45	0.87	0.56

2—17 (10) 对美国进出口商品分类金额

VALUE OF EXPORTS TO AND IMPORTS FROM UNITED STATES BY HS

单位：亿美元

Unit：US $ 100 millions

商品分类 HS Section and Division	1992		1993	
	出口 Exports	进口 Imports	出口 Exports	进口 Imports
第十五类 贱金属及其制品 **XV、BASE METALS AND ARTICLES OF BASE METAL**	**4.63**	**4.79**	**6.80**	**6.11**
72 章 钢铁 72. Iron and steel	0.32	0.46	0.56	1.65
73 章 钢铁制品 73. Articles of iron or steel	1.89	1.28	2.60	1.26
74 章 铜及其制品 74. Copper and articles thereof	0.11	2.01	0.20	1.97
75 章 镍及其制品 75. Nickel and articles thereof		0.06		0.02
76 章 铝及其制品 76. Aluminium and articles thereof	0.07	0.74	0.13	0.88
78 章 铅及其制品 78. Lead and articles thereof				
79 章 锌及其制品 79. Zinc and articles thereof		0.01	0.02	0.04
80 章 锡及其制品 80. Tin and articles thereof	0.22		0.05	0.01
81 章 其他贱金属、金属陶瓷及其制品 81. Other base metals；cermets；articles thereof	0.32	0.06	0.32	0.04
82 章 贱金属工具、器具、利口器、餐匙、餐叉及其零件 82. Tools，implements，cutlery，spoons and forks，of base metal；parts thereof of base metal	1.27	0.10	1.85	0.11
83 章 贱金属杂项制品 83. Miscellaneous articles of base metal	0.43	0.07	1.07	0.13

2—17 (11) 对美国进出口商品分类金额
VALUE OF EXPORTS TO AND IMPORTS FROM UNITED STATES BY HS

单位：亿美元
Unit：US $ 100 millions

商品分类 Hs section and Divosion	1992 出口 Exports	1992 进口 Imports	1993 出口 Exports	1993 进口 Imports
第十六类 机器、机械器具、电气设备及其零件；录音机及放声机、电视图象、声音的录制和重放设备及其零件、附件 XVI、MACHINERY AND MECHANICAL APPLIANCES; ELECTRICAL EQUIPMENT; PARTS THEREOF; SOUND RECORDERS AND REPRODUCERS, TELEVISION IMAGE AND SOUND RECORDERS AND REPRODUCERS; AND PARTS AND ACCESSORIES OF SUCH ARTICLES	**7.92**	**21.33**	**29.26**	**38.58**
84章 核反应堆、锅炉、机器、机械器具及其零件 84. Nuclear reactors, boilers, machinery and mechanical appliances; parts thereof	4.34	14.69	9.71	25.59
85章 电机、电气设备及其零件；录音机及放声机、电视图象、声音的录制和重放设备及其零件、附件 85. Electrical machinery and equipment and parts thereof; sound recorders and reproducers, television image and sound recorders and reproducers, and parts and accessories of such articles	3.58	6.64	19.55	12.99
第十七类、车辆、航空器、船舶及有关运输设备 XVII、VEHICLES, AIRCRAFT, VESSELS AND ASSOCIATED TRANSPORT EQUIPMENT	**4.00**	**14.66**	**4.27**	**19.50**
86章 铁道及电车道机车、车辆及其零件；铁道及电车轨道固定装置及其零件、附件；各种机械（包括电动机械）交通信号设备 86. Railway or tramway locomotives, rolling-stock and parts thereof; railway or tramway track fixtures and fittings and parts thereof; mechanical (including electro-mechanical) traffic signalling equipment of all kinds	0.77	0.11	0.45	0.14
87章 车辆及其零件、附件，但铁道及电车道车辆除外 87. Vehicles other than railway or tramway rolling-stock, and parts and accessories thereof	1.32	3.81	3.61	4.99
88章 航空器、航天器及其零件 88. Aircraft, spacecraft, and parts thereof	1.90	10.70	0.19	13.49

2—17（12） 对美国进出口商品分类金额

VALUE OF EXPORTS TO AND IMPORTS FROM UNITED STATES BY HS

单位：亿美元

Unit：US $ 100 millions

商品分类 HS Section and Division	1992 出口 Exports	1992 进口 Imports	1993 出口 Exports	1993 进口 Imports
89章 船舶及浮动结构体 89. Ships，boats and floating structures	0.01	0.04	0.02	0.88
第十八类 光学、照相、电影、计量、检验、医疗或外科用仪器及设备、精密仪器及设备；钟表；乐器；上述物品的零件、附件 **XVIII、OPTICAL，PHOTOGRAPHIC，CINEMATOGRAPHIC，MEASURING，CHECKING，PRECISION，MEDICAL OR SURGICAL INSTRUMENTS AND APPARATUS；CLOCKS AND WATCHES；MUSICAL INSTRUMENTS；PARTS AND ACCESSORIES THEREOF**	**1.39**	**5.93**	**5.96**	**7.08**
90章 光学、照相、电影、计量、检验、医疗或外科用仪器及设备、精密仪器及设备；上述物品的零件、附件 90. Op tical，photographic，cinematographic measuring，checking，precision medical or surgical instruments and apparatus；parts and aaccessories thereof	1.13	5.90	2.82	6.52
91章 钟表及其零件 91. Clocks and watches and parts thereof	0.22	0.03	2.97	0.55
92章 乐器及其零件、附件 92. Musical instruments；parts and accessories of such articles	0.04		0.17	0.01
第十九类 武器、弹药及其零件、附件 **XIX、ARMS AND AMMUNITION；PARTS AND ACCESSORIES THEREOF**	**0.45**		**0.98**	**0.06**
93章 武器、弹药及其零件、附件 93. Arms and ammunition；parts and accessories thereof	0.45		0.98	0.06
第二十类 杂项制品 **XX、MISCELLANEOUS MANUFACTURED ARTICLES**	**6.95**	**0.20**	**21.57**	**0.51**

2—17（13） 对美国进出口商品分类金额
VALUE OF EXPORTS TO AND IMPORTS FROM UNITED STATES BY HS

单位：亿美元

Unit：US $ 100 millions

商品分类 HS Section and Division	1992		1993	
	出口 Exports	进口 Imports	出口 Exports	进口 Imports
94章 家具；寝具、褥垫、弹簧床垫、软坐垫及类似的填充制品；未列名灯具及照明装置；发光标志、发光名牌及类似品；活动房屋 94. Funiture；bedding，mattresses，mattress supports，cushions and similar stuffed furnishings；lamps and lighting fittings，not elsewhere specified or included；illuminated signs，illuminated name-plates and the like；prefabricated buildings	2.93	0.12	6.48	0.22
95章 玩具、游戏品、运动用品及其零件、附件 95. Toys，games and sports requisites；parts and accessories thereof	3.65	0.06	14.15	0.25
96章 杂项制品 96. Miscellaneous manufactured articles	0.37	0.02	0.94	0.04
第二十一类 艺术品、收藏品及古物 **XXI、WORKS OF ART，COLLECTORS′ PIECES AND ANTIQUES**	**0.20**		**0.17**	
97章 艺术品、收藏品及古物 97. Works of art，collectors′ pieces and antiques	0.20		0.17	
第二十二类 特殊交易品及未分类商品 **XXII、COMMODITIES AND TRANSACTIONS NOT CLASSIFIED ACCORDING TO KIND**				
98章 特殊交易品及未分类商品 98. Commodities not classified according to kind				

2—18（1）　中国对各国进出口总额

CHINA'S IMPORTS AND EXPORTS TO COUNTRIES AND REGIONS BY ORIGIN AND CONSUMPTION

单位：万美元

Unit：US $ 10000

国别（地区） Country/Region	1990	1991	1992	1993
总额　Total	**11543654**	**13563317**	**16552539**	**19570299**
亚洲　Asia	**7355034**	**9087289**	**11008741**	**11521720**
其中：of which：				
阿富汗　Afghanistan	2258	2707	2567	3491
巴林　Bahrian	828	1083	1209	2842
孟加拉国　Bangladesh	17109	21315	22072	21163
文莱　Brunei	1183	1310	1540	1064
缅甸　Burma	32762	39209	39044	48945
柬埔寨　Cambodia	324	265	1295	2153
塞浦路斯　Cyprus	3995	6344	3849	3895
朝鲜　Korea DPR	48274	61045	69657	89963
香港　Hong Kong	4090446	4960023	5804582	3249617
印度　India	26411	26482	33942	67577
印度尼西亚　Indonesia	118226	188448	202570	216028
伊朗　Iran	36196	31369	43662	71272
伊拉克　Iraq	11816	36	127	542
日本　Japan	1659900	2025066	2536117	3906530
约旦　Jordan	10936	9673	9633	11712
科威特　Kuwait	11925	1939	6288	9981
老挝　Laos	1619	1337	3153	4063
黎巴嫩　Lebanon	2789	4715	6230	7997
澳门　Macao	66681	69787	69407	67855
马来西亚　Malaysia	118307	133189	147562	178801
马尔代夫　Maldives	54	52	110	410
蒙古　Mongolia	4102	4603	18387	15095
尼泊尔　Nepal	4714	3363	3577	3532
阿曼　Oman	13327	40914	45509	57209
巴基斯坦　Pakistan	58488	68731	64256	84834
菲律宾　Philippines	29513	38397	36467	49332
卡塔尔　Qatar	2720	8630	7747	5284

2—18（2） 中国对各国进出口总额

CHINA'S IMPORTS AND EXPORTS TO COUNTRIES AND REGIONS BY ORIGIN AND CONSUMPTION

单位：万美元
Unit：US $ 10000

国别（地区） Country/Region	1990	1991	1992	1993
沙特阿拉伯 Saudi Arabia	41856	52566	57167	69748
新加坡 Singapore	282524	307673	326686	489116
韩国 Korea	194352	324488	502771	822056
斯里兰卡 Sri Lanka	10232	12293	11273	14331
叙利亚 Syria	13721	7934	7894	12208
泰国 Thailand	119446	126947	131935	135195
土耳其 Turkey	9020	10399	17747	66325
阿联酋 United Arab Emirates	31008	47737	60848	81788
也门共和国 Republic of Yemen	7384	7126	14830	36680
越南 Vietnam	723	3223	17907	39728
台湾 Taiwan Prov.	257462	423385	65948	1439296
非洲 Africa	**166451**	**142556**	**180632**	**253071**
其中：Of Which：				
阿尔及利亚 Algeria	8993	3998	3004	4019
安哥拉 Angola	2980	729	3788	19192
贝宁 Benin	1243	1903	2274	5363
布隆迪 Burundi	544	985	362	376
喀麦隆 Cameroon	4909	2339	2564	650
加那利群岛 Canary Islands	980	1068	1100	1102
中非 Central Africa	161	215	17	328
塞卜泰 Ceuta	550	494	646	297
刚果 Congo	129	671	632	1413
吉布提 Djibouti	754	977	1591	1133
埃及 Egypt	9141	13075	17565	22384
埃塞俄比亚 Ethiopia	2682	420	736	2224
加蓬 Gabon	2062	5005	4977	6971
冈比亚 Gambia	3031	3606	5205	7032
加纳 Ghana	1826	2458	2928	4499
几内亚 Guinea	784	1317	3089	4611
几内亚（比绍） Guineabissau	36	43	240	377

2—18（3） 中国对各国进出口总额

CHINA'S IMPORTS AND EXPORTS TO COUNTRIES AND REGIONS BY ORIGIN AND CONSUMPTION

单位：万美元

Unit：US $ 10000

国别（地区） Country/Region	1990	1991	1992	1993
科特迪瓦 Cote d'Ivoir	1296	1567	3039	5638
肯尼亚 Kenya	2229	2625	3143	5113
利比里亚 Liberia	4136	290	11570	1006
利比亚 Libya	3964	11105	17642	16653
马达加斯加 Madagascar	1856	642	619	751
马里 Mali	2127	4929	4034	1155
毛里塔尼亚 Mauritania	2238	861	1478	475
毛里求斯 Mauritius	2306	3112	2358	2636
摩洛哥 Morocco	10107	14234	14461	12383
莫桑比克 Mozambique	7251	5987	5912	2327
尼日尔 Niger	432	282	275	1495
尼日利亚 Nigeria	4129	5497	9696	12129
留尼汪 Reunion	387	373	314	374
卢旺达 Rwanda	699	358	407	309
塞内加尔 Senegal	1778	2596	2676	2912
塞舌尔 Seychelles	139	61	86	133
塞拉利昂 Sierra Leone	429	522	685	1297
索马里 Somalia	885	122	636	158
南非 S·Africa				65827
苏丹 Sudan	10326	10669	5290	3025
坦桑尼亚 Tanzania	2091	2839	10869	4067
多哥 Togo	3434	5126	7698	10995
突尼斯 Tunisia	5306	4715	5190	5844
乌干达 Uganda	482	1674	710	626
布基纳法索 Burkina Faso	98	3793	1528	939
扎伊尔 Zaire	47677	6832	1337	2481
赞比亚 Zambia	280	772	2162	1818
津巴布韦 Zimbabwe	6806	7326	12533	6007
欧洲 Europe	**2216006**	**2210352**	**2745034**	**4039943**
其中：Of Which：				

2—18（4） 中国对各国进出口总额

CHINA'S IMPORTS AND EXPORTS TO COUNTRIES AND REGIONS BY ORIGIN AND CONSUMPTION

单位：万美元

Unit：US $ 10000

国别（地区） Country/Region	1990	1991	1992	1993
比利时 Belgium	65797	83254	99821	139255
丹麦 Denmark	26300	25068	29130	42416
英国 United Kingdom	202693	166918	193647	359234
联邦德国 Germany，FR	497110	540431	646303	1000822
法国 France	230843	230476	225902	293086
爱尔兰 Ireland	2534	3391	4465	8578
意大利 Italy	190483	238992	284331	404211
卢森堡 Luxembourg	1657	790	1292	3557
荷兰 Netherlands	130737	149204	170854	232270
希腊 Greece	11677	8588	9677	14607
葡萄牙 Portugal	7565	5954	6693	11235
西班牙 Spain	50682	61005	68420	100697
奥地利 Austria	33353	41856	39097	43309
保加利亚 Bulgaria	14699	11868	7820	17043
原捷克斯洛伐克 Former Czechoslovakia	61729	17766	21334	
捷克 Czech Rep.				33958
斯洛伐克 Slovak Rep.				4085
芬兰 Finland	22992	27286	34493	42596
直布罗陀 Gibraltar	347	464	559	471
匈牙利 Hungary	14345	5560	6389	22692
冰岛 Iceland	168	175	247	653
马耳他 Malta	379	872	1577	1405
挪威 Norway	22688	33080	30845	25308
波兰 Poland	32194	14443	20944	47222
罗马尼亚 Romania	44147	28225	28906	49891
瑞典 Sweden	40656	51275	69100	99317
瑞士 Switzerland	57091	60790	68268	128122
南斯拉夫（原） Former Yugoslavia	10224	10050	8370	
南斯拉夫（新） Yugoslavia，FR				4286
斯洛文尼亚 Slovenia Rep.				1457

2—18（5） 中国对各国进出口总额

CHINA'S IMPORTS AND EXPORTS TO COUNTRIES AND REGIONS BY ORIGIN AND CONSUMPTION

单位：万美元

Unit：US $ 10000

国别（地区） Country/Region	1990	1991	1992	1993
克罗地亚 Croatia Rep.				4139
马其顿 Macedonia				1098
波黑共和国 Bosnia & Hercegovina				2
爱沙尼亚 Estonia			2719	1522
拉脱维亚 Latvia			431	1943
立陶宛 Lithuania			1223	1630
格鲁吉亚 Georgia			367	924
亚美尼亚 Armenia			107	2074
阿塞拜疆 Azerbaijan			149	440
白俄罗斯 Belorussia			6081	6483
哈萨克 Kazakhstan			36829	43473
吉尔吉斯 Kirghizia			3549	10251
摩尔多瓦 Moldavia			7	130
*俄罗斯联邦 Russia	437911	390425	586240	767265
塔吉克 Tadzhikistan			275	1235
土库曼 Turkmenistan			450	465
乌克兰 Ukraine			22347	58015
乌兹别克 Uzbekstan			5252	5425
拉丁美洲 Latin America	**229428**	**235779**	**297573**	**370687**
其中：Of Which：				
阿根廷 Argentina	33029	35717	32427	46760
巴巴多斯 Barbados	105	161	112	111
玻利维亚 Bolivia	601	446	534	407
巴西 Brazil	63266	41384	58408	105526
智利 Chile	10143	20119	53779	48579
哥伦比亚 Colombia	622	748	3636	2515
多米尼加联邦 Dominica	179	393	717	2089
古巴 Cuba	57815	42605	38307	25068
库腊索岛 Curacao	63	72	106	159
多米尼加共和国 Dominican Rep.	530	951	2018	3675

*：俄罗斯 1990 和 1991 年数据为原苏联数据。以下诸表同。

The data for Russia in 1990 and 1991 are for former U.S.S.R. The same to the following tables。

2—18（6） 中国对各国进出口总额

CHINA'S IMPORTS AND EXPORTS TO COUNTRIES AND REGIONS BY ORIGIN AND CONSUMPTION

单位：万美元

Unit：US $ 10000

国别（地区） Country/Region	1990	1991	1992	1993
厄瓜多尔 Ecuador	1067	1515	2100	4507
危地马拉 Guatemala	491	1111	1735	2524
洪都拉斯 Honduras	602	481	1028	2134
牙买加 Jamaica	386	509	847	1325
墨西哥 Mexico	21097	23495	27173	28051
尼加拉瓜 Nicaragua	1332	78	123	193
巴拿马 Panama	9545	8790	13508	36061
巴拉圭 Paraguay	3163	3654	3672	3110
秘鲁 Peru	10894	32572	34554	31067
波多黎各 Puerto Rico	975	559	585	806
萨尔瓦多 EI Salvador	320	528	840	2259
苏里南 Surinam	168	216	334	445
特立尼达和多巴哥 Trinidad and Tobago	599	831	667	920
乌拉圭 Uruguay	7117	12864	11119	9852
委内瑞拉 Venezuela	4097	3891	6849	9553
北美洲 North America	**1367651**	**1636854**	**2007497**	**3023461**
其中：Of Which：				
加拿大 Canada	190872	220128	257976	257300
美国 United States	1176779	1416634	1749454	2765200
大洋洲及太平洋群岛 Oceanian and Pacific Islands	**201679**	**238961**	**285398**	**359180**
其中：Of Which：				
澳大利亚 Australia	180865	211179	233197	301024
库克群岛 Cook Islands	30	97	92	220
斐济 Fiji	1047	1520	2501	1602
新西兰 New Zealand	17610	23470	36641	39505
诺福克岛 Norfolk Island	29	9	16	115
巴布亚新几内亚 Papua New Guinea	7405	1976	11184	15228
其他 Others		**11526**	**27664**	**2237**

2—19（1） 中国对各国出口总额

CHINA' S EXPORTS TO COUNTRIES AND REGIONS OF CONSUMPTION

单位：万美元

Unit：US $ 10000

国别（地区） Country/Region	1990	1991	1992	1993
总额 Total	**6209141**	**7184254**	**8494006**	**9174401**
亚洲 Asia	**4455190**	**5327983**	**6106696**	**5261769**
其中：of which：				
阿富汗 Afghanistan	2239	2556	2361	3235
巴林 Bahrain	828	1055	1000	2316
孟加拉国 Bangladesh	15328	20391	21477	20291
文莱 Brunei	812	1076	1027	1064
缅甸 Burma	22354	28617	25917	32466
柬埔寨 Cambodia	306	217	1277	2032
塞浦路斯 Cyprus	3851	6099	3528	3324
朝鲜 Korea DPR	35816	52478	54111	60234
香港 Hong Kong	2665006	3213719	3751223	2204971
印度 India	16676	14448	15844	25919
印度尼西亚 Indonesia	37902	48114	47144	69172
伊朗 Iran	31843	29318	33564	40270
伊拉克 Iraq	3785	8	67	487
日本 Japan	901103	1021911	1167871	1577665
约旦 Jordan	7509	4912	7077	7679
科威特 Kuwait	7659	1931	5996	8765
老挝 Laos	997	1115	2785	3712
黎巴嫩 Lebanon	2785	4704	6206	7903
澳门 Macao	50588	52634	52869	52472
马来西亚 Malaysia	34079	52789	64544	70437
马尔代夫 Maldives	25	48	49	320
蒙古 Mongolia	2981	2596	13576	8159
尼泊尔 Nepal	4191	3219	3501	3344
阿曼 Oman	778	953	818	1103
巴基斯坦 Pakistan	49480	59809	55143	75193
菲律宾 Philippines	21010	25349	20956	28046
卡塔尔 Qatar	588	640	831	1088

2—19（2） 中国对各国出口总额
CHINA'S EXPORTS TO COUNTRIES AND REGIONS OF CONSUMPTION

单位：万美元
Unit：US $ 10000

国别（地区） Country/Region	1990	1991	1992	1993
沙特阿拉伯　Saudi Arabia	33735	38742	44426	57884
新加坡　Singapore	197466	201419	203087	224532
韩国　Korea	125954	217871	240491	286050
斯里兰卡　Sri Lanka	10046	11808	10706	13699
叙利亚　Syria	13292	7548	7742	12016
泰国　Thailand	82345	84781	89481	75049
土耳其　Turkey	4926	5538	6892	16570
阿联酋　United Arab Emirates	27227	40804	54296	71141
也门共和国　Republic of Yemen	7212	7103	7440	11174
越南　Vietnam	386	2140	10636	27465
台湾　Taiwan Prov.	31965	59484	69351	146179
非洲　Africa	**129691**	**99999**	**130194**	**152744**
其中：Of Which：				
阿尔及利亚　Algeria	8180	3146	2734	3354
安哥拉　Angola	2895	723	847	1121
贝宁　Benin	1243	1846	2219	5362
布隆迪　Burundi	544	985	360	371
喀麦隆　Cameroon	687	477	960	642
加那利群岛　Canary Islands	977	1068	1040	956
中非　Central Africa	87	41	16	322
塞卜泰　Ceuta	549	494	645	294
刚果　Congo	115	277	588	771
吉布提　Djibouti	740	977	1590	1119
埃及　Egypt	8546	12687	17456	19960
埃塞俄比亚　Ethiopia	2682	420	736	2224
加蓬　Gabon	161	113	153	190
冈比亚　Gambia	3031	3604	5194	6999
加纳　Ghana	1584	2155	2397	3858
几内亚　Guinea	784	1311	3073	3160
几内亚（比绍）　Guineabissau	36	20	240	272

2—19（3） 中国对各国出口总额

CHINA'S EXPORTS TO COUNTRIES AND REGIONS OF CONSUMPTION

单位：万美元
Unit：US $ 10000

国别（地区） Country/Region	1990	1991	1992	1993
科特迪瓦 Cote d'Ivoir	667	1406	2805	5219
肯尼亚 Kenya	2119	2559	2919	4728
利比里亚 Liberia	3810	290	11570	470
利比亚 Libya	3640	6528	8663	4524
马达加斯加 Madagascar	1029	445	443	616
马里 Mali	555	1007	543	1155
毛里塔尼亚 Mauritania	2236	861	1470	475
毛里求斯 Mauritius	2306	3111	2345	2597
摩洛哥 Morocco	8456	10348	10411	9444
莫桑比克 Mozambique	1260	1263	2073	1655
尼日尔 Niger	432	269	275	1492
尼日利亚 Nigeria	3439	4886	9100	12076
留尼汪 Reunion	387	373	312	374
卢旺达 Rwanda	331	358	406	308
塞内加尔 Senegal	1755	2192	2622	2620
塞舌尔 Seychelles	139	61	83	133
塞拉利昂 Sierra Leone	429	522	685	1291
索马里 Somalia	833	53	524	67
南非 S·Africa				24603
苏丹 Sudan	3370	9873	4367	3011
坦桑尼亚 Tanzania	1725	2795	10799	3952
多哥 Togo	3268	4512	7532	10897
突尼斯 Tunisia	2506	2238	2850	2840
乌干达 Uganda	482	1670	710	624
布基纳法索 Burkina Faso	98	416	250	939
扎伊尔 Zaire	46682	6324	777	2177
赞比亚 Zambia	252	241	537	721
津巴布韦 Zimbabwe	2954	2772	2743	875
欧洲 Europe	**931772**	**940002**	**1136364**	**1642740**
其中：Of Which：				

2—19（4） 中国对各国出口总额

CHINA'S EXPORTS TO COUNTRIES AND REGIONS OF CONSUMPTION

单位：万美元
Unit：US $ 10000

国别（地区） Country/Region	1990	1991	1992	1993
比利时 Belgium	32676	41730	53952	60615
丹麦 Denmark	12678	15241	15205	19867
英国 United Kingdom	64304	72756	92284	192867
联邦德国 Germany，FR	203439	235559	244799	396751
法国 France	64540	73293	76351	129028
爱尔兰 Ireland	1654	1898	2324	5922
意大利 Italy	83503	93161	109525	130482
卢森堡 Luxembourg	41	33	147	513
荷兰 Netherlands	90827	106274	120033	160877
希腊 Greece	6613	6737	8235	11503
葡萄牙 Portugal	4089	3544	4400	7394
西班牙 Spain	18681	23666	32912	53362
奥地利 Austria	4588	5955	6954	11722
保加利亚 Bulgaria	3974	2390	1981	3642
原捷克斯洛伐克 Former Czechoslovakia	34143	2693	3763	
捷克 Czech Rep.				7386
斯洛伐克 Slovak Rep.				956
芬兰 Finland	7140	7682	9263	10360
直布罗陀 Gibraltar	317	445	550	466
匈牙利 Hungary	2388	2020	4500	16502
冰岛 Iceland	122	162	149	395
马耳他 Malta	379	837	1572	1228
挪威 Norway	4655	8865	14333	12064
波兰 Poland	7432	5628	11924	24853
罗马尼亚 Romania	22677	8321	7760	12007
瑞典 Sweden	14103	17286	21525	32247
瑞士 Switzerland	15969	16897	15978	27870
南斯拉夫（原） Former Yugoslavia	4003	2820	1295	
南斯拉夫（新） Yugoslavia，FR				521
斯洛文尼亚 Slovenia Rep.				588

2—19 (5) 中国对各国出口总额

CHINA'S EXPORTS TO COUNTRIES AND REGIONS OF CONSUMPTION

单位：万美元

Unit：US $ 10000

国别（地区） Country/Region	1990	1991	1992	1993
克罗地亚 Croatia Rep.				81
马其顿 Macedonia				46
波黑共和国 Bosnia & Hercegovina				
爱沙尼亚 Estonia			742	444
拉脱维亚 Latvia			146	562
立陶宛 Lithuania			438	306
格鲁吉亚 Georgia			221	493
亚美尼亚 Armenia			107	504
阿塞拜疆 Azerbaijan			106	128
白俄罗斯 Belorussia			902	2044
哈萨克 Kazakhstan.			22712	17169
吉尔吉斯 Kirghizia			1885	3655
摩尔多瓦 Moldavia			5	41
俄罗斯联邦 Russia	223919	182338	233632	269175
塔吉克 Tadzhikistan			195	648
土库曼 Turkmenistan			409	385
乌克兰 Ukraine			8933	9437
乌兹别克 Uzbekstan			3889	4279
拉丁美洲 Latin America	**78105**	**79470**	**107596**	**177612**
其中：Of Which：				
阿根廷 Argentina	1195	5172	12415	24769
巴巴多斯 Barbados	105	160	112	111
玻利维亚 Bolivia	601	446	534	407
巴西 Brazil	10668	6803	6476	19217
智利 Chile	6714	9420	12815	20413
哥伦比亚 Colombia	268	503	1331	2437
多米尼加联邦 Dominica	179	393	713	2086
古巴 Cuba	27194	22440	20023	17704
库腊索岛 Curacao	61	71	106	159
多米尼加共和国 Dominican Rep.	530	951	2017	3675

2—19（6） 中国对各国出口总额

CHINA'S EXPORTS TO COUNTRIES AND REGIONS OF CONSUMPTION

单位：万美元

Unit：US $ 10000

国别（地区） Country/Region	1990	1991	1992	1993
厄瓜多尔 Ecuador	819	1405	1748	4181
危地马拉 Guatemala	491	1088	1730	2500
洪都拉斯 Honduras	602	453	1025	2114
牙买加 Jamaica	386	506	847	1271
墨西哥 Mexico	11057	8625	15774	15569
尼加拉瓜 Nicaragua	79	78	102	170
巴拿马 Panama	9545	8733	13200	35014
巴拉圭 Paraguay	955	1672	1132	2890
秘鲁 Peru	2352	3131	3547	6156
波多黎各 Puerto Rico	596	314	559	796
萨尔瓦多 EI Salvador	319	506	910	2228
苏里南 Surinam	168	216	286	422
特立尼达和多巴哥 Trinidad and Tobago	257	403	390	868
乌拉圭 Uruguay	540	1051	1790	3188
委内瑞拉 Venezuela	1258	3274	5954	6530
北美洲 North America	**560981**	**671399**	**924730**	**1816399**
其中：Of Which：				
加拿大 Canada	43035	55503	65319	119778
美国 United States	517946	615851	859380	1696473
大洋洲及太平洋群岛 Oceanian and Pacific Islands	**53184**	**64634**	**79541**	**123135**
其中：Of Which：				
澳大利亚 Australia	45509	55417	66081	106075
库克群岛 Cook Islands	17	27	16	85
斐济 Fiji	1041	973	1604	1595
新西兰 New Zealand	5035	6554	8741	13097
诺福克岛 Norfolk Island	12	9	16	61
巴布亚新几内亚 Papua New Guinea	218	967	1417	1308
其他 Others		**767**	**8885**	**2**

2—20（1） 中国从各国进口总额

CHINA'S IMPORTS FROM COUNTRIES AND REGIONS OF ORIGIN

单位：万美元

Unit：US $ 10000

国别（地区） Country（Region）	1990	1991	1992	1993
总额 Total	**5334513**	**6379063**	**8058533**	**10395898**
亚洲 Asia	**2899844**	**3759306**	**4902045**	**6259951**
其中：of which：				
阿富汗 Afghanistan	19	151	206	256
巴林 Bahrain		28	209	526
孟加拉国 Bangladesh	1781	924	595	872
文莱 Brunei	371	234	513	
缅甸 Burma	10408	10592	13127	16479
柬埔寨 Cambodia	18	48	18	121
塞浦路斯 Cyprus	144	245	321	571
朝鲜 Korea DPR	12458	8567	15546	29729
香港 Hong Kong	1425440	1746304	2053359	1044646
印度 India	9735	12034	18098	41658
印度尼西亚 Indonesia	80324	140334	155426	146856
伊朗 Iran	4353	2051	10098	31002
伊拉克 Iraq	8031	28	60	55
日本 Japan	758797	1003155	1368246	2328865
约旦 Jordan	3427	4761	2556	4033
科威特 Kuwait	4266	8	292	1216
老挝 Laos	622	222	368	351
黎巴嫩 Lebanon	4	11	24	94
澳门 Macao	16093	17153	16538	15383
马来西亚 Malaysia	84228	80400	83018	108364
马尔代夫 Maldives	29	4	61	90
蒙古 Mongolia	1121	2007	4811	6936
尼泊尔 Nepal	523	144	76	188
阿曼 Oman	12549	39961	44691	56106
巴基斯坦 Pakistan	9008	8922	9113	9641
菲律宾 Philippines	8503	13048	15511	21286
卡塔尔 Qatar	2132	7990	6916	4196

2—20（2） 中国从各国进口总额
CHINA'S IMPORTS FROM COUNTRIES AND REGIONS OF ORIGIN

单位：万美元
Unit：US $ 10000

国别（地区）Country（Region）	1990	1991	1992	1993
沙特阿拉伯 Saudi Arabia	8121	13824	12741	11864
新加坡 Singapore	85058	106254	123599	264584
韩国 Korea	68398	106617	262280	536006
斯里兰卡 Sri Lanka	186	485	567	632
叙利亚 Syria	429	386	152	192
泰国 Thailand	37101	42166	42454	60146
土耳其 Turkey	4094	4861	10855	49755
阿联酋 United Arab Emirates	3781	6933	6552	10647
也门共和国 Republic of Yemen	172	23	7390	25506
越南 Vietnam	337	1083	7271	12263
台湾 Taiwan Prov.	225497	363901	586597	1293117
非洲 Africa	**36760**	**42557**	**50438**	**100327**
其中：Of Which：				
阿尔及利亚 Algeria	813	852	270	665
安哥拉 Angola	85	6	2941	18071
贝宁 Benin		57	55	1
布隆迪 Burundi			2	5
喀麦隆 Cameroon	4222	1862	1604	8
加那利群岛 Canary Islands	3		60	146
中非 Central Africa	74	174	1	6
塞卜泰 Ceuta	1		1	3
刚果 Congo	14	394	44	642
吉布提 Djibouti	14		1	14
埃及 Egypt	595	388	109	2424
埃塞俄比亚 Ethiopia				
加蓬 Gabon	1901	4892	4824	6781
冈比亚 Gambia		2	11	33
加纳 Ghana	242	303	531	641
几内亚 Guinea		6	16	1451
几内亚（比绍） Guineabissau		23		105

2—20（3） 中国从各国进口总额

CHINA′S IMPORTS FROM COUNTRIES AND REGIONS OF ORIGIN

单位：万美元

Unit：US $ 10000

国别（地区） Country（Region）	1990	1991	1992	1993
科特迪瓦 Cote d′Ivoir	629	161	234	419
肯尼亚 Kenya	110	66	224	385
利比里亚 Liberia	326			536
利比亚 Libya	324	4577	8979	12129
马达加斯加 Madagascar	827	197	176	135
马里 Mali	1572	3922	3491	
毛里塔尼亚 Mauritania	2		8	
毛里求斯 Mauritius		1	13	39
摩洛哥 Morocco	1651	3886	4050	2939
莫桑比克 Mozambique	5991	4724	3839	672
尼日尔 Niger		13		3
尼日利亚 Nigeria	690	611	596	53
留尼汪 Reunion			2	
卢旺达 Rwanda	368		1	1
塞内加尔 Senegal	23	404	54	292
塞舌尔 Seychelles			3	
塞拉利昂 Sierra Leone				6
索马里 Somalia	52	69	112	91
南非 S. Africa				41224
苏丹 Sudan	6956	796	923	14
坦桑尼亚 Tanzania	366	44	70	115
多哥 Togo	166	614	166	98
突尼斯 Tunisia	2800	2477	2340	3004
乌干达 Uganda		4		2
布基纳法索 Burkina Faso		3377	1278	
扎伊尔 Zaire	995	508	560	304
赞比亚 Zambia	28	531	1625	1097
津巴布韦 Zimbabwe	3852	4554	9790	5132
欧洲 Europe	**1284234**	**1270350**	**1608670**	**2397203**
其中：Of Which：				

2—20（4） 中国从各国进口总额

CHINA'S IMPORTS FROM COUNTRIES AND REGIONS OF ORIGIN

单位：万美元

Unit：US $ 10000

国别（地区） Country（Region）	1990	1991	1992	1993
比利时 Belgium	33121	41524	45869	78640
丹麦 Denmark	13622	9827	13925	22549
英国 United Kingdom	138389	94162	101363	166367
联邦德国 Germany，FR	293671	304872	401504	604071
法国 France	166303	157183	149551	164058
爱尔兰 Ireland	880	1493	2141	2656
意大利 Italy	106980	145831	174806	273729
卢森堡 Luxembourg	1616	757	1145	3044
荷兰 Netherlands	39910	42930	50821	71393
希腊 Greece	5064	1851	1442	3104
葡萄牙 Portugal	3476	2410	2293	3841
西班牙 Spain	32001	37339	35508	47335
奥地利 Austria	28765	35901	32143	31587
保加利亚 Bulgaria	10725	9478	5839	13401
原捷克斯洛伐克 Former Czechoslovakia	27586	15073	17571	
捷克 Czech Rep.				26572
斯洛伐克 Slovak Rep.				3129
芬兰 Finland	15852	19604	25230	32236
直布罗陀 Gibraltar	30	19	9	5
匈牙利 Hungary	11957	3540	1889	6190
冰岛 Iceland	46	13	98	258
马耳他 Malta		35	5	177
挪威 Norway	18033	24215	16512	13244
波兰 Poland	24762	8815	9020	22369
罗马尼亚 Romania	21470	19904	21146	37884
瑞典 Sweden	26553	33989	47575	67070
瑞士 Switzerland	41122	43893	52290	100252
南斯拉夫（原） Former Yugoslavia	6221	7230	7075	
南斯拉夫（新） Yugoslavia，FR				3765
斯洛文尼亚 Slovenia Rep.				869

2—20（5）

中国从各国进口总额
CHINA'S IMPORTS FROM COUNTRIES AND REGIONS OF ORIGIN

单位：万美元
Unit：US $ 10000

国别（地区） Country（Region）	1990	1991	1992	1993
克罗地亚 Croatia Rep.				4058
马其顿 Macedonia				1052
波黑共和国 Bosnia & Hercegovina				2
爱沙尼亚 Estonia			1977	1078
拉脱维亚 Latvia			285	1381
立陶宛 Lithuania			785	1324
格鲁吉亚 Georgia			146	431
亚美尼亚 Armenia				1570
阿塞拜疆 Azerbaijan			43	312
白俄罗斯 Belorussia			5179	4439
哈萨克 Kazakhstan			14117	26304
吉尔吉斯 Kirghizia			1664	6596
摩尔多瓦 Moldavia			2	89
俄罗斯联邦 Russia	213992	208087	352608	498090
塔吉克 Tadzhikistan			80	587
土库曼 Turkmenistan			41	80
乌克兰 Ukraine			13414	48578
乌兹别克 Uzbekstan			1363	1146
拉丁美洲 Latin America	**151323**	**156309**	**189977**	**193075**
其中：Of Which：				
阿根廷 Argentina	31834	30545	20012	21991
巴巴多斯 Barbados		1		
玻利维亚 Bolivia				
巴西 Brazil	52598	34581	51932	86309
智利 Chile	3429	10699	40964	28166
哥伦比亚 Colombia	354	245	2305	78
多米尼加联邦 Dominica			4	3
古巴 Cuba	30621	20165	18284	7364
库腊索岛 Curacao	2	1		
多米尼加共和国 Dominican Rep.			1	

2—20（6） 中国从各国进口总额

CHINA'S IMPORTS FROM COUNTRIES AND REGIONS OF ORIGIN

单位：万美元

Unit：US $ 10000

国别（地区） Country（Region）	1990	1991	1992	1993
厄瓜多尔 Ecuador	248	110	352	326
危地马拉 Guatemala		23	5	24
洪都拉斯 Honduras		28	3	20
牙买加 Jamaica		3		54
墨西哥 Mexico	10040	14870	11399	12482
尼加拉瓜 Nicaragua	1253		21	23
巴拿马 Panama		57	308	1047
巴拉圭 Paraguay	2208	1982	2540	220
秘鲁 Peru	8542	29441	31007	24911
波多黎各 Puerto Rico	379	245	26	10
萨尔瓦多 EI Salvador	1	23	30	31
苏里南 Surinam			48	23
特立尼达和多巴哥 Trinidad and Tobago	342	428	277	52
乌拉圭 Uruguay	6577	11813	9329	6664
委内瑞拉 Venezuela	2839	617	895	3023
北美洲 North America	**806670**	**965455**	**1082767**	**1207062**
其中：Of Which：				
加拿大 Canada	147837	164625	192657	137522
美国 United States	658833	800783	890074	1068727
大洋洲及太平洋群岛 Oceanian and Pacific Islands	**148495**	**174327**	**205857**	**236045**
其中：Of Which：				
澳大利亚 Australia	135356	155762	167116	194949
库克群岛 Cook Islands	13	70	76	135
斐济 Fiji	6	547	897	7
新西兰 New Zealand	12575	16916	27900	26408
诺福克岛 Norfolk Island	17			54
巴布亚新几内亚 Papua Bew Guinea	7187	1009	9767	13920
其他 Others		**10759**	**18779**	**2235**

2—21（1） 中国出口额超过一亿美元的国家（地区）
COUNTRIES AND REGIONS：CHANA′S EXPORTS OVER US $ 100 MILLIONS

单位：万美元
Unit：US $ 10000

国别（地区） Country（Region）	1990	1991	1992	1993
亚洲：Asia：				
孟加拉国 Bangladesh	15328	20391	21477	20291
缅甸 Burma	22354	28617	25917	32466
朝鲜 Korea DPR	35816	52478	54111	60234
香港 Hong Kong	2665006	3213719	3751223	2204971
印度 India	16676	14448	15844	25919
印度尼西亚 Indonesia	37902	48114	47144	69172
伊朗 Iran	31843	29318	33564	40270
日本 Japan	901103	1021911	1167871	1577665
蒙古 Mongolia			13576	
澳门 Macao	50588	52634	52869	52472
马来西亚 Malaysia	34079	52789	64544	70437
巴基斯坦 Pakistan	49480	58909	55143	75193
菲律宾 Phlippines	21010	25349	20956	28046
沙特阿拉伯 Saudi Arabia	33735	38742	44426	57884
新加坡 Singapore	197466	201419	203087	224532
韩国 Korea	125954	217871	240491	286050
斯里兰卡 Sri Lanka	10046	11808	10706	13699
叙利亚 Syria	13292			12016
泰国 Thailand	82345	84181	89481	75049
土耳其 Turkey				16570
阿联酋 United Arab Emirates	27227	40804	54296	71141
也门共和国 Republic of Yemen				11174
越南 Vietnam			10636	27465
台湾 Taiwan Prov.	31965	59484	69351	146179
非洲：Africa：				
埃及 Egypt		12687	17456	19960
利比里亚 Liberia			11570	
摩洛哥 Morocco		10348	10411	
尼日利亚 Nigeria				12076
南非 S·Africa				24603
坦桑尼亚 Tanzania			10798	

2—21（2） 中国出口额超过一亿美元的国家（地区）
COUNTRIES AND REGIONS：CHANA'S EXPORTS OVER US＄ 100 MILLIONS

单位：万美元
Unit：US ＄ 10000

国别（地区） Country（Region）	1990	1991	1992	1993
多哥 Togo				10897
扎伊尔 Zaire	46682			
欧洲：Europe：				
比利时 Belgium	32676	41730	53952	60615
丹麦 Denmark	12678	15241	15205	19867
英国 United Kingdom	64304	72756	92284	192867
联邦德国 Germany，FR	203439	255559	244799	396751
法国 France	64540	73293	76351	129028
意大利 Italy	83503	93161	109525	130482
荷兰 Netherlands	90827	106274	120033	160877
希腊 Greece				11503
西班牙 Spain	18681	23666	32912	53362
奥地利 Austria				11722
原捷克斯洛伐克 Former Czechoslovakia	34143			
芬兰 Finland				10360
匈牙利 Hungary				16502
挪威 Norway			14333	12064
波兰 Poland			11924	24853
罗马尼亚 Romania	22677			12007
瑞典 Sweden	14103	17286	21525	32247
瑞士 Switzerland	15969	16897	15978	27870
哈萨克 Kazakhstan			22712	17169
俄罗斯联邦 Russia	223919	182338	233632	269175
拉丁美洲：Latin America：				
阿根廷 Argentina			12415	24769
巴西 Brazil	10668			19217
智利 Chile			12815	20413
古巴 Cuba	27194	22440	20023	17704
墨西哥 Mexico	11057		15774	15569
巴拿马 Panama			13200	35014
北美洲：North America：				
加拿大 Canada	43035	55503	65319	119778
美国 United States	517946	615851	859380	1696473
大洋洲及太平洋群岛：Oceanian and Pacific Islands：				
澳大利亚 Australia	45509	55417	66081	106075
新西兰 New Zealand				13097

2—22（1） 中国进口额超过一亿美元的国家（地区）
COUNTRIES AND REGIONS：CHANA′S IMPORTS OVER US＄ 100 MILLIONS

单位：万美元
Unit：US ＄ 10000

国别（地区） Country（Region）	1990	1991	1992	1993
亚洲：Asia：				
缅甸 Burma	10408	10592	13127	16473
朝鲜 Korea DPR	12458		15546	29729
香港 Hong Kong	1425440	1746304	2053359	1044646
印度 India		12034	18098	41658
印度尼西亚 Indonesia	80324	140334	155426	146856
伊朗 Iran			10098	31002
日本 Japan	758797	1003155	1368246	2328865
澳门 Macao	16093	17153	16538	15383
马来西亚 Malaysia	84228	80400	83018	108364
阿曼 Oman	12549	39961	44691	56107
菲律宾 Phlippines		13048	15511	21286
沙特阿拉伯 Saudi Arabia		13824	12741	11864
新加坡 Singapore	85058	106254	123599	264584
韩国 Korea	68398	106617	262280	536906
泰国 Thailand	37101	42166	42454	60146
土耳其 Turkey			10855	49755
阿联酋 United Arab Emirates				10647
也门共和国 Republic of Yemen				22506
越南 Vietnam				12263
台湾 Taiwan Prov.	225497	363901	586597	1293117
非洲：Africa：				
安哥拉 Angola				18071
利比亚 Libya				12129
南非 S·Africa				41224
欧洲：Europe：				
比利时 Belgium	33121	41524	45869	78640
丹麦 Denmark	13622		13925	22549
英国 United Kingdom	138389	94162	101363	166367
联邦德国 Germany，FR	293671	304872	401504	604071
法国 France	166303	157183	149551	164058
意大利 Italy	106980	145831	174806	273729
荷兰 Netherlands	39910	42930	50821	71393

2—22（2） 中国进口额超过一亿美元的国家（地区）
COUNTRIES AND REGIONS：CHANA'S IMPORTS OVER US＄ 100 MILLIONS

单位：万美元
Unit：US ＄ 10000

国别（地区） Country（Region）	1990	1991	1992	1993
西班牙 Spain	32001	37339	35508	47335
奥地利 Austria	28765	35901	32143	31587
保加利亚 Bulgaria	10725			13401
原捷克斯洛伐克 Former Czechoslovakia	27586	15073	17571	
捷克 Czech Rep.				26572
芬兰 Finland	15852	19604	25230	32236
匈牙利 Hungary	11957			
挪威 Norway	18033	24215	16512	13244
波兰 Poland	24762			22369
罗马尼亚 Romania	21470	19904	21146	37884
瑞典 Sweden	26553	33989	47575	67070
瑞士 Switzerland	41122	43893	52290	100252
哈萨克 Kazakhstan			14117	26304
俄罗斯联邦 Russia	213992	208087	352608	498090
乌克兰 Ukraine			13414	48578
拉丁美洲：Latin America：				
阿根廷 Argentina	31834	30545	20012	21991
巴西 Brazil	52598	34581	51932	86309
智利 Chile		10699	40964	28166
古巴 Cuba	30621	20165	18284	
墨西哥 Mexico	10040	14870	11399	12482
秘鲁 Peru		29441	31007	24911
乌拉圭 Uruguay		11813		
北美洲：North America：				
加拿大 Canada	147837	164625	192657	137522
美国 United States	658833	800783	890074	1068727
大洋洲及太平洋群岛：Oceanian and Pacific Islands：				
澳大利亚 Australia	135356	155762	167116	194949
新西兰 New Zealand	12575	16916	27900	26408
诺福克岛 Norfolk Island				13920

2—23（1） 主要出口商品数量
MAJOR EXPORT COMMODITIES IN QUANTITY

商 品 名 称 Item	单 位 Unit	1990	1991	1992	1993
活猪 Live Hogs	万头 10000 Heads	300	285	290	272
活家禽 Live Poultry	万只 10000 Heads	4784	4752	5177	5127
鲜冻牛肉 Beef	万吨 10000 Tn	10	13	2	2
鲜冻猪肉 Pork	万吨 10000 Tn	12	12	5	6
冻鸡 Frozen Chicken	吨 Tn	37813	45395	78409	94454
冻家兔肉 Rabbit Meat Frozen	吨 Tn	17520	11742	17330	23051
鲜蛋 Fresh Eggs	百万个 Million	601	605	595	425
水产品 Aquatic Products	万吨 10000 Tn	36	38	44	46
谷物 Cereals	万吨 10000 Tn	412	892	1202	1306
其中：大米 Of Which：Rice	万吨 10000 Tn	33	69	95	143
大豆 Soybean	万吨 10000 Tn	94	111	66	37
蔬菜 Vegetables	万吨 10000 Tn	98	104	138	140
其中：鲜蔬菜 Of Which：Fresh Vegetables	万吨 10000 Tn	54	82	56	84
金针菜 Day Lily	吨 Tn	2849	2487	2357	2203
干香菇 Dried Mushroom	吨 Tn	6698	7596	10308	16786
黑木耳 Black Fungus	吨 Tn	1860	2172	2539	3587
榨 菜 Hot Pickled Mustard Tuber	吨 Tn	12911	16208	12505	16168
水果 Fruits	吨 Tn	226382	159756	145602	319723
其中：桔、柑、橙 Of Which：Mandarins and Oranges	吨 Tn	65618	43414	61392	81047
苹果 Apples	吨 Tn	62425	24082	38317	119419
苦杏仁 Bitter Apricot Kernel	吨 Tn	8180	9102	7747	7443
核桃 Walnuts in Shell	吨 Tn	5247	4992	4999	5410
核桃仁 Walnut Meat	吨 Tn	8712	8245	9841	17384
栗子 Chestnuts	吨 Tn	36022	33939	29138	38399
食糖 Sugar	吨 Tn	570493	343315	1670019	1853257
天然蜂蜜 Natural Honey	吨 Tn	88005	69958	91712	96538
茶叶 Tea	吨 Tn	195471	184872	175539	201435
辣椒干 Dried Chillis	吨 Tn	40722	26853	28330	40389

2—23（2） 主要出口商品数量
MAJOR EXPORT COMMODITIES IN QUANTITY

商品名称 Item	单位 Unit	1990	1991	1992	1993
罐头 Canned Food	吨 Tn	565748	663586	532751	779776
猪肉罐头 Canned Pork	吨 Tn	90906	128409	53075	71511
蔬菜罐头 Canned Vegetables	吨 Tn	332709	340265	335147	373545
水果罐头 Canned Fruits	吨 Tn	77825	105028	103634	236287
其他罐头 Others	吨 Tn	64308	89885	40895	98433
啤酒 Beer					
烤烟 Flue-Cured Tobacco	吨 Tn	27510	60937	47850	58676
山羊板皮 Goat Skin	万张 10000 Pc.	914	241	31	1
未硝毛皮 Raw Fur Skins	万张 10000 Pc.	466	162	97	215
其中：水貂皮 Of Which：Raw Mink Skins	万张 10000 Pc.	272	85	62	128
棉花 Cotton	吨 Tn	167282	199980	144620	149953
生丝 Raw Silk	吨 Tn	8594	9016	8899	8664
山羊绒 Cashmere	吨 Tn	1413	2020	2567	4237
兔毛 Rabbit Hair	吨 Tn	4703	6419	5686	5733
食盐 Salt	万吨 10000 Tn	48	21	15	15
氟石 Fluorite	万吨 10000 Tn	109	93	119	138
重晶石 Barite	万吨 10000 Tn	144	112	63	84
滑石 Talcum	万吨 10000 Tn	87	95	105	106
铝矿砂 Aluminium Ores	万吨 10000 Tn	68	54	86	52
钨矿砂 Tungsten Ores	吨 Tn	16450	6071	2326	699
猪鬃 Bristle	吨 Tn	12105	7357	9902	8915
绵羊肠衣 Sheep Casings	吨 Tn	780	1094	2512	2716
山羊肠衣 Goat Casings	吨 Tn	726	757	690	648
盐渍猪肠衣 Salted Pig Casings	吨 Tn	17423	16389	22544	26861
填充用羽毛及绒 Feathers and Dawn for Stuffing	吨 Tn	21830	26808	17358	18772
药材 Medicinal Materials	吨 Tn	106920	177242	124244	121674
煤 Coal	万吨 10000 Tn	1729	2000	1970	1981
焦炭、半焦炭 Coke and Semi-Coke	万吨 10000 Tn	130	108	135	261

2—23（3） 主要出口商品数量

MAJOR EXPORT COMMODITIES IN QUANTITY

商品名称 Item	单位 Unit	1990	1991	1992	1993
原油 Crude Oil	万吨 10000 Tn	2399	2224	2151	1943
成品油 Petroleum Products Refined	万吨 10000 Tn	526	481	539	372
石蜡 Paraffin Wax	万吨 10000 Tn	18	18	27	26
石油焦 Petroleum Coke	吨 Tn	163404	183455	239908	439341
食用油籽 Oil Seeds，Edible	万吨 10000 Tn	51	54	48	63
其中：花生、花生仁 Of Which：Peanut and Shelled Peanut	万吨 10000 Tn	39	43	30	32
食用植物油 Edible Vegetable Oil	吨 Tn	139	99334	67847	136095
桐油 Tung Oil	吨 Tn	16069	14485	20867	16990
糠醛 Furfural	吨 Tn	33136	32856	22150	22679
碳酸钡 Barium Carbonate	吨 Tn	75401	81056	87590	91348
合成有机染料 Synthetic Organic Dyestuffs	吨 Tn	45919	50261	59264	58906
医药品 Medicinal and Pharmaceutical Products					
其中：中式成药 of Which：Chinese Medica-ments of Type					
医用敷料 Pharmaceutical Goods					
香皂 Toilet Soap					
洗衣粉 Detergent	吨 Tn	51893	35253	30750	35176
鞭炮烟花 Fireworks and Firecrackers					
蚊香 Incense，Mosquitoos	吨 Tn	15076	12654	12607	12529
松香 Resin	吨 Tn	189040	227851	261842	226944
轮胎 Rubber Tyre					
纸及纸板（未切成形） Paper and Paperboard in Rolls	万吨 10000 Tn	25	23	18	17
棉纱 Cotton Yarn	吨 Tn	176156	187035	164447	198714
人造棉纱 Man-Made Cotton Yarn	吨 Tn	19580	14431	11827	18869
棉布 Cotton Cloth	万米 10000 M	222155	237210	302313	378611
涤棉布 Polyester Cotton Cloth	万米 10000 M	114916	134067	117914	116969
人棉布 Rayon Cloth	万米 10000 M	33369	46723	54263	83622
真丝绸缎 Silk and Satins	万米 10000 M	17369	15002	14786	15885
呢绒 Woolen Piece Goods	万米 10000 M	976	1328	2230	2149

2—23（4） 主要出口商品数量
MAJOR EXPORT COMMODITIES IN QUANTITY

商品名称 Item	单位 Unit	1990	1991	1992	1993
麻袋 Gunny Bags	万条 10000 Pc.	11523	9559	8212	6147
毛毯 Woolen Blankets	万条 10000 Pc.	75	33	30	36
地毯 Carpet	万平方米 10000 Sqm.	829	947	1536	1824
水泥 Cement	万吨 10000 Tn	683	1074	645	245
平板玻璃 Plate Glass	万平方米 10000 Sqm.	3286	4194	3521	2536
玻璃制品 Glass Products					
家用陶瓷器 Porcelain and Pottery Ware for Household Use					
珍珠 Pearls					
钢坯及粗锻件 Billet and Crude Fougings	万吨 10000 Tn	51	82	34	11
钢材 Rolled Steel	万吨 10000 Tn	199	214	191	98
钢铁丝 Iron and Steel Wire	吨 Tn	169237	231439	175375	154655
铸铁管 Pig Casting Tube	吨 Tn	31804	29530	35679	35153
铜材 Rolled Copper	吨 Tn	25229	33655	42592	43296
铝材 Rolled Aluminium	吨 Tn	17764	27300	32366	30281
锌及锌合金 Zinc and Zinc Alloys	吨 Tn	16711	6284	84860	205565
锡及锡合金 Tin and Tin Alloys	吨 Tn	10135	15692	30272	40703
钨 Tungsten	吨 Tn	335	420	38	74
锑 Antimony	吨 Tn	33368	29373	19772	12997
农林用手工具 Hand Tools Used in Agriculture and Forestry					
煤油炉 Kerosene Cooking Stoves	万只 10000 Pc.	385	356	400	428
搪瓷器 Enamelware					
锁 Locks	万打 10000 Doz.	2620	2993	5000	5168
钨材及钨制品 Tungsten Products and Related Products					
缝纫机（包括工业用） Sewing Machines (Including Industrial Use)	万架 10000 Sets	208	197	279	310
纺织机械 Textile Machinery					
粮食加工机械 Grain-processing Machinery					
机床 Machine Tools	万台 10000 Sets	62	93	153	178
轴承 Bearings					

2—23（5） 主要出口商品数量

MAJOR EXPORT COMMODITIES IN QUANTITY

商品名称 Item	单位 Unit	1990	1991	1992	1993
电风扇 Fans	万只 10000 Sets	1485	1804	3252	4424
干电池 Dry Cells	万打 10000 Doz.	16686	18887	40252	43663
汽车用蓄电池 Storage Batteries for Motor Vehicles	个 Pc.	325969	271518	474942	880849
石墨电极 Graphite Electrodes	吨 Tn	6374	7464	5111	10908
汽车和拖拉机的零件 Parts and Accessories of Motor Vehicles and Tractors					
自行车 Bicycles	万辆 10000 Sets	378	729	1024	1033
手电筒 Flashlights	万个 10000 Pc.	8955	9795	17827	21505
家俱 Furniture					
服装（针织、钩织的除外） Garments (Excluding Knitwear and Crochet)	万件 10000 Pc.	96413	129532	261303	305109
毛制针织、钩织服装 Knitted or Crocheted Garments of Wool	万件 10000 Pc.	2464	3507	13926	13168
棉制针织、钩针服装 Knitted or Crocheted Garments of Cotton	万件 10000 Pc.	118140	152888	246092	259165
其他针织、钩织服装 Knitted or Crocheted Garments of Other Fibers	万件 10000 Pc.	26234	27985	76600	95894
皮鞋 Leather Shoes	万双 10000 Pairs	6671	10131	31295	40553
橡胶或塑料底布鞋（包括球鞋） Cloth Shoes With Outer of Rubber or Artificial Plastic Materials (Including Gym Shoes)	万双 10000 Pairs	31379	38383	57579	69465
医疗仪器及器械 Medical Instruments and Appliances					
照相机 Cameras	万只 10000 Sets	419	826	2923	3882
手表 Wrist Watches	万只 10000 Pc.	7062	5880	54113	58119
日用钟 Clocks	万只 10000 Sets	1608	3040	9694	11577
抽纱刺锈品 Drawnwork					
玩具 Toys					
足球、篮球、排球 Footballs、Basketballs and Volleyballs	万个 10000 Pc.	928	952	2140	3050
铅笔 Pencils					
伞 Umbrellas	万把 10000 Pc.	8359	10097	29614	32977
藤编结品 Rattan Products					
草席及草编结品 Straw Mats and Straw Products					
柳编结品 Wickerwork					
鬃刷 Bristle Brushes	万打 10000 Doz.	1377	1399	1704	1799
热水瓶 Vacuum Flasks	万个 10000 Pc.	2367	2204	3380	4281

2—24（1） 主要出口商品金额

MAJOR EXPORT COMMODITIES IN VALUE

单位：万美元

Unit：US $ 10000

商品名称 Item	1990	1991	1992	1993
活猪 Live Hogs	27090	27635	28956	27148
活家禽 Live Poultry	8454	8204	9334	9034
鲜冻牛肉 Beef	15874	20385	3885	2785
鲜冻猪肉 Pork	21547	18566	7642	6267
冻鸡 Frozen Chicken	7439	9584	14217	16624
冻家兔肉 Rabbit Meat Frozen	3008	2611	4689	3369
鲜蛋 Fresh Eggs	2861	2782	2447	1543
水产品 Aquatic Products	131611	118116	136380	125148
谷物 Cereals	54397	107510	154659	147326
其中：大米 Of Which：Rice	8413	15183	21785	25276
大豆 Soybean	22830	26221	15963	10195
蔬菜 Vegetables	59209	66396	83368	95069
其中：鲜蔬菜 Of Which：Fresh Vegetables	17220	41126	23408	35156
金针菜 Day Lily	278	240	217	240
干香菇 Dried Mushroom	4793	4291	4560	8199
黑木耳 Black Fungus	1000	1018	1381	1574
榨菜 Hot Pickled Mustard Tuber	443	667	1007	620
水果 Fruits	10286	7551	7867	13580
其中：桔、柑、橙 Of Which：Mandarins and Oranges	3108	2260	3243	3785
苹果 Apples	2559	979	2036	4796
苦杏仁 Bitter Apricot Kernel	979	1040	996	1131
核桃 Walnuts in Shell	54	497	482	568
核桃仁 Walnut Meat	1850	1928	2432	4157
栗子 Chestnuts	622	6310	4951	7845
食糖 Sugar	22991	12065	62005	59622
天然蜂蜜 Natural Honey	7171	6139	8002	7020
茶叶 Tea	41270	37606	36189	35568
辣椒干 Dried Chillis	3200	2966	3631	3303

2—24（2） 主要出口商品金额

MAJOR EXPORT COMMODITIES IN VALUE

单位：万美元

Unit：US $ 10000

商品名称 Item	1990	1991	1992	1993
罐头 Canned Food	69901	79594	59383	65825
猪肉罐头 Canned Pork	15288	19346	8398	11322
蔬菜罐头 Canned Vegetables	36131	36416	33760	35628
水果罐头 Canned Fruits	7086	8472	8773	6174
其他罐头 Others	11396	15360	8452	12701
啤酒 Beer	1957	2592	3110	4164
烤烟 Flue-cured Tobacco	4937	11804	10503	10315
山羊板皮 Goat Skin	3408	837	156	5
未硝毛皮 Raw Fur Skins	2911	1514	708	1061
其中：水貂皮 Of Which：Raw Mink Skins	2415	1105	436	621
棉花 Cotton	30054	36096	21059	19007
生丝 Raw Silk	39124	36364	27866	18842
山羊绒 Cashmere	14173	16386	17194	19360
兔毛 Rabbit Hair	9679	10522	11025	6697
食盐 Salt	1823	1112	889	752
氟石 Fluorite	8355	6584	7905	8020
重晶石 Barite	4058	3340	1966	2484
滑石 Talcum	5208	5036	5388	5249
铝矿砂 Aluminium Ores	4415	3008	4410	2299
钨矿砂 Tungsten Ores	4635	1420	551	189
猪鬃 Bristle	7108	3400	3992	2507
绵羊肠衣 Sheep Casings	1624	2165	4589	4530
山羊肠衣 Goat Casings	2168	899	1016	818
盐渍猪肠衣 Salted Pig Casings	6608	6249	9742	10022
填充用羽毛及绒 Feathers and Dawn for Stuffing	14265	15972	13716	10605
药材 Medicinal Materials	29586	24427	25005	24246
煤 Coal	65415	74848	74280	70224
焦炭、半焦炭 Coke and Semi-Coke	10021	8038	9675	17154

2—24（3） 主要出口商品金额
MAJOR EXPORT COMMODITIES IN VALUE

单位：万美元
Unit：US＄10000

商品名称 Item	1990	1991	1992	1993
原油 Crude Oil	340186	288915	277449	240880
成品油 Petroleum Products Refined	87737	82293	86530	62901
石蜡 Paraffin Wax	8662	8426	11694	10450
石油焦 Petroleum Coke	1456	1446	1909	3026
食用油籽 Oil Seeds，Edible	35220	44108	27960	30540
其中：花生、花生仁 Of Which：Peanut and Shelled Peanut	27112	36027	19032	19618
食用植物油 Edible Vegetable Oil	9542	7654	4596	8993
桐油 Tung Oil	1510	1966	4121	2173
糠醛 Furfural	2888	3157	2050	1579
碳酸钡 Barium Carbonate	1682	1717	1922	1776
合成有机染料 Synthetic Organic Dyestuffs	23118	21598	23334	21431
医药品 Medicinal and Pharmaceutical Products	38776	74320	89514	90459
其中：中式成药 Of Wich：Chinese Medicaments of Type	11287	12668	13528	12090
医用敷料 Pharmaceutical Goods	12161	12746	15667	14251
香皂 Toilet Soap	1722	1246	1444	1239
洗衣粉 Detergent	2978	2121	1688	1801
鞭炮烟花 Fireworks and Firecrackers	13362	14212	13987	12507
蚊香 Incense，Mosquitoos	1025	959	984	992
松香 Resin	9542	11232	13201	11432
轮胎 Rubber Tyre	6726	7383	14239	2539
纸及纸板（未切成形） Paper and Paperboard in Rolls	14270	14176	11388	11667
棉纱 Cotton Yarn	39020	45985	39430	41627
人造棉纱 Man-Made Cotton Yarn	5196	3944	2973	3904
棉布 Cotton Cloth	160235	173900	205722	223041
涤棉布 Polyester Cotton Cloth	67609	79826	66779	53685
人棉布 Rayon Cloth	22291	30025	31414	38386
真丝绸缎 Silk and Satins	76959	63341	51488	41197
呢绒 Woolen Piece Goods	5900	7641	11871	11000

2—24（4） 主要出口商品金额

MAJOR EXPORT COMMODITIES IN VALUE

单位：万美元

Unit：US $ 10000

商品名称 Item	1990	1991	1992	1993
麻袋 Gunny Bags	3790	3037	3126	2158
毛毯 Woolen Blankets	2255	941	1137	1020
地毯 Carpet	39017	42798	51795	51985
水泥 Cement	25735	44289	25941	9360
平板玻璃 Plate Glass	8779	9330	7388	5819
玻璃制品 Glass Products	6734	9174	12040	12649
家用陶瓷器 Porcelain and Pottery Ware for Household Use	40698	52372	30923	30614
珍珠 Pearls	3653	3246	2777	1477
钢坯及粗锻件 Billet and Crude Fougings	12732	19716	7716	2453
钢材 Rolled Steel	69968	72921	66472	44745
钢铁丝 Iron and Steel Wire	8065	10679	8942	8969
铸铁管 Pig Casting Tube	1021	981	1407	1495
铜材 Rolled Copper	7952	10810	13197	12721
铝材 Rolled Aluminium	4084	5566	5736	5228
锌及锌合金 Zinc and Zinc Alloys	2272	688	9250	16812
锡及锡合金 Tin and Tin Alloys	6483	8710	15424	18313
钨 Tungsten	260	284	45	81
锑 Antimony	5696	4744	3029	1832
农林用手工具 Hand Tools Used in Agriculture and Forestry	3514	3638	5020	5440
煤油炉 Kerosene Cooking Stoves	952	901	1056	1090
搪瓷器 Enamelware	4288	4706	5802	5530
锁 Locks	12101	16292	24415	27128
钨材及钨制品 Tungsten Products and Related Products	208	168	389	322
缝纫机（包括工业用） Sewing Machines (Including Industrial Use)	7087	7732	9173	11896
纺织机械 Textile Machinery	12170	11696	11471	12760
粮食加工机械 Grain-processing Machinery	691	602	931	1094
机床 Machine Tools	22171	20182	20299	21658
轴承 Bearings	18275	11391	13609	13496

2—24（5） 主要出口商品金额

MAJOR EXPORT COMMODITIES IN VALUE

单位：万美元

Unit：US $ 10000

商 品 名 称 Item	1990	1991	1992	1993
电风扇 Fans	19451	24252	36650	50442
干电池 Dry Cells	10141	12399	18675	18964
汽车用蓄电池 Storage Batteries for Motor Vehicles	2554	1003	2253	3041
石墨电极 Graphite Electrodes	942	900	1102	1452
汽车和拖拉机的零件 Parts and Accessories of Motor Vehicles and Tractors	8623	10509	12388	17157
自行车 Bicycles	14492	35838	42833	42065
手电筒 Flashlights	3161	3262	5367	6024
家俱 Furniture	30983	44561	48728	60308
服装（针织、钩织的除外） Garments (Excluding Knitwear and Crochet)	395155	541493	1002117	1096057
毛制针织、钩织服装 Knitted or Crocheted Garments of Wool	220330	30366	77630	78024
棉制针织、钩针服装 Knitted or Crocheted Garments of Cotton	96365	118120	198700	208354
其他针织、钩织服装 Knitted or Crocheted Garments of Other Fibers	56970	64000	162512	188205
皮鞋 Leather Shoes	42791	69100	184659	335210
橡胶或塑料底布鞋（包括球鞋） Cloth Shoes With Outer of Rubber or Artificial Plastic Materials (Including Gym Shoes)	54002	62258	85151	97053
医疗仪器及器械 Medical Instruments and Appliances	4753	5826	7324	10111
照相机 Cameras	4107	5538	28362	34323
手表 Wrist Watches	16642	15603	66705	77773
日用钟 Clocks	4038	7065	13753	16455
抽纱刺锈品 Drawnwork	38845	35149	21642	25194
玩具 Toys	57407	81070	237070	262906
足球、篮球、排球 Footballs、Basketballs and Volleyballs	1914	2017	5164	6342
铅笔 Pencils	2814	3133	5090	5011
伞 Umbrellas	7328	9386	27190	32216
藤编结品 Rattan Products	2469	3009	4193	3832
草席及草编结品 Straw Mats and Straw Products	8752	11491	5422	4772
柳编结品 Wickerwork	7665	7911	8703	7452
鬃刷 Bristle Brushes	3028	2977	3339	2744
热水瓶 Vacuum Flasks	3995	3990	6555	7305

2—25 (1)

主要进口商品数量
MAJOR IMPORT COMMODITIES IN QUANTITY

商品名称 Item	单位 Unit	1990	1991	1992	1993
谷物 Cereals	万吨 10000 Tn	1361	1326	1162	733
其中：小麦 Of Which：Wheat	万吨 10000 Tn	1253	1237	1058	642
大麦 Barley	吨 Tn	652429	751910	828891	773813
玉米 Corn	吨 Tn	36878	502	126	291
干豆 Dried Beans	吨 Tn	30289	24043	69745	34785
大豆 Soybean	吨 Tn	907	801	120688	98586
食糖 Sugar	万吨 10000 Tn	113	101	110	45
咖啡及咖啡精 Coffee and Coffee Extracts	吨 Tn	987	1933	3968	1453
可可豆 Cocoa Beans	吨 Tn	10074	30262	30879	34058
天然橡胶 Natural Rubber	万吨 10000 Tn	34	31	27	27
合成橡胶 Synthetic Rubber	吨 Tn	44504	84252	148199	169016
原木 Logs	万立方米 10000 Cum	415	397	466	347
纸浆 Paper Pulp	万吨 10000 Tn	342	129	60	52
棉花（原棉） Cotton，not Carded or Combed	万吨 10000 Tn	42	37	28	1
黄(红）麻 Jute and Ambay Hemp	吨 Tn	44974	4472	4173	1195
纺织用合成纤维 Synthetic Fibers Suitabl for Spinning	万吨 10000 Tn	38	50	52	52
其中：锦纶纤维 Of Which：Polyamide Fibers	吨 Tn	1638	3084	7750	9918
涤纶纤维 Polyester Fibers	吨 Tn	153533	161285	198281	252946
腈纶纤维 Polyacryolnitrile Fibers	吨 Tn	216356	331187	303347	245231
合成纤维纱线 Synthetic Fibers，Continuous Filament and Yarn	吨 Tn	115722	118013	264126	363930
其中：锦纶长丝 Of Which：Polyamide Fiber Yarn	吨 Tn	10850	12256	22785	26423
涤纶长丝 Polyester Fiber Yarn	吨 Tn	62283	50681	117478	235647
纺织用再生纤维 Regenerated Fiber Suitable for Spinning	吨 Tn	114855	118216	64931	28506

2—25（2） 主要进口商品数量

MAJOR IMPORT COMMODITIES IN QUANTITY

商品名称 Item	单位 Unit	1990	1991	1992	1993
羊毛及条 Wool and Wool Tops	吨 Tn	56102	157467	207149	237459
硫磺 Sulphur	吨 Tn	92	26290	481	14773
工业用钻石 Diamond Suitable for Industry					
铁矿砂 Iron Ore	万吨 10000 Tn	1434	1855	2522	3302
铬矿砂 Chromium Ore	万吨 10000 Tn	64	54	90	62
药材 Medicinal Materials	吨 Tn	3475	7701	10552	7063
煤 Coal	万吨 10000 Tn	200	137	123	143
动物油脂 Animal Oil and Fats	吨 Tn	93483	80012	75108	94248
食用植物油 Edible Vegetable Oil	万吨 10000 Tn	112	61	42	24
其他植物油 Other Vegetable Oils	万吨 10000 Tn	119	109	72	84
油籽及含油果实(大豆除外)Oil Seeds and Oleaginous Fruits (Excluding Soybeans)	吨 Tn	31364	40236	4899	5741
己内酰胺 Carprolactam	吨 Tn	65417	121964	128059	95378
烧碱 Caustic Soda	吨 Tn	40536	3631	10240	5823
纯碱 Soda Ash	吨 Tn	210520	54220	59410	60771
合成有机染料 Synthetic Organic Dyestuffs	吨 Tn	8763	15343	24384	19797
医药品 Pharmaceutical Products					
化学肥料(自然吨) Chemical Fertilizers, Manufactured (Actual Weight)	万吨 10000 Tn	1626	1818	1859	1021
其中:硫酸铵 Of Which: Ammonium Sulphate	吨 Tn	163607	253203	54746	63873
尿素 Urea	万吨 10000 Tn	813	701	748	361
原形聚乙烯 Polyethyene in primary Forms	吨 Tn	358968	653367	1417879	1035128
原形聚丙烯 Polypropylene in Primary Forms	吨 Tn	218107	562094	623859	583171
原形聚苯乙烯 Polystyrene in Primary Forms	吨 Tn	142990	272402	646759	735082

2—25（3） 主要进口商品数量
MAJOR IMPORT COMMODITIES IN QUANTITY

商品名称 Item	单位 Unit	1990	1991	1992	1993
原形聚氯乙烯 Polyvinyl Chioride in Primary Forms	吨 Tn	78457	137668	331061	421412
农药 Pesticides	吨 Tn	28487	32042	39085	23769
纸及纸板 Paper and Paperboard					
其中：新闻纸 Of Which：Newsprint	吨 Tn	16221	21095	59666	117523
钢材 Rolled Steel	万吨 10000 Tn	419	356	699	2999
钢铁丝 Iron and Steel Wire	吨 Tn	42925	21749	100819	229362
铜及铜合金 Copper and Copper Alloys	吨 Tn	40251	113966	378995	363544
铝及铝合金 Aluminium and Aluminium Alloys	吨 Tn	71771	43711	229626	165694
锌及锌合金 Zinc and Zinc Alloys	吨 Tn	4141	11705	42153	40099
机床 Machine Tools	台 Set	42243	59564	107053	130098
电子计算器 Electronic Calculators	万台 10000 Sets	32	103	263	692
电视机 TV Sets	万台 10000 Sets	67	33	23	77
录音机和收录两用机 Sound Recorders and Radio Cassette Recorders	万台 10000 Sets	193	28	439	469
汽车和汽车底盘 Motor Vehicles and Chassis	辆 Unit	62686	98454	209992	310461
其中：小轿车 Of Which：Cars	辆 Unit	34063	54409	27558	71132
卡车 Trucks	辆 Unit	15392	18578	41521	72564
自卸车 Dump Trucks	辆 Unit	2529	2158	1761	5538
装有引擎的底盘 Chassis with Engines	辆 Unit	1239	864	1513	949
汽车和拖拉机的零件 Parts of Motor Vehicles and Tractors					
船舶 Ships	艘 Unit	2533	4193	14422	18800
医疗仪器及器械 Medical Instruments and Appliances					
手表 Wrist Watches	万只 10000 Pc.	280	428	2815	1268

2—26（1） 主要进口商品金额

MAJOR IMPORT COMMODITIES IN VALUE

单位：万美元

Unit：US $ 10000

商品名称 Item	1990	1991	1992	1993
谷物 Cereals	232492	160985	170502	100492
其中：小麦 Of Which：Wheat	215653	145954	150373	83408
大麦 Barley	10909	11024	13426	12794
玉米 Corn	4758	13	10	18
干豆 Dried Beans	872	675	1825	970
大豆 Soybean	32	26	2870	2619
食糖 Sugar	37880	25627	25530	11094
咖啡及咖啡精 Coffee and Coffee Extracts	632	677	577	259
可可豆 Cocoa Beans	1190	3484	3286	3108
天然橡胶 Natural Rubber	28553	26124	23083	21980
合成橡胶 Synthetic Rubber	6687	12797	17609	19805
原木 Logs	46056	45431	49507	45913
纸浆 Paper Pulp	23627	45323	30822	21955
棉花（原棉） Cotton，not Carded or Combed	71079	63065	42978	1598
黄(红）麻 Jute and Ambay Hemp	1649	228	183	40
纺织用合成纤维 Synthetic Fibers Suitabl for Spinning	5442	79868	79506	72345
其中：锦纶纤维 Of Which：Polyamide Fibers	342	779	1595	1557
涤纶纤维 Polyester Fibers	19027	19297	22901	28895
腈纶纤维 Polyacryolnitrile Fibers	35286	58392	52736	39293
合成纤维纱线 Synthetic Fibers，Continuous Filament and Yarn	29341	32979	56670	68074
其中：锦纶长丝 Of Which：Polyamide Fiber Yarn	4355	6360	8229	7873
涤纶长丝 Polyester Fiber Yarn	12328	9825	15506	31617
纺织用再生纤维 Regenerated Fiber Suitable for Spinning	41186	39265	11241	4393

2—26（2） 主要进口商品金额

MAJOR IMPORT COMMODITIES IN VALUE

单位：万美元

Unit：US $ 10000

商品名称 Item	1990	1991	1992	1993
羊毛及条 Wool and Wool Tops	28005	57575	77437	70126
硫磺 Sulphur	7	329	28	155
工业用钻石 Diamond Suitable for Industry	155	329	874	292
铁矿砂 Iron Ores	39413	56586	76628	92699
铬矿砂 Chromium Ores	9831	7170	10348	6759
药材 Medicinal Materials	2158	2471	4481	5034
煤 Coal	7415	4720	4330	4163
动物油脂 Animal Oil and Fats	3765	2915	2863	3732
食用植物油 Edible Vegetable Oil	32829	28909	19501	11829
其他植物油 Other Vegetable Oils	41904	40114	29113	33821
油籽及含油果实（大豆除外）Oil Seeds and Oleaginous Fruits (Excluding Soybeans)	2040	1996	287	308
己内酰胺 Carprolactam	10882	22013	195559	11602
烧碱 Caustic Soda	1805	213	519	301
纯碱 Soda Ash	4192	1044	1061	1056
合成有机染料 Synthetic Organic Dyestuffs	6456	10266	13842	12798
医药品 Pharmaceutical Products	36381	45156	47600	41615
化学肥料(自然吨) Chemical Fertilizers, Manufactured (Actual Weight)	260313	322949	300370	147915
其中：硫酸铵 Of Which：Ammonium Sulphate	1131	1678	377	479
尿素 Urea	115412	121643	114832	45765
原形聚乙烯 Polyethyene in primary Forms	29905	55173	107107	71257
原形聚丙烯 Polypropylene in Primary Forms	18570	47422	45344	37907
原形聚苯乙烯 Polystyrene in Primary Forms	16574	28224	55290	59396

2—26（3） 主要进口商品金额

MAJOR IMPORT COMMODITIES IN VALUE

单位：万美元

Unit：US＄ 10000

商品名称 Item	1990	1991	1992	1993
原形聚氯乙烯 Polyvinyl Chioride in Primary Forms	7629	11861	25914	31208
农药 Pesticides	17713	19129	20314	12201
纸及纸板 Paper and Paperboard	66611	87666	165324	161991
其中：新闻纸 Of Which：Newsprint	869	1174	2684	4462
钢材 Rolled Steel	250813	253464	391478	1090172
钢铁丝 Iron and Steel Wire	2846	2326	7399	13463
铜及铜合金 Copper and Copper Alloys	10265	25926	83960	69552
铝及铝合金 Aluminium and Aluminium Alloys	12775	6637	26501	17816
锌及锌合金 Zinc and Zinc Alloys	570	1431	4051	3806
机床 Machine Tools	49284	52397	91203	194047
电子计算器 Electronic Calculators	77	147	299	902
电视机 TV Sets	10346	5620	5838	17738
录音机和收录两用机 Sound Recorders and Radio Cassette Recorders	6343	1252	4394	8800
汽车和汽车底盘 Motor Vehicles and Chassis	75227	107730	243405	357869
其中：小轿车 Of Which：Cars	24207	38997	23462	75199
卡车 Trucks	17172	20075	65036	90348
自卸车 Dump Trucks	10787	8044	14429	18100
装有引擎的底盘 Chassis with Engines	3924	3996	3804	2877
汽车和拖拉机的零件 Parts of Motor Vehicles and Tractors	43187	56883	87073	96935
船舶 Ships	46823	28745	26311	46037
医疗仪器及器械 Medical Instruments and Appliances	21004	26701	34145	32204
手表 Wrist Watches	1675	2443	10190	3491

2—27（1） 出口金额在一亿美元以上的商品
COMMODITIES OF EXPORT VALUE OVER US＄ 100 MILLIONS

单位：万美元
Unit：US＄ 10000

商品名称 Item	1990	1991	1992	1993
肉用猪 Hog	27090	27635	28956	27148
鲜冻牛肉 Beef	15874	20385		
鲜冻猪肉 Pork	21547	18566		
禽肉 Poultry Meat		11166		
冻鸡 Frozen Chicken			14217	16624
活鲜鱼 Fresh Fish	17547	18115	19713	20687
冻鱼 Frozen Fish			10131	20480
鱼制品 Fish Products				23796
对虾 Prawn	48242	31279	32734	13302
虾仁 Shelledd Shrimp	20160	18314	23383	22268
盐渍猪肠衣 Salted Hog Casings			13716	10022
大米 Rice		15183	21785	25276
玉米 Maize	40356	86447	121975	115399
芸豆 Kidney Bean	10423		11843	
大豆 Soy Bean	22830	26221	15963	10195
蔬菜 Vegetables	59209	66396	83395	95069
水果 Fruits	10286			13580
食糖 Sugar	22991	12065	62005	59622
茶叶 Tea	41270	37606	36189	35568
猪肉罐头 Canned Pork	15288	19346		11322
牛肉罐头 Canned Beef		10903		14181
蘑菇罐头 Canned Mushroom	15781	15435	14791	13620
豆饼 Oil-cake of Bean	39164	39947	17178	
棉子油渣 Oil-cake of Cotton Seeds				10181
花生（包括花生仁） Groundnut	27112	36027	19032	19618
不含酒精饮料 Non-alcoholic Beverage	11745	14908	16753	14716
生丝 Raw Silk	39124	36364	27866	18842
烤烟 Flue-cured Tobacco		11804	10503	10315
纸烟 Cigarettes	10883	16728	29229	48480
原棉 Cotton	30054	36096	21059	19007

2—27（2） 出口金额在一亿美元以上的商品
COMMODITIES OF EXPORT VALUE OVER US $ 100 MILLIONS

单位：万美元

Unit：US $ 10000

商品名称 Item	1990	1991	1992	1993
山羊绒 Cashmerre	14173	16386	17194	19360
兔毛 Rabbit Hair		10522	11025	
镁矿物 Natural Magnesium Carbonate，Magnesium Oxide	10837	12541	15484	15395
硅 Silica				13003
填充用羽毛及绒 Feathers and Dawn for Stuffing	14265	15972	13716	10605
药材 Medicinal Materials	29586	24427	25005	24246
煤 Coal	65415	74848	74280	70224
焦炭、半焦炭 Coke and Semi-coke	10021			17154
原油 Crude Oil	340186	288915	277449	240880
成品油 Refined Petoleum Products	87737	82293	86530	62901
石蜡 Paraffin Wax			11694	10450
合成有机染料 Synthetic Organic Dyestuffs	23118	21598	23334	21431
中药 Medicaments of Chinese Type	11287	12668	13528	12090
医用敷料 Pharmaceutical Goods	12161	12746	15667	14251
抗菌素 Antibiotics	17776	21731	21454	22459
鞭炮、烟花 Fireworks and Fire Crackers	13362	14212	13987	12507
柠檬酸 Citric Acid				10789
木雕品 Statuettes and Other Ornaments of Work				11008
松香 Rosin		11232	13201	11432
轮胎 Rubber Tyres			14239	17718
纸及纸板 Paper and Paperboard	19971	19870		
羊毛纱线 Wool Yarn			23432	16893
合成纤维短纤纱 Yarn of Syntetic	10555	14176	19865	16697
棉纱 Cotton Yarn	39020	45985	39020	41627
麻纱 Yarn of Flax or Ramie	10699	13569	13108	14205
棉布 Cotton Cloth	160235	173900	205722	223041
涤棉布 Polyester Cotton Cloth	67609	79826	66779	53685
人棉布 Rayon Cloth	22291	30025	31414	38386
聚脂粘胶混纺布 Mixed Mainly or Solely with Viscoge Rayon Staple Fibres			11077	13912
棉针织坯布 Knitted Cotton Grey Faorics	16995	19614		

2—27（3） 出口金额在一亿美元以上的商品

COMMODITIES OF EXPORT VALUE OVER US＄ 100 MILLIONS

单位：万美元

Unit：US＄ 10000

商品名称 Item	1990	1991	1992	1993
真丝绸缎 Fabrics of Pure Silk	76959	63341	51488	41197
呢绒 Wolen Piece Goods			11871	11000
麻布 Fabrics of Flax or Ramie	16468	17981	18635	19762
棉毛巾 Cotton Towels			17419	17555
棉浴巾 Cotton Bath Towels	21006	15804	16979	18005
非服装棉针钩织制品 Knitted or Crocheted Fabrics	10223	16506	38074	39005
塑料袋 Sacks and Bags of Plastics			19346	23104
塑料编织袋 Bags of PP or PE Strips		10606		
塑料家庭用具 Household Articles of Plastics			10483	13030
塑料衣着 Articles of Apparel and Clothing Accessories of			12862	15907
Plastics			58650	67856
塑料包 Plastic Bags				10272
塑料面容器 Containers with Outer Surface of Plastics			19311	21271
塑料提包 Handbags with Outer Surface of Plastics				11259
革面钱包 Pockets with Outer Surface of Leather or Composition Leather			20409	24161
革面制包 Handbags with Outer Surface of Leather or Composition Leather				11081
其他箱包 Other Bags and Cases	39017	42798	51795	51985
地毯 Carpets	25735	44289	25940	
水泥 Cement	22787	25247	28293	27409
瓷餐具 Tableware of Porcelain or Pottery	15697	24605	28552	25667
陶瓷陈设品 Ornaments of Porcelain or Pottery	12987	16403	13072	15650
硅铁 Ferro-silicon				10770
硅锰铁 Ferro-silicon-manganese	12706	19700		
普通钢坯 Billets of Steel，of Other than Hign Carbon	69968	72921	66472	44745
钢材 Rolled Steel		10679		
钢铁丝 Iron and Steel Wire		10810	13206	12721
铜材 Rolled Copper				16812
锌及锌合金 Zinc and Zinc Alloys	10377	10395		
铝及铝合金 Aluminium and Aluminium Alloys		10914	15807	18313
锡及锡合金 Tin and Tin Alloys			11539	12243
钢铁结构物 Structures of Iorn and Steel				

2—27（4） 出口金额在一亿美元以上的商品
COMMODITIES OF EXPORT VALUE OVER US $ 100 MILLIONS

单位：万美元
Unit：US $ 10000

商品名称 Item	1990	1991	1992	1993
不锈钢厨餐具 Kitchen Articles of Stainless Steel			10291	13970
木厨餐具 Tableware and Kitchenware of Wood				10283
一般厨餐具 Ordinary Kitchen Articles			10125	11122
一般钢铁厨餐具 Other Kitchen Articles of Iron or Steel			10252	12998
轴承 Bearing	18275	11391	13609	13496
标准紧固件 Nuts，Bolts，Screws，etc.	14973	14440	17509	16451
花岗岩碑石 Granite				10679
宝石 Precious Stones			10311	
手用或机用工具 Tools for Use in the Hand or in Machines	34851	37337	44841	49542
缝纫机 Sewing Machines				11897
锁 Locks	12101	16292	24415	27128
微电动机 Micromotors			26929	33164
电动机零件 Parts of Electric Motors			12469	12173
金属加工机床 Machine-tools	22171	20182	20299	21658
电子计算器 Electronic Calculator			18402	19328
计算机外围设备 Peripheral Units of Data Processing Machines		12836	26833	51005
计算机零件 Parts of Data Processing Machines		17075	51934	69854
彩色电视机 Colour TV Sets	40512	41499	52856	53581
彩色电视机零件 Parts of Colour TV Set				11476
黑白电视机 Monochrome TV Sets	11384	14523	19096	22554
天线及零件 Aerials and Parts Thereof				12869
收音机 Radio			27021	28013
录音机、收录机及组合音响 Sound Recoding Apparatus，whether or not Incorporation Radio or Gramophones	59316	63406	134974	149395
电子报警及显示装置 Electric Sound or Visual Signalling Apparatus				14007
变压器 Electrical Transformers			16892	27788
线路插座 Lamp-holder Plugs and Sockets				12115
变流器 Static Converters			15761	22697
电容器 Electrical Capacitors			12531	14026
高压开关 Switches in Circuits for Vottage Exceeding 1000 Volts			10347	13596
电线 Insulated Wire			12420	

2—27（5） 出口金额在一亿美元以上的商品
COMMODITIES OF EXPORT VALUE OVER US $ 100 MILLIONS

单位：万美元
Unit：US $ 10000

商品名称 Item	1990	1991	1992	1993
非线、缆电导体 Electric Conductors other than Wire or Cable			23689	11252
印刷电路 Printed Circuits			15791	22456
电路电器零件 Parts of Electrical Circuits and Electrical Apparatus		10451	32423	42968
电风扇 Fans	19451	24252	36650	50442
电吹风机 Hair Dryers			10011	
灯泡及灯管 Electric Filaments or Discharge Lamps			12426	16708
电池及蓄电池 Batteries and Electric Accumulators	14689	16868	25810	29164
有线电话机 Line Telephone Sets			34484	39580
移动通讯设备 Mobile Communication Equipment				10424
扬声器 Loudspeakers			10743	13160
激光唱机 Compact Disc Players				11964
磁带走带机芯 Transport Mechanisms for Magnetic Tapes		24894	10788	11601
未录磁带 Magnetic Tapes			17050	15643
计算机磁盘 Magnetic Discs for Data Processing Machines			20162	22584
汽车及底盘 Motor Vehicles and Chassis				14794
汽车零件 Parts and Accessories of Road Motor Vehicles		10138	12388	17157
自行车 Bicycles	14492	35838	42833	42065
集装箱 Containers		20248	32252	26670
手表 Wrist Watches	16642	15603	66705	77773
日用钟 Clocks			13753	16455
表机芯 Watch Movements	16207		20658	21648
医疗仪器及器械 Medical Instrument and Appliances				10111
船舶 Ships	21441	30150	47017	23578
表带及零件 Watch Strap and Parts Thereof			11163	
15吨以上飞机 Aircraft of an Unladen Weight Exceeding 15 Tn			18404	
照相机 Camera			28362	34323
照明装置 Lighting Fittings			25085	39976
照明装置零件 Parts，Lighing Fixtures and Fittings		11139		
非编结旅行用包箱袋盒 Travelling Bags，Suitcases，etc.	38512	49237	11081	17368
毯子 Blankets			146647	171763

2—27（6） 出口金额在一亿美元以上的商品
COMMODITIES OF EXPORT VALUE OVER US＄ 100 MILLIONS

单位：万美元

Unit：US＄ 10000

商品名称 Item	1990	1991	1992	1993
织物服装 Textile Garments	570520	753979	1440959	1570641
皮革服装 Garments of Leather	16839	24611	57867	79625
羽绒羽毛填充品 Articles Stuffed with Feathers or Dawn			12181	17618
胸罩 Brasieves			13001	15213
皮手套 Leather Gloves	22511	19581	32726	30913
织物手套 Textile Gloves			20406	21287
毛皮衣服 Garments of Furskin	12794	12205	20060	24050
皮鞋 Leather Shoes	42791	69100	184659	235102
布（球）鞋 Footwear with Uppers of Cotton	54002	62258	67294	79001
胶塑运动鞋 Sports Footwear with Outer Soles and Uppers of Rubber or Plastics			20550	22808
纺织面运动鞋 Sports Footwear with Uppers of Textile Materials			17857	18053
塑胶靴 Waterproof Footwear with Outer Soles and Uppers of Rubber or Plastics			82940	127616
纺织材料鞋 Footwear of Textile Materials			14072	11071
塑胶底纺织面鞋 Footwear with Outer Soles of Rubber and Uppers of Textile Materials			67296	79001
全塑鞋 Plastic Footwear	26336	46235		
鞋靴零件 Parts of Footwear			12290	22600
帽 Headgear	11506	13926	20887	23957
织物袜 Hose of Textile Materials			10310	11295
伞 Umbrella			27190	32216
拉链 Slide Fasteners			12826	
打火机 Lighters				13174
非服装抽纱刺绣品 Drawn work	38845	35149	21642	25194
玩具 Toys	57407	81070	237070	262906
手掌游戏机 Pocketable Video Games			10200	18166
圣诞树灯具 Lighting Sets of a Kind Used for Christmas Trees			15870	21891
圣诞节用品 Articles for Christmas Festivities			24073	27845
首饰 Jewellery	26861	23766	68779	60943
草柳竹藤等编结品 Articles Made in Grass、Bamboo、Retten and Wickerwork	33458	38034	32775	44880
印刷品 Printed Matter				12379
家俱 Furniture	30983	44561	48730	60308
塑料制品 Articles of Plastics	31964	44324	112565	138131
人造花 Artificial Flowers	10569	11424	32529	34187

2—28（1） 进口金额在一亿美元以上的商品
COMMODITIES OF IMPORT VALUE OVER US $ 100 MILLIONS

单位：万美元
Unit：US $ 10000

商品名称 Item	1990	1991	1992	1993
小麦 Wheat	215653	145954	150373	83408
大麦 Barley	10909	11024	13426	12794
冻鱼 Frozen Fish			17441	18207
食糖 Sugar	37880	25627	25530	11094
饲料用鱼粉 Flours and Meals of Fish，Fit for Animai Food	10305	31276	34850	20421
纸烟 Cigarettes		10813	11679	14972
豆油 Soya Bean Oil	24674	15506		
菜子油 Rape and Colza Oils	27658	12995		
棕榈油 Palm Oil	39585	36283	23243	31842
天然橡胶 Natural Rubber	28553	26124	23083	21980
合成橡胶 Synthetic Rubber		12797	17609	19805
原木 Logs	46056	45431	49507	45913
锯材 Sawn wood				15156
纸浆 Paper Pulp	23627	45323	30822	21955
碎纸 Waste and Scrap of Paper or Paperboard			10525	
涤纶纤维 Polyester Fibres	19027	19297	22901	28895
腈纶纤维 Polyacrylonitrile Fibres	35286	58392	52736	39293
二醋酸纤维丝束 Tow of Cellulose Diacetate	29554	29744	34912	16789
涤纶长丝 Polyester Fiber Yarn	12328		17089	
原棉 Cotton	71079	63065	42978	
羊毛 Wool	14606	35048	54522	52816
羊毛条 Wool Tops	13398	22527	22884	17310
羊毛纱线 Wool Yarn			23993	23057
棉纱线 Cotton Yarn			28273	23707
聚脂弹力丝 Elastic Filament				19345
人造纤维短纤 Artificial Staple Fibres			10809	
合成纤维短纤 Synthetic Staple Fibres				58234
合成纤维短纱 Yarn of Synthetic Staple Fibres			18349	17430
钻石 Diamonds			11489	10543
宝石 Precious Stones			10008	14166
铁矿砂 Iron Ores	39413	56586	76628	92699
铬矿砂 Chromium Ores			10348	

2—28（2） 进口金额在一亿美元以上的商品
COMMODITIES OF IMPORT VALUE OVER US $ 100 MILLIONS

单位：万美元
Unit：US $ 10000

商品名称 Item	1990	1991	1992	1993
氧化铝 Aluminium Oxide	20024	16529	14507	17769
铜矿砂 Copper Ores	12494	15463	15291	11043
原油 Crude Petroleum	42381	92638	172427	232342
成品油 Refined Petroleum Products	61022	90191	139394	298548
液化气 Liquescent Petroleum Gases				15627
电流 Electric Current	11702	17146	28338	24405
乙二醇 Ethylene Glfcol		10118		
对苯二甲酸 Telephthalic Acid	22300	22258	15581	14717
已内酰胺 Caprolactam	10882	22013	19559	11602
合成有机染料 Synthetic Organic Dyestruffs		10266	10801	12798
颜料 Pigments			13287	16032
抗菌素 Antibiotics	14572	18846	13573	12312
漆 Paints or Varnish				16733
成药 Medicaments			25253	22131
工业添加剂 Additives for Industries				10302
胶塑催化剂 Catalysts for Rubber or Plastics				10174
尿素 Urea	115412	121643	114832	45765
氯化钾 Potassium Chloride	24310	29424	27982	20393
硫酸钾 Sulphate of Potash	14686		12332	13005
复合肥 Compound Fertilizers	96486	148187	124457	59457
聚脂切片 Polyester Slices	17870	19388	10829	21927
原形聚乙烯 Polyethylene in Primary Forms	29905	55173	107107	71257
原形聚丙烯 Polyropylene in Primary Forms	18570	47422	45344	37907
原形聚氯乙烯 Polyvinyl Chloride in Primary Forms		11861	25914	31208
ABS 树脂 ABS Resin	15074	15364	41545	50872
原形聚苯乙烯 Polystryrene in Primary Forms	16574	28224	55290	59396
氯乙烯塑料板片 Plastic Sheets Film and Strip of Polymer of Chloride			20449	23920
农药 Pesticides	17713	19129	20314	12201
牛马皮革 Bovine or Equine Leather	10736	24620	80203	110337
绵羊皮革 Sheep leather				11782

2—28（3） 进口金额在一亿美元以上的商品

COMMODITIES OF IMPORT VALUE OVER US $ 100 MILLIONS

单位：万美元

Unit：US $ 10000

商品名称	1990	1991	1992	1993
猪皮革 Swine Leather				11319
貂皮 Raw Mink Skins			10886	14490
靴鞋零件 Parts of Footwear	16398	25573	36371	35547
饰面板 Venered Panels			27456	23143
胶合板 Plywood	52475	56099	38595	53072
普通牛皮纸 Kraft			29893	29036
瓦楞纸 Fluting Paper				11232
衬里用牛皮纸 Kraft Liner		13707		
灰、白纸板 White Duples Board and Chip Board	14580	17341	18729	35865
书写、印刷用纸 Paper Used for Writting or Printing		18952	29194	25991
纸制箱匣盒 Cartons，Boxes and Cases of Paper or Paperboard	12732		11169	11906
纸标签 Paper or Paperboard Labels			11223	10754
棉染色布 Dyed Cotton Fabrics	11158	16065	50189	43586
棉色织布 Cotton Fabrics，Made from Yarns of Different Colours	12119	14566	27951	40575
合成纤维长丝机织物 Synthetic Fabrics	49320	76503	152353	163926
合成纤维短纤布 Woven Fabrics of Synthetic Staple Fibres			24275	29582
合成纤维短纤混纺布 Woven Fabrics of Synthetic Staple Fibres Mixed with Other Fibres			11318	11549
涤棉布 Polyester Cotton Cloth	14627	18188	27570	25527
真丝绸缎 Fabircs of Pure Silk	15315	15163	16805	17061
呢绒 Woolen Piece Goods			15612	19094
针钩编织物 Knitled or Crocheted Fabrils			50694	56181
起绒织物 Pile Fabrics				12727
人造纤维短纤机织物 Woven Fabrics of Artificial Staple Fibre			12109	13410
无纺织物 Nonwovens			11435	13648
织物服装 Textils Garments			13522	17634
服装零件 Parts of Garments			17007	24212
人造革 Artiticial Leather	19105	29371	63307	67534
塑料制剂渍涂织物 Textile Fabric Impregnated、Coated、Covered or Laminated with Plastics		19832	29008	28420
泡管用玻璃外壳 Glass Envelopes for Bulbs and Tubes	12173	17641	15127	11007
生铁及镜铁 Pig Iron and Spiegeleisen	19770			12328

2—28（4） 进口金额在一亿美元以上的商品

COMMODITIES OF IMPORT VALUE OVER US $ 100 MILLIONS

单位：万美元

Unit：US $ 10000

商品名称 Item	1990	1991	1992	1993
钢坯及粗锻件 Billet of Steel and Crude Forgings			30536	125754
钢铁废料 Waste and Scrap of Iron or Steel			14228	45848
钢铁半制成品 Semi-finished Products of Iron or Steel			29778	124415
钢材 Rolled Steel	250813	253464	391478	1090172
钢铁丝 Iron and Steel Wire				13463
钢铁结构物 Structures of Iron and Steel	12901			15854
钢铁容器 Containers of Iron or Steel				13871
铜材 Rolled Copper	13968	17779	43573	51538
铜废料 Waste and Scrap of Copper			24223	21869
铜及铜合金 Copper and Copper Alloys	10265	25926	83960	69552
铝材 Rolled Aluminium	15393	21595	32131	31423
铝及铝合金 Aluminium and Aluminium Alloys	12775	10395	26501	17816
锅炉 Boilers	10287	10276	11905	22783
锅炉辅助设备 Auxililary Equipments of Boilers	22864			10859
电动机 Electric Motors			11675	20840
车用内燃机 Internal Combustion Piston Engines for Propelling Vehicles on Road		11378	19997	30633
内燃机零件 Parts of Internal Combustion Piston Engines	13439		35972	38826
内燃机发电机组 Generating Sets with Internal Combustion Piston Engines	18060	17653	48355	47932
旋转电力设备零件 Parts of Rotating Electric Plant	14256	21242	47375	37124
气体压缩机 Air Compressors				12890
核反应堆及零件 Nuclear Reactors and Parts Thereof	49410	32268		
液体泵 Pumps for Liquids			10982	16731
起重机 Elevators				14873
建筑机械零件 Construction Machinery		13297	11316	10631
载客电梯 Elevators for the Transport of Persons				15669
机动铲掘载机械 Mechanical Shovels、Excavators and Loaders			21627	35669
推土机 Bulldozers				14671
印刷机械 Printing Machinery			35566	65965
石油天然气钻探机械零件 Parts Suitable for Ail and Natural Gas Drilling Machinery				10904
工业用缝纫机及机头 Industrial Sewing Machines	19006	27506	39856	47973
纸及纸浆制造机器 Machinery for Making Paper or Paper Pulp			23054	32759
纺前准备机械 Machines for Processing Textile Fibres	13495	11627	31948	54064

2—28（5）

进口金额在一亿美元以上的商品
COMMODITIES OF IMPORT VALUE OVER US ＄ 100 MILLIONS

单位：万美元
Unit：US ＄ 10000

商品名称 Item	1990	1991	1992	1993
化纤成形机器 Machines for Extruding Drawing Texturing or Cutting Man-made Materials			21079	26543
纺、捻机械 Textile Spinning and Twisting Machines	16464	15256	24566	32198
纺织机械零件 Parts of Textile Machinery			27582	37602
织机 Weaving Machines			51797	67948
针织机 Knitting Machines		13944	22815	31361
绣花机 Embroidery Machines			18700	15169
花边刺绣织造机 Machinery for Tufting or Making Lace Embroidery				12964
制鞋机器 Machinery for Making Shoes			16461	17212
制革机器 Machinery for Preparing，Tanning，or Working Hides，Skins or Leather				13780
玻璃加工机器 Glass-working Machines	14614	11520	14464	14140
洗、清、干等机器 Machinery for Washing，Cleansing and Drying	14659	23385	41582	63250
食品、饮料工业用机器 Machinery Used in Food and Drink Industry			21728	46376
塑胶产品加工机器 Machinery for Working Rubber or Plastics	51700	57095	96389	15867
金属处理机械 Machines for Treating Metal				11852
卷烟工业用机械 Machines and Mechanical Appliances for the Tobacco Industry	14493	14040	19644	28003
特种工业用机械 Machines and Mechanical Appliances for Particular Industries	156620	205084	20178	50106
金属加工机床 Machine Tools	49284	52397	91203	194047
机床零件 Parts of Machine Tool			11943	17739
普通焊接机器 Machinery for Brazing				12811
轧机 Mills			18522	
轧机零件 Parts of Mills			10293	
砂模成型机器 Machinery for Forming Foundry Moulds of Sand			10722	28441
阀门 Valves			11004	16100
温度处理材料设备 Machinery，Plant and Equipment for the Treatment of Materials by a Process Involving a Change of Temperature		11610	25823	48711
工业用电热炉箱 Industrial or Laboratory Furnaces and Ovens				13071
铸模及箱 Moulding Boxes	21360	25727	41347	66760
冷冻设备 Refrigerating Equipment			12444	23327
冰箱压缩机 Compressors for Refrigerators			16669	14120
空气调节器 Air Conditioning Machines		12237	21965	32332
大中型数据处理设备 Data Pvocessing Machines				12900
小型数据处理设备 Mini-computers				10980
微型数据处理设备 Microprocessings				11043
数字处理机外部设备 Peripheral Unit of Processing Machines	16923	15626	17358	23137

2—28（6） 进口金额在一亿美元以上的商品

COMMODITIES OF IMPORT VALUE OVER US $ 100 MILLIONS

单位：万美元

Unit：US $ 10000

商品名称 Item	1990	1991	1992	1993
计算机零件及附件 Parts of Data Processing Machines	20069	27196	51565	64486
彩色电视机 Colour TV Sets	10182			15398
彩色电视机零附件 Parts of Colour TV Sets	25990	28969	14008	12814
收录机及组合音响 Sound Recording Apparatus, whether or Not Incorporating Radios or Gramophones			27307	27560
录象机 Video Tape Recoder			18043	24922
收录机及组合音响零附件 Parts of Sound Recording Apparatus, whether or not Incorporating Radios or Gramophones	36431	38141	27307	27560
磁带走带机芯 Transports Mechanisms for Magnetic Tapes			13536	13901
移动通讯设备 Mobile Communication Equipments			18441	20902
有线通讯设备零附件 Parts of Telecommunication Apparatus in Line System	14022	26149	58045	80614
其他音、象设备零件 Parts of Video Apparatus	14329	17761	20369	28320
一般广播电视接收发送装置 Transimission Apparatus for Radio-broadcasting or Television			11771	18893
无线寻呼机 Radio Paging Receiver				10274
电力机械零件 Parts of Electric Power Machinery		11591	47375	
电视显象管 Television Picture Tubes		42053	43798	46864
显象管零件 Parts of Television Picture Tubes			16369	14105
电路电器零件 Parts of Electrical Circuites and Apparatus		13533		18662
电容器 Electrical Capacitors			17757	21027
电阻器 Electrical Resistors				11388
开关及断路器 Switches and Circuit-breakers		11357	12685	16069
电力控制分配盘板 Boards, Parels and Other Bases for Electric Control or Distribution			14321	18662
有线通讯设备 Electrical Apparatus for Line Communication			15441	27729
电子元件 Parts of the Electronic Components	13938	31625		
电子微型电路 Microcircuits	14448	19136	10034	11112
印刷电路 Printed Circuits			20849	26995
集成电路 Electrokie Intergrated Circuits			73247	110630
半导体器件 Semiconductors				13067
电缆 Cables Other than Optical Fibre Cables	12673	13533	12526	23380
电线 Insulated Wire			16358	19818
程控电话电报机 Stored Program Control Switching Systen	22991	25987	47628	101334
电疗设备 Electro-medical Apparatus		14089	23629	23274

2—28 (7) 进口金额在一亿美元以上的商品

COMMODITIES OF IMPORT VALUE OVER US $ 100 MILLIONS

单位：万美元

Unit：US $ 10000

商品名称 Item	1990	1991	1992	1993
牵引车和拖拉机 Tractors				14121
小轿车 Cars	24207	38997	23462	75199
小轿车散件 SKD of Cars			79518	87192
卡车 Trucks	17172	20075	65036	89874
自卸车 Dump Trucks	10787		14429	18100
旅行车 Minibuses			10145	31785
客车 Public-service Type Passenger Motor Vehicles			10510	14121
专用汽车 Special Purpose Motor Vehicles			10348	19227
小客车车身 Bodies for Cars				13897
汽车零件及附件 Parts of the Motor Vehicles	42875	56560	87073	96935
摩托车 Motorcycles				33423
自行车零附件 Parts of the Cycles		14185	13880	14464
非机械驱动车辆零件 Parts of Vehicles, not Mechanically Propelled				11213
铁路货车 Not Mechanically Propelled Railway and Tramway Goods Vans, Wagons and Trucks	13403			
2吨以下飞机 Aircrafts of an Unladen Weight not Exceeding 2 Tn			43439	36089
2至15吨飞机 Aeroplanes of an Unladen Weight Exceeding 2 Tn But not Exceeding 15Tn	10028	12499		21411
15吨以上飞机 Aeroplanes of an Unladed Weight Exceeding 15 Tn	43885	58744	87249	136624
飞机零件 Parts of the Aircraft	40248	37609	60409	31274
机动客船 Motor Vessels				11870
货船 Ships for the Transport of Goods	39117	20595	13474	18049
油船 Tankers				11299
拆卸船 Ships for Breaking up			18606	32795
表机芯 Watch Movements			34278	43780
钟表零件 Parts of Clock and Watch	12185	15429	26287	26620
检测仪器 Checking Instruments	34289	37383	18422	31821
医疗仪器及器械 Medical Instruments and Appaliances			34145	32204
照相机零件 Parts of Camera			21284	18409
未录磁带和磁盘 Tapes and Discs Unrecorded	14090	13277	17136	17418
玩具 Toys			16862	15199
印刷品 Printed Matter	10677	13280	11728	12088
拉链 Slide Fasteners			11313	
塑料制品 Articles of Plastics	18821	11345	49383	54963

2—29 出口、进口总额分月情况
MONTHLY VALUE OF IMPORTS AND EXPORTS

单位：亿美元
Unit：US ＄ 100 millions

月份 Month/Year	出口 Export			进口 Import		
	总额 Total	初级产品 Primary Goods	工业制成品 Manufactured Goods	总额 Total	初级产品 Primary Goods	工业制成品 Manufactured Goods
1992						
1 月 JAN.	39.66	8.98	30.68	30.00	5.41	24.59
2 月 FEB.	49.70	12.41	37.29	48.51	9.46	39.05
3 月 MAR.	59.97	12.93	47.04	58.93	11.11	47.82
4 月 APR.	63.62	13.93	49.69	60.87	12.43	48.44
5 月 MAY	66.27	13.69	52.58	63.66	11.36	52.30
6 月 JUN.	76.58	14.05	62.53	68.30	10.41	57.89
7 月 JUL.	71.60	14.49	57.11	62.74	10.28	52.46
8 月 AUG.	76.50	14.53	61.97	63.70	8.43	55.27
9 月 SEP.	70.63	12.77	57.86	68.42	9.29	59.13
10 月 OCT.	76.86	15.14	61.72	71.15	10.33	60.82
11 月 NOV.	85.27	16.30	68.97	76.35	11.80	64.55
12 月 DEC.	113.23	21.15	92.08	133.43	22.35	111.08
1993						
1 月 JAN.	33.58	6.31	27.28	32.05	4.31	27.74
2 月 EFB.	58.24	10.85	47.39	64.72	8.30	56.42
3 月 MAR.	69.07	14.10	54.97	75.80	9.32	66.48
4 月 APR.	69.00	14.01	54.99	75.00	9.95	65.05
5 月 MAY	72.14	13.38	58.76	85.16	9.50	75.57
6 月 JUN.	69.55	13.96	55.59	73.78	9.36	64.42
7 月 JUL.	76.27	13.35	62.92	87.62	11.92	75.70
8 月 AUG.	76.38	13.14	63.24	87.43	11.66	75.77
9 月 SEP.	88.42	14.97	73.45	95.68	11.81	83.87
10 月 OCT.	80.52	13.32	67.20	86.37	9.96	76.41
11 月 NOV.	89.46	14.72	74.74	95.41	11.32	84.09
12 月 DEC.	135.21	24.74	110.47	180.69	34.67	146.02

*：年度数字有调整，故各月数之和不等于年度数（下两表同）。
The Total of each year is not equal to the Summation of 12 months due to adjustment (The same to the next two tables.)

2—30（1） 主要商品出口分月情况
MONTHLY VOLUME OF EXPORTS OF MAJOR COMMODITIES

月份 Month/Year	活猪（万头） Live Hogs 10000 Heads	水产品（万吨） Aquatic products 10000 Tn	大米（万吨） Rice 10000 Tn	蔬菜（万吨） vegetables 10000 Tn	花生（万吨） Groundnut 10000 Tn	兔毛（吨） Rabbit Hair Tn	药材（吨） Medicinal Materials Tn
1992							
1 月 JAN.	21	2	9	10	1	356	6849
2 月 FEB.	24	3	4	21	3	503	7726
3 月 MAR.	22	3	5	10	3	717	10488
4 月 APR.	25	3	5	3	3	645	9905
5 月 MAY	20	3	5	9	2	476	10930
6 月 JUN.	30	4	12	11	4	429	8719
7 月 JUL.	24	3	5	11	4	277	20572
8 月 AUG.	25	3	2	12	1	338	8076
9 月 SEP.	26	3	10	9	2	255	7446
10 月 OCT.	24	4	6	9	2	436	8486
11 月 NOV.	23	5	20	12	2	542	9118
12 月 DEC.	26	7	14	15	3	712	15927
1993							
1 月 JAN.	16	1	4	4	2	125	5019
2 月 FEB.	30	3	5	8	2	349	8873
3 月 MAR.	22	4	9	9	3	403	10766
4 月 APR.	28	4	5	8	4	323	9101
5 月 MAY	23	3	6	8	3	406	8396
6 月 JUN.	22	4	12	9	4	322	7688
7 月 JUL.	24	4	9	13	3	438	7575
8 月 AUG.	23	3	12	14	1	552	8029
9 月 SEP.	23	3	37	18	1	794	9308
10 月 OCT.	22	4	9	14	2	614	11286
11 月 NOV.	21	4	11	15	2	628	11977
12 月 DEC.	26	8	23	20	5	779	23605

2—30（2） 主要商品出口分月情况 MONTHLY VOLUME OF EXPORTS OF MAJOR COMMODITIES

月份 Month/Year	茶叶（吨） Tea Tn	煤（万吨） Coal 10000 Tn	石油（万吨） Petroleum 10000 Tn	棉纱（吨） Cotton Yarn Tn	棉布（万米） Cotton Cloth 10000 M	涤棉布（万米） Polyester Cotton cloth 10000 M	真丝绸缎（万米） Silk and Satins 10000 M
1992							
1 月 JAN.	6989	97	154	7453	11106	4521	300
2 月 FEB.	5891	125	238	8208	15132	7566	510
3 月 MAR.	6782	167	218	15530	22701	9344	947
4 月 APR.	11153	124	250	15577	25390	7929	1411
5 月 MAY	12798	249	230	15777	25319	10680	1273
6 月 JUN.	15476	150	205	15342	27467	11246	1208
7 月 JUL.	17831	155	239	13358	26398	9706	1347
8 月 AUG.	15386	232	240	12484	25059	9270	1285
9 月 SEP.	15171	106	195	11090	22539	10903	1014
10 月 OCT.	16940	142	214	13550	27503	11556	1421
11 月 NOV.	20220	184	217	15049	29808	10957	1852
12 月 DEC.	30887	241	290	19571	43895	15370	2220
1993							
1 月 JAN.	6113	55	125	5049	11140	3163	318
2 月 FEB.	13214	69	166	10362	24368	8142	858
3 月 MAR.	13126	180	201	16169	30525	6431	1117
4 月 APR.	11635	163	204	15767	31377	8796	895
5 月 MAY	15396	157	198	16816	30539	9232	1648
6 月 JUN.	16882	201	205	17196	31874	9119	1209
7 月 JUL.	15054	180	187	18841	31892	10994	1090
8 月 AUG.	17684	192	220	15804	31827	9306	1222
9 月 SEP.	23055	206	178	17704	32998	10040	1396
10 月 OCT.	19846	126	161	16673	31499	10380	1627
11 月 NOV.	17395	129	176	19346	37232	11442	1744
12 月 DEC.	31850	325	295	29173	50747	16668	2770

2—30（3）

主要商品出口分月情况
MONTHLY VOLUME OF EXPORTS OF MAJOR COMMODITIES

月　份 Month/Year	地　毯（万平方米） Carpet 10000 Sqm	工　具（万美元） Tools 10000 US $	电　扇（万台） Fans 10000 Sets	自行车（万辆） Bicycles 10000 Sets	汽车及底盘（辆） Motor Vehicles and Chassis unit	服　装（万美元） Garments 10000 US $
1992						
1 月 JAN.	54	1971	161	43	71	66754
2 月 FEB.	91	2614	206	56	307	78460
3 月 MAR.	145	3389	389	76	337	83861
4 月 APR.	142	3523	499	78	426	88123
5 月 MAY	98	3467	550	82	650	95308
6 月 JUN.	101	4249	277	93	465	122156
7 月 JUL.	104	3932	319	81	432	121658
8 月 AUG.	139	4091	127	83	748	137727
9 月 SEP.	142	3552	144	87	527	137604
10 月 OCT.	152	4090	187	109	653	143697
11 月 NOV.	164	3985	145	137	949	155055
12 月 DEC.	205	5973	252	98	993	207343
1993						
1 月 JAN.	31	1499	142	18	713	56581
2 月 FEB.	106	3282	287	70	645	106399
3 月 MAR.	130	3662	411	80	983	118209
4 月 APR.	149	3633	663	74	1187	108883
5 月 MAY	111	3690	576	67	432	119829
6 月 JUN.	133	3614	506	78	519	107956
7 月 JUL.	120	4227	308	87	863	133462
8 月 AUG.	132	4191	259	89	708	137934
9 月 SEP.	180	4718	249	109	1045	163383
10 月 OCT.	190	4574	238	98	1388	149814
11 月 NOV.	240	5066	304	160	571	150471
12 月 DEC.	304	7423	481	104	2078	217706

2—31（1）

主要商品进口分月情况
MONTHLY VOLUME OF IMPORTS OF MAJOR COMMODITIES

月　份 Month/Year	小　麦 （万吨） Wheat 10000 Tn	食　糖 （万吨） Sugar 10000 Tn	原　木 （万立方米） logs 10000 cum	纺织用 合成纤维 （万吨） Synthetic Fibers Suitable for Spinning 10000 Tn	铁矿砂 （万吨） Iron Ores 10000 Tn	纯　碱 （万吨） Soda Ash 10000 Tn
1992						
1　月　JAN.	62		26	2	57	
2　月　FEB.	102	8	37	3	161	1
3　月　MAR.	148	14	23	4	129	1
4　月　APR.	144	15	51	4	290	
5　月　MAY	129	20	31	4	221	
6　月　JUN.	114	11	29	4	135	1
7　月　JUL.	60	14	102	4	264	1
8　月　AUG.	80	4	30	4	185	
9　月　SEP.	56	10	36	5	229	
10　月　OCT.	52	10	39	5	194	
11　月　NOV.	74	2	45	5	240	
12　月　DEC.	36	3	70	8	418	1
1993						
1　月　JAN.	41		19	1	48	
2　月　FEB.	37		34	3	185	1
3　月　MAR.	48	3	35	4	174	1
4　月　APR.	49	6	20	3	242	
5　月　MAY	60	8	26	3	279	1
6　月　JUN.	65	7	22	3	225	
7　月　JUL.	42	5	32	4	292	1
8　月　AUG.	69	2	36	3	308	
9　月　SEP.	123	4	5	5	176	1
10　月　OCT.	17	3	21	6	399	
11　月　NOV.	7	3	18	5	285	
12　月　DEC.	85	3	61	12	681	1

2—31（2） 主要商品进口分月情况

MONTHLY VOLUME OF IMPORTS OF MAJOR COMMODITIES

月份 Month/Year	化肥（万吨） Chemical Fertilizer 10000 Tn	农药（吨） Pesticides Tn	钢坯及粗锻件（万吨） Semi-finished Steel Products 10000 Tn	铜及铜合金（吨） Copper and Copper alloys Tn	铝及铝合金（吨） Aluminum and Aluminum alloys Tn	羊毛及羊毛条（吨） Wool and Wool Tops Tn
1992						
1 月 JAN.	106	1264	1	2116	5401	13592
2 月 FEB.	215	3498	2	10498	4705	18442
3 月 MAR.	186	5945	5	17176	3933	11329
4 月 APR.	198	5859	9	35804	2936	12395
5 月 MAY	142	5847	6	40110	2746	10389
6 月 JUN.	159	4198	5	25697	3477	18496
7 月 JUL.	143	3027	2	27495	2433	17803
8 月 AUG.	154	1632	11	31848	19550	12997
9 月 SEP.	181	1000	7	28760	38498	14120
10 月 OCT.	132	2600	19	37797	40520	13629
11 月 NOV.	97	1669	19	33580	36814	19321
12 月 DEC.	144	2748	53	88114	68614	46507
1993						
1 月 JAN.	22	1308	11	10230	6851	10052
2 月 FEB.	113	3121	81	49259	16857	23218
3 月 MAR.	133	5082	66	28389	23761	14578
4 月 APR.	110	4082	51	22475	26873	14336
5 月 MAY	109	2824	49	18491	14144	16871
6 月 JUN.	45	1316	69	23033	11096	16853
7 月 JUL.	54	840	60	21232	16884	18763
8 月 AUG.	124	938	48	22308	9269	14919
9 月 SEP.	68	560	32	18214	7148	17861
10 月 OCT.	58	242	29	23687	8325	20470
11 月 NOV.	50	540	25	29737	8382	25283
12 月 DEC.	134	3171	53	96491	15825	44304

2—31（3）

主要商品进口分月情况
MONTHLY VOLUME OF IMPORTS OF MAJOR COMMODITIES

月　份 Month/Year	机　床（万美元） Machine-tool 10000 US $	电　视 显象管（万只） Televison Picture Tubes 10000 Pc.	电视机（万只） TV Sets 10000 Sets	录音机及收录两用机（万台） Sound Recorders and Radio Cassette Recorders 10000 Sets	汽车及汽车底盘（辆） Motor Vehicles and Chassis Unit	船　舶（艘） Ships Unit	工业用缝纫机（台） Industrial Sewing Machines Set
1992							
1　月　JAN.	3314	20	1	34	4731	24	14425
2　月　FEB.	6991	62	1	63	5936	51	23345
3　月　MAR.	10350	63	3	41	5436	246	34146
4　月　APR.	7499	70	2	34	9834	233	42866
5　月　MAY	8628	63	2	42	6297	101	43015
6　月　JUN.	10900	64	2	25	13322	652	44252
7　月　JUL.	7601	70		10	7641	1199	32563
8　月　AUG.	9484	73	2	16	13113	1094	39583
9　月　SEP.	8673	75	2	18	31455	2255	37573
10　月　OCT.	9480	74	2	29	23226	3420	40385
11　月　NOV.	9214	71	2	18	26965	1165	40635
12　月　DEC.	14941	108	3	116	62039	3983	61339
1993							
1　月　JAN.	4270	33	1	2	7509	697	12483
2　月　FEB.	10255	49	5	90	18504	2090	35335
3　月　MAR.	12169	61	5	14	17204	434	49365
4　月　APR.	11698	67	3	20	25991	101	46901
5　月　MAY	14296	113	2	13	24611	7478	54261
6　月　JUN.	14373	60	8	15	31270	293	40257
7　月　JUL.	16886	69	3	17	40111	384	41175
8　月　AUG.	14832	79	6	10	17599	1349	38041
9　月　SEP.	20083	76	7	157	24864	458	37181
10　月　OCT.	19606	70	6	19	20094	2498	36245
11　月　NOV.	12035	85	21	73	26568	2164	43437
12　月　DEC.	17607	135	12	37	56903	855	59120

2—32 外商投资企业进出口额
IMPORTS AND EXPERTS OF FOREIGN-FUNDED ENTERPRISES

单位：万美元
Unit：US $ 10000

年份 Year	三资企业合计 Total	中外合资经营企业* Equity Joint Ventures	中外合作经营企业 Contractual Joint Ventures	外商独资企业 Wholly Foreign-owned Enterprises
出口 Exports				
1980	824	824		
1981	3235	3022		213
1982	5287	2925		2362
1983	33036	3815		29221
1984	6894	5994		900
1985	29670	21825		7845
1986	58203	47865		10338
1987	120809	103793		17016
1988	245642	215391		30251
1989	491320	343596	79470	68254
1990	781379	526405	132135	122839
1991	1204725	769116	188447	247162
1992	1735619	1046465	261462	427692
1993	2523717	1411653	387817	724247
进口 Imports				
1980	3441	3412		29
1981	11087	10089		998
1982	27642	23999		3643
1983	28801	6159		22642
1984	39921	11720		28201
1985	206410	188594		17816
1986	243031	223568		19463
1987	312218	289851		22367
1988	574671	534534		40137
1989	879617	653242	142478	83897
1990	1230633	885345	177366	167922
1991	1690700	1140857	245268	304575
1992	2637070	1720559	381398	535113
1993	4183320	2590434	703739	889147

*：1989年前合资、合作数据未分开。

Figures before 1989 include contractual joint ventures.

2—33 各地外商投资企业出口额
EXPORTS OF FOREIGN-FUNDED ENTERPRISES BY REGIONS

单位：万美元
Unit：US＄10000

地　区 Region	1990	1991	1992	1993
全　国 Total	**781379**	**1204725**	**1735619**	**2523717**
北　京 Beijing	8565	15006	22243	33890
天　津 Tianjin	10668	18210	28963	60609
河　北 Hebei	2380	6943	8373	16540
山　西 Shanxi	781	679	650	4898
内蒙古 Inner Mongolia	761	1911	1583	2663
辽　宁 Liaoning	22233	52052	80676	116289
吉　林 Jilin	560	976	1720	6703
黑龙江 Heilongjiang	926	2023	4110	9091
上　海 Shanghai	35011	65929	106725	178275
江　苏 Jiangsu	18914	41249	80200	150378
浙　江 Zhejiang	13379	26145	46836	97787
安　徽 Anhui	574	2317	3040	6263
福　建 Fujian	90254	128881	192926	248904
江　西 Jiangxi	1100	1450	1909	4102
山　东 Shandong	12378	22490	40710	88896
河　南 Henan	247	938	2802	6850
湖　北 Hubei	1975	4786	6725	13406
湖　南 Hunan	920	1580	2527	4256
广　东 Guangdong	548075	792364	1078801	1436698
广　西 Guangxi	3887	5775	7563	10668
海　南 Hainan	3816	5296	5525	7086
四　川 Sichuan	985	2051	3795	8331
贵　州 Guizhou	252	543	693	1202
云　南 Yunnan	456	848	1408	2546
西　藏 Tibet	2			134
陕　西 Shaanxi	1019	2136	2198	2976
甘　肃 Gansu	43	126	351	1496
青　海 Qinghai			3	1
宁　夏 Ningxia	32	123	89	300
新　疆 Xinjiang	1186	1898	2475	2479

2—34

各地中外合资企业出口额
EXPORTS OF EQUITY JOINT VENTURES BY REGIONS

单位：万美元
Unit：US＄10000

地 区 Region	1990	1991	1992	1993
全 国 Total	**526405**	**769116**	**1046465**	**1411653**
北 京 Beijing	8418	14712	21158	30178
天 津 Tianjin	8629	13295	20959	31300
河 北 Hebei	2313	6790	7561	12826
山 西 Shanxi	735	679	647	4577
内蒙古 Inner Mongolia	761	1888	1542	2535
辽 宁 Liaoning	14132	24895	37189	50467
吉 林 Jilin	560	975	1643	5892
黑龙江 Heilongjiang	912	1900	2792	6146
上 海 Shanghai	34195	64368	104462	157395
江 苏 Jiangsu	18869	40838	76322	127694
浙 江 Zhejiang	12573	24572	44111	83286
安 徽 Anhui	552	2289	3017	5090
福 建 Fujian	57918	69794	92875	98411
江 西 Jiangxi	1069	1290	1603	3168
山 东 Shandong	11253	20022	33242	56633
河 南 Henan	232	780	1052	3159
湖 北 Hubei	1972	4736	6697	13124
湖 南 Hunan	881	1547	2394	3789
广 东 Guangdong	340253	459141	568880	688394
广 西 Guangxi	3756	4687	5796	8471
海 南 Hainan	2524	2493	2073	2217
四 川 Sichuan	968	1846	3454	7225
贵 州 Guizhou	247	542	659	1111
云 南 Yunnan	456	844	1382	2004
西 藏 Tibet	1			125
陕 西 Shaanxi	993	2131	2096	2844
甘 肃 Gansu	42	63	299	893
青 海 Qinghai				1
宁 夏 Ningxia	23	115	88	229
新 疆 Xinjiang	1168	1884	2472	2469

2—35 各地中外合作企业出口额
EXPORTS OF CONTRACTUAL JOINT VENTURES BY REGIONS

单位：万美元
Unit：US $ 10000

地　区 Region	1990	1991	1992	1993
全　国 Total	**132135**	**188447**	**261462**	**387817**
北　京 Beijing	26	135	295	633
天　津 Tianjin	1277	2692	1356	1507
河　北 Hebei	12	11	288	716
山　西 Shanxi	46			218
内蒙古 Inner Mongolia			10	31
辽　宁 Liaoning	1965	3000	4683	10301
吉　林 Jilin		1	18	648
黑龙江 Heilongjiang	10		10	93
上　海 Shanghai	794	1197	1225	8170
江　苏 Jiangsu	32	212	732	5132
浙　江 Zhejiang	120	166	597	2937
安　徽 Anhui	16	24	9	350
福　建 Fujian	7208	6071	9084	12262
江　西 Jiangxi	22	83	125	408
山　东 Shandong	776	845	1249	6466
河　南 Henan	5	14	14	14
湖　北 Hubei	3	47	22	110
湖　南 Hunan	39	5	73	122
广　东 Guangdong	119261	172785	239961	334740
广　西 Guangxi	102	725	1189	1469
海　南 Hainan	379	229	242	343
四　川 Sichuan	4	192	207	240
贵　州 Guizhou	2	1	24	
云　南 Yunnan			6	361
西　藏 Tibet				9
陕　西 Shaanxi	26		14	100
甘　肃 Gansu	1	4	25	370
青　海 Qinghai			3	
宁　夏 Ningxia	9	8	1	66
新　疆 Xinjiang				1

2—36 各地外商独资企业出口额 EXPORTS OF WHOLLY FOREIGN-OWNED ENTERPRISES BY REGIONS

单位：万美元
Unit：US $ 10000

地 区 Region	1990	1991	1992	1993
全 国 Total	**122839**	**247162**	**427692**	**724247**
北 京 Beijing	121	159	790	3079
天 津 Tianjin	762	2223	6648	27802
河 北 Hebei	55	142	524	2998
山 西 Shanxi			3	103
内蒙古 Inner Mongolia		23	31	97
辽 宁 Liaoning	6136	24157	38804	55521
吉 林 Jilin			59	163
黑龙江 Heilongjiang	4	123	1308	2852
上 海 Shanghai	22	364	1038	12710
江 苏 Jiangsu	13	199	3146	17552
浙 江 Zhejiang	686	1407	2128	11564
安 徽 Anhui	6	4	14	823
福 建 Fujian	25128	53016	90967	138231
江 西 Jiangxi	9	77	181	526
山 东 Shandong	349	1623	6219	25797
河 南 Henan	10	144	1736	3677
湖 北 Hubei		3	6	172
湖 南 Hunan		28	60	345
广 东 Guangdong	88561	160438	269960	413564
广 西 Guangxi	29	363	578	728
海 南 Hainan	913	2574	3210	4526
四 川 Sichuan	13	13	134	866
贵 州 Guizhou	3		10	91
云 南 Yunnan		4	20	181
西 藏 Tibet	1			
陕 西 Shaanxi		5	88	32
甘 肃 Gansu		59	27	233
青 海 Qinghai				
宁 夏 Ningxia				5
新 疆 Xinjiang	18	14	3	9

2—37 各地外商投资企业进口额
IMPORTS OF FOREIGN-FUNDED ENTERPRISES BY REGIONS

单位：万美元
Unit：US $ 10000

地 区 Region	1990	1991	1992	1993
全 国 Total	**1230633**	**1690700**	**2637070**	**4183320**
北 京 Beijing	53324	68742	104412	124063
天 津 Tianjin	21033	30173	48567	109458
河 北 Hebei	15627	12750	25811	48317
山 西 Shanxi	3574	6737	9105	10884
内蒙古 Inner Mongolia	1710	2222	4999	8051
辽 宁 Liaoning	33218	64440	96966	159907
吉 林 Jilin	4062	2579	13667	34227
黑龙江 Heilongjiang	5743	5390	10464	21633
上 海 Shanghai	103953	135912	225567	405426
江 苏 Jiangsu	43386	83508	168458	307817
浙 江 Zhejiang	11234	23657	46724	105540
安 徽 Anhui	1400	3731	9251	20981
福 建 Fujian	114507	164323	250177	357321
江 西 Jiangxi	2405	7104	13561	32826
山 东 Shandong	23137	36380	83318	176614
河 南 Henan	3538	3614	10875	26333
湖 北 Hubei	5475	10142	22124	53935
湖 南 Hunan	25121	4581	13060	25355
广 东 Guangdong	708650	973222	1394863	1979877
广 西 Guangxi	5871	7402	13364	41592
海 南 Hainan	15206	20987	32619	55233
四 川 Sichuan	19765	12064	20216	40077
贵 州 Guizhou	1487	1119	3779	4138
云 南 Yunnan	1148	1432	3344	6897
西 藏 Tibet	2	1	1	216
陕 西 Shaanxi	5488	6352	7230	18441
甘 肃 Gansu	716	351	1807	4203
青 海 Qinghai	70	102	227	82
宁 夏 Ningxia	346	754	273	674
新 疆 Xinjiang	437	929	2241	3202

2—38

各地中外合资企业进口额
IMPORTS OF EQUITY JOINT VENTURES BY REGIONS

单位：万美元
Unit：US $ 10000

地　区 Region	1990	1991	1992	1993
全　国 Total	**885345**	**1140857**	**1720559**	**2590434**
北　京 Beijing	51980	66866	99973	109022
天　津 Tianjin	18151	23029	33670	64078
河　北 Hebei	15448	12339	24394	42899
山　西 Shanxi	1235	599	1690	10113
内蒙古 Inner Mongolia	1709	2187	4878	7201
辽　宁 Liaoning	22337	33785	50968	94578
吉　林 Jilin	3986	2507	12905	31243
黑龙江 Heilongjiang	5336	5035	8459	15526
上　海 Shanghai	98552	129362	215761	368030
江　苏 Jiangsu	42743	81766	161934	276773
浙　江 Zhejiang	10651	22007	43051	92403
安　徽 Anhui	1342	3497	8291	19341
福　建 Fujian	74414	97073	130530	162562
江　西 Jiangxi	1587	5183	11250	27637
山　东 Shandong	19834	33153	66737	125952
河　南 Henan	3522	2990	8597	22592
湖　北 Hubei	5356	9393	21327	50938
湖　南 Hunan	24974	3739	10915	18936
广　东 Guangdong	444730	570759	743421	928111
广　西 Guangxi	4084	5289	9976	28405
海　南 Hainan	6110	9575	18501	30982
四　川 Sichuan	19432	11138	16778	29852
贵　州 Guizhou	1487	1084	3012	3093
云　南 Yunnan	1133	1368	2759	5861
西　藏 Tibet	2		1	169
陕　西 Shaanxi	4262	5189	6507	16790
甘　肃 Gansu	133	224	1615	3683
青　海 Qinghai	70	91	226	49
宁　夏 Ningxia	346	750	264	548
新　疆 Xinjiang	399	880	2169	3067

2—39

各地中外合作企业进口额
IMPORTS OF CONTRACTUAL JOINT VENTURES BY REGIONS

单位：万美元
Unit：US $ 10000

地　区 Region	1990	1991	1992	1993
全　国 Total	**177366**	**245268**	**381398**	**703739**
北　京 Beijing	412	724	1862	10029
天　津 Tianjin	697	1535	1460	3556
河　北 Hebei	31	32	257	1774
山　西 Shanxi	2329	6118	7088	181
内蒙古 Inner Mongolia			25	679
辽　宁 Liaoning	841	1705	3609	8744
吉　林 Jilin	72	23	599	607
黑龙江 Heilongjiang	367		72	343
上　海 Shanghai	3902	3142	2714	19278
江　苏 Jiangsu	469	478	1274	7984
浙　江 Zhejiang	141	218	322	2587
安　徽 Anhui	52	12	130	901
福　建 Fujian	8370	6945	10646	20110
江　西 Jiangxi	772	1422	1682	2274
山　东 Shandong	1167	680	4343	11358
河　南 Henan	13	24	249	446
湖　北 Hubei	47	177	426	1459
湖　南 Hunan	140	798	1628	5135
广　东 Guangdong	151949	215223	332257	588143
广　西 Guangxi	1738	1518	2363	6149
海　南 Hainan	1835	2473	4352	3573
四　川 Sichuan	189	698	2314	6147
贵　州 Guizhou		31	661	662
云　南 Yunnan	2		337	524
西　藏 Tibet				47
陕　西 Shaanxi	1215	1161	591	970
甘　肃 Gansu	583	122	130	23
青　海 Qinghai		9	1	28
宁　夏 Ningxia				9
新　疆 Xinjiang	33		6	19

2—40

各地外商独资企业进口额
IMPORTS OF WHOLLY FOREIGN-OWNED ENTERPRISES BY REGIONS

单位：万美元
Unit：US $ 10000

地 区 Region	1990	1991	1992	1993
全 国 Total	**167922**	**304575**	**535113**	**889147**
北 京 Beijing	932	1152	2577	5012
天 津 Tianjin	2185	5609	13437	41824
河 北 Hebei	148	379	1160	3644
山 西 Shanxi	10	20	327	590
内蒙古 Inner Mongolia	1	35	96	171
辽 宁 Liaoning	10040	28950	42389	56585
吉 林 Jilin	4	49	163	2377
黑龙江 Heilongjiang	40	355	1933	5764
上 海 Shanghai	1499	3408	7092	18118
江 苏 Jiangsu	174	1264	5250	23060
浙 江 Zhejiang	442	1432	3351	10550
安 徽 Anhui	6	222	830	739
福 建 Fujian	31723	60305	109001	174649
江 西 Jiangxi	46	499	629	2915
山 东 Shandong	1136	2547	12238	39304
河 南 Henan	3	600	2029	3295
湖 北 Hubei	72	572	371	1538
湖 南 Hunan	7	44	517	1284
广 东 Guangdong	111971	187240	319185	463623
广 西 Guangxi	49	595	1025	7038
海 南 Hainan	7261	8939	9766	20678
四 川 Sichuan	144	228	1124	4078
贵 州 Guizhou		4	106	383
云 南 Yunnan	13	64	248	512
西 藏 Tibet		1		
陕 西 Shaanxi	11	2	132	681
甘 肃 Gansu		5	62	497
青 海 Qinghai		2		5
宁 夏 Ningxia		4	9	117
新 疆 Xinjiang	5	49	66	116

2—41 经济特区及沿海开放城市外商投资企业出口情况
EXPORTS OF FOREIGN-FUNDED ENTERPRISES IN SPECIAL ECONOMIC ZONES AND OPEN COASTAL CITIES

单位：万美元
Unit：US $ 10000

地　　区 Region	1990	1991	1992	1993
经济特区合计 Total of Special Economic Zones	**319902**	**429359**	**526576**	**604054**
深　圳 Shenzhen	229266	292383	335716	387123
珠　海 Zhuhai	34319	50388	68502	81125
汕　头 Shantou	18134	28271	41951	47154
厦　门 Xianmen	34367	53021	74882	81566
海　南 Hainan	3816	5296	5525	7086
沿海开放城市合计 Total of Open Coastal Cities	**142693**	**265194**	**425708**	**676742**
大　连 Dalian	17156	42893	65688	83429
秦皇岛 Qinhuangdao	405	1099	1752	3660
天　津 Tianjin	10668	18210	28963	60609
烟　台 Yantai	2415	4387	5945	15608
青　岛 Qingdao	2771	6277	15553	37781
连云港 Lianyungang	797	1222	2336	4134
南　通 Nantong	4297	8559	16105	30181
上　海 Shanghai	35011	65929	106724	178275
宁　波 Ningbo	2424	5686	10054	23921
温　洲 Wenzhou	652	1284	1909	3772
福　州 Fuzhou	4928	7785	16553	70500
广　州 Guangzhou	57556	99308	150378	158891
湛　江 Zhanjiang	3347	2169	3398	5159
北　海 Beihai	266	386	350	822

2—42 经济特区及沿海开放城市中外合资企业出口情况 EXPORTS OF EQUITY JOINT VENTURES IN SPECIAL ECONOMIC ZONES AND OPEN COASTAL CITIES

单位：万美元
Unit：US $ 10000

地　　区 Region	1990	1991	1992	1993
经济特区合计 Total of Special Economic Zones	**197683**	**249014**	**267595**	**289810**
深　圳 Shenzhen	161076	208731	223379	247023
珠　海 Zhuhai	16602	20727	20948	19078
汕　头 Shantou	2739	3571	5320	6930
厦　门 Xianmen	14742	13492	15875	14562
海　南 Hainan	2524	2493	2073	2217
沿海开放城市合计 Total of Open Coastal Cities	**114734**	**192791**	**296915**	**440942**
大　连 Dalian	9979	19251	27796	35255
秦皇岛 Qinhuangdao	405	1043	1329	1626
天　津 Tianjin	8629	13295	20959	31306
烟　台 Yantai	2278	4172	5612	14235
青　岛 Qingdao	2490	4883	9343	14714
连云港 Lianyungang	777	1210	2157	3852
南　通 Nantong	4297	8271	13931	22635
上　海 Shanghai	34195	64368	104462	157395
宁　波 Ningbo	1993	4818	8610	16496
温　州 Wenzhou	354	902	1304	2669
福　州 Fuzhou	4688	6666	11463	34961
广　州 Guangzhou	43939	62723	88298	103773
湛　江 Zhanjiang	475	837	1343	1331
北　海 Beihai	235	352	308	700

2—43　经济特区及沿海开放城市中外合作企业出口情况
EXPORTS OF CONTRACTUAL JOINT VENTURES IN SPECIAL ECONOMIC ZONES AND OPEN COASTAL CITIES

单位：万美元
Unit：US＄10000

地　区 Region	1990	1991	1992	1993
经济特区合计 Total of Special Economic Zones	**38592**	**46087**	**65922**	**86519**
深　圳 Shenzhen	29484	31463	40742	54916
珠　海 Zhuhai	6102	9552	16003	22122
汕　头 Shantou	2247	4425	8343	8345
厦　门 Xianmen	380	418	592	793
海　南 Hainan	379	229	242	343
沿海开放城市合计 Total of Open Coastal Cities	**17335**	**31310**	**44808**	**51203**
大　连 Dalian	1316	1975	3979	848
秦皇岛 Qinhuangdao			62	191
天　津 Tianjin	1277	2692	1356	1507
烟　台 Yantai	1		56	503
青　岛 Qingdao	82	126	651	2575
连云港 Lianyungang	20	2		110
南　通 Nantong		166	535	2159
上　海 Shanghai	794	1197	1224	8170
宁　波 Ningbo	32	15	44	134
温　洲 Wenzhou	25	74	400	588
福　州 Fuzhou	17	7	176	696
广　州 Guangzhou	10916	23872	34694	30960
湛　江 Zhanjiang	2851	1154	1611	2698
北　海 Beihai	4	30	20	64

2—44 经济特区及沿海开放城市外商独资企业出口情况
EXPORTS OF WHOLLY FOREIGN-OWNED ENTERPRISES IN SPECIAL ECONOMIC ZONES AND OPEN COASTAL CITIES

单位：万美元
Unit：US $ 10000

地 区 Region	1990	1991	1992	1993
经济特区合计 Total of Special Economic Zones	**83627**	**134258**	**193059**	**227725**
深 圳 Shenzhen	38706	52189	71595	85184
珠 海 Zhuhai	11615	20109	31551	39925
汕 头 Shantou	13148	20275	28288	31879
厦 门 Xianmen	19245	39111	58415	66211
海 南 Hainan	913	2574	3210	4526
沿海开放城市合计 Total of Open Coastal Cities	**10624**	**41093**	**83985**	**184597**
大 连 Dalian	5861	21667	33913	47326
秦皇岛 Qinhuangdao		56	361	1843
天 津 Tianjin	762	2223	6648	27802
烟 台 Yantai	136	215	277	870
青 岛 Qingdao	199	1268	5559	20492
连云港 Lianyungang		10	179	172
南 通 Nantong		122	1639	5387
上 海 Shanghai	22	364	1038	12710
宁 波 Ningbo	399	853	1400	7291
温 洲 Wenzhou	273	308	205	515
福 州 Fuzhou	223	1112	4914	34843
广 州 Guangzhou	2701	12713	27386	24158
湛 江 Zhanjiang	21	178	444	1130
北 海 Beihai	27	4	22	58

2—45 经济特区及沿海开放城市外商投资企业进口情况
IMPORTS OF FOREIGN-FUNDED ENTERPRISES IN SPECIAL ECONOMIC ZONES AND OPEN COASTAL CITIES

单位：万美元

Unit：US $ 10000

地　区 Region	1990	1991	1992	1993
经济特区合计 Total of Special Economic Zones	**371713**	**504353**	**637713**	**773810**
深　圳 Shenzhen	246313	324169	360869	416883
珠　海 Zhuhai	47743	60118	84380	94421
汕　头 Shantou	18231	32726	63060	80853
厦　门 Xianmen	44220	66353	96785	126419
海　南 Hainan	15206	20987	32619	55234
沿海开放城市合计 Total of Open Coastal Cities	**274934**	**414975**	**665506**	**1166913**
大　连 Dalian	23221	51104	69086	102280
秦皇岛 Qinhuangdao	9146	3112	5164	10928
天　津 Tianjin	21033	30173	48567	109408
烟　台 Yantai	4369	5716	10701	23747
青　岛 Qingdao	6341	10690	24354	55978
连云港 Lianyungang	452	703	3000	6148
南　通 Nantong	6093	12946	20612	41796
上　海 Shanghai	103953	135912	225567	405426
宁　波 Ningbo	2423	5184	11656	28492
温　洲 Wenzhou	495	1064	995	2664
福　州 Fuzhou	8618	17174	24861	95110
广　州 Guangzhou	84023	135352	211371	258800
湛　江 Zhanjiang	3640	5177	8490	19720
北　海 Beihai	1127	668	1082	6416

2—46 经济特区及沿海开放城市中外合资企业进口情况
IMPORTS OF EQUITY JOINT VENTURES IN SPECIAL ECONOMIC ZONES AND OPEN COASTAL CITIES

单位：万美元
Unit：US $ 10000

地 区 Region	1990	1991	1992	1993
经济特区合计 Total of Special Economic Zones	**216859**	**294087**	**335154**	**377897**
深 圳 Shenzhen	159450	232438	242595	248091
珠 海 Zhuhai	29947	27528	26609	22562
汕 头 Shantou	3227	5225	14830	17084
厦 门 Xianmen	18125	19321	32619	59177
海 南 Hainan	6110	9575	18501	30983
沿海开放城市合计 Total of Open Coastal Cities	**222641**	**313394**	**478701**	**806395**
大 连 Dalian	13600	23645	28270	47703
秦皇岛 Qinhuangdao	9050	2812	4500	7931
天 津 Tianjin	18151	23029	33670	64028
烟 台 Yantai	3981	5507	10302	21439
青 岛 Qingdao	5507	8390	11002	20925
连云港 Lianyungang	448	679	2774	4603
南 通 Nantong	6091	12483	18062	34216
上 海 Shanghai	98552	129362	215761	368030
宁 波 Ningbo	2205	4521	9892	22539
温 洲 Wenzhou	376	761	790	1713
福 州 Fuzhou	8033	16128	16683	46474
广 州 Guangzhou	55974	84045	122473	153823
湛 江 Zhanjiang	497	1445	3881	10707
北 海 Beihai	176	587	641	2264

2—47 经济特区及沿海开放城市中外合作企业进口情况
IMPORTS OF CONTRACTUAL JOINT VENTURES IN SPECIAL ECONOMIC ZONES AND OPEN COASTAL CITIES

单位：万美元
Unit：US $ 10000

地　区 Region	1990	1991	1992	1993
经济特区合计 Total of Special Economic Zones	**47797**	**57076**	**88861**	**156163**
深　圳 Shenzhen	33625	34331	42824	88213
珠　海 Zhuhai	6955	12446	25083	34820
汕　头 Shantou	4380	6747	15436	26987
厦　门 Xianmen	1002	1079	1166	2570
海　南 Hainan	1835	2473	4352	3573
沿海开放城市合计 Total of Open Coastal Cities	**30531**	**42482**	**70846**	**122586**
大　连 Dalian	387	1343	2867	6156
秦皇岛 Qinhuangdao	2	3	90	823
天　津 Tianjin	697	1535	1460	3556
烟　台 Yantai	3	2	80	442
青　岛 Qingdao	129	118	2177	5214
连云港 Lianyungang	4		32	207
南　通 Nantong	2	281	450	1756
上　海 Shanghai	3902	3142	2714	19278
宁　波 Ningbo	60	41	97	828
温　洲 Wenzhou	15	70	17	111
福　州 Fuzhou	22	34	207	1662
广　州 Guangzhou	21340	32431	56467	73469
湛　江 Zhanjiang	3025	3422	3908	7750
北　海 Beihai	943	60	280	1334

2—48 经济特区及沿海开放城市外商独资企业进口情况

IMPORTS OF WHOLLY FOREIGN-OWNED ENTERPRISES IN SPECIAL ECONOMIC ZONES AND OPEN COASTAL CITIES

单位：万美元

Unit：US $ 10000

地 区 Region	1990	1991	1992	1993
经济特区合计 Total of Special Economic Zones	**107057**	**153190**	**213698**	**239750**
深 圳 Shenzhen	53238	57400	75450	80579
珠 海 Zhuhai	10841	20144	32688	37039
汕 头 Shantou	10624	20754	32794	36782
厦 门 Xianmen	25093	45953	63000	64672
海 南 Hainan	7261	8939	9766	20678
沿海开放城市合计 Total of Open Coastal Cities	**21762**	**59099**	**115959**	**237932**
大 连 Dalian	9234	26116	37949	48421
秦皇岛 Qinhuangdao	94	297	574	2174
天 津 Tianjin	2185	5609	13437	41824
烟 台 Yantai	385	207	319	1866
青 岛 Qingdao	705	2182	11175	29839
连云港 Lianyungang		24	194	1338
南 通 Nantong		182	2100	5824
上 海 Shanghai	1499	3408	7092	18118
宁 波 Ningbo	158	622	1667	5125
温 州 Wenzhou	104	233	188	840
福 州 Fuzhou	563	1012	7971	46974
广 州 Guangzhou	6709	18876	32431	31508
湛 江 Zhanjiang	118	310	701	1263
北 海 Beihai	8	21	161	2818

2—49（1） 中国出口额在部分国家(地区)进口额中的比重
CHINA'S EXPORTS SHARE IN TOTAL IMPORTS OF SOME COUNTRIES AND REGIONS

单位:亿美元
Unit:US $ 100 Millions

国家(地区) Country(Region)	1990		1991		1992	
	进口额 Import Volume	比重(%) Percen-tage	进口额 Import Volume	比重(%) Percen-tage	进口额 Import Volume	比重(%) Percen-tage
香港 Hong Kong	825.00	100.00	1015.40	100.00	1234.00	100.00
其中:从中国大陆进口 Of Which:from China	266.50	32.30	321.37	31.65	375.12	30.40
印度 India	234.00	100.00	202.52	100.00	235.80	100.00
其中:从中国进口 Of Which:from China	1.67	0.71	1.44	0.71	1.58	0.67
印度尼西亚 Indonesia	218.00	100.00	258.69	100.00	273.10	100.00
其中:从中国进口 Of Which:from China	3.79	1.74	4.81	1.86	4.71	1.72
日本 Japan	2348.00	100.00	2367.44	100.00	2335.50	100.00
其中:从中国进口 Of Which:from China	90.11	3.84	102.19	4.32	116.79	5.00
科威特 Kuwait				100.00	75.10	100.00
其中:从中国进口 Of Which:from China			0.19		0.60	0.80
沙特阿拉伯 Saudi Arabia				100.00		100.00
其中:从中国进口 Of Which:from China			3.87		4.44	
新加坡 Singapore	608.00	100.00	661.08	100.00	725.30	100.00
其中:从中国进口 Of Which:from China	19.75	3.25	20.14	3.05	20.31	2.80
韩国 Korea	698.00	100.00	815.57	100.00	817.80	100.00
其中:从中国进口 Of Which:from China	12.60	1.81	21.79	2.67	24.05	2.94
泰国 Thailand	327.00	100.00	371.88	100.00	412.10	100.00
其中:从中国进口 Of Which:from China	8.23	2.52	8.48	2.28	8.95	2.17
埃及 Egypt	92.00	100.00	77.54	100.00	83.60	100.00
其中:从中国进口 Of Which:from China	0.85	0.92	1.27	1.64	1.75	2.09
比利时-卢森堡 Belgium－Luxembourg	1201.00	100.00	1213.69	100.00	1250.60	100.00
其中:从中国进口 Of Which:from China	3.27	0.27	4.18	0.34	5.41	0.43
丹麦 Denmark	318.00	100.00	322.57	100.00	336.80	100.00
其中:从中国进口 Of Which:from China	1.27	0.40	1.52	0.47	1.52	0.45
英国 United Kingdom	2249.00	100.00	2100.19	100.00	2216.60	100.00
其中:从中国进口 Of Which:from China	6.43	0.29	7.28	0.35	9.22	0.42
联邦德国 Germany,FR	3494.00	100.00	3820.50	100.00	4083.10	100.00
其中:从中国进口 Of Which:from China	20.34	0.58	23.56	0.62	24.48	0.60
法国 France	2332.00	100.00	2307.86	100.00	2389.10	100.00
其中:从中国进口 Of Which:from China	6.45	0.28	7.33	0.32	7.64	0.32
意大利 Italy	1801.00	100.00	1838.50	100.00	1887.10	100.00
其中:从中国进口 Of Which:from China	8.35	0.46	7.33	0.40	10.95	0.58
荷兰 Netherlands	1262.00	100.00	1259.06	100.00	1399.70	100.00
其中:从中国进口 Of Which:from China	9.08	0.72	10.63	0.84	12.00	0.86
葡萄牙 Portugal	251.00	100.00	261.13	100.00	298.70	100.00

2—49（2） 中国出口额在部分国家(地区)进口额中的比重
CHINA'S EXPORTS SHARE IN TOTAL IMPORTS OF SOME COUNTRIES AND REGIONS

单位:亿美元
Unit:US $ 100 Millions

国家(地区) Country(Region)	1990		1991		1992	
	进口额 Import Volume	比重(%) Percen-tage	进口额 Import Volume	比重(%) Percen-tage	进口额 Import Volume	比重(%) Percen-tage
其中:从中国进口 Of Which:from China	0.41	0.16	0.35	0.13	0.44	0.24
西班牙 Spain	877.00	100.00	933.14	100.00	997.70	100.00
其中:从中国进口 Of Which:from China	1.87	0.21	2.37	0.25	3.29	0.33
奥地利 Austria	495.00	100.00	507.40	100.00	541.20	100.00
其中:从中国进口 Of Which:from China	0.46	0.09	0.60	0.12	0.70	0.13
保加利亚 Bulgaria	131.00	100.00	30.17	100.00	42.40	100.00
其中:从中国进口 Of Which:from China	0.40	0.31	0.24	0.80	0.20	0.47
原捷克斯洛伐克 Former Czechoslovakia	131.00	100.00	110.09	100.00	125.30	100.00
其中:从中国进口 Of Which:from China	3.41	2.60	0.27	0.25	0.38	0.30
匈牙利 Hungary	88.00	100.00	115.32	100.00	111.20	100.00
其中:从中国进口 Of Which:from China	0.24	0.27	0.20	0.17	0.45	0.40
挪威 Norway	272.00	100.00	255.50	100.00	260.80	100.00
其中:从中国进口 Of Which:from China	0.47	0.17	0.89	0.35	1.43	0.55
波兰 Poland	82.00	100.00	142.61	100.00	159.10	100.00
其中:从中国进口 Of Which:from China	0.74	0.90	0.56	0.39	1.19	0.75
瑞典 Sweden	546.00	100.00	497.59	100.00	498.20	100.00
其中:从中国进口 Of Which:from China	1.41	0.26	1.73	0.35	2.15	0.43
瑞士 Switzerland	699.00	100.00	665.17	100.00	659.20	100.00
其中:从中国进口 Of Which:from China	1.60	0.23	1.69	0.25	1.60	0.24
苏联 Former USSR	1207.00	100.00	780.00	100.00	396.00	100.00
其中:从中国进口 Of Which:from China	22.39	1.86	18.23	2.34	27.43	6.93
巴西 Brazil	202.00	100.00	210.10	100.00	205.60	100.00
其中:从中国进口 Of Which:from China	1.07	0.53	0.68	0.32	0.65	0.32
墨西哥 Mexico	230.00	100.00	273.18	100.00	481.40	100.00
其中:从中国进口 Of Which:from China	1.11	0.48	0.86	0.31	1.58	0.33
秘鲁 Peru	25.00	100.00	21.04	100.00	33.10	100.00
其中:从中国进口 Of Which:from China	0.24	0.96	0.31	1.47	0.35	1.06
加拿大 Canada	1165.00	100.00	1181.19	100.00	1224.80	100.00
其中:从中国进口 Of Which:from China	4.30	0.37	5.55	0.47	6.53	0.53
美国 United States	5170.00	100.00	5093.20	100.00	5540.20	100.00
其中:从中国进口 Of Which:from China	51.79	1.00	61.59	1.21	85.94	1.55
澳大利亚 Australia	388.00	100.00	385.76	100.00	438.00	100.00
其中:从中国进口 Of Which:from China	4.55	1.17	5.54	1.44	6.61	1.51
新西兰 New Zealand	95.00	100.00	85.22	100.00	92.10	100.00
其中:从中国进口 Of Which:from China	0.50	0.53	0.66	0.77	0.87	0.94

2—50（1） 中国进口额在部分国家(地区)出口额中的比重
CHINA'S IMPORTS SHARE IN TOTAL EXPORTS OF SOME COUNTRIES AND REGIONS

单位:亿美元
Unit:US $ 100 Millions

国家(地区) Country(Region)	1990		1991		1992	
	出口额 Export Volume	比重(%) Percen-tage	出口额 Export Volume	比重(%) Percen-tage	出口额 Export Volume	比重(%) Percen-tage
香港 Hong Kong	822.00	100.00	986.15	100.00	1194.80	100.00
其中:对中国大陆出口 Of Which:to China	142.54	17.34	174.63	17.71	205.34	17.19
印度 India	178.00	100.00	173.61	100.00	196.30	100.00
其中:对中国出口 Of Which:to China	0.97	0.54	1.20	0.69	1.81	0.92
印度尼西亚 Indonesia	257.00	100.00	291.42	100.00	338.60	100.00
其中:对中国出口 Of Which:to China	8.03	3.12	14.03	4.81	15.54	4.59
日本 Japan	2869.00	100.00	3145.25	100.00	3404.80	100.00
其中:对中国出口 Of Which:to China	75.88	2.64	100.32	3.19	136.82	4.02
科威特 Kuwait				100.00	66.90	100.00
其中:对中国出口 Of Which:to China					0.03	0.04
沙特阿拉伯 Saudi Arabia				100.00		100.00
其中:对中国出口 Of Which:to China			1.38		1.27	
新加坡 Singapore	527.00	100.00	590.46	100.00	635.20	100.00
其中:对中国出口 Of Which:to China	8.51	1.61	10.63	1.80	12.36	1.95
韩国 Korea	650.00	100.00	718.98	100.00	763.30	100.00
其中:对中国出口 Of Which:to China	6.84	1.05	10.66	1.48	26.23	3.44
泰国 Thailand	230.00	100.00	283.95	100.00	322.10	100.00
其中:对中国出口 Of Which:to China	3.71	1.61	4.22	1.49	4.25	1.32
埃及 Egypt	22.00	100.00	36.17	100.00	30.70	100.00
其中:对中国出口 Of Which:to China	0.06	0.27	0.04	0.11	0.01	0.03
比利时-卢森堡 Belgium-Luxembourg	1183.00	100.00	1185.70	100.00	1230.70	100.00
其中:对中国出口 Of Which:to China	3.47	0.29	4.23	0.36	4.70	0.38
丹麦 Denmark	351.00	100.00	358.12	100.00	397.50	100.00
其中:对中国出口 Of Which:to China	1.36	0.39	0.98	0.27	1.39	0.35
英国 United Kingdom	1860.00	100.00	1852.12	100.00	1904.80	100.00
其中:对中国出口 Of Which:to China	13.84	0.74	9.42	0.51	10.14	0.53
联邦德国 Germany,FR	4065.00	100.00	3912.95	100.00	4302.70	100.00
其中:对中国出口 Of Which:to China	29.37	0.72	30.49	0.78	40.15	0.93
法国 France	2100.00	100.00	2132.99	100.00	2319.50	100.00
其中:对中国出口 Of Which:to China	16.63	0.79	15.72	0.74	14.96	0.64
意大利 Italy	1687.00	100.00	1693.99	100.00	1784.70	100.00
其中:对中国出口 Of Which:to China	10.70	0.63	14.58	0.86	17.48	0.98
荷兰 Netherlands	1318.00	100.00	1335.54	100.00	1344.10	100.00
其中:对中国出口 Of Which:to China	3.99	0.30	4.29	0.32	5.08	0.38
葡萄牙 Portugal	163.00	100.00	162.81	100.00	185.20	100.00

2—50（2） 中国进口额在部分国家（地区）出口额中的比重
CHINA'S IMPORTS SHARE IN TOTAL EXPORTS OF SOME COUNTRIES AND REGIONS

单位：亿美元
Unit：US $ 100 Millions

国家（地区） Country (Region)	1990		1991		1992	
	出口额 Export Volume	比重（%） Percen-tage	出口额 Export Volume	比重（%） Percen-tage	出口额 Export Volume	比重（%） Percen-tage
其中：对中国出口 Of Which：to China	0.35	0.21	0.24	0.15	0.23	0.08
西班牙 Spain	556.00	100.00	601.82	100.00	643.30	100.00
其中：对中国出口 Of Which：to China	3.20	0.58	3.73	0.62	3.55	0.55
奥地利 Austria	415.00	100.00	410.86	100.00	444.30	100.00
其中：对中国出口 Of Which：to China	2.88	0.69	3.59	0.87	3.21	0.72
保加利亚 Bulgaria	134.00	100.00	38.35	100.00	40.70	100.00
其中：对中国出口 Of Which：to China	1.07	0.80	0.95	2.48	0.58	1.43
原捷克斯洛伐克 Former Czechoslovakia	119.00	100.00	112.99	100.00	116.60	100.00
其中：对中国出口 Of Which：to China	2.76	2.32	1.51	1.34	1.76	1.51
匈牙利 Hungary	97.00	100.00	103.01	100.00	106.80	100.00
其中：对中国出口 Of Which：to China	1.20	1.24	0.35	0.34	0.19	0.18
挪威 Norway	340.00	100.00	340.37	100.00	351.50	100.00
其中：对中国出口 Of Which：to China	1.80	0.53	2.42	0.71	1.65	0.47
波兰 Poland	136.00	100.00	144.60	100.00	131.90	100.00
其中：对中国出口 Of Which：to China	2.48	1.82	0.88	0.61	0.90	0.68
瑞典 Sweden	574.00	100.00	551.29	100.00	560.20	100.00
其中：对中国出口 Of Which：to China	2.65	0.46	3.40	0.62	4.76	0.85
瑞士 Switzerland	639.00	100.00	615.37	100.00	657.80	100.00
其中：对中国出口 Of Which：to China	4.11	0.64	4.39	0.71	5.23	0.80
苏联 Former USSR	1042.00	100.00	700.00	100.00	455.20	100.00
其中：对中国出口 Of Which：to China	21.40	2.05	20.81	2.97	39.17	8.61
巴西 Brazil	314.00	100.00	316.22	100.00	358.60	100.00
其中：对中国出口 Of Which：to China	5.26	1.68	3.46	1.09	5.19	1.45
墨西哥 Mexico	265.00	100.00	381.24	100.00	275.30	100.00
其中：对中国出口 Of Which：to China	1.00	0.38	1.49	0.39	1.14	0.41
秘鲁 Peru	33.00	100.00	25.65	100.00	34.80	100.00
其中：对中国出口 Of Which：to China	0.85	2.58	2.94	11.46	3.10	8.91
加拿大 Canada	1270.00	100.00	1268.33	100.00	1342.20	100.00
其中：对中国出口 Of Which：to China	14.78	1.16	16.46	1.30	19.27	1.44
美国 United States	3936.00	100.00	4217.30	100.00	4481.60	100.00
其中：对中国出口 Of Which：to China	65.88	1.67	80.08	1.90	89.01	1.99
澳大利亚 Australia	397.00	100.00	416.93	100.00	445.90	100.00
其中：对中国出口 Of Which：to China	13.54	3.41	15.58	3.74	16.71	3.75
新西兰 New Zealand	94.00	100.00	97.20	100.00	98.40	100.00
其中：对中国出口 Of Which：to China	1.26	1.34	1.69	1.74	2.79	2.84

2—51 (1) 部分中国商品出口主要国家(地区)
MAJOR COMMODITIES EXPORTS BY COUNTRIES (REGIONS) OF CONSUMPTION

单位:万美元
Unit:US $ 10000

商品/国别(地区) Commodity/Country(Region)	1990	1991	1992	1993
猪肉罐头 Canned Pork	**15288**	**19347**	**9521**	**11322**
其中:文莱 Of Which:Brunei	5	2	15	7
柬埔寨 Cambodia		23	1	
塞浦路斯 Cyprus	141	40	4	31
朝鲜 Korea DPR	35	456	176	235
香港 Hong Kong	2094	2457	3310	1971
印度尼西亚 Indonesia	1		21	38
日本 Japan	188	249	244	273
老挝 Laos			111	1
黎巴嫩 Lebanon	203	117	455	190
澳门 Macao	47	51	102	34
马来西亚 Malaysia	401	412	489	540
菲律宾 Philippines			9	22
新加坡 Singapore	1516	1614	2050	1417
韩国 Korea	7	18	18	74
台湾 Taiwan Prov.			9	1
刚果 Congo	32		83	42
利比里亚 Liberia		4	13	16
毛里求斯 Mauritius	39	82	46	46
比利时 Belgium	3	1	3	2
英国 United Kingdom	28	67	32	1
联邦德国 Germany,FR			1	150
荷兰 Netherlands		9	3	15
保加利亚 Bulgaria			22	3
马耳他 Malta	22	100	102	43
罗马尼亚 Romania	653	26	9	
哈萨克 Kazakhstan			115	37
俄罗斯联邦 Russia	7588	12167	1957	5991

2—51（2） 部分中国商品出口主要国家(地区)
MAJOR COMMODITIES EXPORTS BY COUNTRIES (REGIONS) OF CONSUMPTION

单位:万美元
Unit:US $ 10000

商品/国别(地区) Commodity/Country(Region)	1990	1991	1992	1993
乌克兰 Ukraine			55	10
捷克 Czesh Rep.			20	58
智利 Chile		3	4	2
古巴 Cuba	1718	1393	77	2
美国 United States			6	2
澳大利亚 Australia	2	6	3	1
斐济 Fiji			1	2
瓦努阿图 Vanuatu	10	11	5	6
新西兰 New Zealand			7	9
巴布亚新几内亚 Papua New Guinea	3	3	7	3
所罗门群岛 Solomon Is.	11	19	13	15
西萨摩亚 West Samoa		4		4
基里巴斯 Kiribati			6	4
鲜冻对虾 Fresh or Frozen Prawn	**48242**	**31279**	**59075**	**13302**
其中:香港 Of Which:Hong Kong	11630	6822	7857	1322
日本 Japan	14730	11315	23544	6411
澳门 Macao	344	144	138	34
沙特阿拉伯 Saudi Arabia				20
新加坡 Singapore			107	119
韩国 Korea			20	7
泰国 Thailand	308		9	
越南 Vietnam			37	
台湾省 Taiwan Prov.	24	11	59	14
比利时 Belgium			79	9
英国 United Kingdom	188	24	243	114
联邦德国 Germany,FR	83	93	529	164
法国 France	650	877	664	224
意大利 Italy	227	27	94	8
荷兰 Netherlands	222	201	577	203

2—51（3） 部分中国商品出口主要国家(地区)

MAJOR COMMODITIES EXPORTS BY COUNTRIES (REGIONS) OF CONSUMPTION

单位:万美元

Unit:US $ 10000

商品/国别(地区) Commodity/Country(Region)	1990	1991	1992	1993
葡萄牙 Portugal		17	6	
西班牙 Spain	92	230	814	
挪威 Norway	13	10	20	19
瑞典 Sweden	44	25	227	164
俄罗斯联邦 Russia		3	51	112
加拿大 Canada	891	880	1119	316
美国 United States	18663	10572	22624	4019
澳大利亚 Australia	35		87	42
未梳兔毛 Rabbit Hair	**8942**	**9468**	**12213**	**5939**
其中:香港 Of Which:Hong Kong	2424	3951	4476	3102
日本 Japan	1787	1317	1852	779
澳门 Macao	89	24	116	7
尼泊尔 Nepal			16	
韩国 Korea	21	296	451	
叙利亚 Syrian				3
泰国 Thailand				1
越南 Vietnam			29	
台湾省 Taiwan Prov.			3	3
毛里求斯 Mauritius	19		27	16
英国 United Kingdom	348	222	1231	72
联邦德国 Germany,FR	819	557	854	465
法国 France	2	40	9	
意大利 Italy	3008	2587	2327	561
荷兰 Netherlands	9	106	146	135
西班牙 Spain	226	284	234	42
冰岛 Iceland	14		1	
马耳他 Malta			179	
瑞士 Switzerland	6		77	14

2—51 (4)　部分中国商品出口主要国家(地区)
MAJOR COMMODITIES EXPORTS BY COUNTRIES (REGIONS) OF CONSUMPTION

单位:万美元
Unit:US $ 10000

商品/国别(地区) Commodity/Country(Region)	1990	1991	1992	1993
阿根廷　Argentina			13	23
厄瓜多尔　Ecuador				10
美国　United States	12		75	7
新西兰　New Zealand	23	66	99	51
玉米　Maize	**40356**	**86447**	**115399**	**118709**
其中:文莱　Of Which:Brunei				14
缅甸　Burma				75
朝鲜　Korea DPR	3062	2457	9403	6805
香港　Hong Kong	783	1885	741	1276
印度尼西亚　Indonesia		1571	3132	427
伊朗　Iran	669	3729	5445	4297
日本　Japan	10850	20149	19361	25035
马来西亚　Malaysia	1351	5058	12589	15712
马尔代夫　Maldives			151	
蒙古　Mongolia			1	2
沙特阿拉伯　Saudi Arabia			366	
新加坡　Singapore	761	2608	155	1446
韩国　Korea	10923	37884	40597	47225
斯里兰卡　Sri Lanka		543	392	700
泰国　Thailand	183			4406
越南　Vietnam			577	
安哥拉　Angola			17	
博茨瓦纳　Botswana				54
乍得　Chad				180
马拉维　Malawi			29	
莫桑比克　Mozambique				148
留尼汪　Reunion				46
塞舌尔　Seychelles			11	

2—51（5） 部分中国商品出口主要国家(地区)

MAJOR COMMODITIES EXPORTS BY COUNTRIES (REGIONS) OF CONSUMPTION

单位:万美元

Unit:US $ 10000

商品/国别(地区) Commodity/Country(Region)	1990	1991	1992	1993
南非 S·Africa				630
坦桑尼亚 Tanzania			173	
赞比亚 Zambia				44
津巴布韦 Zimbabwe				70
莱索托 Lesotho				19
法国 France			436	
波兰 Poland			1151	714
罗马尼亚 Romania			909	
白俄罗斯 Belorussia			48	5
哈萨克 Kazakhstan			1817	262
吉尔吉斯 Kirghizia				377
俄罗斯联邦 Russia	11324	9862	7305	16177
乌克兰 Ukraine			262	97
乌兹别克 Uzbekstan			378	210
捷克 Czech Rep.			1324	241
秘鲁 Peru				271
蘑菇罐头 Canned Mushroom	**15782**	**15435**	**15120**	**13620**
其中:巴林 Of Which:Bahrian	2	24	17	14
香港 Hong Kong	941	537	861	844
印度尼西亚 Indonesia			14	6
以色列 Israel				168
日本 Japan	1178	1322	1642	1963
约旦 Jordan	10	9	15	14
科威特 Kuwait		5	21	17
黎巴嫩 Lebanon	6	38	82	47
马来西亚 Malaysia	13	35	81	73
巴基斯坦 Pakistan			1	4
菲律宾 Philippines	6		4	26

2—51 (6)　部分中国商品出口主要国家(地区)

MAJOR COMMODITIES EXPORTS BY COUNTRIES (REGIONS) OF CONSUMPTION

单位:万美元

Unit:US $ 10000

商品/国别(地区) Commodity/Country(Region)	1990	1991	1992	1993
卡塔尔　Qatar		12	16	1
沙特阿拉伯　Saudi Arabia	14	8	15	10
新加坡　Singapore	658	561	832	835
韩国　Korea	108	5	149	99
泰国　Thailand	12		9	1
土耳其　Turkey			6	7
阿联酋　United Arab Emirates	124	114	118	158
埃及　Egypt				17
毛里求斯　Mauritius	12	11	9	7
突尼斯　Tunisia			3	1
比利时　Belgium	106	58	13	129
丹麦　Denmark	106	10	17	7
英国　United Kingdom	4	113	49	23
联邦德国　Germany,FR	4942	3883	3047	2596
法国　France	28	52	1	23
意大利　Italy	48	13	12	8
荷兰　Netherlands	103	445	984	689
西班牙　Spain			3	1
奥地利　Austria	67	16	128	4
芬兰　Finland	161	223	329	307
匈牙利　Hungary	55	67	5	44
冰岛　Iceland	5	5	5	3
挪威　Norway	427	382	779	407
波兰　Poland			9	109
罗马尼亚　Romania			16	2
瑞典　Sweden	1030	811	456	746
瑞士　Switzerland	220	250	351	259
爱沙尼亚　Estonia				131
白俄罗斯　Belorussia			31	

2—51（7） 部分中国商品出口主要国家(地区)
MAJOR COMMODITIES EXPORTS BY COUNTRIES (REGIONS) OF CONSUMPTION

单位:万美元
Unit:US $ 10000

商品/国别(地区) Commodity/Country(Region)	1990	1991	1992	1993
俄罗斯联邦 Russia	150	429	11	
捷克 Czech Rep.	445	8	8	1
阿鲁巴岛 Aruba				11
智利 Chile			18	22
圭亚那 Guyana				33
墨西哥 Mexico	162	257	97	33
巴拿马 Panama			2	15
秘鲁 Peru			15	16
加拿大 Canada	2487	2894	1561	1169
美国 United States	1455	2497	2637	2017
澳大利亚 Australia	518	628	535	509
斐济 Fiji			34	
新西兰 New Zealand			5	3
巴布亚新几内亚 Papua New Guinea			19	4
红茶 Black Tea	**14435**	**11203**	**14395**	**16341**
其中:阿富汗 Of Which:Afghanistan	268	366	213	134
缅甸 Burma			1	2
香港 Hong Kong	288	501	1820	1568
印度尼西亚 Indonesia			11	4
日本 Japan	112	144	3351	2616
约旦 Jordan	162	27		1
澳门 Macao			25	74
马来西亚 Malaysia	13	9	144	173
蒙古 Mongolia			87	102
尼泊尔 Nepal			1	1
巴基斯坦 Pakistan	265	120	142	189
菲律宾 Philippines			3	20
新加坡 Singapore	531	95	381	613
斯里兰卡 Sri Lanka	39		5	50

2—51（8） 部分中国商品出口主要国家(地区)

MAJOR COMMODITIES EXPORTS BY COUNTRIES (REGIONS) OF CONSUMPTION

单位:万美元
Unit:US $ 10000

商品/国别(地区) Commodity/Country(Region)	1990	1991	1992	1993
泰国 Thailand			2	1
阿联酋 United Arab Emirates	54	36		3
也门共和国 Republic of Yemen	86	323	321	20
台湾 Taiwan Prov.				29
吉布提 Djibouti	34	21	15	
埃及 Egypt	183	27		119
冈比亚 Gambia			186	63
科特迪瓦 Cete d'Ivoir			9	31
肯尼亚 Kenya			60	73
利比亚 Libya	672	561		263
摩洛哥 Morocco			19	96
塞内加尔 Senegal			455	768
苏丹 Sudan		3		4
突尼斯 Tunisia	1291	756	1188	933
比利时 Belgium			49	17
丹麦 Denmark	72	58	65	71
英国 United Kingdom	918	879	974	902
联邦德国 Germany,FR	654	323	543	821
法国 France	102	118	147	815
意大利 Italy	3	21	5	8
荷兰 Netherlands	126	151	184	353
希腊 Greece	2	4	3	1
西班牙 Spain			5	1
芬兰 Finland			5	2
匈牙利 Hungary	57		7	10
波兰 Poland	52	92	334	441
罗马尼亚 Romania	49		3	2
瑞典 Sweden			3	1
爱沙尼亚 Estonia			42	7

2—51（9） 部分中国商品出口主要国家(地区)
MAJOR COMMODITIES EXPORTS BY COUNTRIES (REGIONS) OF CONSUMPTION

单位:万美元
Unit:US＄10000

商品/国别(地区) Commodity/Country(Region)	1990	1991	1992	1993
哈萨克 Kazakhstan			38	340
吉尔吉斯 Kirghizia				13
俄罗斯联邦 Russia	5577	4147	484	2349
塔吉克 Tadzhikistan				10
乌克兰 Ukraine				18
捷克 Czech Rep.	157	19		2
巴拿马 Panama			72	3
加拿大 Canada	22	35	113	175
美国 United States	1385	1516	1800	1756
澳大利亚 Australia	334	308	205	113
新西兰 New Zealand	175	192	121	100
绿茶 Green Tea	**20413**	**19025**	**21794**	**19227**
其中:阿富汗 Of Which:Afghanistan	817	314	441	887
香港 Hong Kong	1140	737	2490	2000
日本 Japan	230	303	860	1001
澳门 Macao	21	38	41	189
马来西亚 Malaysia	11	9	70	51
蒙古 Mongolia			103	344
巴基斯坦 Pakistan	247	110	993	294
沙特阿拉伯 Sandi Arabia	68	90	124	114
新加坡 Singapore	53	42	70	108
斯里兰卡 Sri Lanka			1	11
泰国 Tailand			3	22
阿联酋 United Arab Emirates			8	6
越南 Vietnam			39	14
台湾 Taiwan Prov.			20	128
阿尔及利亚 Algeria	936	1875	950	
贝宁 Benin			186	94
喀麦隆 Cameroon			22	42

2—51（10） 部分中国商品出口主要国家（地区）
MAJOR COMMODITIES EXPORTS BY COUNTRIES (REGIONS) OF CONSUMPTION

单位：万美元
Unit：US $ 10000

商品/国别（地区） Commodity/Country（Region）	1990	1991	1992	1993
加那利群岛 Canary Islands	29	93	20	1301
中非 Central Africa				18
乍得 Chad	51		19	
冈比亚 Gambia	621	306	107	241
几内亚 Guinea	43	19	138	
科特迪瓦 Cote d'lvoir	166	245	206	338
肯尼亚 Kenya				15
利比亚 Libya	745	703	1842	135
马里 Mali	60	189	158	115
毛里塔尼亚 Mauritania	1909	428	1236	10
摩洛哥 Morocco	5789	6775	6553	5206
尼日尔 Niger	336	99	1	
尼日利亚 Nigeria	91	296	290	161
塞内加尔 Senegal	994	1134	911	997
塞舌尔 Seychelles				66
多哥 Toga	1005	643	879	462
突尼斯 Tunisia	84	208	213	184
梅利利亚 Melilla	131	109	153	143
比利时 Belgium	113	159	80	401
英国 United Kingdom	25	30	93	197
联邦德国 Germany，FR	159	128	212	163
法国 France	1526	8394	792	1569
意大利 Italy			11	11
荷兰 Netherlands	258	237	279	191
希腊 Greece				80
西班牙 Spain			21	218
芬兰 Finland			1	14
直布罗陀 Gibraltar			14	10
波兰 Poland	8		4	19

2—51（11） 部分中国商品出口主要国家（地区）
MAJOR COMMODITIES EXPORTS BY COUNTRIES (REGIONS) OF CONSUMPTION

单位：万美元
Unit：US $ 10000

商品/国别（地区） Commodity/Country（Region）	1990	1991	1992	1993
瑞典 Sweden			1	4
瑞士 Switzerland	12	92	6	121
哈萨克 Kazakhstan				48
俄罗斯联邦 Russia	1870	2182	62	537
塔吉克 Tadzhikistan				296
土库曼 Turkmenistan			167	131
乌兹别克 Uzbekstan			427	1001
智利 Chile			1	1
秘鲁 Peru			5	3
加拿大 Canada			65	53
美国 United States	450	344	642	435
澳大利亚 Australia			70	24
新西兰 New Zealaad			3	12
原棉 Cotton	**30054**	**36096**	**21059**	**19007**
其中：朝鲜 Korea DPR	1169	1783	1001	307
香港 Hong Kong	392	974	1239	403
印度 India			82	15
印度尼西亚 Indonesia	2633	5597	5198	7414
日本 Japan	9544	9414	5404	3239
澳门 Macao			17	
马来西亚 Malaysia	92	148	29	242
蒙古 Mongolia				2
巴基斯坦 Pakistan			49	42
菲律宾 Philippines		6	98	142
新加坡 Singapore	101	207	318	43
韩国 Korea	4185	9150	2625	1528
泰国 Thailand	1927	1884	2216	1835
土耳其 Turkey			111	
越南 Vietnam			91	501

2—51（12） 部分中国商品出口主要国家（地区）
MAJOR COMMODITIES EXPORTS BY COUNTRIES (REGIONS) OF CONSUMPTION

单位：万美元
Unit：US $ 10000

商品/国别（地区） Commodity/Country（Region）	1990	1991	1992	1993
台湾省 Taiwan Prov.			1167	1635
几内亚 Guinea				164
南非 S. Africa				10
英国 United Kingdom			10	
希腊 Greece	188		6	
葡萄牙 Portugal	1279	165	226	191
西班牙 Spain	728	1145	1069	384
马耳他 Malta			179	
波兰 Poland				219
罗马尼亚 Romania				5
瑞士 Switzerland	7	9	77	
俄罗斯联邦 Russia	4487			69
巴西 Brazil				132
智利 Chile				250
圭亚那 Guyana			63	
牙买加 Jamaica			24	
委内瑞拉 Venezuela				222
美国 United States				14
澳大利亚 Australia	89	73	15	
桑蚕白厂丝 White Steam Filature	**36196**	**33637**	**27866**	**14857**
其中：孟加拉国 Of Which：Bangladesh		9	22	5
缅甸 Burma	28		13	41
香港 Hong Kong	5901	6686	7197	3967
印度 India	2511	1898	5043	3011
印度尼西亚 Indonesia			24	4
以色列 Israel				159
日本 Japan	9683	14631	6358	2766
澳门 Macao	635	1025	250	227
巴基斯坦 Pakistan			2	

2—51（13） 部分中国商品出口主要国家（地区）

MAJOR COMMODITIES EXPORTS BY COUNTRIES (REGIONS) OF CONSUMPTION

单位：万美元
Unit：US $ 10000

商品/国别（地区） Commodity/Country (Region)	1990	1991	1992	1993
新加坡 Singapore	133	270	394	176
韩国 Korea	29		9	658
泰国 Thailand	179	97	382	91
阿联酋 United Arab Emirates	34	372	191	140
也门共和国 Republic of Yemen				2
埃及 Egypt	6		62	56
突尼斯 Tunisia				1
比利时 Belgium			13	7
英国 United Kingdom	228	138	153	34
联邦德国 Germany，FR	8476	4742	3457	1476
法国 France	817	255	191	18
意大利 Italy	1380	492	2214	1751
荷兰 Netherlands				2
希腊 Greece	12	5		7
西班牙 Spain			4	
瑞士 Switzerland	1679	1317	1396	331
俄罗斯联邦 Russia	4067	1706	1795	11
墨西哥 Mexico	4		4	
美国 United States	256	483	305	38
花生 Peanut	**27112**	**36027**	**19032**	**19618**
其中：巴林 of Which：Bahrian	8	19	14	14
朝鲜 Korea DRP			7	1
香港 Hong Kong	3125	2144	1723	1872
印度尼西亚 Indonesia	1046	1047	1442	1643
伊朗 Iran			7	27
日本 Japan	2013	2775	1856	2219
约旦 Jordan	111	100	71	99
科威特 Kuwait	29		17	41

2—51（14） 部分中国商品出口主要国家（地区）

MAJOR COMMODITIES EXPORTS BY COUNTRIES (REGIONS) OF CONSUMPTION

单位：万美元

Unit：US＄10000

商品/国别（地区） Commodity/Country（Region）	1990	1991	1992	1993
黎巴嫩 Lebanon	126	388	277	160
澳门 Macao	14	14	8	12
马来西亚 Malaysia	39	88	55	57
菲律宾 Philippines	88	119		90
沙特阿拉伯 Saudi Arabia	25	6	33	35
新加坡 Singapore	1674	1588	1016	888
韩国 Korea	768	1250	779	441
土耳其 Turkey		.	29	
阿联酋 United Arab Emirates	57	70	80	188
也门共和国 Yemen Rep.		1	1	
台湾省 Taiwan Prov.	88	27	9	1
莫桑比克 Mozambique			299	
留尼汪 Reunion	31	31	16	31
南非 S. Africa				365
比利时 Belgium			59	191
英国 United Kingdom	1640	1789	828	635
联邦德国 Germany，FR	110	612	27	97
法国 France	377	365	174	164
意大利 Italy	623	1384	408	371
荷兰 Netherlands	9230	12613	6836	7235
希腊 Greece	19	123	71	9
葡萄牙 Portugal	24	13	5	30
西班牙 Spain	672	511	344	567
芬兰 Finland	49	51	37	48
匈牙利 Hungary	63	74	105	
波兰 Poland			140	188
圣马力诺 San Marino				9
瑞士 Switzerland	470	156		7
哈萨克 Kazakhstan				24

2—51（15） 部分中国商品出口主要国家（地区）
MAJOR COMMODITIES EXPORTS BY COUNTRIES (REGIONS) OF CONSUMPTION

单位：万美元
Unit：US＄10000

商品/国别（地区） Commodity/Country (Region)	1990	1991	1992	1993
俄罗斯联邦 Russia	2622	5657	312	464
乌克兰 Ukraine				9
捷克 Czech Rep.	443	359	279	61
墨西哥 Mexico			52	17
苏里南 Suriname				7
加拿大 Canada	652	1750	713	822
美国 United States		4	14	22
澳大利亚 Australia	468	374	159	129
库克群岛 Cook Islands				230
新西兰 New Zealand	126	234	208	1
原煤 Coal	**65415**	**74848**	**74280**	**70224**
其中：朝鲜 of Which：Korea DPR	6671	7587	6206	7382
香港 Hong Kong	9914	9708	6976	6196
印度尼西亚 Indonesia	2245	1404		298
以色列 Israel				159
日本 Japan	21582	23444	24455	24241
马来西亚 Malaysia	2197	1421	722	318
巴基斯坦 Pakistan			1	2
菲律宾 Philippines	3029	1161	384	489
新加坡 Singapore				18
韩国 Korea	6919	11034	14754	17642
泰国 Thailand	252	624	376	421
台湾省 Taiwan Prov.	2293	4875	7484	6217
比利时 Belgium	1401	1898	2709	779
丹麦 Denmark			171	
英国 United Kingdom		1866	910	1226
联邦德国 Germany，FR		169	490	155
法国 France	5575	6319	3989	2843

2—51（16） 部分中国商品出口主要国家（地区）
MAJOR COMMODITIES EXPORTS BY COUNTRIES (REGIONS) OF CONSUMPTION

单位：万美元
Unit：US $ 10000

商品/国别（地区） Commodity/Country（Region）	1990	1991	1992	1993
意大利 Italy	1018	942	1157	529
荷兰 Netherlands	1859	1022	808	562
奥地利 Austria			317	
芬兰 Finland	289	653	319	
罗马尼亚 Romania		721	1519	514
瑞典 Sweden				165
哈萨克 Kazakhstan			1	14
美国 United States			10	
原油 Crude Petroleum	**340186**	**288915**	**277449**	**240880**
其中：朝鲜 of Which：Korea DPR	6131	13935	13808	13987
印度尼西亚 Indonesia				5212
以色列 Israel				1138
日本 Japan	212247	163269	169491	160080
老挝 Laos				1063
菲律宾 Philippines	1385	4925	1178	
新加坡 Singapore	37469	32222	24829	7033
韩国 Korea			18893	133
泰国 Thailand			63	
意大利 Italy			1143	
巴西 Braxil	6491	2272		
美国 United States	63721	59846	48044	33781
澳大利亚 Australia	2926	754		
黄豆 Soybean	**22086**	**25290**	**15963**	**10195**
其中：朝鲜 of Which：Korea DPR	1672	901	1109	1234
香港 Hong Kong	276	183	243	809
印度尼西亚 Indonesia	6072	9972	3396	1087
日本 Japan	7178	6939	6503	5717
科威特 Kuwait			7	

2—51（17） 部分中国商品出口主要国家（地区）
MAJOR COMMODITIES EXPORTS BY COUNTRIES (REGIONS) OF CONSUMPTION

单位：万美元
Unit：US $ 10000

商品/国别（地区） Commodity/Country (Region)	1990	1991	1992	1993
澳门 Macao	6	9	7	12
马来西亚 Malaysia	1285	5443	3989	915
巴基斯坦 Pakistan				3
菲律宾 Philippines	50	924	100	175
沙特阿拉伯 Saudi Arabia			1	
新加坡 Singapore	118	75	56	38
韩国 Korea	248	835	5	91
泰国 Thailand			34	
阿联酋 United Arab Emirates			2	
台湾 Taiwan Prov.				2
南非 S. Africa				14
乌干达 Uganda				5
比利时 Belgium				9
荷兰 Netherlands	12	7		
罗马尼亚 Romania				69
俄罗斯联邦 Russia	4675			
美国 United States			4	
彩色电视机 Colour TV Set	**40512**	**41499**	**52856**	**47581**
其中：阿富汗 of Which：Afghanistan				123
缅甸 Burma	2	14		32
塞浦路斯 Cyprus			15	51
朝鲜 Korea DPR	1	152	153	68
香港 Hong Kong	25941	28919	33720	8128
印度 India				53
印度尼西亚 Indonesia	24	73	22	53
伊朗 Iran				87
以色列 Israel			15	479
日本 Japan	535	2032	2982	7427
科威特 Kuwait			6	6

2—51 (18) 部分中国商品出口主要国家（地区）

MAJOR COMMODITIES EXPORTS BY COUNTRIES (REGIONS) OF CONSUMPTION

单位：万美元

Unit：US $ 10000

商品/国别（地区） Commodity/Country（Region）	1990	1991	1992	1993
黎巴嫩 Lebanon			4	10
澳门 Macao	19	288		17
马来西亚 Malaysia	13	54	1572	321
蒙古 Mongolia	107	145	31	45
尼泊尔 Nepal	22	14	4	9
巴基斯坦 Pakistan			66	133
菲律宾 Philippines			5	514
沙特阿拉伯 Saudi Arabia			27	193
新加坡 Singapore	1128	310	246	204
泰国 Thailand	331	305	221	757
土耳其 Turkey			22	539
阿联酋 United Arab Emirates	41	45	114	1018
越南 Vietnam			12	34
台湾省 Taiwan Prov.	29	18	77	118
加那列群岛 Canary Islands				10
刚果 Congo			5	2
埃及 Egypt			5	10
加蓬 Gabon			6	33
加纳 Ghana			14	109
科特迪瓦 Cote d'Ivoir				20
肯尼亚 Kenya			1	5
马达加斯加 Madagascar				16
摩洛哥 Morocco			15	92
尼日利亚 Nigeria		19	5	66
南非 S. Africa				601
坦桑尼亚 Tanzania				15
赞比亚 Zambia			7	4
津巴布韦 Zimbabwe	23	76	22	44
莱索托 Lesotho			330	3

51（19） 部分中国商品出口主要国家（地区）

MAJOR COMMODITIES EXPORTS BY COUNTRIES (REGIONS) OF CONSUMPTION

单位：万美元

Unit：US＄10000

商品/国别（地区） Commodity/Country（Region）	1990	1991	1992	1993
比利时 Belgium	36	13	152	158
丹麦 Denmark	100	25	120	289
英国 United Kingdom	125	103	542	1506
联邦德国 Germany，FR	3898	1816	2444	6926
法国 France		18	11	29
爱尔兰 Ireland			11	3
意大利 Italy	121	59	136	558
荷兰 Netherlands	741	143	165	627
希腊 Greece	11	19	47	252
葡萄牙 Portugal	147	227	25	95
西班牙 Spain	14	7	52	2244
奥地利 Austria	543	527	243	91
芬兰 Finland	92	49	38	39
匈牙利 Hungary			2	52
挪威 Norway			72	29
波兰 Poland	15	116	18	138
罗马尼亚 Romania			36	18
瑞典 Sweden	123	116	100	39
瑞士 Switzerland				234
白俄罗斯 Belorussia			50	4
哈萨克 Kazakhstan			20	65
俄罗斯联邦 Russia	1697	560	668	928
乌克兰 Ukraine				186
乌兹别克 Uzbekstan			107	40
捷克 Czech Rep.	596		13	19
阿根廷 Argentina			189	1514
巴西 Brazil			41	178
智利 Chile			101	275
哥斯达黎加 Gosta Rica				77

2—51（20） 部分中国商品出口主要国家（地区）
MAJOR COMMODITIES EXPORTS BY COUNTRIES (REGIONS) OF CONSUMPTION

单位：万美元
Unit：US $ 10000

商品/国别（地区） Commodity/Country（Region）	1990	1991	1992	1993
厄瓜多尔 Ecuador			17	5
墨西哥 Mexico	119	728	1774	436
巴拿马 Panama	64	220	216	415
巴拉圭 Paraguay				148
秘鲁 Peru			19	8
波多黎各 Puerto Rico				46
萨尔瓦多 EI Salvador			3	16
乌拉圭 Uruguay				198
委内瑞拉 Venezuela			88	95
加拿大 Canada	418	1008	605	876
美国 United States	3071	2658	4025	8802
澳大利亚 Australia	43	206	620	3333
新喀里多尼亚 New Caledonia				15
新西兰 New Zealand		10	22	278
自行车 Bicycle	**14492**	**35838**	**43332**	**42065**
其中：阿富汗 of Which：Afghanistan	94	315	335	387
巴林 Bahrian				15
孟加拉国 Bangladesh	28	40	59	122
缅甸 Burma	229	319	582	558
朝鲜 Korea DPR	29	475	84	51
香港 Hong Kong	8104	20971	22956	2635
印度 India			1	3
印度尼西亚 Indonesia			7	7
伊朗 Iran		33	410	187
以色列 Israel			7	90
日本 Japan	13	7	57	563
约旦 Jordan	3	13	16	43
科威特 Kuwait	39		20	46

2—51（21） 部分中国商品出口主要国家（地区）
MAJOR COMMODITIES EXPORTS BY COUNTRIES (REGIONS) OF CONSUMPTION

单位：万美元
Unit：US $ 10000

商品/国别（地区） Commodity/Country（Region）	1990	1991	1992	1993
老挝 Laos	30	16	20	32
黎巴嫩 Lebanon			52	55
澳门 Macao	3	3	18	7
马来西亚 Malaysia			2	48
蒙古 Mongolia			7	6
尼泊尔 Nepal	10	32	6	26
巴基斯坦 Pakistan	4	38	171	79
菲律宾 Philippines			2	58
卡塔尔 Qatar			4	5
沙特阿拉伯 Saudi Arabia	82	155	498	291
新加坡 Singapore	138	159	144	178
韩国 Korea			9	4
斯里兰卡 Sri Lanka	7	6	2	17
叙利亚 Syria		1	34	16
泰国 Thailand			6	8
土耳其 Turkey	4	55	81	24
阿联酋 United Arab Emirates	344	615	811	778
也门共和国 Republic of Yemen			2	4
越南 Vietnam				60
台湾省 Taiwan Prov.	15	74	133	20
阿尔及利亚 Algeria			4	20
安哥拉 Angola			5	4
贝宁 Benin			11	10
布隆迪 Burundi			6	1
喀麦隆 Cameroon			17	4
埃及 Egypt	46	46	74	150
埃塞俄比亚 Ethiopia			2	5
加纳 Ghana	430	521	319	306
几内亚 Guinea			7	17

2—51（22） 部分中国商品出口主要国家（地区）
MAJOR COMMODITIES EXPORTS BY COUNTRIES (REGIONS) OF CONSUMPTION

单位：万美元
Unit：US＄10000

商品/国别（地区） Commodity/Country（Region）	1990	1991	1992	1993
科特迪瓦 Cote d'Ivoir			31	12
肯尼亚 Kenya	34	62	51	38
利比里亚 Liberia			2	35
马达加斯加 Madagascar			3	1
马里 Mali			7	5
毛里求斯 Mauritius	39	30	21	19
摩洛哥 Morocco				27
尼日尔 Niger			1	7
尼日利亚 Nigeria	21	39	275	213
卢旺达 Rwanda			1	4
塞内加尔 Senegal			1	3
塞拉利昂 Sierra Leone			19	29
南非 S. Africa				246
苏丹 Sudan	4	118	66	35
坦桑尼亚 Tanzania	220	443	598	330
多哥 Togo	19	14	22	26
突尼斯 Tunisia			3	2
乌干达 Uganda	29	22	8	70
布基纳法索 Burkina Faso			1	4
津巴布韦 Zimbabwe			1	1
比利时 Belgium	32	99	179	290
丹麦 Denmark	7		8	1
英国 United Kingdom	147	210	677	2145
联邦德国 Germany，FR	451	995	1801	1958
法国 France	367	727	402	1507
意大利 Italy			16	56
荷兰 Netherlands	48	194	324	121
希腊 Greece	63	118	37	65
葡萄牙 Portugal			77	28

2—51（23） 部分中国商品出口主要国家（地区）
MAJOR COMMODITIES EXPORTS BY COUNTRIES (REGIONS) OF CONSUMPTION

单位：万美元
Unit：US $ 10000

商品/国别（地区） Commodity/Country（Region）	1990	1991	1992	1993
西班牙 Spain	11	103	220	144
阿尔巴尼亚 Aibania			4	41
奥地利 Austria	17	76	139	25
保加利亚 Bulgaria		160	19	58
芬兰 Finland			6	234
匈牙利 Hungary			19	78
马耳他 Malta			2	7
挪威 Norway			23	281
波兰 Poland			31	129
瑞典 Sweden			32	791
瑞士 Switzerland			11	65
俄罗斯联邦 Russia			8	13
捷克 Czech Rep.			3	12
阿根廷 Argentina			78	1005
伯利兹 Belize			7	2
玻利维亚 Bolivia			29	19
巴西 Brazil			102	122
智利 Chile	61	109	274	349
哥伦比亚 Colombia				22
多米尼加 Dominica			1	71
哥斯达黎加 Costa Rica			23	40
古巴 Cuba	740	3024	2158	1592
多米尼加共和国 Dominican Rep.			2	53
厄瓜多尔 Ecuador			157	200
危地马拉 Guatemala			16	21
圭亚那 Guyana			17	22
洪都拉斯 Honduras	29	43	21	33
墨西哥 Mexico	217	146	819	364
巴拿马 Panama	148	583	610	526

2—51（24） 部分中国商品出口主要国家（地区）
MAJOR COMMODITIES EXPORTS BY COUNTRIES (REGIONS) OF CONSUMPTION

单位：万美元
Unit：US $ 10000

商品/国别（地区） Commodity/Country（Region）	1990	1991	1992	1993
巴拉圭 Paraguay			28	72
秘鲁 Peru			136	66
波多黎各 Puerto Rico			30	55
萨尔瓦多 EI Salvador			5	9
特立尼达和多巴哥 Trinidad & Tobago			3	5
乌拉圭 Uruguay			6	85
委内瑞拉 Venezuela			92	116
加拿大 Canada	1	527	609	267
美国 United States	1564	3037	5503	18506
澳大利亚 Australia	119	302	254	2089
斐济 Fiji			6	13
新西兰 New Zealand			67	144
巴布亚新几内亚 Papua New Guinea			25	44
西萨摩亚 Samoa			2	2
水泥 Cement	**25735**	**44289**	**25941**	**9360**
其中：孟加拉国 of Which：Bangladesh	919	4340	2194	2990
文莱 Brunei	346	639	718	549
缅甸 Burma	82	217	266	122
柬埔寨 Cambodia	59	82	516	147
朝鲜 Korea DPR	442	107	27	1
香港 Hong Kong	6059	4765	2515	1284
印度尼西亚 Indonesia	21	160	2	29
伊朗 Iran		7	3	2
日本 Japan	814	636	75	267
老挝 Laos	63	93	92	24
澳门 Macao	902	1426	1314	968
马来西亚 Malaysia	479	272	88	2

2—51（25） 部分中国商品出口主要国家（地区）
MAJOR COMMODITIES EXPORTS BY COUNTRIES (REGIONS) OF CONSUMPTION

单位：万美元
Unit：US $ 10000

商品/国别（地区） Commodity/Country（Region）	1990	1991	1992	1993
蒙古 Mongolia			1	1
巴基斯坦 Pakistan	3	8	9	182
菲律宾 Philippines	2051	749	712	3
新加坡 Singapore	628	558	441	1023
韩国 Korea	9353	24239	15185	147
斯里兰卡 Sri Lanka		56	22	
泰国 Thailand	1374	4087	387	
越南 Vietnam	243	103	261	155
台湾省 Taiwan Prov.	1750	1579	987	261
南非 S. Africa				27
联邦德国 Germany，FR				7
摩纳哥 Monaco				35
俄罗斯联邦 Russia	4	4	3	11
阿根廷 Argentina				3
巴西 Brazil				3
古巴 Cuba	25		14	
委内瑞拉 Venezuela			3	
美国 United States	13	4	83	1073
澳大利亚 Australia	1	3	10	19
新西兰 New Zealand				1
巴布亚新几内亚 Papua New Guinea	53	36		48
汤加 Tonga		19	12	
皮鞋 Leather Shoes	**42792**	**69101**	**184659**	**235210**
其中：巴林 of Which：Bahrian	23	6	9	16
塞浦路斯 Cyprus			2	23
朝鲜 Korea DPR	4	79	92	25
香港 Hong Kong	12652	23321	69039	22210
印度尼西亚 Indonesia	4		1	17

2—51（26） 部分中国商品出口主要国家（地区）
MAJOR COMMODITIES EXPORTS BY COUNTRIES (REGIONS) OF CONSUMPTION

单位：万美元
Unit：US＄10000

商品/国别（地区） Commodity/Country（Region）	1990	1991	1992	1993
以色列 Israel			2	47
日本 Japan	218	435	1639	5771
约旦 Jordan			9	54
科威特 Kuwait	14	1	29	30
黎巴嫩 Lebanon			94	189
澳门 Macao	76	108	97	158
马来西亚 Malaysia			41	119
蒙古 Mongolia			11	6
菲律宾 Philippines			6	78
沙特阿拉伯 Saudi Arabia	139	192	191	540
新加坡 Singapore	64	55	207	664
韩国 Korea			149	584
斯里兰卡 Sri Lanka			1	51
泰国 Thailand			5	36
土耳其 Turkey			3	97
阿联酋 United Arab Amirates	36	75	208	331
也门共和国 Republic of Yemen	4	5		16
台湾省 Taiwan Prov.	56	156	637	4778
埃及 Egypt			7	34
加纳 Ghana			5	60
几内亚 Guinea			3	49
利比亚 Libyan			5	123
尼日利亚 Nigeria			3	39
塞内加尔 Senegal			10	45
南非 S. Africa				531
坦桑尼亚 Tanzania			1	25
比利时 Belgium	100	186	649	945
丹麦 Denmark			93	149
英国 United Kingdom	308	267	651	1858

2—51（27） 部分中国商品出口主要国家（地区）
MAJOR COMMODITIES EXPORTS BY COUNTRIES (REGIONS) OF CONSUMPTION

单位：万美元
Unit：US＄10000

商品/国别（地区） Commodity/Country（Region）	1990	1991	1992	1993
联邦德国 Germany，FR	1555	2816	5990	9979
法国 France	1037	1457	2040	2540
爱尔兰 Ireland	194	51	336	605
意大利 Italy	55	334	591	589
荷兰 Netherlands	458	987	1660	2485
希腊 Greece	22	52	127	244
葡萄牙 Portugal			20	60
西班牙 Spain	32	96	283	295
奥地利 Austria	95	86	368	594
保加利亚 Bulgaria			43	122
芬兰 Finland	89	134	273	383
匈牙利 Hungary	54	24	123	787
马耳他 Malta			23	4
挪威 Norway	8	33	225	399
波兰 Poland		66	218	401
罗马尼亚 Romania			65	212
瑞典 Sweden	84	71	210	512
瑞士 Switzerland			80	200
爱沙尼亚 Estonia			29	10
拉脱维亚 Latvia			17	70
立陶宛 Lithuania			39	22
白俄罗斯 Belorussia			109	60
哈萨克 Kazakhstan			390	414
吉尔吉斯 Kirghizia			64	17
俄罗斯联邦 Russia	4069	3268	13447	9964
塔吉克 Tadzhikistan			16	1
乌克兰 Ukraine			169	127
乌兹别克 Uzbekistan			109	131
捷克 Czech Rep.	1284		23	101

2—51（28） 部分中国商品出口主要国家（地区）

MAJOR COMMODITIES EXPORTS BY COUNTRIES (REGIONS) OF CONSUMPTION

单位：万美元

Unit：US $ 10000

商品/国别（地区） Commodity/Country（Region）	1990	1991	1992	1993
阿根廷 Argentina			137	279
巴西 Brazil	58	52		144
智利 Chile			43	355
哥伦比亚 Colombia			39	27
古巴 Cuba	414	5	7	8
厄瓜多尔 Ecuador			2	19
危地马拉 Guatemala			11	29
圭亚那 Guyana			34	24
墨西哥 Mexico	8	20	270	391
巴拿马 Panama	20	64	104	383
巴拉圭 Paraguay			4	17
秘鲁 Peru			36	41
波多黎各 Puerto Rico	43	32	43	42
乌拉圭 Uruguay			7	25
委内瑞拉 Venezuela			49	40
加拿大 Canada	746	856	1602	3630
美国 United States	17582	32772	77599	155272
澳大利亚 Australia	747	780	1673	2796
斐济 Fiji			48	34
新西兰 New Zealand	35	61	168	265
巴布亚新几内亚 Papua New Guinea			12	14

2—52（1） 中国部分进口商品主要来源国家（地区）
MAJOR COMMODITIES IMPORTS BY COUNTRIES (REGIONS) OF ORIGIN

单位：万美元
Unit：US＄10000

商品/国别（地区） Commodity/Country（Region）	1990	1991	1992	1993
小麦 Wheat	**215653**	**145954**	**150373**	**83408**
其中：泰国 Of Which：Thailand				1
丹麦 Denmark				1024
法国 France	18289	14016	17020	
西班牙 Spain				1
芬兰 Finland	198			526
匈牙利 Hungarg				7
波兰 Poland			246	
俄罗斯联邦 Russia	54	16	21	1
阿根廷 Argentina	15384	5481		1180
加拿大 Canada	74778	57300	84755	41196
美国 United States	63715	49400	44741	30446
澳大利亚 Australia	24464	16263	3588	9029
原糖 Sugar	**31633**	**24134**	**24929**	**13609**
其中：缅甸 Of Which：Burma	84	90	4	2
香港 Hong Kong			1	
日本 Japan			2	
韩国 Korea				1
泰国 Thailand	2530	2654	1680	816
台湾 Taiwan Prov.			1	
古巴 Cuba	24570	17814	18144	6456
澳大利亚 Australia	3579	2667	4217	3416
斐济 Fiji		547	879	
砂糖 Granulated Sugar	**6216**	**1407**	**594**	**511**
其中：朝鲜 Of Which：Korea DPR				1
香港 Hong Kong	95	134	292	35
伊朗 Iran				7
日本 Japan	25	62	16	21

2—52（2） 中国部分进口商品主要来源国家（地区）
MAJOR COMMODITIES IMPORTS BY COUNTRIES (REGIONS) OF ORIGIN

单位：万美元
Unit：US $ 10000

商品/国别（地区） Commodity/Country（Region）	1990	1991	1992	1993
澳门 Macao			2	
马来西亚 Malaysia	178	45	39	18
新加坡 Singapore	1	16	3	
韩国 Korea	112	284	204	400
泰国 Thailand	9	458	2	1
台湾省 Taiwan Prov.		1	1	4
德国 Germany，FR				1
巴西 Brazil	1		8	
古巴 Cuba	5730	382		
美国 United States	26	3	8	13
澳大利亚 Australia	36		1	
纸烟 Cigarette	**8920**	**10813**	**11679**	**14972**
其中：香港 Of Which：Hong Kong	4280	4608	5622	6685
印度尼西亚 Indonesia				7
日本 Japan	222	178	284	323
巴基斯坦 Pakistan				54
菲律宾 Philippines	104	20	14	1
卡塔尔 Qatar				12
新加坡 Singapore				143
丹麦 Denmark		40	8	
英国 United Kingdom	1574	2086	2738	3563
法国 France	1		20	15
西班牙 Spain				12
瑞典 Sweden			88	
瑞士 Switzerland				16
墨西哥 Mexico				2
加拿大 Canada				1
美国 United States	2719	3878	2904	4097

2—52（3） 中国部分进口商品主要来源国家（地区）
MAJOR COMMODITIES IMPORTS BY COUNTRIES (REGIONS) OF ORIGIN

单位：万美元
Unit：US＄10000

商品/国别（地区） Commodity/Country（Region）	1990	1991	1992	1993
天然橡胶 Raw Rubber	**28553**	**26124**	**23083**	**21980**
其中：缅甸 Of Which：Burma	4	1	3	5
柬埔寨 Cambodia	9		6	8
朝鲜 Korea DPR	18	1	69	
香港 Hong Kong	9	138	200	85
印度尼西亚 Indonesia	316	1634	1302	812
日本 Japan	5	8	66	120
老挝 Laos			12	
马来西亚 Malaysia	13007	8391	6438	3616
菲律宾 Philippines	23	19	3	
新加坡 Singapore	1416	1005	674	592
韩国 Korea		5	67	115
斯里兰卡 Sri Lanka		213	104	16
泰国 Thailand	13576	14364	11869	14381
也门共和国 Republic of Yemen				6
越南 Vietnam	2		35	338
台湾省 Taiwan Prov.	67	294	875	1477
阿尔及利亚 Algeria				8
加纳 Ghana			5	1
尼日利亚 Nigeria	2		164	
英国 United Kingdom			3	6
联邦德国 Germany，FR			23	
法国 France				4
意大利 Italy	4		3	9
西班牙 Spain			15	
芬兰 Finland				9
俄罗斯联邦 Russia				5
巴西 Brazil		17	4	

2—52（4） 中国部分进口商品主要来源国家（地区）

MAJOR COMMODITIES IMPORTS BY COUNTRIES (REGIONS) OF ORIGIN

单位：万美元

Unit：US＄10000

商品/国别（地区） Commodity/Country（Region）	1990	1991	1992	1993
美国 United States	8	8	28	57
原木 Log	**36606**	**25884**	**49507**	**39913**
其中：缅甸 Of Which：Burma	251	387	3405	5
柬埔塞 Cambodia				8
朝鲜 Korea DPR	256	311	480	727
香港 Hong Kong			17	397
印度 India				41
印度尼西亚 Indonesia			1223	808
日本 Japan		235	27	29
老挝 Laos			120	35
马来西亚 Malaysia	270	396	18001	10151
蒙古 Mongolia	24	25	22	75
菲律宾 Philippines				6
新加坡 Singapore			15	152
韩国 Korea			5	78
泰国 Thailand			495	526
越南 Vietnam			21	131
台湾省 Taiwan Prov.		8	83	94
加蓬 Gabon			473	2030
加纳 Ghana				587
几内亚 Guinea			10	135
科特迪瓦 Cote d'Ivoir			18	
法国 France			28	46
意大利 Italy				5
爱沙尼亚 Estonia			19	
白俄罗斯 Belorussia				62
哈萨克 Kazakhstan			57	399
吉尔吉斯 Kirghizia			1	3

2—52（5） 中国部分进口商品主要来源国家（地区）

MAJOR COMMODITIES IMPORTS BY COUNTRIES (REGIONS) OF ORIGIN

单位：万美元

Unit：US＄10000

商品/国别（地区） Commodity/Country（Region）	1990	1991	1992	1993
俄罗斯联邦 Russia	11121	1726	2169	3374
墨西哥 Mexico				9
加拿大 Canada	357	365	375	121
美国 United States	22500	21229	16589	14727
澳大利亚 Australia			151	
新西兰 New Zealand	1825	1120	4762	3187
巴布亚新几内亚 Papua New Guinea		66	821	1764
铜矿砂 Copper Ore	**12494**	**15463**	**15291**	**11043**
其中：缅甸 Of Which：Burma	57	233	1	6
朝鲜 Korea DPR			1	
香港 Hong Kong			1	
印度尼西亚 Indonesia	1488	1415	1934	
蒙古 Mongolia	33	351	1411	722
菲律宾 Philippines		899	910	197
韩国 Korea			661	
台湾 Taiwan Prov.			1	147
葡萄牙 Portugal	2843	1351	1268	1058
西班牙 Spain				72
保加利亚 Bulgaria		353		
哈萨克 Kazakhstan			440	193
俄罗斯联邦 Russia	1714	1030	269	667
智利 Chile	805	2928	3872	2153
墨西哥 Mexico	292	500		
秘鲁 Peru		593	483	
加拿大 Canada	1344	385	1384	2889
美国 United States	3079	4128	1667	1963
澳大利亚 Australia	315	1296	984	976
铝及铝合金 Aluminium and its Alloys	**12775**	**6637**	**26501**	**17816**

2—52（6） 中国部分进口商品主要来源国家（地区）
MAJOR COMMODITIES IMPORTS BY COUNTRIES (REGIONS) OF ORIGIN

单位：万美元
Unit：US $ 10000

商品/国别（地区） Commodity/Country (Region)	1990	1991	1992	1993
其中：巴林 Of Which：Bahrian		19	78	317
朝鲜 Korea DPR	5	2	75	139
香港 Hong Kong	254	368	2697	1288
印度 India	248	15	441	52
印度尼西亚 Indonesia		9	1814	74
日本 Japan	272	22	638	328
马来西亚 Malaysia			284	16
蒙古 Mongolia			17	1
沙特阿拉伯 Saudi Arabia			42	52
新加坡 Singapore		53	169	73
韩国 Korea			439	182
泰国 Thailand	25	31		11
阿联酋 United Arab Emirates	17	179	470	753
台湾省 Taiwan Prov.	72	179	590	1339
南非 S. Africa				37
比利时 Belgium			27	22
英国 United Kingdom	36	59	110	492
联邦德国 Germany，FR		2087	314	142
法国 France			45	1
意大利 Italy	20	2	87	8
荷兰 Netherlands	42	621	773	555
希腊 Greece				8
冰岛 Iceland			58	
罗马尼亚 Romania				31
瑞典 Sweden			42	1
瑞士 Swetzerland	161	1	692	
爱沙尼亚 Estonia				86
哈萨克 Kazakhstan			173	70

2—52（7） 中国部分进口商品主要来源国家（地区）
MAJOR COMMODITIES IMPORTS BY COUNTRIES (REGIONS) OF ORIGIN

单位：万美元
Unit：US $ 10000

商品/国别（地区） Commodity/Country（Region）	1990	1991	1992	1993
吉尔吉斯 Kirghizia			32	42
俄罗斯联邦 Russia	4927	2191	3564	3835
塔吉克 Tadzhikistan				20
乌克兰 Ukraine			288	13
乌兹别克 Uzbekstan			8	21
巴西 Brazil	1216	82	6920	2822
智利 Chile				16
秘鲁 Peru			7	2
委内瑞拉 Venezuela	38	15	109	223
加拿大 Canada	371	1658	817	695
美国 United States	558	71	222	905
澳大利亚 Australia	775	750	3806	2949
新西兰 New Zealand	98		91	65
成套的数字中央处理机 Complete Digital Data Processing Machines With Central Processing Unit	**1124**	**1325**	**21935**	**37874**
其中：香港 Of Which：Hong Kong	273	115	2402	3426
以色列 Israel				169
日本 Japan	58	300	274	229
澳门 Macao				2
马来西亚 Malaysia			26	14
新加坡 Singapore	5	13	511	664
韩国 Korea	1	1	34	77
泰国 Thailand			3	6
台湾省 Taiwan Prov.			848	2052
比利时 Belgium				40
丹麦 Denmark			45	30
英国 United Kingdom	23	12	91	505

2—52（8） 中国部分进口商品主要来源国家（地区）
MAJOR COMMODITIES IMPORTS BY COUNTRIES (REGIONS) OF ORIGIN

单位：万美元
Unit：US＄10000

商品/国别（地区） Commodity/Country（Region）	1990	1991	1992	1993
联邦德国 Germany，FR	20	7	185	1133
法国 France	1	5	249	273
爱尔兰 Ireland			36	
意大利 Italy	103	30	367	532
荷兰 Netherlands	4	3	86	135
西班牙 Spain			8	21
奥地利 Austria			7	20
芬兰 Finland				7
挪威 Norway				5
瑞典 Sweden		1	91	37
瑞士 Switzerland	1		28	79
捷克 Czech Rep.				4
巴西 Brazil				120
加拿大 Canada	5	13	175	417
美国 United States	582	752	13724	24113
澳大利亚 Australia	1	1	202	28
库克群岛 Cook Islands				2
彩色电视机 Colour TV Sets	**10182**	**5357**	**5457**	**16667**
其中：香港 Of Which：Hong Kong	6983	2867	1154	350
印度尼西亚 Indonesia			2	11
日本 Japan	2523	2220	3520	14730
马来西亚 Malaysia		81	9	94
菲律宾 Philippines				4
新加坡 Singapore	362	113	1	37
韩国 Korea	63	26	484	303
泰国 Thailand			3	
也门共和国 Republic of Yemen				1
台湾省 Taiwan Prov.	7	41	32	255

2—52（9） 中国部分进口商品主要来源国家（地区）
MAJOR COMMODITIES IMPORTS BY COUNTRIES (REGIONS) OF ORIGIN

单位：万美元
Unit：US＄10000

商品/国别（地区） Commodity/Country（Region）	1990	1991	1992	1993
比利时 Belgium	4		4	5
丹麦 Denmark	1	1		3
英国 United Kingdom	7	7		36
联邦德国 Germany，FR	37	9	92	7
法国 France	2		8	24
意大利 Italy	1	6	2	24
荷兰 Netherlands	14	7	19	53
瑞典 Sweden				2
加拿大 Canada	2	2	26	5
美国 United States	61	57	99	200
新西兰 New Zealand				1
一般载货汽车 Motor Lorries	**17172**	**20075**	**65036**	**90348**
其中：缅甸 Of Which：Burma			2	1
香港 Hong Kong	78	91	198	328
印度 India				4
印度尼西亚 Indonesia		2	2	
日本 Japan	6814	11582	26913	51399
老挝 Laos				5
澳门 Macao	2	3	7	1
蒙古 Mongolia				40
阿曼 Oman			2	1
新加坡 Singapore			8	
韩国 Korea	12	24	95	1133
泰国 Thailand				9
台湾省 Taiwan Prov.	7	40	343	162
比利时 Belgiurn	635		136	
英国 United Kingdom		19	1	40
联邦德国 Germany，FR	196	799	1328	91

2—52（10） 中国部分进口商品主要来源国家（地区）
MAJOR COMMODITIES IMPORTS BY COUNTRIES (REGIONS) OF ORIGIN

单位：万美元
Unit：US＄10000

商品/国别（地区） Commodity/Country (Region)	1990	1991	1992	1993
法国 France	1955	2746	3401	3412
意大利 Italy		2	41	750
保加利亚 Bulgaria	1463		270	
罗马尼亚 Romania			3298	5257
瑞典 Sweden	34	7	59	236
白俄罗斯 Belorussia				25
哈萨克 Kazakhstan			53	966
吉尔吉斯 Kirghizia			207	520
俄罗斯联邦 Russia	638	1465	23633	22619
塔吉克 Tadzhikistan				4
乌克兰 Ukraine			28	
捷克 Czech Rep.	1249	1763	5181	1398
斯洛伐克 Slovak Rep.				96
加拿大 Canada				260
美国 United States	25	18	1623	1558
澳大利亚 Australia				26
胶合板 Plywood	**52475**	**56099**	**66051**	**76215**
其中：缅甸 Of Which：Burma		3	11	131
香港 Hong Kong	437	821	1201	996
印度 India	6	4	30	193
印度尼西亚 Indonesia	36725	47728	53856	51123
以色列 Israel				9
日本 Japan	114	84	345	331
老挝 Laos	107	50	55	96
澳门 Macao	3	340	64	1
马来西亚 Malaysia	10847	6010	8467	18527
马尔代夫 Maldives			1	39
阿曼 Oman			69	15

2—52（11） 中国部分进口商品主要来源国家（地区）
MAJOR COMMODITIES IMPORTS BY COUNTRIES (REGIONS) OF ORIGIN

单位：万美元
Unit：US $ 10000

商品/国别（地区） Commodity/Country (Region)	1990	1991	1992	1993
菲律宾 Philippines	1005	10		30
新加坡 Singapore	380	141	3607	648
韩国 Korea	179	192	241	1015
泰国 Thailand	55	127	88	376
越南 Vietnam			37	395
台湾省 Taiwan Prov.	2453	170	233	923
肯尼亚 Kenya				65
摩洛哥 Morocco				38
英国 United Kingdom	2	1	1	21
联邦德国 Germany，FR	1	15	6	37
法国 France			1	1
意大利 Italy	2	10	5	57
西班牙 Spain				3
奥地利 Austria			4	1
哈萨克 Kazakhstan			5	23
吉尔吉斯 Kirghizia				29
俄罗斯联邦 Russia			10	150
加拿大 Canada	2	1	1	43
美国 United States	101	173	500	651
澳大利亚 Australia	4		20	85
新西兰 New Zealand	4	34	15	41
羊毛条 Wool Tops	**13398**	**22527**	**22058**	**16973**
其中：香港 Of Which：Hong Kong	64	323	397	400
日本 Japan	43	159	118	129
澳门 Macao		13		65
马来西亚 Malaysia			175	93
韩国 Korea			76	336
泰国 Thailand			49	85

2—52（12） 中国部分进口商品主要来源国家（地区）
MAJOR COMMODITIES IMPORTS BY COUNTRIES (REGIONS) OF ORIGIN

单位：万美元
Unit：US $ 10000

商品/国别（地区） Commodity/Country（Region）	1990	1991	1992	1993
台湾省 Taiwan Prov.	48	272	350	317
博茨瓦纳 Botswana			227	111
南非 S. Africa				58
比利时 Belgium			15	
丹麦 Denmark				16
英国 United Kingdom	628	636	583	474
联邦德国 Germany，FR	96	649	713	562
法国 France	431	263	320	121
意大利 Italy				27
荷兰 Netherlands		51	25	17
西班牙 Spain			13	34
俄罗斯联邦 Russia			7	
乌克兰 Ukraine			18	
捷克 Czech Rep.			19	
阿根廷 Argentina	346	1154	1041	711
巴西 Brazil		181	98	19
智利 Chile			37	67
墨西哥 Mexico			21	
巴拉圭 Paraguay			33	
萨尔瓦多 EI Salvador			22	
苏里南 Suriname			49	
乌拉圭 Uruguay	5835	8422	7093	4184
美国 United States	71	674	607	549
澳大利亚 Australia	5689	9380	9669	8340
新西兰 New Zealand	53	132	152	237
诺福克岛 Norfolk Island				8
尿素 Urea	**115412**	**121643**	**114832**	**45765**
其中：孟加拉国 Of Which：Bangladesh	1235	640	185	

2—52（13） 中国部分进口商品主要来源国家（地区）
MAJOR COMMODITIES IMPORTS BY COUNTRIES (REGIONS) OF ORIGIN

单位：万美元

Unit：US＄10000

商品/国别（地区） Commodity/Country（Region）	1990	1991	1992	1993
朝鲜 Korea DPR	104	327	227	249
香港 Hong Kong	158	15	8	559
印度尼西亚 Indonesia	4821	7663	1190	1244
日本 Japan	100	29	137	8
科威特 Kuwait	3340			847
马来西亚 Malaysia	384	1115	896	347
蒙古 Mongolia	11	16	87	33
巴基斯坦 Pakistan			3181	
菲律宾 Philippines				264
卡塔尔 Qatar	258	5023	3929	2239
沙特阿拉伯 Saudi Arabia	5037	4807		1190
阿联酋 United Arab Emirates	3019	4260	1409	
利比里亚 Liberia			152	
利比亚 Libya	324	4577	4172	1044
尼日利亚 Nigeria	370		270	
比利时 Belgium			203	
英国 United Kingdom			183	
联邦德国 Germany，FR	217	529	975	285
保加利亚 Bulgaria	5806	6218	4294	170
匈牙利 Hungary	2612	916	360	
挪威 Norway	8291	7546	1861	224
波兰 Poland	3037	2014	527	497
罗马尼亚 Romania	4242	6210	4440	207
爱沙尼亚 Estonia			1029	126
立陶宛 Lithuania			266	78
白俄罗斯 Belorussia			1750	693
哈萨克 Kazakhstan			1509	617
吉尔吉斯 Kirghizia			180	104

2—52（14） 中国部分进口商品主要来源国家（地区）
MAJOR COMMODITIES IMPORTS BY COUNTRIES (REGIONS) OF ORIGIN

单位：万美元
Unit：US $ 10000

商品/国别（地区） Commodity/Country（Region）	1990	1991	1992	1993
俄罗斯联邦 Russia	43781	50069	59530	25065
塔吉克 Tadzhiskistan			26	1
乌克兰 Ukraine			7244	6969
乌兹别克 Uzbekstan			11	231
南斯拉夫 Yugoslavia	975	2387	1787	525
克罗地亚 Croatia				393
捷克 Czech Rep.	191	279	581	
巴西 Brazil	2223	2387	1535	
墨西哥 Mexico	1793	3818	873	
加拿大 Canada	944	767	1816	549
美国 United States	7060	7907	7487	805
澳大利亚 Australia	646	1253	254	
原形聚乙烯 Polyethylene in Primary Forms	**29905**	**55173**	**107107**	**71257**
其中：朝鲜 Of Which：Korea DPR	124	95	194	122
香港 Hong Kong	2845	5228	21438	4706
印度 India			12	2
印度尼西亚 Indonesia			20	7
伊朗 Iran			25	3
日本 Japan	4615	6694	13780	10924
澳门 Macao	28	48	100	65
马来西亚 Malaysia		10	40	81
马尔代夫 Maldives			1	11
菲律宾 Philippines	5	1	2	6
卡塔尔 Qatar	1624	2952	3600	1432
沙特阿拉伯 Saudi Arabia	2597	4414	5068	3255
新加坡 Singapore	3647	4611	4339	4461
韩国 Korea	100	2264	17745	17843
斯里兰卡 Sri Lanka			21	3

2—52（15） 中国部分进口商品主要来源国家（地区）
MAJOR COMMODITIES IMPORTS BY COUNTRIES (REGIONS) OF ORIGIN

单位：万美元
Unit：US＄10000

商品/国别（地区） Commodity/Country（Region）	1990	1991	1992	1993
泰国 Thailand	6	261	427	82
土耳其 Turkey		4	1158	64
阿联酋 United Arab Emirates	1	100	68	52
也门共和国 Republic of Yemen			4	5
台湾省 Taiwan Prov.	515	680	2314	4335
南非 S. Africa				48
比利时 Belgium	173	1349	2423	1719
丹麦 Denmark		4	6	11
英国 United Kingdom	66	104	332	348
联邦德国 Germany，FR	2176	1709	2112	2301
法国 France	153	580	1243	476
意大利 Italy	1174	1459	24411	1379
荷兰 Netherlands	505	928	1473	1441
希腊 Greece			40	49
葡萄牙 Portugal	17	13	65	4
西班牙 Spain	37	399	199	762
阿尔巴尼亚 Aibania				4
奥地利 Austria	22	4	200	86
芬兰 Finland	2	99	191	56
匈牙利 Hungary	142	132	421	296
挪威 Norway		91	227	29
波兰 Poland			193	70
瑞典 Sweden	31	141	42	322
瑞士 Switzerland	112	39	89	64
俄罗斯联邦 Russia	127	3	126	699
南斯拉夫 Yugoslavia			324	128
克罗地亚 Croatia				175
斯洛文尼亚 Slovenia				20

2—52（16） 中国部分进口商品主要来源国家（地区）
MAJOR COMMODITIES IMPORTS BY COUNTRIES (REGIONS) OF ORIGIN

单位：万美元
Unit：US $ 10000

商品/国别（地区） Commodity/Country（Region）	1990	1991	1992	1993
捷克 Czech Rep.	106		394	22
阿根廷 Argentina	84	291	209	113
巴西 Brazil	1042	287	1758	1234
墨西哥 Mexico	2	2	142	196
尼加拉瓜 Nicaragua			21	
萨巴 Saba			51	
加拿大 Canada	2592	6367	5616	1940
美国 United States	4861	13486	16157	9029
格陵兰 Greenland			20	
澳大利亚 Australia	21	80	137	555
新西兰 New Zealand			3	68
普通钢铁盘条 Wire Rod of Iron or Steel	**13296**	**2615**	**18492**	**13420**
其中：朝鲜 Of Which：Korea DPR			89	827
香港 Hong Kong	165	56	276	948
印度 India			537	4830
印度尼西亚 Indonesia				88
伊朗 Iran			193	1389
日本 Japan	3524	1309	2888	21322
澳门 Macao			2	15
马来西亚 Malaysia	19			729
蒙古 Mongolia	11	1	7	1123
尼泊尔 Nepal				99
新加坡 Singapore	5	23	76	678
韩国 Korea	403	44	3607	6510
泰国 Thailand			52	
土耳其 Turkey				11277
越南 Vietnam			5	18
台湾省 Taiwan Prov.	51	92	238	244

2—52（17） 中国部分进口商品主要来源国家（地区）
MAJOR COMMODITIES IMPORTS BY COUNTRIES (REGIONS) OF ORIGIN

单位：万美元
Unit：US $ 10000

商品/国别（地区） Commodity/Country（Region）	1990	1991	1992	1993
埃及 Egypt				384
南非 S. Africa				447
津巴布韦 Zimbabwe			64	
比利时 Belgium	4			1397
英国 United Kingdom	24	5	583	1632
联邦德国 Germany，FR	234	19	177	7942
法国 France	207	4	20	2634
意大利 Italy			283	6086
葡萄牙 Portugal				1065
西班牙 Spain				1064
奥地利 Austria				134
保加利亚 Bulgaria				2184
芬兰 Finland				141
冰岛 Iceland			16	23
波兰 Poland	456		147	1260
罗马尼亚 Romania	1037	3	891	7224
瑞典 Sweden			92	56
瑞士 Switzerland				836
拉脱维亚 Latvia				99
立陶宛 Lithuania			99	36
格鲁吉亚 Georgia				42
白俄罗斯 Belorussia				472
哈萨克 Kazakhstan			7	800
吉尔吉斯 Kirghizia			5	499
俄罗斯联邦 Russia	2620	929	1994	26795
乌克兰 Ukraine			1142	7872
克罗地亚 Croatia				1306
捷克 Czech Rep.	651		68	

2—52（18） 中国部分进口商品主要来源国家（地区）
MAJOR COMMODITIES IMPORTS BY COUNTRIES (REGIONS) OF ORIGIN

单位：万美元
Unit：US＄10000

商品/国别（地区） Commodity/Country（Region）	1990	1991	1992	1993
斯洛伐克 Slovak Rep.				151
阿根廷 Argentina	538		179	288
巴西 Brazil	413	129	1433	3195
墨西哥 Mexico				466
秘鲁 Peru			2	2
委内瑞拉 Venezuela				247
加拿大 Canada			1	313
美国 United States			6	548
澳大利亚 Australia		1	170	847
水泥 Cement	**1759**	**762**	**1839**	**7028**
其中：朝鲜 Of Which：Korea PDR	778	139	528	1941
香港 Hong Kong	580	446	668	2200
日本 Japan		4	27	1496
澳门 Macao	97	36	80	21
蒙古 Mongolia	8	1	3	21
新加坡 Singapore	70	43	50	62
韩国 Korea			9	218
泰国 Thailand				184
土耳其 Turkey				5
台湾省 Taiwan Prov.			8	24
英国 United Kingdom	1		13	17
联邦德国 Germany，FR		1	2	13
法国 France	3	2		3
希腊 Greece			3	
瑞士 Switzerland				1
哈萨克 Kazakhstan			93	139
俄罗斯联邦 Russia	172	84	302	368
美国 United States	1	1	13	3

2—53（1） 1993年中国进出口额最大的200家企业排名

CHINA'S 200 FOREIGN TRADE ENTERPRISES WITH THE BIGGEST EXPORT AND IMPORT VALUE IN 1993

单位：万美元
Unit：US＄10000

名次 Rank	企业 Enterprise	进出口总额 Total	出口额 Exports	进口额 Imports
1	中国化工进出口总公司 China National Chemicals Imp. & Exp. Co.	662598	343347	319251
2	中国五金矿产进出口总公司 Chinaa National Metals and Minerals Imp. & Exp. Co.	423034	45768	377266
3	中国粮油食品进出口总公司 China National Cereals, Oils and Foodstuffs Imp. & Exp. Co.	276729	149687	127042
4	中国技术进出口总公司 China National Technology Imp. & Exp. Co.	272798	12736	260062
5	中国航空器材公司 China Aviation Equipments and Materials Imp. & Exp. Co.	256406	1004	255402
6	中化进出口辽宁公司 China National Chemicals Imp. & Exp. Co. Liaoning Branch	200300	197885	2415
7	中国电子进出口总公司 China National Electronics Imp. & Exp. Co.	196812	104232	92580
8	中国机械进出口总公司 China National Machinery Imp. & Exp. Co.	190106	25356	164750
9	中国纺织品进出口总公司 China National Textiles Imp. & Exp. Co.	181492	144433	37059
10	中国北方工业公司 China North Industries Co.	123508	100071	23437
11	中国国际石油化工联合公司 China International Oil and Chemical United Co.	123385	16357	107028
12	中国冶金进出口总公司 China National Metallurgiy Imp. & Exp. Co.	120817	68427	52390
13	中国有色金属进出口总公司 China National Nonferrous Metals Imp. & Exp. Co.	119982	45768	74214
14	中国工艺品进出口总公司 China National Arts and Crafts Imp. & Exp. Co.	113669	96033	17636

2—53（2） 1993年中国进出口额最大的200家企业排名

CHINA'S 200 FOREIGN TRADE ENTERPRISES WITH THE BIGGEST EXPORT AND IMPORT VALUE IN 1993

单位：万美元

Unit：US $ 10000

名次 Rank	企业 Enterprise	进出口总额 Total	出口额 Exports	进口额 Imports
15	中国航空技术进出口总公司 China National Aviation Technology Imp. & Exp. Co.	104017	75491	28526
16	上海市对外贸易公司 Shanghai City Foreign Trade Co.	101743	7625	94118
17	中国土产畜产进出口总公司 China National Native Produce and Animal By-products Imp. & Exp. Co.	101030	63787	37243
18	中国仪器进出口总公司 China National Instruments Imp. & Exp. Co.	96996	6607	90389
19	中国联合石油公司 China United Oil Co.	93247	80684	12563
20	广东省轻工业品进出口（集团）公司 Guangdong Provincial Light Industrial Products Imp. & Exp. (Group) Co.	92312	65601	26711
21	中国丝绸进出口总公司 China National Silks Imp. & Exp. Co.	92216	83813	8403
22	广东省纺织品进出口（集团）公司 Guangdong Provincial Textiles Imp. & Exp. (Group) Co.	91126	71249	19877
23	中国煤炭工业进出口总公司 China National Coal Industry Imp. and Exp. Co.	69583	64185	5398
24	中国深圳对外贸易（集团）公司 China Shenzhen Foreign Trade (Group) Co.	67011	43445	23566
25	广东省化工进出口（集团）公司 Guangdong Provincial Chemicals Imp. & Exp. Co.	65454	12565	52889
26	中国保利科技有限公司 China Baoli Technology Co., LTD	64463	48024	16439
27	中国烟草进出口总公司 China National Tobacco Imp. & Exp. Co.	61863	41950	19913
28	中国轻工业品进出口总公司 China National Light Industrial products Imp. & Exp. Co.	59266	21915	37351

2—53（3） 1993年中国进出口额最大的200家企业排名

CHINA'S 200 FOREIGN TRADE ENTERPRISES WITH THE BIGGEST EXPORT AND IMPORT VALUE IN 1993

单位：万美元

Unit：US$10000

名次 Rank	企业 Enterprise	进出口总额 Total	出口额 Exports	进口额 Imports
29	中国出口商品基地建设总公司 China National Export Commodity Base Development Co.	58003	41483	16520
30	广东省机械进出口（集团）公司 Guangdong Provincial Machinery Imp. & Exp. Co.	56396	16039	40330
31	中国船舶工业贸易公司 China Ship Industry Trading Co.	55647	44589	11058
32	中粮吉林省粮油食品分公司 China National Cereals, Oils & Foodstuffs Imp. & Exp. Co., Jilin Branch	53569	50828	2741
33	中化河北进出口公司 China National Chemicals Imp. & Exp. Co., Hebei Branch	52011	46014	5997
34	中国石化国际事业公司 China Oil and Chemicals International Business Co.	51039	14104	36935
35	上海市五金矿产进出口公司 Shanghai City Metals and Minerals Imp. & Exp. Co.	50065	15090	34975
36	广东省工艺品进出口（集团）公司 Guangdong Provinicel Arts and Grafets Imp. & Exp. (Group) Co.	50025	39264	10761
37	广东省土产进出口（集团）公司 Guangdong Provincial Native Produce Imp. & Exp. (Group) Corp.	46843	40685	6158
38	上海市服装进出口公司 Shanghai City Garments Imp. & Exp. Co.	46564	35000	11564
39	上海市丝绸进出口公司 Shanghai City Silks Imp. & Exp. Co.	45112	36134	8978
40	深圳市物资总公司 Shenzhen City Materials General Co.	44580	5289	39291
41	山东省纺织品进出口公司 Shangdong Provincial Textiles Imp. & Exp. Co.	44114	40234	3880
42	广东省食品进出口（集团）公司 Guangdong Foodstuffs Imp. & Exp. (Gromp) Co.	43470	38476	4994

2—53（4） 1993年中国进出口额最大的200家企业排名

CHINA'S 200 FOREIGN TRADE ENTERPRISES WITH THE BIGGEST EXPORT AND IMPORT VALUE IN 1993

单位：万美元

Unit：US＄10000

名次 Rank	企业 Enterprise	进出口总额 Total	出口额 Exports	进口额 Imports
43	中化山东进出口公司 China National Chemicals Imp. & Exp. Co.，Shangdong Branch	43419	41740	1679
44	中国海外贸易总公司 China National Overseas Trading Co.	42623	10595	32028
45	广东省丝绸进出口（集团）公司 Guaugdong Provincial Silks Imp. & Exp.（Group）Co.	41454	32875	8579
46	广州市轻工业品进出口（集团）公司 Guangzhou City Light Industrial Products Imp. & Exp.（Group）Co.	41292	23883	17409
47	中国机械设备进出口总公司 China National Mechinery & Equipment Imp. & Exp. Co.	39867	27001	12866
48	中国包装进出口总公司 China National Packaging Imp. & Exp. Co.	38642	27180	11462
48	上海市文体用品进出口公司 Shanghai City Stationery and Sporting Goods Imp. & Exp. Co.	38527	33465	5062
50	中国华润总公司 China National Resources Co.	38297	5216	33081
51	河北省纺织品进出口公司 Hebei Provincial Textiles Imp. & Exp. Co.	37517	32938	4579
52	宝山钢铁（集团）公司国贸总公司 Baoshan Steel（Group）Corporation International Trading Company	36988	12500	24488
53	镇海石化总厂 Zhenhai Oil and Chemicals General Factory	36781	17519	19262
54	中国化工建设总公司 China National Chemicals Construction Co.	36686	13579	23107
55	中国南光有限公司 China Nankwong Limited Company	36625	17777	18848

2—53（5） 1993年中国进出口额最大的200家企业排名

CHINA'S 200 FOREIGN TRADE ENTERPRISES WITH THE BIGGEST EXPORT AND IMPORT VALUE IN 1993

单位：万美元

Unit：US $ 10000

名次 Rank	企业 Enterprise	进出口总额 Total	出口额 Exports	进口额 Imports
56	中国汽车工业进出口总公司 China National Automobile Industry Imp. & Exp. Co.	36019	16081	19938
57	中粮山东粮油进出口公司 China National Cereals, Oils & Foodstuffs Imp. & Exp. Co., Shangdong Branch	35076	33000	2076
58	中国国际信托投资公司 China International Trust and Investment Co.	33861	14410	19451
59	上海市机械进出口公司 Shanghai City Machinery Imp. & Exp. Co.	32850	25011	7839
60	江苏省服装进出口集团股份有限公司 Jiangsu Provincial Garments Imp. & Exp. Co. LTD	32154	24008	8146
61	江苏省对 外贸易股份有限公司 Jiangsu Provincial Foreign Trade Imp. & Exp. Co. LTD	32086	4028	28058
62	江苏省丝绸进出口公司 Jiangsu Provincial Silks Imp. and Exp. Co.	31738	30067	1671
63	浙江省丝绸进出口公司 Zhejiang Provincial Silks Imp. & Exp. Co.	30294	27483	2811
64	陕西省五金矿产进出口公司 Shaanxi Metals & Minerals Imp. & ExP. Co.	30188	16288	13900
65	江苏省纺织品进出口（集团）公司 Jiangsu Provincial Textiles Imp. & Exp. (Group) Co.	28910	22830	6080
66	上海市纺织品进出口公司 Shanghai City Textiles Imp. & Exp. Co.	27510	26029	1481
67	广东省外贸开发公司 Guangdong Provincial Foreign Trade Development Co.	27467	17117	10350
68	江苏省五金矿产进出口（集团）公司 Jiangsu Provincial Metals and Minerals Imp. & Exp. (Group) Co.	27461	7246	20215

2—53（6） 1993年中国进出口额最大的200家企业排名

CHINA'S 200 FOREIGN TRADE ENTERPRISES WITH THE BIGGEST EXPORT AND IMPORT VALUE IN 1993

单位：万美元

Unit：US $ 10000

名次 Rank	企业 Enterprise	进出口总额 Total	出口额 Exports	进口额 Imports
69	山东省对外贸易总公司 Shangdong Provincial Foreign Trade Co.	27448	3731	23717
70	中国电子进出口北京公司 China National Electronic Imp. & Exp. Co., Beijing Branch	27193	10642	16551
71	江苏省轻工业品进出口集团股份有限公司 Jiangsu Provincial Light Industrial Products Imp. & Exp. Co. LTD	27039	18659	8380
72	中国第一汽车集团进出口公司 China NO. 1 Automobile Group Imp. & Exp. Co.	26851	1247	25604
73	厦门经济特区贸易有限公司 Xiamen SEZ Trading Co. LTD	26808	10894	15914
74	上海市工艺品进出口公司 Shanghai City Arts & Crafts Imp. & Exp. Co.	26215	25526	689
75	广东省对外经济发展公司 Guangdong Provincial Foreign Economic Development Co.	26064	16763	9301
76	辽宁省服装进出口公司 Liaoning Provincial Garments Imp. & Exp. Co.	26010	20018	5992
77	中国烟草云南进出口公司 China National Tobacco Imp. & Exp. Co., Yunnan Branch	25501	13005	12496
78	天津汽车进出口公司 Tianjin Automobile Imp. & Exp. Co.	25330	296	25034
79	厦门经济特区国际贸易信托（集团）股份有限公司 The international Trade & Trust Co. LTD of Xiamen Special Economic Zone	25171	10168	15003
80	湖南省进出口公司 Hunan Provincial Imp. & Exp. Co.	25010	13508	11502
81	厦门经济特区建设发展公司 The Construction & Development Co. of Xiamen Special Economic Zone	25009	10069	14940
82	上海市工业品进出口公司 Shanghai City Light Industrial Products Imp. & Exp. Co.	24835	20612	4223

2—53（7） 1993年中国进出口额最大的200家企业排名

CHINA'S 200 FOREIGN TRADE ENTERPRISES WITH THE BIGGEST EXPORT AND IMPORT VALUE IN 1993

单位：万美元

Unit：US $ 10000

名次 Rank	企业 Enterprise	进出口总额 Total	出口额 Exports	进口额 Imports
83	广东省畜产进出口（集团）公司 Guangdong Provincial Animal By-products Imp. & Exp. Co.	24547	19415	5132
84	山东省服装进出口公司 Shangdong Provincial Garments Imp & Exp. Co.	24535	20500	4035
85	北京市服装进出口公司 Beijing City Garments Imp. & Exp. Co.	24504	17008	7496
86	山东省食品进出口公司 Shangdong Provincil Foodstuffs Imp. & Exp. Co.	24077	22108	1969
87	上海市针织品进出口公司 Shanghai Knitwear Imp. & Exp. Co.	24022	20228	3794
88	广东省五金矿产进出口（集团）公司 Guangdong Provincial Metals & Minerals Imp. & Exp. Co.	23957	15443	8514
89	河南省粮油食品进出口公司 Henan Provincial Cereals，Oils and Foodstuffs Imp. & Exp. Co.	23777	21006	2771
90	上海市化工进出口公司 Shanghai City Chemicals Imp. & Exp. Co.	23606	12118	11488
91	上海市申信进出口公司 Shanghai City Shenxin Imp. & Exp. Co.	23471	1495	21976
92	山东省五金矿产进出口公司 Shangdong Provincial Metals and Minerals Imp. & Exp. Co.	23274	20568	2706
93	中国凯利实业有限公司 China Kaili industry Co. LTD	23204	7999	15205
94	浙江省粮油食品进出口公司 Zhejiang Cereals，Oils & Foodstuffs Imp. & Exp. Co.	22922	19016	3906
95	中国广澳开发总公司 China National Guang'ao Development Co.	22756	3584	19172
96	上海市畜产进出口公司 Shanghai Animal By-products Imp. & Exp. Co.	22541	20218	2323

2—53（8） 1993年中国进出口额最大的200家企业排名

CHINA′S 200 FOREIGN TRADE ENTERPRISES WITH THE BIGGEST EXPORT AND IMPORT VALUE IN 1993

单位：万美元

Unit：US＄10000

名次 Rank	企业 Enterprise	进出口总额 Total	出口额 Exports	进口额 Imports
97	北京国际贸易公司 Beijing International Trade Co.	22388	1058	21330
98	湖南省粮油食品进出口公司 Hunan Provincial Cereals，Oils and Foodstuffs Imp. & Exp. Co.	22377	18508	3869
99	山东省畜产品进出口公司 Shangdong Provincial Animal By-products Imp. & Exp. Co.	21918	20518	1400
100	中国（福建）对外贸易中心集团 China（Fujian）Foreign Trade Central Group	21590	12411	9179
101	深圳中电投资股份有限公司 Shenzhen China Electronics Investment Co.，LTD	20840	15739	5101
102	中国精密机械进出口公司 China National Precision Machinery Imp. & Exp. Co.	20826	13211	7615
103	中国首钢国际贸易工程公司 China Shougang International Trade and Engineering Co.	20680	9699	10981
104	中国邮电器材总公司 China National Post and Telecommunication Appliance Co.	20570	306	20264
105	中粮辽宁粮油进出口公司 China National Cereals，Oils & Foodstuffs Imp. & Exp. Co.，Liaoning Branch	20528	20013	515
106	中设江苏机械设备进出口公司 China National Machinery & Equipment Imp. & Exp. Co.，Jiangsu Branch	20368	13228	7140
107	上海市土产进出口公司 Shanghai City Native Produce Imp. & Exp. Co.	20282	14077	6205
108	河北省食品进出口（集团）公司 Hebei Provincial Foodstuffs Imp. & Exp.（Group）Co.	20228	17836	2392
109	中国抽纱进出口公司上海公司 China Artex Imp. & Exp. Co.，Shanghai Branch	20096	10962	1034

2—53（9） 1993年中国进出口额最大的200家企业排名

CHINA'S 200 FOREIGN TRADE ENTERPRISES WITH THE BIGGEST EXPORT AND IMPORT VALUE IN 1993

单位：万美元

Unit：US $ 10000

名次 Rank	企 业 Enterprise	进出口总额 Total	出口额 Exports	进口额 Imports
110	无锡市对外贸易公司 Wuxi City Foreign Trade Co.	20068	14255	5813
111	中国原子能工业公司 China Atomic Energy Industry Co.	19834	16043	3791
112	上海市冶金进出口公司 Shanghai City Metallurgy Imp. & Exp. Co.	19799	6119	13680
113	苏州市纺织丝绸轻工工艺品进出口公司 Suzhou City Textile，Silks，Light Industrial Products，Arts & Crafts Imp. & Exp. Co.	19708	15477	4231
114	中国抽纱品进出口（集团）公司山东抽纱公司 China Artex (Imp. & Exp) Co. Shangdong Branch	19681	17308	2373
115	中国海洋石油总公司 China National Offshore Oil Co.	19595	13543	6052
116	浙江省对外贸易公司 Zhejing Provincical Foreign Trade Co.	19267	4551	14716
117	广州市对外贸易总公司 Guangzhou City Foreign Trade Co.	19044	12383	6661
118	天津服装进出口公司 Tianjin Garments Imp. & Exp. Co.	18913	14245	4668
119	中国医药保健品进出口总公司 China National Medicines & Health Products Imp. & Exp. Co.	18623	6518	12105
120	黑龙江省粮油食品进出口（集团）公司 Heilongjiang Provincial Cereals，Oils & Foodstuffs Imp. & Exp. (Group) Co.	18595	18033	562
121	浙江省纺织品进出口公司 Zhejiang Textiles Import & Export Co.	18350	15860	2490
122	福建省轻工业品进出口公司 Fujian Provincial Light Industrial Products Imp. & Exp. Co.	18249	11304	6945

2—53（10） 1993年中国进出口额最大的200家企业排名

CHINA'S 200 FOREIGN TRADE ENTERPRISES WITH THE BIGGEST EXPORT AND IMPORT VALUE IN 1993

单位：万美元

Unit：US＄10000

名次 Rank	企 业 Enterprise	进出口总额 Total	出口额 Exports	进口额 Imports
123	中国出国人员服务总公司 The General Company Serving the Out Chinese	18184		18184
124	中国纺织机械和技术进出口公司 China Textile Machinery and Technology Imp. & Exp. Co.	18061	2439	15622
125	浙江中大集团股份有限公司 Zhejiang Zhongda Group Co. LTD	18018	12858	5160
126	河南省服装进出口公司 Henan Garments Imp. & Exp. Co.	17973	16519	1454
127	重庆对外贸易进出口公司 Chongqing City Foreign Trade Imp. & Exp Co.	17917	1498	16419
128	浙江省土产畜产进出口公司 Zhejiang Provincial Native Produce and Animal By-products Imp. & Exp. Co.	17866	12808	5058
129	福建省粮油食品进出口公司 Fujian Provincial Cereals，Oils and Foodstuffs Imp. & Exp. Co.	17733	14105	3628
130	中国北方工业广州公司 China Northern Industry Co.，Guangzhou Branch	17594	17594	
131	中国抽纱广东进出口公司 China Artex Imp. & Exp. Co.，Guangdong Branch	17471	13719	3752
132	汕头经济特区对外商业（集团）总公司 Shantou Special Economic Zone International Foreign Trade（Group）Co.	17459	9398	8061
133	福建省珠宝首饰进出口公司 Fujian Provincial Jewelery Imp. & Exp. Co.	17449	7610	9839
134	深圳经济特区发展公司 Shenzhen Special Economic Zone Development Co.	17338	12522	4816
135	广东省机械设备进出口（集团）公司 Guangdong Provincial Machinery and Equipment Imp. & Exp.（Group）Co.	17273	15015	2258
136	鞍钢进出口公司 Angang Imp. & Exp. Co.	16974	6310	10664

2—53（11） 1993年中国进出口额最大的200家企业排名

CHINA′S 200 FOREIGN TRADE ENTERPRISES WITH THE BIGGEST EXPORT AND IMPORT VALUE IN 1993

单位：万美元

Unit：US＄10000

名次 Rank	企业 Enterprise	进出口总额 Total	出口额 Exports	进口额 Imports
137	中国冶金进出口武钢公司 China National Metallurgy Imp. & Exp. Co., Wugang Company	16972	10318	6654
138	上海市钢铁三厂进出口公司 The Imp. & Exp. Company Of the Third Shanghai Iron & Steel Plant	16910	2445	14465
139	江苏省机械进出口（集团）公司 Jiangsu Provincial Machinery Imp. & Exp. (Group) Co.	16903	12518	4385
140	中国对外贸易开发总公司 Chin National Foreign Trade Development Co.	16847	9161	7686
141	陕西省纺织品进出口公司 Shaanxi Provincial Textiles Imp. & Exp. Co.	16785	13018	3767
142	中国光大对外贸易总公司 China Ever Bright Foreign Trade Co.	16719	4895	11824
143	深圳经济特区工业品贸易（集团）公司 Shenzhen SEZ Industrial Products Trading (Group) Co.	16711	5324	11387
144	上海市家用纺织品进出口公司 Shanghai City Home Textiles Imp. & Exp. Co.	16667	16060	607
145	四川省长江企业（集团）股份有限公司 Sichuan Provincial Changjiang Business Enterprises (Group) Co. LTD.	16598	4018	12580
146	中国北方工业深圳公司 China Northern Industry Co., Shenzhen Branch	16347	14321	2026
147	南通市对外贸易公司 Nantong City Foreign Trade Co.	16124	13369	2755
148	南方工贸总公司 Southern Industrial & Trading Group Co.	16094	7095	8999
149	中化江苏进出口公司 China National Chemicals Imp. & Exp. Co., Jiangsu Branch	16013	14161	1852
150	北京市针棉织品进出口公司 Beijing City Knitwear Imp. & Exp. Co.	15985	13037	2948

2—53（12） 1993年中国进出口额最大的200家企业排名

CHINA'S 200 FOREIGN TRADE ENTERPRISES WITH THE BIGGEST EXPORT AND IMPORT VALUE IN 1993

单位：万美元

Unit：US＄10000

名次 Rank	企业 Enterprise	进出口总额 Total	出口额 Exports	进口额 Imports
151	浙江东方股份有限公司 Zhejiang Orient (Holdings) Company Limited	15921	10602	5319
152	仪征化纤工业联合公司 Yizheng Chemical Fibre Industry United Co.	15768	873	14895
153	厦门兴厦有限公司 Xiamen XingXia Company Limited	15748	4080	11668
154	上海市食品进出口公司 Shanghai City Foodstuffs Imp. & Exp. Co.	15681	15008	673
155	福建省鞋帽进出口公司 Fujian Footware & Headgear Imp. & Exp. Co.	15657	11534	4123
156	辽宁省针棉毛织品进出口公司 Liaoning Knitwear & Home-textiles Imp. & Exp. Corp.	15636	13518	2118
157	江苏省针棉织品进出口（集团）公司 Jiansu Provincial Knitwear & Home-textiles Imp. & Exp. Co.	15617	13018	2599
158	山东省机械进出口公司 Shangdong Provincial Machinery Imp. & Exp. Co.	15608	12508	3100
159	广州市纺织品进出口公司 Guangzhou Textiles Imp. & Exp. Co.	15501	12343	3158
160	吉林省对外贸易进出口公司 Jilin Provincial Foreign Trade Imp. & Exp. Co.	15488	7256	8232
161	四川省成都进出口公司 Sichuan Provincial Chengdu Imp. & Exp. Co.	15369	3694	11675
162	山东省工艺品进出口公司 Shangdong Provincial Arts and Crafts Imp. & Exp. Co.	15354	14856	498
163	中国冶金进出口攀钢公司 China National Metallurgy Imp. & Exp. Co., Pangang Company	15343	10073	5270
164	辽宁省五金矿产进出口公司 Liaoning Provincial Metals & Minerals Imp. & Exp. Co.	15325	10248	5077

2—53（13） 1993年中国进出口额最大的200家企业排名

CHINA′S 200 FOREIGN TRADEENTERPRISES WITH THE BIGGEST EXPORT AND IMPORT VALUE IN 1993

单位：万美元

Unit：US＄10000

名次 Rank	企业 Enterprise	进出口总额 Total	出口额 Exports	进口额 Imports
165	山西省煤炭进出口公司 Shanxi Coal Imp. & Exp. Co.	15285	15285	
166	湖南省华湘进出口（集团）公司 Hunan Provincial Huaxiang Imp. & Exp. Co.	15280	11669	3611
167	辽宁省机械进出口公司 Liaoning Machinery Imp. & Exp. Co.	15142	10115	5027
168	中国平和进出口总公司 China National Pinghe Imp. & Exp. Co.	14927	2700	12227
169	天津对外贸易总公司 Tianjin City Foreign Trade Co.	14855	3448	11407
170	广西粮油食品进出口公司 Guangxi Cereals，Oils & Foodstuffs Imp. & Exp. Co.	14849	13673	1176
171	大连五金矿产进出口公司 Dalian Metals and Minerals Imp. & Exp. Co.	14782	7419	7363
172	辽宁省食品进出口公司 Liaoning Provincial Foodstuffs Imp. & Exp. Co.	14736	12518	2218
173	中国石化大连国际贸易公司 China Oil and Chemicals Dalian International Trade Co.	14522	13126	1396
174	广州市对外经济发展总公司 Guangzhou City Foreign Economic Development Co.	14292	8940	5352
175	青岛市纺织品联合进出口公司 Qingdao City Associated Textiles Imp. & Exp. Co.	14072	12282	1790
176	浙江省机械设备进出口公司 Zhejiang Provincial Machinery and Equipment Imp. & Exp. Co.	13961	10106	3855
177	吉林省纺织品进出口公司 Jilin Textiles Imp. & Exp. Co.	13930	11008	2922
178	河北省粮油进出口公司 Hebei Provincial Cereals，Oils & Foodstuffs Imp. & Exp. Co.	13918	13062	856

2—53（14） 1993年中国进出口额最大的200家企业排名

CHINA'S 200 FOREIGN TRADE ENTERPRISES WITH THE BIGGEST EXPORT AND IMPORT VALUE IN 1993

单位：万美元

Unit：US $ 10000

名次 Rank	企业 Enterprise	进出口总额 Total	出口额 Exports	进口额 Imports
179	中国五金矿产厦门开发公司 China National Metals and Minereals Imp. & Exp. Co., Xiamen Development Company	13645	1500	12145
180	山东省轻工业品进出口公司 Shangdong Provincial Light Industrial Products Imp. & Exp. Co.	13630	11288	2342
181	新疆农垦进出口公司 Xinjiang Agricultural Reclaimation Imp. & Exp. Co.	13575	7555	6020
182	浙江省轻工业品进出口公司 Zhejiang Provincial Light Industrial Products Imp. & Exp. Co.	13540	10206	3334
183	上海市航空贸易进出口公司 Shanghai City Aviation Trade Imp. & Exp. Co.	13433	587	12846
184	中国长城工业公司 China Great Wall Industry Co.	13283	9243	4040
185	上海市医药保健品进出口公司 Shanghai Medicines and Health Products Imp. & Exp. Co.	13182	12011	1171
186	湖北省纺织品进出口公司 Hubei Textiles Imp. & Exp. Co.	13182	10107	3075
187	江苏省土产进出口（集团）公司 Jiangsu Provincial Native produce Imp. & Exp. (Group) Co.	13117	10087	3030
188	中国机床总公司 China National Machine Tool Co.	13105	4192	8913
189	吉林省土畜产进出口公司 Jilin Provincial Native Produce and Animal By-products Imp. & Exp. Co.	13096	8600	4496
190	广东省粤海进出口公司 Guangdong Provincial Yuehai Imp. and Exp. Co.	13065	7253	5812
191	延边州对外贸易进出口公司 Yanbian Chaoxian Autonomous Prefecture Foreign Trade Imp. & Exp. Co.	13029	6635	6394
192	浙江省茶叶进出口公司 Zhejiang Provincial Tea Imp. & Exp. Co.	13020	11832	1188

2—53（15） 1993年中国进出口额最大的200家企业排名
CHINA'S 200 FOREIGN TRADE ENTERPRISES WITH THE BIGGEST EXPORT AND IMPORT VALUE IN 1993

单位：万美元
Unit：US $ 10000

名次 Rank	企业 Enterprise	进出口总额 Total	出口额 Exports	进口额 Imports
193	天津五金矿产进出口公司 Tianjin Metals and Minerals Imp. & Exp. Co.	13003	6733	6270
194	浙江省技术进出口公司 Zhejiang Provincial Technology Imp. & Exp. Co.	12941	2008	10933
195	浙江省工艺品进出口公司 Zhejiang Provincial Arts and Crafts Imp. & Exp. Co.	12941	12008	933
196	辽宁省畜产进出口公司 Liaoning Provincial Animal By-products Imp. & Exp. Co.	12776	10812	1964
197	黑龙江省民族经济开发公司 Heilongjiang National Economy Development Co.	12715	6691	6024
198	广东省文教体育用品进出口公司 Guangdong Provincial Stationery and Sporting Goods Imp. & Exp. Co.	12710	10119	2591
199	四川省工商实业进出口公司 Sichuan Provincial Commerce and Industry Imp. & Exp. Co.	12677	2668	10009
200	中国新兴进出口总公司 China National Xinxing Imp. & Exp. Co.	12631	7200	5431

*：按对外贸易经济合作部统计排序。
According to the statistics by the Ministry of Foreign Trade and Economic Relations.

3. 外资篇
FOREIGN CAPITAL

3—1

利用外资概况

Utilization of Foreign Capital

金额单位：亿美元

Amount in US $100 Millions

年 份 Year	总 计 Total 项目 Number of Contracts	总 计 Total 金额 Amount	对外借款 Foreign Loans 项目 Number of Contracts	对外借款 Foreign Loans 金额 Amount	外商直接投资 Direct Foreign Investments 项目 Number of Contracts	外商直接投资 Direct Foreign Investments 金额 Amount	外商其他投资额 Other Foreign Investments (Amount)
签订利用外资协议（合同）额 Total Value of Foreign Capital Through Signed Contracts Agreements							
1979—1982	949	205.48	27	135.49	922	60.10	9.89
1983	522	34.30	52	15.13	470	17.32	1.85
1984	1894	47.91	38	19.16	1856	26.51	2.24
1985	3145	98.67	72	35.34	3073	59.32	4.01
1986	1551	117.37	53	84.07	1498	28.34	4.96
1987	2289	121.36	56	78.17	2233	37.09	6.10
1988	6063	160.04	118	98.13	5945	52.97	8.94
1989	5909	114.79	130	51.85	5779	56.00	6.94
1990	7371	120.86	98	50.99	7273	65.96	3.91
1991	13086	195.83	108	71.61	12978	119.77	4.45
1992	48858	694.39	94	107.03	48764	581.24	6.12
1993	83595	1232.73	158	113.06	83437	1114.36	5.31
实际利用外资额 Total Value of Foreign Capital Used							
1979—1982		124.57		106.90		11.66	6.01
1983		19.81		10.65		6.36	2.80
1984		27.05		12.86		12.58	1.61
1985		46.47		26.88		16.61	2.98
1986		72.58		50.14		18.74	3.70
1987		84.52		58.05		23.14	3.33
1988		102.26		64.87		31.94	5.45
1989		100.59		62.86		33.92	3.81
1990		102.89		65.34		34.87	2.68
1991		115.54		68.88		43.66	3.00
1992		192.02		79.11		110.07	2.84
1993		389.60		111.89		275.15	2.56

3—2 对外签订利用外资协议额（按方式分）
AGREEMENT OF CHINA'S UTILIZATION OF FOREIGN CAPITAL BY FORM

金额单位：亿美元
Amount in US $100 Millions

方式 Form	1991 项目 Number	1991 金额 Amount	1992 项目 Number	1992 金额 Amount	1993 项目 Number	1993 金额 Amount
总计 Total	**13086**	**195.83**	**48858**	**694.39**	**83595**	**1232.73**
一、对外借款 External Loans	**108**	**71.61**	**94**	**107.03**	**158**	**113.06**
外国政府贷款 Loans from Foreign Governments	93	22.43	75	43.90	132	28.90
国际金融组织贷款 Loans from International Financial Institutions	15	21.27	19	21.72	26	38.08
出口信贷 Buyers' Credits		6.58		12.02		12.39
外国银行商业贷款 Loans on Convertible Currency from Foreign Banks		20.24		12.68		19.81
对外发行债券股票 Bonds and Shares Issued to Foreign Countries		1.09		12.71		13.88
二、外商直接投资 Direct Foreign Investment	**12978**	**119.77**	**48764**	**581.24**	**83437**	**1114.36**
合资经营 Joint Ventures	8395	60.80	34354	291.29	54003	551.74
合作经营 Contractual Joint Ventures	1778	21.38	5711	132.56	10445	255.00
独资经营 Wholly Foreign-owned Enterprises	2795	36.67	8692	156.96	18975	304.57
合作开发 Joint Exploration	10	0.92	7	0.43		3.05
三、外商其他投资 Other Foreign Investment		**4.45**		**6.12**		**5.31**
补偿贸易 Compensation Trade		2.67		4.15		2.70
国际租赁 International Leasing		0.30		0.77		0.65
加工装配 Processing Assembly		1.48		1.20		1.96

3—3 对外签订利用外资协议额（按行业分）
AGREEMENT OF CHINA'S UTILIZATION OF FOREIGN CAPITAL BY SECTORS

金额单位：万美元
Amount in US $10000

行　业 Sector	1991		1992		1993	
	项目 Number	金额 Amount	项目 Number	金额 Amount	项目 Number	金额 Amount
总计 **Total**	**13086**	**1958260**	**48858**	**6943873**	**83595**	**12327273**
农、林、牧、渔、水利业 Agriculture、Forestry、Animal Husbandry、Fishery and Water Conservancy	334	126374	1023	94149	1715	261284
工业 Industry	11718	1242689	38664	3925884	56612	5404219
建筑业 Construction	78	22220	1126	193858	3167	387837
运输、邮电业 Transportation、Post and Telecommunication Services	79	135269	485	214398	954	390717
商业、饮食、物资供销业 Commerce、Food Services、Material Supply and Marketing	236	17648	1505	144384	4842	460647
房地产、公用事业、服务业 Real Estate、Public Residential and Consultancy Services	401	150373	4536	1811098	11353	4450434
其中：旅游宾馆业 Of Which：Tourist Hotel	48	23883	317	72299	806	148153
卫生体育、社会福利业 Health Care、Sports and Social Welfare	28	6402	100	103277	206	48028
教育、文化艺术业 Education、Culture and Art	51	18719	128	9673	459	55173
科研、综合技术服务业 Science Research and Poly-technical Services	66	1855	223	6185	883	59334
其他 Others	95	236711	1068	440967	3404	809600

3—4（1） 对外签订利用外资协议额（按国别、地区分）

AGREEMENT OF CHINA'S UTILIZATION OF FOREIGN CAPITAL BY COUNTRIES/REGIONS

金额单位：万美元

Amount in US $10000

国别、地区 Country/Region	1991		1992		1993	
	项目 Number	金额 Amount	项目 Number	金额 Amount	项目 Number	金额 Amount
总计 Total	**13086**	**1958260**	**48858**	**6943873**	**83595**	**12327273**
孟加拉国 Bangladesh			1	22	2	57
文莱 Brunei			1	56	3	351
缅甸 Burma			21	794	45	3083
柬埔寨 Cambodia			1	50	12	1578
塞浦路斯 Cyprus			16	362	24	1629
朝鲜 Korea DPR	6	128	31	1882	73	5192
港澳地区 Hong Kong & Macao	8879	807359	31892	4269595	50868	7812860
印度 India					6	411
印度尼西亚 Indonesia	13	1091	78	12141	149	25708
伊朗 Iran			6	67	5	99
伊拉克 Iraq					1	50
以色列 Israel			2	21	7	464
日本 Japan	607	227644	1809	332375	3506	570862
约旦 Jordan			1	28	7	366
科威特 Kuwait	1	3000	2	6200	4	3022
老挝 Laos			1	88		
黎巴嫩 Lebanon	1	6	1	9	2	65
马来西亚 Malaysia	39	4021	169	20928	442	75855
蒙古 Mongolia			1	600	16	371
马尔代夫 Maldives					1	25
阿曼 Oman					1	30
巴基斯坦 Pakistan			1	14	11	252
菲律宾 Philippines	30	1744	153	27611	302	63063
沙特阿拉伯 Saudi Arabia			1	100	2	103
新加坡 Singapore	169	16521	742	100727	1751	313960
韩国 Korea	230	13834	650	42054	1748	172816
斯里兰卡 Sri Lanka	1	8	6	178	9	515
叙利亚 Syria					1	23
泰国 Thailand	52	10827	407	72751	809	107520

3—4（2） 对外签订利用外资协议额（按国别、地区分）
AGREEMENT OF CHINA'S UTILIZATION OF FOREIGN CAPITAL BY COUNTRIES/REGIONS

金额单位：万美元

Amount in US $10000

国别、地区 Country/Region	1991 项目 Number	1991 金额 Amount	1992 项目 Number	1992 金额 Amount	1993 项目 Number	1993 金额 Amount
土耳其 Turkey			1	34	7	441
阿联酋 United Arab Emirates	5	128	28	583	57	1627
也门共和国 Republic of Yemen					2	78
越　南 Vietnam			28	5042	100	5846
台　湾 Taiwan Prov.	1735	139234	6430	554790	10948	997004
贝　宁 Benin					2	27
博茨瓦纳 Botswana					4	147
喀麦隆 Cameroon					3	132
刚　果 Congo			1	8		
埃　及 Egypt			1	6	3	58
冈比亚 Gambia					3	20
加　纳 Ghana			1	8		
几内亚 Guinea			2	190		
几内亚（比绍） Guineabissau			2	312		
科特迪瓦 Cote d'Ivoir			1	20	1	50
肯尼亚 Kenya					3	66
利比里亚 Liberia	3	60	9	1778	18	953
利比亚 Libyan			1	27	2	151
马达加斯加 Madagascar			11	1177	10	1448
马　里 Mali					1	29
毛里塔尼亚 Mauritania					7	178
毛里求斯 Mauritius			5	811	6	85
摩洛哥 Morocco					3	66
尼日利亚 Nigeria			9	1088	3	234
塞拉利昂 Sierra Leone					4	298
索马里 Somalia					1	27
南　非 S. Africa			1	52	18	405
苏　丹 Sudan			1	70	2	26
多　哥 Togo			1	37	7	142
突尼斯 Tunisia	1	35	2	51	5	381

3—4（3） 对外签订利用外资协议额（按国别、地区分）

AGREEMENT OF CHINA'S UTILIZATION OF FOREIGN CAPITAL BY COUNTRIES/REGIONS

金额单位：万美元

Amount in US $10000

国别、地区 Country/Region	1991		1992		1993	
	项目 Number	金额 Amount	项目 Number	金额 Amount	项目 Number	金额 Amount
布基纳法索 Burkina Faso			1	24	3	97
扎伊尔 Zaire					1	7
赞比亚 Zambia			1	3	1	168
莱索托 Lesotho			2	452		
斯威士兰 Swaziland	1	14				
比利时 Belgium	2	70	27	10840	72	48301
丹麦 Denmark	1	1016	13	3167	38	2520
英国 United Kingdom	39	34363	130	67589	348	215138
联邦德国 Germany，FR	27	61650	133	48999	333	137495
法国 France	29	15604	145	158307	317	49742
爱尔兰 Ireland	1	42	1	120	3	2060
意大利 Italy	29	35094	151	70474	241	30500
卢森堡 Luxembourg	1	2008	5	333	6	1311
荷兰 Netherlands	15	2947	40	5850	115	17996
希腊 Greece			1	15	1	35
葡萄牙 Portugal	1	5	2	53	5	243
西班牙 Spain	39	28820	52	31703	110	14767
阿尔巴尼亚 Albania			1	1000		
奥地利 Austria	6	812	59	5567	109	14159
保加利亚 Bulgaria	1	11	1	9	15	803
芬兰 Finland	13	5514	11	8283	19	5233
匈牙利 Hungary	3	94	52	2486	82	4728
冰岛 Iceland			1	30		
列支敦士登 Liechtenstein			1	200	2	256
马耳他 Malta	1	10	1	13	5	391
摩纳哥 Monaco			1	16	1	11
挪威 Norway	5	2096	9	2569	16	4534
波兰 Poland			4	176	20	487
罗马尼亚 Romania			28	586	33	1513
瑞典 Sweden	11	871	41	19919	68	7207

3—4（4） 对外签订利用外资协议额（按国别、地区分）
AGREEMENT OF CHINA'S UTILIZATION OF FOREIGN CAPITAL BY COUNTRIES/REGIONS

金额单位：万美元
Amount in US $10000

国别、地区 Country/Region	1991 项目 Number	1991 金额 Amount	1992 项目 Number	1992 金额 Amount	1993 项目 Number	1993 金额 Amount
瑞　士　Switzerland	14	5309	26	20286	65	16502
拉脱维亚　Latvia					1	10
立陶宛　Lithuania			1	120	1	12
白俄罗斯　Belorussia					3	199
哈萨克　Kazakhstan			2	36	12	464
吉尔吉斯　Kirghizia					2	61
俄罗斯联邦　Russia			132	197199	397	16006
土库曼　Turkmenistan					2	170
乌克兰　Ukraine			4	108	10	261
乌兹别克　Uzbekstan					3	50
捷克斯洛伐克（原）　Former Czechoslovakia			18	573		
捷　克　Czech Rep.					46	1822
南斯拉夫（原）　Former Yugosiavia	1	52	7	1196		
南斯拉夫（新）　Yugeslaia，FR					2	220
原苏联　Former USSR	24	2204				
安提瓜和巴布达　Antigua & Barbuda					1	11
阿根廷　Argentina	4	81	30	893	51	2845
巴哈马　Bahamas			3	61	4	994
巴巴多斯　Barbados					2	916
伯利兹　Belize			5	265	9	447
玻利维亚　Bolivia	13	313	37	1497	52	3927
巴　西　Brazil	3	144	36	896	4	2617
开曼群岛　Cayman Is.			1	192	3	4984
智　利　Chile	2	27	5	492	7	119
哥伦比亚　Colombia	1	13			4	62
多米尼加联邦　Dominica					7	505
哥斯达黎加　Costa Rica			2	1176	2	68
古　巴　Cuba					1	139
多米尼加共和国　Dominican Rep.					2	130
厄瓜多尔　Ecuador					4	176

3—4（5） 对外签订利用外资协议额（按国别、地区分）
AGREEMENT OF CHINA'S UTILIZATION OF FOREIGN CAPITAL BY COUNTRIES/REGIONS

金额单位：万美元
Amount in US $10000

国别、地区 Country/Region	1991 项目 Number	1991 金额 Amount	1992 项目 Number	1992 金额 Amount	1993 项目 Number	1993 金额 Amount
危地马拉 Guatemala					2	644
圭亚那 Guyana					1	19
洪都拉斯 Honduras			1	28	13	2057
牙买加 Jamaica			3	84	1	34
墨西哥 Mexico	1	17	2	62	12	329
巴拿马 Panama	14	964	30	7529	49	8651
巴拉圭 Paraguay	2	26	3	573	9	835
秘　鲁 Peru	3	430	13	910	49	2563
波多黎各 Puerto Rico					1	10
乌拉圭 Uruguay			4	78	1	9
委内瑞拉 Venezuela			1	13	4	517
加拿大 Canada	91	19742	400	45903	987	149961
美　国 United States	694	57502	3265	317085	6750	731006
百慕大 Bermuda	1	1000	10	3123	8	4477
澳大利亚 Australia			363	32047	775	71880
斐　济 Fiji			3	75	9	737
新西兰 New Zealand			44	1484	76	4458
巴布亚新几内亚 Papua New Guinea			5	115	14	948
所罗门群岛 Solomon Is.					3	230
汤　加 Tonga			4	171	10	1029
西萨摩亚 Samoa			2	2488	7	3039
马绍尔群岛 Marshall Islands					4	551
维尔京群岛 Virgin Is.			6	4345	35	29856
大洋洲其他 Oth. Ocean. nes					5	9208
世界银行 World Bank	10	184480	12	144630	18	317200
国际农业发展基金 International Fund for Agriculture Development	2	4680	1	2763	1	2579
亚洲开发银行 Asian Development Bank	3	23550	6	69180	7	61000
其他 Others	2075	383271	929	192677	1016	140299

3—5（1） 对外签订利用外资协议额（按地区、部门分）

AGREEMENT OF CHINA'S UTILIZATION OF FOREIGN CAPITAL BY REGIONS/DEPARTMENTS

金额单位：万美元

Amount in US $10000

地区、部门 Region/Department	1991		1992		1993	
	项目 Number	金额 Amount	项目 Number	金额 Amount	项目 Number	金额 Amount
总计 National Total	**13086**	**1958260**	**48858**	**6943873**	**83595**	**12327273**
一、地区合计 Subtotal of Regions	**12906**	**1203367**	**48125**	**5999852**	**83272**	**11325745**
北京 Beijing	724	30576	2207	14427	3752	686931
天津 Tianjin	354	23756	1702	137584	3538	233838
河北 Hebei	289	19272	1420	164650	2013	194624
山西 Shanxi	53	2806	377	26672	660	40179
内蒙古 Inner Mongolia	67	3446	112	9960	413	36571
辽宁 Liaoning	575	57369	2147	202231	4054	392208
吉林 Jilin	121	5871	606	42051	1469	87586
黑龙江 Heilongjiang	230	11943	710	38709	1706	98665
上海 Shanghai	363	43054	1999	332169	3645	700680
江苏 Jiangsu	1138	77269	7854	717705	10257	1084308
浙江 Zhejiang	585	34760	2338	290105	4487	374563
安徽 Anhui	104	3984	701	35828	1040	84088
福建 Fujian	1219	153663	3113	639958	4714	1140474
江西 Jiangxi	162	7947	906	59431	1293	93189
山东 Shandong	801	68731	4109	398444	7227	717923
河南 Henan	154	12746	768	67891	1779	183368
湖北 Hubei	228	12659	1286	102543	2194	195588
湖南 Hunan	153	7506	782	54016	1360	119958
广东 Guangdong	4554	547782	9769	1984828	16768	3470412
广西 Guangxi	190	11354	1156	104438	2478	384985
海南 Hainan	470	41967	1830	232339	3091	423599
四川 Sichuan	232	15241	1178	110454	2385	306045
贵州 Guizhou	31	2425	210	19079	500	64531
云南 Yunnan	22	2647	204	23432	507	50876
陕西 Shaanxi	54	2085	434	52290	790	92198
甘肃 Gansu	14	1704	45	2811	554	29209
青海 Qinghai	2	18	13	414	54	2065
宁夏 Ningxia	8	128	125	4348	181	11906
新疆 Xinjiang	9	658	24	1045	363	25744

3—5（2） 对外签订利用外资协议额（按地区、部门分）

AGREEMENT OF CHINA'S UTILIZATION OF FOREIGN CAPITAL BY REGIONS/DEPARTMENTS

金额单位：万美元

Amount in US $10000

地区、部门 Region/Department	1991 项目 Number	1991 金额 Amount	1992 项目 Number	1992 金额 Amount	1993 项目 Number	1993 金额 Amount
二、部门合计 Subtotal of Departments	**180**	**754893**	**733**	**944021**	**323**	**1001528**
外经贸部 Ministry of Foreign Economic Relations and Trade	152	259911	164	454932	132	288971
财政部 Ministry of Finance	10	184480	12	144630	18	317200
农业部 Ministry of Agriculture	3	6180	5	3814	1	2579
中国石油化工总公司 China General Petrochemical Company		3000				
中国海洋石油总公司 China National Off-shore Oil Corp.	8	6174	6	4320	14	30462
石油天然气总公司 General Petro and Gas Company	2	14000				
中国国际信托投资公司 China International Trust & Investment Corp.		10845		39500		73075
中国汽车工业总公司 China National Auto Industry Corp.	1	52869				
中国交通银行 Communications Bank of China		4000				
中国人民银行 People's Bank of China	3	23550	6	69180	7	61000
中国银行 Bank of China		186135		193610		185064
中国投资银行 Investment Bank of China		3500				3290
其他 Others	1	249	540	34035	151	39887

3—6 对外签订借款协议额（按行业分）

AGREEMENT OF CHINA'S UTILIZATION OF EXTERNAL LOANS BY SECTORS

金额单位：万美元

Amount in US $10000

行业 Sector	1991		1992		1993	
	项目 Number	金额 Amount	项目 Number	金额 Amount	项目 Number	金额 Amount
总计 Total	**108**	**716087**	**94**	**1070328**	**158**	**1130571**
农、林、牧、渔、水利业 Agriculture、Forestry、Animal Husbandry、Fishery and Water Conservancy	9	103766	6	20159	11	139376
工业 Industry	86	237143	61	605798	63	239856
建筑业 Construction	1	8800	1	10000		
运输、邮电业 Transportation、Post and Telecommunication Services	10	125336	15	59733	39	238740
商业、饮食、物资供销业 Commerce、Food Services、Material Supply and Marketing		80				
房地产、公用事业、服务业 Real Estate、Public Residential and Consultancy Services				3132	31	73319
卫生体育、社会福利业 Health Care、Sports and Social Welfare			9	63751		
教育、文化艺术业 Education、Culture and Art	1	13120			1	10000
科研、综合技术服务业 Science Research and Poly-technical Services					2	559
其他 Others	1	227842	2	307755	11	428721

3—7 对外签订借款协议额（按国别、地区分）

AGREEMENT OF CHINA'S UTILIZATION OF EXTERNAL LOANS BY COUNTRIES/REGIONS

金额单位：万美元

Amount in US ＄10000

国别、地区 Country/Region	1991 项目 Number	1991 金额 Amount	1992 项目 Number	1992 金额 Amount	1993 项目 Number	1993 金额 Amount
总计 Total	**108**	**716087**	**94**	**1070328**	**158**	**1130571**
朝鲜 Korea DPR				50		
港澳地区 HongKong & Macao		23908		70218		104526
日本 Japan	8	139039	4	112350	18	269136
科威特 Kuwait	1	3000	2	6200	2	2939
菲律宾 Philippines				250		
新加坡 Singapore		1000		472		18000
韩国 Korea						14008
比利时 Belgium			6	7460	4	41517
丹麦 Denmark	1	1010	4	2187	8	825
英国 United Kingdom	3	21166	4	38848		16306
联邦德国 Germany，FR	3	5121	3	35565	13	112007
法国 France	5	14166	5	129142	12	26081
意大利 Italy	1	32916	4	59312		6661
卢森堡 Luxembourg		2000				
荷兰 Netherlands	1	1260	3	1707	6	2827
西班牙 Spain	27	27555	10	30315	3	8756
奥地利 Austria					5	6664
芬兰 Finland	10	5456	7	7790	6	4290
挪威 Norway	4	1329	4	2447	5	4046
瑞典 Sweden				15684	2	643
瑞士 Switzerland	1	3313	5	15430	7	7785
俄罗斯联邦 Russia			1	188184		
加拿大 Canada	23	16655	6	14325	28	31587
美国 United States		1973		2894		43001
澳大利亚 Australia	5	5364	5	4464	6	7796
世界银行 World Bank	10	184480	12	144630	18	317200
国际农业开发基金 International Fund for Agriculture Development	2	4680	1	2763	1	2579
亚洲开发银行 Asian Development Bank	3	23550	6	69180	7	61000
其他 Others		197146		105880	7	20391

3—8（1） 对外签订借款协议额（按地区、部门分）

AGREEMENT OF CHINA'S UTILIZATION OF EXTERNAL LOANS BY REGIONS/DEPARTMENTS

金额单位：万美元

Amount in US $ 10000

地区、部门 Region/Department	1991		1992		1993	
	项目 Number	金额 Amount	项目 Number	金额 Amount	项目 Number	金额 Amount
总计 National Total	**108**	**716087**	**94**	**1070328**	**158**	**1130571**
一、地区合计 Subtotal of Regions		**60597**		**151232**		**199392**
北京 Beijing		1924		1174		15037
天津 Tianjin		2800		15481		1000
辽宁 Liaoning		1836		4500		9744
上海 Shanghai				40568		1778
江苏 Jiangsu		521				
浙江 Zhejiang		2914		3686		
福建 Fujian		8356		4197		3155
江西 Jiangxi		2000				2000
山东 Shandong				3000		800
河南 Henan						300
湖北 Hubei		880		744		1414
湖南 Hunan		200		250		17970
广东 Guangdong		35666		69727		140772
广西 Guangxi		900		1680		1300
海南 Hainan		2600		6225		4122
二、部门合计 Subtotal of Departments	**108**	**655490**	**94**	**919096**	**158**	**931179**
外经贸部 Ministry of Foreign Economic Relations and Trade	93	224325	75	437413	132	288971

3—8（2） 对外签订借款协议额（按地区、部门分）
AGREEMENT OF CHINA'S UTILIZATION OF EXTERNAL LOANS BY REGIONS/DEPARTMENTS

金额单位：万美元
Amount in US $ 10000

地区、部门 Region/Department	1991		1992		1993	
	项目 Number	金额 Amount	项目 Number	金额 Amount	项目 Number	金额 Amount
财政部 Ministry of Finance	10	184480	12	144630	18	317200
农业部 Ministry of Agriculture	2	4680	1	2763	1	2579
中国石油化工总公司 China General Petro-chemical Company		3000				
中国海洋石油总公司 China National Off－Shore Oil Corp.		975				
石油天然气总公司 General Petro and Gas Company		1000				
中国国际信托投资公司 China International Trust & Investment Corp.		10845		39500		73075
中国交通银行 Communications Bank of China		4000				
中国人民银行 People's Bank of China	3	23550	6	69180	7	61000
中国银行 Bank of China		186135		193610		185064
中国投资银行 Investment Bank of China		3500				3290
其他 Others				32000		

3—9 对外签订外商直接投资及其他投资协议额（按行业分）
AGREEMENT OF DIRECT AND OTHER FOREIGN INVESTMENT BY SECTORS

金额单位：万美元
Amount in US $ 10000

行业 Sector	1991		1992		1993	
	项目 Number	金额 Amount	项目 Number	金额 Amount	项目 Number	金额 Amount
总计 Total	**12978**	**1242173**	**48764**	**5873545**	**83437**	**11196702**
农、林、牧、渔、水利业 Agriculture、Forestry、Animal Husbandry、Fishery and Water Conservancy	325	22608	1017	73990	1704	121908
工业 Industry	11632	1005546	38603	3320086	56549	5164363
建筑业 Construction	77	13420	1125	183858	3167	387837
运输、邮电业 Transportation、Post and Telecommunication Services	69	9933	470	154665	915	151977
商业、饮食、物资供销业 Commerce、Food Services、Material Supply and Marketing	236	17568	1505	144384	4842	460647
房地产、公用事业、服务业 Real Estate、Public Residential and Consultancy Services	401	150373	4536	1807966	11322	4377115
其中：旅游宾馆业 Of Which：Tourist Hotel	48	23883	317	72299	806	148153
卫生体育、社会福利业 Health Care、Sports and Social Welfare	28	6402	91	39526	206	48028
教育、文化艺术业 Education、Culture and Art	50	5599	128	9673	458	45173
科研、综合技术服务业 Science Research and Poly-technical Services	66	1855	223	6185	881	58775
其他 Others	94	8869	1066	133212	3393	380879

3—10（1） 对外签订外商直接投资及其他投资协议额（按国别、地区分）

AGREEMENT OF DIRECT AND OTHER FOREIGN INVESTMENT BY COUNTRIES/REGIONS

金额单位：万美元

Amount in US $ 10000

国别、地区 Country/Region	1991		1992		1993	
	项目 Number	金额 Amount	项目 Number	金额 Amount	项目 Number	金额 Amount
总计 Total	**12978**	**1242173**	**48764**	**5873545**	**83437**	**11196702**
孟加拉国 Bangladesh			1	22	2	57
文莱 Brunei			1	56	3	351
缅甸 Burma			21	794	45	3083
柬埔寨 Cambodia			1	50	12	1578
塞浦路斯 Cyprus			16	362	24	1629
朝鲜 Korea DPR	6	128	31	1832	73	5192
港澳地区 Hong Kong & Macao	8879	783451	31892	4199377	50868	7708149
印度 India					6	411
印度尼西亚 Indonesia	13	1091	78	12141	149	25708
伊朗 Iran			6	67	5	99
伊拉克 Iraq					1	50
以色列 Israel			2	21	7	464
日本 Japan	599	88605	1805	220025	3488	301476
约旦 Jordan			1	28	7	366
科威特 Kuwait					2	83
老挝 Laos			1	88		
黎巴嫩 Lebanon	1	6	1	9	2	65
马来西亚 Malaysia	39	4021	169	20928	442	75855
蒙古 Mongolia			1	600	16	371
马尔代夫 Maldives					1	25
阿曼 Oman					1	30
巴基斯坦 Pakistan			1	14	11	252
菲律宾 Philippines	30	1744	153	27361	302	63063
沙特阿拉伯 Saudi Arabia			1	100	2	103
新加坡 Singapore	169	15521	742	100255	1751	295960
韩国 Korea			650	42054	1748	158808
斯里兰卡 Sri Lanka	1	8	6	178	9	515
叙利亚 Syria					1	23

3—10（2） 对外签订外商直接投资及其他投资协议额（按国别、地区分）

AGREEMENT OF DIRECT AND OTHER FOREIGN INVESTMENT BY COUNTRIES/REGIONS

金额单位：万美元
Amount in US $ 10000

国别、地区 Country/Region	1991 项目 Number	1991 金额 Amount	1992 项目 Number	1992 金额 Amount	1993 项目 Number	1993 金额 Amount
泰国 Thailand	52	10827	407	72751	809	107520
土耳其 Turkey			1	34	7	441
阿联酋 United Arab Emirates	5	128	28	583	57	1627
也门共和国 Republic of Yemen					2	78
越南 Vietnam			28	5042	100	5846
台湾 Taiwan Prov.			6430	554790	10948	997004
贝宁 Benin					2	27
博茨瓦纳 Botswana					4	147
喀麦隆 Cameroon					3	132
刚果 Congo			1	8		
埃及 Egypt			1	6	3	58
冈比亚 Gambia					3	20
加纳 Ghana			1	8		
几内亚 Guinea			2	190		
几内亚(比绍) Guineabissau			2	312		
科特迪瓦 Cote d'Ivoir			1	20	1	50
肯尼亚 Kenya					3	66
利比里亚 Liberia	3	60	9	1778	18	953
利比亚 Libyan			1	27	2	151
马达加斯加 Madagascar			11	1177	10	1448
马里 Mali					1	29
毛里塔尼亚 Mauritania					7	178
毛里求斯 Mauritius			5	811	6	85
摩洛哥 Morocco					3	66
尼日利亚 Nigeria			9	1088	3	234
塞拉利昂 Sierra Leone					4	297
索马里 Somalia					1	27
南非 S. Africa			1	52	18	405
苏丹 Sudan			1	70	2	26

3—10（3） 对外签订外商直接投资及其他投资协议额（按国别、地区分）

AGREEMENT OF DIRECT AND OTHER FOREIGN INVESTMENT BY COUNTRIES/REGIONS

金额单位：万美元

Amount in US＄10000

国别、地区 Country/Region	1991		1992		1993	
	项目 Number	金额 Amount	项目 Number	金额 Amount	项目 Number	金额 Amount
多哥 Togo			1	37	7	142
突尼斯 Tunisia	1	35	2	51	5	381
布基纳法索 Burkina Faso			1	24	3	97
扎伊尔 Zaire					1	7
赞比亚 Zambia			1	3	1	168
莱索托 Lesotho			2	452		
斯威士兰 Swaziland	1	14				
比利时 Belgium	2	70	21	3380	68	6784
丹麦 Denmark		6	9	980	30	1695
英国 United Kingdom	36	13197	126	28741	348	198832
联邦德国 Germany,FR	24	56529	130	13434	320	25488
法国 France	24	1438	140	29165	305	23661
爱尔兰 Ireland	1	42	1	120	3	2060
意大利 Italy	28	2178	147	11162	241	23839
卢森堡 Luxembourg	1	8	5	333	6	1311
荷兰 Netherlands	14	1687	37	4143	109	15169
希腊 Greece			1	15	1	35
葡萄牙 Portugal	1	5	2	53	5	243
西班牙 Spain	12	1265	42	1388	107	6011
阿尔巴尼亚 Albania			1	1000		
奥地利 Austria	6	812	57	2986	104	7495
保加利亚 Bulgaria	1	11	1	9	15	803
芬兰 Finland	3	58	4	493	13	943
匈牙利 Hungary	3	94	52	2486	82	4728
冰岛 Iceland			1	30		
列支敦士登 Liechtenstein			1	200	2	256
马耳他 Malta	1	10	1	13	5	391
摩纳哥 Monaco			1	16	1	11
挪威 Norway	1	767	5	122	11	488

3—10（4） 对外签订外商直接投资及其他投资协议额（按国别、地区分）

AGREEMENT OF DIRECT AND OTHER FOREIGN INVESTMENT BY COUNTRIES/REGIONS

金额单位：万美元
Amount in US $ 10000

国别、地区 Country/Region	1991		1992		1993	
	项 目 Number	金 额 Amount	项 目 Number	金 额 Amount	项 目 Number	金 额 Amount
波兰 Poland			4	176	20	487
罗马尼亚 Romania			28	586	33	1513
瑞典 Sweden	11	871	41	4235	66	6564
瑞士 Switzerland	13	1996	21	4856	58	8717
拉脱维亚 Latvia					1	10
立陶宛 Lithuania			1	120	1	12
白俄罗斯 Belorussia					3	199
哈萨克 Kazakhstan			2	36	12	464
吉尔吉斯 Kirghizia					2	61
俄罗斯联邦 Russia			131	9015	397	16006
土库曼 Turkmenistan					2	170
乌克兰 Ukraine			4	108	10	261
乌兹别克 Uzbekstan					3	50
捷克斯洛伐克(原) Formar Czechoslovakia			18	573		
捷克 Czech Rep.					46	1822
南斯拉夫(原) Former Yugoslavia	1	52	7	1196		
南斯拉夫(新) Yuaoslavia,FR					2	220
原苏联 Former USSR	24	2204				
安提瓜和巴布达 Antigua & Barbuda					1	11
阿根廷 Argentina	4	81	30	893	51	2845
巴哈马 Bahamas			3	61	4	994
巴巴多斯 Barbados					2	916
伯利兹 Belize			5	265	9	447
玻利维亚 Bolivia	13	313	37	1497	52	3927
巴西 Brazil	3	144	36	896	44	2617
开曼群岛 Cayman Is.			1	192	3	4984
智利 Chile	2	27	5	492	7	119
哥伦比亚 Colombia	1	13			4	62
多米尼加联邦 Dominica					2	130

3—10（5） 对外签订外商直接投资及其他投资协议额（按国别、地区分）

AGREEMENT OF DIRECT AND OTHER FOREIGN INVESTMENT BY COUNTRIES/REGIONS

金额单位：万美元

Amount in US $ 10000

国别、地区 Country/Region	1991		1992		1993	
	项目 Number	金额 Amount	项目 Number	金额 Amount	项目 Number	金额 Amount
哥斯达黎加 Costa Rica			2	1176	2	68
古巴 Cuba					1	139
多米尼加共和国 Dominican Rep.					7	505
厄瓜多尔 Ecuador					4	176
危地马拉 Guatemala					2	644
圭亚那 Guyana					1	19
洪都拉斯 Honduras			1	28	13	2057
牙买加 Jamaica			3	84	1	34
墨西哥 Mexico	1	17	2	62	12	329
巴拿马 Panama	14	964	30	7529	49	8651
巴拉圭 Paraguay	2	26	3	573	9	835
秘鲁 Peru	3	430	13	910	49	2563
波多黎各 Puerto Rico					1	10
乌拉圭 Uruguay			4	78	1	9
委内瑞拉 Venezuela			1	13	4	517
加拿大 Canada	68	3087	394	31578	959	118374
美国 United States	694	55529	3265	314191	6750	687919
百慕大 Bermuda	1	1000	10	3123	8	4477
澳大利亚 Australia	74	4404	358	27583	769	64084
斐济 Fiji			3	75	9	737
新西兰 New Zealand	16	514	44	1484	76	4458
巴布亚新几内亚 Papua New Guinea			5	115	14	948
所罗门群岛 Solomon Is.					3	230
汤加 Tonga			4	171	10	1029
西萨摩亚 Samoa			2	2488	7	3039
马绍尔群岛 Marshall Islands					4	551
维尔京群岛 Virgin Islands	1	560	6	4345	35	29856
大洋洲其他 Oth. Ocean. nes					5	9208
其他 Others	2075	186125	929	86527	1009	119908

3—11（1） 对外签订外商直接投资及其他投资协议额（按地区、部门分）

AGREEMENT OF DIRECT AND OTHER FOREIGN INVESTMENT BY REGIONS/DEPARTMENTS

金额单位：万美元
Amount in US $ 10000

地区、部门 Region/Department	1991		1992		1993	
	项目 Number	金额 Amount	项目 Number	金额 Amount	项目 Number	金额 Amount
总计 National Total	**12978**	**1242173**	**48764**	**5873545**	**83437**	**11196702**
一、地区合计 Subtotal of Regions	**12906**	**1142770**	**48125**	**5848620**	**83272**	**11126353**
北京 Beijing	724	2865	2207	143253	3752	671894
天津 Tianjin	354	20956	1702	122103	3538	232838
河北 Hebei	289	19272	1420	164650	2013	194624
山西 Shanxi	53	2806	377	26672	660	40179
内蒙古 Inner Mongolia	67	3446	112	9960	413	36571
辽宁 Liaoning	575	55533	2147	197731	4054	381898
吉林 Jilin	121	5871	606	42051	1469	87586
黑龙江 Heilongjiang	230	11943	710	38709	1706	98665
上海 Shanghai	363	43054	1999	291601	3645	698902
江苏 Jiangsu	1138	76748	7854	717705	10257	1084308
浙江 Zhejiang	585	31846	2338	286419	4487	374563
安徽 Anhui	104	3984	701	15858	1040	84088
福建 Fujian	1219	145307	3113	635761	4714	1137319
江西 Jiangxi	162	5947	906	59431	1293	91189
山东 Shandong	801	68731	4109	395444	7227	717123
河南 Henan	154	12746	768	67891	1779	183068
湖北 Hubei	228	11779	1286	101799	2194	194174
湖南 Hunan	153	7306	782	53766	1360	101988
广东 Guangdong	4554	512116	9769	1915101	16768	3329640
广西 Guangxi	190	10454	1156	102758	2478	383685

3—11（2） 对外签订外商直接投资及其他投资协议额（按地区、部门分）

AGREEMENT OF DIRECT AND OTHER FOREIGN INVESTMENT BY REGIONS/DEPARTMENTS

金额单位：万美元
Amount in US $ 10000

地区、部门 Region/Department	1991		1992		1993	
	项目 Number	金额 Amount	项目 Number	金额 Amount	项目 Number	金额 Amount
海南 Hainan	470	39367	1830	226114	3091	419477
四川 Sichuan	232	15241	1178	110454	2385	306045
贵州 Guizhou	31	2425	210	19079	500	64531
云南 Yunnan	22	2647	204	23432	507	50876
陕西 Shaanxi	54	2085	434	52290	790	92198
甘肃 Gansu	14	1704	45	2800	554	29209
青海 Qinghai	2	18	13	414	54	2065
宁夏 Ningxia	8	128	125	4348	181	11906
新疆 Xinjiang	9	658	24	1045	363	25744
二、部门合计 Subtotal of Departments	**72**	**99403**	**639**	**24925**	**165**	**70349**
外经贸部 Ministry of Foreign Economic Relations and Trade	59	35586	89	17519		
农业部 Ministry of Agriculture	1	1500	4	1051		
中国海洋石油总公司 China National Off－shore Oil Corp.	8	5199	6	4320	14	30462
石油天然气总公司 General Petro and Gas Company	2	4000				
中国烟草总公司 China National Tobacco Corp.	1	249				
中国汽车工业总公司 China National Auto Industry Corp.	1	52869				
其他 Others			540	2035	151	39887

3—12 实际利用外资额（按方式分）

FOREIGN CAPITAL ACTUALLY USED BY FORM

单位：亿美元

Unit：US $ 100 Millions

方 式 Form	1990	1991	1992	1993
总计 Total	**102.89**	**115.54**	**192.02**	**389.60**
一、对外借款 External Loans	**65.34**	**68.88**	**79.11**	**111.89**
外国政府贷款 Loans from Foreign Governments	25.23	18.10	25.66	30.41
国际金融组织贷款 Loans from International Financial Institutions	10.66	13.65	13.06	22.69
出口信贷 Buyers′ Credits	8.98	11.62	9.89	12.21
外国银行商业贷款 Loans on Convertible Currency from Foreign Banks	20.44	24.43	17.78	32.70
对外发行债券、股票 Bonds and Shares Issued to Foreign Countries	0.03	1.08	12.71	13.88
二、外商直接投资 Direct Foreign Lnvestment	**34.87**	**43.66**	**110.07**	**275.15**
合资经营 JointVentures	18.86	22.99	61.15	153.48
合作经营 Contractual Joint Ventures	6.74	7.63	21.22	52.37
独资经营 Wholly Foreign-owned Enterprises	6.83	11.35	25.20	65.06
合作开发 Joint Exploration	2.44	1.69	2.50	4.24
三、外商其他投资 Other Foreign Investment	**2.68**	**3.00**	**2.84**	**2.56**
补偿贸易 Compensation Trade	1.59	2.08	0.45	0.46
国际租赁 International Leasing	0.30	0.07	1.72	0.90
加工装配 Processing Assembly	0.79	0.85	0.67	1.20

3—13（1） 实际利用外资额（按国别、地区分）
FOREIGN CAPITAL ACTUALLY USED BY COUNTRIES/REGIONS

单位：万美元
Unit：US $ 10000

国别、地区 Country/Region	1990	1991	1992	1993
总计 Total	**1028939**	**1155417**	**1920233**	**3895972**
孟加拉国 Bangladesh	3			
文莱 Brunei				15
缅甸 Burma			283	644
柬埔寨 Cambodia				60
塞浦路斯 Cyprus				219
朝鲜 Korea DPR	50	4	594	1168
港澳地区 Hong Kong & Macao	243168	292496	868995	1951741
印度尼西亚 Indonesia	100	218	2017	6575
伊朗 Iran			12	
以色列 Israel			8	68
日本 Japan	302070	189405	317994	490602
约旦 Jordan				
科威特 Kuwait	2812	3112	1435	11874
老挝 Laos			41	
黎巴嫩 Lebanon			11	
马来西亚 Malaysia	64	196	2467	9142
蒙古 Mongolia				20
巴基斯坦 Pakistan				10
菲律宾 Philippines	167	585	1905	12250
沙特阿拉伯 Saudi Arabia		688		2
新加坡 Singapore	7585	6821	14065	67480

3—13（2） 实际利用外资额（按国别、地区分）
FOREIGN CAPITAL ACTUALLY USED BY COUNTRIES/REGIONS

单位：万美元
Unit：US $ 10000

国别、地区 Country/Region	1990	1991	1992	1993
韩国 Korea			12025	38449
斯里兰卡 Sri Lanka				56
泰国 Thailand	752	1973	8432	23437
土耳其 Turkey				15
阿联酋 United Arab Emirates	23		222	1261
也门共和国 Republic of Yeman				5
越南 Vietnam			902	1161
台湾 Taiwan Prov.			105335	313913
埃及 Egypt				6
科特迪瓦 Cote d'Ivoir				50
肯尼亚 Kenya				18
利比里亚 Liberia		35	1	2866
利比亚 Libyan			110	110
马达加斯加 Madagascar			171	433
毛里求斯 Mauritius	5		11	19
尼日利亚 Nigeria	7		13	140
塞拉利昂 Sierra Leone				9
南非 S. Africa				79
苏丹 Sudan	16			16
多哥 Togo				79
突尼斯 Tunisia		35		
布基纳法索 Burkina Faso				15

3—13（3）　实际利用外资额（按国别、地区分）

FOREIGN CAPITAL ACTUALLY USED BY COUNTRIES/REGIONS

单位：万美元

Unit：US $ 10000

国别、地区 Country/Region	1990	1991	1992	1993
赞比亚　Zambia				3
斯威士兰　Swaziland		3	10	
比利时　Belgium	4273	3153	1507	14684
丹麦　Denmark	1547	2283	2471	817
英国　United Kingdom	51957	22734	21553	57066
联邦德国　Germany，FR	39848	24494	25665	27449
法国　France	57934	85322	77696	77475
爱尔兰　Ireland		250	100	150
意大利　Italy	12539	13221	26743	36165
卢森堡　Luxembourg	324	1435	1177	159
荷兰　Netherlands	5019	2952	3746	13421
葡萄牙　Portugal				23
西班牙　Spain	10969	21863	15524	24553
奥地利　Austria	20380	15626	16819	8883
保加利亚　Bulgaria				97
芬兰　Finland	6152	7672	1033	5913
匈牙利　Hungary			306	609
挪威　Norway	1606	2037	1013	2028
波兰　Poland				101
罗马尼亚　Romania			8	144
瑞典　Sweden	6160	7780	12359	11903
瑞士　Switzerland	5809	9906	14704	9273

3—13（4） 实际利用外资额（按国别、地区分）

FOREIGN CAPITAL ACTUALLY USED BY COUNTRIES/REGIONS

单位：万美元
Unit：US $ 10000

国别、地区 Country/Region	1990	1991	1992	1993
白俄罗斯 Belorussia				126
哈萨克 Kazakhstan				63
俄罗斯联邦 Russia			1627	4194
乌克兰 Ukraine				5
乌兹别克 Uzbekstan				10
捷克 Czech Rep				182
南斯拉夫（原） Former Yugoslavia	1054	5		
南斯拉夫（新） Yugoslavia，FR				12
原苏联 Former USSR		2951		
阿根廷 Argentina		16	176	1225
巴哈马 Bahamas			46	72
伯利兹 Belize			17	9
玻利维亚 Bolivia		91	370	300
巴西 Brazil	6	34	195	237
智利 Chile		5		169
哥伦比亚 Colombia				35
多米尼加联邦 Dominica				46
哥斯达黎加 Costa Rica			300	454
厄瓜多尔 Ecuador				15
圭亚那 Guyana				8
洪都拉斯 Honduras				52
墨西哥 Mexico				28

3—13（5） 实际利用外资额（按国别、地区分）
FOREIGN CAPITAL ACTUALLY USED BY COUNTRIES/REGIONS

单位：万美元
Unit：US＄10000

国别、地区 Country/Region	1990	1991	1992	1993
巴拿马 Panama	676	356	819	1484
巴拉圭 Paraguay			58	187
秘鲁 Peru			12	175
加拿大 Canada	24096	40334	27496	36176
美国 United States	59614	44399	58114	266253
百慕大 Bermuda		800	29	1853
澳大利亚 Australia	6126	3172	3516	18678
斐济 Fiji				10
新西兰 New Zealand	888	80	282	912
巴布亚新几内亚 Papua New Guinea			30	126
汤加 Tonga			13	24
西萨摩亚 Samoa				98
维尔京群岛 Virgin Islands			400	1392
大洋洲其他 Oth. Ocean. nes				193
世界银行 World Bank	101061	117266	109704	190491
国际农业发展基金 International Fund for Agriculture Development	434	1499	1541	2040
亚洲开发银行 Asian Development Bank	5064	17712	18775	34340
其他 Others	48581	210398	13710	109375

3—14（1） 实际利用外资额（按地区、部门分）
FOREIGN CAPITAL ACTUALLY USED BY REGIONS/DEPARTMENTS

单位：万美元
Unit：US＄ 10000

地区、部门 Region/Department	1990	1991	1992	1993
总计 National Total	**1028939**	**1155417**	**1920233**	**3895972**
一、地区合计 Subtotal of Regions	**549378**	**673916**	**1305937**	**3023321**
北京 Beijing	39202	29960	36159	81731
天津 Tianjin	9856	26089	26259	62368
河北 Hebei	9780	9628	11309	39654
山西 Shanxi	777	3076	5384	8643
内蒙古 Inner Mongolia	1064	242	828	8526
辽宁 Liaoning	72739	64518	68012	139693
吉林 Jilin	3085	5449	7534	27527
黑龙江 Heilongjiang	4695	2953	7269	23232
上海 Shanghai	32104	33025	89929	317803
江苏 Jiangsu	24769	31471	146324	284371
浙江 Zhejiang	12777	14381	27664	103175
安徽 Anhui	4228	2512	5466	25764
福建 Fujian	42684	57049	146561	290599
江西 Jiangxi	3587	5065	12179	22817
山东 Shandong	23045	37308	102685	188267
河南 Henan	3412	7544	5316	30491
湖北 Hubei	9391	14114	21057	55467
湖南 Hunan	14029	10274	13521	61716
广东 Guangdong	201541	258375	474641	984313
广西 Guangxi	6260	8654	19881	89756

3—14（2） 实际利用外资额（按地区、部门分）

FOREIGN CAPITAL ACTUALLY USED BY REGIONS/DEPARTMENTS

单位：万美元

Unit：US $ 10000

地区、部门 Region/Department	1990	1991	1992	1993
海南 Hainan	11698	21244	51480	74832
四川 Sichuan	6318	15439	11214	57141
贵州 Guizhou	1110	1634	1979	4294
云南 Yunnan	1216	2137	2875	9702
陕西 Shaanxi	7364	3574	4553	23430
甘肃 Gansu	124	478	35	1195
青海 Qinghai			68	324
宁夏 Ningxia	25	303	352	1190
新疆 Xinjiang	2498	7420	5403	5300
二、部门合计 Subtotal of Departments	**479561**	**481501**	**614296**	**872651**
外经贸部 Ministry of Foreign Economic Relations and Trade	21157	8049	158955	155958
财政部 Ministry of Finance	499	10878	108035	190491
纺织部 Ministy of Textile Industry	27			
铁道部 Ministry of Railways	21097	30803		
机械电子部 Ministry of Machine-building and Electronic Industry	143	16		
交通部 Ministry of Transportation	43797	26057		
地质矿产部 Ministry of Geology and Minerals	2306	595		
建设部 Ministry of Construction	6646	2036		
能源部 Ministry of Energy	69239	33473		
文化部 Ministry of Culture	630			
民航局 General Administration of Civil Aviation of China	800			
邮电部 Ministry of Posts & Telecommunications	3938	1839		

3—14（3） 实际利用外资额（按地区、部门分）
FOREIGN CAPITAL ACTUALLY USED BY REGIONS/DEPARTMENTS

单位：万美元
Unit：US＄ 10000

地区、部门 Region/Department	1990	1991	1992	1993
国家教育委员会 State Education Commission	5680	5973		
卫生部 Ministry of Public Health	8773	7452		
农业部 Ministry of Agriculture	14982	16905	1541	2040
林业部 Ministry of Forestry	3310	4712		
化工部 Ministry of Chemical Industry	4473	3292		
中国科学院 Chinese Acadmy of Sciences	146			
国务院港澳办公室 Hong Kong & Macao Affairs Office	1755			
国家信息中心 National Information Centre	231	146		
国家体育运动委员会 State Sports Commission	3			
中国石油化工总公司 China General Petro-chemical Company	8000	3000		
中国海洋石油总公司 China National Off-shore Oil Corp.	32531	17355	25013	42404
石油天然气总公司 General Petro and Gas Company	11358	11515	6158	
核工业总公司 China National Nuclear Corp.	116			
北方工业总公司 China North Industries Corp.	166			
中国国际信托投资公司 China International Trust & Investment Corp.		20054	55873	73075
华能国际电力开发公司 Huaneng Power Generation Corp.	3951	2396	122	
中国汽车工业总公司 China National Auto Industry Corp.		4704		
中国银行 Bank of China	187121	237080	227824	331389
中国人民银行 People′s Bank of China	5064		18775	34340
中国投资银行 Investment Bank of China	13754	19179	5000	42445
中国农业银行 Agriculture Bank of China	1789	9992		
中国交通银行 Communications Bank of China	3169	4000	7000	
其他 Others	2910			509

3—15 对外借款实际使用额（按国别、地区分）
EXTERNAL LOANS ACTUALLY USED BY COUNTRIES/REGIONS

单位：万美元
Unit：US＄ 10000

国别、地区 Country/Region	1990	1991	1992	1993
总计 Total	**653452**	**688756**	**791071**	**1118885**
朝鲜 Korea DPR			50	
港澳地区 Hong Kong & Macao	31320	26315	78101	148492
日本 Japan	250022	128453	243167	354465
科威特 Kuwait	412	3088	760	3428
菲律宾 Philippines			250	
新加坡 Singapore	2257	1000	1472	18300
韩国 Korea				300
比利时 Belgium	3473	3143	1061	12110
丹麦 Denmark	508	2283	1256	402
英国 United Kingdom	49967	18946	17703	35015
联邦德国 Germany，FR	32910	8322	16537	21201
法国 France	55590	84152	73004	63334
意大利 Italy	11727	9091	24077	26176
卢森堡 Luxembourg	324	1435	1107	
荷兰 Netherlands	2841	2285	905	5021
西班牙 Spain	10244	21769	15359	23583
奥地利 Austria	19596	15384	16230	7320
芬兰 Finland	6002	7672	1017	5862
挪威 Norway	1383	1432	507	1894
瑞典 Sweden	6149	7703	11358	9612
瑞士 Switzerland	5651	8675	11760	4585
原苏联 Former USSR	1054	2853		
加拿大 Canada	23203	39194	21589	22488
美国 United States	13493	11333	6170	59468
澳大利亚 Australia	3611	1681	11	7644
世界银行 World Bank	101061	117266	109704	190491
国际农业发展基金 International Fund for Agriculture Development	434	1499	1541	2040
亚洲开发银行 Asian Development Bank	5064	17712	18775	34340
其他 Others	15156	146088	117600	61314

3—16（1） 对外借款实际使用额（按地区、部门分）

EXTERNAL LOANS ACTUALLY USED BY REGIONS/DEPARTMENTS

单位：万美元

Unit：US＄10000

地区、部门 Region/Department	1990	1991	1992	1993
总计 National Total	**653452**	**688756**	**791071**	**1118885**
一、地区合计 Subtotal of Regions	**205763**	**231333**	**205218**	**289147**
北京 Beijing	11307	5465	1174	15037
天津 Tianjin	6163	12828	15481	1000
河北 Hebei	5333	3972		
山西 Shanxi	437	2696		
内蒙古 Inner Mongolia		76	308	
辽宁 Liaoning	47008	28279	16370	11780
吉林 Jilin	1325	2285		
黑龙江 Heilongjiang	1859	868	52	
上海 Shanghai	14703	18506	40568	1778
江苏 Jiangsu	11372	9549		
浙江 Zhejiang	7863	5152	3686	
安徽 Anhui	2874	1445		
福建 Fujian	10695	9933	4197	3155
江西 Jiangxi	2836	3116	2207	2000
山东 Shandong	4475	15669	2343	854
河南 Henan	2276	3745		
湖北 Hubei	6215	9450	744	1414
湖南 Hunan	12614	7731	250	17970
广东 Guangdong	43310	64087	104530	228737
广西 Guangxi	2697	5469	1680	1300
海南 Hainan	1396	3572	6225	4122
四川 Sichuan	3881	7348		
贵州 Guizhou	52	225		
云南 Yunnan	478	1786		
陕西 Shaanxi	2633	398		
宁夏 Ningxia		285		
新疆 Xinjiang	1961	7398	5403	

3—16（2） 对外借款实际使用额（按地区、部门分）
EXTERNAL LOANS ACTUALLY USED BY REGIONS/DEPARTMENTS

单位：万美元
Unit：US $ 10000

地区、部门 Region/Department	1990	1991	1992	1993
二、部门合计 Subtotal of Departments	**447689**	**457423**	**585853**	**829738**
外经贸部 Ministry of Foreign Economic Relations and Trade	20427	6788	155525	155958
财政部 Ministry of Finance	499	10878	108035	190491
铁道部 Ministry of Railways	21097	30803		
交通部 Ministry of Transportation	43797	26057		
能源部 Ministry of Energy	69213	33473		
建设部 Ministry of Construction	6646	2036		
邮电部 Ministry of Posts & Telecommunications	3912	1839		
国家教育委员会 State Education Commission	5680	5973		
卫生部 Ministry of Public Health	8773	7452		
农业部 Ministry of Agriculture	14982	16905	1541	2040
林业部 Ministry of Forestry	3310	4712		
化工部 Ministry of Chemical Industry	4473	3292		
地质矿产部 Ministry of Geology and Minerals	2306	595		
机械电子部 Ministry of Machine-building and Electronic Industry	37	16		
国家信息中心 National Information Centre	231	146		
中国石油化工总公司 China General Petro-chemical Company	8000	3000		
中国海洋石油总公司 China National Off-shore Oil Corp.	8100	851		
石油天然气总公司 General Petro and Gas Company	11358	11115	6158	
中国国际信托投资公司 China International Trust & Investment Corp.		18845	55873	73075
华能国际电力开发公司 Huaneng Power Generation Corp.	3951	2396	122	
中国交通银行 Communications Bank of China	3169	4000	7000	
中国人民银行 People's Bank of China	5064		18775	34340
中国银行 Bank of China	187121	237080	227824	331389
中国投资银行 Investment Bank of China	13754	19179		42445
中国农业银行 Agriculture Bank of China	1789	9992		

3—17（1） 外商直接投资及其他投资实际发生额（按国别、地区分）

DIRECT AND OTHER FOREIGN INVESTMENT ACTUALLY USED BY COUNTRIES/REGIONS

单位：万美元

Unit：US＄ 10000

国别、地区 Country/Region	1990	1991	1992	1993
总计 Total	**375487**	**466661**	**1129162**	**2777087**
孟加拉国 Bangladesh	3			
文莱 Brunei				15
缅甸 Burma			283	644
柬埔寨 Cambodia				60
塞浦路斯 Cyprus				219
朝鲜 Korea DPR	50	4	544	1168
港澳地区 Hong Kong & Macao	211848	266181	790894	1803249
印度尼西亚 Indonesia	100	218	2017	6575
伊朗 Iran			12	
以色列 Israel			8	68
日本 Japan	52048	60952	74827	136137
科威特 Kuwait	2400	24	675	8446
老挝 Laos			41	
黎巴嫩 Lebanon			11	
马来西亚 Malaysia	64	196	2467	9142
蒙古 Mongolia				20
巴基斯坦 Pakistan				10
菲律宾 Philippines	167	585	1655	12250
沙特阿拉伯 Saudi Arabia		688		2
新加坡 Singapore	5328	5821	12593	49180
韩国 Korea			12025	38149
斯里兰卡 Sri Lanka				56
泰国 Thailand	752	1973	8342	23437
土耳其 Turkey				15
阿联酋 United Arab Emirates	23		222	1261
也门共和国 Republic of Yemen				5
越南 Vietnam			902	1161
台湾 Taiwan Prov.			105335	313913
埃及 Egypt				6
科特迪瓦 Cote d' Ivoir				50
肯尼亚 Kenya				18
利比里亚 Liberia		35	1	2866
利比亚 Libyan			110	110

3—17（2） 外商直接投资及其他投资实际发生额（按国别、地区分）

DIRECT AND OTHER FOREIGN INVESTMENT ACTUALLY USED BY COUNTRIES/REGIONS

单位：万美元

Unit：US $ 10000

国别、地区 Country/Region	1990	1991	1992	1993
马达加斯加 Madagascar			171	433
毛里求斯 Mauritius	5		11	19
尼日利亚 Nigeria	7		13	140
塞拉利昂 Sierra Leone				9
南非 S. Africa				79
苏丹 Sudan	16			16
多哥 Togo				79
突尼斯 Tunisia		35		
布基纳法索 Burkina Faso				15
赞比亚 Zambia				3
斯威士兰 Swaziland		3	10	
比利时 Belgium	800	10	446	2574
丹麦 Denmark	1039		1215	415
英国 United Kingdom	1990	3788	3850	22051
联邦德国 Germany，FR	6938	16172	9128	6248
法国 France	2344	1170	4692	14141
爱尔兰 Ireland		250	100	150
意大利 Italy	812	4130	2666	9989
卢森堡 Luxembourg			70	159
荷兰 Netherlands	2178	667	2841	8400
葡萄牙 Portugal				23
西班牙 Spain	725	94	165	970
奥地利 Austria	784	242	589	1563
保加利亚 Bulgaria				97
芬兰 Finland	150		16	51
匈牙利 Hungary			306	609
挪威 Norway	223	605	506	134
波兰 Poland				101
罗马尼亚 Romania			8	144
瑞典 Sweden	11	77	1001	2291
瑞士 Switzerland	158	1231	2944	4688
南斯拉夫（原） Former Yugoslavia		5	127	
南斯拉夫（新） Yugoslavia，FR				12
白俄罗斯 Belorussia				126

3—17（3） 外商直接投资及其他投资实际发生额（按国别、地区分）

DIRECT AND OTHER FOREIGN INVESTMENT ACTUALLY USED BY COUNTRIES/REGIONS

单位：万美元
Unit：US＄ 10000

国别、地区 Country/Region	1990	1991	1992	1993
哈萨克 Kazakhstan				63
俄罗斯联邦 Russia			1627	4194
乌克兰 Ukraire				5
乌兹别克 Uzbekstan				10
捷克 Czech Rep.				182
原苏联 Former USSR		116		
阿根廷 Argentina		16	176	1225
巴哈马 Bahamas			46	72
伯利兹 Belize			17	9
玻利维亚 Bolivia		91	370	300
巴西 Brazil	6	34	195	237
智利 Chile		5		169
哥伦比亚 Colombia				35
多米尼加联邦 Dominica				46
哥斯达黎加 Costa Rica			300	454
厄瓜多尔 Ecuador				15
圭亚那 Guyana				8
洪都拉斯 Honduras				52
墨西哥 Mexico				28
巴拿马 Panama	676	356	819	1484
巴拉圭 Paraguay			58	187
秘鲁 Peru			12	175
加拿大 Canada	893	1140	5907	13688
美国 United States	46121	33066	51944	206785
百慕大 Bermuda		800	29	1853
澳大利亚 Australia	2515	1491	3505	11034
斐济 Fiji				10
新西兰 New Zealand	888	80	282	912
巴布亚新几内亚 Papua New Guinea			30	126
汤加 Tonga			13	24
西萨摩亚 Samoa				98
维尔京群岛 Virgin Islands			400	1392
大洋洲其他 Oth. Ocean. nes				193
其他 Others	33425	64310	19503	48061

3—18（1） 外商直接投资及其他投资实际发生额（按地区、部门分）

DIRECT AND OTHER FOREIGN INVESTMENT ACTUALLY USED BY REGIONS/DEPARTMENTS

单位：万美元

Unit：US $ 10000

地区、部门 Region/Department	1990	1991	1992	1993
总计 National Total	**375487**	**466661**	**1129162**	**2777087**
一、地区合计 Subtotal of Regions	**343615**	**442583**	**1100719**	**2734174**
北京 Beijing	27895	24495	34985	66694
天津 Tianjin	3693	13261	10778	52368
河北 Hebei	4447	5656	11309	39654
山西 Shanxi	340	380	5384	8643
内蒙古 Inner Mongolia	1064	166	520	8526
辽宁 Liaoning	25731	36239	51642	127913
吉林 Jilin	1760	3164	7534	27527
黑龙江 Heilongjiang	2836	2085	7217	23232
上海 Shanghai	17401	14519	49361	316025
江苏 Jiangsu	13397	21922	146324	284371
浙江 Zhejiang	4914	9229	23978	103175
安徽 Anhui	1354	1067	5466	25764
福建 Fujian	31989	47116	142364	
江西 Jiangxi	751	1949	9972	20817
山东 Shandong	18570	21639	100342	187413
河南 Henan	1136	3799	5316	30491
湖北 Hubei	3176	4664	20313	54053
湖南 Hunan	1415	2543	13271	43746
广东 Guangdong	158231	194288	370111	755576
广西 Guangxi	3563	3185	18201	88456
海南 Hainan	10302	17672	45255	70710
四川 Sichuan	2437	8091	11214	57141
贵州 Guizhou	1058	1409	1979	4294
云南 Yunnan	738	351	2875	9702
陕西 Shaanxi	4731	3176	4553	23430
甘肃 Gansu	124	478	35	1195
青海 Qinghai			68	324
宁夏 Ningxia	25	18	352	1190
新疆 Xinjiang	537	22		5300

3—18 (2) 外商直接投资及其他投资实际发生额（按地区、部门分）

DIRECT AND OTHER FOREIGN INVESTMENT ACTUALLY USED BY REGIONS/DEPARTMENTS

单位：万美元

Unit：US＄ 10000

地区、部门 Region/Department	1990	1991	1992	1993
二、部门合计 Subtotal of Departments	**31872**	**24078**	**28443**	**42913**
外经贸部 Ministry of Foreign Economic Relations and Trade	730	1261	3430	
纺织部 Ministry of Textile Industry	27			
机械电子部 Ministry of Machine-building and Electronic Industry	106			
能源部 Ministry of Energy	26			
文化部 Ministry of Culture	630			
民航局 General Administration of Civil Aviation of China	800			
邮电部 Ministry of Posts & Telecommunications	26			
中国科学院 Chinese Academy of Sciences	146			
国务院港澳办公室 Hong Kong & Macao Affairs Office	1755			
国家体育运动委员会 State Sports Commission	3			
中国海洋石油总公司 China National Off-shore Oil Corp.	24431	16504	25013	42404
石油天然气总公司 General Petro and Gas Company		400		
核工业总公司 China National Nuclear Corp.	116			
北方工业总公司 China North Industries Corp.	166			
中国国际信托投资公司 China International Trust & Investment Corp.		1209		
中国汽车工业总公司 China National Auto Industry Corp.		4704		
其他 Others	2910			509

3—19（1） 各地区吸收外商直接投资情况

DIRECT FOREIGN INVESTMENT BY REGIONS

金额单位：万美元

Amount in US $ 10000

地　区 Region	1990			1991		
	对外签订项目数 Agreement Number	外商协议投资额 Agreement Amount	外商实际投资额 Actually Used Amount	对外签订项目数 Agreement Number	外商协议投资额 Agreement Amount	外商实际投资额 Actually Used Amount
总计 Total	**7228**	**632837**	**324251**	**12910**	**1079662**	**405638**
北京 Beijing	241	11688	27695	724	28488	24482
天津 Tianjin	129	16367	8315	354	19656	9388
河北 Hebei	110	8593	3935	289	19272	4437
山西 Shanxi	25	1237	340	53	2664	421
内蒙古 Inner Mongolia	14	1946	1064	67	2870	110
辽宁 Liaoning	365	46703	24831	575	54006	31360
吉林 Jilin	52	2165	1694	121	3926	1802
黑龙江 Heilongjiang	79	2869	2534	245	11841	1905
上海 Shanghai	201	37463	17719	365	45001	16420
江苏 Jiangsu	392	27712	14110	1142	78727	23324
浙江 Zhejiang	294	13313	4844	585	31728	9162
安徽 Anhui	53	1920	961	104	3674	954
福建 Fujian	1044	117287	29002	1202	112606	40268
江西 Jiangxi	54	2855	621	162	5562	1949
山东 Shandong	366	23283	15084	801	65520	17950
河南 Henan	50	2107	1049	154	12716	3791
湖北 Hubei	99	3947	2900	228	11516	4643
湖南 Hunan	45	2678	1116	154	8040	2276
广东 Guangdong	3042	268958	145984	4554	490530	182286
广西 Guangxi	114	12523	3025	190	9313	3871
海南 Hainan	252	12882	10055	470	39367	17606
四川 Sichuan	134	10057	1553	232	12307	2439
贵州 Guizhou	21	1632	468	31	2414	734
云南 Yunnan	11	245	260	22	1614	296
陕西 Shaanxi	24	1133	4191	54	2068	3159
甘肃 Gansu	8	292	85	14	1051	93
宁夏 Ningxia	4	102	103	8	129	105
新疆 Xinjiang	5	880	713	10	3056	407

3—19（2） 各地区吸收外商直接投资情况
DIRECT FOREIGN INVESTMENT BY REGIONS

金额单位：万美元

Amount in US $ 10000

地 区 Region	1992 对外签订项目数 Agreement Number	1992 外商协议投资额 Agreement Amount	1992 外商实际投资额 Actually Used Amount	1993 对外签订项目数 Agreement Number	1993 外商协议投资额 Agreement Amount	1993 外商实际投资额 Actually Used Amount
总计 Total	**49327**	**5970395**	**1123153**	**80802**	**10894073**	**2613083**
北京 Beijing	2196	146819	34984	3752	627924	66694
天津 Tianjin	1702	121927	11605	3538	225567	23257
河北 Hebei	1363	133253	17382	1917	169052	35735
山西 Shanxi	377	26670	5384	660	40179	7038
内蒙古 Inner Mongolia	276	16068	610	413	35861	
辽宁 Liaoning	2148	197922	43916	4054	379615	122731
吉林 Jilin	607	39988	6597	1434	76575	23784
黑龙江 Heilongjiang	920	54355	10250	1710	99000	22626
上海 Shanghai	2012	335725	78996	3650	701614	231762
江苏 Jiangsu	8194	769010	140293	10032	1005589	300185
浙江 Zhejiang	2338	290891	29398	4487	374563	103271
安徽 Anhui	703	37563	5002	1040	84088	25783
福建 Fujian	3113	635101	141633	4714	1136617	286745
江西 Jiangxi	906	58990	9653	1293	90983	20817
山东 Shandong	4109	391961	97335	7229	705116	184319
河南 Henan	768	66251	5216	1655	151395	43466
湖北 Hubei	1286	101792	20308	2188	193613	53441
湖南 Hunan	782	52164	12853	1360	100678	43267
广东 Guangdong	9769	1885764	355150	16768	3314887	749805
广西 Guangxi	1338	145001	18026	2478	381404	87203
海南 Hainan	1830	226114	45160	3091	419477	73449
四川 Sichuan	1333	124238	18418	2385	304008	57791
贵州 Guizhou	210	18738	1979	500	64531	4294
云南 Yunnan	202	16797	2313	509	50062	9702
陕西 Shaanxi	424	52290	4583	790	92204	23432
甘肃 Gansu	174	12688	4740	556	29253	5610
青海 Qinghai				55	2568	389
宁夏 Ningxia	83	2815	348	181	11906	1190
新疆 Xinjiang	164	9500	1021	363	25744	5297

3—20（1） 各地区吸收外商直接投资情况（合资经营）

DIRECT FOREIGN INVESTMENT IN JOINT VENTURES BY REGIONS

金额单位：万美元

Amount in US $ 10000

地区 Region	1990 对外签订项目数 Agreement Number	1990 外商协议投资额 Agreement Amount	1990 外商实际投资额 Actually Used Amount	1991 对外签订项目数 Agreement Number	1991 外商协议投资额 Agreement Amount	1991 外商实际投资额 Actually Used Amount
总计 Total	**4056**	**262811**	**187613**	**8357**	**535259**	**222197**
北京 Beijing	210	10743	26485	612	23454	23958
天津 Tianjin	70	7477	5548	230	10823	4394
河北 Hebei	102	7228	3444	260	17008	3638
山西 Shanxi	23	502	340	48	2487	421
内蒙古 Inner Mongolia	8	894	67	53	2327	110
辽宁 Liaoning	282	35959	13757	437	25521	19561
吉林 Jilin	43	1676	1634	104	3057	1723
黑龙江 Heilongjiang	62	2086	2273	181	8591	1495
上海 Shanghai	159	19799	10771	292	33561	8737
江苏 Jiangsu	354	22457	13787	1046	59627	20099
浙江 Zhejiang	249	7718	3604	493	17905	7485
安徽 Anhui	46	1689	937	82	2584	769
福建 Fujian	433	29592	12617	575	36083	16888
江西 Jiangxi	42	1720	274	119	3948	991
山东 Shandong	309	18500	12103	674	44699	13979
河南 Henan	39	1311	708	128	10842	3214
湖北 Hubei	75	2464	2492	201	10621	4057
湖南 Hunan	32	1457	873	124	4124	1748
广东 Guangdong	1213	73863	64563	2119	180601	78614
广西 Guangxi	57	2608	1861	98	4991	2447
海南 Hainan	98	3853	4816	205	17473	4051
四川 Sichuan	93	6408	1092	183	8137	2120
贵州 Guizhou	15	603	415	22	1373	157
云南 Yunnan	7	159	234	12	931	201
陕西 Shaanxi	21	1071	2068	39	971	954
甘肃 Gansu	7	262	78	9	535	43
宁夏 Ningxia	3	82	85	4	45	60
新疆 Xinjiang	4	630	687	7	2940	283

3—20（2） 各地区吸收外商直接投资情况（合资经营）

DIRECT FOREIGN INVESTMENT IN JOINT VENTURES BY REGIONS

金额单位：万美元

Amount in US $ 10000

地　区 Region	1992 对外签订项目数 Agreement Number	1992 外商协议投资额 Agreement Amount	1992 外商实际投资额 Actually Used Amount	1993 对外签订项目数 Agreement Number	1993 外商协议投资额 Agreement Amount	1993 外商实际投资额 Actually Used Amount
总计 Total	**34630**	**2997263**	**639419**	**53488**	**5442284**	**1496650**
北京 Beijing	1719	116064	308666	2804	412087	51933
天津 Tianjin	861	56961	5901	1066	114556	16641
河北 Hebei	1209	74047	10176	1684	131323	26942
山西 Shanxi	322	17206	3715	578	33084	5231
内蒙古 Inner Mongolia	237	12081	610	357	26565	
辽宁 Liaoning	1795	154734	24957	3394	279586	87250
吉林 Jilin	499	29129	4971	1091	53880	19355
黑龙江 Heilongjiang	604	37973	6333	990	64607	13779
上海 Shanghai	1602	237188	63379	2448	446914	143250
江苏 Jiangsu	7666	591444	118227	8816	731166	23048
浙江 Zhejiang	2004	147933	25520	3770	269855	71288
安徽 Anhui	597	30579	4387	835	71289	20380
福建 Fujian	1375	157962	48528	1775	239879	98484
江西 Jiangxi	704	39586	6768	951	60074	14922
山东 Shandong	3435	286296	80418	5625	450693	146659
河南 Henan	660	52438	4240	1382	110259	34384
湖北 Hubei	1097	70958	15977	1648	118061	38565
湖南 Hunan	646	35571	7271	1032	68465	32038
广东 Guangdong	4219	564629	130046	6811	1084736	281576
广西 Guangxi	893	69437	7181	1599	232671	45347
海南 Hainan	530	72117	18908	654	69965	46410
四川 Sichuan	1003	68921	12844	1585	174242	37426
贵州 Guizhou	155	10446	611	378	48097	3443
云南 Yunnan	136	8982	1383	368	32785	7323
陕西 Shaanxi	336	36752	2263	631	64817	15852
甘肃 Gansu	136	9934	2900	372	19297	3068
青海 Qinghai				38	1095	333
宁夏 Ningxia	59	2213	242	102	6940	694
新疆 Xinjiang	131	5682	797	304	17600	3639

3—21（1） 各地区吸收外商直接投资情况（合作经营）

DIRECT FOREIGN INVESTMENT IN CONTRACTUAL JOINT VENTURES BY REGIONS

金额单位：万美元

Amount in US $ 10000

地 区 Region	1990			1991		
	对外签订项目数 Agreement number	外商协议投资额 Agreement Amount	外商实际投资额 Actually Used Amount	对外签订项目数 Agreement Number	外商协议投资额 Agreement Amount	外商实际投资额 Actually Used Amount
总计 Total	**1316**	**125779**	**66295**	**1763**	**199028**	**69026**
北京 Beijing	1	17	869	18	965	52
天津 Tianjin	2	18	72	6	354	63
河北 Hebei	1	215	464	7	868	222
山西 Shanxi				2	53	
内蒙古 Inner Mongolia	3	995	984	6	389	
辽宁 Liaoning	34	1924	770	64	2566	1136
吉林 Jilin	6	472	57	5	75	73
黑龙江 Heilongjiang	2	61	112	7	1255	
上海 Shanghai	12	4025	6746	23	666	2292
江苏 Jiangsu	11	2768	249	32	11455	896
浙江 Zhejiang	15	1740	241	13	588	593
安徽 Anhui	1	5	7	5	154	60
福建 Fujian	94	7259	2780	63	7067	1954
江西 Jiangxi	7	553	263	15	489	617
山东 Shandong	17	636	2103	51	9638	1096
河南 Henan	1	254	266	8	231	283
湖北 Hubei	7	119	85	6	221	60
湖南 Hunan	7	1096	172	17	3728	395
广东 Guangdong	1018	95659	45315	1311	146895	53046
广西 Guangxi	31	3479	1023	44	1542	812
海南 Hainan	30	1188	1412	35	6829	2538
四川 Sichuan	10	2511	128	13	1652	189
贵州 Guizhou	3	725	25	3	583	457
云南 Yunnan			26	3	375	
陕西 Shaanxi	1	10	2108	3	44	2188
甘肃 Gansu	1	30	7	2	340	
宁夏 Ningxia	1	20	11	1	6	4

3—21（2） 各地区吸收外商直接投资情况（合作经营）

DIRECT FOREIGN INVESTMENT IN CONTRACTUAL JOINT VENTURES BY REGIONS

金额单位：万美元

Amount in US $ 10000

地 区 Region	1992 对外签订项目数 Agreement Number	1992 外商协议投资额 Agreement Amount	1992 外商实际投资额 Actually Used Amount	1993 对外签订项目数 Agreement Number	1993 外商协议投资额 Agreement Amount	1993 外商实际投资额 Actually Used Amount
总计 Total	**5787**	**1364492**	**215137**	**10789**	**2538417**	**490502**
北京 Beijing	86	14274	1585	252	181680	10952
天津 Tianjin	35	3381	1336	65	5097	396
河北 Hebei	46	7751	438	83	22018	3969
山西 Shanxi	11	2388	185	22	2290	232
内蒙古 Inner Mongolia	20	3563		21	3155	
辽宁 Liaoning	157	17553	1794	361	34894	10035
吉林 Jilin	39	5108	412	56	5388	1421
黑龙江 Heilongjiang	31	2231	882	32	5427	826
上海 Shanghai	241	38293	8018	691	133186	38507
江苏 Jiangsu	271	104907	9775	414	102795	27520
浙江 Zhejiang	70	4330	813	559	91563	29121
安徽 Anhui	26	1808	114	33	2517	2101
福建 Fujian	191	91108	26132	264	146164	33498
江西 Jiangxi	97	8481	1656	83	6832	2158
山东 Shandong	236	27782	4928	299	50029	8992
河南 Henan	41	3348	523	63	12800	1958
湖北 Hubei	33	3985	615	84	12853	3944
湖南 Hunan	65	7907	3625	104	9127	4295
广东 Guangdong	3624	945456	137694	6603	1598059	291597
广西 Guangxi	254	31165	2844	365	39281	7695
海南 Hainan	79	17168	5361	23	15627	1804
四川 Sichuan	35	5914	1784	117	21285	5650
贵州 Guizhou	18	3751	1270	27	2928	20
云南 Yunnan	12	1327	475	32	6334	786
陕西 Shaanxi	42	8639	1959	86	19611	6058
甘肃 Gansu	9	1202	860	18	1776	170
青海 Qinghai				2	112	
宁夏 Ningxia	7	221	18	11	858	86
新疆 Xinjiang	11	1451	14	19	4731	711

3—22（1） 各地区吸收外商直接投资情况（独资经营）

DIRECT FOREIGN INVESTMENT IN WHOLLY FOREIGN-OWNED ENTERPRISES BY REGIONS

金额单位：万美元

Amount in US $ 10000

地 区 Region	1990			1991		
	对外签订项目数 Agreement Number	外商协议投资额 Agreement Amount	外商实际投资额 Actually Used Amount	对外签订项目数 Agreement Number	外商协议投资额 Agreement Amount	外商实际投资额 Actually Used Amount
总计 Total	**1856**	**244247**	**70343**	**2790**	**345375**	**114415**
北京 Beijing	30	928	341	94	4069	472
天津 Tianjin	57	8872	2695	118	8479	4931
河北 Hebei	7	1150	27	22	1396	577
山西 Shanxi	2	735		3	124	
内蒙古 Inner Mongolia	3	57	13	8	154	
辽宁 Liaoning	49	8820	10304	74	25919	10663
吉林 Jilin	3	17	3	12	794	6
黑龙江 Heilongjiang	15	722	149	57	1995	410
上海 Shanghai	30	13639	202	50	10774	5391
江苏 Jiangsu	27	2487	74	64	7645	2329
浙江 Zhejiang	30	3855	999	79	13235	1084
安徽 Anhui	6	226	17	17	936	125
福建 Fujian	517	80436	13605	564	69456	21426
江西 Jiangxi	5	582	84	28	1125	341
山东 Shandong	40	4147	878	76	11183	2875
河南 Henan	10	542	75	18	1643	294
湖北 Hubei	17	1364	323	21	674	526
湖南 Hunan	6	125	71	13	188	133
广东 Guangdong	811	99436	36106	1124	163034	50626
广西 Guangxi	26	6436	141	48	2780	612
海南 Hainan	124	7841	3827	230	15065	11017
四川 Sichuan	31	1138	333	36	2518	130
贵州 Guizhou	3	304	28	6	458	120
云南 Yunnan	4	86		7	308	95
陕西 Shaanxi	2	52	15	12	1053	17
甘肃 Gansu				3	176	50
宁夏 Ningxia			7	3	78	41
新疆 Xinjiang	1	250	260	3	116	124

3—22（2） 各地区吸收外商直接投资情况（独资经营）

DIRECT FOREIGN INVESTMENT IN WHOLLY FOREIGN-OWNED ENTERPRISES BY REGIONS

金额单位：万美元

Amount in US $ 10000

地 区 Region	1992 对外签订项目数 Agreement Number	1992 外商协议投资额 Agreement Amount	1992 外商实际投资额 Actually Used Amount	1993 对外签订项目数 Agreement Number	1993 外商协议投资额 Agreement Amount	1993 外商实际投资额 Actually Used Amount
总计 Total	**8910**	**1608640**	**268597**	**18525**	**2913372**	**621931**
北京 Beijing	391	16481	2533	696	34157	3809
天津 Tianjin	806	61585	4368	2007	98218	6220
河北 Hebei	108	51455	6768	150	15711	4824
山西 Shanxi	44	7076	1484	60	4805	1575
内蒙古 Inner Mongolia	19	424		35	6141	
辽宁 Liaoning	196	25635	17165	299	65135	25446
吉林 Jilin	69	5751	1214	287	17307	3008
黑龙江 Heilongjiang	285	14151	3035	688	28966	8021
上海 Shanghai	169	60244	7599	511	121514	50005
江苏 Jiangsu	257	72659	12291	802	171628	42227
浙江 Zhejiang	264	138628	3065	158	13145	2862
安徽 Anhui	80	5176	501	172	10282	3302
福建 Fujian	1547	386031	66973	2675	750574	154763
江西 Jiangxi	105	10923	1229	259	24077	3737
山东 Shandong	438	77883	11989	1305	204394	28668
河南 Henan	67	10465	453	210	28336	7124
湖北 Hubei	156	26849	3716	456	62699	10932
湖南 Hunan	71	8686	1930	224	23086	6934
广东 Guangdong	1926	375679	87410	3354	632092	176632
广西 Guangxi	191	44399	8001	514	109452	34161
海南 Hainan	1221	136829	20891	2414	333885	25235
四川 Sichuan	295	49403	3790	683	108481	14715
贵州 Guizhou	37	4541	98	95	13506	831
云南 Yunnan	54	6488	455	109	10943	1593
陕西 Shaanxi	46	6899	361	73	7776	1522
甘肃 Gansu	29	1552	980	166	8180	2372
青海 Qinghai				15	1361	56
宁夏 Ningxia	17	381	88	68	4108	410
新疆 Xinjiang	22	2367	210	40	3413	947

3—23 农、林、牧、渔、水利业吸收的外商直接投资协议额

AGREEMENT OF DIRECT FOREIGN INVESTMENT IN AGRICULTURE、FORESTRY、ANIMAL HUSBANDRY、FISHERING AND WATER CONSERVANCY

金额单位：万美元

Amount in US $ 10000

地区 Region	1991		1992		1993	
	项目 Number	金额 Amount	项目 Number	金额 Amount	项目 Number	金额 Amount
总计 Total	**310**	**19802**	**968**	**64512**	**1741**	**122836**
北京 Beijing	5	149	19	1175	25	644
天津 Tianjin	3	88	6	108	4	90
河北 Hebei	11	639	19	4211	20	6472
山西 Shanxi	1	10			26	739
内蒙古 Inner Mongolia	3	74	4	51	7	192
辽宁 Liaoning	16	655	75	2145	247	10139
吉林 Jilin	2	14	6	77	28	2973
黑龙江 Heilongjiang	1	63	14	1313	22	826
上海 Shanghai	4	1016	6	163	21	535
江苏 Jiangsu	6	722	56	2844	96	5972
浙江 Zhejiang	6	1331	19	781	44	1674
安徽 Anhui	5	176	7	119	9	317
福建 Fujian	57	5256	134	8128	161	17482
江西 Jiangxi	3	43	9	395	26	985
山东 Shandong	40	1178	138	5950	209	14667
河南 Henan	2	52	5	380	23	1359
湖北 Hubei	3	138	4	779	9	157
湖南 Hunan			5	414	10	394
广东 Guangdong	80	5324	217	23555	463	38430
广西 Guangxi	6	444	44	1512	60	2557
海南 Hainan	45	2007	155	9448	130	10825
四川 Sichuan	4	157	11	369	19	627
贵州 Guizhou			2	118	4	37
云南 Yunnan	1	54	5	273	16	846
陕西 Shaanxi	1	55	5	118	3	77
甘肃 Gansu	4	139	2	20	53	3724
宁夏 Ningxia	1	18	1	66	2	33
新疆 Xinjiang					4	63

3—24

工业吸收的外商直接投资协议额
AGREEMENT OF DIRECT FOREIGN INVESTMENT IN INDUSTRY

金额单位：万美元

Amount in US $ 10000

地区 Region	1991		1992		1993	
	项目 Number	金额 Amount	项目 Number	金额 Amount	项目 Number	金额 Amount
总计 Total	**11620**	**859311**	**39093**	**3389146**	**56365**	**5073710**
北京 Beijing	663	25186	1995	99721	2629	162376
天津 Tianjin	313	15373	1089	68787	1788	
河北 Hebei	240	15810	1136	68434	1491	111110
山西 Shanxi	40	1749	254	12127	445	21081
内蒙古 Inner Mongolia	60	2698	208	12262	254	20921
辽宁 Liaoning	512	44784	1548	115894	2404	159147
吉林 Jilin	92	2904	386	19353	801	36087
黑龙江 Heilongjiang	197	7792	703	28116	1239	51645
上海 Shanghai	331	33825	1600	178131	2427	238712
江苏 Jiangsu	1062	59735	7177	507482	8079	669073
浙江 Zhejiang	564	29076	2091	220041	3711	229371
安徽 Anhui	99	3498	516	22987	738	53214
福建 Fujian	1077	82376	2520	338774	3540	574966
江西 Jiangxi	158	5499	707	36185	833	41572
山东 Shandong	705	59316	3110	238016	4758	363424
河南 Henan	147	12581	619	42964	1091	81298
湖北 Hubei	172	8713	831	38625	1269	70239
湖南 Hunan	143	7473	537	25692	772	43161
广东 Guangdong	4273	395193	8645	1096360	12968	1567222
广西 Guangxi	167	6675	861	57700	1316	129430
海南 Hainan	298	20840	833	56808	778	103952
四川 Sichuan	190	8987	900	52442	1397	125258
贵州 Guizhou	28	2154	140	9286	256	24107
云南 Yunnan	20	1551	142	7330	318	21992
陕西 Shaanxi	47	1903	312	24092	524	38858
甘肃 Gansu	7	502	103	5800	235	9642
青海 Qinghai					32	1143
宁夏 Ningxia	7	111	58	1505	95	6795
新疆 Xinjiang	8	3007	72	4232	178	10269

3—25 建筑业吸收的外商直接投资协议额

AGREEMENT OF DIRECT FOREIGN INVESTMENT IN CONSTRUCTION

金额单位：万美元
Amount in US $ 10000

地区 Region	1991		1992		1993	
	项目 Number	金额 Amount	项目 Number	金额 Amount	项目 Number	金额 Amount
总计 Total	**67**	**12217**	**1033**	**141888**	**3062**	**354385**
北京 Beijing	3	79	16	891	4	41
天津 Tianjin	2	139			1	30
河北 Hebei	2	18	11	960	41	4691
山西 Shanxi			1	107	37	3188
内蒙古 Inner Mongolia					25	3651
辽宁 Liaoning	6	3206	93	7682	145	10951
吉林 Jilin	3	34	37	5305	78	3571
黑龙江 Heilongjiang	5	789	15	2252	22	4206
上海 Shanghai	2	21	77	2668	162	10416
江苏 Jiangsu	5	132	83	3233	173	15020
浙江 Zhejiang			16	863	47	3172
安徽 Anhui			17	305	29	1890
福建 Fujian			21	1098	67	6931
江西 Jiangxi			5	196	22	2949
山东 Shandong	10	292	163	10634	434	45315
河南 Henan	1	17	22	1136	81	7119
湖北 Hubei	6	113	61	3495	219	20701
湖南 Hunan			14	542	27	2752
广东 Guangdong	10	6875	52	67952	354	79359
广西 Guangxi	1	67	26	1752	158	23417
海南 Hainan	9	257	196	11353	538	28446
四川 Sichuan	2	178	66	12708	197	46871
贵州 Guizhou			32	6497	101	22442
云南 Yunnan			1	35	6	365
陕西 Shaanxi			4	120	9	1092
甘肃 Gansu			4	104	59	3728
青海 Qinghai					2	81
宁夏 Ningxia					5	819
新疆 Xinjiang					19	1171

3—26 运输、邮电业吸收的外商直接投资协议额

AGREEMENT OF DIRECT FOREIGN INVESTMENT IN TRANSPORTATION、POST AND TELECOMMUNICATION SERVICES

金额单位：万美元

Amount in US＄ 10000

地区 Region	1991		1992		1993	
	项目 Number	金额 Amount	项目 Number	金额 Amount	项目 Number	金额 Amount
总计 Total	**64**	**9502**	**482**	**156591**	**852**	**138185**
北京 Beijing	2	17	1	150	8	1362
天津 Tianjin	3	113	7	867	21	1679
河北 Hebei	1	514	2	353	15	1876
山西 Shanxi	1	546	24	2981	6	400
内蒙古 Inner Mongolia	1	9	14	862	28	904
辽宁 Liaoning	1	110	4	242	24	2585
吉林 Jilin			7	1353	14	1266
黑龙江 Heilongjiang			12	1217	20	2940
上海 Shanghai	2	992	13	3639	24	4274
江苏 Jiangsu	1	1530	41	6818	68	6631
浙江 Zhejiang			16	17200	28	5590
安徽 Anhui			19	1475	16	1507
福建 Fujian	6	978	11	2817	20	2692
江西 Jiangxi	1	20	18	1299	22	1935
山东 Shandong	3	146	91	7687	176	14175
河南 Henan			11	1879	15	1364
湖北 Hubei	3	354	64	5437	51	5731
湖南 Hunan	8	389	8	659	30	2607
广东 Guangdong	17	2925	47	93224	93	55294
广西 Guangxi	4	195	22	1246	18	3738
海南 Hainan	6	260	21	2445	16	1333
四川 Sichuan	3	238	9	761	60	11954
贵州 Guizhou	1	166	1	51	12	1138
云南 Yunnan			3	108	14	736
陕西 Shaanxi			6	923	11	1807
甘肃 Gansu			8	721	6	48
青海 Qinghai					1	72
宁夏 Ningxia			2	177	6	747
新疆 Xinjiang					29	1800

3—27 商业、饮食、物资供销业吸收的外商直接投资协议额
AGREEMENT OF DIRECT FOREIGN INVESTMENT IN COMMERCE、FOOD SERVICES、MATERIAL SUPPLY AND MARKETING

金额单位：万美元
Amount in US $ 10000

地区 Region	1991		1992		1993	
	项目 Number	金额 Amount	项目 Number	金额 Amount	项目 Number	金额 Amount
总计 Total	**240**	**18958**	**1660**	**152437**	**5238**	**505125**
北京 Beijing	24	1756	49	2314	208	28289
天津 Tianjin	28	3707	452	28594	1436	68402
河北 Hebei			35	4625	77	3058
山西 Shanxi	6	167	6	328	11	414
内蒙古 Inner Mongolia	1	13	14	793	12	164
辽宁 Liaoning	8	282	149	9880	330	27981
吉林 Jilin	10	135	39	1212	84	2715
黑龙江 Heilongjiang	19	333	35	1634	91	5718
上海 Shanghai	2	296	97	10408	187	43203
江苏 Jiangsu	16	624	123	6562	428	38110
浙江 Zhejiang	3	218	35	4148	144	8871
安徽 Anhui			20	1110	37	1840
福建 Fujian	11	735	22	27068	167	23151
江西 Jiangxi			3	423	3	180
山东 Shandong	25	814	165	12029	468	29996
河南 Henan			11	204	91	2667
湖北 Hubei	15	308	15	446	47	2217
湖南 Hunan	1	42	12	341	40	1393
广东 Guangdong	42	8280	119	20928	945	182275
广西 Guangxi	1	2	34	4423	17	2741
海南 Hainan	13	608	52	2720	70	6435
四川 Sichuan	8	198	72	5224	142	14586
贵州 Guizhou	1	6	5	623	4	257
云南 Yunnan			6	252	11	397
陕西 Shaanxi	2	19	6	2172	22	1714
甘肃 Gansu	3	410	20	1172	118	6933
青海 Qinghai					6	107
宁夏 Ningxia			8	100	18	504
新疆 Xinjiang	1	5	56	2704	24	807

3—28 房地产、公用事业、服务业吸收的外商直接投资协议额
AGREEMENT OF DIRECT FOREIGN INVESTMENT IN REAL ESTATE、PUBLIC UTILITY AND SERVICES

金额单位：万美元

Amount in US＄ 10000

地区 Region	1991		1992		1993	
	项目 Number	金额 Amount	项目 Number	金额 Amount	项目 Number	金额 Amount
总计 Total	**374**	**133620**	**4969**	**1921589**	**11551**	**4255716**
北京 Beijing	8	133	70	27193	363	390671
天津 Tianjin			135	23063	157	37940
河北 Hebei	3	721	145	38869	248	40751
山西 Shanxi	1	39	72	10387	105	13284
内蒙古 Inner Mongolia	2	76	23	1347	70	6175
辽宁 Liaoning	16	4412	208	57421	512	113625
吉林 Jilin	8	734	25	6345	158	19263
黑龙江 Heilongjiang	13	2620	127	19423	247	29943
上海 Shanghai	13	6333	124	129820	339	341117
江苏 Jiangsu	20	7348	587	221288	948	243760
浙江 Zhejiang	9	1042	109	46093	258	100722
安徽 Anhui			79	8416	173	23016
福建 Fujian	43	21644	381	251232	683	490073
江西 Jiangxi			158	20202	289	38071
山东 Shandong	8	2060	378	113755	949	217411
河南 Henan	2	26	81	18537	338	55229
湖北 Hubei	15	1113	257	50851	497	85889
湖南 Hunan	2	136	192	24056	405	46073
广东 Guangdong	105	67709	600	549912	1662	1320756
广西 Guangxi	2	850	293	73278	805	199661
海南 Hainan	81	14656	546	141993	1442	258001
四川 Sichuan	21	1901	192	49113	365	86674
贵州 Guizhou			15	1196	112	16153
云南 Yunnan			27	7735	73	21599
陕西 Shaanxi	1	23	81	22293	166	44878
甘肃 Gansu			27	4432	47	1475
青海 Qinghai					13	648
宁夏 Ningxia			14	967	20	1314
新疆 Xinjiang	1	44	23	2372	107	11544

3—29 其他行业*吸收的外商直接投资协议额
AGREEMENT OF DIRECT FOREIGN INVESTMENT IN OTHER SECTORS

金额单位：万美元

Amount in US $ 10000

地区 Region	1991		1992		1993	
	项目 Number	金额 Amount	项目 Number	金额 Amount	项目 Number	金额 Amount
总计 Total	**235**	**26252**	**1122**	**144232**	**3993**	**444116**
北京 Beijing	19	1168	46	15375	515	44541
天津 Tianjin	5	236	13	508	131	9781
河北 Hebei	32	1570	15	15801	25	1094
山西 Shanxi	4	153	20	740	30	1073
内蒙古 Inner Mongolia			13	753	17	3854
辽宁 Liaoning			71	4658	393	55187
吉林 Jilin	16	557	107	6343	271	10700
黑龙江 Heilongjiang	6	105	14	400	69	3722
上海 Shanghai	10	244	95	10896	490	63357
江苏 Jiangsu	11	2518	127	20783	240	27023
浙江 Zhejiang	32	8636	52	1765	255	25163
安徽 Anhui	3	61	45	3151	38	2304
福建 Fujian			24	5984	76	21322
江西 Jiangxi	8	1617	6	209	98	5291
山东 Shandong			64	3890	235	20128
河南 Henan			19	1151	16	2359
湖北 Hubei	10	1714	54	2159	96	8679
湖南 Hunan	2	40	14	460	76	4298
广东 Guangdong	14	777	89	33833	283	71551
广西 Guangxi			58	5090	104	19860
海南 Hainan	27	4224	27	1347	117	10485
四川 Sichuan	9	1080	83	3621	205	18038
贵州 Guizhou	18	739	15	967	11	397
云南 Yunnan	4	648	18	1064	71	4127
西藏 Tibet	1	88				
陕西 Shaanxi	1	9	10	2572	55	3778
甘肃 Gansu			10	439	38	3703
青海 Qinghai	3	68			1	517
宁夏 Ningxia					35	1694
新疆 Xinjiang			13	192	2	90

* 其他行业包括卫生、体育、社会福利事业，教育、文化艺术、科学研究、综合技术服务事业，金融保险业等。

Other sectors include health care, sports, social welfare services, education; culture, art, science research and polytechnical services; finance and insurance; etc.

3—30 港澳客商在大陆直接投资协议额

AGREEMENT OF DIRECT INVESTMENT OF HONG KONG & MACAO CORPORATIONS

金额单位：万美元
Amount in US $ 10000

地区 Region	1991		1992		1993	
	项目 Number	金额 Amount	项目 Number	金额 Amount	项目 Number	金额 Amount
总计 Total	**8862**	**731487**	**32261**	**4255358**	**50608**	**7310527**
北京 Beijing	337	12119	1124	84377	1683	405688
天津 Tianjin	200	9277	909	64912	1668	102612
河北 Hebei	176	11895	790	60842	1070	105222
山西 Shanxi	38	2108	248	18950	370	26801
内蒙古 Inner Mongolia	50	2116	177	9774	229	19438
辽宁 Liaoning	245	18610	1020	89992	1661	208013
吉林 Jilin	59	1523	300	20755	639	40615
黑龙江 Heilongjiang	109	6134	454	33075	816	55376
上海 Shanghai	173	12835	1064	184928	1765	448136
江苏 Jiangsu	688	41175	4847	437482	5112	540712
浙江 Zhejiang	344	21880	1329	226414	2296	226545
安徽 Anhui	74	2426	400	22140	571	63945
福建 Fujian	785	71344	2059	479246	3003	779543
江西 Jiangxi	112	3603	655	45982	900	69025
山东 Shandong	402	32820	2335	224180	3681	364963
河南 Henan	100	9674	466	38702	1026	15414
湖北 Hubei	171	9374	949	77462	1504	140627
湖南 Hunan	107	3310	550	40322	916	72972
广东 Guangdong	4049	415224	8655	1666598	14825	2925180
广西 Guangxi	132	5402	1087	108638	1955	281665
海南 Hainan	297	27096	1218	155085	3189	237929
四川 Sichuan	150	8475	810	85206		
贵州 Guizhou	18	1065	148	13618	339	42995
云南 Yunnan	5	307	102	10285	253	31542
陕西 Shaanxi	28	1129	280	37787	443	61726
甘肃 Gansu	6	445	113	8445	344	19528
青海 Qinghai					35	1482
宁夏 Ningxia	6	77	59	1817	108	5696
新疆 Xinjiang	1	44	113	8344	207	17137

3—31 台湾客商在大陆直接投资协议额

AGREEMENT OF DIRECT INVESTMENT OF TAIWAN CORPORATIONS

金额单位：万美元

Amount in US$ 10000

地区 Region	1991		1992		1993	
	项目 Number	金额 Amount	项目 Number	金额 Amount	项目 Number	金额 Amount
总计 Total	**1737**	**122870**	**6723**	**572624**	**10564**	**953239**
北京 Beijing	112	4536	251	11578	495	58454
天津 Tianjin	45	1860	204	9088	401	28811
河北 Hebei	43	2495	195	10724	208	18478
山西 Shanxi	4	244	50	2720	91	4542
内蒙古 Inner Mongolia	7	163	24	1933	42	3479
辽宁 Liaoning	57	3397	222	14651	436	30664
吉林 Jilin	12	526	57	4384	114	4255
黑龙江 Heilongjiang	31	1516	115	5492	201	10633
上海 Shanghai	56	3144	302	25060	604	53000
江苏 Jiangsu	192	12595	1403	140292	1913	169685
浙江 Zhejiang	117	4975	410	29825	805	53394
安徽 Anhui	14	764	135	5575	185	5988
福建 Fujian	322	33952	724	89135	1010	154917
江西 Jiangxi	34	1484	131	6533	183	7917
山东 Shandong	124	10037	576	41571	1110	91143
河南 Henan	33	1172	135	9685	290	17047
湖北 Hubei	34	1441	195	14143	370	23213
湖南 Hunan	25	536	124	5252	234	15310
广东 Guangdong	264	26158	532	66687	868	113642
广西 Guangxi	41	2552	129	13957	220	25442
海南 Hainan	89	5050	327	29817	396	38193
四川 Sichuan	39	1593	295	20168		
贵州 Guizhou	8	683	37	2264	68	5399
云南 Yunnan	15	980	49	3675	90	7071
陕西 Shaanxi	11	324	64	6703	129	8454
甘肃 Gansu	4	192	20	1491	60	2331
青海 Qinghai					4	531
宁夏 Ningxia			5	121	12	327
新疆 Xinjiang	4	501	12	100	25	919

3—32 日本国在华直接投资协议额

AGREEMENT OF JAPANESE DIRECT INVESTMENT IN CHINA

金额单位：万美元
Amount in US$ 10000

地区 Region	1991		1992		1993	
	项目 Number	金额 Amount	项目 Number	金额 Amount	项目 Number	金额 Amount
总计 Total	**586**	**71840**	**1872**	**225649**	**3414**	**279148**
北京 Beijing	60	1879	148	13728	258	16719
天津 Tianjin	33	660	129	9009	271	11321
河北 Hebei	12	452	64	36246	92	4463
山西 Shanxi	2	9	15	468	34	1038
内蒙古 Inner Mongolia			17	734	19	883
辽宁 Liaoning	132	24615	289	29779	533	35947
吉林 Jilin	18	315	44	1844	119	3644
黑龙江 Heilongjiang	17	305	79	2473	171	4776
上海 Shanghai	49	13169	163	28124	298	37015
江苏 Jiangsu	81	9214	327	25215	560	54339
浙江 Zhejiang	28	1670	91	4540	218	9591
安徽 Anhui	5	139	24	558	28	544
福建 Fujian	19	957	48	7555	89	10704
江西 Jiangxi	3	54	16	246	32	1433
山东 Shandong	49	4156	186	27244	349	23072
河南 Henan	7	299	29	1033	56	5964
湖北 Hubei	4	81	24	1368	39	3833
湖南 Hunan	5	101	9	180	14	1681
广东 Guangdong	33	12451	44	13009	75	37852
广西 Guangxi	3	239	17	2166	31	3913
海南 Hainan	12	716	33	12800	44	4258
四川 Sichuan	5	157	31	3938		
贵州 Guizhou	2	12	4	171	6	149
云南 Yunnan	1	12	5	218	8	246
陕西 Shaanxi	5	151	23	2486	30	4365
甘肃 Gansu	1	27	10	342	23	861
青海 Qinghai					4	59
宁夏 Ningxia			1	100	8	364
新疆 Xinjiang			2	75	5	114

3—33 美国在华直接投资协议额

AGREEMENT OF AMERICAN DIRECT INVESTMENT IN CHINA

金额单位：万美元
Amount in US $ 10000

地区 Region	1991		1992		1993	
	项目 Number	金额 Amount	项目 Number	金额 Amount	项目 Number	金额 Amount
总计 Total	**689**	**48183**	**3521**	**331329**	**6438**	**609514**
北京 Beijing	104	5115	329	18328	578	73787
天津 Tianjin	35	3218	193	23777	513	33785
河北 Hebei	23	1358	122	10174	194	13525
山西 Shanxi	6	272	37	2293	74	3664
内蒙古 Inner Mongolia	2	26	24	2591	41	3236
辽宁 Liaoning	44	2246	234	22674	509	38368
吉林 Jilin	7	665	52	5162	143	7326
黑龙江 Heilongjiang	20	677	67	2673	149	8272
上海 Shanghai	35	5007	241	30296	467	59858
江苏 Jiangsu	102	4791	841	72437	1058	97276
浙江 Zhejiang	43	1847	189	12093	459	22650
安徽 Anhui	6	167	74	5804	147	8530
福建 Fujian	11	1646	53	7498	115	26443
江西 Jiangxi	6	240	43	2552	67	2790
山东 Shandong	96	8602	441	54084	815	59326
河南 Henan	8	240	41	2322	118	8872
湖北 Hubei	11	203	54	2958	127	9028
湖南 Hunan	5	70	36	1378	83	4167
广东 Guangdong	64	6434	147	24064	289	63097
广西 Guangxi	9	488	37	3376	114	15599
海南 Hainan	21	2608	81	10557	135	30983
四川 Sichuan	23	1496	107	7996		
贵州 Guizhou	2	510	11	1073	35	3937
云南 Yunnan			12	943	37	3103
陕西 Shaanxi	3	142	26	2772	82	6794
甘肃 Gansu	1	63	13	765	49	2183
青海 Qinghai					2	215
宁夏 Ningxia	2	52	10	332	11	573
新疆 Xinjiang			6	357	27	2127

3—34

年末注册登记的外商投资企业数
REGISTERED ENTERPRISES WITH FOREIGN CAPITAL BY THE END OF YEAR

单位：户

Unit：Number

地区 Region	1990	1991	1992
合计 Total	**25389**	**37215**	**84371**
北京 Beijing	837	1509	3453
天津 Tianjin	524	852	2479
河北 Hebei	368	647	1942
山西 Shanxi	73	127	480
内蒙古 Inner Mongolia	39	86	326
辽宁 Liaoning	966	1497	3442
吉林 Jilin	142	258	885
黑龙江 Heilongjiang	261	464	1329
上海 Shanghai	854	1238	3635
江苏 Jiangsu	1036	2134	8898
浙江 Zhejiang	701	1245	3446
安徽 Anhui	137	241	880
福建 Fujian	3427	4523	7423
江西 Jiangxi	155	313	1155
山东 Shandong	827	1622	5658
河南 Henan	184	322	1179
湖北 Hubei	269	486	1709
湖南 Hunan	170	321	1024
广东 Guangdong	12232	16376	26365
广西 Guangxi	445	579	1915
海南 Hainan	1205	1497	2829
四川 Sichuan	220	442	2313
贵州 Guizhou	57	85	276
云南 Yunnan	45	64	249
西藏 Tibet			6
陕西 Shaanxi	136	187	589
甘肃 Gansu	26	36	222
青海 Qinghai	4	4	9
宁夏 Ningxia	14	18	91
新疆 Xinjiang	35	42	164

3—35 年末注册登记的外商投资企业投资额

INVESTMENT OF REGISTERED ENTERPRISES WITH FOREIGN CAPITAL BY THE END OF YEAR

单位：万美元

Unit：US $ 10000

地 区 Region	1990	1991	1992
合计 Total	**5457370**	**7178332**	**10258742**
北京 Beijing	468204	514743	230303
天津 Tianjin	112364	163783	193691
河北 Hebei	112768	158335	261818
山西 Shanxi	8893	15738	55136
内蒙古 Inner Mongolia	14291	16437	38910
辽宁 Liaoning	249918	344207	395905
吉林 Jilin	27392	38806	91853
黑龙江 Heilongjiang	51580	76560	122093
上海 Shanghai	490637	568884	688005
江苏 Jiangsu	311761	450604	1156195
浙江 Zhejiang	119227	167975	383227
安徽 Anhui	13915	24185	105025
福建 Fujian	410924	525447	602774
江西 Jiangxi	23666	40725	137288
山东 Shandong	182999	302665	787923
河南 Henan	56328	64416	169662
湖北 Hubei	45060	82995	296230
湖南 Hunan	22669	39239	171402
广东 Guangdong	2338223	3090060	3172017
广西 Guangxi	97124	105112	282864
海南 Hainan	109444	161432	384117
四川 Sichuan	40098	65991	323659
贵州 Guizhou	9961	10758	27396
云南 Yunnan	9535	11907	32208
西藏 Tibet			795
陕西 Shaanxi	98568	103494	88752
甘肃 Gansu	6927	7114	29672
青海 Qinghai	2888	2888	597
宁夏 Ningxia	3377	3 595	7230
新疆 Xinjiang	18629	20237	21995

3—36 年末外商投资企业注册资本

REGISTERED CAPITAL OF ENTERPRISES WITH FOREIGN CAPITAL BY THE END OF YEAR

单位：万美元

Unit：US$ 10000

地区 Region	1990	1991	1992
合计 Total	**3304208**	**4465808**	**6769208**
北京 Beijing	194577	234340	166864
天津 Tianjin	67085	106972	132352
河北 Hebei	64013	94489	173272
山西 Shanxi	7550	12646	46314
内蒙古 Inner Mongolia	11999	16023	21745
辽宁 Liaoning	153412	208210	254185
吉林 Jilin	17543	26390	75750
黑龙江 Heilongjiang	31746	50834	87956
上海 Shanghai	220794	271439	370428
江苏 Jiangsu	175293	272853	742247
浙江 Zhejiang	73560	106361	237235
安徽 Anhui	9441	17448	75870
福建 Fujian	318538	403729	370305
江西 Jiangxi	19308	32163	107366
山东 Shandong	118648	204249	526240
河南 Henan	29145	38614	126014
湖北 Hubei	28837	57365	207896
湖南 Hunan	17449	29786	116394
广东 Guangdong	1477997	1947928	2046928
广西 Guangxi	57289	63484	187973
海南 Hainan	99067	132271	283749
四川 Sichuan	26913	47510	257642
贵州 Guizhou	8176	8805	24518
云南 Yunnan	6746	7816	24048
西藏 Tibet			545
陕西 Shaanxi	49998	53863	62177
甘肃 Gansu	4432	4495	22133
青海 Qinghai	688	688	448
宁夏 Ningxia	2608	2775	6120
新疆 Xinjiang	11356	12262	14494

3—37 1993年末注册登记的外商投资企业基本情况

STATUS OF REGISTERED ENTERPRISES WITH FOREIGN CAPITAL BY THE END OF 1993

地区 Region	年末企业数（户） Number of Enterprise	投资总额（万美元） Total Investment (US $ 10000)	注册资本（万美元） Registered Capital (US $ 10000)	
			小计 Subtotal	其中：外方 Of Which: Foreign Partner
合计 Total	**167507**	**38238877**	**24563128**	**15018237**
北京 Beijing	6516	1840489	921511	522454
天津 Tianjin	6004	700341	497064	301666
河北 Hebei	3798	770815	512441	244499
山西 Shanxi	1104	222135	195182	99209
内蒙古 Inner Mongolia	734	136585	96617	45426
辽宁 Liaoning	7365	1656229	1061960	546312
吉林 Jilin	2156	288934	234159	119120
黑龙江 Heilongjiang	2983	569590	449714	226339
上海 Shanghai	8056	2979618	1548464	926446
江苏 Jiangsu	18082	3243022	2036040	995272
浙江 Zhejiang	8085	1436879	877396	444896
安徽 Anhui	1881	316668	220901	103944
福建 Fujian	11990	2234405	1422384	1120235
江西 Jiangxi	2354	376358	288254	163671
山东 Shandong	12561	2373378	1619166	776937
河南 Henan	2957	574491	420679	201186
湖北 Hubei	3899	817827	562487	306259
湖南 Hunan	2368	467509	326291	170919
广东 Guangdong	44705	13149126	8401836	5856975
广西 Guangxi	4368	1077515	692836	397331
海南 Hainan	7390	1377099	984819	803594
四川 Sichuan	3787	755865	568015	290003
贵州 Guizhou	740	156250	125005	73240
云南 Yunnan	753	153217	106922	59298
西藏 Tibet	27	3178	2475	1219
陕西 Shaanxi	1289	319612	208750	127608
甘肃 Gansu	723	95894	75224	39677
青海 Qinghai	63	6506	5040	2408
宁夏 Ningxia	261	31519	27852	14560
新疆 Xinjiang	508	107823	73644	37534

3—38　　1993年末注册登记的外商投资企业基本情况
（按行业分）

STATUS OF REGISTERED ENTERPRISES WITH FOREIGN CAPITAL BY SECTORS，END OF 1993

行　业 Sector	年末企业数（户） Number of Enterprise	投资总额（万美元） Total Investment (US $ 10000)	注册资本（万美元） Registered Capital (US $ 10000)	
			小计 Subtotal	其中：外方 Of Which：Foreign Partner
合计　Total	**167507**	**38238877**	**24563128**	**15018237**
农、林、牧、渔、水利业 Agriculture、Forestry、Animal Husbandry、Fishering and Water Conservancy	4246	487765	381304	246231
工业　Industry	124606	21099082	14747553	8402555
地质—普查和勘探业　Geological Survey and Exploration	47	4204	3545	1971
建筑业　Construction	4603	990570	490244	328424
运输、邮电业　Transportation、Post and Telecommunication	1918	777970	462757	282623
商业、饮食、物资供销业 Commerce、Food Services、Material Supply and Marketing	8742	1678319	1215653	749551
房地产、公用事业、服务业 Real Estate、Public Utility and Consultancy Services	19384	12405978	6701523	4643092
卫生、体育和社会福利事业 Health Care、Sports and Social Welfare	357	117676	71351	53878
教育、文化艺术业　Education、Culture and Art	1609	250421	182896	119031
科研、综合技术服务业 Science Research and Poly-technical Services	878	102734	67962	43534
金融、保险业　Finance and Insurance	31	36824	36369	25163
其他行业　Others	1086	287334	201971	122184

3—39 1993年末注册登记的中外合资企业基本情况（按行业分）

STATUS OF REGISTERED JOINT VENTURES BY SECTORS, END OF 1993

行业 Sector	年末企业数（户） Number of Enterprise	投资总额（万美元） Total Investment (US$10000)	注册资本（万美元） Registered Capital (US$10000)	
			小计 Subtotal	其中：外方 Of Which: Foreign Partner
合计 Total	**107820**	**24192518**	**15795142**	**7468987**
农、林、牧、渔、水利业 Agriculture、Forestry、Animal Husbandry、Fishering and Water Conservancy	2125	274235	205354	99379
工业 Industry	83951	14873975	10268420	4642207
地质普查和勘探业 Geological Survey and Exploration	41	4046	3405	1873
建筑业 Construction	2853	334719	262941	141012
运输、邮电业 Transportation、Post and Telecommunication	1020	531264	332286	181011
商业、饮食、物资供销业 Commerce、Food Services、Material Supply and Marketing	4574	1044796	766242	371114
房地产、公用事业、服务业 Real Estate、Public Utility and Consultancy Services	10817	6651715	3619682	1867943
卫生、体育和社会福利事业 Health Care、Sports and Social Welfare	215	36467	27957	14547
教育、文化艺术业 Education、Culture and Art	1040	142308	108255	54828
科研、综合技术服务业 Science Research and Poly-technical Services	551	74004	44985	22168
金融、保险业 Finance and Insurance	18	22887	22474	11268
其他行业 Others	615	202100	133141	61638

3—40 1993年末注册登记的中外合作企业基本情况（按行业分）

STATUS OF REGISTERED CONTRACTUAL JOINT VENTURES BY SECTORS, END OF 1993

行 业 Sector	年末企业数（户） Number of Enterprise	投资总额（万美元） Total Investment (US $ 10000)	注册资本（万美元）Registered Capital (US $ 10000) 小计 Subtotal	注册资本（万美元）Registered Capital (US $ 10000) 其中：外方 Of Which: Foreign Partner
合计 Total	**25464**	**8028137**	**4764344**	**3545609**
农、林、牧、渔、水利业 Agriculture、Forestry、Animal Husbandry、Fishering and Water Conservancy	1249	133983	115972	86874
工业 Industry	17124	3084899	2223847	1505062
地质普查和勘探业 Geological Survey and Exploration	2	66	66	24
建筑业 Construction	714	459124	145617	105726
运输、邮电业 Transportation、Post and Telecommunication	839	240240	125488	96629
商业、饮食、物资供销业 Commerce、Food Services、Material Supply and Marketing	1615	386869	278828	207855
房地产、公用事业、服务业 Real Estate、Public Utility and Consultancy Services	3277	3547854	1756406	1449714
卫生、体育和社会福利事业 Health Care、Sports and Social Welfare	103	67569	36253	32190
教育、文化艺术业 Education、Culture and Art	309	63863	45520	35082
科研、综合技术服务业 Science Research and Poly-technical Services	60	6906	5513	3902
金融、保险业 Finance and Insurance				
其他行业 Others	172	36764	30835	22551

3—41 1993年末注册登记的外商独资企业基本情况（按行业分）

STATUS OF REGISTERED WHOLLY FOREIGN-OWNED ENTERPRISES BY SECTORS, END OF 1993

行业 Sector	年末企业数（户） Number of Enterprise	投资总额（万美元） Total Investment (US $ 10000)	注册资本（万美元） Registered Capital (US $ 10000)
合计 Total	**34223**	**6018223**	**4003641**
农、林、牧、渔、水利业 Agriculture、Forestry、Animal Husbandry、Fishering and Water Conservancy	872	79547	59977
工业 Industry	23531	3140208	2255286
地质普查和勘探业 Geological Survey and Exploration	4	91	74
建筑业 Construction	1036	196727	81686
运输、邮电业 Transportation、Post and Telecommunication	59	6466	4984
商业、饮食、物资供销业 Commerce、Food Services、Material Supply and Marketing	2553	246653	170582
房地产、公用事业、服务业 Real Estate、Public Utility and Consultancy Services	5290	2206410	1325435
卫生、体育和社会福利事业 Health Care、Sport and Social Welfare	39	13640	7141
教育、文化艺术业 Education、Culture and Art	260	44250	29121
科研、综合技术服务业 Science Research and Poly-technical Services	267	21824	17464
金融、保险业 Finance and Insurance	13	13937	13895
其他行业 Others	299	48470	37995

3—42（1） 1993年度中国最大的二百家外商投资生产企业

CHINA'S 200 TOP PRODUCTIVE FOREIGN-FUNDED ENTERPRISES IN 1993

序号 Rank	企业名称 Name of Enterprise	销售额(万元) Sales Value (RMB ￥10000)	利润额(万元) Profits (RMB ￥10000)	总资产额(万元) Total Assets (RMB ￥10000)	出口额(万美元) Export Value (US $10000)
1	上海大众汽车有限公司 Shanghai Volkswagen Automobile Co. Ltd	1052885	92442	474501	141
2	北京吉普汽车有限公司 Beijing Jeep Co. Ltd	327456	599	218482	1456
3	上海贝尔电话设备制造有限公司 Shanghai Bell Telephone Equipment Manufacturing Co. Ltd	282614	110223	347409	1630
4	广州标致汽车有限公司 Guangzhou Peugeot Motor Co. Ltd	253550	19000	276615	1688
5	重庆庆铃汽车股份有限公司 Chongqing Qingling Automobile Co. Ltd	229037	47000	460000	1500
6	深圳康佳电子(集团)股份有限公司 Shenzhen Konka Electronic Co. Ltd	220288	23857	112318	9274
7	南海油脂工业(赤湾)有限公司 Nanhai Fat Industry(Chiwan)Co. Ltd	200000	7995	80000	10800
8	福建永恩集团有限公司 Fujian Yongen Group Co. Ltd	186743	5701	54953	36501
9	华强三洋电子有限公司 Huaqing Sanyo Electronics Co. Ltd	186502	3659	59406	15826
10	顺德华宝电业有限公司 Shunde Huabao Electric Industry Co. Ltd	177570	3836	183354	480
11	深圳中华自行车(集团)股份有限公司 Shenzhen Zhenghua Bicycles Co. Ltd	175499	21743	228763	18759
12	一汽大众汽车有限公司 First Auto-Volkwagen Co. Ltd	165496	…	384557	…
13	上海凤凰自行车股份有限公司 Shanghai Phoenix-bicycle Co. Ltd	155433	16859	164039	3251
14	北京轻型汽车有限公司 Beijing Light Automobile Co. Ltd	151263	10269	117143	3251
15	北京松下彩色显像管公司 Beijing Panasonic Color Kinescope Co. Ltd	150354	22066	137867	4753
16	福建日立电视机有限公司 Fujian Hitachi TV Set Co. Ltd	144133	3291	35591	4038
17	广东健力宝集团有限公司 Guangdong Jianlibao Group Co. Ltd	139710	8083	105044	7
18	上海氯碱化工股份有限公司 Shanghai Chlorine-bases Chemical Industry Co. Ltd	139655	19440	427098	2743
19	沈阳金杯客车制造有限公司 Shenyang Jinbei Bus Manufacturing Co. Ltd	13720	…	139888	…
20	江苏春兰制冷设备有限公司 Jiangsu Chunlan Refrigerating Equipment Co. Ltd	135163	14027	38568	86

3—42（2） 1993年度中国最大的二百家外商投资生产企业
CHINA'S 200 TOP PRODUCTIVE FOREIGN-FUNDED ENTERPRISES IN 1993

序号 Rank	企业名称 Name of Enterprise	销售额(万元) Sales Value (RMB ￥10000)	利润额(万元) Profits (RMB ￥10000)	总资产额(万元) Total Assets (RMB ￥10000)	出口额(万美元) Export Value (US $ 10000)
21	上海三菱电梯有限公司 Shanghai Mitsubishi Elevator Co. Ltd	132923	13909	100998	557
22	上海易初摩托车有限公司 Shanghai EK Chor Motorcycle Co. Ltd	129641	15736	62463	107
23	五羊本田摩托车(广州)有限公司 Wuyang-Honda Motorcycle(Guangzhou) Co. Ltd	129225	12779	2997	…
24	上海大江(集团)股份有限公司 Shanghai Dajiang Co. Ltd	120226	15691	143483	3823
25	华飞彩色显示系统有限公司 Huafei Colour Display System Co. Ltd	114835	10523	130826	531
26	北京国际交换系统有限公司 Beijing International-exchange System Co. Ltd	110309	17352	120162	…
27	中国天津奥的斯电梯有限公司 Tianjin OTIS Elevator Co. Ltd	108404	10440	35267	397
28	中国迅达电梯有限公司 China Schindler Elevator Co. Ltd	107012	8083	11965	2094
29	深圳赛格日立彩色显示器件有限公司 Shenzhen Saige Hitachi Colour Display Appliance Co. Ltd	106695	2094	123823	2530
30	上海永新彩色显像管有限公司 Shanghai Yongxin Colour Kine Scope Co. Ltd	10644	7020	120539	…
31	厦门华侨电子企业有限公司 Xiamen Overseas Chinese Electronic Co. Ltd	104260	3339	80084	5240
32	容声珠江冰箱有限公司 Rongsheng Zhujiang Refrigerator Co. Ltd	101929	10219	27096	219
33	上海永久自行车股份有限公司 Shanghai Forever Bicycle Co. Ltd	100744	7474	112148	1584
34	广西玉柴机器股份有限公司 Guangxi Yuchai Machines Co. Ltd	100300	35600	149700	316
35	深圳创华合作有限公司 Shenzhen Chuanghua Coorperation Co. Ltd	96894	2605	41551	10366
36	三洋电机(蛇口)有限公司 Sanyo Electric Machines(Shekou)Co. Ltd	96782	3279	47963	16566
37	上海二纺机股份有限公司 Shanghai No. 2 Textile Machinery Co. Ltd	94116	18586	157780	2324
38	平朔第一煤炭有限公司 Pingshou No. 1 Coal Co. Ltd	87860	31432	188438	18045
39	丽珠医药集团股份有限公司 Lizhu Pharmaceuticals(Group)Co. Ltd	84748	9086	55000	565
40	天津三峰客车有限公司 Tianjin Sanfeng Bus Co. Ltd	83193	7243	31823	…

3—42（3） 1993年度中国最大的二百家外商投资生产企业

CHINA'S 200 TOP PRODUCTIVE FOREIGN-FUNDED ENTERPRISES IN 1993

序号 Rank	企业名称 Name of Enterprise	销售额(万元) Sales Value (RMB ￥10000)	利润额(万元) Profits (RMB ￥10000)	总资产额(万元) Total Assets (RMB ￥10000)	出口额(万美元) Export Value (US $ 10000)
41	东风金狮轮胎有限公司 Dongfeng Jinshi Tyre Co. Ltd	83108	10951	97337	538
42	摩托罗拉(中国)电子有限公司 Motorola(China)Electronics Co. Ltd	81261	…	…	…
43	杭州西湖电子实业有限公司 Hangzhou Xihu Electronics Industry Co. Ltd	78792	9207	377706	232
44	中国雪柜实业有限公司 China Refrigerator Industrial Co. Ltd	79533	3301	81104	206
45	厦门厦新电子有限公司 Xiamen Xiaxin Electronics Co. Ltd	78010	2586	56252	25
46	河南安阳彩色显像管玻壳有限公司 Henan Anyang Colour TV Picture Tube Shell Co. Ltd	76046	4083	129988	241
47	江西五十铃汽车有限公司 Jiangxi Issus Automobile Co. Ltd	75246	1387	14801	…
48	冠捷电子(福建)有限公司 Guanjie Electronics(Fujian)Co. Ltd	72840	600	59519	9810
49	浙江宏业制衣有限公司 Zhejiang Hongye Garment-making Co. Ltd	72531	2840	32671	8078
50	深圳联想电脑有限公司 Shenzhen Legend Computer Co. Ltd	71343	1730	30258	9146
51	中国国际海运集装箱股份有限公司 China International Ocean Shipping Container Co. Ltd	69478	7849	57612	8164
52	东莞福安纺织印染有限公司 Dongguan Fu'an Textile Printing & Dyeing Co. Ltd	68687	2357	46989	5377
53	西安杨森制药有限公司 Xi'an Yangssen Pharmaceutical Co. Ltd	67846	13780	56005	1155
54	佳能大连办公设备有限公司 Canon Dalian Office Equipment Co. Ltd	67154	2738	129742	11691
55	福建大丰投资集团有限公司 Fujian Dafeng Investment Group Co. Ltd	65863	5244	43476	10774
56	上海益昌薄板有限公司 Shanghai Yichang Thin Plank Co. Ltd	65472	…	130316	…
57	顺德华宝电器有限公司 Shunde Huabao Electric Appliance Co. Ltd	65123	1601	56289	314
58	南通醋酸纤维有限公司 Nantong Acetate Fibre Co. Ltd	64992	6370	90698	7028
59	杭州中策橡胶股份有限公司 Hangzhou Zhongce Rubber Co. Ltd	63980	6377	26013	120
60	洛阳北方易初摩托车有限公司 Loyang Beifang EK Chor Motorcycle Co. Ltd	62292	8301	42377	239

3—42（4） 1993年度中国最大的二百家外商投资生产企业
CHINA'S 200 TOP PRODUCTIVE FOREIGN-FUNDED ENTERPRISES IN 1993

序号 Rank	企业名称 Name of Enterprise	销售额(万元) Sales Value (RMB ￥10000)	利润额(万元) Profits (RMB ￥10000)	总资产额(万元) Total Assets (RMB ￥10000)	出口额(万美元) Export Value (US ＄10000)
61	张家港永新钢铁有限公司 Zhangjiagang Yongxin Iron & Steel Co. Ltd	62224	2098	26063	602
62	上海申佳铁合金有限公司 Shanghai Shenjia Ferroalloy Co. Ltd	61000	3099	25665	3158
63	威望(珠海)磁讯有限公司 Weiwang (Zhuhai) Magnetic Substance Co. Ltd	60483	1569	174000	9000
64	深圳光大木材工业有限公司 Shenzhen Guangda Timber Industry Co. Ltd	60033	3337	67309	…
65	万宝至马达大连有限公司 Wanbaochi Motor Dalian Co. Ltd	58833	5561	74905	10142
66	佛斯弟摩托车有限公司 Fosidi Motorcycle Co. Ltd	58130	1300	4965	…
67	深圳开发科技股份有限公司 Shenzhen Developwent Science Technology Co. Ltd	57441	4515	62261	6595
68	沈阳飞龙保健品有限公司 Shenyang Feilong Health-care Products Co. Ltd	57204	…	40813	…
69	神龙汽车有限公司 Shenlong Automoile Co. Ltd	56802	…	143962	…
70	上海施乐复印机有限公司 Shanghai Xerox Duplicator Co. Ltd	56127	2357	38709	218
71	中美天津史克制药有限公司 Sino-American SKF (Tianjin) Medicine Manufacturing Co. Ltd	55908	…	56317	95
72	沈杯通用汽车有限公司 Shenyang Jinbei Tongyong Automobile Co. Ltd	54900	…	51760	…
73	上海申美饮料食品有限公司 Shanghai Shenmei Beverage & Food Co. Ltd	53858	9931	42649	924
74	雅达电子有限公司 Yada Electronics Co. Ltd	53557	1188	8820	9346
75	上海耀华皮尔金顿玻璃股份有限公司 Shanghai Yaohua Pilkington Glass Co. Ltd	53313	21630	136882	2622
76	北京首钢宝生带钢有限公司 Beijing Capital Steel Baosheng Strip Steel Co. Ltd	52441	13583	3553	…
77	上海太平国际货柜有限公司 Shanghai Pacific International Goods Shelves Co. Ltd	52377	5822	27370	8913
78	惠州 TCL 通讯设备股份有限公司 Huizhou TCL Communicative Equipment Co. Ltd	52043	4008	40621	1305
79	上海真空电子器件股份有限公司 Shanghai Vacuum Electronics Appliance Co. Ltd	51012	11899	307338	713
80	赣新电视有限公司 Ganxin TV Co. Ltd	51827	1526	26653	203

3—42（5） 1993年度中国最大的二百家外商投资生产企业
CHINA'S 200 TOP PRODUCTIVE FOREIGN-FUNDED ENTERPRISES IN 1993

序号 Rank	企业名称 Name of Enterprise	销售额(万元) Sales Value (RMB ￥10000)	利润额(万元) Profits (RMB ￥10000)	总资产额(万元) Total Assets (RMB ￥10000)	出口额(万美元) Export Value (US $10000)
81	永新-沈阳化工厂有限公司 Yongxin-shenyang Chemical Industry Co. Ltd	51367	…	73291	…
82	斯大精密(大连)有限公司 Sida Precisiou(Dalian)Co. Ltd	51177	269	33581	8885
83	惠州信华精机有限公司 Huizhou Xinhua Precisiou Machine Co. Ltd	51060	710	22735	5568
84	上海合众-开利空调设备有限公司 Shanghai Hezhong-Kaili Air-conditioning Equipment Co. Ltd	50481	19517	35676	7
85	上海爱梯恩梯通信设备有限公司 Shanghai Etienty Communicative Equipment Co. Ltd	50001	…	36891	…
86	厦门灿坤实业股份有限公司 Xiamen Cankun Industry Co. Ltd	49616	5800	5843	5615
87	天津日电电子通信工业有限公司 Tianjin Ridian Electronics Communication Industry Co. Ltd	47032	5366	48900	…
88	金利来(中国)服装皮具有限公司 GoldLine(China)Garment & Leathern Goods Co. Ltd	46889	8618	16445	299
89	中美施贵宝制药有限公司 Sino-American Squibb Pharmaceutic Manufacturing Co. Ltd	46845	6491	51278	393
90	深圳华发电子股份有限公司 Shenzhen Huafa Electronics Co. Ltd	46286	5274	48172	2849
91	中国南玻集团股份有限公司 China Southern Glass Group Co. Ltd	46218	19090	109326	980
92	广东浮法玻璃有限公司 Guangdong Float Glass Co. Ltd	45700	6668	73221	1520
93	双喜轮胎工业股份有限公司 Double Happiness Tyre Industry Co. Ltd	45157	9868	39098	451
94	上海庄臣有限公司 Shanghai Johnson Co. Ltd	44230	…	48123	822
95	吉林德大有限公司 Jilin Deda Co. Ltd	43813	3426	35846	1443
96	华丝企业股份有限公司 Huasi Enterprise Co. Ltd	42868	3604	38234	4951
97	深圳中冠纺织印染股份有限公司 Shenzhen Zhongguan Printing & Dyeing Co. Ltd	42757	3611	39833	3952
98	华北铝业有限公司 Hubei Aluminium Co. Ltd	42608	2807	38251	150
99	扬州通运集装箱有限公司 Yangzhou Tongyun Co. Ltd	42600	3500	25500	7332
100	正大岳阳有限公司 Zhengda Yueyang Co. Ltd	41359	2587	32358	…

3—42（6） 1993年度中国最大的二百家外商投资生产企业

CHINA'S 200 TOP PRODUCTIVE FOREIGN-FUNDED ENTERPRISES IN 1993

序号 Rank	企业名称 Name of Enterprise	销售额(万元) Sales Value (RMB ￥10000)	利润额(万元) Profits (RMB ￥10000)	总资产额(万元) Total Assets (RMB ￥10000)	出口额(万美元) Export Value (US $ 10000)
101	天津顶益食品有限公司 Tianjin Dingyi Foodstuffs Co. Ltd	40858	…	55595	…
102	北京巴威有限公司 Beijing Bawei Co. Ltd	39723	3461	69709	11
103	常熟通润机电有限公司 Changshu Hanrun Electronic and Machinery Co. Ltd	39490	1498	11093	3000
104	青岛啤酒第二有限公司 Qingdao No. 2 Beer Co. Ltd	39330	5551	43353	…
105	天津福津木业有限公司 Tianjin Fujin Timber Industry Co. Ltd	38636	3020	19744	434
106	中粤马口铁工业有限公司 Zhongyue Tinplate Iudustry Co. Ltd	38158	576	…	606
107	北京飞机维修工程有限公司 Beijing Airplane Maintenance & Repairing Engineering Co. Ltd	38087	6327	108713	…
108	上海利华有限公司 Shanghai Lihua Co. Ltd	37529	3196	37671	863
109	新疆天山毛纺织品有限公司 Xinjiang Tianshan Woolen Textile Co. Ltd	37255	6507	46424	2031
110	东莞雀巢有限公司 Dongguan Nestle Co. Ltd	36035	3087	30000	…
111	天津长城(集团)有限公司 Tianjin Great Wall Group Co. Ltd	35881	453	1663	701
112	佛山聚酯切片厂有限公司 Foshan Polyester Section Co. Ltd	35794	3599	32061	2219
113	广州海丰鞋业有限公司 Guangzhou Haifeng Shoe Co. Ltd	35561	826	5000	6182
114	福建协丰鞋业有限公司 Fujian Xiefeng Shoe Co. Ltd	35489	3672	19975	5760
115	天津津美饮料有限公司 Tianjin Jinmei Beverage Co. Ltd	35410	2748	28007	…
116	上海夏普空调器有限公司 Shanghai Sharp Air-condition Co. Ltd	34059	…	43489	…
117	上海易初通用机器有限公司 Shanghai Echu Universal Machine Co. Ltd	33979	4487	25294	79
118	上海 JVO 电器有限公司 Shanghai JVO Electric Appliance Co. Ltd	33902	5255	34647	5085
119	甘肃陇明钢铁有限公司 Gansu Longming Steel Co. Ltd	32364	7191	10252	…
120	合肥荣世达电气有限公司 Hefei Rongshida Electric Appliance Co. Ltd	31947	4535	28576	…

3—42（7） 1993年度中国最大的二百家外商投资生产企业
CHINA'S 200 TOP PRODUCTIVE FOREIGN-FUNDED ENTERPRISES IN 1993

序号 Rank	企业名称 Name of Enterprise	销售额(万元) Sales Value (RMB ￥10000)	利润额(万元) Profits (RMB ￥10000)	总资产额(万元) Total Assets (RMB ￥10000)	出口额(万美元) Export Value (US $ 10000)
121	顺德市伦教首饰钻石加工厂 Shunde Lunjiao Jewery and Dimand Processing Factory	30948	167	792	5822
122	中国-阿拉伯化肥有限公司 Sino-Arabic Fertilizer Co. Ltd	30893	690	43449	3041
123	福建清禄鞋业有限公司 Fujian Qinglu Shoes Co. Ltd	30700	…	…	353
124	信华(中国)机械有限公司 Xinhua(China)Machinery Co. Ltd	30612	1673	19081	5311
125	中国纺织机械股份有限公司 China Textile Machinery Shareholding Co. Ltd	30382	8030	106107	460
126	中国国际钢铁制品有限公司 China International Iron & Steel Products Co. Ltd	30201	2822	36244	6700
127	福建省联建(集团)有限公司 Fujian Lianjian(Group)Co. Ltd	30091	1799	32515	…
128	厦门华美卷烟有限公司 Xiamen Sino-American Cigarette Co. Ltd	29737	4990	43224	1093
129	厦门中鹭植物油有限公司 Xiamen ZhongLu Vegetable Oils Co. Ltd	29606	1030	24620	477
130	无锡华瑞制药有限公司 Wuxi Huarui Pharmaceutical Co. Ltd	29500	6400	2700	…
131	厦门正新橡胶工业有限公司 Xiamen Zhengxin Rubber Industry Co. Ltd	29494	872	39148	3542
132	肇庆中南家用电器厂 Zhaoqing Zhongnan Electric Appliance for Household Use factory	29428	922	4191	3988
133	珠海经济特区裕华聚酯切片厂 Zhuhai Yuhua Polyester Section Plant	28674	1505	46899	52
134	秦皇岛首钢板材有限公司 Qin Huang Dao Capital Steel and Steel Plate Co. Ltd	28487	…	79696	…
135	深圳啤酒公司 Shenzhen Beer Co. Ltd	28401	4064	37142	288
136	长飞光纤光缆有限公司 ChangFei Laser Fiber and Cable Co. Ltd	28284	0.4	34350	440
137	厦门台和电子有限公司 Xiamen Taihe Electronics Industrial Co. Ltd	27896	4551	19337	3568
138	天津汉高洗涤剂有限公司 Tianjin Henkel Chem. Ltd	27725	1000	26194	…
139	大连华能-小野田水泥有限公司 Dalian Huaneng-Konoda Cement Co. Ltd	27496	…	106443	2323
140	本溪利源钢管有限公司 Benxi Liyuan Steel Tube Co. Ltd	27267	1201	29905	…

3—42（8） 1993年度中国最大的二百家外商投资生产企业
CHINA′S 200 TOP PRODUCTIVE FOREIGN-FUNDED ENTERPRISES IN 1993

序号 Rank	企业名称 Name of Enterprise	销售额（万元） Sales Value (RMB ￥10000)	利润额（万元） Profits (RMB ￥10000)	总资产额（万元） Total Assets (RMB ￥10000)	出口额（万美元） Export Value (US $ 10000)
141	肇庆蓝带啤酒卢堡有限公司 Zhaoqin Blue Rope Beer Lubao Co. Ltd	27063	3413	25000	…
142	湛江中美化学工业有限公司 Zhanjiang Sino-American Chemical Industry Co. Ltd	27000	2160	16000	1860
143	上海瑞侃电缆附件有限公司 Shanghai Ruikan Electric Cable Parts Co. Ltd	26914	5754	22031	9
144	唐德电子（中国）有限公司 Tangde Electronics (China) Co. Ltd	26839	…	24942	4629
145	番禺糖果有限公司 Panyu Confectionary Co. Ltd	26777	7530	236	312
146	佛山华新复合材料有限公司 Foshan Huaxin Synthetic Materials Co. Ltd	26633	11000	39606	3552
147	上海日立电器有限公司 Shanghai Hitachi Electric Co. Ltd	26550	…	44687	…
148	吉林林宝铁合金有限公司 Jilin LinBao Ferroalloy Co. Ltd	26532	723	5500	677
149	北京松下通信设备有限公司 Beijing Panasonic Communicative Equipment Co. Ltd	26347	3188	11681	…
150	上海福海（木业）企业有限公司 Shanghai Fuhai (Timber) Industry Co. Ltd	26295	3112	7054	537
151	浙江菲利普自行车有限公司 Zhejiang Philips Bicycle Co. Ltd	26069	994	9173	21
152	惠州中欧电子工业有限公司 Huizhou Sino-European Electronics Industry Co. Ltd	25867	44	10177	2175
153	上海贝岭微电子制造有限公司 Shanghai Beiling Mine-lectronics Making Co. Ltd	25725	10066	25984	145
154	佛山大陆制罐有限公司 Foshan Continent Can-making Co. Ltd	25645	…	5793	495
155	北京正大饲料有限公司 Beijing Zhengda Feed Co. Ltd	25453	1416	11800	…
156	北京飞利浦有限公司 Beijing Philips Co. Ltd	25443	1084	…	1045
157	上海纳铁福传动轴有限公司 Shanghai Natiefu Transmission Shaft Co. Ltd	25305	4774	26081	572
158	济南大易造纸有限公司 Jinan Dayi Paper-making Co. Ltd	25161	…	79927	…
159	厦门宏泰发展有限公司 Xiamen Hongtai Development Co. Ltd	24676	453	14848	2112
160	汕头经济特区春源实业（集团）公司 Shantou Chunyuan Industry Co. Ltd	24455	…	39506	2725

3—42（9） 1993年度中国最大的二百家外商投资生产企业

CHINA'S 200 TOP PRODUCTIVE FOREIGN-FUNDED ENTERPRISES IN 1993

序号 Rank	企业名称 Name of Enterprise	销售额(万元) Sales Value (RMB ￥10000)	利润额(万元) Profits (RMB ￥10000)	总资产额(万元) Total Assets (RMB ￥10000)	出口额(万美元) Export Value (US $ 10000)
161	扎努西电气机械天津压缩机有限公司 Zhanuxi Electric Machinery TianJin Compressor Co. Ltd	24373	4791	41486	…
162	辽宁三联钢管有限公司 Liaoning SanLian Steel Pipe Co. Ltd	24329	2001	3740	…
163	广州超时代钟表有限公司 Guangzhou Super Era Clock and Watch Co. Ltd	24324	4210	1000	4210
164	上海华新电线电缆有限公司 Shanghai Huaxin Electric Wire and Cable Co. Ltd	24289	4098	16199	…
165	北海粮油工业(天津)有限公司 Beihai Cereal Oil Industry (Tianjin) Co. Ltd	24179	314	30507	…
166	珠海永嘉光学工业有限公司 Zhuhai Yongjia Optical Industry Co. Ltd	23609	…	7970	4080
167	苏州迅达电梯有限公司 Suzhou Schindler Elevator Co. Ltd	23400	1200	27500	202
168	天津本田摩托车有限公司 Tianjin Honda Motorcycle Co. Ltd	23350	…	21671	…
169	厦门进雄企业有限公司 Xiamen Jinxong Enterprise Co. Ltd	23072	863	17865	3937
170	广州欣金昌鞋业有限公司 Guangzhou Xinjinchang Shoe Co. Ltd	22958	100	300	3982
171	上海通惠-开利空调设备有限公司 Shanghai Tonghui Kaili Air-condition Co. Ltd	22885	8979	2067	25
172	顺德华南空调制冷实业有限公司 Shunde Huanan Aircondition & Refrigerating Industry Co. Ltd	22612	349	18673	61
173	成都正大有限公司 Chengdu Zhenda Co. Ltd	22402	2174	14878	…
174	上海英雄股份有限公司 Shanghai Hero Share-holding Co. Ltd	22228	5154	35415	724
175	福建冠旺纺织有限公司 Fujian Guanwan Textile Co. Ltd	22200	…	…	…
176	文登华发机械有限公司 Wendeng Huafa Machinery Co. Ltd	22169	1625	14689	…
177	沈阳和平轮胎有限公司 Shenyang Peace Tyre Co. Ltd	22133	…	22516	…
178	佛山电缆厂 Foshan Cable Plant	22082	2000	10480	73
179	南通胶合板工业有限公司 Nantong Plywood Industry Co. Ltd	22077	…	22521	…
180	开封正大有限公司 Kaifeng Zhengda Co. Ltd	22074	…	20205	…

3—42（10）1993年度中国最大的二百家外商投资生产企业
CHINA'S 200 TOP PRODUCTIVE FOREIGN-FUNDED ENTERPRISES IN 1993

序号 Rank	企业名称 Name of Enterprise	销售额(万元) Sales Value (RMB ￥10000)	利润额(万元) Profits (RMB ￥10000)	总资产额(万元) Total Assets (RMB ￥10000)	出口额(万美元) Export Value (US $ 10000)
181	中国江海木业有限公司 China Jianghai Timber Industry Co. Ltd	21959	6500	14320	…
182	南通斯塔维数据有限公司 Nantong Stawei Data Co. Ltd	21959	605	36136	3792
183	重庆中策轮胎有限公司 Chongqing Zhongce Tyre Co. Ltd	21857	392	46667	…
184	广州麦芽有限公司 Guangzhou Malt Co. Ltd	21443	1884	19969	517
185	上海振华港口机械有限公司 Shanghai Zhenhua Habor Machinery Co. Ltd	21412	6491	47515	3823
186	广州星辉电子制造有限公司 Guangzhou Xinghui Electronics Co. Ltd	21394	2517	137	2517
187	河南金心味精企业有限公司 Henan jinxin Gourment Power Industry Co. Ltd	21221	1550	20610	158
188	上海永鑫波纹管有限公司 Shanghai Yongxin Bellows Co. Ltd	21216	…	243	…
189	饶平县烤鳗厂有限公司 Raoping County Roast Eel Plant Co. Ltd	21040	1766	5234	2615
190	南京新世界服装有限公司 Nanjing New World Garment Co. Ltd	21000	300	800	2800
191	南海皮厂有限公司 Nanhai Leather Plant Co. Ltd	20747	2367	25181	647
192	漳州国际铝容器有限公司 Zhangzhou International Aluminum Vessel Co. Ltd	20613	1333	26068	…
193	上海民乐啤酒饮料有限公司 Shanghai Minle Beer & Beverage Co. Ltd	20513	2525	34045	…
194	上海建设-路桥机械设备有限公司 Shanghai Jiansheluqiao Machinery Equipment Co. Ltd	20500	1500	1600	453
195	上海神明电机有限公司 Shanghai Shenming Electric Machine Co. Ltd	20380	5995	15733	3475
196	吉林正大有限公司 Jilin Zhenda Co. Ltd	20325	892	82296	42
197	珠海经济特区美星制鞋有限公司 Zhuhai Meixing Shoe-making Co. Ltd	20316	196	7100	3540
198	上海日立电动工具有限公司 Shanghai Hitachi Motor-driver Tool Co. Ltd	20261	1341	14360	386
199	南通正大畜禽水产有限公司 Nangtong Zhengda Animal, Poultry & Aquatic Products Co. Ltd	20259	424	10034	…
200	天美食品有限公司 Tianmei Food Co. Ltd	20204	3614	18148	…

4. 合　作　篇
INTERNATIONAL COOPERATION

4—1 对外经济合作概况
CHINA'S FOREIGN ECONOMIC COOPERATION

年 份 Year	签订合同的国家、地区（个） Number of Countries or Regions Signed with(*)	合同数（份） Number of Contracts (copy)	合同金额（亿美元） Contract Value (US $ 100 Millions)	完成营业额（亿美元） Turnover (US $ 100 Millions)
总计 Total	**173**	**45257**	**324.05**	**195.94**
1976	1	2		
			0.01	
1977	1	1		
1978	1	4	0.01	
1979	8	36	0.51	1.70
1980	16	172	1.85	
1981	36	363	5.04	
1982	38	314	5.07	3.48
1983	40	460	9.24	4.52
1984	52	740	17.37	6.23
1985	71	923	12.65	8.35
1986	83	944	13.59	9.73
1987	95	1449	18.89	12.60
1988	103	2126	21.72	14.30
1989	124	3100	22.12	16.86
1990	122	5175	26.04	18.67
1991	147	8438	36.09	23.63
1992	159	9405	65.85	30.49
1993	158	11605	68.00	45.38

*：国家、地区数"总计"中已剔除各年重复数。

The total figure refers to the total number of countries or regions with which the contracts of engineering projects and labour services were signed from 1976 to 1991, does not refer to the sum of that of each year.

4—2 对外承包工程概况 FOREIGN ENGINEERING PROJECTS

年份 Year	签订合同数(份) Number of Contracts(copy)	合同金额(亿美元) Contract Value (US $ 100 Million)	完成营业额(亿美元) Turnover (US $ 100 Million)	派出人数(万人次) Persons Sent Abroad(10000)	年末在国外人数(万人) Persons Abroad by the End of Year (10000)
1979	27	0.33	1.23 (1979–1981)		
1980	138	1.40			
1981	250	2.76			
1982	195	3.46	1.89		
1983	280	7.99	3.15		
1984	344	15.38	4.94		
1985	465	11.16	6.63		
1986	486	11.89	8.19		
1987	616	16.48	11.14	2.30	3.13
1988	642	18.13	12.53	1.51	3.00
1989	776	17.81	14.84	1.69	2.40
1990	920	21.25	16.44	1.79	2.18
1991	1171	25.24	19.70	1.98	2.15
1992	1164	52.50	24.03	2.66	2.54
1993	1393	51.89	36.68	3.21	3.42

4—3 对外劳务合作概况 FOREIGN LABOUR SERVICES

年份 Year	签订合同数(份) Number of Contracts(copy)	合同金额(亿美元) Contract Value (US $ 100 Million)	完成营业额(亿美元) Turnover (US $ 100 Million)	派出人数(万人次) Persons Sent Abroad(10000)	年末在国外人数(万人) Persons Abroad by the End of Year (10000)
1979	9	0.18	0.47 (1979–1981)		
1980	34	0.45			
1981	113	2.28			
1982	119	1.61	1.59		
1983	180	1.25	1.37		
1984	396	1.99	1.29		
1985	458	1.49	1.72		
1986	458	1.70	1.54		
1987	833	2.41	1.46	2.53	3.19
1988	1484	3.59	1.77	2.73	3.98
1989	2324	4.31	2.02	3.65	4.31
1990	4255	4.78	2.23	3.50	3.61
1991	7267	10.85	3.93	6.73	6.83
1992	8241	13.35	6.46	9.17	10.56
1993	10212	16.11	8.70	10.46	1309

4—4　1979 至 1993年对外经济合作合同数额（按洲别分）
CONTRACTS OF FOREIGN ECONOMIC COOPERATION FROM 1979 TO 1993 BY CONTINENTS

地区 Region	合同份数（份） Number of Contracts (copy)			合同金额（万美元） Contract Value (US $ 10000)		
	合计 Total	承包工程 Engineering Project	劳务合作 Labour Service	合计 Total	承包工程 Engineering Project	劳务合作 Labour Service
总计 Total	**45257**	**8873**	**36384**	**3240444**	**2576971**	**663473**
一、国境外工程 Overseas Projects	38900	7948	30952	2963236	2304690	658546
亚洲 Asia	22682	3685	18997	1918062	1484979	433083
非洲 Africa	4028	2828	1200	543140	494768	48372
欧洲 Europe	3622	750	2872	294729	203770	90959
拉丁美洲 Latin America	368	134	234	26074	21027	5047
北美洲 North America	1772	331	1441	103176	57706	45470
大洋洲及太平洋岛屿 Oceania & Pacific Islands	364	107	257	50803	33540	17263
二、国境内工程 Domestic Projects	6357	925	5432	277208	272281	4927

4—5　1979 至 1993年对外经济合作营业额（按洲别分）
TURNOVER OF FOREIGN ECONOMIC COOPERATION FROM 1979 TO 1993 BY CONTINENTS

单位：万美元
Unit：US $ 10000

地区 Region	合计 Total	承包工程 Engineering Project	劳务合作 Labour Service
总计 Total	**1959417**	**1613953**	**345464**
一、国境外工程 Overseas Projects	1793876	1453638	340238
亚洲 Asia	1220705	988189	232516
非洲 Africa	358782	335879	22903
欧洲 Europe	99342	53477	45865
拉丁美洲 Latin America	23396	21349	2047
北美洲 North America	59477	33543	25934
大洋洲及太平洋岛屿 Oceania & Pacific Islands	15810	13690	2120
二、国境内工程 Domestic Projects	165541	160315	5226

4—6（1）1979至1993年对外承包工程和劳务合作合同份数（按国别、地区分）

CONTRACT NUMBER OF FOREIGN ENGINEERING PROJECTS AND LABOUR SERVICES FROM 1979 TO 1993 BY COUNTRIES AND REGIONS

单位：份

Unit：Copy

国别（地区） Country/Region	合　计 Total	承包工程 Engineering Project	劳务合作 Labour Service
总计　Total	**45257**	**8873**	**36384**
亚洲　Asia	**22682**	**3685**	**18997**
阿富汗 Afghanistan	4	2	2
巴林　Bahrian	6	1	5
孟加拉国　Bangladesh	132	83	49
缅甸　Burma	31	18	13
柬埔寨　Cambodia	19	9	10
塞浦路斯　Cyprus	44	1	43
朝鲜　Korea DPR	21	18	3
香港　Hong Kong	9704	775	8929
印度　India	17	11	6
印度尼西亚　Indonesia	130	48	82
伊朗　Iran	82	55	27
伊拉克　Iraq	790	113	677
以色列　Israel	3	1	2
日本　Japan	2704	72	2632
约旦　Jordan	100	77	23
科威特　Kuwait	379	151	228
老挝　Laos	31	20	11
黎巴嫩　Lebanon	4		4
澳门　Macao	2100	398	1702
马来西亚　Malaysia	131	77	54
马尔代夫　Maldives	23	11	12
蒙古　Mongolia	126	69	57
尼泊尔　Nepal	176	159	17
阿曼　Oman	19	2	17
巴基斯坦　Pakistan	243	216	27
菲律宾　Philippines	126	81	45
卡塔尔　Qatar	1		1
沙特阿拉伯　Saudi Arabia	17	4	13
新加坡　Singapore	1009	74	935
韩国　Korea	267	6	261
斯里兰卡　Sri Lanka	89	35	54
叙利亚　Syria	10	6	4
泰国　Thailand	582	277	305

4—6（2）1979 至 1993 年对外承包工程和劳务合作合同份数（按国别、地区分）

CONTRACT NUMBER OF FOREIGN ENGINEERING PROJECTS AND LABOUR SERVICES FROM 1979 TO 1993 BY COUNTRIES AND REGIONS

单位：份

Unit：Copy

国别（地区） Country/Region	合 计 Total	承包工程 Engineering Project	劳务合作 Labour Service
土耳其 Turkey	12	2	10
阿联酋 United Arab Emirates	304	63	241
也门共和国 Republic of Yemen	795	704	91
越南 Vietnam	123	46	77
台湾 Taiwan Prov.	2328		2328
非洲 Africa	**4028**	**2828**	**1200**
阿尔及利亚 Algeria	84	63	21
安哥拉 Angola	60	52	8
贝宁 Benin	30	24	6
博茨瓦纳 Botswana	174	144	30
布隆迪 Burundi	93	73	20
喀麦隆 Cameroon	116	91	25
佛得角 Cape Verde	3	3	
中非 Central Africa	9	7	2
乍得 Chad	26	25	1
科摩罗 Comoros	40	35	5
刚果 Congo	62	54	8
吉布提 Djibouti	238	233	5
埃及 Egypt	65	41	24
赤道几内亚 Eq. Guinea	36	12	24
埃塞俄比亚 Ethiopia	26	26	
加蓬 Gabon	20	12	8
冈比亚 Gambia	293	282	11
加纳 Ghana	54	37	17
几内亚 Guinea	82	71	11
几内亚（比绍） Guineabissau	1	1	
科特迪瓦 Cote d'Ivoir	27	14	13
肯尼亚 Kenya	90	81	9
利比里亚 Liberia	26	5	21
利比亚 Libya	327	180	147
马达加斯加 Madagascar	63	58	5
马里 Mali	145	130	15
毛里塔尼亚 Mauritania	42	27	15
毛里求斯 Mauritius	246	57	189
摩洛哥 Morocco	30	8	22

4—6（3）1979至1993年对外承包工程和劳务合作合同份数（按国别、地区分）

CONTRACT NUMBER OF FOREIGN ENGINEERING PROJECTS AND LABOUR SERVICES FROM 1979 TO 1993 BY COUNTRIES AND REGIONS

单位：份

Unit：Copy

国别（地区） Country/Region	合计 Total	承包工程 Engineering Project	劳务合作 Labour Service
莫桑比克 Mozambique	22	15	7
纳米比亚 Namibia	9	7	2
尼日尔 Niger	10	10	
尼日利亚 Nigeria	251	72	179
留尼汪 Reunion	3		3
卢旺达 Rwanda	127	118	9
圣多美和普林西比 Sao Tome & Principe	14	14	
塞内加尔 Senegal	32	25	7
塞舌尔 Seychelles	34	28	6
塞拉利昂 Sierra Leone	117	91	26
索马里 Somalia	75	67	8
南非 S. Africa	34	2	32
苏丹 Sudan	278	230	48
坦桑尼亚 Tanzania	127	66	61
多哥 Togo	7	2	5
突尼斯 Tunisia	56	44	12
乌干达 Uganda	42	30	12
布基纳法索 Burkina Faso	40	37	3
扎伊尔 Zaire	55	31	24
赞比亚 Zambia	37	24	13
津巴布韦 Zimbabwe	45	44	1
莱索托 Lesotho	91	25	66
斯威士兰 Swaziland	4		4
川斯凯 Transkei	10		10
欧洲 Europe	**3622**	**750**	**2872**
比利时 Belgium	2		2
丹麦 Denmark	15	4	11
英国 United Kingdom	169	9	160
德国 Germany，FR	817	44	773
法国 France	115	6	109
爱尔兰 Ireland	11		11
意大利 Italy	83	8	75
荷兰 Netherlands	67	4	63
希腊 Greece	153	7	146
葡萄牙 Portugal	7		7

4—6（4）1979至1993年对外承包工程和劳务合作合同份数（按国别、地区分）

CONTRACT NUMBER OF FOREIGN ENGINEERING PROJECTS AND LABOUR SERVICES FROM 1979 TO 1993 BY COUNTRIES AND REGIONS

单位：份
Unit：Copy

国别（地区）Country/Region	合计 Total	承包工程 Engineering Project	劳务合作 Labour Service
西班牙 Spain	43	4	39
阿尔巴尼亚 Albania	1		1
奥地利 Austria	25		25
保加利亚 Bulgaria	13		13
捷克和斯洛伐克(原) Former Czechoslovakia	21	1	20
芬兰 Finland	24	4	20
匈牙利 Hungary	94		94
冰岛 Iceland	12		12
马耳他 Malta	40	15	25
挪威 Norway	11	2	9
波兰 Poland	27	8	19
罗马尼亚 Romania	34		34
瑞典 Sweden	77	4	73
瑞士 Switzerland	22		22
南斯拉夫（原）Former Yugoslavia	24	2	22
原苏联 Former USSR	635	291	344
拉脱维亚 Latvia	1		1
阿塞拜疆 Azerbaijan	3	2	1
白俄罗斯 Belorussia	4	2	2
哈萨克 Kazakhstan	47	20	27
吉尔吉斯 Kirghizia	7	1	6
俄罗斯联邦 Russia	986	306	680
塔吉克 Tajikistan	1	1	
乌克兰 Ukraine	27	3	24
乌兹别克 Uzbekstan	4	2	2
拉丁美洲 Latin America	**368**	**134**	**234**
安提瓜和巴布达 Antigua & Barbuda	10	2	8
阿根廷 Argentina	15	1	14
巴哈马 Bahamas	4		4
巴巴多斯 Barbados	10	6	4
伯利兹 Belize	5		5
玻利维亚 Bolivia	46	9	37
巴西 Brazil	5	1	4
智利 Chile	5	1	4
哥伦比亚 Colombia	35	25	10
多米尼加联邦 Dominica	15	1	14

4—6（5） 1979至1993年对外承包工程和劳务合作合同份数（按国别、地区分）

CONTRACT NUMBER OF FOREIGN ENGINEERING PROJECTS AND LABOUR SERVICES FROM 1979 TO 1993 BY COUNTRIES AND REGIONS

单位：份
Unit：Copy

国别（地区） Country/Region	合 计 Total	承包工程 Engineering Project	劳务合作 Labour Service
哥斯达黎加 Costa Rica	5	3	2
古巴 Cuba	13	12	1
厄瓜多尔 Ecuador	24	12	12
格林纳达 Grenada	1		1
圭亚那 Guyana	9	6	3
洪都拉斯 Honduras	6		6
牙买加 Jamaica	34	3	31
墨西哥 Mexico	40	26	14
尼加拉瓜 Nicaragua	4	1	3
巴拿马 Panama	19	1	18
秘鲁 Peru	23	8	15
波多黎各 Puerto Rico	1		1
圣卢西亚 Saint Lucia	8		8
苏里南 Suriname	5	3	2
特立尼达和多巴哥 Trinidad & Tobago	5	3	2
乌拉圭 Uruguay	9	3	6
委内瑞拉 Venezuela	12	7	5
北美洲 North America	**1772**	**331**	**1441**
加拿大 Canada	157	31	126
美国 United States	1615	300	1315
大洋洲 Oceania	**364**	**107**	**257**
澳大利亚 Australia	101	8	93
斐济 Fiji	51	25	26
瓦努阿图 Vanuatu	15	7	8
新西兰 New Zealand	20	7	13
巴布亚新几内亚 Papua New Guinea	96	41	55
所罗门 Solomon Is.	9		9
汤加 Tonga	7	1	6
基里巴斯 Kiribati	4	4	
西萨摩亚 Samoa	6	4	2
密克罗尼西亚 Micronesia	20	1	19
马绍尔群岛 Marshall Is.	8	4	4
贝劳 Balau	26	5	21
其他 Others	**6064**	**113**	**5951**
境内外资工程 Domestic Projects With Foreign Capital	**6357**	**925**	**5432**

4—7（1） 1979至1993年对外承包工程和劳务合作合同金额（按国别、地区分）

CONTRACT VALUE OF FOREIGN ENGINEERING PROJECTS AND LABOUR SERVICES FROM 1979 TO 1993 BY COUNTRIES AND REGIONS

单位：万美元
Unit：US $ 10000

国别（地区） Country/Region	合计 Total	承包工程 Engineering Project	劳务合作 Labour Service
总计 Total	**3240444**	**2576971**	**663473**
亚洲 Asia	**1918062**	**1484979**	**433083**
阿富汗 Afghanistan	418	381	37
巴林 Bahrian	733	560	173
孟加拉国 Bangladesh	31295	30413	882
缅甸 Burma	7086	7049	37
柬埔寨 Cambodia	2703	2450	253
塞浦路斯 Cyprus	467	330	137
朝鲜 Korea DPR	2164	2132	32
香港 Hong Kong	595332	483121	112211
印度 India	320	298	22
印度尼西亚 Indonesia	21938	21100	838
伊朗 Iran	37586	28107	9479
伊拉克 Iraq	194920	117341	77579
以色列 Israel	61	2	59
日本 Japan	77985	2451	75534
约旦 Jordan	31573	29736	1837
科威特 Kuwait	72270	49130	23140
老挝 Laos	6917	6734	183
黎巴嫩 Lebanon	38		38
澳门 Macao	235146	201215	33931
马来西亚 Malaysia	42438	41451	987
马尔代夫 Maldives	1217	1025	192
蒙古 Mongolia	4582	3955	627
尼泊尔 Nepal	28458	28250	208
阿曼 Oman	243	73	170
巴基斯坦 Pakistan	215447	214756	691
菲律宾 Philippines	40021	38977	1044
卡塔尔 Qatar	2		2
沙特阿拉伯 Saudi Arabia	3605	2533	1072
新加坡 Singapore	49296	9649	39647
韩国 Korea	37931	226	37705
斯里兰卡 Sri Lanka	11384	11210	174
叙利亚 Syria	3556	3402	154
泰国 Thailand	60259	58539	1720
土耳其 Turkey	386	301	85

4—7（2） 1979至1993年对外承包工程和劳务合作合同金额（按国别、地区分）

CONTRACT VALUE OF FOREIGN ENGINEERING PROJECTS AND LABOUR SERVICES FROM 1979 TO 1993 BY COUNTRIES AND REGIONS

单位：万美元

Unit：US$10000

国别（地区）Country/Region	合计 Total	承包工程 Engineering Project	劳务合作 Labour Service
阿联酋 United Arab Emirates	15421	13424	1997
也门共和国 Republic of Yemen	69595	66238	3357
越南 Vietnam	8760	8420	340
台湾 Taiwan Prov.	6509		6509
非洲 Africa	**543140**	**494768**	**48372**
阿尔及利亚 Algeria	88901	85418	3483
安哥拉 Angola	363	221	142
贝宁 Benin	3286	3084	202
博茨瓦纳 Botswana	27068	26400	668
布隆迪 Burundi	12543	11455	1088
喀麦隆 Cameroon	5827	5333	494
佛得角 Cape Verde	536	536	
中非 Central Africa	2904	2858	46
乍得 Chad	4167	4163	4
科摩罗 Comoros	652	648	4
刚果 Congo	16000	15868	132
吉布提 Djibouti	6421	6405	16
埃及 Egypt	43523	43349	174
赤道几内亚 Eq. Guinea	1014	624	390
埃塞俄比亚 Ethiopia	3555	3555	
加蓬 Gabon	1909	1429	480
冈比亚 Gambia	3968	3742	226
加纳 Ghana	3447	3319	128
几内亚 Guinea	3001	2886	115
几内亚（比绍） Guineabissau	2100	2100	
科特迪瓦 Cote d'Ivoir	3260	3174	86
肯尼亚 Kenya	27581	27482	99
利比里亚 Liberia	1033	862	171
利比亚 Libya	72899	47696	25203
马达加斯加 Madagascar	5627	5533	94
马里 Mali	16844	16733	111
毛里塔尼亚 Mauritania	8899	4275	4624
毛里求斯 Mauritius	8857	8388	469
摩洛哥 Morocco	4607	4365	242
莫桑比克 Mozambique	2528	2486	42
纳米比亚 Namibia	1100	1080	20

4—7（3） 1979至1993年对外承包工程和劳务合作合同金额（按国别、地区分）

CONTRACT VALUE OF FOREIGN ENGINEERING PROJECTS AND LABOUR SERVICES FROM 1979 TO 1993 BY COUNTRIES AND REGIONS

单位：万美元
Unit：US＄10000

国别（地区） Country/Region	合计 Total	承包工程 Engineering Project	劳务合作 Labour Service
尼日尔 Niger	731	731	
尼日利亚 Nigeria	11900	9834	2066
留尼汪 Reunion	23		23
卢旺达 Rwanda	26268	26142	126
圣多美和普林西比 Sao Tome & Principe	982	982	
塞内加尔 Senegal	4236	3375	861
塞舌尔 Seychelles	2193	2067	126
塞拉利昂 Sierra Leone	3740	3379	361
索马里 Somalia	8589	8531	58
南非 S. Africa	2106	10	2096
苏丹 Sudan	14022	13006	1016
坦桑尼亚 Tanzania	8003	7748	255
多哥 Togo	470	380	90
突尼斯 Tunisia	12498	12454	44
乌干达 Uganda	20020	19901	119
布基纳法索 Burkina Faso	2789	2721	68
扎伊尔 Zaire	5760	5361	399
赞比亚 Zambia	2524	1972	552
津巴布韦 Zimbabwe	29663	29658	5
莱索托 Lesotho	1795	1049	746
斯威士兰 Swaziland	15		15
川斯凯 Transkei	393		393
欧洲 Europe	**294729**	**203770**	**90959**
比利时 Belgium	2		2
丹麦 Denmark	99	54	45
英国 United Kingdom	1521	264	1257
德国 Germany，FR	8492	1093	7399
法国 France	970	73	897
爱尔兰 Ireland	22		22
意大利 Italy	678	252	426
荷兰 Netherlands	473	302	171
希腊 Greece	2637	107	2530
葡萄牙 Portugal	72		72
西班牙 Spain	2626	553	2073
阿尔巴尼亚 Albania	1		1

4—7（4） 1979至1993年对外承包工程和劳务合作合同金额（按国别、地区分）

CONTRACT VALUE OF FOREIGN ENGINEERING PROJECTS AND LABOUR SERVICES FROM 1979 TO 1993 BY COUNTRIES AND REGIONS

单位：万美元
Unit：US $ 10000

国别（地区） Country/Region	合计 Total	承包工程 Engineering Project	劳务合作 Labour Service
奥地利 Austria	738		738
保加利亚 Bulgaria	139		139
捷克和斯洛伐克（原）Former Czechoslovakia	238	25	213
芬兰 Finland	651	67	584
匈牙利 Hungary	925		925
冰岛 Iceland	17		17
马耳他 Malta	3131	961	2170
挪威 Norway	104	13	91
波兰 Poland	5791	5293	498
罗马尼亚 Romania	444		444
瑞典 Sweden	1060	656	404
瑞士 Switzerland	31		31
南斯拉夫（原）Former Yugoslavia	475	56	419
原苏联 Former USSR	88227	58930	29297
拉脱维亚 Latvia	6		6
阿塞拜疆 Azerbaijan	274	263	11
白俄罗斯 Belorussia	274	141	133
哈萨克 Kazakhstan	14379	12695	1684
吉尔吉斯 Kirghizia	120	68	52
俄罗斯联邦 Russia	154912	117240	37672
塔吉克 Tajikistan	19	19	
乌克兰 Ukraine	4628	4112	516
乌兹别克 Uzbekstan	553	533	20
拉丁美洲 Latin America	**26074**	**21027**	**5047**
安提瓜和巴布达 Antigua & Barbuda	584	84	500
阿根廷 Argentina	642	500	142
巴哈马 Bahamas	87		87
巴巴多斯 Barbados	1520	1512	8
伯利兹 Belize	107		107
玻利维亚 Bolivia	1835	1070	765
巴西 Brazil	82	37	45
智利 Chile	39	4	35
哥伦比亚 Colombia	4935	4810	125
多米尼加联邦 Dominica	411	2	409
哥斯达黎加 Costa Rica	273	262	11

4—7（5） 1979至1993年对外承包工程和劳务合作合同金额（按国别、地区分）

CONTRACT VALUE OF FOREIGN ENGINEERING PROJECTS AND LABOUR SERVICES FROM 1979 TO 1993 BY COUNTRIES AND REGIONS

单位：万美元
Unit：US＄10000

国别（地区） Country/Region	合计 Total	承包工程 Engineering Project	劳务合作 Labour Service
古巴 Cuba	548	547	1
厄瓜多尔 Ecuador	1440	1395	45
格林纳达 Grenada	5		5
圭亚那 Guyana	603	597	6
洪都拉斯 Honduras	297		297
牙买加 Jamaica	1091	9	1082
墨西哥 Mexico	7996	7882	114
尼加拉瓜 Nicaragua	173	44	129
巴拿马 Panama	426	20	406
秘鲁 Peru	789	626	163
波多黎各 Puerto Rico	23		23
圣卢西亚 Saint Lucia	358		358
苏里南 Suriname	110	87	23
特立尼达和多巴哥 Trinidad & Tobago	44	27	17
乌拉圭 Uruguay	430	298	132
委内瑞拉 Venezuela	1227	1214	13
北美洲 North America	**103176**	**57706**	**45470**
加拿大 Canada	3926	3029	897
美国 United States	99250	54677	44573
大洋洲 Oceania	**50803**	**33540**	**17263**
澳大利亚 Australia	12609	4610	7999
斐济 Fiji	4945	3506	1439
瓦努阿图 Vanuatu	2591	2506	85
新西兰 New Zealand	2972	2807	165
巴布亚新几内亚 Papua New Guinea	14548	13625	923
所罗门 Solomon Is.	43		43
汤加 Tonga	56	20	36
基里巴斯 Kiribati	727	727	
西萨摩亚 Samoa	1149	1143	6
密克罗尼西亚 Micronesia	4027	382	3645
马绍尔群岛 Marshall Is.	269	44	225
贝劳 Balau	6473	4170	2303
其他 Others	**27252**	**8900**	**18352**
境内外资工程 Domestic Projects With Foreign Capital	**277208**	**272281**	**4927**

4—8（1） 1979至1993年对外承包工程和劳务合作营业额（按国别、地区分）

TURNOVER OF FOREIGN ENGINEERING PROJECTS AND LABOUR SERVICES FROM 1979 TO 1993 BY COUNTRIES AND REGIONS

单位：万美元
Unit：US $ 10000

国别（地区） Country/Region	合计 Total	承包工程 Engineering Project	劳务合作 Labour Service
总计 Total	**1959417**	**1613953**	**345464**
亚洲 Asia	**12270705**	**988189**	**232516**
阿富汗 Afghanistan	10	10	
巴林 Bahrian	674	658	16
孟加拉国 Bangladesh	21690	21511	179
缅甸 Burma	7070	7056	14
柬埔寨 Cambodia	517	510	7
塞浦路斯 Cyprus	346	275	71
朝鲜 Korea DPR	863	860	3
香港 Hong Kong	421294	366911	5483
印度 India	157	137	20
印度尼西亚 Indonesia	5262	5102	160
伊朗 Iran	14099	10112	3987
伊拉克 Iraq	171344	92901	78443
以色列 Israel	37	4	33
日本 Japan	28899	2387	26512
约旦 Jordan	28876	28161	715
科威特 Kuwait	57363	42953	14410
老挝 Laos	3422	3388	34
黎巴嫩 Lebanon	20		20
澳门 Macao	176224	157085	19139
马来西亚 Malaysia	11147	10885	262
马尔代夫 Maldives	845	799	46
蒙古 Mongolia	1263	926	337
尼泊尔 Nepal	26244	26118	126
阿曼 Oman	244	80	164
巴基斯坦 Pakistan	91619	91440	179
巴勒斯坦 Palestine	187	187	
菲律宾 Philippines	9972	9633	339
沙特阿拉伯 Saudi Arabia	790	783	7
新加坡 Singapore	24566	5567	18999
韩国 Korea	8211	232	7979
斯里兰卡 Sri Lanka	4305	4189	116
叙利亚 Syria	1791	1781	10
泰国 Thailand	27629	26862	767
土耳其 Turkey	9		9

4—8（2） 1979至1993年对外承包工程和劳务合作营业额（按国别、地区分）

TURNOVER OF FOREIGN ENGINEERING PROJECTS AND LABOUR SERVICES FROM 1979 TO 1993 BY COUNTRIES AND REGIONS

单位：万美元
Unit：US $ 10000

国别（地区） Country/Region	合计 Total	承包工程 Engineering Project	劳务合作 Labour Service
阿联酋 United Arab Emirates	9518	8759	759
也门共和国 Republic of Yemen	59245	57145	2100
越南 Vietnam	2889	2782	107
台湾 Taiwan Prov.	2064		2064
非洲 Africa	**358782**	**335879**	**22903**
阿尔及利亚 Algeria	48576	47753	823
安哥拉 Angola	1370	167	1203
贝宁 Benin	3400	3319	81
博茨瓦纳 Botswana	20265	20158	107
布隆迪 Burundi	9374	9079	295
喀麦隆 Cameroon	4701	4588	113
佛得角 Cape Verde	477	477	
中非 Central Africa	4179	4144	35
乍得 Chad	3864	3861	3
科摩罗 Comoros	496	488	8
刚果 Congo	1617	1563	54
吉布提 Djibouti	5300	5292	8
埃及 Egypt	25364	25220	144
赤道几内亚 Eq. Guinea	977	625	352
埃塞俄比亚 Ethiopia	4184	4184	
加蓬 Gabon	1482	552	930
冈比亚 Gambia	3656	3444	212
加纳 Ghana	2744	2680	64
几内亚 Guinea	2785	2683	102
几内亚（比绍） Guineabissau	2163	2163	
科特迪瓦 Cote d′Ivoir	2779	2710	69
肯尼亚 Kenya	22312	22301	11
利比里亚 Liberia	578	503	75
利比亚 Libya	26995	17147	9848
马达加斯加 Madagascar	4883	4845	38
马里 Mali	14645	14553	92
毛里塔尼亚 Mauritania	5455	5232	223
毛里求斯 Mauritius	6472	4650	1822
摩洛哥 Morocco	3301	3241	60
莫桑比克 Mozambique	1574	1522	52
纳米比亚 Namibia	666	666	

4—8（3） 1979至1993年对外承包工程和劳务合作营业额（按国别、地区分）

TURNOVER OF FOREIGN ENGINEERING PROJECTS AND LABOUR SERVICES FROM 1979 TO 1993 BY COUNTRIES AND REGIONS

单位：万美元
Unit：US $ 10000

国别（地区） Country/Region	合计 Total	承包工程 Engineering Project	劳务合作 Labour Service
尼日尔　Niger	2371	2371	
尼日利亚　Nigeria	10284	9470	814
留尼汪　Reunion	10	10	
卢旺达　Rwanda	20889	20816	73
圣多美和普林西比　Sao Tome & Principe	493	493	
塞内加尔　Senegal	4362	3510	852
塞舌尔　Seychelles	1920	1858	62
塞拉利昂　Sierra Leone	3442	3183	259
索马里　Somalia	6955	6822	133
南非　S. Africa	1298	12	1286
苏丹　Sudan	9789	9267	522
坦桑尼亚　Tanzania	5164	4979	185
多哥　Togo	863	857	6
突尼斯　Tunisia	10118	10064	54
乌干达　Uganda	9531	9126	405
布基纳法索　Burkina Faso	2226	2219	7
扎伊尔　Zaire	7434	7291	143
赞比亚　Zambia	2265	1698	567
津巴布韦　Zimbabwe	21516	21424	92
莱索托　Lesotho	918	609	309
斯威士兰　Swaziland	8		8
川斯凯　Transkei	292		292
欧洲　Europe	**99342**	**53477**	**45865**
比利时　Belgium	12		12
丹麦　Denmark	96	57	39
英国　United Kingdom	1059	213	846
德国　Germany，FR	5096	450	4646
法国　France	727	106	621
爱尔兰　Ireland	9		9
意大利　Italy	322	32	291
卢森堡　Luxembourg	2		2
荷兰　Netherlands	229	57	172
希腊　Greece	1973	97	1876
葡萄牙　Portugal	1		1
西班牙　Spain	1293	46	1247

4—8（4） 1979至1993年对外承包工程和劳务合作营业额（按国别、地区分）

TURNOVER OF FOREIGN ENGINEERING PROJECTS AND LABOUR SERVICES FROM 1979 TO 1993 BY COUNTRIES AND REGIONS

单位：万美元

Unit：US＄10000

国别（地区） Country/Region	合计 Total	承包工程 Engineering Project	劳务合作 Labour Service
奥地利 Austria	311		311
保加利亚 Bulgaria	54		54
捷克和斯洛伐克（原）Former Czechoslovakia	113	25	88
芬兰 Finland	173	88	85
匈牙利 Hungary	390		390
冰岛 Iceland	27		27
马耳他 Malta	2010	689	1321
挪威 Norway	34	12	22
波兰 Poland	1012	940	72
罗马尼亚 Romania	91		91
瑞典 Sweden	389	274	115
瑞士 Switzerland	32		32
南斯拉夫（原）Former Yugoslavia	170	18	152
原苏联 Former USSR	29741	18189	11552
拉脱维亚 Latvia	1		1
阿塞拜疆 Azerbaijan	694	234	460
白俄罗斯 Belorussia	144	98	46
哈萨克 Kazakhstan	2584	2214	370
吉尔吉斯 Kirghizia	96		96
俄罗斯联邦 Russia	49249	29059	20190
塔吉克 Tajikistan	14	14	
乌克兰 Ukraine	1156	552	604
乌兹别克 Uzbekstan	37		37
拉丁美洲 Latin America	**23396**	**21349**	**2047**
安提瓜和巴布达 Antigua & Barbuda	293	233	60
阿根廷 Argentina	536	519	17
巴哈马 Bahamas	7		7
巴巴多斯 Barbados	1739	1715	24
伯利兹 Belize	1304	1282	22
玻利维亚 Bolivia	1034	820	214
巴西 Brazil	7		7
智利 Chile	14	4	10
哥伦比亚 Colombia	4828	4710	118
多米尼加联邦 Dominica	38		38
哥斯达黎加 Costa Rica	71	67	4

4—8（5） 1979至1993年对外承包工程和劳务合作营业额（按国别、地区分）

TURNOVER OF FOREIGN ENGINEERING PROJECTS AND LABOUR SERVICES FROM 1979 TO 1993 BY COUNTRIES AND REGIONS

单位：万美元
Unit：US $ 10000

国别（地区） Country/Region	合计 Total	承包工程 Engineering Project	劳务合作 Labour Service
古巴 Cuba	392	392	
厄瓜多尔 Ecuador	1149	945	204
圣马丁 Saint Matin	1		1
格林纳达 Grenada	3		3
圭亚那 Guyana	979	967	12
洪都拉斯 Honduras	127		127
牙买加 Jamaica	422	3	419
墨西哥 Mexico	7555	7529	26
尼加拉瓜 Nicaragua	56	33	23
巴拿马 Panama	277	20	257
秘鲁 Peru	1105	932	173
圣卢西亚 Saint Lucia	221		221
苏里南 Suriname	114	78	36
特立尼达和多巴哥 Trinidad & Tobago	48	47	1
乌拉圭 Uruguay	17		17
委内瑞拉 Venezuela	1059	1053	6
北美洲 North America	**59477**	**33543**	**25934**
加拿大 Canada	2961	2264	697
美国 United States	56516	31279	25237
大洋洲 Oceania	**15810**	**13690**	**2120**
澳大利亚 Australia	2980	2583	397
斐济 Fiji	2400	1743	657
瓦努阿图 Vanuatu	953	918	35
新西兰 New Zealand	649	612	37
巴布亚新几内亚 Papua New Guinea	2081	1671	410
所罗门 Solomon Is.	46		46
汤加 Tonga	39	20	19
基里巴斯 Kiribati	464	464	
西萨摩亚 Samoa	1363	1357	6
密克罗尼西亚 Micronesia	450	15	435
马绍尔群岛 Marshall Is.	36	34	2
贝劳 Balau	4349	4273	76
其他 Others	**16364**	**7511**	**8853**
境内外资工程 Domestic Projects With Foreign Capital	**165541**	**160315**	**5226**

4—9（1） 1979至1993年对外承包工程和劳务合作合同份数（按公司分）

CONTRACT NUMBER OF FOREIGN ENGINEERING PROJECTS AND LABOUR SERVICES FROM 1979 TO 1993 BY CORPORATIONS

单位：份
Unit：Copy

公司 Corporation	合计 Total	承包工程 Engineering Project	劳务合作 Labour Service
合计 Total	**45257**	**8873**	**36384**
一、专业公司 National Specialized International Co-operation Companies	**12540**	**6045**	**6495**
中建 China State Construction Engineering Corporation	2520	2151	369
中土 China Civil Engineer Construction Corporation	993	598	395
路桥 China Road and Bridge Engineering Company	366	335	31
港湾 China Harbours Engineering Company (Group)	560	498	62
海外工程 China Overseas Engineering Corporation	879	222	657
中水 China International Water and Electric Corporation	256	205	51
中冶 China Metallurgical Construction Corporation	395	291	104
中航技 China National Aero-technology Import and Export Corporation，Contracting-construction Corporation	90	68	22
轻工 China Light Industrial Corporation for Foreign Economic and Technical Cooperation	213	63	150
石油 China Petroleum Engineering Construction Corporation	205	45	160
地质 China Geo-engineering Corporation	83	74	9
咨询 China International Engineering Consulting Corporation	46	33	13
有色 China Nonferrous Metal Industry of Foreign Engineering and Construction Corporation	88	65	23
纺织 China Textile Industrial Corporation for Foreign Economic and Technical Cooperation	105	59	46
建材 China Building-material Industrial Corporation for Foreign Econo-technical Cooperation	424	325	99
瑞宝 China Rainbow Development Corporation	26	16	10
智力 China International Intellectual Corporation	1651		1651
国华 Guo Hua International Contracting Incorporation	41	32	9
长城 China Great Wall Industry Corporation	53	26	27

4—9（2） 1979至1993年对外承包工程和劳务合作合同份数（按公司分）

CONTRACT NUMBER OF FOREIGN ENGINEERING PROJECTS AND LABOUR SERVICES FROM 1979 TO 1993 BY CORPORATIONS

单位：份
Unit：Copy

公司 Corporation	合计 Total	承包工程 Engineering Project	劳务合作 Labour Service
中农 China International Cooperation Company of Agriculture，Livestock and Fishery	128	45	83
林业 China International Forestry Corporation	13	1	12
船舶 China Shipbuilding Trading Company	198	170	28
康华 China Kang Hua Industrial（Group）Company	38	35	3
海洋石油 China Offshore Industrial Corporation	31	18	13
电子 China National Electronic Import and Export Corporation International Project Division	198	143	55
海员 China Marine and Seamen Service Corporation	707		707
煤炭 China Coal Overseas Development Corporation	14	14	
四达 China Star Corporation for International Economic and Technical Cooperation	993	1	992
化工 China National Chemical Engineering Corporation	19	18	1
商业 China Commercial Corporation for International Economic and Technical Cooperation	174	12	162
通信 China International Telecommunications Construction Corporation	72	9	63
石化 China Petro-chemical International Company	55	11	44
广播 China Radio and Television Company for International Techno-economic Cooperation	49	30	19
光大 Ever Bright Corporation for International Economic and Technical Cooperation	49	7	42
万宝 China Wan Bao Engineering Corporation	53	53	
中房 China State Housing and Real Estate Development Corporation	39	28	11
工程材料 China International Engineering and Materials Corporation	63	35	28
机械 China Machine Building International Corporation	65	9	56
化建 China National Chemical Construction Corporation	33	27	6
中原 China Zhong Yuan Engineering Corporation	20	14	6

4—9（3） 1979至1993年对外承包工程和劳务合作合同份数（按公司分）

CONTRACT NUMBER OF FOREIGN ENGINEERING PROJECTS AND LABOUR SERVICES FROM 1979 TO 1993 BY CORPORATIONS

单位：份
Unit：Copy

公　司 Corporation	合　计 Total	承包工程 Engineering Project	劳务合作 Labour Service
展览 China International Exhibition Construction Corporation	143	118	25
海洋服务 China Ocean Engineering Services Limited	58	52	6
新兴 China Xinxing Engineering Construction and Real Estate Development General Company	10	2	8
对外建设 China Construction International Inc.	41	29	12
铁道建筑 China Railway Construction Corporation	12	11	1
水产 China National Fisheries Corporation	16	15	1
海外经济合作 China National Corporation for Overseas Economic Cooperation	55	11	44
仪器进出口 China National Instruments Import & Export Corporation	1		1
海外贸易 China National Overseas Trading Corporation	3		3
机械进出口 China National Machinery Import & Export Corporation	4		4
安能 China Anneng Construction Corporation	1	1	
航空港 China Airport Construction Corporation	6		6
惠通 China Huitong Corporation	16	1	15
体育 China Sports International Corp.	16	8	8
黄金 China National Gold International Corp.	1		1
电子系统 China Electronic Systems Engineering Corp.	6	5	1
软件 China International Computer Software Engineering Corp.	7		7
中国海洋石油 China National Offshore Oil Corporation	8	1	7
中远 COSCO Manning Cooperation Inc.	74		74
国际企业 China International Enterprises Cooperation Corporation	20		20
精密机械 China Precision Machinery Import and Export Corporation	14	5	9
海洋航空 China Ocean Aviation Corporation	13		13

4—9（4） 1979至1993年对外承包工程和劳务合作合同份数（按公司分）

CONTRACT NUMBER OF FOREIGN ENGINEERING PROJECTS AND LABOUR SERVICES FROM 1979 TO 1993 BY CORPORATIONS

单位：份
Unit：Copy

公　　司 Corporation	合　计 Total	承包工程 Engineering Project	劳务合作 Labour Service
成套　China International Enterprise Holdings Co. Ltd	10		10
二、地方公司　Provincial and Civil International Cooperation Companies	**32676**	**2794**	**29882**
北京　China Beijing International Corporation for Economic Cooperation	671	77	594
北京建筑工程　Beijing Construction Engineering Corporation	77	42	35
天津　China Tianjin International Economic and Technical Cooperative Corporation	1241	32	1209
河北　China Hebei International Economic and Technical Cooperative Corporation	112	34	78
石家庄　Shijiazhuang International Economic & Technical Cooperative Corporation	8		8
山西　China Shanxi International Corporation for Economic and Technical Cooperation	91	30	61
内蒙古　China Inner Mongolia International Economic and Technical Cooperative Corporation	249	66	183
呼伦贝尔　Hulunbuir International Economic and Technical Cooperative Corporation	79	29	50
满洲里　Manzhouli International Economic & Technical Cooperation Corporation	23	2	21
内蒙高校　Inner Mongolia Institute Technology Development Corporation	11		11
辽宁　China Liaoning International Corporation of Economic and Technical Cooperation	345	146	199
沈阳　China Shenyang Corporation for International Economic and Technical Cooperation	187	34	153
大连　China Dalian International Economic and Technical Cooperative Corporation	624	139	485
丹东　China Dandong International Corporation of Economic and Technical Cooperation	1		1

4—9（5） 1979至1993年对外承包工程和劳务合作合同份数（按公司分）

CONTRACT NUMBER OF FOREIGN ENGINEERING PROJECTS AND LABOUR SERVICES FROM 1979 TO 1993 BY CORPORATIONS

单位：份
Unit：Copy

公司 Corporation	合计 Total	承包工程 Engineering Project	劳务合作 Labour Service
营口 Yingkou International Corporation of Economic and Technical Cooperation	4		4
抚顺对外建筑 China Fushun International Construction & Installation Engineering Corporation	15		15
吉林 China Jilin International Economic and Technical Cooperative Corporation	432	72	360
长春 China Changchun International Economic and Technical Cooperative Corporation	48	2	46
延边 Yanbian Foreign Economic and Technical Cooperative Corporation	42	10	32
吉林对外 Jilin Foreign Economic and Technical Co.	18	4	14
黑龙江 China Heilongjiang International Corporation for Economic and Technical Cooperation	204	73	131
黑龙江工程 Heilongjiang International Corporation for Engineering and Technical Cooperation	92	70	22
哈尔滨 China Harbin International Corporation for Technical and Economic Cooperation	60	31	29
佳木斯 Jiamusi Corporation for International Economic and Technical Cooperation	15	4	11
牡丹江 Mudanjiang Corporation for International Economic and Technical Cooperation	95	25	70
黑河 Heihe Corporation for International Economic and Technical Cooperation	47	37	10
齐齐哈尔 Qiqihar Corporation for International Economic and Technical Cooperation	37	16	21
东北煤矿 North-east Coal-engineering Company	15	7	8
东北电力集团 Northeast China Electric Power Corporation	2	1	1
哈铁 Harbin Railway Foreign Economy & Technology Corporation	52	37	15
东方 Orient International Economic and Technological Cooperation Corporation	26	21	5

4—9（6） 1979至1993年对外承包工程和劳务合作合同份数（按公司分）

CONTRACT NUMBER OF FOREIGN ENGINEERING PROJECTS AND LABOUR SERVICES FROM 1979 TO 1993 BY CORPORATIONS

单位：份
Unit：Copy

公 司 Corporation	合 计 Total	承包工程 Engineering Project	劳务合作 Labour Service
上海 China Shanghai Corporation for Foreign Economic and Technological Cooperation	762	123	639
上海对外劳务 Shanghai Foreign Service & Cooperation Company	52		52
上海机械进出口 Shanghai Machinery Import & Export Corporation	22		22
上海机械设备 Shanghai Machinery & Equipment Imp. & Exp. Corp.	9	6	3
江苏 China Jiangsu International Economic and Technical Cooperative Corporation	542	201	341
南京 China Nanjing International Economic and Technical Cooperative Corporation	39	16	23
南通 Nantong Corporation for International Economic & Technical Cooperation	18		18
扬州 Yangzhou International Economic and Technical Cooperation Corporation	4		4
连云港 Lianyungang International Economic and Technical Cooperation Corporation	11		11
南京海外建筑 Nanjing Overseas Construction Engineering Corporation	3		3
浙江 China Zhejiang Corporation for International Economic and Technical Cooperation	1938	41	1897
宁波 China Ningbo Corporation for International Economic and Technical Cooperation	140	13	127
宁波技术进出口 Ningbo Technical Import & Export Corporation	8		8
安徽 China Anhui Corporation for International Economic and Technical Cooperation	106	44	62
安徽建筑工程 Anhui Construction Engineering Corporation	7		7
福建 China Fujian Corporation for International Techno-economic Cooperation	3593	202	3391

4—9（7） 1979至1993年对外承包工程和劳务合作合同份数（按公司分）

CONTRACT NUMBER OF FOREIGN ENGINEERING PROJECTS AND LABOUR SERVICES FROM 1979 TO 1993 BY CORPORATIONS

单位：份
Unit：Copy

公司 Corporation	合计 Total	承包工程 Engineering Project	劳务合作 Labour Service
福建劳服 Fujian Corporation for Overseas Labour Service Cooperation	371		371
厦门 China Xiamen Company for International Techno-economic Cooperation	328	33	295
漳州 Zhangzhou Corporation for International Techno-economic Cooperation	521		521
泉州 Quanzhou Corporation for International Techno-economic Cooperation	1550	8	1542
福州 Fuzhou Corporation for International Techno-economic Cooperation	2637	10	2627
武夷 China Wuyi Corporation	33	31	2
厦门建隆 Xiamen Jianlong Economic and Technical Cooperation Corporation	5		5
厦门特贸合作 Xiamen Co. for International Techno-economic Cooperation Temao Branch	3		3
福建交通劳务 Fujian External Communication and Labour Service Cooperation Corporation	3		3
江西 China Jiangxi Corporation for International Economic and Technical Cooperation	136	12	124
南昌对外工程 China Nanchang Foreign Engineering Corporation	4		4
山东 China Shandong International Economic and Technical Cooperative Corporation	264	39	225
青岛 China Qingdao International Economic and Technical Cooperative Corporation	106	3	103
烟台 Yantai Foreign Economic and Technical Cooperative Corporation	146	1	145
威海 Weihai Foreign Economic and Technical Cooperative Company	79	2	77
潍坊 Weifang International Economic & Technical Cooperation Co.	32		32
齐鲁建设集团 Qilu Construction Group Corporation	24	19	5

4—9（8） 1979至1993年对外承包工程和劳务合作合同份数（按公司分）

CONTRACT NUMBER OF FOREIGN ENGINEERING PROJECTS AND LABOUR SERVICES FROM 1979 TO 1993 BY CORPORATIONS

单位：份
Unit：Copy

公 司 Corporation	合 计 Total	承包工程 Engineering Project	劳务合作 Labour Service
河南 China Henan International Economic Technical Cooperative Corporation	145	66	79
湖北 China Hubei Corporation for International Economic and Technical Cooperation	78	21	57
武汉 China Wuhan Corporation for International Economic and Technical Cooperation	231	27	204
湖南 China Hunan International Economic and Technical Cooperative Corporation	460	68	392
广东 Guangdong International Economic and Technical Cooperative Corporation	2286	181	2105
广州 China Guangzhou International Economic and Technical Cooperative Company	4561	14	4547
广东劳服 Guangdong Manpower External Service Corporation	4613		4613
珠江 Guangzhou Pearl River Enterprises Holdings Corp.	3	3	
深圳 China Shenzhen International Economic and Technical Cooperative Corporation	583	6	577
华西 China Huaxi Enterprise Corporation	169	71	98
汕头 Shantou International Economic & Technical Corporation，China	62	38	24
广东海外建设 Guangdong Overseas Construction Corp.	1	1	
广西 China Guangxi International Corporation for Economic and Technical Cooperation	197	99	98
海南 China Hainan Corporation for International Economic and Technical Cooperation	1		1
四川 China Sichuan Corporation for International Techno-economic Cooperation	307	145	162
重庆 China Chongqing International Economic and Technical Cooperative Corporation	141	38	103
成都 China Chengdu International Corporation for Economic and Technical Cooperation	48	2	46

4—9（9） 1979至1993年对外承包工程和劳务合作合同份数（按公司分）

CONTRACT NUMBER OF FOREIGN ENGINEERING PROJECTS AND LABOUR SERVICES FROM 1979 TO 1993 BY CORPORATIONS

单位：份
Unit：Copy

公司 Corporation	合计 Total	承包工程 Engineering Project	劳务合作 Labour Service
贵州 China Guizhou Corporation for International Techno-economic Cooperation	13	7	6
云南 China Yunnan Corporation for International Techno-economic Cooperation	110	89	21
陕西 China Shaanxi International Economic and Technical Cooperative Corporation	89	24	65
西安 China Xi′an International Economic Technical and Trade Corporation	44	11	33
甘肃 China Gansu Corporation for International Technical Economic Cooperation	56	16	40
宁夏 China Ningxia Islamic Corp. for International Economic and Technical Cooperation	6	2	4
新疆 China Xinjiang International Economic and Technical Cooperative Corporation	30	13	17
新天 Xin Tian Corporation for International Economic and Technical Cooperation	23	7	16
三、设计咨询 Designing and Consultancy	**41**	**34**	**7**
东北水利开发 Northeast China Water & Hydroelectric General Development Corporation	1	1	
铁道第三勘测 The Third Survey & Design Institute of the Ministry of Railways	3	1	2
航空工业规划 China Aeronautical Project and Design Institute	7	7	
石化北京设计院 SINOPEC Beijing Design Institute (BDI)	1	1	
煤炭设计 Beijing Coal Design & Research Institute	4	4	
化学第六设计 The Sixth Design Institute of the Ministry of Chemical Industry	2		2
机电设计 Engineering Design & Research Institute, Ministry & Electronics Industry	10	7	3
成达化学 China Chengda Chemical Engineering Corporation Beijing Central Engineering and Research	2	2	
冶金钢铁设计 Incorporation of Iron and Steel Industry, Ministry of Metallurgical	11	11	

4—10（1）1979至1993年对外承包工程和劳务合作合同金额（按公司分）

CONTRACT VALUE OF FOREIGN ENGINEERING PROJECTS AND LABOUR SERVICES FROM 1979 TO 1993 BY CORPORATIONS

单位：万美元
Unit：US $ 10000

公司 Corporation	合计 Total	承包工程 Engineering Project	劳务合作 Labour Service
合计 Total	**3240444**	**2576971**	**663473**
一、专业公司 National Specialized International Co-operation Companies	**1966569**	**1756353**	**210216**
中建 China State Construction Engineering Corporation	571497	544651	26846
中土 China Civil Engineer Construction Corporation	140926	114757	26169
路桥 China Road and Bridge Engineering Company	133300	127591	5709
港湾 China Harbours Engineering Company (Group)	232226	228156	4070
海外工程 China Overseas Engineering Corporation	115900	67948	47952
中水 China International Water and Electric Corporation	103738	101195	2543
中冶 China Metallurgical Construction Corporation	130706	123008	7698
中航技 China National Aero-technology Import and Export Corporation，Contracting-construction Corporation	29048	24513	4535
轻工 China Light Industrial Corporation for Foreign Economic and Technical Cooperation	10888	4009	6879
石油 China Petroleum Engineering Construction Corporation	41126	33603	7523
地质 China Geo-engineering Corporation	83	74	9
咨询 China International Engineering Consulting Corporation	7473	4766	2707
有色 China Nonferrous Metal Industry of Foreign Engineering and Construction Corporation	35627	34767	860
纺织 China Textile Industrial Corporation for Foreign Economic and Technical Cooperation	5694	4790	904
建材 China Building-material Industrial Corporation for Foreign Econo-technical Cooperation	17009	12857	4152
瑞宝 China Rainbow Development Corporation	2788	2710	78
智力 China International Intellectual Corporation	11070		11070
国华 Guo Hua International Contracting Incorporation	15840	14636	1204
长城 China Great Wall Industry Corporation	12932	12072	860

4—10（2）1979至1993年对外承包工程和劳务合作合同金额（按公司分）

CONTRACT VALUE OF FOREIGN ENGINEERING PROJECTS AND LABOUR SERVICES FROM 1979 TO 1993 BY CORPORATIONS

单位：万美元

Unit：US $ 10000

公　　司 Corporation	合　计 Total	承包工程 Engineering Project	劳务合作 Labour Service
中农　China International Cooperation Company of Agriculture，Livestock and Fishery	4742	2525	2217
林业　China International Forestry Corporation	1353	1105	248
船舶　China Shipbuilding Trading Company	3724	3571	153
康华　China Kang Hua Industrial（Group）Company	4166	3831	335
海洋石油　China Offshore Industrial Corporation	13724	13532	192
电子　China National Electronic Import and Export Corporation International Project Division	4225	3616	609
海员　China Marine and Seamen Service Corporation	11157		11157
煤炭　China Coal Overseas Development Corporation	2824	2824	
四达　China Star Corporation for International Economic and Technical Cooperation	11555		11555
化工　China National Chemical Engineering Corporation	8295	8291	4
商业　China Commercial Corporation for International Economic and Technical Cooperation	1636	335	1301
通信　China International Telecommunications Construction Corporation	2434	313	2121
石化　China Petro-chemical International Company	13332	12923	409
广播　China Radio and Television Company for International Techno-economic Cooperation	2762	2545	217
光大　Ever Bright Corporation for International Economic and Technical Cooperation	2857	2485	372
万宝　China Wan Bao Engineering Corporation	52812	52812	
中房　China State Housing and Real Estate Development Corporation	2168	1917	251
工程材料　China International Engineering and Materials Corporation	17843	16908	935
机械　China Machine Building International Corporation	25012	22815	2197
化建　China National Chemical Construction Corporation	21755	21674	81
中原　China Zhong Yuan Engineering Corporation	80062	79912	150

4—10（3）1979至1993年对外承包工程和劳务合作合同金额（按公司分）

CONTRACT VALUE OF FOREIGN ENGINEERING PROJECTS AND LABOUR SERVICES FROM 1979 TO 1993 BY CORPORATIONS

单位：万美元

Unit：US $ 10000

公司 Corporation	合计 Total	承包工程 Engineering Project	劳务合作 Labour Service
展览 China International Exhibition Construction Corporation	647	543	104
海洋服务 China Ocean Engineering Services Limited	2254	2106	148
新兴 China Xinxing Engineering Construction and Real Estate Development General Company	1180	1082	98
对外建设 China Construction International Inc.	11718	11305	413
铁道建筑 China Railway Construction Corporation	1635	1625	10
水产 China National Fisheries Corporation	16121	15321	800
海外经济合作 China National Corporation for Overseas Economic Cooperation	1977	1365	612
仪器进出口 China National Instruments Import & Export Corporation	4		4
海外贸易 China National Overseas Trading Corporation	105		105
机械进出口 China National Machinery Import & Export Corporation	1054		1054
安能 China Anneng Construction Corporation	500	500	
航空港 China Airport Construction Corporation	112		112
惠通 China Huitong Corporation	210	35	175
体育 China Sports International Corp.	456	307	149
黄金 China National Gold Corporation	2		2
电子系统 China Electronic Systems Engineering Corp.	348	344	4
软件 China International Computer Software Engineering Corp.	39		39
中国海洋石油 China National Offshore Oil Corporation	278	230	48
中远 COSCO Manning Cooperation Inc.	9031		9031
国际企业 China International Enterprises Cooperation Corporation	151		151
精密机械 China Precision Machinery Import and Export Corporation	1878	1588	290
海洋航空 China Ocean Aviation Corporation	181		181

4—10（4）1979至1993年对外承包工程和劳务合作合同金额（按公司分）

CONTRACT VALUE OF FOREIGN ENGINEERING PROJECTS AND LABOUR SERVICES FROM 1979 TO 1993 BY CORPORATIONS

单位：万美元

Unit：US $ 10000

公　司 Corporation	合　计 Total	承包工程 Engineering Project	劳务合作 Labour Service
成套　China International Enterprise Holdings Co. Ltd	206		206
二、地方公司　Provincial and Civil International Co-operation Companies	**1268465**	**815266**	**453199**
北京　China Beijing International Corporation for Economic Cooperation	31639	23821	7818
北京建筑工程　Beijing Construction Engineering Corporation	21039	20246	793
天津　China Tianjin International Economic and Technical Cooperative Corporation	45687	16362	29325
河北　China Hebei International Economic and Technical Cooperative Corporation	19890	4264	15626
石家庄　Shijiazhuang International Economic & Technical Cooperative Corporation	129		129
山西　China Shanxi International Corporation for Economic and Technical Cooperation	3303	2149	1154
内蒙古　China Inner Mongolia International Economic and Technical Cooperative Corporation	16187	5001	11186
呼伦贝尔　Hulunbuir International Economic and Technical Cooperative Corporation	3319	1329	1990
满洲里　Manzhouli International Economic & Technical Cooperation Corporation	6139	5481	658
内蒙高校　Inner Mongolia Institute Technology Development Corporation	450		450
辽宁　China Liaoning International Corporation of Economic and Technical Cooperation	47600	36861	10739
沈阳　China Shenyang Corporation for International Economic and Technical Cooperation	17564	9040	8524
大连　China Dalian International Economic and Technical Cooperative Corporation	22011	10103	11908
丹东　China Dandong International Corporation of Economic and Technical Cooperation	64		64

4—10（5）1979至1993年对外承包工程和劳务合作合同金额（按公司分）

CONTRACT VALUE OF FOREIGN ENGINEERING PROJECTS AND LABOUR SERVICES FROM 1979 TO 1993 BY CORPORATIONS

单位：万美元

Unit：US＄10000

公司 Corporation	合计 Total	承包工程 Engineering Project	劳务合作 Labour Service
营口 Yingkou International Corporation of Economic and Technical Cooperation	1788		1788
抚顺对外建筑 China Fushun International Construction & Installation Engineering Corporation	1126		1126
吉林 China Jilin International Economic and Technical Cooperative Corporation	52338	15359	36979
长春 China Changchun International Economic and Technical Cooperative Corporation	10056	138	9918
延边 Yanbian Foreign Economic and Technical Cooperitive Corporation	6323	1163	5160
吉林对外 Jilin Foreign Economic and Technical Co.	608	176	432
黑龙江 China Heilongjiang International Corporation for Economic and Technical Cooperation	24347	14059	10288
黑龙江工程 Heilongjiang International Corporation for Engineering and Technical Cooperation	42289	41555	734
哈尔滨 China Harbin International Corporation for Technical and Economic Cooperation	22714	15036	7678
佳木斯 Jiamusi Corporation for International Economic and Technical Cooperation	942	465	477
牡丹江 Mudanjiang Corporation for International Economic and Technical Cooperation	8594	5597	2997
黑河 Heihe Corporation for International Economic and Technical Cooperation	2290	1784	506
齐齐哈尔 Qiqihar Corporation for International Economic and Technical Cooperation	1976	535	1441
东北煤矿 North-east Coal-engineering Company	6855	4274	2581
东北电力集团 Northeast China Electric Power Corporation	25	16	9
哈铁 Harbin Railway Foreign Economy & Technology Corporation	4906	4464	442
东方 Orient International Economic and Technological Cooperation Corporation	38148	37354	794

4—10（6）1979至1993年对外承包工程和劳务合作合同金额（按公司分）

CONTRACT VALUE OF FOREIGN ENGINEERING PROJECTS AND LABOUR SERVICES FROM 1979 TO 1993 BY CORPORATIONS

单位：万美元
Unit：US $ 10000

公司 Corporation	合计 Total	承包工程 Engineering Project	劳务合作 Labour Service
上海 China Shanghai Corporation for Foreign Economic and Technological Cooperation	87340	67066	20274
上海对外劳务 Shanghai Foreign Service & Cooperation Company	919		919
上海机械进出口 Shanghai Machinery Import & Export Corporation	178		178
上海机械设备 Shanghai Machinery & Equipment Imp. & Exp. Corp.	1752	1746	6
江苏 China Jiangsu International Economic and Technical Cooperative Corporation	40389	26553	13836
南京 China Nanjing International Economic and Technical Cooperative Corporation	3130	2686	444
南通 Nantong Corporation for International Economic & Technical Cooperation	598		598
扬州 Yangzhou International Economic and Technical Cooperation Corporation	38		38
连云港 Lianyungang International Economic and Technical Cooperation Corporation	239		239
南京海外建筑 Nanjing Overseas Construction Engineering Corporation	93		93
浙江 China Zhejiang Corporation for International Economic and Technical Cooperation	20133	5177	14956
宁波 China Ningbo Corporation for International Economic and Technical Cooperation	6122	2813	3309
宁波技术进出口 Ningbo Technical Import & Export Corporation	264		264
安徽 China Anhui Corporation for International Economic and Technical Cooperation	15519	13821	1698
安徽建筑工程 Anhui Construction Engineering Corporation	15		15
福建 China Fujian Corporation for International Techno-economic Cooperation	143197	111197	32000

4—10（7）1979至1993年对外承包工程和劳务合作合同金额（按公司分）

CONTRACT VALUE OF FOREIGN ENGINEERING PROJECTS AND LABOUR SERVICES FROM 1979 TO 1993 BY CORPORATIONS

单位：万美元

Unit：US $ 10000

公司 Corporation	合计 Total	承包工程 Engineering Project	劳务合作 Labour Service
福建劳服 Fujian Corporation for Overseas Labour Service Cooperation	6746		6746
厦门 China Xiamen Company for International Techno-economic Cooperation	25283	2652	22631
漳州 Zhangzhou Corporation for International Techno-economic Cooperation	4281		4281
泉州 Quanzhou Corporation for International Techno-economic Cooperation	11517	3704	7813
福州 Fuzhou Corporation for International Techno-economic Cooperation	13556	8175	5381
武夷 China Wuyi Corporation	13103	13047	56
厦门建隆 Xiamen Jianlong Economic and Technical Cooperation Corporation	68		68
厦门特贸合作 Xiamen Co. for International Techno-economic Cooperation Temao Branch	8		8
福建交通劳务 Fujian External Communication and Labour Service Cooperation Corporation	858		858
江西 China Jiangxi Corporation for International Economic and Technical Cooperation	4191	984	3207
南昌对外工程 China Nanchang Foreign Engineering Corporation	106		106
山东 China Shandong International Economic and Technical Cooperative Corporation	14827	6570	8257
青岛 China Qingdao International Economic and Technical Cooperative Corporation	2306	210	2096
烟台 Yantai Foreign Economic and Technical Cooperative Corporation	1872	187	1685
威海 Weihai Foreign Economic and Technical Cooperative Company	3482	114	3368
潍坊 Weifang International Economic & Technical Cooperation Co.	587		587
齐鲁建设集团 Qilu Construction Group Corporation	4176	3186	990

4—10（8）1979至1993年对外承包工程和劳务合作合同金额（按公司分）

CONTRACT VALUE OF FOREIGN ENGINEERING PROJECTS AND LABOUR SERVICES FROM 1979 TO 1993 BY CORPORATIONS

单位：万美元
Unit：US $ 10000

公司 Corporation	合计 Total	承包工程 Engineering Project	劳务合作 Labour Service
河南 China Henan International Economic Technical Cooperative Corporation	12043	9953	2090
湖北 China Hubei Corporation for International Economic and Technical Cooperation	9013	8615	398
武汉 China Wuhan Corporation for International Economic and Technical Cooperation	6845	3616	3229
湖南 China Hunan International Economic and Technical Cooperative Corporation	7632	5443	2189
广东 Guangdong International Economic and Technical Cooperative Corporation	84736	52811	31925
广州 China Guangzhou International Economic and Technical Cooperative Company	12227	3426	8801
广东劳服 Guangdong Manpower External Service Corporation	35709		35709
珠江 Guangzhou Pearl River Enterprises	9626	9626	
深圳 China Shenzhen International Economic and Technical Cooperative Corporation	11092	2968	8124
华西 China Huaxi Enterprise Corporation	34295	30644	3651
汕头 Shantou International Economic & Technical Corporation，China	357	119	238
广东海外建设 Guangdong Overseas Construction Corp.	96	96	
广西 China Guangxi International Corporation for Economic and Technical Cooperation	39114	38555	559
海南 China Hainan Corporation for International Economic and Technical Cooperation	4		4
四川 China Sichuan Corporation for International Techno-economic Cooperation	68930	64803	4127
重庆 China Chongqing International Economic and Technical Cooperative Corporation	18511	13618	4893
成都 China Chengdu International Corporation for Economic and Technical Cooperation	534	3	531

4—10（9）1979至1993年对外承包工程和劳务合作合同金额（按公司分）

CONTRACT VALUE OF FOREIGN ENGINEERING PROJECTS AND LABOUR SERVICES FROM 1979 TO 1993 BY CORPORATIONS

单位：万美元
Unit：US $ 10000

公司 Corporation	合计 Total	承包工程 Engineering Project	劳务合作 Labour Service
贵州 China Guizhou Corporation for International Techno-economic Cooperation	410	368	42
云南 China Yunnan Corporation for International Techno-economic Cooperation	9141	8888	253
陕西 China Shaanxi International Economic and Technical Cooperative Corporation	1936	459	1477
西安 China Xi′an International Economic Technical and Trade Corporation	2993	2578	415
甘肃 China Gansu Corporation for International Technical Economic Cooperation	7429	6581	848
宁夏 China Ningxia Islamic Corp. for International Economic and Technical Cooperation	298	256	42
新疆 China Xinjiang International Economic and Technical Cooperative Corporation	5963	4626	1337
新天 Xin Tian Corporation for International Economic and Technical Cooperation	2295	694	1601
三、设计咨询 Designing and Consultancy	**5410**	**5352**	**58**
铁道第三勘测 The Third Survey & Design Institute of the Ministry of Railways	43	4	39
航空工业规划 China Aeronautical Project and Design Institute	247	247	
石化北京设计院 SINOPEC Beijing Design Institute (BDI)	69	69	
煤炭设计 Beijing Coal Design & Research Institute	629	629	
化学第六设计 The Sixth Design Institute of the Ministry of Chemical Industry	14		14
机电设计 Engineering Design & Research Institute, Ministry & Electronics Industry	55	50	5
成达化学 China Chengda Chemical Engineering Corporation Beijing Central Engineering and Research	3881	3881	
冶金钢铁设计 Incorporation of Iron and Steel Industry, Ministry of Metallurgical	472	472	

4—11（1） 1979至1993年对外承包工程和劳务合作营业额（按公司分）

TURNOVER OF FOREIGN ENGINEERING PROJECTS AND LABOUR SERVICES FROM 1979 TO 1993 BY CORPORATIONS

单位：万美元

Unit：US $ 10000

公司 Corporation	合计 Total	承包工程 Engineering Project	劳务合作 Labour Service
总计 Total	**1959417**	**1613953**	**345464**
一、专业公司 National Specialized International Cooperation Companies	**1273492**	**1141164**	**132328**
中建 China State Construction Engineering Corporation	451127	429742	21385
中土 China Civil Engineer Construction Corporation	83515	53065	30450
路桥 China Road and Bridge Engineering Company	100215	95840	4375
港湾 China Harbours Engineering Company（Group）	159633	157767	1866
海外工程 China Overseas Engineering Corporation	45884	32961	12923
中水 China International Water and Electric Corporation	67078	63902	3176
中冶 China Metallurgical Construction Corporation	76702	70271	6431
中航技 China National Aero-technology Import and Export Corporation，Contracting -construction Corporation	13593	12344	1249
轻工 China Light Industrial Corporation for Foreign Economic and Technical Cooperation	5434	2739	2695
石油 China Petroleum Engineering Construction Corporation	10265	7803	2462
地质 China Geo-engineering Corporation	8160	8078	82
咨询 China International Engineering Consulting Corporation	3706	3308	398
有色 China Nonferrous Metal Industry of Foreign Engineering and Construction Corporation	14888	14501	387
纺织 China Textile Industrial Corporation for Foreign Economic and Technical Cooperation	6038	5137	901
建材 China Building-material Industrial Corporation for Foreign Econo-technical Cooperation	13964	4050	9914
瑞宝 China Rainbow Development Corporation	677	523	154
智力 China International Intellectual Corporation	5492		5492
国华 Guo Hua International Contracting Incorporation	11845	11492	353
长城 China Great Wall Industry Corporation	6896	6608	288
中农 China International Cooperation Company of Agriculture，Livestock and Fishery	2344	1414	930
林业 China International Forestry Corporation	258	120	138

4—11（2） 1979至1993年对外承包工程和劳务合作营业额（按公司分）

TURNOVER OF FOREIGN ENGINEERING PROJECTS AND LABOUR SERVICES FROM 1979 TO 1993 BY CORPORATIONS

单位：万美元

Unit：US＄10000

公司 Corporation	合计 Total	承包工程 Engineering Project	劳务合作 Labour Service
船舶 China Shipbuilding Trading Company	3467	3387	80
康华 China Kang Hua Industrial (Group) Company	1138	1000	138
海洋石油 China Offshore Industial Corporation	14324	14191	133
电子 China National Electronic Import and Export Corporation International Project Division	2635	2547	88
海员 China Marine and Seamen Service Corporation	8605		8605
煤炭 China Coal Overseas Development Corporation	2095	2093	2
四达 China Star Corporation for International Economic and Technical Cooperation	2365		2365
化工 China National Chemical Engineering Corporation	3530	3526	4
商业 China Commercial Corporation for International Economic and Technical Cooperation	655	264	391
通信 China International Telecommunications Construction Corporation	1250	130	1120
石化 China Petro-chemical International Company	5911	5620	291
广播 China Radio and Television Company for International Techno-economic Cooperation	1337	1162	175
光大 Ever Bright Corporation for International Economic and Technical Cooperation	948	725	223
万宝 China Wan Bao Engineering Corporation	34515	34515	
中房 China State Housing and Real Estate Development Corporation	1169	1102	67
工程材料 China International Engineering and Materials Corporation	8338	8079	259
机械 China Machine Building International Corporation	15184	13690	1494
化建 China National Chemical Construction Corporation	12205	12178	27
中原 China Zhong Yuan Engineering Corporation	31410	31275	135
展览 China International Exhibition Construction Corporation	652	548	104
海洋服务 China Ocean Engineering Services Limited	2444	2382	62
新兴 China Xinxing Engineering Construction and Real Estate Development General Company	8	4	4
对外建设 China Construction International Inc.	1764	1634	130
铁道建筑 China Railway Construction Corporation	1508	1508	
水产 China National Fisheries Corporation	16299	15459	840

4—11（3） 1979至1993年对外承包工程和劳务合作营业额（按公司分）

TURNOVER OF FOREIGN ENGINEERING PROJECTS AND LABOUR SERVICES FROM 1979 TO 1993 BY CORPORATIONS

单位：万美元

Unit：US＄10000

公司 Corporation	合计 Total	承包工程 Engineering Project	劳务合作 Labour Service
海外经济合作 China National Corporation for Overseas Economic Cooperation	525	444	81
仪器进出口 China National Instruments Import & Export Corporation	1		1
海外贸易 China National Overseas Trading Corporation	4		4
机械进出口 China National Machinery Import & Export Corporation	7		7
安能 China Anneng Construction Corporation	15	15	
航空港 China Airport Construction Corporation	59		59
惠通 China Huitong Corporation	59	1	58
体育 China Sports International Corp.	467	462	5
黄金 China National Gold Corporation	1		1
电子系统 China Electronic Systems Engineering Corp.	229	225	4
软件 China International Computer Software Engineering Corp.	9		9
中国海洋石油 China National Offshore Oil Corporation	104	81	23
中远 COSCO Manning Cooperation Inc.	9031		9031
国际企业 China International Enterprises Cooperation Corporation	28		28
精密机械 China Precision Machinery Import and Export Corporation	406	352	54
海洋航空 China Ocean Aviation Corporation	172		172
成套 China International Enterprise Holdings Co.，Ltd	2		2
二、地方公司 Provincial and Civil International Cooperation Companies	**684972**	**471883**	**213089**
北京 China Beijing International Corporation for Economic Cooperation	16919	9894	7025
北京建筑工程 Beijing Construction Engineering Corporation	5558	5316	242
天津 China Tianjin International Economic and Technical Cooperative Corporation	25520	9012	16508
河北 China Hebei International Economic and Technical Cooperative Corporation	4057	3532	525
石家庄 Shijiazhuang International Economic & Technical Cooperative Corporation	58		58

4—11（4） 1979至1993年对外承包工程和劳务合作营业额（按公司分）

TURNOVER OF FOREIGN ENGINEERING PROJECTS AND LABOUR SERVICES FROM 1979 TO 1993 BY CORPORATIONS

单位：万美元

Unit：US $ 10000

公司 Corporation	合计 Total	承包工程 Engineering Project	劳务合作 Labour Service
山西 China Shanxi International Corporation for Economic and Technical Cooperation	2679	2149	1154
内蒙古 China Inner Mongolia International Economic and Technical Cooperative Corporation	7286	2050	5236
呼伦贝尔 Hulunbuir International Economic and Technical Cooperative Corporation	1812	866	946
满洲里 Manzhouli International Economic & Technical Cooperation Corporation	856	92	764
内蒙高校 Inner Mongolia Institute Technology Development Corporation	294		294
辽宁 China Liaoning International Corporation of Economic and Technical Cooperation	23320	20305	3015
沈阳 China Shenyang Corporation for International Economic and Technical Cooperation	13678	5064	10350
大连 China Dalian International Economic and Technical Cooperative Corporation	14018	5512	8506
丹东 China Dandong International Corporation of Economic and Technical Cooperation	42		42
营口 Yingkou International Corporation of Economic and Technical Cooperation	282		282
抚顺对外建筑 China Fushun International Construction & Installation Engineering Corporation	250		250
吉林 China Jilin International Economic and Technical Cooperative Corporation	27551	11378	16173
长春 China Changchun International Economic and Technical Cooperative Corporation	1407	120	1287
延边 Yanbian Foreign Economic and Technical Cooperative Corporation	799	237	562
吉林对外 Jilin Foreign Economic and Technical Co.	505	124	381
黑龙江 China Heilongjiang International Corporation for Economic and Technical Cooperation	13593	9368	4225
黑龙江工程 Heilongjiang International Corporation for Engineering and Technical Cooperation	5789	5203	586
哈尔滨 China Harbin International Corporation for Technical and Economic Cooperation	7066	4942	2124

4—11（5） 1979至1993年对外承包工程和劳务合作营业额（按公司分）

TURNOVER OF FOREIGN ENGINEERING PROJECTS AND LABOUR SERVICES FROM 1979 TO 1993 BY CORPORATIONS

单位：万美元
Unit：US＄10000

公司 Corporation	合计 Total	承包工程 Engineering Project	劳务合作 Labour Service
佳木斯 Jiamusi Corporation for International Economic and Technical Cooperation	48	11	37
牡丹江 Mudanjiang Corporation for International Economic and Technical Cooperation	3565	1315	2250
黑河 Heihe Corporation for International Economic and Technical Cooperation	1659	1071	588
齐齐哈尔 Qiqihar Corporation for International Economic and Technical Cooperation	179	133	46
东北煤矿 North-east Coal-engineering Company	886	696	190
哈铁 Harbin Railway Foreign Economy & Technology Corporation	5671	5158	513
东方 Orient International Economic and Technological Cooperation Corporation	3076	1945	1131
上海 China Shanghai Corporation for Foreign Economic and Technological Cooperation	37406	25481	11925
上海对外劳务 Shanghai Foreign Service & Cooperation Company	462		462
上海机械进出口 Shanghai Machinery Import & Export Corporation	54		54
上海机械设备 Shanghai Machinery & Equipment Imp. & Exp. Corp.	1403	1403	
江苏 China Jiangsu International Economic and Technical Cooperative Corporation	36808	24484	12324
南京 China Nanjing International Economic and Technical Cooperative Corporation	2279	2052	227
南通 Nantong Corporation for International Economic & Technical Cooperation	237		237
扬州 Yangzhou International Economic and Technical Cooperation Corporation	1		1
连云港 Lianyungang International Economic and Technical Cooperation Corporation	901	853	48
南京海外建筑 Nanjing Overseas Construction Engineering Corporation	5		5
浙江 China Zhejiang Corporation for International Economic and Technical Cooperation	13262	8113	5149

4—11（6） 1979至1993年对外承包工程和劳务合作营业额（按公司分）

TURNOVER OF FOREIGN ENGINEERING PROJECTS AND LABOUR SERVICES FROM 1979 TO 1993 BY CORPORATIONS

单位：万美元

Unit：US＄10000

公司 Corporation	合计 Total	承包工程 Engineering Project	劳务合作 Labour Service
宁波 China Ningbo Corporation for International Economic and Technical Cooperation	3283	1892	1391
宁波技术进出口 Ningbo Technical Import & Export Corporation	33		33
安徽 China Anhui Corporation for International Economic and Technical Cooperation	6186	4881	1305
安徽建筑工程 Anhui Construction Engineering Corporation	15		15
福建 China Fujian Corporation for International Techno-economic Cooperation	91545	77926	13619
福建劳服 Fujian Corporation for Overseas Labour Service Cooperation	3199		3199
厦门 China Xiamen Company for International Techno-economic Cooperation	6091	942	5149
漳州 Zhangzhou Corporation for International Techno-economic Cooperation	871		871
泉州 Quanzhou Corporation for International Techno-economic Cooperation	7259	2375	4884
福州 Fuzhou Corporation for International Techno-economic Cooperation	12394	9843	2551
武夷 China Wuyi Corporation	10074	10040	34
厦门建隆 Xiamen Jianlong Economic and Technical Cooperation Corporation	44		44
厦门特贸合作 Xiamen Co. for International Techno-economic Cooperation Temao Branch	6		6
福建交通劳务 Fujian External Communication and Labour Service Cooperation Corporation	661	356	305
江西 China Jiangxi Corporation for International Economic and Technical Cooperation	8434	5428	3006
南昌对外工程 China Nanchang Foreign Engineering Corporation	458	342	116
山东 China Shandong International Economic and Technical Cooperative Corporation	5001	2758	2243
青岛 China Qingdao International Economic and Technical Cooperative Corporation	742		742

4—11（7） 1979至1993年对外承包工程和劳务合作营业额（按公司分）

TURNOVER OF FOREIGN ENGINEERING PROJECTS AND LABOUR SERVICES FROM 1979 TO 1993 BY CORPORATIONS

单位：万美元

Unit：US＄10000

公　司 Corporation	合　计 Total	承包工程 Engineering Project	劳务合作 Labour Service
烟台　Yantai Foreign Economic and Technical Cooperative Corporation	687		687
威海　Weihai Foreign Economic and Technical Cooperative Company	1567	109	1458
潍坊　Weifang International Economic & Technical Cooperation Co.	223		223
齐鲁建设集团　Qilu Construction Group Corporation	2784	2549	235
河南　China Henan International Economic Technical Cooperative Corporation	12223	10618	1605
湖北　China Hubei Corporation for International Economic and Technical Cooperation	6002	4912	1090
武汉　China Wuhan Corporation for International Economic and Technical Cooperation	1779	1006	773
湖南　China Hunan International Economic and Technical Cooperative Corporation	4276	3414	862
广东　Guangdong International Economic and Technical Cooperative Corporation	76296	60994	15302
广州　China Guangzhou International Economic and Technical Cooperative Company	8758	2604	6154
广东劳服　Guangdong Manpower External Service Corporation	19307		19307
珠江　Guangzhou Pearl River Enterprises	10689	10689	
深圳　China Shenzhen International Economic and Technical Cooperative Corporation	4076	901	3175
华西　China Huaxi Enterprise Corporation	8932	8212	720
汕头　Shantou International Economic & Technical Corporation，China	108	93	15
广东海外建设　Guangdong Overseas Construction Corp.	48	48	
广西　China Guangxi International Corporation for Economic and Technical Cooperation	19113	18818	295
四川　China Sichuan Corporation for International Techno-economic Cooperation	42906	39937	2969
重庆　China Chongqing International Economic and Technical Cooperative Corporation	11378	9253	2125

4—11（8） 1979至1993年对外承包工程和劳务合作营业额（按公司分）

TURNOVER OF FOREIGN ENGINEERING PROJECTS AND LABOUR SERVICES FROM 1979 TO 1993 BY CORPORATIONS

单位：万美元

Unit：US＄10000

公 司 Corporation	合 计 Total	承包工程 Engineering Project	劳务合作 Labour Service
成都 China Chengdu International Corporation for Economic and Technical Cooperation	327		327
贵州 China Guizhou Corporation for International Techno-economic Cooperation	171	157	14
云南 China Yunnan Corporation for International Techno-economic Cooperation	7254	7209	45
陕西 China Shaanxi International Economic and Technical Cooperative Corporation	2480	1247	2710
西安 China Xi′an International Economic Technical and Trade Corporation	384	252	132
甘肃 China Gansu Corporation for International Technical Economic Cooperation	3292	3038	254
宁夏 China Ningxia Islamic Corp. for International Economic and Technical Cooperation	247	216	31
新疆 China Xinjiang International Economic and Technical Cooperative Corporation	1363	701	662
新天 Xin Tian Corporation for International Economic and Technical Cooperation	565	361	204
三、设计咨询 Designing and Consultancy	**953**	**906**	**47**
东北水利开发 Northeast China Water & Hydroelectric General Development Corporation	47	47	
铁道第三勘测 The Third Survey & Design Institute of the Ministry of Railways	34	4	30
航空工业规划 China Aeronautical Project and Design Institute	167	167	
石化北京设计 SINOPEC Beijing Design Institute（BDI）	10	7	3
煤炭设计 Beijing Coal Design & Research Institute	47	47	
化学第六设计 The Sixth Design Institute of the Ministry of Chemical Industry	55	41	14
成达化学 China Chengda Chemical Engineering Corporation Beijing Central Engineering and Research	412	412	
冶金钢铁设计 Incorporation of Iron and Steel Industry，Ministry of Metalurgical	181	181	

4—12（1） 1979至1993年中国在国外从事对外承包工程和劳务合作的人数（按公司分）

PERSONNEL SENT ABROAD FOR FOREIGN ENGINEERING PROJECTS AND LABOUR SERVICES FROM 1979 TO 1993 BY CORPORATIONS

单位：人次

Unit：Person

公　司 Corporation	合　计 Total	承包工程 Engineering Project	劳务合作 Labour Service
总计　Total	**741480**	**245612**	**495868**
一、专业公司　National Specialized International Cooperation Companies	**333994**	**164324**	**169670**
中建　China State Construction Engineering Corporation	72243	59564	12679
中土　China Civil Engineer Construction Corporation	38717	9321	29396
路桥　China Road and Bridge Engineering Company	17611	13405	4206
港湾　China Harbours Engineering Company（Group）	25740	18095	7645
海外工程　China Overseas Engineering Corporation	25375	3191	22184
中水　China International Water and Electric Corporation	13067	10715	2352
中冶　China Metallurgical Construction Corporation	16631	11041	5590
中航技　China National Aero-technology Import and Export Corporation，Contracting-construction Corporation	8293	6105	2188
轻工　China Light Industrial Corporation for Foreign Economic and Technical Cooperation	5156	670	4486
石油　China Petroleum Engineering Construction Corporation	8574	6884	1690
地质　China Geo-engineering Corporation	892	851	41
咨询　China International Engineering Consulting Corporation	878	519	359
有色　China Nonferrous Metal Industry of Foreign Engineering and Construction Corporation	3501	3055	446
纺织　China Textile Industrial Corporation for Foreign Economic and Technical Cooperation	2118	593	1525
建材　China Building-material Industrial Corporation for Foreign Econo-technical Cooperation	14324	941	13383
瑞宝　China Rainbow Development Corporation	286	138	148
智力　China International Intellectual Corporation	3754		3754
国华　Guo Hua International Contracting Incorporation	944	30	914
长城　China Great Wall Industry Corporation	333	77	256
中农　China International Cooperation Company of Agriculture，Livestock and Fishery	2142	539	1603
林业　China International Forestry Corporation	615	12	603
船舶　China Shipbuilding Trading Company	118		118
康华　China Kang Hua Industrial（Group）Company	692	420	272

4—12（2） 1979至1993年中国在国外从事对外承包工程和劳务合作的人数（按公司分）

PERSONNEL SENT ABROAD FOR FOREIGN ENGINEERING PROJECTS AND LABOUR SERVICES FROM 1979 TO 1993 BY CORPORATIONS

单位：人次
Unit：Person

公　司 Corporation	合　计 Total	承包工程 Engineering Project	劳务合作 Labour Service
海洋石油　China Offshore Industial Corporation	112		112
电子　China National Electronic Import and Export Corporation International Project Division	368	25	343
海员　China Marine and Seamen Service Corporation	20822		20822
煤炭　China Coal Overseas Development Corporation	942	879	63
四达　China Star Corporation for International Economic and Technical Cooperation	10021		10021
化工　China National Chemical Engineering Corporation	1382	1382	
商业　China Commercial Corporation for International Economic and Technical Cooperation	577	72	505
通信　China International Telecommunications Construction Corporation	487	69	418
石化　China Petro-chemical International Company	2392	1811	581
广播　China Radio and Television Company for International Techno-economic Cooperation	379	167	212
光大　Ever Bright Corporation for International Economic and Technical Cooperation	519	208	311
万宝　China Wan Bao Engineering Corporation	1626	1626	
中房　China State Housing and Real Estate Development Corporation	284	59	225
工程材料　China International Engineering and Materials Corporation	1341	109	1232
机械　China Machine Building International Corporation	592		592
化建　China National Chemical Construction Corporation	2235	2226	9
中原　China Zhong Yuan Engineering Corporation	5351	3610	1741
展览　China International Exhibition Construction Corporation	411	307	104
海洋服务　China Ocean Engineering Services Limited	2025	1873	152
新兴　China Xinxing Engineering Construction and Real Estate Development General Company	658	72	586
对外建设　China Construction International Inc.	317	75	242
铁道建筑　China Railway Construction Corporation	23		23
水产　China National Fisheries Corporation	3220	3185	35
海外经济合作　China National Corporation for Overseas Economic Cooperation	383	241	142

4—12（3） 1979至1993年中国在国外从事对外承包工程和劳务合作的人数（按公司分）

PERSONNEL SENT ABROAD FOR FOREIGN ENGINEERING PROJECTS AND LABOUR SERVICES FROM 1979 TO 1993 BY CORPORATIONS

单位：人次

Unit：Person

公 司 Corporation	合 计 Total	承包工程 Engineering Project	劳务合作 Labour Service
仪器进出口 China National Instruments Import & Export Corporation	6		6
海外贸易 China National Overseas Trading Corporation	2		2
机械进出口 China National Machinery Import & Export Corporation	27		27
安能 China Anneng Construction Corporation	15	15	
航空港 China Airport Construction Corporation	145		145
惠通 China Huitong Corporation	140		140
体育 China Sports International Corp.	163	122	41
黄金 China National Gold Corporation	9		9
电子系统 China Electronic Systems Engineering Corp.			
软件 China International Computer Software Engineering Corp.	16		16
中国海洋石油 China National Offshore Oil Corporation	124	83	41
中远 COSCO Manning Cooperation Inc.	14433		14433
国际企业 China International Enterprises Cooperation Corporation	201		201
精密机械 China Precision Machinery Import and Export Corporation	129		129
海洋航空 China Ocean Aviation Corporation	359		359
成套 China International Enterprise Holdings Co.，Ltd	164		164
二、地方公司 Provincial and Civil International Cooperation Companies	**407142**	**81021**	**326121**
北京 China Beijing International Corporation for Economic Cooperation	9440	1202	8238
北京建筑工程 Beijing Construction Engineering Corporation	903	602	301
天津 China Tianjin International Economic and Technical Cooperative Corporation	12409	2988	9421
河北 China Hebei International Economic and Technical Cooperative Corporation	2963	902	2061
石家庄 Shijiazhuang International Economic & Technical Cooperative Corporation	203		203
山西 China Shanxi International Corporation for Economic and Technical Cooperation	2201	468	1733

4—12（4） 1979至1993年中国在国外从事对外承包工程和劳务合作的人数（按公司分）

PERSONNEL SENT ABROAD FOR FOREIGN ENGINEERING PROJECTS AND LABOUR SERVICES FROM 1979 TO 1993 BY CORPORATIONS

单位：人次
Unit：Person

公司 Corporation	合计 Total	承包工程 Engineering Project	劳务合作 Labour Service
内蒙古 China Inner Mongolia International Economic and Technical Cooperative Corporation	9475	1260	8215
呼伦贝尔 Hulunbuir International Economic and Technical Cooperative Corporation	2980	1434	1546
满洲里 Manzhouli International Economic & Technical Cooperation Corporation	1831	155	1676
内蒙高校 Inner Mongolia Institute Technology Development Corporation	677		677
辽宁 China Liaoning International Corporation of Economic and Technical Cooperation	13412	3960	9452
沈阳 China Shenyang Corporation for International Economic and Technical Cooperation	10350	2443	7907
大连 China Dalian International Economic and Technical Cooperative Corporation	11232	4484	6748
丹东 China Dandong International Corporation of Economic and Technical Cooperation	132		132
营口 Yingkou International Corporation of Economic and Technical Cooperation	1639		1639
抚顺对外建筑 China Fushun International Construction & Installation Engineering Corporation	572		572
吉林 China Jilin International Economic and Technical Cooperative Corporation	28622	4238	24384
长春 China Changchun International Economic and Technical Cooperative Corporation	2247	480	1767
延边 Yanbian Foreign Economic and Technical Cooperative Corporation	3027	434	2593
吉林对外 Jilin Foreign Economic and Technical Co.	2234	267	1967
黑龙江 China Heilongjiang International Corporation for Economic and Technical Cooperation	9163	3137	6026
黑龙江工程 Heilongjiang International Corporation for Engineering and Technical Cooperation	4109	3272	837
哈尔滨 China Harbin International Corporation for Technical and Economic Cooperation	5583	2228	3355
佳木斯 Jiamusi Corporation for International Economic and Technical Cooperation	550	52	498

4—12（5） 1979至1993年中国在国外从事对外承包工程和劳务合作的人数（按公司分）

PERSONNEL SENT ABROAD FOR FOREIGN ENGINEERING PROJECTS AND LABOUR SERVICES FROM 1979 TO 1993 BY CORPORATIONS

单位：人次
Unit：Person

公　司 Corporation	合　计 Total	承包工程 Engineering Project	劳务合作 Labour Service
牡丹江　Mudanjiang Corporation for International Economic and Technical Cooperation	3590	1801	1789
黑河　Heihe Corporation for International Economic and Technical Cooperation	2773	2450	323
齐齐哈尔　Qiqihar Corporation for International Economic and Technical Cooperation	1704	1047	657
东北煤矿　North-east Coal-engineering Company	576	447	129
东北电力集团　Northeast China Electric Power Corporation	6		6
哈铁　Harbin Railway Foreign Economy & Technology Corporation	2781	1923	858
东方　Orient International Economic and Technological Cooperation Corporation	1963	1829	134
上海　China Shanghai Corporation for Foreign Economic and Technological Cooperation	13209	352	12857
上海对外劳务　Shanghai Foreign Service & Cooperation Company	1304		1304
上海机械进出口　Shanghai Machinery Import & Export Corporation	119		119
上海机械设备　Shanghai Machinery & Equipment Imp. & Exp. Corp.	11	9	2
江苏　China Jiangsu International Economic and Technical Cooperative Corporation	20501	4696	15805
南京　China Nanjing International Economic and Technical Cooperative Corporation	1521	1194	327
南通　Nantong Corporation for International Economic & Technical Cooperation	643		643
扬州　Yangzhou International Economic and Technical Cooperation Corporation	18		18
连云港　Lianyungang International Economic and Technical Cooperation Corporation	156		156
南京海外建筑　Nanjing Overseas Construction Engineering Corporation	19		19
浙江　China Zhejiang Corporation for International Economic and Technical Cooperation	14103	2073	12030

4—12（6） 1979至1993年中国在国外从事对外承包工程和劳务合作的人数（按公司分）

PERSONNEL SENT ABROAD FOR FOREIGN ENGINEERING PROJECTS AND LABOUR SERVICES FROM 1979 TO 1993 BY CORPORATIONS

单位：人次
Unit：Person

公司 Corporation	合计 Total	承包工程 Engineering Project	劳务合作 Labour Service
宁波 China Ningbo Corporation for International Economic and Technical Cooperation	6641	147	6494
宁波技术进出口 Ningbo Technical Import & Export Corporation	157		157
安徽 China Anhui Corporation for International Economic and Technical Cooperation	2900	1270	1630
安徽建筑工程 Anhui Construction Engineering Corporation	75		75
福建 China Fujian Corporation for International Techno-economic Cooperation	32885	2212	30673
福建劳服 Fujian Corporation for Overseas Labour Service Cooperation	6323		6323
厦门 China Xiamen Company for International Techno-economic Cooperation	7999	71	7928
漳州 Zhangzhou Corporation for International Techno-economic Cooperation	3537		3537
泉州 Quanzhou Corporation for International Techno-economic Cooperation	14546	6	14540
福州 Fuzhou Corporation for International Techno-economic Cooperation	15217		15217
武夷 China Wuyi Corporation	171	117	54
厦门建隆 Xiamen Jianlong Economic and Technical Cooperation Corporation	93		93
厦门特贸合作 Xiamen Co. for International Techno-economic Cooperation Temao Branch	70		70
福建交通劳务 Fujian External Communication and Labour Service Cooperation Corporation	525		525
江西 China Jiangxi Corporation for International Economic and Technical Cooperation	5693	1139	4554
南昌对外工程 China Nanchang Foreign Engineering Corporation	59	31	28
山东 China Shandong International Economic and Technical Cooperative Corporation	5480	734	4746
青岛 China Qingdao International Economic and Technical Cooperative Corporation	960		960

4—12（7） 1979至1993年中国在国外从事对外承包工程和劳务合作的人数（按公司分）

PERSONNEL SENT ABROAD FOR FOREIGN ENGINEERING PROJECTS AND LABOUR SERVICES FROM 1979 TO 1993 BY CORPORATIONS

单位：人次

Unit：Person

公司 Corporation	合计 Total	承包工程 Engineering Project	劳务合作 Labour Service
烟台 Yantai Foreign Economic and Technical Cooperative Corporation	1508		1508
威海 Weihai Foreign Economic and Technical Cooperative Company	1652	102	1550
潍坊 Weifang International Economic & Technical Cooperation Co.	616		616
齐鲁建设集团 Qilu Construction Group Corporation	821	259	562
河南 China Henan International Economic Technical Cooperative Corporation	1651	916	735
湖北 China Hubei Corporation for International Economic and Technical Cooperation	4250	485	3765
武汉 China Wuhan Corporation for International Economic and Technical Cooperation	1927	344	1583
湖南 China Hunan International Economic and Technical Cooperative Corporation	1063	376	687
广东 Guangdong International Economic and Technical Cooperative Corporation	28628	4360	24268
广州 China Guangzhou International Economic and Technical Cooperative Company	9663	1144	8519
广东劳服 Guangdong Manpower External Service Corporation	20436		20436
珠江 Guangzhou Pearl River Enterprises	50	50	
深圳 China Shenzhen International Economic and Technical Cooperative Corporation	2516	27	2489
华西 China Huaxi Enterprise Corporation	3026	1241	1785
汕头 Shantou International Economic & Technical Corporation, China	148	66	82
广东海外建设 Guangdong Overseas Construction Corp.	31	31	
广西 China Guangxi International Corporation for Economic and Technical Cooperation	2008	1370	638
海南 China Hainan Corporation for International Economic and Technical Cooperation	5		5
四川 China Sichuan Corporation for International Techno-economic Cooperation	9778	5508	4270

4—12（8） 1979至1993年中国在国外从事对外承包工程和劳务合作的人数（按公司分）

PERSONNEL SENT ABROAD FOR FOREIGN ENGINEERING PROJECTS AND LABOUR SERVICES FROM 1979 TO 1993 BY CORPORATIONS

单位：人次
Unit：Person

公司 Corporation	合计 Total	承包工程 Engineering Project	劳务合作 Labour Service
重庆 China Chongqing International Economic and Technical Cooperative Corporation	2957	1154	1803
成都 China Chengdu International Corporation for Economic and Technical Cooperation	672		672
贵州 China Guizhou Corporation for International Techno-economic Cooperation	410	70	340
云南 China Yunnan Corporation for International Techno-economic Cooperation	2192	2062	130
陕西 China Shaanxi International Economic and Technical Cooperative Corporation	2060	312	1748
西安 China Xi'an International Economic Technical and Trade Corporation	474	249	225
甘肃 China Gansu Corporation for International Technical Economic Cooperation	614	286	328
宁夏 China Ningxia Islamic Corp. for International Economic and Technical Cooperation	123	63	60
新疆 China Xinjiang International Economic and Technical Cooperative Corporation	2444	1895	549
三、设计咨询 Designing and Consultancy	**344**	**267**	**77**
东北水利开发 Northeast China Water & Hydroelectric General Development Corporation	28	14	14
铁道第三勘测 The Third Survey & Design Institute of the Ministry of Railways	19	3	16
航空工业规划 China Aeronautical Project and Design Institute	21	21	
石化北京设计 SINOPEC Beijing Design Institute (BDI)	32		32
煤炭设计 Beijing Coal Design & Research Institute	7	7	
化学第六设计 The Sixth Design Institute of the Ministry of Chemical Industry	88	73	15
成达化学 China Chengda Chemical Engineering Corporation Beijing Central Engineering and Research	35	35	
冶金钢铁设计 Incorporation of Iron and Steel Industry，Ministry of Metallurgical	114	114	

4—13（1） 1993年各公司与孟加拉的承包工程和劳务合作
ENGINEERING PROJECTS AND LABOUR SERVICES IN BANGLADESH BY CORPORATIONS IN 1993

单位：万美元
Unit：US $ 10000

公司 Corporation	签订合同金额 Contract Value			完成营业额 Turnover		
	合计 Total	承包 Engineering Project	劳务 Labour Service	合计 Total	承包 Engineering Project	劳务 Labour Service
合计 Total	**3033**	**2949**	**84**	**2304**	**2276**	**28**
路桥 China Road and Bridge Engineering Company	1616	1616		190	190	
中水 China International Water and Electric Corporation				354	354	
港湾 China Harbours Engineering Company (Group)	1024	1024				
石化 China Petro-chemical International Company				290	290	
化工 China National Chemical Engineering Corporation				539	539	
海外经济合作 China National Corporation for Overseas Economic Cooperation	2		2			
纺织 China Textile Industrial Corporation for Foreign Economic and Technical Cooperation	309	309		85	85	
万宝 China Wan Bao Engineering Corporation				7	7	
上海 China Shanghai Corporation for Foreign Economic and Technological Cooperation				4		4

4—13（2） 1993年各公司与孟加拉的承包工程和劳务合作
ENGINEERING PROJECTS AND LABOUR SERVICES IN BANGLADESH BY CORPORATIONS IN 1993

单位：万美元
Unit：US＄10000

公司 Corporation	签订合同金额 Contract Value 合计 Total	承包 Engineering Project	劳务 Labour Service	完成营业额 Turnover 合计 Total	承包 Engineering Project	劳务 Labour Service
上海机械进出口 Shanghai Machinery Import & Export Corporation	1		1	1		1
福州 Fuzhou Corporation for International Techno-economic Cooperation	3		3			
漳州 Zhangzhou Corporation for International Techno-economic Cooperation				3		3
广东 Guangdong International Economic and Technical Cooperative Corporation				1		1
广州 China Guangzhou International Economic and Technical Cooperative Company	65		65	402	400	2
广东劳服 Guangdong Manpower External Service Corporation	10		10	7		7
深圳 China Shenzhen International Economic and Technical Cooperative Corporation				8		8
广西 China Guangxi International Corporation for Economic and Technical Cooperation	2		2	412	411	1
潍坊 Weifang International Economic & Technical Cooperation Co.	1		1	1		1

4—14（1） 1993年各公司与香港的承包工程和劳务合作

ENGINEERING PROJECTS AND LABOUR SERVICES IN HONG KONG BY CORPORATIONS IN 1993

单位：万美元

Unit：US $ 10000

公司 Corporation	签订合同金额 Contract Value 合计 Total	签订合同金额 承包 Engineering Project	签订合同金额 劳务 Labour Service	完成营业额 Turnover 合计 Total	完成营业额 承包 Engineering Project	完成营业额 劳务 Labour Service
合计 Total	**168399**	**129489**	**38910**	**111614**	**91431**	**20183**
其中：Of Which：						
中建 China State Construction Engineering Corporation	60698	60679	19	33979	33961	18
路桥 China Road and Bridge Engineering Company	6260	6260		2428	2428	
中土 China Civil Engineer Construction Corporation	10012	10012		8499	8499	
港湾 China Harbours Engineering Company (Group)	14774	14774		14972	14972	
海外工程 China Overseas Engineering Corporation				137		137
中水 China International Water and Electric Corporation				300	300	
远洋运输 China Ocean Shipping Company	3134		3134	3134		3134
海洋服务 China Ocean Engineering Services Limited	446	446		426	426	
中冶 China Metallurgical Construction Corporation	380	380		692	692	
中航技 China National Aerotechnology Import and Export Corporation Contracting Constraction Corporation	4000	4000		17	17	
海员 China Marine and Seamen Service Corporation	1626		1626	1469		1469
材料 China Corporation for Foreign-oriented Building Materials and Equipment	5345	5346		2181	2181	
江苏 China Jiangsu International Economic and Technical Cooperative Corporation	639	630	9	245	169	76

4—14（2） 1993年各公司与香港的承包工程和劳务合作
ENGINEERING PROJECTS AND LABOUR SERVICES IN HONG KONG BY CORPORATIONS IN 1993

单位：万美元
Unit：US＄10000

公司 Corporation	签订合同金额 Contract Value 合计 Total	承包 Engineering Project	劳务 Labour Service	完成营业额 Turnover 合计 Total	承包 Engineering Project	劳务 Labour Service
辽宁 China Liaoning International Corporation of Economic and Technical Cooperation	122		122	14		14
天津 China Tianjin International Economic and Technical Cooperative Corporation	569		569	162		162
福建 China Fujian Corporation for International Techno-economic Cooperation	14027	12831	1196	16231	15622	609
广东 Guangdong International Economic and Technical Cooperative Corporation	8528	1062	7466	6877	3703	3174
广东劳服 Guangdong Manpower External Service Corporation	7349		7349	4030		4030
厦门 China Xiamen Company for International Techno-economic Cooperation	4293	7	4286	719	11	708
深圳 China Shenzhen International Economic and Technical Cooperative Corporation	1202		1202	1247		1247
广州 China Guangzhou International Economic and Technical Cooperative Company	3489		3489	975	90	885
大连 China Dalian International Economic and Technical Cooperative Corporation	459		459	617		617
上海 China Shanghai Corporation for Foreign Economic and Technological Cooperation	10886	10375	511	5456	5141	315
北京 China Beijing International Corporation for Economic Cooperation	2		2	653	647	6

4—15 1993 年各公司与伊朗的承包工程和劳务合作
ENGINEERING PROJECTS AND LABOUR SERVICES IN IRAN BY CORPORATIONS IN 1993

单位：万美元
Unit：US $ 10000

公司 Corporation	签订合同金额 Contract Value			完成营业额 Turnover		
	合计 Total	承包 Engineering Project	劳务 Labour Service	合计 Total	承包 Engineering Project	劳务 Labour Service
合计 Total	**7499**	**7277**	**222**	**3768**	**3093**	**675**
上海 China Shanghai Corporation for Foreign Economic and Technological Cooperation				500		500
浙江 China Zhejiang Corporation for International Economic and Technical Cooperation	7		7	6		6
安徽 China Anhui Corporation for International Economic and Technical Cooperation				146	146	
江苏 China Jiangsu International Economic and Technical Cooperative Corporation				146	146	
抚顺对外建筑 China Fushun International Construction & Installation Engineering Corporation	215		215	165		165
东北水利开发 Northeast China Water & Hydroelectric General Development Corporation				33	33	
海外工程 China Overseas Engineering Corporation				80	80	
石化 China Petro－chemical International Company				4		4
万宝 China Wan Bao Engineering Corporation	237	237		1512	1512	
有色 China Nonferrous Metal Industry of Foreign Engineering and Construction Corporation	6450	6450		171	171	
瑞宝 China Rainbow Development Corporation				250	250	
化建 China National Chemical Construction Corporation	590	590		755	755	

4—16 1993年各公司与约旦的承包工程和劳务合作
ENGINEERING PROJECTS AND LABOUR SERVICES IN JORDAN BY CORPORATIONS IN 1993

单位：万美元
Unit：US＄10000

公司 Corporation	签订合同金额 Contract Value			完成营业额 Turnover		
	合计 Total	承包 Engineering Project	劳务 Labour Service	合计 Total	承包 Engineering Project	劳务 Labour Service
合计 Total	**317**	**280**	**37**	**257**	**165**	**92**
中冶 China Metallurgical Constructrion Corporation				151	151	
中航技 China National Aero-technology Import and Export Corporation Contracting-construction Corporation				86		86
中建 China State Construction Engineering Corporation	8		8	1		1
有色 China Nonferrous Metal Industry of Foreign Engineering and Construction Corporation	280	280		14	14	
延边 Yanbian Foreign Economic and Technical Cooperative Corporation	27		27	5		5
上海 China Shanghai Corporation for Foreign Economic and Technological Cooperation	1		1			
武汉 China Wuhan Corporation for International Economic and Technical Corporation	1		1			

4—17（1） 1993 年各公司与韩国的承包工程和劳务合作

ENGINEERING PROJECTS AND LABOUR SERVICES IN KOREA BY CORPORATIONS IN 1993

单位：万美元

Unit：US $ 10000

公司 Corporation	签订合同金额 Contract Value			完成营业额 Turnover		
	合计 Total	承包 Engineering Project	劳务 Labour Service	合计 Total	承包 Engineering Project	劳务 Labour Service
合计 Total	**16753**	**208**	**16545**	**6404**	**214**	**6190**
其中：Of Which：						
中建 China State Construction Engineering Corporation	16		16	22		22
海员 China Marine and Seamen Service Corporation	111		111	109		109
海洋服务 China Ocean Engineering Services Limited	198	198		206	206	
机械 China Machine Building International Corporation	100		100	56		56
天津 China Tianjin International Economic and Technical Cooperative Corporation	3200		3200	1682		1682
辽宁 China Liaoning International Corporation of Economic and Technical Cooperation	812		812	252		252
营口 Yingkou International Corporation of Economic and Technical Cooperation	1788		1788	282		282
沈阳 China Shenyang Corporation for International Economic and Technical Cooperation	202		202	331		331
大连 China Dalian International Economic and Technical Cooperative Corporation	100		100	29		29

4—17（2） 1993年各公司与韩国的承包工程和劳务合作
ENGINEERING PROJECTS AND LABOUR SERVICES IN KOREA BY CORPORATIONS IN 1993

单位：万美元

Unit：US $ 10000

公 司 Corporation	签订合同金额 Contract Value			完成营业额 Turnover		
	合 计 Total	承 包 Engineering Project	劳 务 Labour Service	合 计 Total	承 包 Engineering Project	劳 务 Labour Service
吉林 China Jilin International Economic and Technical Cooperative Corporation	1860		1860	1277		1277
长春 China Changchun International Economic and Technical Cooperative Corporation	1055		1055	701		701
黑龙江 China Heilongjiang International Corporation for Economic and Technical Cooperation	1046		1046			
哈尔滨 China Harbin International Corporation for Technical and Economic Cooperation	960		960	210		210
福州 Fuzhou Corporation for International Techno-economic Cooperation	138		138			
山东 China Shandong International Economic and Technical Cooperative Corporation	3067		3067	276		276
威海 Weihai Foreign Economic and Technical Cooperative Company	1551		1551	411		411
青岛 China Qingdao International Economic and Technical Cooperative Corporation	99		99	88		88
广东 Guangdong International Economic and Technical Cooperative Corporation	180		180			

4—18（1） 1993年各公司与日本的承包工程和劳务合作
ENGINEERING PROJECTS AND LABOUR SERVICES IN JAPAN BY CORPORATIONS IN 1993

单位：万美元
Unit：US $ 10000

公司 Corporation	签订合同金额 Contract Value			完成营业额 Turnover		
	合计 Total	承包 Engineering Project	劳务 Labour Service	合计 Total	承包 Engineering Project	劳务 Labour Service
合计 Total	**22307**	**846**	**21461**	**9503**	**850**	**8653**
其中：Of Which：						
中建 China State Construction Engineering Corporation	246	11	235	517	26	491
中冶 China Metallurgical Construction Corporation	26	6	20	21		21
建材 China Building-material Industrial Corporation for Foreign Econo-technical Cooperation	295		295	129		129
机械 China Machine Building International Corporation	262		262	227		227
海员 China Marine and Seamen Service Corporation	142		142	122		122
中土 China Civil Engineer Construction Corporation	63		63	49		49
轻工 China Light Industrial Corporation for Foreign Economic and Technical Cooperation	754		754	777		777
智力 China International Intellectual Corporation	1412		1412	417		417
海洋服务 China Ocean Engineering Services Limited	6		6	1		1
商业 China Commercial Corporation for International Economic and Technical Cooperation	40		40	49		49
中房 China State Housing and Real Estate Development Corporation	24	3	21	24		24
精密机械 China Precision Machinery Import and Export Corporation	82		82	3		3

4—18（2） 1993年各公司与日本的承包工程和劳务合作
ENGINEERING PROJECTS AND LABOUR SERVICES IN JAPAN BY CORPORATIONS IN 1993

单位：万美元

Unit：US＄10000

公　司 Corporation	签订合同金额 Contract Value			完成营业额 Turnover		
	合　计 Total	承　包 Engineering Project	劳　务 Labour Service	合　计 Total	承　包 Engineering Project	劳　务 Labour Service
北京　China Beijing International Corporation for Economic Cooperation	394		394	376		376
北京建筑工程　Beijing Construction Engineering Corporation	422		422	166		166
天津　China Tianjin International Economic and Technical Cooperative Corporation	113		113	207		207
河北　China Hebei International Economic and Technical Cooperative Corporation	114		114	40		40
山西　China Shanxi International Corporation for Economic and Technical Cooperation	374		374			
辽宁　China Liaoning International Corporation of Economic and Technical Cooperation	641		641	182		182
大连　China Dalian International Economic and Technical Cooperative Corporation	2429		2429	578		578
沈阳　China Shenyang Corporation for International Economic and Technical Cooperation	623		623	898		898
吉林　China Jilin International Economic and Technical Cooperative Corporation	519		519	491		491
长春　China Changchun International Economic and Technical Cooperative Corporation	7500		7500	72		72
哈尔滨　China Harbin International Corporation for Technical and Economic Cooperation	1200		1200	203		203

4—18（3） 1993年各公司与日本的承包工程和劳务合作
ENGINEERING PROJECTS AND LABOUR SERVICES IN JAPAN BY CORPORATIONS IN 1993

单位：万美元
Unit：US $ 10000

公　司 Corporation	签订合同金额 Contract Value			完成营业额 Turnover		
	合　计 Total	承　包 Engineering Project	劳　务 Labour Service	合　计 Total	承　包 Engineering Project	劳　务 Labour Service
上海 China Shanghai Corporation for Foreign Economic and Technological Cooperation	267		267	399		399
上海对外劳务 Shanghai Foreign Service & Cooperation Company	54		54	44		44
江苏 China Jiangsu International Economic and Technical Cooperative Corporation	95		95	69		69
浙江 China Zhejiang Corporation for International Economic and Technical Cooperation	650		650	412		412
宁波 China Ningbo Corporation for International Economic and Technical Cooperation	89		89	123		123
江西 China Jiangxi Corporation for International Economic and Technical Cooperation	315		315	204		204
山东 China Shandong International Economic and Technical Cooperative Corporation	180		180	80		80
青岛 China Qingdao International Economic and Technical Cooperative Corporation	260		260	109		109
深圳 China Shenzhen International Economic and Technical Cooperative Corporation	160		160	23		23
成都 China Chengdu International Corporation for Economic and Technical Cooperation	124		124	130		130

4—19（1） 1993年各公司与科威特的承包工程和劳务合作
ENGINEERING PROJECTS AND LABOUR SERVICES IN KUWAIT BY CORPORATIONS IN 1993

单位：万美元

Unit：US $ 10000

公司 Corporation	签订合同金额 Contract Value			完成营业额 Turnover		
	合计 Total	承包 Engineering Project	劳务 Labour Service	合计 Total	承包 Engineering Project	劳务 Labour Service
合计 Total	**5244**	**748**	**4496**	**8203**	**6522**	**1681**
中建 China State Construction Engineering Corporation	775		775	299		299
港湾 China Harbours Engineering Company (Group)	269		269	32	32	
路桥 China Road and Bridge Engineering Company	544		544	136		136
建材 China Building-material Industrial Corporation for Foreign Econo-technical Cooperation	614		614	49		49
石油 China Petroleum Engineering Construction Corporation	595		595	2035	1946	89
中土 China Civil Engineer Construction Corporation	1		1	15		15
中水 China International Water and Electric Corporation	152		152	78		78
中航技 China National Aero-technology Import and Export Corporation, Contracting-construction Corporation	30		30			
四达 China Star Corporation for International Economic and Technical Cooperation	15		15			
展览 China International Exhibition Construction Corporation	3	3		4	4	
石化 China Petro-chemical International Company				4337	4335	2
抚顺对外建筑 China Fushun International Construction & Installation Engineering Corporation	271		271	66		66

4—19（2） 1993年各公司与科威特的承包工程和劳务合作
ENGINEERING PROJECTS AND LABOUR SERVICES IN KUWAIT BY CORPORATIONS IN 1993

单位：万美元

Unit：US $ 10000

公司 Corporation	签订合同金额 Contract Value			完成营业额 Turnover		
	合计 Total	承包 Engineering Project	劳务 Labour Service	合计 Total	承包 Engineering Project	劳务 Labour Service
吉林 China Jilin International Economic and Technical Cooperative Corporation	118		118	15		15
浙江 China Zhejiang Corporation for International Economic and Technical Cooperation	157		157	59		59
上海 China Shanghai Corporation for Foreign Economic and Technological Cooperation	4		4	1		1
江苏 China Jiangsu International Economic and Technical Cooperative Corporation	820	745	75	708	58	650
南京 China Nanjing International Economic and Technical Cooperative Corporation				147	147	
南通 Nantong Corporation for International Economic & Technical Cooperation	1		1	1		1
连云港 Lianyungang International Economic and Technical Cooperation Corporation				3		3
山东 China Shandong International Economic and Technical Cooperative Corporation	4		4	2		2
齐鲁建设集团 Qilu Construction Group Corporation	800		800	210		210
湖北 China Hubei Corporation for International Economic and Technical Cooperation	33		33	3		3
四川 China Sichuan Corporation for International Techno-economic Cooperation	38		38	3		3

4—20（1） 1993年各公司与澳门的承包工程和劳务合作
ENGINEERING PROJECTS AND LABOUR SERVICES IN MACAO BY CORPORATIONS IN 1993

单位：万美元
Unit：US $ 10000

公司 Corporation	签订合同金额 Contract Value			完成营业额 Turnover		
	合计 Total	承包 Engineering Project	劳务 Labour Service	合计 Total	承包 Engineering Project	劳务 Labour Service
合计 Total	**42615**	**34025**	**8590**	**67320**	**61359**	**5961**
其中：Of Which：						
中建 China State Construction Engineering Corporation	7892	7892		10019	10019	
港湾 China Harbours Engineering Company (Group)	3675	3675		34605	34605	
中土 China Civil Engineer Construction Corporation	5459	5459		509	509	
四达 China Star Corporation for International Economic and Technical Cooperation	48		48	14		14
材料 China Corporation for Foreign-oriented Building Materials and Equipment	129	129		129	129	
江苏 China Jiangsu International Economic and Technical Cooperative Corporation	13		13	14		14
福州 Fuzhou Corporation for International Techno-economic Cooperation	3449	3443	6	3327	3140	187
泉州 Quanzhou Corporation for International Techno-economic Cooperation	409		409	833	509	324
福建 China Fujian Corporation for International Techno-economic Cooperation	7778	7049	729	3596	3228	368

4—20（2） 1993年各公司与澳门的承包工程和劳务合作
ENGINEERING PROJECTS AND LABOUR SERVICES IN MACAO BY CORPORATIONS IN 1993

单位：万美元
Unit：US＄10000

公司 Corporation	签订合同金额 Contract Value			完成营业额 Turnover		
	合计 Total	承包 Engineering Project	劳务 Labour Service	合计 Total	承包 Engineering Project	劳务 Labour Service
广东 Guangdong International Economic and Technical Cooperative Corporation	1724	705	1019	7512	5551	1961
安徽 China Anhui Corporation for International Economic and Technical Cooperation	7		7	1		1
智力 China International Intellectech Corporation	1132		1132	173		173
上海 China Shanghai Corporation for Foreign Economic and Technological Cooperation	5		5	5		5
北京 China Beijing International Corporation for Economic Cooperation	6		6	11		11
广东劳服 Guangdong Manpower External Service Corporation	2533		2533	1778		1778
厦门 China Xiamen Company for International Techno-economic Cooperation	785	343	442	458	223	235
深圳 China Shenzhen International Economic and Technical Cooperative Corporation	92	89	3	9	7	2
广州 China Guangzhou International Economic and Technical Cooperative Company	1067	523	544	590	350	240

4—21（1）1993年各公司与巴基斯坦的承包工程和劳务合作
ENGINEERING PROJECTS AND LABOUR SERVICES IN PAKISTAN BY CORPORATIONS IN 1993

单位：万美元
Unit：US $ 10000

公司 Corporation	签订合同金额 Contract Value			完成营业额 Turnover		
	合计 Total	承包 Engineering Project	劳务 Labour Service	合计 Total	承包 Engineering Project	劳务 Labour Service
合计 Total	**53698**	**53683**	**15**	**29302**	**29298**	**4**
其中：Of Which：						
中冶 China Metallurgical Construction Corporation	2490	2490		3642	3642	
精密机械 China Precision Machinery Import and Export Corporation	200	200		200	200	
港湾 China Harbours Engineering Company (Group)				2406	2406	
中水 China International Water and Electric Corporation				1057	1057	
建材 China Building-material Industrial Corporation for Foreign Econo-technical Cooperation	4261	4261		516	516	
地质 China Geo-engineering Corporation	20	20		459	459	
石油 China Petroleum Engineering Construction Corporation	20190	20190		1300	1300	
万宝 China Wan Bao Engineering Corporation	928	928		2193	2193	
商业 China Commerical Corporation for International Economic and Technical Cooperation	51	51				
中建 China State Construction Engineering Corporation				2276	2276	

4—21 (2) 1993年各公司与巴基斯坦的承包工程和劳务合作
ENGINEERING PROJECTS AND LABOUR SERVICES IN PAKISTAN BY CORPORATIONS IN 1993

单位：万美元
Unit：US $ 10000

公司 Corporation	签订合同金额 Contract Value			完成营业额 Turnover		
	合计 Total	承包 Engineering Project	劳务 Labour Service	合计 Total	承包 Engineering Project	劳务 Labour Service
中原 China Zhong Yuan Engineering Corporation				7987	7987	
北京 China Beijing International Corporation for Economic Cooperation	2500	2500				
北京建筑工程 Beijing Construction Engineering Corporation	436	422	14	118	118	
广西 China Guangxi International Corporation for Economic and Technical Cooperation	9550	9550		5238	5238	
华西 China Huaxi Enterprise Corporation	1690	1690		869	869	
沈阳 China Shenyang Corporation for International Economic and Technical Cooperation	168	168		1		1
辽宁 China Liaoning International Corporation of Economic and Technical Cooperation	345	345				
吉林 China Jilin International Economic and Technical Cooperative Corporation	5607	5607				
云南 China Yunnan Corporation for International Techno-economic Cooperation	3749	3749				
甘肃 China Gansu Corporation for International Technical Economic Cooperation	1500	1500				

4—22（1） 1993年各公司与菲律宾的承包工程和劳务合作
ENGINEERING PROJECTS AND LABOUR SERVICES IN PHILIPPINES BY CORPORATIONS IN 1993

单位：万美元
Unit：US $ 10000

公 司 Corporation	签订合同金额 Contract Value			完成营业额 Turnover		
	合 计 Total	承 包 Engineering Project	劳 务 Labour Service	合 计 Total	承 包 Engineering Project	劳 务 Labour Service
合计 Total	**3256**	**3180**	**76**	**913**	**683**	**230**
中冶 China Metallurgical Construction Corporation	669	669		120	120	
港湾 China Harbours Engineering Company (Group)	830	830		427	427	
安能 China Anneng Construction Corporation	500	500		15	15	
智力 China International Intellectual Corporation	1		1	1		1
石家庄 Shijiazhuang International Economic & Technical Cooperative Corporation	10		10	3		3
沈阳 China Shenyang Corporation for International Economic and Technical Cooperation				15		15
吉林 China Jilin International Economic and Technical Cooperative Corporation				2		2

4—22（2） 1993年各公司与菲律宾的承包工程和劳务合作
ENGINEERING PROJECTS AND LABOUR SERVICES IN PHILIPPINES BY CORPORATIONS IN 1993

单位：万美元

Unit：US $ 10000

公　司 Corporation	签订合同金额 Contract Value			完成营业额 Turnover		
	合　计 Total	承　包 Engineering Project	劳　务 Labour Service	合　计 Total	承　包 Engineering Project	劳　务 Labour Service
上海　China Shanghai Corporation for Foreign Economic and Technological Cooperation	1176	1175	1	171		171
南京　China Nanjing International Economic & Technical Cooperative Corporation				2		2
浙江　China Zhejiang Corporation for International Economic and Technical Cooperation	9		9	7		7
宁波　China Ningbo Corporation for International Economic and Technical Cooperation	4		4	2		2
厦门　China Xiamen Company for International Techno-economic Cooperation						
武夷　China Wuyi Corporation				137	116	21
广东　Guangdong International Economic and Technical Cooperative Corporation	46		46	6		6
广东劳服　Guangdong Manpower External Service Corporation						

4—23（1） 1993年各公司与新加坡的承包工程和劳务合作
ENGINEERING PROJECTS AND LABOUR SERVICES IN SINGAPORE BY CORPORATIONS IN 1993

单位：万美元
Unit：US $ 10000

公司 Corporation	签订合同金额 Contract Value			完成营业额 Turnover		
	合计 Total	承包 Engineering Project	劳务 Labour Service	合计 Total	承包 Engineering Project	劳务 Labour Service
合计 Total	**16721**	**2400**	**14321**	**10043**	**2206**	**7837**
中建 China State Constrution Engineering Corporation	509	509		273	142	131
港湾 China Harbours Engineering Company (Group)	25		25	16		16
中水 China International Water and Electric Corporation	819	710	109	25	16	9
中冶 China Metallurgical Construction Corporation	212	212		1755	1755	
有色 China Nonferrous Metal Industry of Foreign Engineering and Construction Corporation	304		304			
远洋运输 China Ocean Shipping Company	500		500	500		500
海外经济合作 China National Corporation for Overseas Economic Cooperation	18		18			
海洋服务 China Ocean Engineering Services Limited	57	30	27	50	30	20
四达 China Star Corporation for International Economic and Technical Cooperation	19		19			
智力 China International Intellectech Corporation	814		814	647		647

4—23（2） 1993年各公司与新加坡的承包工程和劳务合作
ENGINEERING PROJECTS AND LABOUR SERVICES IN SINGAPORE BY CORPORATIONS IN 1993

单位：万美元
Unit：US＄10000

公　司 Corporation	签订合同金额 Contract Value 合　计 Total	承　包 Engineering Project	劳　务 Labour Service	完成营业额 Turnover 合　计 Total	承　包 Engineering Project	劳　务 Labour Service
电子系统 China Electronic Systems Engineering Corp.	150	150		30	30	
石化 China Petro-chemical International Company	83		83	90		90
中国海洋石油 China National Offshore Oil Corporation	43		43	21		21
中航技 China National Aero-technology Import and Export Corporation, Contracting-construction Corporation	22		22			
轻工 China Light Industrial Corporation for Foreign Economic and Technical Cooperation	94		94			
北京 China Beijing International Corporation for Economic Corporation	66		66	56		56
北京建筑工程 Beijing Construction Engineering Corporation	173		173	25		25
天津 China Tianjin International Economic and Technical Cooperative Corporation	1345		1345	1504		1504
河北 China Hebei International Economic and Technical Cooperative Corporation	71		71			
石家庄 Shijiazhuang International Economic & Technical Cooperative Corporation	11		11			

4—23（3） 1993年各公司与新加坡的承包工程和劳务合作
ENGINEERING PROJECTS AND LABOUR SERVICES IN SINGAPORE BY CORPORATIONS IN 1993

单位：万美元

Unit：US＄10000

公　司 Corporation	签订合同金额 Contract Value 合　计 Total	承　包 Engineering Project	劳　务 Labour Service	完成营业额 Turnover 合　计 Total	承　包 Engineering Project	劳　务 Labour Service
山西　China Shanxi International Corporation for Economic and Technical Cooperation	13	13		2	2	
辽宁　China Liaoning International Corporation of Economic and Technical Cooperation	23		23	12		12
沈阳　China Shenyang Corporation for International Economic and Technical Cooperation				474		474
丹东　China Dandong International Corporation of Economic and Technical Cooperation				32		32
大连　China Dalian International Economic and Technical Cooperative Corporation	2		2	30		30
吉林　China Jilin International Economic and Technical Cooperative Corporation				25		25
黑龙江　China Heilongjiang International Corporation for Economic and Technical Cooperation	72		72			
哈尔滨　China Harbin International Corporation for Technical and Economic Cooperation				260		260
上海　China Shanghai Corporation for Foreign Economic and Technological Cooperation	234		234	280		280

4—23（4） 1993年各公司与新加坡的承包工程和劳务合作
ENGINEERING PROJECTS AND LABOUR SERVICES IN SINGAPORE BY CORPORATIONS IN 1993

单位：万美元
Unit：US $ 10000

公司 Corporation	签订合同金额 Contract Value			完成营业额 Turnover		
	合计 Total	承包 Engineering Project	劳务 Labour Service	合计 Total	承包 Engineering Project	劳务 Labour Service
上海对外劳务 Shanghai Foreign Service & Co-operation Company	168		168	57		57
南京 China Nanjing International Economic and Technical Cooperative Corporation	719	719		78	50	28
南通 Nantong Corporation for International Economic & Technical Cooperation	2		2			
连云港 Lianyungang International Economic and Technical Cooperation Corporation	94		94	5		5
南京海外建筑 Nanjing Overseas Construction Engineering Corporation	42		42			
浙江 China Zhejiang Corporation for International Economic and Technical Cooperation	1692		1692	39		39
宁波 China Ningbo Corporation for International Economic and Technical Cooperation	343		343	67		67
宁波技术进出口 Ningbo Technical Import & Export Corporation	88		88	7		7
安徽 China Anhui Corporation for International Economic and Technical Cooperation	14		14	4		4
福建 China Fujian Corporation for International Techno-economic Cooperation	988		988	547		547

4—23（5） 1993年各公司与新加坡的承包工程和劳务合作
ENGINEERING PROJECTS AND LABOUR SERVICES IN SINGAPORE BY CORPORATIONS IN 1993

单位：万美元
Unit：US＄10000

公司 Corporation	签订合同金额 Contract Value			完成营业额 Turnover		
	合计 Total	承包 Engineering Project	劳务 Labour Service	合计 Total	承包 Engineering Project	劳务 Labour Service
福建劳服 Fujian Corporation for Overseas Labour Service Cooperation	1255		1255	569		569
厦门 China Xiamen Company for International Techno-economic Cooperation	1215		1215	823		823
漳州 Zhangzhou Corporation for International Techno-economic Cooperation	978		978	169		169
泉州 Quanzhou Corporation for International Techno-economic Cooperation	668		668	68		68
福州 Fuzhou Corporation for International Techno-economic Cooperation	951		951	386		386
厦门建隆 Xiamen Jianlong Economic and Technical Cooperation Corporation	2		2	1		1
福建交通劳务 Fujian External Communication and Labour Service Cooperation Corporation	778		778	130		130
江西 China Jiangxi Corporation for International Economic and Technical Cooperation				2		2
南昌对外工程 China Nanchang Foreign Engineering Corporation	93		93	2		2

4—23（6） 1993年各公司与新加坡的承包工程和劳务合作
ENGINEERING PROJECTS AND LABOUR SERVICES IN SINGAPORE BY CORPORATIONS IN 1993

单位：万美元

Unit：US $ 10000

公 司 Corporation	签订合同金额 Contract Value			完成营业额 Turnover		
	合 计 Total	承 包 Engineering Project	劳 务 Labour Service	合 计 Total	承 包 Engineering Project	劳 务 Labour Service
山东 China Shandong International Economic and Technical Cooperative Corporation	8		8	8		8
青岛 China Qingdao International Economic and Technical Cooperative Corporation	52		52	30		30
烟台 Yantai Foreign Economic and Technical Cooperative Corporation				2		2
威海 Weihai Foreign Economic and Technical Cooperative Company	115		115	76		76
潍坊 Weifang International Economic & Technical Cooperation Co.	178		178	67		67
湖北 China Hubei Corporation for International Economic and Technical Cooperation	3		3	16		16
武汉 China Wuhan Corporation for International Economic and Technical Cooperation	86		86	68		68
湖南 China Hunan International Economic and Technical Cooperative Corporation	47		47			
广东 Guangdong International Economic and Technical Cooperative Corporation				111		111

4—23（7） 1993年各公司与新加坡的承包工程和劳务合作
ENGINEERING PROJECTS AND LABOUR SERVICES IN SINGAPORE BY CORPORATIONS IN 1993

单位：万美元
Unit：US $ 10000

公司 Corporation	签订合同金额 Contract Value			完成营业额 Turnover		
	合计 Total	承包 Engineering Project	劳务 Labour Service	合计 Total	承包 Engineering Project	劳务 Labour Service
广东劳服 Guangdong Manpower External Service Corporation	170		170	22		22
广州 China Guangzhou International Economic and Technical Cooperative Company	2		2	1		1
深圳 China Shenzhen International Economic and Technical Cooperative Corporation	17		17	14		14
四川 China Sichuan Corporation for International Techno-economic Cooperation	59		59	17		17
成都 China Chengdu International Corporation for Economic and Technical Cooperation	3		3			
贵州 China Guizhou Corporation for International Techno-economic Cooperation	3		3	2		2
云南 China Yunnan Corporation for International Techno-economic Cooperation	13		13	2		2
西安 China Xi′an International Economic Technical and Trade Corporation				27		27
甘肃 China Gunsu Corporation for International Technical-economic Cooperation	9		9	55		55

4—24（1） 1993年各公司与泰国的承包工程和劳务合作

ENGINEERING PROJECTS AND LABOUR SERVICES IN THAILAND BY CORPORATIONS IN 1993

单位：万美元

Unit：US＄10000

公 司 Corporation	签订合同金额 Contract Value			完成营业额 Turnover		
	合 计 Total	承 包 Engineering Project	劳 务 Labour Service	合 计 Total	承 包 Engineering Project	劳 务 Labour Service
合计 Total	**16102**	**15701**	**401**	**3748**	**3585**	**163**
其中：Of Which：						
中建 China State Construction Engineering Corporation	4528	4528		825	825	
中土 China Civil Engineer Constraction Corporation	170	170		10	10	
海外工程 China Overseas Engineering Corporation	4		4	1		1
中冶 China Metallurgical Construction Corporation	891	891		1	1	
中航技 China National Aero-technology Import and Export Corporation，Contraction-construction Corporation	10	10		113	113	
纺织 China Textile Industrial Corporation for Foreign Economic and Technical Cooperation				3		3
万宝 China Wan Bao Engineering Company	2290	2290				
广播 China Radio and Television Company for International Techno-economic Cooperation	8		8	6		6
四达 China Star Corporation for International Economic and Technical Cooperation	104		104	1		1

4—24（2） 1993年各公司与泰国的承包工程和劳务合作
ENGINEERING PROJECTS AND LABOUR SERVICES IN THAILAND BY CORPORATIONS IN 1993

单位：万美元
Unit：US $ 10000

公司 Corporation	签订合同金额 Contract Value			完成营业额 Turnover		
	合计 Total	承包 Engineering Project	劳务 Labour Service	合计 Total	承包 Engineering Project	劳务 Labour Service
智力 China International Intellectual Corporation	42		42	3		3
海洋航空 China Ocean Aviation Corporation	2		2	2		2
惠通 China Huitong Corporation				15		15
国际企业 China International Enterprises Cooperation Corporation	6		6	1		1
北京 China Beijing International Corporation for Economic Cooperation	1		1	28	23	5
北京建筑工程 Beijing Construction Engineering Corporation	1107	1106	1	121	121	
天津 China Tianjin International Economic and Technical Cooperative Corporation	2		2	8		8
辽宁 China Liaoning International Corporation of Economic and Technical Cooperation	3211	3211		1499	1499	
大连 China Dalian International Economic and Technical Cooperative Corporation	1		1	4		4
上海 China Shanghai Corporation for Foreign Economic and Technological Cooperation	2293	2265	28	477	453	24

4—24（3） 1993年各公司与泰国的承包工程和劳务合作
ENGINEERING PROJECTS AND LABOUR SERVICES IN THAILAND BY CORPORATIONS IN 1993

单位：万美元
Unit：US $ 10000

公　司 Corporation	签订合同金额 Contract Value			完成营业额 Turnover		
	合　计 Total	承　包 Engineering Project	劳　务 Labour Service	合　计 Total	承　包 Engineering Project	劳　务 Labour Service
上海对外劳务 Shanghai Foreign Service & Co-operation Company	19		19	6		6
上海机械进出口 Shanghai Machinery Import & Export Corporation						
江苏 China Jiangsu International Economic and Technical Cooperative Corporation	22		22	17		17
南通 Nantong Corporation for International Economic & Technical Cooperation	2		2	4		4
浙江 China Zhejiang Corporation for International Economic and Technical Cooperation	1		1	4		4
宁波 China Ningbo Corporation for International Economic and Technical Cooperation	22		22	11		11
宁波技术进出口 Ningbo Technical Import & Export Corporation	4		4	1		1
厦门 China Xiamen Company for International Techno-economic Cooperation	5		5			
漳州 Zhangzhou Corporation for International Techno-economic Cooperation				3		3

4—24（4） 1993年各公司与泰国的承包工程和劳务合作
ENGINEERING PROJECTS AND LABOUR SERVICES IN THAILAND BY CORPORATIONS IN 1993

单位：万美元
Unit：US＄10000

公　司 Corporation	签订合同金额 Contract Value			完成营业额 Turnover		
	合　计 Total	承　包 Engineering Project	劳　务 Labour Service	合　计 Total	承　包 Engineering Project	劳　务 Labour Service
青岛 China Qingdao International Economic and Technical Cooperative Corporation	3		3	3		3
湖北 China Hubei Corporation for International Economic and Technical Cooperation	14		14	2		2
武汉 China Wuhan Corporation for International Economic and Technical Cooperation	1125	1080	45	4		4
湖南 China Hunan International Economic and Technical Cooperative Corporation	150	150		541	540	1
广东 Guangdong International Economic and Technical Cooperative Corporation	2		2			
广州 China Guangzhou International Economic and Technical Cooperative Company	16		16	17		17
云南 China Yunnan Corporation for International Techno-economic Cooperation	29		29			
陕西 China Shaanxi International Economic and Technical Cooperative Corporation	1		1	13		13
西安 China Xi′an International Economic Technical and Trade Corporation	15		15	2		2

4—25 1993年各公司与也门的承包工程和劳务合作
ENGINEERING PROJECTS AND LABOUR SERVICES IN YEMEN BY CORPORATIONS IN 1993

单位：万美元
Unit：US＄10000

公司 Corporation	签订合同金额 Contract Value			完成营业额 Turnover		
	合计 Total	承包 Engineering Project	劳务 Labour Service	合计 Total	承包 Engineering Project	劳务 Labour Service
合计 Total	**2407**	**2380**	**27**	**3359**	**3301**	**58**
中建 China State Construction Engineering Corporation	110	110		277	277	
路桥 China Road and Bridge Engineering Company	1992	1973	19	1862	1843	19
中土 China Civil Engineer Constraction Corporation				3		3
对外建设 China Construction International Inc.				5		5
水产 China National Fisheries Corporation	245	245		266	266	
中农 China International Cooperation Company of Agriculture,Livestock and Fishery	1		1	1		1
万宝 China Wan Bao Engineering Company	48	48		258	258	
铁道第三勘测 The Third Survey & Design Institute of the Ministry of Railways						
四川 China Sichuan Corporation for International Techno-economic Cooperation				151	151	
江苏 China Jiangsu International Economic and Technical Cooperative Corporation	246	246				
上海机械进出口 Shanghai Machinery Import & Export Corporation	7		7			
山东 China Shandong International Economic and Technical Cooperative Corporation				256	256	
福州 Fuzhou Corporation for International Techno-economic Cooperation				30		30

4—26 1993年各公司与阿尔及利亚的承包工程和劳务合作 ENGINEERING PROJECTS AND LABOUR SERVICES IN ALGERIA BY CORPORATIONS IN 1993

单位：万美元
Unit：US＄10000

公司 Corporation	签订合同金额 Contract Value			完成营业额 Turnover		
	合计 Total	承包 Engineering Project	劳务 Labour Service	合计 Total	承包 Engineering Project	劳务 Labour Service
合计 Total	**2716**	**2716**		**6881**	**6831**	**50**
中建 China State Construction Engineering Corporation				3001	3001	
万宝 China Wan Bao Engineering Corporation	1516	1516		134	134	
中原 China Zhong Yuan Engineering Corporation				2251	2251	
广播 China Radio and Television Company for International Techno-economic Cooperation				55	55	
江苏 China Jiangsu International Economic and Technical Cooperative Corporation				50		50
重庆 China Chongqing International Economic and Technical Cooperative Corporation				1200	1200	
湖南 China Hunan International Economic and Technical Cooperative Corporation	1200	1200		190	190	

4—27 1993年各公司与马来西亚的承包工程和劳务合作
ENGINEERING PROJECTS AND LABOUR SERVICES IN MALAYSIA BY CORPORATIONS IN 1993

单位：万美元

Unit：US＄10000

公司 Corporation	签订合同金额 Contract Value 合计 Total	承包 Engineering Project	劳务 Labour Service	完成营业额 Turnover 合计 Total	承包 Engineering Project	劳务 Labour Service
合计 Total	**19764**	**19494**	**270**	**6869**	**6691**	**178**
其中：Of Which：						
港湾 China Harbours Engineering Company (Group)	618	618		165	165	
中水 China International Water and Electric Corporation	134	134		201	201	
化建 China National Chemical Construction Corporation	1850	1850		991	987	4
化工 China National Chemical Engineering Corporation	511	511		352	352	
中冶 China Metallurgical Construction Corporation	1089	1089		350	350	
中航技 China National Aero-technology Import and Export Corporation Contracting-construction Corporation	110	110		96		96
咨询 China International Engineering Consulting Corporation	1025	1025		300	300	
北京 China Beijing International Corporation for Economic Cooperation	4015	4008	7	950	948	2
北京建筑工程 Beijing Construction Engineering Corporation	7230	7198	32	2254	2233	21
大连 China Dalian International Economic and Technical Cooperative Corporation	528	528		317	317	
武汉 China Wuhan Corporation for International Economic and Technical Cooperation	100	100		50	50	
重庆 China Chongqing International Economic and Technical Cooperative Corporation				780	774	6

4—28 1993年各公司与埃及的承包工程和劳务合作

ENGINEERING PROJECTS AND LABOUR SERVICES IN EGYPT BY CORPORATIONS IN 1993

单位：万美元

Unit：US $ 10000

公司 Corporation	签订合同金额 Contract Value			完成营业额 Turnover		
	合计 Total	承包 Engineering Project	劳务 Labour Service	合计 Total	承包 Engineering Project	劳务 Labour Service
合计 Total	**23**	**2**	**21**	**89**	**67**	**22**
中建 China State Construction Engineering Corporation				62	62	
有色 China Nonferrous Metal Industry of Foreign Engineering and Construction Corporation				3		3
展览 China International Exhibition Construction Corporation	2	2		5	5	
北京 China Beijing International Corporation for Economic Cooperation	9		9	4		4
江苏 China Jiangsu International Economic and Technical Cooperative Corporation				11		11
山东 China Shandong International Economic and Technical Cooperative Corporation	10		10	2		2
四川 China Sichuan Corporation for International Techno-economic Cooperation	2		2	2		2

4—29 1993年各公司与突尼斯的承包工程和劳务合作

ENGINEERING PROJECTS AND LABOUR SERVICES IN TUNISIA BY CORPORATIONS IN 1993

单位：万美元

Unit：US $ 10000

公司 Corporation	签订合同金额 Contract Value			完成营业额 Turnover		
	合计 Total	承包 Engineering Project	劳务 Labour Service	合计 Total	承包 Engineering Project	劳务 Labour Service
合计 Total	**3814**	**3814**		**1417**	**1410**	**7**
中水 China International Water and Electric Corporation	2531	2531		647	647	
海外工程 China Overseas Engineering Corporation	823	823				
轻工 China Light Industrial Corporation for Foreign Economic and Technical Cooperation				5		5
北京 China Beijing International Corporation for Economic Cooperation				2		2
辽宁 China Liaoning International Cooperation of Economic and Technical Cooperation	460	460		763	763	

4—30 1993年各公司与利比亚的承包工程和劳务合作
ENGINEERING PROJECTS AND LABOUR SERVICES IN LIBYA BY CORPORATIONS IN 1993

单位：万美元
Unit：US $ 10000

公司 Corporation	签订合同金额 Contract Value			完成营业额 Turnover		
	合计 Total	承包 Engineering Project	劳务 Labour Service	合计 Total	承包 Engineering Project	劳务 Labour Service
合计 Total	**4336**	**243**	**4093**	**2201**	**1220**	**981**
中建 China State Construction Engineering Corporation	53	21	32	260	227	33
中土 China Civil Engineer Construction Corporation	148		148	68	9	59
海外工程 China Overseas Engineering Corporation	222	222		346	346	
中冶 China Metallurgical Construction Corporation				455		455
中农 China International Cooperation Company of Agriculture,Livestock, and Fishery				16		16
万宝 China Wan Bao Engineering Corporation				510	510	
吉林 China Jilin International Economic and Technical Cooperative Corporation	1680		1680	5		5
延边 Yanbian Foreign Economic and Technical Cooperative Corporation	2232		2232	80		80
江西 China Jiangxi Corporation for International Economic and Technical Cooperation				224		224
南昌对外工程 China Nanchang Foreign Engineering Corporation				237	128	109
武汉 China Wuhan Corporation for International Economic and Technical Cooperation	1	1				

4—31 1993 年各公司与卢旺达的承包工程和劳务合作
ENGINEERING PROJECTS AND LABOUR SERVICES IN RWANDA BY CORPORATIONS IN 1993

单位：万美元
Unit：US $ 10000

公 司 Corporation	签订合同金额 Contract Value			完成营业额 Turnover		
	合计 Total	承包 Engineering Project	劳务 Labour Service	合计 Total	承包 Engineering Project	劳务 Labour Service
合计 Total	**89**	**58**	**31**	**809**	**802**	**7**
路桥 China Road and Bridge Engineering Company	15	15		244	244	
建材 China Building-material Industrial Corporation for Foreign Econo-technical Cooperation	43	43		133	133	
体育 China Sports International Corp.	31		31			
湖北 China Hubei Corporation for International Economic and Technical Cooperation				393	387	6
北京 China Beijing International Corporation for Economic Cooperation				38	38	
江苏 China Jiangsu International Economic and Technical Cooperative Corporation				1		1

4—32 1993年各公司与刚果的承包工程和劳务合作

ENGINEERING PROJECTS AND LABOUR SERVICES IN CONGO BY CORPORATIONS IN 1993

单位：万美元

Unit：US $ 10000

公　司 Corporation	签订合同金额 Contract Value			完成营业额 Turnover		
	合　计 Total	承　包 Engineering Project	劳　务 Labour Service	合　计 Total	承　包 Engineering Project	劳　务 Labour Service
合计　Total	**26**	**6**	**20**	**51**	**41**	**10**
中建　China State Construction Engineering Corporation	6	6		27	27	
中农　China International Cooperation Company of Agriculture, Livestock and Fishery				7	7	
天津　China Tianjin International Economic and Technical Cooperative Corporation	20		20	10		10
湖北　China Hubei Corporation for International Economic and Technical Cooperation				7	7	

4—33（1）1993年各公司与俄罗斯联邦的承包工程和劳务合作

ENGINEERING PROJECTS AND LABOUR SERVICES IN THE RUSSIAN FEDERATION BY CORPORATIONS IN 1993

单位：万美元

Unit：US＄10000

公司 Corporation	签订合同金额 Contract Value			完成营业额 Turnover		
	合计 Total	承包 Engineering Project	劳务 Labour Service	合计 Total	承包 Engineering Project	劳务 Labour Service
合计 Total	**65912**	**47376**	**18536**	**28766**	**18223**	**10543**
其中： Of Which：						
中建 China State Construction Engineering Corporation	63		63	119	108	11
中土 China Civil Engineer Construction Corporation	48	48		126	48	78
中农 China International Cooperation Company of Agriculture, Livestock and Fishery	90		90	90		90
水产 China National Fisheries Corporation	1250	1250		1777	1777	
材料 China Corporation for Foreign-oriented Building Materials and Eguipment	600	400	200	100	50	50
海外工程 China Overseas Engineering Corporation	1699		1699	461		461
海外贸易 China National Overseas Trading Corporation	105		105	4		4
轻工 China Light Industrial Corporation for Foreign Economic and Technical Cooperation	114		114	17		17
北京 China Beijing International Corporation for Economic Cooperation	396		396	59		59

4—33（2）1993年各公司与俄罗斯联邦的承包工程和劳务合作
ENGINEERING PROJECTS AND LABOUR SERVICES IN THE RUSSIAN FEDERATION BY CORPORATIONS IN 1993

单位：万美元
Unit：US $ 10000

公　司 Corporation	签订合同金额 Contract Value			完成营业额 Turnover		
	合　计 Total	承　包 Engineering Project	劳　务 Labour Service	合　计 Total	承　包 Engineering Project	劳　务 Labour Service
北京建筑工程 Beijing Construction Engineering Corporation	526	526		158	158	
内蒙古 China Inner Mongolia International Economic and Technical Cooperative Corporation	865		865	858		858
满洲里 Manzhouli International Economic & Technical Cooperation Corporation	5669	5481	188	454	92	362
呼伦贝尔 Hulunbuir International Economic and Technical Cooperative Corporation	885	499	386	810	463	347
内蒙高校 Inner Mongolia Institute Technology Development Corporation	450		450	294		294
辽宁 China Liaoning International Corporation of Economic and Technical Cooperation	4450	4434	16	3049	3037	12
沈阳 China Shenyang Corporation for International Economic and Technical Cooperation	3320	1316	2004	1755	320	1435
大连 China Dalian International Economic and Technical Cooperative Corporation	1407	1407		1206	1206	
吉林 China Jilin International Economic and Technical Cooperative Corporation	5373	529	4844	3016	1248	1768

4—33（3）1993 年各公司与俄罗斯联邦的承包工程和劳务合作
ENGINEERING PROJECTS AND LABOUR SERVICES IN THE RUSSIAN FEDERATION BY CORPORATIONS IN 1993

单位：万美元
Unit：US $ 10000

公司 Corporation	签订合同金额 Contract Value			完成营业额 Turnover		
	合计 Total	承包 Engineering Project	劳务 Labour Service	合计 Total	承包 Engineering Project	劳务 Labour Service
长春 China Changchun International Economic and Technical Cooperative Corporation	435	138	297	333	120	213
延边 Yanbian Foreign Economic and Technical Cooperative Corporation	1569	616	953	512	172	340
吉林对外 Jilin Foreign Economic and Technical Co.	375	58	317	334	54	280
黑龙江 China Heilongjiang International Corporation for Economic and Technical Cooperation	750	349	401	106	50	56
黑龙江工程 Heilongjiang International Corporation for Engineering and Technical Cooperation	11095	10775	320	1521	1101	420
哈尔滨 China Harbin International Corporation for Technical and Economic Cooperation	609	609		1175	1175	
佳木斯 Jiamusi Corporation for International Economic and Technical Cooperation	150	22	128	18		18
牡丹江 Mudanjiang Corporation for International Economic and Technical Cooperation	3803	2865	938	1297	593	704

4—33（4）1993年各公司与俄罗斯联邦的承包工程和劳务合作

ENGINEERING PROJECTS AND LABOUR SERVICES IN THE RUSSIAN FEDERATION BY CORPORATIONS IN 1993

单位：万美元

Unit：US＄10000

公司 Corporation	签订合同金额 Contract Value			完成营业额 Turnover		
	合计 Total	承包 Engineering Project	劳务 Labour Service	合计 Total	承包 Engineering Project	劳务 Labour Service
黑河 Heihe Corporation for International Economic and Technical Cooperation	719	394	325	286	182	104
齐齐哈尔 Qiqihar Corporation for International Economic and Technical Cooperation	463	463		90	90	
哈铁 Harbin Railway Foreign Economy & Technology Corporation	4619	4389	230	5095	4794	301
东方 Orient International Economic And Technological Cooperation Corporation	11258	10486	772	2332	1208	1124
南通 Nantong Corporation for International Economic & Technical Cooperation	408		408	216		216
山东 China Shandong International Economic and Technical Cooperative Corporation	710	100	610	295	20	275
青岛 China Qingdao International Economic and Technical Cooperative Corporation	236	56	180	118		118
重庆 China Chongqing International Economic and Technical Cooperative Corporation	179		179	127		127

4—34（1） 1993 年各公司与美国的承包工程和劳务合作
ENGINEERING PROJECTS AND LABOUR SERVICES IN UNITED STATES BY CORPORATIONS IN 1993

单位：万美元
Unit：US $ 10000

公司 Corporation	签订合同金额 Contract Value			完成营业额 Turnover		
	合计 Total	承包 Engineering Project	劳务 Labour Service	合计 Total	承包 Engineering Project	劳务 Labour Service
合计 Total	**12196**	**6123**	**6073**	**10222**	**3775**	**6447**
其中： Of Which：						
中冶 China Metallurgical Construction Corporation	1372	1372		398	380	18
中建 China State Construction Engineering Corporation	12		12	1674	614	1060
轻工 China Light Industrial Corporation for Foreign Economic and Technical Cooperation	1002		1002	212		212
咨询 China International Engineering Consulting Corporation	13	2	11	36	25	11
远洋运输 China Ocean Shipping Company	895		895	895		895
中水 China International Water and Electric Corporation	94	94		15	15	
四达 China Star Corporation for International Economic and Technical Cooperation	123		123	28		28
材料 China Corporation for Foreign-oriented Building Materials and Equipment	144	144		144	144	
中房 China State Housing and Real Estate Development Corporation	19		19	600	600	

4—34（2） 1993年各公司与美国的承包工程和劳务合作
ENGINEERING PROJECTS AND LABOUR SERVICES IN UNITED STATES BY CORPORATIONS IN 1993

单位：万美元
Unit：US＄10000

公　司 Corporation	签订合同金额 Contract Value			完成营业额 Turnover		
	合　计 Total	承　包 Engineering Project	劳　务 Labour Service	合　计 Total	承　包 Engineering Project	劳　务 Labour Service
智力 China International Intellectual Corporation	368		368	242		242
广播 China Radio and Television Company for International Techno-economic Cooperation	31		31	31		31
北京 China Beijing International Corporation for Economic Cooperation	16		16	61	42	19
北京建筑工程 Beijing Construction Engineering Corporation	782	756	26	13		13
天津 China Tianjin International Economic and Technical Cooperative Corporation	480	360	120	581	360	221
山西 China Shanxi International Corporation for Economic and Technical Cooperation	7		7	1		1
辽宁 China Liaoning International Corporation of Economic and Technical Cooperation	9		9	204		204
抚顺对外建筑 China Fushun International Construction & Installation Engineering Corporation	458		458			
沈阳 China Shenyang Corporation for International Economic and Technical Cooperation	750	750		93		93

4—34（3） 1993年各公司与美国的承包工程和劳务合作
ENGINEERING PROJECTS AND LABOUR SERVICES IN UNITED STATES BY CORPORATIONS IN 1993

单位：万美元
Unit：US $ 10000

公司 Corporation	签订合同金额 Contract Value 合计 Total	承包 Engineering Project	劳务 Labour Service	完成营业额 Turnover 合计 Total	承包 Engineering Project	劳务 Labour Service
吉林 China Jilin International Economic and Technical Cooperative Corporation	5		5	925		925
长春 China Changchun International Economic and Technical Cooperative Corporation	19		19	19		19
延边 Yanbian Foreign Economic and Technical Cooperative Corporation	288		288	6		6
哈尔滨 China Harbin International Corporation for Technical and Economic Cooperation	120		120	6		6
上海 China Shanghai Corporation for Foreign Economic and Technological Cooperation	2152	1845	307	1386	841	545
江苏 China Jiangsu International Economic and Technical Cooperative Corporation	188	188		715	580	135
浙江 China Zhejiang Corporation for International Economic and Technical Cooperation	818		818	266		266
宁波 China Ningbo Corporation for International Economic and Technical Cooperation	140	140		98		98

4—34（4） 1993年各公司与美国的承包工程和劳务合作

ENGINEERING PROJECTS AND LABOUR SERVICES IN UNITED STATES BY CORPORATIONS IN 1993

单位：万美元

Unit：US $ 10000

公司 Corporation	签订合同金额 Contract Value			完成营业额 Turnover		
	合计 Total	承包 Engineering Project	劳务 Labour Service	合计 Total	承包 Engineering Project	劳务 Labour Service
安徽建筑工程 Anhui Construction Engineering Corporation	15		15	15		15
福建劳服 Fujian Corporation for Overseas Labour Service Cooperation				194		194
泉州 Quanzhou Corporation for International Techno-economic Co-operation				167		167
江西 China Jiangxi Corporation for International Economic and Technical Cooperation	665		665	23		23
山东 China Shandong International Economic and Technical Cooperative Corporation	479	411	68	156	108	48
青岛 China Qingdao International Economic and Technical Cooperative Corporation	9		9	9		9
烟台 Yantai Foreign Economic and Technical Cooperative Corporation	30		30			
威海 Weihai Foreign Economic and Technical Cooperative Company				9		9

4—34（5） 1993年各公司与美国的承包工程和劳务合作

ENGINEERING PROJECTS AND LABOUR SERVICES IN UNITED STATES BY CORPORATIONS IN 1993

单位：万美元

Unit：US $ 10000

公 司 Corporation	签订合同金额 Contract Value			完成营业额 Turnover		
	合 计 Total	承 包 Engineering Project	劳 务 Labour Service	合 计 Total	承 包 Engineering Project	劳 务 Labour Service
潍坊 Weifang International Economic & Technical Cooperation Co.	139		139	14		14
广东 Guangdong International Economic and Technical Cooperative Corporation	116		116	24		24
广东劳服 Guangdong Manpower External Service Corporation	106		106	470		470
广州 China Guangzhou International Economic and Technical Cooperative Company	115		115	62		62
深圳 China Shenzhen International Economic and Technical Cooperative Corporation	6		6	150		150
广西 China Guangxi International Corporation for Economic and Technical Cooperation	33		33	42	13	29
重庆 China Chongqing International Economic and Technical Cooperative Corporation				128	48	80
成都 China Chengdu International Corporation for Economic and Technical Cooperation				18		18

4—35（1） 对外承包工程合同数额（按国别、地区分）
CONTRACTS SIGNED FOR FOREIGN ENGINEERING PROJECTS BY COUNTRIES AND REGIONS

单位：合同数：份
合同额：万美元

Unit：Contract Number：Copy
Contract Value：US＄10000

国别（地区） Country/Region	1991 合同 Contract Number	1991 金额 Contract Value	1992 合同 Contract Number	1992 金额 Contract Value	1993 合同 Contract Number	1993 金额 Contract Value
总计 Total	**1171**	**252409**	**1164**	**525051**	**1393**	**518870**
亚洲 Asia	**454**	**135289**	**401**	**331200**	**461**	**301103**
阿富汗 Afghanistan	1	30	1	351		
孟加拉国 Bangladesh	20	2649	15	745	10	2949
缅甸 Burma	3	343			2	267
柬埔寨 Cambodia			2	572	7	1878
朝鲜 Korea DPR	13	88			1	34
香港 Hong Kong	172	46049	96	113527	129	129489
印度 India	7	131	2	63	1	6
印度尼西亚 Indonesia	10	5742	14	1625	17	12346
伊朗 Iran	11	3681	14	6471	5	7277
以色列 Israel					1	2
日本 Japan	12	523	18	473	9	846
约旦 Jordan					1	280
科威特 Kuwait	2	228	3	10355	3	748
老挝 Laos	6	425	5	6011	3	264
澳门 Macao	31	18054	46	85365	48	34025
马来西亚 Malaysia	7	2713	25	14886	37	19494
马尔代夫 Maldives	5	213			1	185
蒙古 Mongolia	18	846	11	2225	10	124
尼泊尔 Nepal	19	1397	22	3010	15	4889
阿曼 Oman	1	38			1	35
巴基斯坦 Pakistan	26	39614	22	70471	38	53683
菲律宾 Philippines	3	548	2	1101	9	3180
沙特阿拉伯 Saudi Arabia			1	6	2	27
新加坡 Singapore	30	741	10	3137	18	2400
韩国 Korea			2	18	4	208
斯里兰卡 Sri Lanka	4	1727	2	689	8	2742
叙利亚 Syria	2	2387	1	884	1	95

4—35（2） 对外承包工程合同数额（按国别、地区分）

CONTRACTS SIGNED FOR FOREIGN ENGINEERING PROJECTS BY COUNTRIES AND REGIONS

单位：合同数：份
合同额：万美元

Unit：Contract Number：Copy
Contract Value：US $ 10000

国别（地区） Country/Region	1991		1992		1993	
	合同 Contract Number	金额 Contract Value	合同 Contract Number	金额 Contract Value	合同 Contract Number	金额 Contract Value
泰国 Thailand	16	2824	14	2297	36	151701
土耳其 Turkey					1	36
阿联酋 United Arab Emirates	8	101	10	323	9	3204
也门共和国 Republic of Yemen	25	1506	34	3084	19	2380
越南 Vietnam	2	2600	29	3511	15	2309
非洲 Africa	**377**	**45387**	**388**	**48396**	**421**	**59540**
阿尔及利亚 Algeria	2	5315	7	7037	5	2716
安哥拉 Angola	13	33	20	95	13	37
贝宁 Benin	2	36	5	177	5	363
博茨瓦纳 Botswana	27	5823	24	4042	68	9869
布隆迪 Burundi	4	972	12	1620	7	2130
喀麦隆 Cameroon	12	421	7	942	6	234
佛得角 Cape Verde	1	7				
乍得 Chad	3	163	4	626	4	999
科摩罗 Comoros	9	343	9	125	9	8
刚果 Congo	6	19	2	17	5	6
吉布提 Djibouti	17	1388	6	62	15	656
埃及 Egypt	4	29			2	2
赤道几内亚 Eq. Guinea	3	49	3	187	3	25
埃塞俄比亚 Ethiopia	3	62	3	100	3	709
加蓬 Gabon			1	380	2	591
冈比亚 Gambia	46	349	34	979	20	404
加纳 Ghana	5	947	8	615	8	461
几内亚 Guinea	17	787	14	175	9	887
几内亚(比绍) Guineabissau				531	1	2100
科特迪瓦 Cote d'Ivoir			4		4	223
肯尼亚 Kenya	12	2336	21	7770	16	2733
利比亚 Libya	22	941	8	2028	6	243
马达加斯加 Madagascar	5	499	7	208	9	595

4—35（3） 对外承包工程合同数额（按国别、地区分）

CONTRACTS SIGNED FOR FOREIGN ENGINEERING PROJECTS BY COUNTRIES AND REGIONS

单位：合同数：份
合同额：万美元

Unit：Contract Number：Copy
Contract Value：US $ 10000

国别（地区） Country/Region	1991		1992		1993	
	合同 Contract Number	金额 Contract Value	合同 Contract Number	金额 Contract Value	合同 Contract Number	金额 Contract Value
马里 Mali	30	2865	17	3768	28	2019
毛里塔尼亚 Mauritania	2	1379	5	294	9	3605
毛里求斯 Mauritius	8	568	13	179	10	1690
摩洛哥 Morocco	1	4			1	2446
莫桑比克 Mozambique	1	20	3	1552		
纳米比亚 Namibia	1	178	4	683	2	219
尼日尔 Niger			1	7		
尼日利亚 Nigeria	3	190	5	740	11	1447
卢旺达 Rwanda	8	740	7	5238	20	58
圣多美和普林西比 Sao Tome & Principe			3	509	3	148
塞内加尔 Senegal	4	438	4	226	1	1000
塞舌尔 Seychelles	4	463	2	301	13	728
塞拉利昂 Sierra Leone	38	277	19	276	12	1651
南非 S. Africa					2	10
苏丹 Sudan	22	1286	61	1153	34	3810
坦桑尼亚 Tanzania	8	1742	17	2029	13	1240
突尼斯 Tunisia	6	517	4	527	6	3814
乌干达 Uganda	5	2808	8	852	7	7219
布基纳法索 Burkina Faso	7	363	1	29		
扎伊尔 Zaire	2	313			2	515
赞比亚 Zambia	3	49	7	1001	6	139
津巴布韦 Zimbabwe	6	10409	2	1129	9	1179
莱索托 Lesotho	5	259	6	187	9	394
非洲其他国家 Oth. Afr. nes					3	218
欧洲 Europe	**202**	**34654**	**171**	**91067**	**192**	**50373**
丹麦 Denmark	2	13				
英国 United Kingdom	1	82	1	131		
德国 Germany，FR	2	8	5	317	5	91

4—35（4） 对外承包工程合同数额（按国别、地区分）
CONTRACTS SIGNED FOR FOREIGN ENGINEERING PROJECTS BY COUNTRIES AND REGIONS

单位：合同数：份
合同额：万美元

Unit：Contract Number：Copy
Contract Value：US $ 10000

国别（地区） Country/Region	1991		1992		1993	
	合同 Contract Number	金额 Contract Value	合同 Contract Number	金额 Contract Value	合同 Contract Number	金额 Contract Value
法国 France			3	18		
荷兰 Netherlands	1	30			2	242
希腊 Greece	7	107				
西班牙 Spain			1	4	1	280
芬兰 Finland	3	34				
马耳他 Malta	4	536				
挪威 Norway	2	13				
波兰 Poland			5	3480	2	1800
瑞典 Sweden	1	3				
南斯拉夫（原）Former Yugoslavia			1	6		
原苏联 Former USSR	179	33828				
阿塞拜疆 Azerbaijan			2	263		
白俄罗斯 Belorussia			1	86	1	55
哈萨克 Kazakhstan			14	12234	6	461
吉尔吉斯 Kirghizia					1	68
俄罗斯联邦 Russia			132	69864	174	47376
塔吉克 Tajikistan			1	19		
乌克兰 Ukraine			3	4112		
乌兹别克 Uzbekstan			2	533		
拉丁美洲 Latin America	**31**	**4089**	**20**	**1544**	**15**	**2100**
安提瓜和巴布达 Antigua & Barbuda	1	11				
阿根廷 Argentina						
巴巴多斯 Barbados	2	725	1	8		
玻利维亚 Bolivia	3	450	3	167	1	500
巴西 Brazil	1	37			1	249
哥伦比亚 Colombia	3	895	2	75.	1	171
多米尼加联邦 Dominica	1	2				
哥斯达黎加 Costa Rica					1	150
古巴 Cuba	10	382			1	154

4—35（5） 对外承包工程合同数额（按国别、地区分）
CONTRACTS SIGNED FOR FOREIGN ENGINEERING PROJECTS BY COUNTRIES AND REGIONS

单位：合同数：份
合同额：万美元

Unit：Contract Number：Copy
Contract Value：US $ 10000

国别（地区） Country/Region	1991		1992		1993	
	合同 Contract Number	金额 Contract Value	合同 Contract Number	金额 Contract Value	合同 Contract Number	金额 Contract Value
厄瓜多尔 Ecuador	2	392	1	280	5	487
圭亚那 Guyana	1	387	1	65	1	3
牙买加 Jamaica					1	3
墨西哥 Mexico	1	325	4	162	1	371
巴拿马 Panama	1	20				
秘鲁 Peru			3	13	1	4
苏里南 Suriname	1	4				
特立尼达和多巴哥 Trinidad & Tobago	2	19			1	8
委内瑞拉 Venezuela	2	440	5	774		
北美洲 North America	**29**	**3842**	**33**	**6881**	**31**	**6551**
加拿大 Canada	3	197	4	626	3	428
美国 United States	26	3645	29	6255	28	6123
大洋洲 Oceania	**32**	**1872**	**13**	**10181**	**31**	**8035**
澳大利亚 Australia			2	214	1	220
斐济 Fiji	6	470	4	480	9	794
瓦努阿图 Vanuatu	1	1	1	278	2	43
新西兰 New Zealand			3		5	1947
巴布亚新几内亚 Papua New Guinea	19	363		8550	6	375
汤加 Tonga	1	20				
基里巴斯 Kiribati	2	93	1	631		
西萨摩亚 Samoa	3	925				
密克罗尼西亚 Micronesia					1	382
马绍尔群岛 Marshall Is.			2	28	2	16
贝劳 Balau					4	4040
大洋洲其他国家 Oth. Ocean. nes					1	218
其他 Others	**2**	**4**	**44**	**828**	**53**	**5030**
境内外资工程 Domestic Projects With Foreign Capital	**44**	**27272**	**94**	**34954**	**189**	**86138**

4—36（1） 对外劳务合作合同数额（按国别、地区分）
CONTRACTS SIGNED FOR FOREIGN LABOUR SERVICES BY COUNTRIES AND REGIONS

单位：合同数：份
合同额：万美元

Unit：Contract Number：Copy
Contract Value：US＄10000

国别（地区）Country/Region	1991		1992		1993	
	合同 Contract Number	金额 Contract Value	合同 Contract Number	金额 Contract Value	合同 Contract Number	金额 Contract Value
总计 Total	**7267**	**108499**	**8241**	**133457**	**10212**	**161112**
亚洲 Asia	**3522**	**57747**	**3930**	**82160**	**6849**	**113249**
阿富汗 Afghanistan	2	37				
巴林 Bahrian	1	148	2	19	2	6
孟加拉国 Bangladesh	6	37	12	621	13	84
缅甸 Burma	2	4			4	9
柬埔寨 Cambodia			2	103	8	150
塞浦路斯 Cyprus	6	14	9	17	4	33
朝鲜 Korea DPR	1	3				
香港 Hong Kong	2264	19976	2525	27052	2815	38910
印度 India			3	11	1	3
印度尼西亚 Indonesia	16	127	26	395	33	246
伊朗 Iran	4	1297	9	1816	3	222
以色列 Israel			2	59		
日本 Japan	521	15299	537	15852	419	21461
约旦 Jordan	1	15	1	17	4	37
科威特 Kuwait	10	928	24	860	33	4496
老挝 Laos	1	3	4	34	5	26
黎巴嫩 Lebanon			1	1		
澳门 Macao	328	6432	313	5502	413	8590
马来西亚 Malaysia	10	35	14	673	24	270
马尔代夫 Maldives	3	49	7	100	1	42
蒙古 Mongolia	31	421	16	78	5	70
尼泊尔 Nepal	3	23	2	6		
阿曼 Oman	4	42	7	48	2	29
巴基斯坦 Pakistan	2	14	3	265	4	15
菲律宾 Philippines	10	467	6	416	10	76
沙特阿拉伯 Saudi Arabia	4	633	6	67	1	3
新加坡 Singapore	135	7047	164	9829	363	14321
韩国 Korea	34	3728	80	17432	147	16545
斯里兰卡 Sri Lanka	14	60	13	25	6	32
叙利亚 Syria			2	135	1	1
泰国 Thailand	53	311	75	317	62	401
土耳其 Turkey	2	31	1	9	4	9

4—36（2） 对外劳务合作合同数额（按国别、地区分）
CONTRACTS SIGNED FOR FOREIGN LABOUR SERVICES BY COUNTRIES AND REGIONS

单位：合同数：份
合同额：万美元

Unit：Contract Number：Copy
Contract Value：US $ 10000

国别（地区） Country/Region	1991		1992		1993	
	合同 Contract Number	金额 Contract Value	合同 Contract Number	金额 Contract Value	合同 Contract Number	金额 Contract Value
阿联酋 United Arab Emirates	46	350	54	319	61	354
也门共和国 Republic of Yemen	8	216	3	14	3	27
越南 Vietnam			7	68	70	272
台湾 Taiwan Prov.					2328	6509
非洲 Africa	**177**	**9796**	**192**	**3860**	**186**	**10673**
阿尔及利亚 Algeria	1	187	1	4		
安哥拉 Angola	1	5	2	1	1	1
贝宁 Benin	1	23	1	38	2	41
博茨瓦纳 Botswana	13	227	10	65	4	80
布隆迪 Burundi	2	585			2	25
喀麦隆 Cameroon	1	33	2	50	4	20
中非 Central Africa	1	15				
科摩罗 Comoros	2	2	1			
刚果 Congo	1	41	2	2	1	20
吉布提 Djibouti	1	1			1	11
埃及 Egypt	3	3	4	31	3	21
赤道几内亚 Eq. Guinea	6	170	3	51	1	5
加蓬 Gabon	2	4			2	384
冈比亚 Gambia	3	50	1	40	2	30
加纳 Ghana	2	24	4	21	8	41
几内亚 Guinea	1	5	3	67	2	15
科特迪瓦 Cote d′Ivoir	5	6				
肯尼亚 Kenya			3	73	4	21
利比里亚 Liberia	2	3	9	103	2	9
利比亚 Libya	8	7374	11	546	12	4093
马达加斯加 Madagascar	2	11	1	23	1	41
马里 Mali	3	23			1	5
毛里塔尼亚 Mauritania	2	3	1	183	2	51
毛里求斯 Mauritius	26	231	34	1540	64	2023
摩洛哥 Morocco	1	48	5	99	5	40
莫桑比克 Mozambique	1	1	2	21		
纳米比亚 Namibia	1	12			1	8
尼日利亚 Nigeria	35	107	18	44	16	187

4—36（3） 对外劳务合作合同数额（按国别、地区分）
CONTRACTS SIGNED FOR FOREIGN LABOUR SERVICES BY COUNTRIES AND REGIONS

单位：合同数：份
合同额：万美元

Unit：Contract Number：Copy
Contract Value：US $ 10000

国别（地区） Country/Region	1991		1992		1993	
	合同 Contract Number	金额 Contract Value	合同 Contract Number	金额 Contract Value	合同 Contract Number	金额 Contract Value
留尼汪 Reunion	1	5				
卢旺达 Rwanda			1	1	1	31
塞内加尔 Senegal	1	1	2	55	1	800
塞舌尔 Seychelles	1	36	3	79	1	10
塞拉利昂 Sierra Leone	2	38	2	18	4	120
南非 S. Africa	7	99	15	365	10	1632
苏丹 Sudan			2	5	3	298
坦桑尼亚 Tanzania	12	50	19	48	10	40
多哥 Togo			1	10	1	
突尼斯 Tunisia	1	6				
乌干达 Uganda	3	30	2	3		
布基纳法索 Burkina Faso	1	7				
扎伊尔 Zaire	3	177			1	9
赞比亚 Zambia	2	24	2	37	1	2
莱索托 Lesotho	11	100	18	186	10	231
斯威士兰 Swaziland	1	8	2	5	1	2
川斯凯 Transkei			5	46	1	326
非洲其他国家 Oth. Afr. nes	4	21				
欧洲 Europe	**496**	**16864**	**634**	**24592**	**726**	**21123**
丹麦 Denmark	2	18	1	3	4	12
英国 United Kingdom	28	229	17	19	27	47
德国 Germany，FR	115	644	123	912	137	782
法国 France	12	163	19	120	17	102
爱尔兰 Ireland					3	3
意大利 Italy	8	47	16	92	14	62
荷兰 Netherlands	10	41	8	3	12	10
希腊 Greece	22	379	4	98	13	223
葡萄牙 Portugal	1	1	2	2	1	3
西班牙 Spain	6	398	9	142	6	328
阿尔巴尼亚 Albania			1	1		
奥地利 Austria	2	9	6	319	9	370

4—36（4） 对外劳务合作合同数额（按国别、地区分）
CONTRACTS SIGNED FOR FOREIGN LABOUR SERVICES BY COUNTRIES AND REGIONS

单位：合同数：份；合同额：万美元
Unit：Contract Number：Copy；Contract Value：US $ 10000

国别（地区） Country/Region	1991		1992		1993	
	合同 Contract Number	金额 Contract Value	合同 Contract Number	金额 Contract Value	合同 Contract Number	金额 Contract Value
保加利亚 Bulgaria	1	1	6	79	4	30
捷克和斯洛伐克（原）Former Czechoslovakia	3	47	10	122		
捷克 Czech Rep					7	44
芬兰 Finland	5	354	1	1	2	4
匈牙利 Hungary	37	324	23	385	20	35
冰岛 Iceland	2	4	1	2		
马耳他 Malta	3	58	4	205	3	10
挪威 Norway			2	10		
波兰 Poland	8	142	9	356	1	
罗马尼亚 Romania	6	45	21	337	7	62
瑞典 Sweden	18	108	19	228	13	16
瑞士 Switzerland	1	1	1		10	6
南斯拉夫（原）Former Yugoslavia	13	322	4	36		
原苏联 Former USSR	193	13529				
拉脱维亚 Latvia					1	6
阿塞拜疆 Azerbaijan			1	11		
白俄罗斯 Belorussia			2	133		
哈萨克 Kazakhstan			19	1607	8	77
吉尔吉斯 Kirghizia			6	52		
俄罗斯联邦 Russia			289	19136	391	18536
乌克兰 Ukraine			8	161	16	355
乌兹别克 Uzbekstan			2	20		
拉丁美洲 Latin America	**52**	**1117**	**50**	**1103**	**57**	**1198**
安提瓜和巴布达 Antigua & Barbuda	2	32	2	28		
阿根廷 Argentina	4	14	3	65	5	40
巴哈马 Bahamas	1	14	3	73		
巴巴多斯 Barbados	1	1				
伯利兹 Belize			1	54	2	
玻利维亚 Bolivia	15	351	7	180	4	107
巴西 Brazil					2	6
智利 Chile	1	2	2	25	1	8
哥伦比亚 Colombia	5	49	2	6	2	4
多米尼加联邦 Dominica	1	36	5	236	8	137

4—36（5） 对外劳务合作合同数额（按国别、地区分）
CONTRACTS SIGNED FOR FOREIGN LABOUR SERVICES BY COUNTRIES AND REGIONS

单位：合同数：份
合同额：万美元

Unit：Contract Number：Copy
Contract Value：US $ 10000

国别（地区） Country/Region	1991		1992		1993	
	合同 Contract Number	金额 Contract Value	合同 Contract Number	金额 Contract Value	合同 Contract Number	金额 Contract Value
哥斯达黎加 Costa Rica	2	11				
古巴 Cuba					1	1
厄瓜多尔 Ecuador			4	13		
圭亚那 Guyana			2	2		
洪都拉斯 Honduras	2	249			2	3
牙买加 Jamaica	4	68	7	180	13	601
墨西哥 Mexico			4	99	7	5
尼加拉瓜 Nicaragua			1	65	1	34
巴拿马 Panama	2	2	2	3	4	32
秘鲁 Peru	5	116	1	2		
圣卢西亚 Saint Lucia	1	75	2	34	3	209
特立尼达和多巴哥 Trinidad & Tobago					1	10
乌拉圭 Uruguay	3	86	1	37		
委内瑞拉 Venezuela	3	11	1	1	1	1
北美洲 North America	**249**	**12712**	**240**	**6088**	**270**	**6156**
加拿大 Canada	9	30	23	60	28	83
美国 United States	240	12682	217	6028	242	6073
大洋洲 Oceania	**59**	**7824**	**43**	**5216**	**42**	**2046**
澳大利亚 Australia	21	6929	9	46	4	16
斐济 Fiji	7	145	1	107	8	707
瓦努阿图 Vanuatu					4	23
新西兰 New Zealand	2	115			6	20
巴布亚新几内亚 Papua New Guinea	16	332	19	179	6	361
所罗门 Solomon Is.	1	16				
汤加 Tonga	3	23	1			
密克罗尼西亚 Micronesia			8	2819	8	583
马绍尔群岛 Marshall Is.					3	217
贝劳 Balau			5	2065	3	119
大洋洲其他国家 Oth. Ocean. nes	9	264				
其他 Others	**1795**	**2009**	**1850**	**9699**	**523**	**3716**
境内外资工程 Domestic Projects With Foreign Capital	**917**	**430**	**1302**	**739**	**1559**	**2951**

4—37（1） 对外承包工程营业额（按国别、地区分）
TURNOVER OF FOREIGN ENGINEERING PROJECTS BY COUNTRIES AND REGIONS

单位：万美元
Unit：US $ 10000

国别（地区） Country/Region	1990	1991	1992	1993
总计 Total	**164414**	**196973**	**240286**	**366854**
亚洲 Asia	**87900**	**111428**	**150452**	**226402**
阿富汗 Afghanistan		10		
孟加拉国 Bangladesh	4586	6490	3204	2276
缅甸 Burma	1114	500	211	93
柬埔寨 Cambodia			16	494
朝鲜 Korea DPR	772	88		
香港 Hong Kong	37650	57226	71204	91431
印度 India		118	13	6
印度尼西亚 Indonesia	6	272	1537	3287
伊朗 Iran	272	1995	4426	3093
伊拉克 Iraq	2836	13		
以色列 Israel				4
日本 Japan	334	385	524	850
约旦 Jordan	1181	399	295	165
科威特 Kuwait	1032	23	65	6522
老挝 Laos	6	54	853	2475
澳门 Macao	14095	20375	31272	61359
马来西亚 Malaysia	433	1568	2087	6691
马尔代夫 Maldives	40	188		112
蒙古 Mongolia	238	265	224	149
尼泊尔 Nepal	2331	2958	5559	3848
阿曼 Oman			40	40
巴基斯坦 Pakistan	7441	8089	18725	
巴勒斯坦 Palestine				29298
菲律宾 Philippines	1940	1379	524	683
沙特阿拉伯 Saudi Arabia	750		6	27
新加坡 Singapore	1617	842	788	2206
韩国 Korea			18	214
斯里兰卡 Sri Lanka	295	132	156	927

4—37（2） 对外承包工程营业额（按国别、地区分）
TURNOVER OF FOREIGN ENGINEERING PROJECTS BY COUNTRIES AND REGIONS

单位：万美元

Unit：US$10000

国别（地区） Country/Region	1990	1991	1992	1993
叙利亚 Syria	·	306	52	1407
泰国 Thailand	3858	2968	3618	3585
阿联酋 United Arab Emirates	2074	2244	1019	150
也门共和国 Republic of Yemen	2999	2356	3128	3301
越南 Vietnam		185	888	1709
非洲 Africa	**44676**	**48120**	**43456**	**55669**
阿尔及利亚 Algeria	7928	6072	5488	6831
安哥拉 Angola	20	36	64	47
贝宁 Benin	498	316	527	338
博茨瓦纳 Botswana	1256	5166	4604	8201
布隆迪 Burundi	529	1191	1242	978
喀麦隆 Cameroon	397	919	830	688
佛得角 Cape Verde	93	149	64	
中非 Central Africa	1957	752	9	
乍得 Chad	1079	578	1005	583
科摩罗 Comoros	31	59	219	170
刚果 Congo	97	29	41	41
吉布提 Djibouti	265	435	925	988
埃及 Egypt	4413	1506	266	67
赤道几内亚 Eq. Guinea	89	213	208	115
埃塞俄比亚 Ethiopia	1344	685	775	42
加蓬 Gabon			75	427
冈比亚 Gambia	266	577	666	788
加纳 Ghana	586	684	269	686
几内亚 Guinea	228	328	412	1313
几内亚（比绍） Guineabissau	4			2140
科特迪瓦 Cote d'Ivoir	168	881	212	320
肯尼亚 Kenya	3068	4541	3629	5444
利比里亚 Liberia	72			

4—37（3） 对外承包工程营业额（按国别、地区分）
TURNOVER OF FOREIGN ENGINEERING PROJECTS BY COUNTRIES AND REGIONS

单位：万美元

Unit：US＄10000

国别（地区） Country/Region	1990	1991	1992	1993
利比亚 Libya	1653	3346	735	1220
马达加斯加 Madagascar	624	430	174	1158
马里 Mali	2056	2193	2787	3413
毛里塔尼亚 Mauritania		591	744	1605
毛里求斯 Mauritius	849	523	403	658
摩洛哥 Morocco	624	78		2280
莫桑比克 Mozambique	100	273	771	
纳米比亚 Namibia	162	103	229	334
尼日尔 Niger	1084		2	
尼日利亚 Nigeria		816	376	1138
卢旺达 Rwanda	1860	1346	1240	802
圣多美和普林西比 Sao Tome & Principe	76	88	160	158
塞内加尔 Senegal	183	298	498	1359
塞舌尔 Seychelles	161	121	597	702
塞拉利昂 Sierra Leone	349	633	641	1332
索马里 Somalia	464			
南非 S. Africa				12
苏丹 Sudan	1292	1164	1495	1262
坦桑尼亚 Tanzania	284	479	1178	1266
多哥 Togo	195	299	345	13
突尼斯 Tunisia	781	1029	1266	1410
乌干达 Uganda	1219	2134	1159	1116
布基纳法索 Burkina Faso	549	239	332	63
扎伊尔 Zaire	1998	921	758	772
赞比亚 Zambia	133	230	289	313
津巴布韦 Zimbabwe	3518	5499	5633	2624
莱索托 Lesotho	74	170	114	250
非洲其他国家 Oth. Afr. nes.				202
欧洲 Europe	**6757**	**9642**	**13311**	**20424**

4—37（4） 对外承包工程营业额（按国别、地区分）
TURNOVER OF FOREIGN ENGINEERING PROJECTS BY COUNTRIES AND REGIONS

单位：万美元

Unit：US＄10000

国别（地区） Country/Region	1990	1991	1992	1993
丹麦　Denmark	44	13		
英国　United Kingdom	26	74		79
德国　Germany，FR	7	8	76	48
法国　France	10	8	8	
意大利　Italy	5	10		
荷兰　Netherlands		30	4	3
希腊　Greece		97		
西班牙　Spain			7	
奥地利　Austria			13	
捷克和斯洛伐克（原）Former Czechoslovakia	25			
芬兰　Finland		88		
马耳他　Malta		127	229	162
挪威　Norway		12		
波兰　Poland		13	379	549
瑞典　Sweden	221	2	1	
南斯拉夫（新）　Yugoslavia，FR			1	6
原苏联　Former USSR	6419	9160		
阿塞拜疆　Azerbaijan			102	132
白俄罗斯　Belorussia			88	10
哈萨克　Kazakhstan			1111	1103
吉尔吉斯　Kirghizia				
俄罗斯联邦　Russia			10836	18223
乌克兰　Ukraine			14	
乌兹别克　Uzbekstan			443	109
拉丁美洲　Latin America	**1331**	**2401**	**2322**	**3687**
安提瓜和巴布达　Antigua & Barbuda	73	13	8	44
阿根廷　Argentina				519
巴巴多斯　Barbados	431	658	298	199
伯利兹　Belize			182	1100
玻利维亚　Bolivia	207	61	90	225
智利　Chile	4			

4—37（5） 对外承包工程营业额（按国别、地区分）

TURNOVER OF FOREIGN ENGINEERING PROJECTS BY COUNTRIES AND REGIONS

单位：万美元

Unit：US $ 10000

国别（地区） Country/Region	1990	1991	1992	1993
哥伦比亚 Colombia	385	340	416	470
哥斯达黎加 Costa Rica	67			
古巴 Cuba		382		
厄瓜多尔 Ecuador	71	45	204	438
圭亚那 Guyana	21	95	323	52
牙买加 Jamaica				3
墨西哥 Mexico		325	169	334
巴拿马 Panama		20		
秘鲁 Peru	28		5	264
苏里南 Suriname	44	15	7	6
特立尼达和多巴哥 Trinidad & Tobago		7	7	33
委内瑞拉 Venezuela		440	613	
北美洲 North America	**5924**	**4155**	**4653**	**4212**
加拿大 Canada	97	344	740	437
美国 United States	5827	3811	3913	3775
大洋洲 Oceania	**2319**	**1587**	**1326**	**6839**
澳大利亚 Australia	1570	90	92	110
斐济 Fiji	75	309	341	584
瓦努阿图 Vanuatu	112	377	193	96
新西兰 New Zealand				612
巴布亚新几内亚 Papua New Guinea	559	705	62	129
汤加 Tonga		20		
基里巴斯 Kiribati	3	86	110	265
西萨摩亚 Samoa			502	
密克罗尼西亚 Micronesia				15
马绍尔群岛 Marshall Is.			26	8
贝劳 Balau				4264
大洋洲其他国家 Oth. Ocean. nes				756
其他 Others	**81**		**560**	**3812**
境内外资工程 Domestic Projects With Foreign Capital	**15426**	**19640**	**24206**	**45809**

4—38（1） 对外劳务合作营业额（按国别、地区分）

TURNOVER OF FOREIGN LABOUR SERVICES BY COUNTRIES AND REGIONS

单位：万美元

Unit：US $ 10000

国别（地区） Country/Region	1990	1991	1992	1993
总计 Total	**22327**	**39299**	**64628**	**86962**
亚洲 Asia	**11909**	**19625**	**36792**	**54616**
巴林 Bahrian			6	10
孟加拉国 Bangladesh	14	23	44	28
缅甸 Burma	2	2	3	5
柬埔寨 Cambodia				7
塞浦路斯 Cyprus	4	10	8	21
朝鲜 Korea DPR		1		
香港 Hong Kong	2987	8292	15944	21083
印度 India	8	2	1	3
印度尼西亚 Indonesia		17	29	114
伊朗 Iran	368	608	682	675
伊拉克 Iraq	3126			
以色列 Israel			11	22
日本 Japan	1463	4172	7308	8653
约旦 Jordan	158	74	94	92
科威特 Kuwait	266	334	259	1681
老挝 Laos		5	11	18
黎巴嫩 Lebanon		7	1	
澳门 Macao	1616	2294	6083	5961
马来西亚 Malaysia	1	15	66	178
马尔代夫 Maldives		2	26	18
蒙古 Mongolia	51	174	62	49
尼泊尔 Nepal	8	13	2	12
阿曼 Oman	22	15	18	18
巴基斯坦 Pakistan	5	3	5	4
菲律宾 Philippines	2	7	93	230
沙特阿拉伯 Saudi Arabia		6		1
新加坡 Singapore	1615	2857	4142	7837
韩国 Korea		406	1383	6190
斯里兰卡 Sri Lanka	2	37	17	21
叙利亚 Syria		1	5	
泰国 Thailand	81	119	257	163

4—38（2） 对外劳务合作营业额（按国别、地区分）
TURNOVER OF FOREIGN LABOUR SERVICES BY COUNTRIES AND REGIONS

单位：万美元

Unit：US＄10000

国别（地区） Country/Region	1990	1991	1992	1993
土耳其 Turkey			2	3
阿联酋 United Arab Emirates	65	117	166	226
也门共和国 Republic of Yemen	45	12	28	58
越南 Vietnam			36	71
台湾 Taiwan Prov.				2064
非洲 Africa	**1660**	**2458**	**3130**	**6162**
阿尔及利亚 Algeria	28	6	32	50
安哥拉 Angola	28	251	509	415
贝宁 Benin	16	12	13	11
博茨瓦纳 Botswana	5	13	37	52
布隆迪 Burundi	25	106	11	5
喀麦隆 Cameroon	16	3		7
中非 Central Africa	15	20		
乍得 Chad	1	2		
科摩罗 Comoros		2		
刚果 Congo		17	12	10
吉布提 Djibouti		1	3	
埃及 Egypt	79	10	9	22
赤道几内亚 Eq. Guinea	24	60	217	18
加蓬 Gabon	26	29	483	390
冈比亚 Gambia	53	46	43	15
加纳 Ghana	4	16	5	29
几内亚 Guinea	4	29	47	15
科特迪瓦 Cote d'lvoir	2	1	1	2
肯尼亚 Kenya	1	1	6	1
利比里亚 Liberia	13	1	34	1
利比亚 Libya	978	1095	765	981
马达加斯加 Madagascar		4		7
马里 Mali		7	7	8
毛里塔尼亚 Mauritania	3	95	6	51
毛里求斯 Mauritius	32	87	330	1119
摩洛哥 Morocco	12	6	2	
莫桑比克 Mozambique	7	17	5	

4—38（3） 对外劳务合作营业额（按国别、地区分）
TURNOVER OF FOREIGN LABOUR SERVICES BY COUNTRIES AND REGIONS

单位：万美元
Unit：US＄10000

国别（地区） Country/Region	1990	1991	1992	1993
尼日利亚 Nigeria	35	73	82	148
留尼汪 Reunion			3	
卢旺达 Rwanda	19	16	12	7
塞内加尔 Senegal			3	843
塞舌尔 Seychelles	1	5	27	28
塞拉利昂 Sierra Leone		37	19	18
南非 S. Africa		4	88	1194
苏丹 Sudan	68	30	22	72
坦桑尼亚 Tanzania	28	43	41	32
多哥 Togo			6	
突尼斯 Tunisia	10	9	5	7
乌干达 Uganda	1	124	1	209
扎伊尔 Zaire	1	49	2	1
赞比亚 Zambia	89	95	73	39
莱索托 Lesotho	36	35	120	86
斯威士兰 Swaziland		1	3	4
川斯凯 Transkei			46	246
非洲其他国家 Oth. Afr. nes				19
欧洲 Europe	**4819**	**8582**	**12591**	**12713**
丹麦 Denmark	4	8	13	12
英国 United Kingdom	470	70	57	25
德国 Germany，FR	872	330	335	334
法国 France	31	84	279	78
爱尔兰 Ireland			5	2
意大利 Italy	16	23	156	28
卢森堡 Luxembourg		2		
荷兰 Netherlands	23	18	37	22
希腊 Greece	426	352	108	85
葡萄牙 Portugal	1			
西班牙 Spain	53	190	392	450
奥地利 Austria	33	35	30	171
保加利亚 Bulgaria		1	28	25
捷克和斯洛伐克（原） Former Czechoslovakia		3	34	

4—38（4） 对外劳务合作营业额（按国别、地区分）
TURNOVER OF FOREIGN LABOUR SERVICES BY COUNTRIES AND REGIONS

单位：万美元
Unit：US $ 10000

国别（地区） Country/Region	1990	1991	1992	1993
捷克 Czech Rep				51
芬兰 Finland	11	18	26	6
匈牙利 Hungary	31	40	148	36
冰岛 Iceland	2	3		3
马耳他 Malta	46	109	122	67
挪威 Norway	1		6	10
波兰 Poland		6	41	25
罗马尼亚 Romania		4	29	58
瑞典 Sweden	14	15	44	33
瑞士 Switzerland	4	2	7	2
南斯拉夫（原） Former Yugoslavia	9	62	54	
南斯拉夫（新） Yugoslavia，FR				26
原苏联 Former USSR	2772	7207		
拉脱维亚 Latvia			1	
阿塞拜疆 Azerbaijan			164	296
白俄罗斯 Belorussia			46	
哈萨克 Kazakhstan			312	58
吉尔吉斯 Kirghizia			94	2
俄罗斯联邦 Russia			9647	10543
乌克兰 Ukraine			339	265
乌兹别克 Uzbekatan			37	
拉丁美洲 Latin America	**179**	**323**	**616**	**605**
安提瓜和巴布达 Antigua & Barbuda	1	6	7	46
阿根廷 Argentina		5	3	9
巴哈马 Bahamas			7	
巴巴多斯 Barbados		2	9	5
伯利兹 Belize	6	6	5	
玻利维亚 Bolivia	73	12	78	23
巴西 Brazil	1	2	2	2
智利 Chile		1	8	
哥伦比亚 Colombia		29	2	2
多米尼加联邦 Dominica		12	6	20
哥斯达黎加 Costa Rica			4	

4—38（5） 对外劳务合作营业额（按国别、地区分）
TURNOVER OF FOREIGN LABOUR SERVICES BY COUNTRIES AND REGIONS

单位：万美元
Unit：US $ 10000

国别（地区） Country/Region	1990	1991	1992	1993
厄瓜多尔 Ecuador	12	35	13	129
圣马丁 Saint Martin				1
圭亚那 Guyana			1	
洪都拉斯 Honduras	5	20	90	11
牙买加 Jamaica	52	53	76	177
墨西哥 Mexico	1	13	1	11
尼加拉瓜 Nicaragua	2	16		5
巴拿马 Panama	18	25	181	14
秘鲁 Peru	1	19	61	82
圣卢西亚 Saint Lucia		47	57	66
苏里南 Suriname		10		
特立尼达和多巴哥 Trinidad & Tobago				1
乌拉圭 Uruguay	7	10		
委内瑞拉 Venezuela			5	1
北美洲 North America	**2238**	**5955**	**7171**	**6478**
加拿大 Canada	216	36	157	31
美国 United States	2022	5919	7014	6447
大洋洲 Oceania	**162**	**350**	**500**	**724**
澳大利亚 Australia	75	31	27	18
斐济 Fiji	47	69	154	316
瓦努阿图 Vanuatu	1	1	1	30
新西兰 New Zealand	9	12	10	4
巴布亚新几内亚 Papua New Guinea	15	169	135	64
所罗门 Solomon Is.	9	5	8	9
汤加 Tonga	4	5	5	5
西萨摩亚 Samoa	2			
密克罗尼西亚 Micronesia		48	154	233
马绍尔群岛 Marshall Is.		2		
贝劳 Balau		8	6	45
其他 Others	**1074**	**1570**	**3314**	**2459**
境内外资工程 Domestic Projects With Foreign Capital	**286**	**436**	**514**	**3205**

4—39（1） 对外承包工程出国人数（按国别、地区分）
PERSONNEL SENT ABROAD FOR ENGINEERING PROJECTS BY COUNTRIES AND REGIONS

单位：人次
Unit：Person Time

国别（地区） Country/Region	1990	1991	1992	1993
总计 Total	**17869**	**19771**	**26561**	**32076**
亚洲 Asia	**6861**	**6282**	**7897**	**10996**
孟加拉国 Bangladesh	1456	1375	369	600
缅甸 Burma	121	59	58	13
柬埔寨 Cambodia			33	159
塞浦路斯 Cyprus		2		
朝鲜 Korea DPR	76	13		
香港 Hong Kong	234	333	625	1559
印度 India				40
印度尼西亚 Indonesia		228	627	269
伊朗 Iran	15	48	173	93
伊拉克 Iraq	205			
以色列 Israel				4
日本 Japan	776	175	172	18
约旦 Jordan	192	22	26	2
科威特 Kuwait	600	105	419	2752
老挝 Laos	45	84	821	211
澳门 Macao	223	851	1107	561
马来西亚 Malaysia	8	40	159	447
马尔代夫 Maldives	16	25	21	12
蒙古 Mongolia	188	106	134	214
尼泊尔 Nepal	464	455	437	230
阿曼 Oman		5	1	18
巴基斯坦 Pakistan	859	1438	1467	1962
菲律宾 Philippines	15	45	80	75
沙特阿拉伯 Saudi Arabia		2	7	8
新加坡 Singapore	191	98	134	148
韩国 Korea			62	218

4—39（2） 对外承包工程出国人数（按国别、地区分）
PERSONNEL SENT ABROAD FOR ENGINEERING PROJECTS BY COUNTRIES AND REGIONS

单位：人次
Unit：Person Time

国别（地区） Country/Region	1990	1991	1992	1993
斯里兰卡 Sri Lanka	9	33	81	199
叙利亚 Syria		8	8	11
泰国 Thailand	90	72	41	42
阿联酋 United Arab Emirates	559	75	161	508
也门共和国 Republic of Yemen	519	536	615	433
越南 Vietnam		49	59	190
非洲 Africa	**5220**	**4409**	**4214**	**5416**
阿尔及利亚 Algeria	1455	681	737	723
安哥拉 Angola	25	4	3	
贝宁 Benin	31	71	34	34
博茨瓦纳 Botswana	433	789	209	1074
布隆迪 Burundi	82	104	150	156
喀麦隆 Cameroon	61	95	58	27
佛得角 Cape Verde	40	6		
中非 Central Africa	43	2		
乍得 Chad	109	35	47	9
刚果 Congo	8		7	6
吉布提 Djibouti	26	123	40	23
埃及 Egypt	387	43	50	15
赤道几内亚 Eq. Guinea	49	15	44	5
埃塞俄比亚 Ethiopia	66	108	40	35
加蓬 Gabon	3		65	25
冈比亚 Gambia	47	21	66	84
加纳 Ghana	52	85	57	12
几内亚 Guinea	57	85	57	93
几内亚（比绍） Guineabissau				151
科特迪瓦 Cote d'lvoir	36	2	18	25
肯尼亚 Kenya	379	251	291	138

4—39（3） 对外承包工程出国人数（按国别、地区分）

PERSONNEL SENT ABROAD FOR ENGINEERING PROJECTS BY COUNTRIES AND REGIONS

单位：人次

Unit：Person Time

国别（地区） Country/Region	1990	1991	1992	1993
利比里亚 Liberia				3
利比亚 Libya	181	320	182	140
马达加斯加 Madagascar	43	19	56	34
马里 Mali	104	128	122	207
毛里塔尼亚 Mauritania	12	95	66	124
毛里求斯 Mauritius	51	167	330	250
摩洛哥 Morocco	7	13		88
莫桑比克 Mozambique	11	34	64	30
纳米比亚 Namibia			9	21
尼日尔 Niger	12			
尼日利亚 Nigeria	31	27	16	21
卢旺达 Rwanda	93	80	85	120
圣多美和普林西比 Sao Tome & Principe	19	14	32	2
塞内加尔 Senegal	3	31	16	172
塞舌尔 Seychelles	17	66	129	158
塞拉利昂 Sierra Leone	41	46	137	190
索马里 Somalia	86			
南非 S. Africa		5		8
苏丹 Sudan	210	162	97	269
坦桑尼亚 Tanzania	137	136	151	158
多哥 Togo	19	33	37	8
突尼斯 Tunisia	202	120	66	393
乌干达 Uganda	98	81	219	225
布基纳法索 Burkina Faso	75	44	32	12
扎伊尔 Zaire	101	64	24	
赞比亚 Zambia	148	32	187	31
津巴布韦 Zimbabwe	122	172	177	83
莱索托 Lesotho	8		7	34

4—39（4） 对外承包工程出国人数（按国别、地区分）
PERSONNEL SENT ABROAD FOR ENGINEERING PROJECTS BY COUNTRIES AND REGIONS

单位：人次
Unit：Person Time

国别（地区） Country/Region	1990	1991	1992	1993
欧洲 Europe	**4515**	**7621**	**13557**	**13230**
丹麦 Denmark	13	4		
英国 United Kingdom	7		7	
德国 Germany，FR			16	
法国 France				6
意大利 Italy	5		33	
荷兰 Netherlands				2
西班牙 Spain	4		2	
捷克和斯洛伐克（原）Former Czechoslovakia			2	
芬兰 Finland		15		
马耳他 Malta	203	76	24	
波兰 Poland			152	197
瑞典 Sweden	96	2		
南斯拉夫（原） Former Yugoslavia			2	
南斯拉夫（新） Yugoslavia，FR				3
原苏联 Former USSR	4187	7524		
阿塞拜疆 Azerbaijan			7	7
哈萨克 Kazakhstan			1143	294
吉尔吉斯 Kirghizia			247	
俄罗斯联邦 Russia			11845	12671
乌克兰 Ukraine			77	50
拉丁美洲 Latin America	**469**	**371**	**350**	**232**
安提瓜和巴布达 Antigua & Barbuda		9		
巴巴多斯 Barbados	90	56	15	5
伯利兹 Belize			91	89
玻利维亚 Bolivia		21	51	31
智利 Chile	1			

4—39（5） 对外承包工程出国人数（按国别、地区分）
PERSONNEL SENT ABROAD FOR ENGINEERING PROJECTS BY COUNTRIES AND REGIONS

单位：人次
Unit：Person Time

国别（地区） Country/Region	1990	1991	1992	1993
哥伦比亚 Colombia	193	93	31	5
多米尼加联邦 Dominica		3		
厄瓜多尔 Ecuador	10	30	17	25
圭亚那 Guyana	9	13	55	41
牙买加 Jamaica				3
墨西哥 Mexico	160	73	8	6
秘鲁 Peru	4		24	27
苏里南 Suriname	2	11	3	
特立尼达和多巴哥 Trinidad & Tobago		9		
委内瑞拉 Venezuela		53	55	
北美洲 North America	**534**	**936**	**269**	**176**
加拿大 Canada	5	15	25	2
美国 United States	529	921	244	174
大洋洲 Oceania	**235**	**120**	**265**	**2020**
澳大利亚 Australia	19		4	1
斐济 Fiji	25	10	119	48
瓦努阿图 Vanuatu	90	7	94	5
新西兰 New Zealand		1		
巴布亚新几内亚 Papua New Guinea	99	6	6	
汤加 Tonga		25		
基里巴斯 Kiribati	2			
西萨摩亚 Samoa		71	36	56
密克罗尼西亚 Micronesia				9
马绍尔群岛 Marshall Is.			6	1
贝劳 Balau				1900
大洋洲其他国家 Oth. Ocean. nes				
其他 Others	**35**	**32**	**9**	**6**

4—40（1） 对外劳务合作出国人数（按国别、地区分）

PERSONNEL SENT ABROAD FOR LABOUR SERVICES BY COUNTRIES AND REGIONS

单位：人次

Unit：Person Time

国别（地区） Country/Region	1990	1991	1992	1993
总计 Total	**35037**	**67294**	**91659**	**104581**
亚洲 Asia	**12711**	**35163**	**47823**	**67401**
巴林 Bahrian	1		14	6
孟加拉国 Bangladesh	12	42	36	57
缅甸 Burma	2	6		10
柬埔寨 Cambodia			1	38
塞浦路斯 Cyprus	13		9	40
朝鲜 Korea DPR		3		6
香港 Hong Kong	5160	18616	22503	21510
印度 India	2	4	2	10
印度尼西亚 Indonesia	5	55	66	113
伊朗 Iran	168	300	398	150
伊拉克 Iraq	1939			
以色列 Israel			44	
日本 Japan	1777	3810	6609	6224
约旦 Jordan	18	14	10	67
科威特 Kuwait	1207	704	599	3244
老挝 Laos		31	29	9
黎巴嫩 Lebanon	8			
澳门 Macao	903	6237	8500	5690
马来西亚 Malaysia	4	88	91	182
马尔代夫 Maldives	1	1	109	39
蒙古 Mongolia	79	184	49	59
尼泊尔 Nepal	8	2	50	2
阿曼 Oman	2	8	6	4
巴基斯坦 Pakistan	10	25	17	9
菲律宾 Philippines	11	19	97	94
沙特阿拉伯 Saudi Arabia	4	20	1	4
新加坡 Singapore	826	3569	3671	8528
韩国 Korea		893	4065	9670
斯里兰卡 Sri Lanka	144	14	46	55
叙利亚 Syria			11	
泰国 Thailand	203	242	294	199

4—40（2） 对外劳务合作出国人数（按国别、地区分）
PERSONNEL SENT ABROAD FOR LABOUR SERVICES BY COUNTRIES AND REGIONS

单位：人次
Unit：Person Time

国别（地区）Country/Region	1990	1991	1992	1993
土耳其 Turkey	4	5	10	8
阿联酋 United Arab Emirates	146	258	388	435
也门共和国 Republic of Yemen	54	13	54	14
越南 Vietnam			44	338
台湾 Taiwan Prov.				10587
非洲 Africa	**1949**	**2240**	**4409**	**6033**
阿尔及利亚 Algeria	12	20	4	
安哥拉 Angola	363	745	1352	884
贝宁 Benin	5	19	1	11
博茨瓦纳 Botswana	8	59	50	67
布隆迪 Burundi	9	14	4	4
喀麦隆 Cameroon	2	4	1	12
佛得角 Cape Verde		1		
中非 Central Africa	9	8		
乍得 Chad	2			
刚果 Congo		36	10	1
吉布提 Djibouti		2		5
埃及 Egypt	185	8	7	17
赤道几内亚 Eq. Guinea	71	147	102	11
埃塞俄比亚 Ethiopia	2			
加蓬 Gabon	148	246	261	154
冈比亚 Gambia	7	5		34
加纳 Ghana	5	15	21	28
几内亚 Guinea	2	23	58	47
科特迪瓦 Cote d′lvoir	3	9	3	
肯尼亚 Kenya	1		60	75
利比里亚 Liberia	36	5	46	8
利比亚 Libya	551	154	574	990
马达加斯加 Madagascar				5
马里 Mali		40	27	14
毛里塔尼亚 Mauritania		5	4	58
毛里求斯 Mauritius	137	132	937	2481
摩洛哥 Morocco	15	1	7	49

4—40（3）　对外劳务合作出国人数（按国别、地区分）
PERSONNEL SENT ABROAD FOR LABOUR SERVICES BY COUNTRIES AND REGIONS

单位：人次
Unit：Person Time

国别（地区） Country/Region	1990	1991	1992	1993
莫桑比克　Mozambique	15	6	37	4
纳米比亚　Namibia				7
尼日利亚　Nigeria	66	76	76	151
留尼汪　Reunion		2		
卢旺达　Rwanda	6	7	1	
圣多美和普林西比　Sao Tome & Principe		5	7	
塞内加尔　Senegal			15	35
塞舌尔　Seychelles	1	59	25	24
塞拉利昂　Sierra Leone	1	66	42	35
南非　S. Africa		34	202	439
苏丹　Sudan	5	45		9
坦桑尼亚　Tanzania	10	46	37	34
多哥　Togo	3	2		
突尼斯　Tunisia	4	13	2	12
乌干达　Uganda	18	26	1	7
扎伊尔　Zaire	6	38	4	23
赞比亚　Zambia	207	57	48	1
莱索托　Lesotho	34	50	347	185
斯威士兰　Swaziland		7	8	5
川斯凯　Transkei			28	107
非洲其他国家　Oth. Afr. nes		2		
欧洲　Europe	**9029**	**13523**	**18145**	**19105**
比利时　Belgium	1			1
丹麦　Denmark	4	9	9	3
英国　United Kingdom	477	30	31	24
德国　Germany，FR	154	176	158	110
法国　France	5	17	135	26
爱尔兰　Ireland				3
意大利　Italy	40	6	72	98
荷兰　Netherlands	5	15	31	5
希腊　Greece	506	302	71	186
葡萄牙　Portugal			1	1
西班牙　Spain	508	553	531	580

4—40（4） 对外劳务合作出国人数（按国别、地区分）
PERSONNEL SENT ABROAD FOR LABOUR SERVICES BY COUNTRIES AND REGIONS

单位：人次
Unit：Person Time

国别（地区） Country/Region	1990	1991	1992	1993
阿尔巴尼亚 Albania			2	
奥地利 Austria	12	10	35	52
保加利亚 Bulgaria			64	65
捷克和斯洛伐克（原）Former Czechoslovakia		17	179	
捷克 Czech Rep				61
芬兰 Finland	12	15	2	1
匈牙利 Hungary	52	238	311	49
冰岛 Iceland	2	1	1	
马耳他 Malta	47	68	117	4
挪威 Norway	1		12	2
波兰 Poland	5	76	67	38
罗马尼亚 Romania		28	52	132
瑞典 Sweden	11	6	21	29
瑞士 Switzerland	5	2		10
南斯拉夫（原）Former Yugoslavia	41	405	65	
原苏联 Former USSR	7141	11549		
拉脱维亚 Latvia			1	5
阿塞拜疆 Azerbaijan			275	136
白俄罗斯 Belorussia			237	
哈萨克 Kazakhstan			675	121
吉尔吉斯 Kirghizia			183	
俄罗斯联邦 Russia			14578	16963
乌克兰 Ukraine			213	400
乌兹别克 Uzbekstan			17	
拉丁美洲 Latin America	**234**	**728**	**554**	**725**
安提瓜和巴布达 Antigua & Barbuda	15	41	4	
阿根廷 Argentina	2	68	9	22
巴哈马 Bahamas			16	
巴巴多斯 Barbados	1	1	5	
伯利兹 Belize	18	1		
玻利维亚 Bolivia	1	87	297	64
巴西 Brazil	9	1		
智利 Chile		5	11	1
哥伦比亚 Colombia	3	83	9	4

4—40（5） 对外劳务合作出国人数（按国别、地区分）

PERSONNEL SENT ABROAD FOR LABOUR SERVICES BY COUNTRIES AND REGIONS

单位：人次

Unit：Person Time

国别（地区） Country/Region	1990	1991	1992	1993
多米尼加联邦 Dominica		27	4	48
哥斯达黎加 Costa Rica		4	7	
厄瓜多尔 Ecuador	6		11	28
危地马拉 Guatemala			7	
海地 Haiti	7			
洪都拉斯 Honduras	35			7
牙买加 Jamaica	5	20	114	252
墨西哥 Mexico	6		1	13
尼加拉瓜 Nicaragua	67	68	2	21
巴拿马 Panama	31	40	7	25
秘鲁 Peru	4	153	25	149
圣卢西亚 Saint Lucia	14	61	18	83
萨尔瓦多 EI Salvador				6
苏里南 Suriname		53		
特立尼达和多巴哥 Trinidad & Tobago				1
乌拉圭 Uruguay	9	15		
委内瑞拉 Venezuela	1		7	1
北美洲 North America	**2841**	**3531**	**2927**	**4380**
加拿大 Canada	31	85	41	30
美国 United States	2810	3446	2886	4350
大洋洲 Oceania	**151**	**778**	**362**	**567**
澳大利亚 Australia	35	156	66	34
斐济 Fiji	47	128	23	157
瓦努阿图 Vanuatu				11
新西兰 New Zealand	11	1	5	1
巴布亚新几内亚 Papua New Guinea	26	96	36	31
所罗门 Solomon Is.	6	10	5	
汤加 Tonga	26	6	4	
西萨摩亚 Samoa			14	
密克罗尼西亚 Micronesia			147	226
贝劳 Balau			62	107
大洋洲其他国家 Oth. Ocean. nes		381		
其他 Others	**8122**	**11331**	**17439**	**6370**

4—41（1）年末在国外从事承包工程人数（按国别、地区分）

PERSONNEL ABROAD FOR ENGINEERING PROJECTS BY THE END OF YEAR，CLASSIFIED BY COUNTRIES AND REGIONS

单位：人
Unit：Person

国别（地区） Country/Region	1990	1991	1992	1993
总计 Total	**21823**	**21523**	**25420**	**34223**
亚洲 Asia	**8421**	**7919**	**10244**	**13983**
孟加拉国 Bangladesh	1645	1238	895	850
缅甸 Burma	173	186	122	13
柬埔寨 Cambodia			33	142
塞浦路斯 Cyprus	2	2		7
朝鲜 Korea DPR	33	3		
香港 Hong Kong	421	344	654	846
印度尼西亚 Indonesia		226	106	56
伊朗 Iran	15	14	152	142
伊拉克 Iraq	32			10
日本 Japan	64	176	151	12
约旦 Jordan	308	19	23	8
科威特 Kuwait		103	508	2240
老挝 Laos	19	68	572	755
澳门 Macao	468	911	1625	2253
马来西亚 Malaysia	8	34	176	522
马尔代夫 Maldives	17	49	11	12
蒙古 Mongolia	136	144	191	269
尼泊尔 Nepal	698	886	784	641
阿曼 Oman		5		19
巴基斯坦 Pakistan	1331	1714	2442	2850
菲律宾 Philippines	17	51	94	102
沙特阿拉伯 Saudi Arabia		2		
新加坡 Singapore	97	149	134	198
韩国 Korea			46	49

4—41（2）年末在国外从事承包工程人数（按国别、地区分）
PERSONNEL ABROAD FOR ENGINEERING PROJECTS BY THE END OF YEAR，CLASSIFIED BY COUNTRIES AND REGIONS

单位：人
Unit：Person

国别（地区） Country/Region	1990	1991	1992	1993
斯里兰卡　Sri Lanka	125	38	80	150
叙利亚　Syria		8	7	12
泰国　Thailand	51	52	53	104
阿联酋　United Arab Emirates	1322	512	478	588
也门共和国　Republic of Yemen	1439	975	874	882
越南　Vietnam		10	33	251
非洲　Africa	**8842**	**8458**	**7688**	**10586**
阿尔及利亚　Algeria	1737	1106	975	1124
安哥拉　Angola	29	31	19	35
贝宁　Benin	102	115	73	43
博茨瓦纳　Botswana	440	1159	789	1349
布隆迪　Burundi	131	229	291	346
喀麦隆　Cameroon	94	102	109	90
佛得角　Cape Verde	40	35	9	
中非　Central Africa	122	11		
乍得　Chad	135	148	48	32
刚果　Congo	20	29	35	20
吉布提　Djibouti	63	170	197	67
埃及　Egypt	1143	407	165	87
赤道几内亚　Eq. Guinea	46	73	42	14
埃塞俄比亚　Ethiopia	304	118	34	54
加蓬　Gabon	4	3	67	39
冈比亚　Gambia	142	141	159	87
加纳　Ghana	143	154	280	71
几内亚　Guinea	62	86	88	605
几内亚（比绍）　Guineabissau				203

4—41（3）年末在国外从事承包工程人数（按国别、地区分）

PERSONNEL ABROAD FOR ENGINEERING PROJECTS BY THE END OF YEAR，CLASSIFIED BY COUNTRIES AND REGIONS

单位：人
Unit：Person

国别（地区） Country/Region	1990	1991	1992	1993
科特迪瓦 Cote d′lvoir	43	41	30	48
肯尼亚 Kenya	581	563	543	618
利比亚 Libya	377	533	428	419
马达加斯加 Madagascar	84	93	93	80
马里 Mali	228	306	221	361
毛里塔尼亚 Mauritania	25	194	182	293
毛里求斯 Mauritius	96	218	282	323
摩洛哥 Morocco	132			282
莫桑比克 Mozambique	11	45	85	
纳米比亚 Namibia			9	59
尼日尔 Niger	10			
尼日利亚 Nigeria	53	58	55	214
卢旺达 Rwanda	179	202	188	207
圣多美和普林西比 Sao Tome & Principe	19	25	77	62
塞内加尔 Senegal	26	34	31	427
塞舌尔 Seychelles	42	101	92	246
塞拉利昂 Sierra Leone	98	118	203	364
索马里 Somalia	94			
南非 S. Africa		5		
苏丹 Sudan	386	344	277	476
坦桑尼亚 Tanzania	252	281	290	330
多哥 Togo	19	33	8	17
突尼斯 Tunisia	287	324	236	477
乌干达 Uganda	159	166	294	409
布基纳法索 Burkina Faso	80	40	37	29
扎伊尔 Zaire	278	112	67	32

4—41（4）年末在国外从事承包工程人数（按国别、地区分）
PERSONNEL ABROAD FOR ENGINEERING PROJECTS BY THE END OF YEAR，CLASSIFIED BY COUNTRIES AND REGIONS

单位：人
Unit：Person

国别（地区）Country/Region	1990	1991	1992	1993
赞比亚　Zambia	244	259	221	185
津巴布韦　Zimbabwe	259	223	333	213
莱索托　Lesotho	23	23	26	84
非洲其他国家　Oth. Afr. nes				65
欧洲　Europe	**2615**	**2896**	**5736**	**8390**
英国　United Kingdom		4		
法国　France	5			5
意大利　Italy	4		19	
西班牙　Spain	2	2		1
捷克和斯洛伐克（原）Former Czechoslovakia			2	
马耳他　Malta	97	76	78	7
波兰　Poland			152	226
瑞典　Sweden	96	2		
南斯拉夫（原）Former Yugoslavia			2	
原苏联　Former USSR	2411	2812		
阿塞拜疆　Azerbaijan			90	83
白俄罗斯　Belorussia				46
哈萨克　Kazakhstan			337	393
俄罗斯联邦　Russia			4879	7629
乌克兰　Ukraine			177	
拉丁美洲　Latin America	**539**	**461**	**518**	**477**
安提瓜和巴布达　Antigua & Barbuda		9	9	
阿根廷　Argentina				48
巴巴多斯　Barbados	140	145	68	57
伯利兹　Belize			91	172
玻利维亚　Bolivia	29	22	51	52

4—41（5）年末在国外从事承包工程人数（按国别、地区分）
PERSONNEL ABROAD FOR ENGINEERING PROJECTS BY THE END OF YEAR, CLASSIFIED BY COUNTRIES AND REGIONS

单位：人
Unit：Person

国别（地区） Country/Region	1990	1991	1992	1993
智利 Chile	2	2		
哥伦比亚 Colombia	149	93	70	54
多米尼加联邦 Dominica		3		
厄瓜多尔 Ecuador	11	35	45	11
圭亚那 Guyana	9	6	48	35
牙买加 Jamaica				3
墨西哥 Mexico	192	73	54	7
秘鲁 Peru	5		18	32
苏里南 Suriname	2	11	3	
特立尼达和多巴哥 Trinidad & Tobago		9	9	6
委内瑞拉 Venezuela		53	52	
北美洲 North America	**994**	**1139**	**921**	**311**
加拿大 Canada	7	13	3	8
美国 United States	987	1126	918	303
大洋洲 Oceania	**412**	**249**	**313**	**470**
澳大利亚 Australia	40			2
斐济 Fiji	70	50	116	113
瓦努阿图 Vanuatu	94	100	80	5
新西兰 New Zealand		2		6
巴布亚新几内亚 Papua New Guinea	206	24	12	7
基里巴斯 Kiribati	2	2		
西萨摩亚 Samoa		71	99	
马绍尔群岛 Marshall Is.			6	7
贝劳 Balau				248
大洋洲其他国家 Oth. Ocean. nes				82
其他 Others		**401**		**6**

4—42（1）年末在国外从事劳务合作人数（按国别、地区分）
PERSONNEL ABROAD FOR LABOUR SERVICES BY THE END OF YEAR，CLASSIFIED BY COUNTRIES AND REGIONS

单位：人
Unit：Person

国别（地区） Country/Region	1990	1991	1992	1993
总计 Total	**36116**	**68314**	**105564**	**139431**
亚洲 Asia	**18733**	**42256**	**68166**	**99688**
巴林 Bahrian	1	1	11	19
孟加拉国 Bangladesh	15	54	66	69
缅甸 Burma	3	6	6	8
柬埔寨 Cambodia			1	36
塞浦路斯 Cyprus	13	11	19	48
朝鲜 Korea DPR		3		6
香港 Hong Kong	6115	18796	30898	33684
印度 India	5	3	2	6
印度尼西亚 Indonesia	5	48	94	195
伊朗 Iran	764	756	615	526
以色列 Israel			42	39
日本 Japan	2047	4014	6298	7570
约旦 Jordan	48	12	9	58
科威特 Kuwait	1	638	1322	4679
老挝 Laos		31	62	70
黎巴嫩 Lebanon	8	6		
澳门 Macao	6626	10921	14843	18921
马来西亚 Malaysia	4	70	117	241
马尔代夫 Maldives	1	2	110	149
蒙古 Mongolia		41	58	87
尼泊尔 Nepal	8	6	51	54
阿曼 Oman	10	17	17	18
巴基斯坦 Pakistan	9	23	27	19
菲律宾 Philippines	14	19	113	116
沙特阿拉伯 Saudi Arabia		1	1	4
新加坡 Singapore	2357	5128	7536	13940
韩国 Korea		856	4490	10887
斯里兰卡 Sri Lanka	149	140	183	226
叙利亚 Syria			11	3
泰国 Thailand	250	360	565	515
土耳其 Turkey	4	5	8	15
阿联酋 United Arab Emirates	196	269	511	728

4—42（2）年末在国外从事承包合作人数（按国别、地区分）
PERSONNEL ABROAD FOR LABOUR SERVIES BY THE END OF YEAR, CLASSIFIED BY COUNTRIES AND REGIONS

单位：人
Unit：Person

国别（地区） Country/Region	1990	1991	1992	1993
也门共和国 Republic of Yemen	80	19	53	16
越南 Vietnam			27	433
台湾 Taiwan Prov.				6303
非洲 Africa	**3147**	**4070**	**5973**	**8775**
阿尔及利亚 Algeria	17	22	4	5
安哥拉 Angola	366	916	1756	1251
贝宁 Benin	26	22	20	28
博茨瓦纳 Botswana	12	62	89	127
布隆迪 Burundi	37	23	19	4
喀麦隆 Cameroon	4	2	6	15
佛得角 Cape Verde		1	1	
中非 Central Africa	9			
乍得 Chad	2	2		
刚果 Congo		34	13	12
吉布提 Djibouti	1	2	2	6
埃及 Egypt	182	9	56	40
赤道几内亚 Eq. Guinea	55	169	168	39
埃塞俄比亚 Ethiopia	2			
加蓬 Gabon	148	389	484	145
冈比亚 Gambia	43	46	36	49
加纳 Ghana	12	34	29	51
几内亚 Guinea	2	11	10	55
科特迪瓦 Cote d'lvoir	6	14	15	12
肯尼亚 Kenya	1	1	59	17
利比里亚 Liberia	40	11	57	65
利比亚 Libya	1415	1233	719	1020
马达加斯加 Madagascar		6		5
马里 Mali		40	50	16
毛里塔尼亚 Mauritania	3	10	5	23
毛里求斯 Mauritius	191	239	1162	3650
摩洛哥 Morocco	10	9	7	55
莫桑比克 Mozambique	10	11	37	
纳米比亚 Namibia				7
尼日利亚 Nigeria	98	142	179	267

4—42（3）年末在国外从事劳务合作人数（按国别、地区分）

PERSONNEL ABROAD FOR LABOUR SERVICES BY THE END OF YEAR, CLASSIFIED BY COUNTRIES AND REGIONS

单位：人
Unit：Person

国别（地区） Country/Region	1990	1991	1992	1993
留尼汪 Reunion		1	1	1
卢旺达 Rwanda	14	15	17	1
圣多美和普林西比 Sao Tome & Principe		5		
塞内加尔 Senegal			10	172
塞舌尔 Seychelles		59	56	61
塞拉利昂 Sierra Leone	1	78	41	36
南非 S. Africa		34	211	604
苏丹 Sudan	8	32		20
坦桑尼亚 Tanzania	36	56	47	35
多哥 Togo	7	5	5	8
突尼斯 Tunisia	11	14	14	14
乌干达 Uganda	26	34	6	10
扎伊尔 Zaire	5	15	47	30
赞比亚 Zambia	247	141	72	73
莱索托 Lesotho	100	112	425	572
斯威士兰 Swaziland		7	8	11
川斯凯 Transkei			30	137
非洲其他国家 Oth. Afr. nes		2		26
欧洲 Europe	**4726**	**7740**	**11140**	**12424**
比利时 Belgium	1		1	2
丹麦 Denmark	12	21	24	22
英国 United Kingdom	483	34	50	44
德国 Germany, FR	337	353	326	370
法国 France	162	166	199	122
爱尔兰 Ireland	5		7	6
意大利 Italy	57	36	105	126
荷兰 Netherlands	31	41	61	38
希腊 Greece	554	376	160	230
葡萄牙 Portugal	2	2	3	4
西班牙 Spain	498	1008	1225	1485
阿尔巴尼亚 Albania			2	2
奥地利 Austria	25	33	54	82
保加利亚 Bulgaria			63	87

4—42（4）年末在国外从事劳务合作人数（按国别、地区分）
PERSONNEL ABROAD FOR LABOUR SERVICES BY THE END OF YEAR，CLASSIFIED BY COUNTRIES AND REGIONS

单位：人
Unit：Person

国别（地区） Country/Region	1990	1991	1992	1993
捷克和斯洛伐克（原）Former Czechoslovakia		17	183	
捷克 Czech Rep				91
芬兰 Finland	10	21	15	6
匈牙利 Hungary	46	230	334	142
冰岛 Iceland	3	4	2	1
马耳他 Malta	86	141	124	130
挪威 Norway	17	17	29	31
波兰 Poland	5	60	85	70
罗马尼亚 Romania		28	115	199
瑞典 Sweden	16	15	26	21
瑞士 Switzerland	3	2	2	10
南斯拉夫（原） Former Yugoslavia	43	423	111	
南斯拉夫（新） Yugoslavia，FR				79
原苏联 Former USSR	2330	4712		
拉脱维亚 Latvia			4	5
阿塞拜疆 Azerbaijan			260	61
白俄罗斯 Belorussia			237	
哈萨克 Kazakhstan			16	140
吉尔吉斯 Kirghizia			183	99
俄罗斯联邦 Russia			6682	8575
乌克兰 Ukraine			435	144
乌兹别克 Uzbekstan			17	
拉丁美洲 Latin America	**487**	**903**	**1091**	**1359**
安提瓜和巴布达 Antigua & Barbuda	13	46	25	39
阿根廷 Argentina	41	75	22	30
巴哈马 Bahamas			16	
巴巴多斯 Barbados	2	1	5	5
伯利兹 Belize	34	35	20	7
玻利维亚 Bolivia	98	112	332	103
巴西 Brazil	12	9	12	9
智利 Chile		5	16	1
哥伦比亚 Colombia	2	30	12	9
多米尼加联邦 Dominica		16	4	51

4—42（5）年末在国外从事劳务合作人数（按国别、地区分）

PERSONNEL ABROAD FOR LABOUR SERVICES BY THE END OF YEAR，CLASSIFIED BY COUNTRIES AND REGIONS

单位：人

Unit：Person

国别（地区） Country/Region	1990	1991	1992	1993
哥斯达黎加　Costa Rica		4		
厄瓜多尔　Ecuador	6	8	18	42
危地马拉　Guatemala			7	7
海地　Haiti	1		2	2
洪都拉斯　Honduras	34	34	38	41
牙买加　Jamaica	100	79	160	395
墨西哥　Mexico	6	21	7	18
尼加拉瓜　Nicaragua	67	68	2	39
巴拿马　Panama	31	43	48	27
秘鲁　Peru	5	157	170	275
圣卢西亚　Saint Lucia	14	79	97	180
萨尔瓦多　Salvador		53		6
苏里南　Suriname			53	53
特立尼达和多巴哥　Trinidad & Tobago				1
乌拉圭　Uruguay	20	27	17	17
委内瑞拉　Venezuela	1	1	8	2
北美洲　North America	**4479**	**5886**	**7177**	**6889**
加拿大　Canada	81	134	142	84
美国　United States	4398	5752	7035	6805
大洋洲　Oceania	**352**	**874**	**902**	**997**
澳大利亚　Australia	196	203	54	54
斐济　Fiji	49	106	92	202
瓦努阿图　Vanuatu	3	3		12
新西兰　New Zealand	11	4	5	4
巴布亚新几内亚　Papua New Guinea	28	96	105	92
所罗门　Solomon Is.	14	14	15	15
汤加　Tonga	26	30	34	34
西萨摩亚　Samoa	4		14	
密克罗尼西亚　Micronesia			498	394
贝劳　Balau			85	190
大洋洲其他国家　Oth. Ocean. nes	21	418		
其他　Others	**4192**	**6585**	**11115**	**9299**

4—43（1） 各公司对外承包工程合同数额

CONTRACTS SIGNED FOR FOREIGN ENGINEERING PROJECTS BY CORPORATIONS

单位：合同数：份
合同额：万美元

Unit：Contract Number：Copy
Contract Value：US $ 10000

公司 Corporation	1991		1992		1993	
	合同 Contract Number	金额 Contract Value	合同 Contract Number	金额 Contract Value	合同 Contract Number	金额 Contract Value
总计 Total	**1171**	**252409**	**1164**	**525051**	**1393**	**518870**
一、专业公司 National Specialized International Cooperation Companies	**756**	**151556**	**674**	**314591**	**756**	**287569**
中建 China State Construction Engineering Corporation	223	44379	206	55799	184	90076
中土 China Civil Engineer Construction Corporation	43	5073	53	28029	47	19323
路桥 China Road and Bridge Engineering Company	18	12293	38	12919	41	14882
港湾 China Harbours Engineering Company (Group)	37	21225	73	84313	54	29976
海外工程 China Overseas Engineering Corporation	32	13569	24	9839	46	7794
中水 China International Water and Electric Corporation	10	1692	10	5667	9	4727
中冶 China Metallurgical Construction Corporation	4	21178	15	11035	46	14236
中航技 China National Aero-technology Import and Export Corporation, Contracting-construction Corporation	11	1188	4	1285	4	4135
轻工 China Light Industrial Corporation for Foreign Economic and Technical Cooperation	14	468	13	354	12	983
石油 China Petroleum Engineering Construction Corporation	2	2356	6	5788	4	20190
地质 China Geo-engineering Corporation	6	747	11	1285	9	544
中农 China International Cooperation Company of Agriculture, Livestock and Fishery	18	94	11	826	6	989
有色 China Nonferrous Metal Industry of Foreign Engineering and Construction Corporation	8	2970	7	1868	3	6730
纺织 China Textile Industrial Corporation for Foreign Economic and Technical Cooperation	6	1362	16	1507	14	431

4—43（2） 各公司对外承包工程合同数额

CONTRACTS SIGNED FOR FOREIGN ENGINEERING PROJECTS BY CORPORATIONS

单位：合同数：份
合同额：万美元

Unit：Contract Number：Copy
Contract Value：US＄10000

公 司 Corporation	1991		1992		1993	
	合 同 Contract Number	金 额 Contract Value	合 同 Contract Number	金 额 Contract Value	合 同 Contract Number	金 额 Contract Value
建材 China Building-material Industrial Corporation for Foreign Econo-technical Cooperation	72	1017	22	4551	45	4435
瑞宝 China Rainbow Development Corporation			1	48		
国华 Guo Hua International Contracting Incorporation	2	1047			3	1857
长城 China Great Wall Industry Corporation	2	346	1	250		
海洋石油 China Offshore Industrial Corporation	3	2543	2	1921	4	2203
电子 China National Electronic Import and Export Corporation International Project Division	6	329	23	691	67	842
煤炭 China Coal Overseas Development Corporation	3	336	2	661	1	36
咨询 China International Engineering Consulting Corporation	7	227	7	595	3	1027
四达 China Star Corporation for International Economic and Technical Cooperation					1	
化工 China National Chemical Engineering Corporation	1	45	9	1058	5	4011
商业 China Commercial Corporation for International Economic and Technical Cooperation	1	38	2	47	1	51
通信 China International Telecommunications Construction Corporation	4	61	2	27		
石化 China Petro-chemical International Company	4	2810	2	5157	2	3524
广播 China Radio and Television Company for International Techno-economic Cooperation	6	182	5	196	9	1203
光大 Ever Bright Corporation for International Economic and Technical Cooperation	1	572	1	660		

4—43（3） 各公司对外承包工程合同数额

CONTRACTS SIGNED FOR FOREIGN ENGINEERING PROJECTS BY CORPORATIONS

单位：合同数：份
合同额：万美元

Unit：Contract Number：Copy
Contract Value：US＄10000

公 司 Corporation	1991		1992		1993	
	合 同 Contract Number	金 额 Contract Value	合 同 Contract Number	金 额 Contract Value	合 同 Contract Number	金 额 Contract Value
万宝 China Wan Bao Engineering Corporation	2	1923	9	7138	17	5164
中房 China State Housing and Real Estate Development Corporation	6	679	5	370	3	215
材料设备 China Corporation for Foreign-oriented Building Materials and Equipment			5	254		
工程材料 China International Engineering and Materials Corporation	5	499			18	6398
机械 China Machine Building International Corporation			3	3321		
化建 China National Chemical Construction Corporation	6	525	4	1079	5	11701
中原 China Zhong Yuan Engineering Corporation	1	5300	2	61300		
展览 China Interantional Exhibition Construction Corporation	6	45	53	219	24	172
海洋服务 China Ocean Engineering Services Limited	16	849	4	120	8	680
新兴 China Xinxing Engineering Const ruction and Real Estate Development General Company			2	1082		
船舶 China Shipbuilding Trading Company	170	3571				
对外建设 China Construction International Inc.			11	1866	18	9439
铁道建筑 China Railway Construction Corporation					11	1625
水产 China National Fisheries Corporation					15	15321
海外经济合作 China National Corporation for Overseas Economic Coopreation					6	1111
安能 China Anneng Construction Corporation					1	500
惠通 China Huitong Corporation					1	35

4—43（4） 各公司对外承包工程合同数额

CONTRACTS SIGNED FOR FOREIGN ENGINEERING PROJECTS BY CORPORATIONS

单位：合同数：份
合同额：万美元

Unit：Contract Number：Copy
Contract Value：US $ 10000

公司 Corporation	1991		1992		1993	
	合同 Contract Number	金额 Contract Value	合同 Contract Number	金额 Contract Value	合同 Contract Number	金额 Contract Value
体育 China Sports International Corp.			6	78	2	229
电子系统 China Electronic Systems Engineering Corp.					5	344
中国海洋石油 China National Off-shore Oil Corporation					1	230
精密机械 China Precision Machinery Import and Export Corporation			4	1388	1	200
二、地方公司 Provincial and Civil International Cooperation Companies	**415**	**100853**	**468**	**209856**	**625**	**226553**
北京 China Beijing International Corporation for Economic Cooperation	9	1671	16	7762	6	7379
北京建筑工程 Beijing Constructiong Engineering Corporation					42	20246
天津 China Tianjin International Economic and Technical Cooperative Corporation	10	4204	7	5809	5	753
河北 China Hebei International Economic and Technical Cooperative Corporation	2	54	3	52	1	947
山西 China Shanxi International Corporation for Economic and Technical Cooperation	1	305	6	110	11	119
内蒙古 China Inner Mongolia International Economic and Technical Cooperative Corporation	26	1896	1	44	1	53
呼伦贝尔 Hulunbuir International Economic and Technical Cooperative Corporation	1	28	15	802	13	499
满洲里 Manzhouli International Economic & Technical Cooperation Corporation					2	5481
辽宁 China Liaoning International Corporation of Economic and Technical Cooperation	8	2297	26	9411	66	13321
沈阳 China Shenyang Corporation for International Economic and Technical Cooperation	3	377	2	1229	6	2368

4—43 (5)　各公司对外承包工程合同数额

CONTRACTS SIGNED FOR FOREIGN ENGINEERING PROJECTS BY CORPORATIONS

单位：合同数：份
合同额：万美元

Unit：Contract Number：Copy
Contract Value：US＄10000

公司 Corporation	1991		1992		1993	
	合同 Contract Number	金额 Contract Value	合同 Contract Number	金额 Contract Value	合同 Contract Number	金额 Contract Value
大连 China Dalian International Economic and Technical Cooperative Corporation	29	1135	30	3895	52	2415
吉林 China Jilin International Economic and Technical Cooperative Corporation	18	3097	8	866	10	6265
长春 China Changchun International Economic and Technical Cooperative Corporation					2	138
延边 Yanbian Foreign Economic and Tecnnical Cooperative Corporation	2	327	1	220	7	616
吉林对外 Jilin Foreign Economic and Technical Co.			3	118	1	58
黑龙江 China Heilongjiang International Corporation for Economic and Technical Cooperation	8	2446	14	786	7	501
黑龙江工程 Heilongjiang International Corporation for Engineering and Technical Cooperation	30	3484	25	27296	15	10775
哈尔滨 China Harbin International Corporation for Technical and Economic Cooperation	6	6261	8	1723	2	609
佳木斯 Jiamusi Corporation for International Economic and Technical Cooperation	3	443			1	22
牡丹江 Mudanjiang Corporation for International Economic and Technical Cooperation	11	669	7	2063	7	2865
黑河 Heihe Corporation for International Economic and Technical Cooperation	21	1180	8	210	8	394
齐齐哈尔 Qiqihar Corporation for International Economic and Technical Cooperation			2	57	14	478
东北煤矿 North-east Coal-engineering Company	3	1521	3	938	1	1815

4—43（6） 各公司对外承包工程合同数额

CONTRACTS SIGNED FOR FOREIGN ENGINEERING PROJECTS BY CORPORATIONS

单位：合同数：份
合同额：万美元

Unit：Contract Number：Copy
Contract Value：US＄10000

公 司 Corporation	1991		1992		1993	
	合 同 Contract Number	金 额 Contract Value	合 同 Contract Number	金 额 Contract Value	合 同 Contract Number	金 额 Contract Value
东北电力集团 Northeast China Electric Power Corporation					1	16
哈铁 Harbin Rail way Foreign Economy & Technology Corporation			11	75	26	4389
东方 Orient International Economic and Technological Cooperation Corporation			12	26733	9	10621
上海 China Shanghai Corporation for Foreign Economic and Technological Cooperation	23	7476	18	12451	19	16904
上海机械设备 Shanghai Machinery & Equipment Imp. & Exp. Corp.					6	1746
江苏 China Jiangsu International Economic and Technical Cooperative Corporation	36	5145	26	4840	29	4790
南京 China Nanjing International Economic and Technical Cooperative Corporation	1	468	10	813	5	1405
浙江 China Zhejiang Corporation for International Economic and Technical Cooperation	9	2998	2	73	3	287
宁波 China Ningbo Corporation for International Economic and Technical Cooperation	4	577	2	400	6	1726
安徽 China Anhui Corporation for International Economic and Technical Cooperation	8	2023	15	2613	4	567
福建 China Fujian Corporation for International Techno-economic Cooperation	15	10552	15	25761	10	29995
厦门 China Xiamen Company for International Techno-economic Cooperation	1	215	11	1840	11	370
泉州 Quanzhou Corporation for International Techno-economic Cooperation	1	538	1	590	5	2031

4—43（7） 各公司对外承包工程合同数额
CONTRACTS SIGNED FOR FOREIGN ENGINEERING PROJECTS BY CORPORATIONS

单位：合同数：份
合同额：万美元

Unit：Contract Number：Copy
Contract Value：US $ 10000

公司 Corporation	1991		1992		1993	
	合同 Contract Number	金额 Contract Value	合同 Contract Number	金额 Contract Value	合同 Contract Number	金额 Contract Value
福州 Fuzhou Corporation for International Techno-economic Cooperation	2	2684	6	2048	2	3443
武夷 China Wuyi Corporation	5	2340	6	2952	20	7755
江西 China Jiangxi Corporation for International Economic and Technical Cooperation	2	28	2	164	4	531
山东 China Shandong International Economic and Technical Cooperative Corporation	5	1008	9	2203	9	2241
青岛 China Qingdao International Economic and Technical Cooperative Corporation					3	210
烟台 Yantai Foreign Economic and Technical Cooperative Corporation	1	187				
威海 Weihai Foreign Economic and Technical Cooperative Company	1	90			1	24
齐鲁建设集团 Qilu Construction Group Corporation					19	3186
河南 China Henan International Economic Technical Cooperative Corporation	10	499	7	912	4	2273
湖北 China Hubei Corporation for International Economic and Technical Cooperation	5	1055	3	2201	3	4136
武汉 China Wuhan Corporation for International Economic and Technical Cooperation	6	335	7	178	6	1377
湖南 China Hunan International Economic and Technical Cooperative Corporation	8	906	6	1303	9	1402
广东 Guangdong International Economic and Technical Cooperative Corporation	10	2948	21	16768	13	2741
广州 China Guangzhou International Economic and Technical Cooperative Company	2	8	1	550	9	1250

4—43（8） 各公司对外承包工程合同数额

CONTRACTS SIGNED FOR FOREIGN ENGINEERING PROJECTS BY CORPORATIONS

单位：合同数：份
合同额：万美元

Unit：Contract Number：Copy
Contract Value：US $ 10000

公司 Corporation	1991		1992		1993	
	合同 Contract Number	金额 Contract Value	合同 Contract Number	金额 Contract Value	合同 Contract Number	金额 Contract Value
珠江 Guangzhou Pearl River Enterprises	1	2988	1	5138	1	1500
深圳 China Shenzhen International Economic and Technical Cooperative Corporation	1	904			2	471
华西 China Huaxi Enterprise Corporation	2	1690	4	9927	10	8314
汕头 Shantou International Economic & Technical Corporation, China					38	119
广东海外建设 Guangdong Overseas Construction Corp.					1	96
广西 China Guangxi International Corporation for Economic and Technical Cooperation	9	11111	30	7993	16	10914
四川 China Sichuan Corporation for International Techno-economic Cooperation	17	3899	26	8782	22	13627
重庆 China Chongqing International Economic and Technical Cooperative Corporation	2	3092	5	2019	6	181
成都 China Chengdu International Corporation for Economic and Technical Cooperation	2	3				
贵州 China Guizhou Corporation for International Techno-economic Cooperation	2	176				
云南 China Yunnan Corporation for International Techno-economic Cooperation	19	1147	6	1482	3	3953
陕西 China Shaanxi International Economic and Technical Cooperative Corporation	6	23	4	20	1	2
西安 China Xi′an International Economic Technical and Trade Corporation			3	247	2	1957

4—43（9） 各公司对外承包工程合同数额

CONTRACTS SIGNED FOR FOREIGN ENGINEERING PROJECTS BY CORPORATIONS

单位：合同数：份
合同额：万美元

Unit：Contract Number：Copy
Contract Value：US $ 10000

公 司 Corporation	1991		1992		1993	
	合 同 Contract Number	金 额 Contract Value	合 同 Contract Number	金 额 Contract Value	合 同 Contract Number	金 额 Contract Value
甘肃 China Gansu Corporation for International Technical Economic Cooperation	1	1688	5	1562	5	1665
宁夏 China Ningxia Islamic Corp. for International Economic and Technical Cooperation			1	140	1	116
新疆 China Xinjiang International Economic and Technical Cooperative Corporation	5	454	3	3256		
新天 Xin Tian Corporation for International Economic and Technical Cooperation	2	158	4	431	1	105
三、设计咨询 Designing and Consultancy			**22**	**604**	**12**	**4748**
东北水利开发 Northeast China Water & Hydroelectric General Development Corporation			1			
铁道第三勘测 The Third Survey & Design Institute of the Ministry of Railways					1	4
航空工业规划 China Aeronautical Project and Design Institute			3	82	4	165
石化北京设计院 SINOPEC Beijing Design Institute (BDI)					1	69
煤炭设计 Beijing Coal Design & Research Institute					4	629
机电设计 Engineering Design & Research Institute, Ministry & Electronics Industry			7	50		
成达化学 China Chengda Chemical Engineering Corporation Beijing Central Engineering and Research					2	3881
冶金钢铁设计 Incorporation of Iron and Steel Industry, Ministry of Metallurgical			11	472		

4—44（1） 各公司对外劳务合作合同数额

CONTRACTS SIGNED FOR FOREIGN LABOUR SERVICES BY CORPORATIONS

单位：合同数：份
合同额：万美元

Unit：Contract Number：Copy
Contract Value：US $ 10000

公 司 Corporation	1991		1992		1993	
	合 同 Contract Number	金 额 Contract Value	合 同 Contract Number	金 额 Contract Value	合 同 Contract Number	金 额 Contract Value
总计 Total	**7267**	**108499**	**8241**	**133457**	**10212**	**161112**
一、专业公司 National Specialized International Cooperation Companies	**986**	**19190**	**1090**	**22937**	**1382**	**29555**
中建 China State Construction Engineering Corporation	54	4907	35	1631	20	1243
中土 China Civil Engineer Construction Corporation	52	487	47	2144	42	357
路桥 China Road and Bridge Engineering Company					5	563
港湾 China Harbours Engineering Company (Group)					14	356
海外工程 China Overseas Engineering Corporation	79	1451	31	1747	19	2208
中水 China International Water and Electric Corporation	2	42	2	68	3	261
中冶 China Metallurgical Construction Corporation	1	57	8	614	2	24
中航技 China National Aero-technology Import and Export Corporation, Contracting-construction Corporation	1	15	2	66	3	60
轻工 China Light Industrial Corporation for Foreign Economic and Technical Cooperation	24	642	42	2196	38	2538
石油 China Petroleum Engineering Construction Corporation	24	1226	20	258	1	595
中农 China International Cooperation Company of Agriculture, Livestock and Fishery	18	1095			3	104
有色 China Nonferrous Metal Industry of Foreign Engineering and Construction Corporation	3	84	4	228	4	304
纺织 China Textile Industrial Corporation for Foreign Economic and Technical Cooperation	8	92	5	19	6	73
建材 China Building-material Industrial Corporation for Foreign Econo-technical Cooperation	19	657	19	493	11	1164
瑞宝 China Rainbow Development Corporation			5	56		

4—44（2） 各公司对外劳务合作合同数额

CONTRACTS SIGNED FOR FOREIGN LABOUR SERVICES BY CORPORATIONS

单位：合同数：份
合同额：万美元

Unit：Contract Number：Copy
Contract Value：US＄10000

公司 Corporation	1991		1992		1993	
	合同 Contract Number	金额 Contract Value	合同 Contract Number	金额 Contract Value	合同 Contract Number	金额 Contract Value
智力 China International Intellectual Corporation	272	1210	387	1977	627	5960
国华 Guo Hua International Contracting Incorporation			4	1096	3	104
长城 China Great Wall Industry Corporation	7	202	5	77		
海洋石油 China Offshore Industrial Corporation	2	27	2	79	5	38
电子 China National Electronic Import and Export Corporation International Project Division	3	52	10	114	18	181
海员 China Marine and Seamen Service Corporation	117	1277	83	2167	148	2077
咨询 China International Engineering Consulting Corporation	4	59	6	33	1	11
四达 China Star Corporation for International Economic and Technical Cooperation	168	3173	165	1188	207	1126
化工 China National Chemical Engineering Corporation			1	4		
商业 China Commercial Corporation for International Economic and Technical Cooperation	34	173	52	554	15	147
通信 China International Telecommunications Construction Corporation	15	1083	10	222	8	315
石化 China Petro-chemical International Company	10	47	9	96	5	162
广播 China Radio and Television Company for International Techno-economic Cooperation	2	11	9	108	8	98
光大 Ever Bright Corporation for International Economic and Technical Cooperation	6	202	3	8		
中房 China State Housing and Real Estate Development Corporation	2	91	1	36	2	40
材料设备 China Corporation for Foreign-oriented Building Materials and Equipment			16	240		

4—44（3） 各公司对外劳务合作合同数额
CONTRACTS SIGNED FOR FOREIGN LABOUR SERVICES BY CORPORATIONS

单位：合同数：份
合同额：万美元

Unit：Contract Number：Copy
Contract Value：US $ 10000

公 司 Corporation	1991 合 同 Contract Number	1991 金 额 Contract Value	1992 合 同 Contract Number	1992 金 额 Contract Value	1993 合 同 Contract Number	1993 金 额 Contract Value
工程材料 China International Engineering and Materials Corporation	10	241	6	275	4	320
机械 China Machine Building International Corporation	4	70	10	454	8	510
化建 China National Chemical Construction Corporation					1	
展览 China International Exhibition Construction Corporation	20	95	1	3	2	5
海洋服务 China Ocean Engineering Services Limited	2	94			3	33
新兴 China Xinxing Engineering Construction and Real Estate Development General Company			7	68	1	30
林业 China International Forestry Corporation	4	193	5	12	2	8
船舶 China Shipbuilding Trading Company	19	135				
对外建设 China Construction International Inc.			7	247	5	166
铁道建筑 China Railway Construction Corporation					1	10
水产 China National Fisheries Corporation					1	800
海外经济合作 China National Corporation for Overseas Economic Cooperation					28	372
仪器进出口 China National Instruments Import & Export Corporation					1	4
海外贸易 China National Overseas Trading Corporation					3	105
机械进出口 China National Machinery Import & Export Corporation			4	1054		
航空港 China Airport Consturction Corporation					6	112
惠通 China Huitong Corporation			10	112	5	63
体育 China Sports International Corp.			3	30	5	119
黄金 China National Gold Corporation					1	2

4—44 (4) 各公司对外劳务合作合同数额

CONTRACTS SIGNED FOR FOREIGN LABOUR SERVICES BY CORPORATIONS

单位：合同数：份 合同额：万美元

Unit：Contract Number：Copy Contract Value：US $ 10000

公司 Corporation	1991 合同 Contract Number	1991 金额 Contract Value	1992 合同 Contract Number	1992 金额 Contract Value	1993 合同 Contract Number	1993 金额 Contract Value
电子系统 China Electronic Systems Engineering Corp.					1	4
软件 China International Computer Software Engineering Corp.					7	39
中国海洋石油 China National Offshore Oil Corporation					7	48
远洋运输 China Ocean Shipping Company			28	2763	46	6268
国际企业 China International Enterprises Cooperation Corporation			9	115	11	36
精密机械 China Precision Machinary Import and Export Corporation			5	106	4	184
海洋航空 China Ocean Aviation Corporation			12	179	1	2
成套 China International Enterprise Holdings Co., Ltd					10	206
二、地方公司 Provincial and Civil International Cooperation Companies	**6281**	**89309**	**7146**	**110501**	**8828**	**131518**
北京 China Beijing International Corporation for Economic Cooperation	105	1531	114	1127	60	979
北京建筑工程 Beijing Construction Engineering Corporation					35	793
天津 China Tianjin International Economic and Technical Cooperative Corporation	208	7311	311	5501	85	6701
河北 China Hebei International Economic and Technical Cooperative Corporation	13	13310	5	29	13	232
石家庄 Shijiazhuang International Economic & Technical Cooperative Corporation					8	129
山西 China Shanxi International Corporation for Economic and Technical Cooperation	10	136	15	157	24	435
内蒙古 China Inner Mongolia International Economic and Technical Cooperative Corporation	57	2054	47	2319	31	1085

4—44（5） 各公司对外劳务合作合同数额
CONTRACTS SIGNED FOR FOREIGN LABOUR SERVICES BY CORPORATIONS

单位：合同数：份
合同额：万美元
Unit：Contract Number：Copy
Contract Value：US $ 10000

公 司 Corporation	1991 合 同 Contract Number	1991 金 额 Contract Value	1992 合 同 Contract Number	1992 金 额 Contract Value	1993 合 同 Contract Number	1993 金 额 Contract Value
呼伦贝尔 Hulunbuir International Economic and Technical Cooperative Corporation	4	341	25	1244	21	405
满州里 Manzhouli International Economic & Technical Cooperation Corporation			11	470	10	188
内蒙高校 Inner Mongolia Institute Technology Development Corporation					11	450
辽宁 China Liaoning International Corporation of Economic and Technical Cooperation	29	897	30	1167	46	1706
沈阳 China Shenyang Corporation for International Economic and Technical Cooperation	53	2658	60	2746	24	2831
大连 China Dalian International Economic and Technical Cooperative Corporation	82	1531	120	2575	128	5599
丹东 China Dandong International Corporation of Economic and Technical Cooperation					1	64
营口 Yingkou International Corporation of Economic and Technical Cooperation					4	1788
抚顺对外建筑 China Fushun International Construcation & Installation Engineering Corporation					15	1126
吉林 China Jilin International Economic and Technical Cooperative Corporation	84	8217	57	13432	81	9519
长春 China Changchun International Economic and Technical Cooperative Corporation	10	286	9	761	27	8871
延边 Yanbian Foreign Economic and Technical Cooperative Corporation			6	1617	26	3543
吉林对外 Jilin Foreign Economic and Technical Co.			4	115	10	317
黑龙江 China Heilongjiang International Corporation for Economic and Technical Cooperation	33	3368	31	2922	25	1765

4—44（6） 各公司对外劳务合作合同数额

CONTRACTS SIGNED FOR FOREIGN LABOUR SERVICES BY CORPORATIONS

单位：合同数：份
合同额：万美元

Unit：Contract Number：Copy
Contract Value：US＄10000

公 司 Corporation	1991		1992		1993	
	合同 Contract Number	金额 Contract Value	合同 Contract Number	金额 Contract Value	合同 Contract Number	金额 Contract Value
黑龙江工程 Heilongjiang International Corporation for Engineering and Technical Cooperation	4	95	4	319	14	320
哈尔滨 China Harbin International Corporation for Technical and Economic Cooperation	6	1048	3	2683	3	2280
佳木斯 Jiamusi Corporation for International Economic and Technical Cooperation	3	69	3	280	5	128
牡丹江 Mudanjiang Corporation for International Ecomomic and Technical Cooperation	17	465	28	1594	25	938
黑河 Heihe Corporation for International Economic and Technical Cooperation			6	181	4	325
齐齐哈尔 Qiqihar Corporation for International Economic and Technical Cooperation	3	62	16	1375	2	4
东北煤矿 North-east Coal-engineering Company	2	164	5	2227	1	190
东北电力集团 Northeast China Electric Power Corporation					1	9
哈铁 Harbin Railway Foreign Economy & Technology Corporation			6	212	9	230
东方 Orient International Econimic and Technological Cooperation Corporation			2	22	3	772
上海 China Shanghai Corporation for Foreign Economic and Technological Cooperation	106	3874	88	5098	156	1567
上海对外劳务 Shanghai Foreign Service & Cooperation Company			24	209	28	710
上海机械进出口 Shanghai Machinery Import & Export Corporation					22	178
上海机械设备 Shanghai Machinery & Equipment Imp. & Exp. Corp.					3	6
江苏 China Jiangsu International Economic and Technical Cooperative Corporation	57	1185	46	864	51	1293

4—44（7） 各公司对外劳务合作合同数额

CONTRACTS SIGNED FOR FOREIGN LABOUR SERVICES BY CORPORATIONS

单位：合同数：份
合同额：万美元

Unit：Contract Number：Copy
Contract Value：US＄10000

公司 Corporation	1991		1992		1993	
	合同 Contract Number	金额 Contract Value	合同 Contract Number	金额 Contract Value	合同 Contract Number	金额 Contract Value
南京 China Nanjing International Economic and Technical Cooperative Corporation	7	140	11	236	5	68
南通 Nantong Corporation for International Economic & Technical Cooperation					18	598
扬州 Yangzhou International Economic and Technical Cooperation Corporation					4	38
连云港 Lianyungang International Economic and Technical Cooperation Corporation					11	239
南京海外建筑 Nanjing Overseas Construction Engineering Corporation					3	93
浙江 China Zhejiang Corporation for International Economic and Technical Cooperation	455	2146	358	5025	364	5227
宁波 China Ningbo Corporation for International Economic and Technical Cooperation	16	444	23	754	49	749
宁波技术进出口 Ningbo Technical Import & Export Corporation					8	264
安徽 China Anhui Corporation for International Economic and Technical Cooperation	15	461	6	33	7	42
安徽建筑工程 Anhui Construction Engineering Corporation					7	15
福建 China Fujian Corporation for International Techno-economic Cooperation	612	3760	341	4266	1558	3249
福建劳服 Fujian Corporation for Overseas Labour Service Cooperation	64	1199	155	1759	152	3788
厦门 China Xiamen Company for International Techno-economic Cooperation	22	5688	70	4165	101	8040
漳州 Zhangzhou Corporation for International Techno-economic Cooperation	6	429	60	1742	445	2001

4—44（8） 各公司对外劳务合作合同数额

CONTRACTS SIGNED FOR FOREIGN LABOUR SERVICES BY CORPORATIONS

单位：合同数：份
合同额：万美元

Unit: Contract Number: Copy
Contract Value: US$10000

公司 Corporation	1991		1992		1993	
	合同 Contract Number	金额 Contract Value	合同 Contract Number	金额 Contract Value	合同 Contract Number	金额 Contract Value
泉州 Quanzhou Corporation for International Techno-economic Cooperation	497	1678	552	1874	483	3702
福州 Fuzhou Corporation for International Techno-economic Cooperation	726	999	708	1746	363	2142
武夷 China Wuyi Corporation			2	56		
厦门建隆 Xiamen Jianlong Economic and Technical Cooperation Corporation					5	68
厦门特贸合作 Xiamen Co. for International Techno-economic Cooperation Temao Branch					3	8
福建交通劳务 Fujian External Communication and Labour Service Cooperation Corporation					3	858
江西 China Jiangxi Corporation for International Economic and Technical Cooperation	34	435	34	546	18	1069
南昌对外工程 China Nanchang Foreign Engineering Corporation					4	106
山东 China Shandong International Economic and Technical Cooperative Corporation	16	652	52	2182	59	4337
青岛 China Qingdao International Economic and Technical Cooperative Corporation	6	42	36	970	61	1084
烟台 Yantai Foreign Economic and Technical Cooperative Corporation	42	259	49	374	54	1052
威海 Weihai Foreign Economic and Technical Cooperative Company	19	524	26	1062	32	1782
潍坊 Weifang International Economic & Technical Cooperation Co.			9	69	23	518
齐鲁建设集团 Qilu Construction Group Corporation					5	990
河南 China Henan International Economic-technical Cooperative Corporation	23	341	17	670	13	727

4—44（9） 各公司对外劳务合作合同数额

CONTRACTS SIGNED FOR FOREIGN LABOUR SERVICES BY CORPORATIONS

单位：合同数：份
合同额：万美元

Unit：Contract Number：Copy
Contract Value：US $ 10000

公 司 Corporation	1991		1992		1993	
	合 同 Contract Number	金 额 Contract Value	合 同 Contract Number	金 额 Contract Value	合 同 Contract Number	金 额 Contract Value
湖北 China Hubei Corporation for International Economic and Technical Cooperation	9	61	10	18	18	141
武汉 China Wuhan Corporation for International Economic and Technical Cooperation	63	516	47	917	50	1138
湖南 China Hunan International Economic and Technical Cooperative Corporation	62	418	70	424	83	611
广东 Guangdong International Economic and Technical Cooperative Corporation	508	7674	553	7730	739	9139
广州 China Guangzhou International Economic and Technical Cooperative Company	1017	449	1167	3335	1386	4596
广东劳服 Guangdong Manpower External Service Corporation	1039	9298	1266	7420	1375	10545
深圳 China Shenzhen International Economic and Technical Cooperative Corporation	38	819	302	4853	148	1447
华西 China Huaxi Enterprise Corporation	10	263	5	2729	12	238
汕头 Shantou International Economic & Technical Corporation, China			20	52	4	186
广西 China Guangxi International Corporation for Economic and Technical Cooperation	3	3	7	49	79	365
海南 China Hainan Corporation for International Economic and Technical Cooperation	1	1				
四川 China Sichuan Corporation for International Techno-economic Cooperation	12	152	13	89	17	1979
重庆 China Chongqing International Economic and Technical Cooperative Corporation	22	337	13	1685	8	308
成都 China Chengdu International Corporation for Economic and Technical Cooperation	21	106	21	272	4	153

4—44（10） 各公司对外劳务合作合同数额

CONTRACTS SIGNED FOR FOREIGN LABOUR SERVICES BY CORPORATIONS

单位：合同数：份
合同额：万美元

Unit：Contract Number：Copy
Contract Value：US $ 10000

公 司 Corporation	1991		1992		1993	
	合 同 Contract Number	金 额 Contract Value	合 同 Contract Number	金 额 Contract Value	合 同 Contract Number	金 额 Contract Value
贵州 China Guizhou Corporation for International Techno-economic Cooperation	1	19			4	18
云南 China Yunnan Corporation for International Techno-economic Cooperation	4	84			9	148
陕西 China Shaanxi International Economic and Technical Cooperative Corporation	5	78	33	116	8	50
西安 China Xi'an International Economic Technical and Trade Corporation	9	66	7	244	9	46
甘肃 China Gansu Corporation for International Technical Economic Cooperation	3	20	6	129	2	15
宁夏 China Ningxia Islamic Corp. for International Economic and Technical Cooperation			3	34	1	8
新疆 China Xinjiang International Economic and Technical Cooperative Corporation	6	1114	6	115		
新天 Xin Tian Corporation for International Economic and Technical Cooperation	2	29	12	1515	2	57
三、设计咨询 Designing and Consultancy			**5**	**19**	**2**	**39**
铁道第三勘测 The Third Survey & Design Institute of the Ministry of Railways					2	39
化学第六设计 The Sixth Design Institute of the Ministry of Chemical Industry			2	14		
机电设计 Engineering Design & Research Institute, Ministry & Electronics Industry			3	5		

4—45（1） 各公司对外承包工程营业额

TURNOVER OF FOREIGN ENGINEERING PROJECTS BY CORPORATIONS

单位：万美元

Unit：US＄10000

公　司 Corporation	1990	1991	1992	1993
总计　Total	**164414**	**196973**	**240286**	**366854**
一、专业公司　National Specialized International Cooperation Companies	**108836**	**130503**	**151270**	**241814**
中建　China State Construction Engineering Corporation	41748	50556	58450	68297
中土　China Civil Engineer Construction Corporation	3724	5735	5704	11072
路桥　China Road and Bridge Engineering Company	6418	8262	8079	12989
港湾　China Harbours Engineering Company (Group)	10223	17073	28238	57256
海外工程　China Overseas Engineering Corporation	4603	6578	6173	7227
中水　China International Water and Electric Corporation	8629	7739	6275	5973
中冶　China Metallurgical Construction Corporation	7583	9047	12814	12011
中航技　China National Aero-technology Import and Export Corporation，Contracting-construction Corporation	706	788	555	132
轻工　China Light Industrial Corporation for Foreign Economic and Technical Cooperation	184	315	166	462
石油　China Petroleum Engineering Construction Corporation	155	10	500	3305
地质　China Geo-engineering Corporation	932	916	1328	988
中农　China International Cooperation Company of Agriculture，Livestock and Fishery		45	526	495
有色　China Nonferrous Metal Industry of Foreign Engineering and Construction Corporation	2671	1488	983	255
纺织　China Textile Industrial Corporation for Foreign Economic and Technical Cooperation	996	1287	1265	226
建材　China Building-material Industrial Corporation for Foreign Econo-technial Cooperation	637	683	484	911
瑞宝　China Rainbow Development Corporation	5		62	250

4—45（2） 各公司对外承包工程营业额
TURNOVER OF FOREIGN ENGINEERING PROJECTS BY CORPORATIONS

单位：万美元

Unit：US＄10000

公　司 Corporation	1990	1991	1992	1993
国华　Guo Hua International Contracting Incorporation	1919	458	1340	1742
长城　China Great Wall Industry Corporation	1637	250	312	
海洋石油　China Offshore Industrial Corporation	1045	1990		3754
电子　China National Electronic Import and Export Corporation International Project Division	220	260	306	1008
煤炭　China Coal Overseas Development Corporation	610	204	153	187
咨询　China International Engineering Consulting Corporation	676	255	69	325
化工　China National Chemical Engineering Corporation	1086	934	537	1219
商业　China Commercial Corporation for International Economic and Technicall Cooperation	63	27	45	16
通信　China International Telecommunications Construction Corporation	45	28	11	
石化　China Petro-chemical International Company		34	863	4693
广播　China Radio and Television Company for International Techno-economic Cooperation	245	226	205	240
光大　Ever Bright Corporation for International Economic and Technical Cooperation	220		320	13
万宝　China Wan Bao Engineering Corporation	3932	6330	4739	6070
中房　China State Housing and Real Estate Development Corporation	270	26	54	600
材料设备　China Corporation for Foreign-oriented Building Materials and Equipment			41	
工程材料　China International Engineering and Materials Corporation	2000	139		2954
机械　China Machine Building International Corporation			37	

4—45（3） 各公司对外承包工程营业额

TURNOVER OF FOREIGN ENGINEERING PROJECTS BY CORPORATIONS

单位：万美元

Unit：US＄10000

公　司 Corporation	1990	1991	1992	1993
化建　China National Chemical Construction Corporation	600	1083	450	7056
中原　China Zhong Yuan Engineering Corporation	4388	3500	5866	10238
展览　China International Exhibition Construction Corporation	109	45	219	175
海洋服务　China Ocean Engineering Services Limited	490	805	419	668
林业　China International Forestry Corporation	4			
船舶　China Shipbuilding Trading Company		3387		
对外建设　China Construction International Inc.			606	1028
铁道建筑　China Railway Construction Corporation				1508
水产　China National Fisheries Corporation				15459
海外经济合作　China National Corporation for Overseas Economic Cooperation				403
安能　China Anneng Construction Corporation				15
惠通　China Huitong Corporation				1
体育　China Sports International Corp.			375	87
电子系统　China Electronic Systems Engineering Corp.				225
中国海洋石油　China National Offshore Oil Corporation			2549	81
精密机械　China Precision Machinery Import and Export Corporation			152	200
二、地方公司　Provincial and Civil International Cooperation Companies	**55578**	**66470**	**88681**	**124469**
北京　China Beijing International Corporation for Economic Cooperation	625	1469	2543	3555
北京建筑工程　Beijing Construction Engineering Corporation				5316
天津　China Tianjin International Economic and Technical Cooperative Corporation	607	639	2185	3100

4—45（4） 各公司对外承包工程营业额
TURNOVER OF FOREIGN ENGINEERING PROJECTS BY CORPORATIONS

单位：万美元
Unit：US＄10000

公司 Corporation	1990	1991	1992	1993
河北 China Hebei International Economic and Technical Cooperative Corporation	584	149	449	
山西 China Shanxi International Corporation for Economic and Technical Cooperation	63	115	263	191
内蒙古 China Inner Mongolia International Economic and Technical Cooperative Corporation	1063	427	269	100
呼伦贝尔 Hulunbuir International Economic and Technical Cooperative Corporation		28	375	463
满洲里 Manzhouli International Economic & Technical Cooperation Corporation				92
辽宁 China Liaoning International Corporation of Economic and Technical Cooperation	3608	1167	2671	7331
沈阳 China Shenyang Corporation for International Economic and Technical Cooperation	1022	501	883	442
大连 China Dalian International Economic and Technical Cooperative Corporation	969	1067	1219	1987
吉林 China Jilin International Economic and Technical Cooperative Corporation	1585	469	1851	1269
长春 China Changchun International Economic and Technical Cooperative Corporation				120
延边 Yanbian Foreign Economic and Technical Cooperative Corporation		65		172
吉林对外 Jilin Foreign Economic and Technical Co.			70	54
黑龙江 China Heilongjiang International Corporation for Economic and Technical Cooperation	2379	769	639	202
黑龙江工程 Heilongjiang International Corporation for Engineering and Technical Cooperation		1933	2169	1101

4—45（5） 各公司对外承包工程营业额
TURNOVER OF FOREIGN ENGINEERING PROJECTS BY CORPORATIONS

单位：万美元
Unit：US＄10000

公　　司 Corporation	1990	1991	1992	1993
哈尔滨　China Harbin International Corporation for Technical and Economic Cooperation	318	1504	1195	1175
佳木斯　Jiamusi Corporation for International Economic and Technical Cooperation		6	5	
牡丹江　Mudanjiang Corporation for International Economic and Technical Cooperation		436	286	593
黑河　Heihe Corporation for International Economic and Technical Cooperation		731	158	182
齐齐哈尔　Qiqihar Corporation for International Economic and Technical Cooperation		43		90
东北煤矿　North-east Coal-engineering Company		188	98	410
哈铁　Harbin Railway Foreign Economy & Technology Corporation			364	4794
东方　Orient International Economic and Technological Cooperation Corporation			737	1208
上海　China Shanghai Corporation for Foreign Economic and Technological Cooperation	4083	2166	4197	7292
上海机械设备　Shanghai Machinery & Equipment Imp. & Exp. Corp.				1403
江苏　China Jiangsu International Economic and Technical Cooperative Corporation	3556	5478	5287	4823
南京　China Nanjing International Economic and Technical Cooperative Corporation		694	432	926
浙江　China Zhejiang Corporation for International Economic and Technical Cooperation	407	894	781	645

4—45（6） 各公司对外承包工程营业额
TURNOVER OF FOREIGN ENGINEERING PROJECTS BY CORPORATIONS

单位：万美元
Unit：US＄10000

公司 Corporation	1990	1991	1992	1993
宁波 China Ningbo Corporation for International Economic and Technical Cooperation	61	321	655	840
安徽 China Anhui Corporation for International Economic and Technical Cooperation	508	721	699	381
福建 China Fujian Corporation for International Techno-economic Cooperation	8092	9093	14102	19159
厦门 China Xiamen Company for International Techno-economic Cooperation	58	166	434	243
泉州 Quanzhou Corporation for International Techno-economic Cooperation	420	485		1470
福州 Fuzhou Corporation for International Techno-economic Cooperation	2626	2049	2028	3140
武夷 China Wuyi Corporation		2498	3230	4321
福建交通劳务 Fujian External Communication and Labour Service Cooperation Corporation				356
江西 China Jiangxi Corporation for International Economic and Technical Cooperation	521	502	787	1276
南昌对外工程 China Nanchang Foreign Engineering Corporation				342
山东 China Shandong International Economic and Technical Cooperative Corporation	417	255	625	659
威海 Weihai Foreign Economic and Technical Cooperative Company			90	19
齐鲁建设集团 Qilu Construction Group Corporation				2549
河南 China Henan International Economic Technical Cooperative Corporation	918	1100	3634	1305

4—45（7） 各公司对外承包工程营业额

TURNOVER OF FOREIGN ENGINEERING PROJECTS BY CORPORATIONS

单位：万美元

Unit：US＄10000

公司 Corporation	1990	1991	1992	1993
湖北 China Hubei Corporation for International Economic and Technical Cooperation	193	482	1241	2684
武汉 China Wuhan Corporation for International Economic and Technical Cooperation	230	163	104	272
湖南 China Hunan International Economic and Technical Cooperative Corporation	495	538	780	914
广东 Guangdong International Economic and Technical Cooperative Corporation	6500	8838	10921	9338
广州 China Guangzhou International Economic and Technical Cooperative Company	467	663	320	1154
珠江 Guangzhou Pearl River Enterprises		4466	4169	2054
深圳 China Shenzhen International Economic and Technical Cooperative Corporation	519		189	22
汕头 Shantou International Economic & Technical Corporation，China				93
广东海外建设 Guangdong Overseas Construction Corp.				48
广西 China Guangxi International Corporation for Economic and Technical Cooperation	2935	2449	4041	7540
四川 China Sichuan Corporation for International Techno-economic Cooperation	5501	5292	6145	5951
重庆 China Chongqing International Economic and Technical Cooperative Corporation	1387	1383	1782	3120
贵州 China Guizhou Corporation for International Techno-economic Cooperation	53	91		
云南 China Yunnan Corporation for International Techno-economic Cooperation	418	792	277	2562

4—45（8） 各公司对外承包工程营业额
TURNOVER OF FOREIGN ENGINEERING PROJECTS BY CORPORATIONS

单位：万美元
Unit：US＄10000

公　　司 Corporation	1990	1991	1992	1993
陕西 China Shaanxi International Economic and Technical Cooperative Corporation	20	29	9	
西安 China Xi′an International Economic Technical and Trade Corporation	32	10	23	113
甘肃 China Gansu Corporation for International Technical Economic Cooperation	427	1151	700	650
宁夏 China Ningxia Islamic Corp. for International Economic and Technical Cooperation			100	116
新疆 China Xinjiang International Economic and Technical Cooperative Corporation	416	145	140	
新天 Xin Tian Corporation for International Economic and Technical Cooperation		89	272	
三、设计咨询 Designing and Consultancy			**335**	**571**
东北水利开发 Northeast China Water & Hydroelectric General Development Corporation			14	33
铁道第三勘测 The Third Survey & Design Institute of the Ministry of Railways				4
航空工业规划 China Aeronautical Project and Design Institute			99	68
石化北京设计院 SINOPEC Beijing Design Institute（BDI）				7
煤炭设计 Beijing Coal Design & Research Institute				47
化学第六设计 The Sixth Design Institute of the Ministry of Chemical Industry			41	
成达化学 China Chengda Chemical Engineering Corporation Beijing Central Engineering and Research				412
冶金钢铁设计 Incorporation of Iron and Steel Industry, Ministry of Metallurgical			181	

4—46 (1) 各公司对外劳务合作营业额

TURNOVER OF FOREIGN LABOUR SERVICES BY CORPORATIONS

单位：万美元

Unit：US＄10000

公司 Corporation	1990	1991	1992	1993
总计 Total	**22327**	**39299**	**64628**	**86962**
一、专业公司 National Specialized International Cooperation Companies	**6616**	**8587**	**13026**	**20453**
中建 China State Construction Engineering Corporation	748	2939	2845	2162
中土 China Civil Engineer Construction Corporation	715	270	202	258
路桥 China Road and Bridge Engineering Company	44			155
港湾 China Harbours Engineering Company (Group)	163			97
海外工程 China Overseas Engineering Corporation	1195	586	873	956
中水 China International Water and Electric Corporation	18	5	36	93
中冶 China Metallurgical Construction Corporation	586	967	684	495
中航技 China National Aero-technology Import and Export Corporation, Contracting-construction Corporation	161	100	101	201
轻工 China Light Industrial Corporation for Foreign Economic and Technical Cooperation	218	293	494	1061
石油 China Petroleum Engineering Construction Corporation	108	398	79	90
中农 China International Cooperation Company of Agriculture, Livestock and Fishery		286	54	133
有色 China Nonferrous Metal Industry of Foreign Engineering and Construction Corporation	31	17	12	180
纺织 China Textile Industrial Corporation for Foreign Economic and Technical Cooperation	111	243	260	36
建材 China Building-material Industrial Corporation for Foreign Econo-technial Cooperation	892	45	170	283
瑞宝 China Rainbow Development Corporation	35		87	
智力 China International Intellectual Corporation	198	405	920	3215
国华 Guo Hua International Contracting Incorporation		5	36	312
长城 China Great Wall Industry Corporation	5	54	82	50
海洋石油 China Offshore Industrial Corporation	10	10	28	38
电子 China National Electronic Import and Export Corporation International Project Division	9	23		9
海员 China Marine and Seamen Service Corporation	732	883	1538	1863

4—46（2） 各公司对外劳务合作营业额
TURNOVER OF FOREIGN LABOUR SERVICES BY CORPORATIONS

单位：万美元
Unit：US $ 10000

公司 Corporation	1990	1991	1992	1993
煤炭 China Coal Overseas Development Corporation				2
咨询 China International Engineering Consulting Corporation	1	6	14	11
四达 China Star Corporation for International Economic and Technical Cooperation	130	237	503	288
化工 China National Chemical Engineering Corporation			3	1
商业 China Commercial Corporation for International Economic and Technical Cooperation	55	41	162	93
通信 China International Telecommunications Construction Corporation	262	238	423	99
石化 China Petro-chemical International Company	33	31	45	148
广播 China Radio and Television Company for International Techno-economic Cooperation		8	70	97
光大 Ever Bright Corporation for International Economic and Technical Cooperation	24	13	123	2
中房 China State Housing and Real Estate Development Corporation	7	14	3	24
材料设备 China Corporation for Foreign-oriented Building Materials and Equipment			8	
工程材料 China International Engineering and Materials Corporation	2	63	32	120
机械 China Machine Building International Corporation	88	130	146	307
化建 China National Chemical Construction Corporation		1	10	4
展览 China International Exhibition Construction Corporation	1	95	3	5
海洋服务 China Ocean Engineering Services Limited	34	7		21
新兴 China Xinxing Engineering Construction and Real Estate Development General Company			3	1
林业 China International Forestry Corporation		116	12	4
船舶 China Shipbuilding Trading Company		58		
对外建设 China Construction International Inc.			41	89
水产 China National Fisheries Corporation				840
海外经济合作 China National Corporation for Overseas Economic Cooperation				73

4—46（3） 各公司对外劳务合作营业额
TURNOVER OF FOREIGN LABOUR SERVICES BY CORPORATIONS

单位：万美元
Unit：US＄10000

公司 Corporation	1990	1991	1992	1993
仪器进出口 China National Instruments Import & Export Corporation				4
海外贸易 China National Overseas Trading Corporation				4
机械进出口 China National Machinery Import & Export Corporation			7	
航空港 China Airport Construction Corporation				59
惠通 China Huitong Corporation			13	45
体育 China Sports International Corp.			5	
黄金 China National Gold Corporation				1
电子系统 China Electronic Systems Engineering corp.				4
软件 China International Computer Software Engineering corp.				9
中国海洋石油 China National Offshore Oil Corporation				23
远洋运输 China Ocean Shipping Company			2763	6268
国际企业 China International Enterprises Cooperation Corporation			23	5
精密机械 China Precision Machinery Import and Export Corporation			19	35
海洋航空 China Ocean Aviation Corporation			94	78
成套 China International Enterprise Holdings Co. Ltd				2
二、地方公司 Provincial and Civil International Cooperation Companies	**15711**	**30712**	**51588**	**66476**
北京 China Beijing International Corporation for Economic Cooperation	431	428	597	635
北京建筑工程 Beijing Construction Engineering Corporation				242
天津 China Tianjin International Economic and Technical Cooperative Corporation	2193	3245	3415	4733
河北 China Hebei International Economic and Technical Cooperative Corporation	49	107	210	48
石家庄 Shijiazhuang International Economic & Technical Cooperative Corporation				58

4—46（4） 各公司对外劳务合作营业额

TURNOVER OF FOREIGN LABOUR SERVICES BY CORPORATIONS

单位：万美元

Unit：US＄10000

公　司 Corporation	1990	1991	1992	1993
山西　China Shanxi International Corporation for Economic and Technical Cooperation	56	70	76	61
内蒙古　China Inner Mongolia International Economic and Technical Cooperative Corporation	986	1566	1321	1075
呼伦贝尔　Hulunbuir International Economic and Technical Cooperative Corporation		37	562	347
满洲里　Manzhouli International Economic & Technical Cooperation Corporation			402	362
内蒙高校　Inner Mongolia Institute Technology Development Corporation				294
辽宁　China Liaoning International Corporation of Economic and Technical Cooperation	489	576	523	1177
沈阳　China Shenyang Corporation for International Economic and Technical Cooperation	117	2438	2677	3258
大连　China Dalian International Economic and Technical Cooperative Corporation	555	839	1717	4369
丹东　China Dandong International Corporation of Economic and Technical Cooperation				42
营口　Yingkou International Corporation of Economic and Technical Cooperation				282
抚顺对外建筑　China Fushun International Construction & Installation Engineering Corporation				250
吉林　China Jilin International Economic and Technical Cooperative Corporation	860	3438	5341	5794
长春　China Changchun International Economic and Technical Cooperative Corporation			282	1005
延边　Yanbian Foreign Economic and Technical Cooperative Corporation			21	541
吉林对外　Jilin Foreign Economic and Technical Co.			101	280
黑龙江　China Heilongjiang International Corporation for Economic and Technical Cooperation	604	1080	1866	56
黑龙江工程　Heilongjiang International Corporation for Engineering and Technical Cooperation		95	71	420

4—46（5） 各公司对外劳务合作营业额
TURNOVER OF FOREIGN LABOUR SERVICES BY CORPORATIONS

单位：万美元
Unit：US＄10000

公　司 Corporation	1990	1991	1992	1993
哈尔滨 China Harbin International Corporation for Technical and Economic Cooperation	121	321	334	679
佳木斯 Jiamusi Corporation for International Economic and Technical Cooperation		19		18
牡丹江 Mudanjiang Corporation for International Economic and Technical Cooperation		324	1222	704
黑河 Heihe Corporation for International Economic and Technical Cooperation			484	104
齐齐哈尔 Qiqihar Corporation for International Economic and Technical Cooperation		16	30	
东北煤矿 North-east Coal-engineering Company		49	141	
哈铁 Harbin Railway Foreign Economy & Technology Corporation			212	301
东方 Orient International Economic and Technological Cooperation Corporation			7	1124
上海 China Shanghai Corporation for Foreign Economic and Technological Cooperation	1047	1248	1940	2412
上海对外劳务 Shanghai Foreign Service & Cooperation Company			25	437
上海机械设备 Shanghai Machinery Import & Export Corporation				54
江苏 China Jiangsu International Economic and Technical Cooperative Corporation	524	320	523	1321
南京 China Nanjing International Economic and Technical Cooperative Corporation		55	80	92
南通 Nantong Corporation for International Economic & Technical Cooperation				237
扬州 Yangzhou International Economic and Technical Cooperation Corporation				1
连云港 Lianyungang International Economic and Technical Cooperation Corporation				48
南京海外建筑 Nanjing Overseas Construction Engineering Corporation				5

4—46（6） 各公司对外劳务合作营业额

TURNOVER OF FOREIGN LABOUR SERVICES BY CORPORATIONS

单位：万美元

Unit：US＄10000

公　司 Corporation	1990	1991	1992	1993
浙江　China Zhejiang Corporation for International Economic and Technical Cooperation	517	552	1190	1862
宁波　China Ningbo Corporation for International Economic and Technical Cooperation	145	246	356	481
宁波技术进出口　Ningbo Technical Import & Export Corporation				33
安徽　China Anhui Corporation for International Economic and Technical Cooperation	128	59	49	10
安徽建筑工程　Anhui Construction Engineering Corporation				15
福建　China Fujian Corporation for International Techno-economic Cooperation	870	1708	2133	2051
福建劳服　Fujian Corporation for Overseas Labour Service Cooperation		17	664	2518
厦门　China Xiamen Company for International Techno-economic Cooperation	420	872	1343	2052
漳州　Zhangzhou Corporation for International Techno-economic Cooperation	113	130	224	604
泉州　Quanzhou Corporation for International Techno-economic Cooperation	583	961	1787	1553
福州　Fuzhou Corporation for International Techno-economic Cooperation	353	503	728	967
武夷　China Wuyi Corporation			4	30
厦门建隆　Xiamen Jianlong Economic and Technical Cooperation Corporation				44
厦门特贸合作　Xiamen Co. for International Techno-economic Cooperation Temao Branch				6
福建交通劳务　Fujian External Communication and Labour Service Cooperation Corporation				305
江西　China Jiangxi Corporation for International Economic and Technical Cooperation	216	210	302	583
南昌对外工程　China Nanchang Foreign Engineering Corporation				116

4—46（7） 各公司对外劳务合作营业额
TURNOVER OF FOREIGN LABOUR SERVICES BY CORPORATIONS

单位：万美元
Unit：US $ 10000

公　司 Corporation	1990	1991	1992	1993
山东　China Shandong International Economic and Technical Cooperative Corporation	171	248	343	865
青岛　China Qingdao International Economic and Technical Cooperative Corporation		17	165	560
烟台　Yantai Foreign Economic and Technical Cooperative Corporation		186	184	317
威海　Weihai Foreign Economic and Technical Cooperative Company		219	254	985
潍坊　Weifang International Economic & Technical Cooperation Co.			19	204
齐鲁建设集团　Qilu Construction Group Corporation				235
河南　China Henan International Economic Technical Cooperative Corporation	39	32	1014	200
湖北　China Hubei Corporation for International Economic and Technical Cooperation	17	24	48	100
武汉　China Wuhan Corporation for International Economic and Technical Cooperation	67	149	147	281
湖南　China Hunan International Economic and Technical Cooperative Corporation	110	208	184	266
广东　Guangdong International Economic and Technical Cooperative Corporation	676	1968	5122	5431
广州　China Guangzhou International Economic and Technical Cooperative Company	515	472	3414	1486
广东劳服　Guangdong Manpower External Service Corporation	1943	4002	5455	6744
深圳　China Shenzhen International Economic and Technical Cooperative Corporation	48	682	983	1456
华西　China Huaxi Enterprise Corporation	113	79	302	202
汕头　Shantou International Economic & Technical Corporation，China			4	11
广西　China Guangxi International Corporation for Economic and Technical Cooperation	38	23	19	143

4—46（8） 各公司对外劳务合作营业额

TURNOVER OF FOREIGN LABOUR SERVICES BY CORPORATIONS

单位：万美元

Unit：US＄10000

公　司 Corporation	1990	1991	1992	1993
四川　China Sichuan Corporation for International Techno-economic Cooperation	363	112	130	143
重庆　China Chongqing International Economic and Technical Cooperative Corporation	173	127	267	299
成都　China Chengdu International Corporation for Economic and Technical Cooperation		13	139	175
贵州　China Guizhou Corporation for International Techno-economic Cooperation		6		8
云南　China Yunan Corporation for International Techno-economic Cooperation	3	7	15	19
陕西　China Shaanxi International Economic and Technical Cooperative Corporation	36	25	46	53
西安　China Xi′an International Economic Technical and Trade Corporation	11	30	30	48
甘肃　China Gansu Corporation for International Technical Economic Cooperation	10	20	25	115
宁夏　China Ningxia Islamic Corp. for International Economic and Technical Cooperation			23	8
新疆　China Xinjiang International Economic and Technical Cooperative Corporation	1	543	118	
新天　Xin Tian Corporation for International Economic and Technical Cooperation			178	26
三、设计咨询　Designing and Consultancy			**14**	**33**
铁道第三勘测　The Third Survey & Design Institute of the Ministry of Railways				30
石化北京设计院　SINOPEC Beijing Design Institute（BDI）				3
化学第六设计　The Sixth Design Institute of the Ministry of Chemical Industry			14	

4—47（1） 各公司对外承包工程出国人数
PERSONNEL SENT ABROAD FOR FOREIGN ENGINEERING PROJECTS BY CORPORATIONS

单位：人次
Unit：Person Time

公司 Corporation	1990	1991	1992	1993
总计 Total	**17869**	**19771**	**26561**	**32076**
一、专业公司 National Specialized International Cooperation Companies	**10495**	**7564**	**8002**	**13653**
中建 China State Construction Engineering Corporation	1728	1170	1550	1238
中土 China Civil Engineer Construction Corporation	624	354	256	781
路桥 China Road and Bridge Engineering Company	472	132	561	398
港湾 China Harbours Engineering Company (Group)	1342	1618	641	625
海外工程 China Overseas Engineering Corporation	773	783	614	425
中水 China International Water and Electric Corporation	1103	1007	443	905
中冶 China Metallurgical Construction Corporation	224	589	816	488
中航技 China National Aero-technology Import and Export Corporation，Contracting-construction Corporation	34	36	12	24
轻工 China Light Industrial Corporation for Foreign Economic and Technical Cooperation	43	69	82	70
石油 China Petroleum Engineering Construction Corporation	155	82	292	475
地质 China Geo-engineering Corporation	95	71	49	1
中农 China International Cooperation Company of Agriculture Livestock and Fishery		24	183	86
有色 China Nonferrous Metal Industry of Foreign Engineering and Construction Corporation	263	5	9	
纺织 China Textile Industrial Corporation for Foreign Economic and Technical Cooperation	36	93	143	78
建材 China Building-material Industrial Corporation for Foreign Econo-technical Corporation	154	88	83	84
瑞宝 China Rainbow Development Corporation	13		30	35
国华 Guo Hua International Contracting Incorporation	4	13	7	
长城 China Great Wall Industry Corporation	23			
电子 China National Electronic Import and Export Corporation International Project Division	3	13		
煤炭 China Coal Overseas Development Corporation	98	58	68	102

4—47（2） 各公司对外承包工程出国人数

PERSONNEL SENT ABROAD FOR FOREIGN ENGINEERING PROJECTS BY CORPORATIONS

单位：人次

Unit：Person Time

公　　司 Corporation	1990	1991	1992	1993
咨询　China International Engineering Consulting Corporation	56	10	41	28
化工　China National Chemical Engineering Corporation	522	29	333	388
商业　China Commercial Corporation for International Economic and Technical Cooperation	17	27	25	
通信　China International Telecommunications Construction Corporation	39	8	17	
石化　China Petro-chemical International Company		15	276	1520
广播　China Radio and Television Company for International Techno-economic Cooperation	57	31	22	26
光大　Ever Bright Corporation for International Economic and Technical Cooperation	96	2	37	
万宝　China Wan Bao Engineering Corporation	190	386	145	446
中房　China State Housing and Real Estate Development Corporation	25	3	12	
材料设备　China Corporation for Foreign-oriented Building Materials and Equipment			13	
工程材料　China International Engineering and Materials Corporation	20	5		
化建　China National Chemical Construction Corporation	440	468	46	331
中原　China Zhong Yuan Engineering Corporation	793	270	563	988
展览　China International Exhibition Construction Corporation	74	10	143	80
海洋服务　China Ocean Engineering Services Limited	979	95	324	475
新兴　China Xinxing Engineering Construction and Real Estate Development General Company			14	
对外建设　China Construction International Inc.			75	
水产　China National Fisheries Corporation				3185
海外经济合作　China National Corporation for Overseas Economic Cooperation				228
安能　China Anneng Construction Corporation				15
体育　China Sports International Corp.			77	45

4—47 (3) 各公司对外承包工程出国人数

PERSONNEL SENT ABROAD FOR FOREIGN ENGINEERING PROJECTS BY CORPORATIONS

单位：人次

Unit：Person Time

公　司 Corporation	1990	1991	1992	1993
中国海洋石油　China National Offshore Oil Corporation				83
二、地方公司　Provincial and Civil International Cooperation Companies	**7374**	**12207**	**18349**	**18366**
北京　China Beijing International Corporation for Economic Cooperation	29	301	206	183
北京建筑工程　Beijing Construction Engineering Corporation				602
天津　China Tianjin International Economic and Technical Cooperative Corporation	84	222	627	228
河北　China Hebei International Economic and Technical Cooperative Corporation	18	38		2
山西　China Shanxi International Corporation for Economic and Technical Cooperation	14	29	87	84
内蒙古　China Inner Mongolia International Economic and Technical Cooperative Corporation	372	398	228	41
呼伦贝尔　Hulunbuir International Economic and Technical Cooperative Corporation		92	858	484
满洲里　Manzhouli International Economic & Techical Cooperation Corporation				155
辽宁　China Liaoning International Corporation of Economic and Technical Cooperation	260	325	1395	1593
沈阳　China Shenyang Corporation for International Economic and Technical Cooperation	647	613	145	448
大连　China Dalian International Economic and Technical Cooperative Corporation	723	511	1260	1515
吉林　China Jilin International Economic and Technical Cooperative Corporation	479	560	871	1502
长春　China Changchun International Economic and Technical Cooperative Corporation				480
延边　Yanbian Foreign Economic and Technical Cooperative Corporation		5	125	304
吉林对外　Jilin Foreign Economic and Technical Co.			91	176

4—47（4） 各公司对外承包工程出国人数

PERSONNEL SENT ABROAD FOR FOREIGN ENGINEERING PROJECTS BY CORPORATIONS

单位：人次

Unit：Person Time

公　　司 Corporation	1990	1991	1992	1993
黑龙江　China Heilongjiang International Corporation for Economic and Technical Cooperation	501	570	233	408
黑龙江工程　Heilongjiang International Corporation for Engineering and Technical Cooperation		1230	1182	860
哈尔滨　China Harbin International Corporation for Technical and Economic Cooperation	290	625	510	477
佳木斯　Jiamusi Corporation for Interational Economic and Technical Cooperation			37	15
牡丹江　Mudanjiang Corporation for International Economic and Technical Cooperation		16	1459	326
黑河　Heihe Corporation for International Economic and Technical Cooperation		1580	299	571
齐齐哈尔　Qiqihar Corporation for International Economic and Technical Cooperation			515	532
东北煤矿　North-east Coal-engineering Company		292	155	
哈铁　Harbin Railway Foreign Economy & Technology Corporation			640	1283
东方　Orient International Economic and Technological Cooperation Corporation			1359	470
上海　China Shanghai Corporation for Foreign Economic and Technological Cooperation	93	36	37	97
上海对外劳务　Shanghai Foreign Service & Cooperation Company				9
江苏　China Jiangsu International Economic and Technical Cooperative Corporation	825	1267	407	659
南京　China Nanjing International Economic and Technical Cooperative Corporation		35	71	1088
浙江　China Zhejiang Corporation for International Economic and Technical Cooperation	45	10	63	124
宁波　China Ningbo Corporation for International Economic and Technical Cooperation	5	13	7	122
安徽　China Anhui Corporation for International Economic and Technical Cooperation	84	89	130	142
厦门　China Xiamen Company for International Techno-ecomomic Cooperation	50			

4—47 (5) 各公司对外承包工程出国人数

PERSONNEL SENT ABROAD FOR FOREIGN ENGINEERING PROJECTS BY CORPORATIONS

单位：人次

Unit：Person Time

公 司 Corporation	1990	1991	1992	1993
泉州 Quanzhou Corporation for International Techno-ecomomic Cooperation	6			
武夷 China Wuyi Corporation		44	45	28
江西 China Jiangxi Corporation for International Economic and Technical Cooperation	51	3	162	54
南昌对外工程 China Nanchang Foreign Engineering Corporation				31
山东 China Shandong International Economic and Technical Cooperative Corporation	75	96	103	207
威海 Weihai Foreign Economic and Technical Cooperative Company		7	26	69
齐鲁建设集团 Qilu Construction Group Corporation				259
河南 China Henan International Economic Technical Cooperative Corporation	157	82	143	
湖北 China Hubei Corporation for International Economic and Technical Cooperation	20	83	43	31
武汉 China Wuhan Corporation for International Economic and Technical Cooperation	32	66	86	82
湖南 China Hunan International Economic and Technical Cooperative Corporation	71	63	22	47
广东 Guangdong International Economic and Technical Cooperative Corporation	65	423	982	490
广州 China Guangzhou International Economic and Technical Cooperative Company	37	148	25	934
珠江 Guangzhou Pearl River Enterprises		25	25	
深圳 China Shenzhen International Economic and Technical Cooperative Corporation	5			19
华西 China Huaxi Enterprise Corporation	57	368	706	70
汕头 Shantou International Economic & Technical Corporation，China				66
广东海外建设 Guangdong Overseas Construction Corp.				31
广西 China Guangxi International Corporation for Economic and Technical Cooperation	250	211	213	370
四川 China Sichuan Corporation for International Techno-economic Cooperation	546	407	377	291

4—47（6） 各公司对外承包工程出国人数

PERSONNEL SENT ABROAD FOR FOREIGN ENGINEERING PROJECTS BY CORPORATIONS

单位：人次

Unit：Person Time

公　　　司 Corporation	1990	1991	1992	1993
重庆　China Chongqing International Economic and Technical Cooperative Corporation	162	418	138	100
贵州　China Guizhou Corporation for International Techno-economic Cooperation	31	32		
云南　China Yunnan Corporation for International Techno-economic Cooperation	123	255	746	114
陕西　China Shaanxi International Economic and Technical Cooperative Corporation	10	2	3	
西安　China Xi′an International Economic Technical and Trade Corporation	3		60	14
甘肃　China Gansu Corporation for International Technical Economic Cooperation	61	61	74	46
宁夏　China Ningxia Islamic Corp. for International Economic and Technical Cooperation			30	33
新疆　China Xinjiang International Economic and Technical Cooperative Corporation	1093	165	637	
新天　Xin Tian Corporation for International Economic and Technical Cooperation		391	706	
三、设计咨询　Designing and Consultancy			**210**	**57**
东北水利开发　Northeast China Water & Hydroelectric General Development Corporation			14	
铁道第三勘测　The Third Survey & Design Institute of the Ministry of Railways				3
航空工业规划　China Aeronautical Project And Design Institute			9	12
煤炭设计　Beijing Coal Design & Research Institute				7
化学第六设计　The Sixth Design Institute of the Ministry of Chemical Industry			73	
成达化学　China Chengda Chemical Engineering Corporation Beijing Central Engineering and Research				35
冶金钢铁设计　Incorporation of Iron and Steel Industry，Ministry of Metallurgical			114	

4—48（1） 各公司对外劳务合作出国人数

PERSONNEL SENT ABROAD FOR FOREIGN LABOUR SERVICES BY CORPORATIONS

单位：人次

Unit：Person Time

公　　司 Corporation	1990	1991	1992	1993
总计　Total	**35037**	**67294**	**91659**	**104581**
一、专业公司　National Specialized International Cooperation Companies	**8340**	**9266**	**16699**	**25402**
中建　China State Construction Engineering Corporation	789	1602	764	1163
中土　China Civil Engineer Construction Corporation	224	154	236	734
路桥　China Road and Bridge Engineering Company	190			595
港湾　China Harbours Engineering Company（Group）	687			454
海外工程　China Overseas Engineering Corporation	1297	476	1210	781
中水　China International Water and Electric Corporation		11	38	69
中冶　China Metallurgical Construction Corporation	647	4	365	24
中航技　China National Aero-technology Import and Export Corporation，Contracting-construction Corporation	62	23	38	6
轻工　China Light Industrial Corporation for Foreign Economic and Technical Cooperation	192	333	1055	869
石油　China Petroleum Engineering Construction Corporation	140	166	29	485
中农　China International Cooperation Company of Agriculture，Livestock and Fishery		295	181	369
有色　China Nonferrous Metal Industry of Foreign Engineering and Consrtuction Corporation	22	15	49	277
纺织　China Textile Industrial Corporation for Foreign Economic and Technical Cooperation	351	235	18	56
建材　China Building-material Industrial Corporation for Foreign Econo-technical Corporation	450	173	192	912
瑞宝　China Rainbow Development Corporation	13		114	
智力　China International Intellectual Corporation	149	356	764	1833
国华　Guo Hua International Contracting Incorporation	8	36	545	325
长城　China Great Wall Industry Corporation	8	60	81	12
海洋石油　China Offshore Industrial Corporation	11	8	5	66
电子　China National Electronic Import and Export Corporation International Project Division	36	25	78	96
海员　China Marine and Seamen Service Corporation	2491	3015	2637	3818

4—48（2） 各公司对外劳务合作出国人数

PERSONNEL SENT ABROAD FOR FOREIGN LABOUR SERVICES BY CORPORATIONS

单位：人次

Unit：Person Time

公司 Corporation	1990	1991	1992	1993
煤炭 China Coal Overseas Development Corporation				59
咨询 China International Engineering Consulting Corporation	2		13	7
四达 China Star Corporation for International Economic and Technical Cooperation	118	973	698	1154
商业 China Commercial Corporation for International Economic and Technical Cooperation	59	98	227	11
通信 China International Telecommunications Construction Corporation	57	105	127	3
石化 China Perto-chemical International Company	96	87	40	252
广播 China Radio and Television Company for International Techno-economic Cooperation		15	112	85
光大 Ever Bright Corporation for International Economic and Technical Cooperation	36	14	155	
万宝 China Wan Bao Engineering Corporation	1			
中房 China State Housing and Real Estate Development Corporation	10	11	18	20
材料设备 China Corporation for Foreign-oriented Building Materials and Equipment			27	
工程材料 China International Engineering and Materials Corporation	22	209	361	400
机械 China Machine Building International Corporation	77	110	189	216
化建 China National Chemical Construction Corporation		1		8
展览 China International Exhibition Construction Corporation	6	92		6
海洋服务 China Ocean Engineering Services Limited	53	31		68
新兴 China Xinxing Engineering Construction and Real Estate Development General Company			105	92
林业 China International Forestry Corporation	37	426	97	80
船舶 China Shipbuilding Trading Company		107		
对外建设 China Construction International Inc.			132	110
铁道建筑 China Railway Construction Corporation				23
水产 China National Fisheries Corporation				35

4—48（3） 各公司对外劳务合作出国人数

PERSONNEL SENT ABROAD FOR FOREIGN LABOUR SERVICES BY CORPORATIONS

单位：人次
Unit：Person Time

公司 Corporation	1990	1991	1992	1993
海外经济合作 China National Corporation for Overseas Economic Cooperation				115
仪器进出口 China National Instruments Import & Export Corporation				6
海外贸易 China National Overseas Trading Corporation				2
机械进出口 China National Machinery Import & Export Corporation			27	
航空港 China Airport Construction Corporation				145
惠通 China Huitong Corporation			88	52
体育 China Sports International Corp.			8	33
黄金 China National Gold Corporation				9
软件 China International Computer Software Engineering Corp.				16
中国海洋石油 China National Offshore Oil Corporation				41
远洋运输 China Ocean Shipping Company			5433	9000
国际企业 China International Enterprises Cooperation Corporation			59	142
精密机械 China Precision Machinary Import and Export Corporation			56	73
海洋航空 China Ocean Aviation Corporation			328	31
成套 China International Enterprise Holdings Co. Ltd				164
二、地方公司 Provincial and Civil International Cooperation Companies	**26697**	**58028**	**74945**	**79117**
北京 China Beijing International Corporation for Economic Cooperation	335	642	686	684
北京建筑工程 Beijing Construction Engineering Corporation				301
天津 China Tianjin International Economic and Technical Cooperative Corporation	1679	1618	1418	757
河北 China Hebei International Economic and Technical Cooperative Corporation	65	263	5	88
石家庄 Shijiazhuang International Economic & Technical Cooperative Corporation				203

4—48（4） 各公司对外劳务合作出国人数

PERSONNEL SENT ABROAD FOR FOREIGN LABOUR SERVICES BY CORPORATIONS

单位：人次

Unit：Person Time

公司 Corporation	1990	1991	1992	1993
山西 China Shanxi International Corporation for Economic and Technical Cooperation	108	88	118	126
内蒙古 China Inner Mongolia International Economic and Technical Cooperative Corporation	1266	1675	1698	1534
呼伦贝尔 Hulunbuir International Economic and Technical Cooperative Corporation		316	662	568
满洲里 Manzhouli International Economic & Technical Cooperation Corporation			964	712
内蒙高校 Inner Mongolia Institute Technology Development Corporation				677
辽宁 China Liaoning International Corporation of Economic and Technical Cooperation	2597	747	1851	2853
沈阳 China Shenyang Corporation for International Economic and Technical Cooperation	218	2388	2302	2561
大连 China Dalian International Economic and Technical Cooperative Corporation	779	1516	1431	1285
丹东 China Dandong International Corporation of Economic and Technical Cooperation				132
营口 Yingkou International Corporation of Economic and Technical Cooperation				1639
抚顺对外建筑 China Fushun International Construction & Installation Engineering Corporation				572
吉林 China Jilin International Economic and Technical Cooperative Corporation	3168	5524	7761	6621
长春 China Changchun International Economic and Technical Cooperative Corporation		47	465	1255
延边 Yanbian Foreign Economic and Technical Cooperative Corporation			345	2248
吉林对外 Jilin Foreign Economic and Technical Co.			851	1076
黑龙江 China Heilongjiang International Corporation for Economic and Technical Cooperation	1103	1432	1960	600
黑龙江工程 Heilongjiang International Corporation for Engineering and Technical Cooperation		119	426	292

4—48（5） 各公司对外劳务合作出国人数
PERSONNEL SENT ABROAD FOR FOREIGN LABOUR SERVICES BY CORPORATIONS

单位：人次
Unit：Person Time

公　司 Corporation	1990	1991	1992	1993
哈尔滨 China Harbin International Corporation for Technical and Economic Cooperation	356	516	581	687
佳木斯 Jiamusi Corporation for Interational Economic and Technical Cooperation		67	242	189
牡丹江 Mudanjiang Corporation for International Economic and Technical Cooperation		813		958
黑河 Heihe Corporation for International Economic and Technical Cooperation			200	123
齐齐哈尔 Qiqihar Corporation for International Economic and Technical Cooperation		585	45	27
东北煤矿 North-east Coal-engineering Company		129		
东北电力集团 Northeast China Electric Power Corporation				6
哈铁 Harbin Railway Foreign Economy & Technology Corporation			415	443
东方 Orient International Economic and Technological Cooperation Corporation			37	97
上海 China Shanghai Corporation for Foreign Economic and Technological Cooperation	896	1085	2301	2643
上海对外劳务 Shanghai Foreign Service & Cooperation Company			422	882
上海机械进出口 Shanghai Machinery Import & Export Corporation				119
上海机械设备 Shanghai Machinery & Equipment Imp. & Exp. Corp.				2
江苏 China Jiangsu International Economic and Technical Cooperative Corporation	400	991	492	1008
南京 China Nanjing International Economic and Technical Cooperative Corporation		143	42	142
南通 Nantong Corporation for International Economic & Technical Cooporation				643
扬州 Yangzhou Interational Economic and Technical Cooperation Corporation				18
连云港 Lianyungang International Economic and Technical Cooperation Corporation				156

4—48（6） 各公司对外劳务合作出国人数

PERSONNEL SENT ABROAD FOR FOREIGN LABOUR SERVICES BY CORPORATIONS

单位：人次

Unit：Person Time

公　　司 Corporation	1990	1991	1992	1993
南京海外建筑　Nanjing Overseas Construction Engineering Corporation				19
浙江　China Zhejiang Corporation for International Economic and Technical Cooperation	2680	2675	2749	2815
宁波　China Ningbo Corporation for International Economic and Technical Cooperation	1078	1374	1483	1027
宁波技术进出口　Ningbo Technical Import & Export Corporation				157
安徽　China Anhui Corporation for International Economic and Technical Cooperation	63	57	27	54
安徽建筑工程　Anhui Construction Engineering Corporation				75
福建　China Fujian Corporation for International Techno-economic Cooperation	1445	3834	5303	6101
福建劳服　Fujian Corporation for Overseas Labour Service Cooperation		1131	2605	2587
厦门　China Xiamen Company for International Techno-ecomomic Cooperation	606	2042	1642	2321
漳州　Zhangzhou Corporation for International Techno-economic Cooperation	201	220	689	2427
泉州　Quanzhou Corporation for International Techno-ecomomic Cooperation	930	3964	4586	5060
福州　Fuzhou Corporation for International Techno-economic Cooperation	3350	4434	4168	3265
武夷　China Wuyi Corporation			20	34
厦门建隆　Xiamen Jianlong Economic and Technical Cooperation Corporation				93
厦门特贸合作　Xiamen Co. for International Techno-economic Cooperation Temao Branch				70
福建交通劳务　Fujian External Communication and Labour Service Cooperation Corporation				525
江西　China Jiangxi Corporation for International Economic and Technical Cooperation	363	253	230	470

4—48（7） 各公司对外劳务合作出国人数

PERSONNEL SENT ABROAD FOR FOREIGN LABOUR SERVICES BY CORPORATIONS

单位：人次

Unit：Person Time

公司 Corporation	1990	1991	1992	1993
南昌对外工程 China Nanchang Foreign Engineering Corporation				28
山东 China Shandong International Economic and Technical Cooperative Corporation	105	37	1097	1272
青岛 China Qingdao International Economic and Technical Cooperative Corporation		58	316	586
烟台 Yantai Foreign Economic and Technical Cooperative Corporation		806	265	437
威海 Weihai Foreign Economic and Technical Cooperative Company		461	493	596
潍坊 Weifang International Economic & Technical Cooperation Co.			87	529
齐鲁建设集团 Qilu Construction Group Corporation				562
河南 China Henan International Economic Technical Cooperative Corporation	23	48	289	406
湖北 China Hubei Corporation for International Economic and Technical Cooperation	16	89	89	
武汉 China Wuhan Corporation for International Economic and Technical Cooperation	214	139	395	548
湖南 China Hunan International Economic and Technical Cooperative Corporation	103	118	49	241
广东 Guangdong International Economic and Technical Cooperative Corporation	36	6230	9135	2704
广州 China Guangzhou International Economic and Technical Cooperative Company	869	2192	3567	822
广东劳服 Guangdong Manpower External Service Corporation	794	4802	4950	5243
深圳 China Shenzhen International Economic and Technical Cooperative Corporation	37	712	1068	641
华西 China Huaxi Enterprise Corporation	499	380	441	455
汕头 Shantou International Economic & Technical Corporation，China			33	49
广西 China Guangxi International Corporation for Economic and Technical Cooperation	10	6	30	557

4—48（8） 各公司对外劳务合作出国人数

PERSONNEL SENT ABROAD FOR FOREIGN LABOUR SERVICES BY CORPORATIONS

单位：人次

Unit：person Time

公　司 Corporation	1990	1991	1992	1993
海南 China Hainan Corporation for International Economic and Technical Cooperation		5		
四川 China Sichuan Corporation for International Techno-economic Cooperation	217	126	45	727
重庆 China Chongqing International Economic and Technical Cooperative Corporation	42	122	262	126
成都 China Chengdu International Corporation for Economic and Technical Cooperation		74	299	299
贵州 China Guizhou Corporation for International Techno-economic Cooperation		302		38
云南 China Yunnan Corporation for International Techno-economic Cooperation		12		116
陕西 China Shaanxi International Economic and Technical Cooperative Corporation	6	50	397	14
西安 China Xi′an International Economic Technical and Trade Corporation	25	8	99	90
甘肃 China Gansu Corporation for International Technical Economic Cooperation	14	23	151	
宁夏 China Ningxia Islamic Corp. for International Economic and Technical Cooperation			56	4
新疆 China Xinjiang International Economic and Technical Cooperative Corporation	1	522	26	
新天 Xin Tian Corporation for International Economic and Technical Cooperation			79	1
三、设计咨询 Designing and Consultancy			**15**	**62**
东北水利开发 Northeast China Water & Hydroelectric General Development Corporation				14
铁道第三勘测 The Third Survey & Design Institute of the Ministry of Railways				16
石化北京设计院 SINOPEC Beijing Design Institute（BDI）				32
化学第六设计 The Sixth Design Institute of the Ministry of Chemical Industry			15	

4—49（1） 各公司年末在国外从事承包工程人数

PERSONNEL ABROAD FOR FOREIGN ENGINEERING PROJECTS BY THE END OF YEAR，CLASSIFIED BY CORPORATION

单位：人
Unit：Person

公　司 Corporation	1990	1991	1992	1993
总计　Total	**21823**	**21523**	**25420**	**34223**
一、专业公司　National Specialized International Cooperation Companies	**14048**	**12219**	**13527**	**18205**
中建　China State Construction Enginneering Corporation	3463	3047	3589	3259
中土　China Civil Engineer Construction Corporation	868	910	689	766
路桥　China Road and Bridge Engineering Company	1105	1052	987	1134
港湾　China Harbours Engineering Company (Group)	1729	1610	1844	1921
海外工程　China Overseas Engineering Corporation	1045	1493	1362	1446
中水　China International Water and Electric Corporation	2100	1559	791	973
中冶　China Metallurgical Construction Corporation	544	625	1233	1082
中航技　China National Aero-technology Import and Export Corporation，Contracting-construction Corporation	68	33	18	17
轻工　China Light Industrial Corporation for Foreign Economic and Technical Cooperation	90	87	61	104
石油　China Petroleum Engineering Construction Corporation		76	292	504
地质　China Geo-engineering Corporation	163	123	94	64
中农　China International Cooperation Company of Agriculture，Livestock and Fishery		30	228	153
有色　China Nonferrous Metal Industry of Foreign Engineering and Construction Corporation	73	64	14	25
纺织　China Textile Industrial Corporation for Foreign Economic and Technical Cooperation	119	66	117	85
建材　China Building-material Industrial Corporation for Foreign Econo-technical Cooperation	162	100	91	94
瑞宝　China Rainbow Development Corporation	13			15
国华　Guo Hua International Contracting Incorporation	4	11	6	
长城　China Great Wall Industry Corporation	12			
煤炭　China Coal Overseas Development Corporation	324	156	115	155
咨询　China International Engineering Consulting Corporation	11	15	36	25
化工　China National Chemical Engineering Corporation	510	36	414	388
商业　China Commercial Corporation for Interiational Economic and Technical Cooperation	9	12	3	3
通信　China International Telecommunications Construction Corporation	23	22		

4—49（2） 各公司年末在国外从事承包工程人数

PERSONNEL ABROAD FOR FOREIGN ENGINEERING PROJECTS BY THE END OF YEAR, CLASSIFIED BY CORPORATION

单位：人
Unit: Person

公 司 Corporation	1990	1991	1992	1993
石化 China Petro-chemical International Company		15	267	712
广播 China Radio and Television Company for International Techno-economic Cooperation	67	80	45	32
光大 Ever Bright Corporation for International Economic and Technical Cooperation	96	1	34	17
万宝 China Wan Bao Engineering Corporation	269	361	233	590
中房 China State Housing and Real Estate Development Corporation	13	13	6	
材料设备 China Corporation for Foreign-oriented Building Materials and Equipment			12	
工程材料 China International Engineering and Materials Corporation	20	12		
化建 China National Chemical Construction Corporation	440	75	46	177
中原 China Zhong Yuan Engineering Corporation	624	440	471	1117
海洋服务 China Ocean Engineering Services Limited	84	95	324	145
新兴 China Xinxing Engincering Construction and Real Estate Development General Company			5	
对外建设 Ghina Construction International Inc			32	
铁道建筑 China Railway Construction Corporation				11
水产 China National Fisheries Corporation				2918
海外经济合作 China National Corporation For Overseas Economic Cooperation				214
安能 China Anneng Construction Corporation				15
体育 China Sports International Corp.			77	44
二、地方公司 Provincial and Civil International Cooperation Companies	**775**	**9304**	**11785**	**16008**
北京 China Beijing International Corporation for Economic Cooperation	25	306	264	190
北京建筑工程 Beijing Construction Engineering Corporation				342
天津 China Tianjin International Economic and Technical Cooperative Corporation	230	281	826	759

4—49（3） 各公司年末在国外从事承包工程人数

PERSONNEL ABROAD FOR FOREIGN ENGINEERING PROJECTS BY THE END OF YEAR，CLASSIFIED BY CORPORATION

单位：人
Unit：Person

公 司 Corporation	1990	1991	1992	1993
河北 China Hebei International Economic and Technical Cooperative Corporation	121	45	5	2
山西 China Shanxi International Corporation for Economic and Tehnical Cooperation	14	40	97	103
内蒙古 China Inner Mongolia International Economic and Technical Cooperative Corporation	22		20	
呼伦贝尔 Hulunbuir International Economic and Technical Cooperative Corporation		300	785	141
满洲里 Manzhouli International Economic & Techlinical Cooperation Corporation				12
辽宁 China Liaoning International Corporation of Economic and Technical Cooperation	264	176	290	1990
沈阳 China Shenyang Corporation for International Economic and Technical Cooperation	615	99	54	292
大连 China Dalian International Economic and Technical Cooperative Corporation	724	368	1327	246
吉林 China Jilin International Economic and Technical Cooperative Corporation	141	273	848	1560
长春 China Changchun International Economic and Technical Cooperative Corporation				480
延边 Yanbian Foreign Economic and Technical Cooperative Corporation		5		217
吉林对外 Jlin Foreign Economic and Techincal Co.			15	
黑龙江 China Heilongjiang International Corporation for Economic and Technical Cooperation	558	83	2	214
黑龙江工程 Heilongjiang International Corporation for Engineering and Technical Cooperation		335	284	298
哈尔滨 China Harbin International Corporation for Technical and Economic Cooperation	203	497	412	171
佳木斯 Jiamusi Corporation for International Economic and Technical Cooperation				15
牡丹江 Mudanjiang Corporation for International Economic and Technical Cooperation		16		

4—49（4） 各公司年末在国外从事承包工程人数
PERSONNEL ABROAD FOR FOREIGN ENGINEERING PROJECTS BY THE END OF YEAR，CLASSIFIED BY CORPORATION

单位：人
Unit：Person

公 司 Corporation	1990	1991	1992	1993
黑河 Heihe Corporation for International Economic and Technical Cooperation		307	107	32
齐齐哈尔 Qiqihar Corporation for International Economic and Technical Cooperation			23	
东北煤矿 North-east Coal-engineering Company		56	6	
哈铁 Harbln Railway Foreing Economy & Technology Corporation			30	1021
东方 Orient International Economic and Technological Cooperation Corporation			10	125
上海 China Shanghai Corporation for Foreign Economic and Technological Cooperation	121	33	66	101
上海机械设备 Shanghai Machinery & Fquipment Imp. & Exp. Corp.				4
江苏 China Jiangsu International Economic and Technical Cooperative Corporation	891	1533	1172	982
南京 China Nanjing International Economic and Technical Cooperative Corporation		137	98	1141
连云港 Lianyungang International Economic and Technical Cooperation Corporation				46
浙江 China Zhejiang Corporation for International Economic and Technical Cooperation	108	59	76	154
宁波 China Ningbo Corporation for International Economic and Technical Cooperation	5	18		122
安徽 China Anhui Corporation for International Economic and Technical Cooperation	166	82	159	221
厦门 China Xiamen Company for International Techno-economic Cooperation	50			
泉州 Quanzhou Corporation for International Techno-economic Cooperation	14	10		10
福州 Fuzhou Corporation for International Techno-economic Cooperation	16	16	15	15
武夷 China Wuyi Corporation		40	30	21

4—49（5） 各公司年末在国外从事承包工程人数
PERSONNEL ABROAD FOR FOREIGN ENGINEERING PROJECTS BY THE END OF YEAR, CLASSIFIED BY CORPORATION

单位：人
Unit：Person

公 司 Corporation	1990	1991	1992	1993
福建交通劳务 Fujian External Communication and Labour Service Cooperation Corporation				36
江西 China Jiangxi Corporation for International Economic and Technical Cooperation	130	120	238	89
南昌对外工程 China Nanchang Foreign Engineering Corporation				87
山东 China Shandong International Economic and Technical Cooperative Corporation	79	171	222	214
威海 Weihai Foreign Economic and Technical Cooperation Company		7		69
齐鲁建设集团 Qilu Construction Group Corporation				491
河南 China Henan International Economic Technical Cooperative Corporation	235	228	230	190
湖北 China Hubei Corporation for International Economic and Technical Cooperation	32	121	97	61
武汉 China Wuhan Corporation for International Economic and Technical Cooperation	25	18	96	34
湖南 China Hunan International Economic and Technical Cooperative Corporation	68	60	51	73
广东 Guangdong International Economic and Technical Cooperative Corporation	311	373	877	1164
广州 China Guangzhou International Economic and Technical Cooperative Company	74	147	164	13
珠江 Guangzhou Pearl River Enterprises		25	25	15
深圳 China Shenzhen International Economic and Technical Cooperative Corporation	11	5	1	10
华西 China Huaxi Enterprise Corporation	169	392	349	172
汕头 Shantou International Economic & Techincal Corporation China				66
广西 China Guangxi International Corporation for Economic and Technical Cooperation	326	454	413	703
四川 China Sichuan Corporation for International Techno-economic Cooperation	1187	955	616	616

4—49（6） 各公司年末在国外从事承包工程人数

PERSONNEL ABROAD FOR FOREIGN ENGINEERING PROJECTS BY THE END OF YEAR，CLASSIFIED BY CORPORATION

单位：人

Unit：Person

公 司 Corporation	1990	1991	1992	1993
重庆 China Chongqing International Economic and Technical Cooperative Corporation	178	523	434	378
贵州 China Guizhou Corporation for International Techno-economic Cooperation	14	26		
云南 China Yunnan Corporation for International Techno-economic Cooperation	167	346	292	384
陕西 China Shaanxi International Economic and Technical Cooperative Corporation	9	5	4	3
西安 China Xi′an International Economic Technical and Trade Corporation	142	30	140	67
甘肃 China Gansu Corporation for International Technical Economic Cooperation	61	61	74	46
宁夏 China Ningxia Islamic Corp. for International Economic and Technical Cooperation			33	
新疆 China Xinjiang International Economic and Technical Cooperative Corporation	269	122	220	
新天 Xin Tian Corporation for International Economic and Technical Cooperation			188	
三、设计咨询 Designing and Consultancy			**108**	**10**
东北水利开发 Northeast China Water & Hydroelectric General Decel opment Corporation			14	
铁道第三勘测 The Third Survey & Design Institute of the Ministry of Railways				3
航空工业规划 China Aeronautical Project and Design Institute			5	2
化学第六设计 The Sixth Design Institute of the Ministry of Chemical Industry			47	
成达化学 China Chengda Chemical Engineering Corporation Beijing Central Engineering and Research				5
冶金钢铁设计 Incorporation of Iron and Steel Industry，Ministry of Metallurgical			42	

4—50 (1) 各公司年末在国外从事劳务合作人数

PERSONNEL ABROAD FOR FOREIGN LABOUR SERVICES BY THE END OF YEAR, CLASSIED BY CORPORATIONS

单位：人
Unit: Person

公　司 Corporation	1990	1991	1992	1993
总计 Total	**36116**	**68314**	**105564**	**139431**
一、专业公司 National Specialized International Cooperation Companies	**7207**	**11394**	**21432**	**31178**
中建 China State Construction Enginneering Corporation	1042	2105	1872	2531
中土 China Civil Engineer Construction Corporation	275	249	267	666
路桥 China Road and Bridge Engineering Company			40	587
港湾 China Harbours Engineering Company (Group)				454
海外工程 China Overseas Engineering Corporation	242	610	1375	1496
中水 China International Water and Electric Corporation	2	11	58	134
中冶 China Metallurgical Construction Corporation	723	601	498	10
中航技 China National Aero-technology Import and Export Corporation, Contracting-construction Corporation	101	17	38	10
轻工 China Light Industrial Corporation for Foreign Economic and Technical Cooperation	402	337	1143	1359
石油 China Petroleum Engineering Construction Corporation	75	105	29	551
中农 China International Cooperation Company of Agriculture, Livestock and Fishery		218	180	36
有色 China Nonferrous Metal Industry of Foreign Engineering and Construction Corporation	35	23	113	298
纺织 China Textile Industrial Corporation for Foreign Economic and Technical Cooperation	397	506	462	79
建材 China Building-material Industrial Corporation for Foreign Econo-technical Cooperation	1	172	286	1095
瑞宝 China Rainbow Development Corporation	2		50	
智力 China International Intellectual Corporation	443	610	1116	2538
国华 Guo Hua International Contracting Incorporation	8	29	541	913
长城 China Great Wall Industry Corporation	8	58	89	21
海洋石油 China Offshore Industrial Corporation	7	7		66
电子 China National Electronic Import and Export Corporation International Project Division	36	25	63	152
海员 China Marine and Seamen Service Corporation	2465	3083	3699	4515
煤炭 China Coal Overseas Development Corporation				59
咨询 China International Engineering Consulting Corporation	3	2	14	7

4—50（2） 各公司年末在国外从事劳务合作人数

PERSONNEL ABROAD FOR FOREIGN LABOUR SERVICES BY THE END OF YEAR，CLASSIED BY CORPORATIONS

单位：人

Unit：Person

公 司 Corporation	1990	1991	1992	1993
四达 China Star Corporation for International Economic and Technical Cooperation	630	1603	2301	3457
商业 China Commercial Corporation for Interiational Economic and Technical Cooperation	50	50	246	182
通信 China International Telecommunications Construction Corporation	17	69	13	3
石化 China Petro-chemical International Company	42	27	28	98
广播 China Radio and Television Company for International Techno-economic Cooperation		21	68	71
光大 Ever Bright Corporation for International Economic and Technical Cooperation	36	12	49	1
中房 China State Housing and Real Estate Development Corporation				20
康华 China Kang Hua Industrial（Group）Company			18	
材料设备 China Corporation for Foreign-oriented Building Materials and Equipment			26	
工程材料 China International Engineering and Materials Corporation	22	209	331	285
机械 China Machine Building International Corporation	73	110	181	216
化建 China National Chemical Construction Corporation				2
展览 China International Exhbition Construction Corporation				2
海洋服务 China Ocean Engineering Services Limited	53	30		68
新兴 China Xinxing Engincering Construction and Real Estate Development General Company			58	155
林业 China International Forestry Corporation	17	426	70	10
船舶 China Shipbuilding Trading Company		69		
对外建设 China Construction International Inc.			129	21
铁道建筑 China Railway Construction Corporation				34
水产 China National Fisheries Corporation				165
海外经济合作 China National Corporation for Overseas Economic Cooperation				137
仪器进出口 China National Instrments Import & Export Cooperation				26

4—50（3） 各公司年末在国外从事劳务合作人数
PERSONNEL ABROAD FOR FOREIGN LABOUR SERVICES BY THE END OF YEAR, CLASSIED BY CORPORATIONS

单位：人
Unit：Person

公 司 Corporation	1990	1991	1992	1993
海外贸易 Chian National Overseas Trading Corporation				5
机械进出口 China National Machinery Import & Export Corporation			27	
航空港 China Airport Construction Corporation				145
惠通 China Huitong Corporation			88	139
体育 China Sports International Corp.			8	44
黄金 China National Gold Corporation				3
软件 China International Computer Software Engineering Corp.				17
中国海洋石油 China National Offshore Oil Corporation				11
远洋运输 China Ocean Shipping Company			5433	7835
国际企业 China International Enterprises Cooperation Corporation			59	142
精密机械 China Precision Machinary Import and Export Corporation			29	73
海洋航空 China Ocean Aviation Corporation			337	70
成套 China International Enterprise Holdings Co. Ltd				164
二、地方公司 Provincial and Civil International Cooperation Companies	**28909**	**56920**	**84130**	**108223**
北京 China Beijing International Corporation for Economic Cooperation	311	674	688	795
北京建筑工程 Beijing Construction Engineering Corporation				228
天津 China Tianjin International Economic and Technical Cooperative Corporation	2815	3623	4458	4167
河北 China Hebei International Economic and Technical Cooperative Corporation	67	268	102	104
石家庄 Shijiazhuang International Economic & Technical Cooperative Coproration				203
山西 China Shanxi International Corporation for Economic and Tehnical Cooperation	73	60	107	146
内蒙古 China Inner Mongolia International Economic and Technical Cooperative Corporation	33	49	57	107
呼伦贝尔 Hulunbuir International Economic and Technical Cooperative Corporation		300	299	20

4—50（4） 各公司年末在国外从事劳务合作人数

PERSONNEL ABROAD FOR FOREIGN LABOUR SERVICES BY THE END OF YEAR，CLASSIED BY CORPORATIONS

单位：人

Unit：Person

公 司 Corporation	1990	1991	1992	1993
满洲里 Manzhouli International Economic & Techlinical Cooperation Corporation			27	66
内蒙高校 Inner Mongolia Institute Technology Development Corporation				13
辽宁 China Liaoning International Corporation of Economic and Technical Cooperation	1189	581	374	2910
沈阳 China Shenyang Corporation for International Economic and Technical Cooperation	141	1578	2428	1071
大连 China Dalian International Economic and Technical Cooperative Corporation	689	1443	1804	1489
丹东 China Dandong International Corporation of Economi candTchnical Cooperation				161
营口 Yingkou International Corporation of Economic and Technical Cooperation				678
抚顺对外建筑 China Fushun Inerantional Construction & Installation Engineering Corporation				575
吉林 China Jilin International Economic and Technical Cooperative Corporation	2342	4707	9868	9873
长春 China Changchun International Economic and Technical Cooperative Corporation		4	465	1255
延边 Yanbian Foreign Economic and Technical Cooperative Corporation			236	1350
吉林对外 Jlin Foreign Economic and Technical Co.			40	80
黑龙江 China Heilongjiang International Corporation for Economic and Technical Cooperation	434	604	171	500
黑龙江工程 Heilongjiang International Corporation for Economic and Technical Cooperation		56		
哈尔滨 China Harbin International Corporation for Technical and Economic Cooperation	379	825	1156	1445
佳木斯 Jiamusi Corporation for International Economic and Technical Cooperation		27		189
黑河 Heihe Corporation for International Economic and Technical Cooperation			140	35
齐齐哈尔 Qiqihar Corporation for International Economic and Technical Cooperation		306		

4—50（5） 各公司年末在国外从事劳务合作人数
PERSONNEL ABROAD FOR FOREIGN LABOUR SERVICES BY THE END OF YEAR, CLASSIED BY CORPORATIONS

单位：人
Unit: Person

公 司 Corporation	1990	1991	1992	1993
东北煤矿 North-east Coal-engineering Company		92		
东北电力集团 Northeast China Electric Power Corporation				6
哈铁 Harbln Railway Foreing Economy & Technology Corporation			200	200
东方 Orient International Economic and Technological Cooperation Corporation			28	97
上海 China Shanghai Corporation for Foreign Economic and Technological Cooperation	1920	2283	3759	5008
上海对外劳务 Shanghali Foreign Service & Cooperation Company			324	1215
上海机械进出口 Shanghai Machinery Import & Export Corporation				110
上海机械设备 Shanghai Machinery & Fquipment Imp. & Exp. Copy				2
江苏 China Jiangsu International Economic and Technical Cooperative Corporation	405	1292	1675	2362
南京 China Nanjing International Economic and Technical Cooperative Corporation		142	148	159
南通 Nantong Corporation for International Economic & Technical Cooperation				125
扬州 Yangzhou International Economic and Techinical Cooperation Corporation				18
连云港 Lianyungang International Economic and Technical Cooperation Corporation				216
南京海外建筑 Nanjing Overseas Construction Engineering Corporation				19
浙江 China Zhejiang Corporation for International Economic and Technical Cooperation	757	1250	1197	1465
宁波 China Ningbo Corporation for International Economic and Technical Cooperation	295	483	829	984
宁波技术进出口 Ningbo Tchnical Import & Export Corporation				150
安徽 China Anhui Corporation for International Economic and Technical Cooperation	47	90	95	57
安徽建筑工程 Anhui Construction Engineering Corporation				55
福建 China Fujian Corporation for International Techno-economic Cooperation	4050	6186	6931	8770

4—50（6） 各公司年末在国外从事劳务合作人数
PERSONNEL ABROAD FOR FOREIGN LABOUR SERVICES BY THE END OF YEAR，CLASSIED BY CORPORATIONS

单位：人
Unit：Person

公　司 Corporation	1990	1991	1992	1993
福建劳服　Fujian Corporation for Overseas Labour Service Cooperation		1131	2456	4307
厦门　China Xiamen Company for International Techno-economic Cooperation	1074	2274	2778	4137
漳州　Zhangzhou Corporation for International Techno-economic Cooperation	335	383	805	2020
泉州　Quanzhou Corporation for International Techno-economic Cooperation	1404	2755	3105	3966
福州　Fuzhou Corporation for International Techno-economic Cooperation	1270	1855	2090	3566
武夷　China Wuyi Corporation			20	29
厦门建隆　Xiamen Jianlong Economic and Technical Cooperation Corporation				91
厦门特贸合作　Xiamen Co. for International Techno-economic Cooperation Temao Branch				49
福建交通劳务　Fujian External Communication and Labour Service Cooperation Corporation				804
江西　China Jiangxi Corporation for International Economic and Technical Cooperation	404	454	420	663
南昌对外工程　China Nanchang Foreign Engineering Corporation				61
山东　China Shandong International Economic and Technical Cooperative Corporation	282	242	1290	2145
青岛　China Qingdao International Economic and Technical Cooperative Corporation		44	342	675
烟台　Yantai Foreign Economic and Technical Cooperative Corporation		547	414	579
威海　Weihai Foreign Economic and Technical Cooperation Corporation		510	619	821
潍坊　Weifang International Economic & Technical Cooperation Co.			87	547
齐鲁建设集团　Qilu Construction Group Corporation				818
河南　China Henan International Economic Technical Cooperative Corporative	26	71	325	887
湖北　China Hubei Corporation for International Economic and Technical Cooperation	25	55	133	330
武汉　China Wuhan Corporation for International Economic and Technical Cooperation	98	141	466	997
湖南　China Hunan International Economic and Technical Cooperative Corporation	148	201	171	377

4—50（7） 各公司年末在国外从事劳务合作人数

PERSONNEL ABROAD FOR FOREIGN LABOUR SERVICES BY THE END OF YEAR，CLASSIED BY CORPORATIONS

单位：人
Unit：Person

公 司 Corporation	1990	1991	1992	1993
广东 Guangdong International Economic and Technical Cooperative Corporation	1465	6023	8912	9993
广州 China Guangzhou International Economic and Technical Cooperative Company	1010	2196	5396	3120
广东劳服 Guangzhou Manpower External Service Corporation	4818	9387	13403	14183
深圳 China Shenzhen International Economic and Technical Cooperative Corporation	77	743	1738	1853
华西 China Huaxi Enterprise Corporation	221	90	123	62
汕头 Shantou International Economic & Technical Corporation China			33	49
广西 China Guangxi International Corporation for Economic and Technical Cooperation	10	18	21	557
海南 China Hainan Corporation for International Economic and Technical Cooperation		5		
四川 China Sichuan Corporation for International Techno-economic Cooperation	97	187	126	679
重庆 China Chongqing International Economic and Technical Cooperative Corporation	156	197	444	589
成都 China Chengdu International Corporation for Economic and Technical Cooperation		72	182	136
贵州 China Guizhou Corporation for International Techno-economic Cooperation		300		36
云南 China Yunnan Corporation for International Techno-economic Cooperation		12		109
陕西 China Shaanxi International Economic and Technical Cooperative Corporation	7	43	394	265
西安 China Xi′an International Economic Technical and Trade Corporation	15	23	71	131
甘肃 China Gansu Corporation for International Technical Economic Cooperation	18	22	81	
宁夏 China Ningxia Islamic Corp. for International Economic and Technical Cooperation			53	4
新疆 China Xinjiang International Economic and Technical Cooperative Corporation	1	16	26	
新天 Xin Tian Corporation for International Economic and Technical Cooperation				110
三、设计咨询 Designing and Consultancy			**2**	**30**
铁道第三勘测 The Third Survey & Design Institute of the Ministry of Railways				14
石化北京设计院 SINOPEC Beijing Design Institute（BDI）				16
化学第六设计 The Sixth Design Institute of the Ministry of Chemical Industry			2	

4—51（1） 1993年中国对外承包工程和劳务合作新签合同额前五十名的公司

50 CORPORATIONS：TOP CONTRACT VALUE OF CHINA′S FOREIGN ENGINEERING PROJECTS AND LABOUR SERVICES IN 1993

排名 Rank	公司名称 Name of Corporation	新签合同额（万美元） Contract Value（US $ 10000）
1.	中国建筑工程总公司 China State Construction Engineering Corporation	91319
2.	中国福建国际经济技术合作公司 China Fujian Corporation for International Techno-economic Cooperation	33244
3.	中国港湾建设总公司 China Harbours Engineering Company（Group）	30332
4.	北京建筑工程总公司 Beijing Construction Engineering Corporation	21039
5.	中国石油工程建设公司 China Petroleum Engineering Construction Corporation	20785
6.	中国土木工程公司 China Civil Engineer Construction Corporation	19680
7.	中国上海对外经济技术合作公司 China Shanghai Corporation for Foreign Economic and Technological Cooperation	18471
8.	中国水产联合总公司 China National Fisheries Corporation	16121
9.	中国吉林国际经济技术合作公司 China Jilin International Economic and Technical Cooperative Corporation	15784
10.	中国四川国际经济技术合作公司 China Sichuan Corporation for International Techno-economic Cooperation	15606
11.	中国公路桥梁建设公司 China Road and Bridge Engineering Company	15445
12.	中国辽宁国际经济技术合作公司 China Liaoning International Corporation of Economic and Technical Cooperation	15027
13.	中国冶金建设公司 China Metallurgical Construction Corporation	14260
14.	中国广东国际经济技术合作公司 Guangdong International Economic and Technical Cooperative Corporation	11880
15.	中国化工建设总公司 China National Chemical Construction Corporation	11701
16.	东方国际经济技术合作公司 Orient International Economic and Technological Cooperation Corporation	11393
17.	中国广西国际经济技术合作公司 China Guangxi International Corporation for Economic and Technical Cooperation	11279
18.	中国黑龙江国际工程公司 China Heilongjiang International Project and Technical Cooperative Corporation	11095
19.	中国广东对外劳务技术合作公司 China Guandong Corp. for Foreign Labour & Economy Cooperation	10545
20.	中国海外工程总公司 China Overseas Engineering Corporation	10002
21.	中国对外建设总公司 China Construction International Inc.	9605
22.	中国长春国际经济技术合作公司 China Changchun International Economic and Technical Cooperative Corporation	9009
23.	中国华西企业公司 China Huaxi Enterprise Corporation	8552
24.	中国厦门国际经济技术合作公司 China Xiamen Company for International Techno-economic Cooperation	8410
25.	中国北京国际经济技术合作公司 China Beijing International Corporation for Economic Cooperation	8358

4—51（2） 1993年中国对外承包工程和劳务合作新签合同额前五十名的公司

50 CORPORATIONS：TOP CONTRACT VALUE OF CHINA'S FOREIGN ENGINEERING PROJECTS AND LABOUR SERVICES IN 1993

排名 Rank	公司名称 Name of Corporation	新签合同额（万美元） Contract Value（US $ 10000）
26.	中国大连国际经济技术合作公司 China Dalian International Economic and Technical Cooperative Corporation	8014
27.	中国武夷实业公司 China Wuyi Corporation	7755
28.	中国天津国际经济技术合作公司 China Tianjin International Economic and Technical Cooperative Corporation	7454
29.	中国有色金属工业对外工程公司 China Nonferrous Metal Industry of Foreign Engineering and Construction Corporation	7034
30.	中国国际工程和材料公司 China International Engineering & Materials Corp.	6718
31.	中国山东国际经济技术合作公司 China Shandong International Economic and Technical Cooperative Corporation	6578
32.	中远对外劳务合作公司 COSCO Manning Cooperation Inc.	6268
33.	中国江苏国际经济技术合作公司 China Jiangsu International Economic and Technical Cooperative Corporation	6083
34.	中国国际技术智力合作公司 China International Intellectech Corporation	5960
35.	中国广州国际经济技术合作公司 China Guangzhou International Economic and Technical Cooperative Company	5846
36.	泉州国际经济技术合作公司 Quanzhou Corporation for International Techno-economic Cooperation	5733
37.	满州里国际经济技术合作公司 Manzhouli International Economic & Technical Cooperation Corporation	5669
38.	中国建材工业对外经济技术公司 China Building-material Industrial Corporation for Foreign Econo-technical Cooperation	5599
39.	福州国际经济技术合作公司 Fuzhou Corporation for International Techno-economic Cooperation	5585
40.	中国浙江国际经济技术合作公司 China Zhejiang Corporation for International Economic and Technical Cooperation	5514
41.	中国沈阳国际经济技术合作公司 China Shenyang Corporation for International Economic and Technical Cooperation	5199
42.	中国万宝工程公司 China Wan Bao Engineering Company	5164
43.	中国水利电力对外公司 China International Water and Electric Corporation	4988
44.	哈尔滨铁路局对外经济技术合作公司 Harbin Railway Foreign Economy & Technology Corporation	4619
45.	中国湖北国际经济技术合作公司 China Hubei Corporation for International Economic and Technical Cooperation	4277
46.	中国航空技术国际工程公司 China National Aero-technology International Engineering Corporation	4195
47.	齐鲁建设集团公司 Qilu Construction Group Corporation	4176
48.	延边对外经济技术合作公司 Yanbian Foreign Economic & Technical Cooperative Corporation	4159
49.	中国云南国际经济技术合作公司 China Yunnan Corporation for International Techno-economic Cooperation	4101
50.	中国化学工程总公司 China National Chemical Engineering Corporation	4011

4—52（1） 1993年中国对外承包工程和劳务合作完成营业额前五十名的公司 50 CORPORATIONS：TOP TURNOVER OF CHINA'S FOREIGN ENGINEERING PROJECTS AND LABOUR SERVICES IN 1993

排名 Rank	公司名称 Name of Corporation	完成营业额（万美元） Turnover（US $ 10000）
1.	中国建筑工程总公司 China State Construction Engineering Corporation	70459
2.	中国港湾建设总公司 China Harbours Engineering Company（Group）	57353
3.	中国福建国际经济技术合作公司 China Fujian Corporation for International Techno-economic Cooperation	21210
4.	中国水产联合总公司 China National Fisheries Corporation	16299
5.	中国广东国际经济技术合作公司 Guangdong International Economic and Technical Cooperative Corporation	14769
6.	中国公路桥梁工程公司 China Road and Bridge Engineering Company	13144
7.	中国冶金建设公司 China Metallurgical Construction Corporation	12506
8.	中国土木工程公司 China Civil Engineer Construction Corporation	11330
9.	中国中原对外工程公司 China Zhong Yuan Engineering Corporation	10238
10.	中国上海对外经济技术合作公司 China Shanghai Corporation for Foreign Economic and Technological Cooperation	9704
11.	中国辽宁国际经济技术合作公司 China Liaoning International Corporation of Economic and Technical Cooperation	8508
12.	中国海外工程总公司 China Overseas Engineering Corporation	8183
13.	中国天津国际经济技术合作公司 China Tianjin International Economic and Technical Cooperative Corporation	7833
14.	中国广西国际经济技术合作公司 China Guangxi International Corporation for Economic and Technical Cooperation	7683
15.	中国吉林国际经济技术合作公司 China Jilin International Economic and Technical Cooperative Corporation	7063
16.	中国化工建设总公司 China National Chemical Construction Corporation	7060
17.	中国广东对外劳务技术合作公司 China Guangdong Corp. for Foreign Labour & Economy Cooperation	6744
18.	中国大连国际经济技术合作公司 China Dalian International Economic and Technical Cooperative Corporation	6356
19.	中远对外劳务合作公司 COSCO Manning Cooperation Inc.	6268
20.	中国江苏国际经济技术合作公司 China Jiangsu International Economic and Technical Cooperative Corporation	6144
21.	中国四川国际经济技术合作公司 China Sichuan Corporation for International Economic and Technical Cooperation	6094
22.	中国万宝工程公司 China Wan Bao Engineering Company	6070
23.	中国水利电力对外公司 China International Water and Electric Corporation	6066
24.	北京建筑工程总公司 Beijing Construction Engineering Corporation	5558
25.	哈尔滨铁路局对外经济技术合作公司 Harbin Railway Foreign Economy & Technology Corporation	5095

4—52（2） 1993年中国对外承包工程和劳务合作完成营业额前五十名的公司

50 CORPORATIONS: TOP TURNOVER OF CHINA'S FOREIGN ENGINEERING PROJECTS AND LABOUR SERVICES IN 1993

排名 Rank	公司名称 Name of Corporation	完成营业额（万美元） Turnover（US＄10000）
26.	中国石化工程建设总公司 SINOPEC Engineering Incorporation	4841
27.	中国武夷实业公司 China Wuyi Corporation	4342
28.	中国北京国际经济技术合作公司 China Beijing International Corporation for Economic Cooperation	4190
29.	福州国际经济技术合作公司 Fuzhou Corporation for International Techno-economic Cooperation	4107
30.	中国国际海洋石油工程公司 China Ofishore Industrial Corporation	3792
31.	中国沈阳国际经济技术合作公司 China Shenyang Corporation for International Economic and Technical Cooperation	3700
32.	中国重庆国际经济技术合作公司 China Chongqing International Economic and Technical Cooperative Corporation	3419
33.	中国石油工程建设公司 China Petroleum Engineering Construction Corporation	3395
34.	中国国际技术智力合作公司 China International Intellectual Corporation	3215
35.	中国国际工程和材料公司 China International Engineering & Materials Corp.	3074
36.	泉州国际经济技术合作公司 Quanzhou Corporation for International Techno-economic Cooperation	3023
37.	齐鲁建设集团公司 Qilu Construction Group Corporation	2784
38.	中国湖北国际经济技术合作公司 China Hubei Corporation for International Economic and Technical Cooperation	2784
39.	中国广州国际经济技术合作公司 China Guangzhou International Economic and Technical Cooperative Company	2640
40.	中国云南国际经济技术合作公司 China Yunnan Corporation for International Techno-economic Cooperation	2581
41.	福建省对外劳务合作公司 Fujian External Labour Services Cooperation Company	2518
42.	中国浙江国际经济技术合作公司 China Zhejiang Corporation for International Economic and Technical Cooperation	2507
43.	东方国际经济技术合作公司 Orient International Economic and Technological Cooperation Corporation	2332
44.	中国厦门国际经济技术合作公司 China Xiamen Company for International Techno-economic Cooperation	2295
45.	中国华西企业公司 China Huaxi Enterprise Corporation	2100
46.	广州珠江实业总公司 Guangzhou Pearl River Enterprise Holdings Corp.	2054
47.	国华国际工程承包公司 Guohua International Contracting Incorporation	2054
48.	中国海员对外技术服务公司 China Marine and Seamen Service Corporation	1863
49.	中国江西国际经济技术合作公司 China Jiangxi Corporation for International Economic and Technical Cooperation	1859
50.	中国哈尔滨国际经济技术合作公司 China Harbin International Corporation for Technical and Economic Cooperation	1854

4—53（1） 1993年中国对外承包工程和劳务合作年末在外人数前五十名的公司

50 CORPORATIONS：TOP PERSONNEL ABROAD FOR CHINA'S FOREIGN ENGINEERING PROJECTS AND LABOUR SERVICES BY THE END OF 1993

排名 Rank	公司名称 Name of Corporation	年末在外人数（人） Personnel Abroad by the End of Year（Person）
1.	中国广东对外劳务经济合作公司 China Guangdong Corp. for Foreign Labour & Economy Cooperation	14183
2.	中国吉林国际经济技术合作公司 China Jilin International Economic and Technical Cooperative Corporation	11433
3.	中国广东国际合作(集团)公司 Guangdong International Economic and Technical Cooperative Corporation	11157
4.	中国福建国际经济技术合作公司 China Fujian Corporation for International Techno-economic Cooperation	8770
5.	中远对外劳务合作总公司 COSCO Manning Cooperation Inc.	7835
6.	中国建筑工程总公司 China State Construction Engineering Corporation	5790
7.	中国上海对外经济技术合作公司 China Shanghai Corporation for Foreign Economic and Technological Cooperation	5109
8.	中国天津国际经济技术合作公司 China Tianjin International Economic and Technical Cooperative Corporation	4926
9.	中国辽宁国际经济技术合作公司 China Liaoning International Corporation of Economic and Technical Cooperation	4900
10.	中国海员对外技术服务公司 China Marine and Seamen Service Corporation	4515
11.	福建省对外劳务合作公司 Fujian External Labour Services Cooperation Company	4307
12.	中国厦门国际经济技术合作公司 China Xiamen Company for International Techno-economic Cooperation	4137
13.	泉州国际经济技术合作公司 Quanzhou Corporation for International Techno-economic Cooperation	3976
14.	福州国际经济技术合作公司 Fuzhou Corporation for International Techno-economic Cooperation	3581
15.	中国四达国际经济技术合作公司 China Star Corporation for International Economic and Technical Cooperation	3457
16.	中国江苏国际经济技术合作公司 China Jiangsu International Economic and Technical Cooperative Corporation	3344
17.	中国广州国际经济技术合作公司 China Guangzhou International Economic and Technical Cooperative Company	3133
18.	中国水产联合总公司 China National Fisheries Corporation	3083
19.	中国海外工程总公司 China Overseas Engineering Corporation	2942
20.	中国国际技术智力合作公司 China International Intellectual Corporation	2538
21.	中国港湾建设总公司 China Harbours Engineering Company (Group)	2375
22.	中国山东国际经济技术合作公司 China Shandong International Economic and Technical Cooperation Corporation	2359
23.	漳州国际经济技术合作公司 Zhangzhou Co. for International Techno-Economic Cooperation	2020
24.	中国深圳国际经济技术合作公司 China Shenzhen International Economic and Technical Cooperative Corporation	1863
25.	中国大连国际经济技术合作公司 China Dalian International Economic Technical Cooperative Co.	1735

4—53（2） 1993年中国对外承包工程和劳务合作年末在外人数前五十名的公司

50 CORPORATIONS：TOP PERSONNEL ABROAD FOR CHINA'S FOREIGN ENGINEERING PROJECTS AND LABOUR SERVICES BY THE END OF 1993

排名 Rank	公司名称 Name of Corporation	年末在外人数（人） Personnel Abroad by the End of Year (Person)
26	中国长春国际经济技术合作公司 China Changchun International Economic and Technical Cooperative Corporation	1735
27.	中国浙江国际经济技术合作公司 China Zhejiang Corporation for International Economic Technical Cooperation	1619
27.	哈尔滨对外经济技术合作公司 Harbin Foreign Economic & Technical Cooperation	1616
28.	延边对外经济技术合作公司 Yanbian Foreign Economic & Technical Cooperative Corporation	1567
29.	中国土木工程公司 China Civil Engineering Construction Corporation	1432
30.	中国沈阳国际经济技术合作公司 China Shenyang Corporation for International Economic & Technical Cooperation	1363
31.	齐鲁建设集团公司 Qilu Construction Group Corporation	1309
32.	中国南京国际经济技术合作公司 China Nanjing International Economic and Technical Cooperative Corporation	1300
33.	中国四川国际合作股份有限公司 China Sichuan Corporation for International Techno-economic Cooperation	1295
34.	中国广西国际经济技术合作公司 China Guangxi International Corporation for Techno-economic Cooperation	1260
35.	哈尔滨铁路局对外经济技术合作公司 Harbin Railway Foreign Economy & Technology Corporation	1221
36.	上海对外经济技术合作公司 Shanghai Foreign Service & Cooperation Company	1215
37.	中国建材工业对外经济技术合作公司 China Building-material Industrial Corporation for Foreign Econo-technical Cooperation	1189
38.	中国中原对外工程公司 China Zhong Yuan Engineering Corporation	1117
39.	中国水利电力对外公司 China International Water and Electric Corporation	1107
40.	中国宁波国际经济技术合作公司 China Ningbo Corp. for International Economic & Technical Cooperation .	1106
41.	中国冶金建设公司 China Metallurgical Construction Corporation	1092
42.	中国河南国际经济技术合作公司 China Henan International Economic Technical Cooperative Corporation	1077
43.	中国石油工程建设公司 China Petroleum Engineering Construction Corp.	1055
44.	中国武汉国际经济技术合作公司 China Wuhan Corporation for International Economic & Technical Cooperation	1031
45.	中国北京国际经济技术合作公司 China Beijing International Corporation for Economic Cooperation	985
46.	中国重庆国际经济技术合作公司 China Chongqing International Economic & Technical Cooperative Corporation	967
47.	国华国际工程承包公司 Guohua International Contracting Incorporation	913
48.	威海国际经济技术合作股份有限公司 Weihai Foreign Economic and Technical Cooperative Corporation	890
49.	福建省对外交通劳务合作公司 Fujian External Communication and Labour Service Cooperation Corporation	840
50.	中国石化工程建设总公司 SINOPEC Engineering Incorporation	810

4—54（1） 1993年中国对外承包工程和劳务合作新签合同额前五十名的国家和地区

50 COUNTRIES AND REGIONS：TOP CONTRACT VALUE OF CHINA'S FOREIGN ENGINEERING PROJECTS AND LABOUR SERVICES IN 1993

排　名 Rank	国家（地区） Country / Region	新签合同额（万美元） Contract Value（US＄ 10000）
1	香港　Hong kong	168399
2	俄罗斯联邦　Russia	65912
3	巴基斯坦　Pakistan	53698
4	澳门　Macao	42615
5	日本　Japan	22307
6	马来西亚　Malaysia	19764
7	韩国　Korea	16753
8	新加坡　Singapore	16721
9	泰国　Thailand	16102
10	印度尼西亚　Indonesia	12592
11	美国　United States	12196
12	博茨瓦纳　Botswana	9949
13	伊朗　Iran	7499
14	乌干达　Uganda	7219
15	科威特　Kuwait	5244
16	尼泊尔　Nepal	4889
17	利比亚　Libya	4336
18	贝劳　Balau	4159
19	苏丹　Sudan	4108
20	突尼斯　Tunisia	3814
21	毛里求斯　Mauritius	3713
22	毛里塔尼亚　Mauritania	3656
23	阿联酋　United Arab Emirates	3558
24	菲律宾　Philippines	3256
25	孟加拉国　Bangladesh	3033

4—54（2） 1993年中国对外承包工程和劳务合作新签合同额前五十名的国家和地区

50 COUNTRIES AND REGIONS：TOP CONTRACT VALUE OF CHINA'S FOREIGN ENGINEERING PROJECTS AND LABOUR SERVICES IN 1993

排 名 Rank	国家（地区） Country / Region	新签合同额（万美元） Contract Value（US＄ 10000）
26	斯里兰卡 Sri Lanka	2774
27	肯尼亚 Kenya	2754
28	阿尔及利亚 Algeria	2716
29	越南 Vietnam	2581
30	摩洛哥 Morocco	2486
31	也门共和国 Republic of Yemen	2407
32	布隆迪 Burundi	2155
33	几内亚（比绍） Guineabissau	2100
34	柬埔寨 Cambodia	2028
35	马里 Mali	2024
36	新西兰 New Zealand	1967
37	塞内加尔 Senegal	1800
37	波兰 Poland	1800
39	塞拉利昂 Sierra Leone	1771
40	南非 S. Africa	1642
41	尼日利亚 Nigeria	1634
42	斐济 Fiji	1501
43	坦桑尼亚 Tanzania	1280
44	津巴布韦 Zimbabwe	1179
45	乍得 Chad	999
46	加蓬 Gabon	975
47	密克罗尼西亚 Micronesia	965
48	几内亚 Guinea	902
49	德国 Germany，FR	873
50	塞舌尔 Seychelles	738

4—55（1） 1993年中国对外承包工程和劳务合作完成营业额前五十名的国家和地区

50 COUNTRIES AND REGIONS：TOP TURNOVER OF CHINA'S FOREIGN ENGINEERING PROJECTS AND LABOUR SERVICES IN 1993

排　名 Rank	国家（地区） Country / Region	完成营业额（万美元） Turnover（US$ 10000）
1	香港　Hong kong	111614
2	澳门　Macao	67320
3	巴基斯坦　Pakistan	29302
4	俄罗斯联邦　Russia	28766
5	美国　United States	10222
6	新加坡　Singapore	10043
7	日本　Japan	9503
8	博茨瓦纳　Botswana	8253
9	科威特　Kuwait	8203
10	阿尔及利亚　Algeria	6881
11	马来西亚　Malaysia	6869
12	韩国　Korea	6404
13	肯尼亚　Kenya	5445
14	贝宁　Benin	4309
15	尼泊尔　Nepal	3860
16	伊朗　Iran	3768
17	泰国　Thailand	3748
18	马里　Mali	3421
19	印度尼西亚　Indonesia	3401
20	也门共和国　Republic of Yemen	3359
21	津巴布韦　Zimbabwe	2624
22	老挝　Laos	2493
23	孟加拉国　Bangladesh	2304
24	摩洛哥　Morocco	2280
25	塞内加尔　Senegal	2202

4—55（2） 1993年中国对外承包工程和劳务合作完成营业额前五十名的国家和地区

50 COUNTRIES AND REGIONS：TOP TURNOVER OF CHINA'S FOREIGN ENGINEERING PROJECTS AND LABOUR SERVICES IN 1993

排 名 Rank	国家（地区） Country / Region	完成营业额（万美元） Turnover（US$ 10000）
26	利比亚 Libya	2201
27	几内亚（比绍） Guineabissau	2140
28	越南 Vietnam	1780
29	毛里求斯 Mauritius	1777
30	毛里塔尼亚 Mauritania	1656
31	突尼斯 Tunisia	1417
32	叙利亚 Syria	1407
33	塞拉利昂 Sierra Leone	1350
34	苏丹 Sudan	1334
35	几内亚 Guinea	1328
36	乌干达 Uganda	1325
37	坦桑尼亚 Tanzania	1298
38	尼日利亚 Nigeria	1286
39	南非 S. Africa	1206
40	马达加斯加 Madagascar	1165
41	哈萨克 Kazakhstan	1161
42	伯利兹 Belize	1100
43	吉布提 Djibouti	988
44	布隆迪 Burundi	983
45	斯里兰卡 Sri Lanka	948
48	菲律宾 Philippines	913
47	斐济 Fiji	900
48	加蓬 Gabon	817
49	卢旺达 Rwanda	809
50	冈比亚 Gambia	803

4—56（1） 对外经济技术合作公司简称、全称对照表

ABBREVIATED FORM FOR THE INTERNATIONAL ECONOMIC AND TECHNICAL COOPERATIVE CORPORATION

简称 Abbreviated name	全称 Whole name
中建	中国建筑工程总公司
中土	中国土木工程公司
路桥	中国公路桥梁建设总公司
港湾	中国港湾建设总公司
海外工程	中国海外工程总公司
中水	中国水利电力对外公司
中冶	中国冶金建设公司
中航技	中国航空技术进出口公司承包建筑工程公司
轻工	中国轻工业对外经济技术合作公司
石油	中国石油工程建设公司
地质	中国地质工程公司
咨询	中国国际工程咨询公司
有色	中国有色金属工业对外工程公司
纺织	中国纺织工业对外经济技术合作公司
建材	中国建材工业对外经济技术合作公司
瑞宝	中国瑞宝开发公司
智力	中国国际技术智力合作公司
国华	国华国际工程承包公司
长城	中国长城工业公司
中农	中国农牧渔业国际合作公司
林业	中国林业国际合作公司
船舶	中国船舶工业贸易公司
康华	中国康华发展总公司
海洋石油	中国国际海洋石油工程公司
电子	中国电子进出口总公司国际经济合作公司
海员	中国海员对外技术服务公司
煤炭	中国煤炭海外开发公司

4—56（2）　对外经济技术合作公司简称、全称对照表

ABBREVIATED FORM FOR THE INTERNATIONAL ECONOMIC AND TECHNICAL COOPERATIVE CORPORATION

简　称 Abbreviated name	全　称 Whole name
四达	中国四达国际经济技术合作公司
化工	中国化学工程总公司
商业	中国商业对外经济技术合作公司
通信	中国通信建设总公司
石化	中国石化国际事业公司
广播	中国广播电视国际经济技术合作公司
光大	中国光大国际经济技术合作公司
万宝	中国万宝工程公司
中房	中国房地产开发总公司
材料	中国国际工程和材料公司
机械	中国机械对外经济技术合作公司
化建	中国化工建设总公司
中原	中国中原对外工程公司
展览	中国国际展览工程有限公司
海洋服务	中国海洋工程服务有限公司
新兴	中国新兴工程建筑房地产开发总公司
材料设备	中国对外建筑材料设备总公司
对外建设	中国对外建设总公司
铁道建筑	中国铁道建筑总公司
水产	中国水产联合总公司
海外经济合作	中国海外经济合作总公司
仪器进出口	中国仪器进出口总公司
海外贸易	中国海外贸易总公司
机械进出口	中国机械进出口总公司
安能	中国安能建设总公司
航空港	中国航空港建设总公司
惠通	中国惠通（集团）总公司

4—56（3） 对外经济技术合作公司简称、全称对照表

ABBREVIATED FORM FOR THE INTERNATIONAL ECONOMIC AND TECHNICAL COOPERATIVE CORPORATION

简称 Abbreviated name	全称 Whole name
体育	中国体育国际经济技术合作公司
黄金	中国黄金总公司
电子系统	中国电子系统工程总公司
软件	中国国际计算机软件工程公司
中国海洋石油	中国海洋石油总公司
远洋运输	中国远洋运输总公司
国际企业	中国国际企业合作公司
精密机械	中国精密机械进出口公司
海洋航空	中国海洋航空公司
成套	中国国际实业有限公司
北京	中国北京国际经济合作公司
天津	中国天津国际经济技术合作公司
河北	中国河北国际经济技术合作公司
山西	中国山西国际经济技术合作公司
内蒙古	中国内蒙古国际经济技术合作公司
呼伦贝尔	呼伦贝尔国际经济技术合作公司
辽宁	中国辽宁国际经济技术合作公司
沈阳	中国沈阳国际经济技术合作公司
大连	中国大连国际经济技术合作公司
吉林	中国吉林国际经济技术合作公司
长春	中国长春国际经济技术合作公司
延边	延边对外国际经济技术合作公司
黑龙江	中国黑龙江国际经济技术合作公司
黑龙江工程	黑龙江国际工程技术合作公司
哈尔滨	中国哈尔滨国际经济技术合作公司
佳木斯	佳木斯国际经济技术合作公司
牡丹江	牡丹江国际经济技术合作公司

4—56（4） 对外经济技术合作公司简称、全称对照表

ABBREVIATED FORM FOR THE INTERNATIONAL ECONOMIC AND TECHNICAL COOPERATIVE CORPORATION

简　称 Abbreviated name	全　称 Whole name
黑河	黑河国际经济技术合作公司
齐齐哈尔	齐齐哈尔国际经济技术合作公司
东北煤矿	东北煤矿工程公司
上海	中国上海国际经济技术合作公司
江苏	中国江苏国际经济技术合作公司
南京	中国南京国际经济技术合作公司
浙江	中国浙江国际经济技术合作公司
宁波	中国宁波国际经济技术合作公司
安徽	中国安徽国际经济技术合作公司
福建	中国福建国际经济技术合作公司
福建劳服	福建省对外劳务合作公司
厦门	中国厦门国际经济技术合作公司
漳州	中国漳州国际经济技术合作公司
泉州	中国泉州国际经济技术合作公司
福州	中国福州国际经济技术合作公司
武夷	中国武夷公司
江西	中国江西国际经济技术合作公司
山东	中国山东国际经济技术合作公司
青岛	中国青岛国际经济技术合作公司
烟台	烟台对外经济技术合作公司
威海	威海对外经济技术合作公司
河南	中国河南国际经济技术合作公司
湖北	中国湖北国际经济技术合作公司
武汉	中国武汉国际经济技术合作公司
湖南	中国湖南国际经济技术合作公司
广东	中国广东国际经济技术合作公司
广州	中国广州国际经济技术合作公司

4—56（5） 对外经济技术合作公司简称、全称对照表

ABBREVIATED FORM FOR THE INTERNATIONAL ECONOMIC AND TECHNICAL COOPERATIVE CORPORATION

简称 Abbreviated name	全称 Whole name
广东劳服	广东省对外劳动服务公司
珠江	广州珠江实业总公司
深圳	中国深圳国际经济技术合作公司
华西	中国华西企业公司
广西	中国广西国际经济技术合作公司
海南	中国海南国际经济技术合作公司
四川	中国四川国际经济技术合作公司
重庆	中国重庆国际经济技术合作公司
成都	中国成都国际经济技术合作公司
贵州	中国贵州国际经济技术合作公司
云南	中国云南国际经济技术合作公司
陕西	中国陕西国际经济技术合作公司
西安	中国西安国际经济技术合作公司
甘肃	中国甘肃国际经济技术合作公司
新疆	中国新疆国际经济技术合作公司
新天	新天国际经济技术合作公司
北京建筑工程	北京市建筑工程公司
石家庄	石家庄市国际经济技术合作公司
满州里	满州里国际经济技术合作公司
内蒙高校	内蒙古高等院校科技开发集团
丹东	丹东国际经济技术合作公司
抚顺对外建筑	抚顺市对外建筑安装工程总公司
营口	营口国际经济技术合作公司
吉林对外	吉林对外经济技术合作公司
东北电力集团	中国东北电力总公司
哈铁	哈尔滨铁路局对外经济技术合作公司
东方	东方国际经济技术合作公司

4—56（6） 对外经济技术合作公司简称、全称对照表

ABBREVIATED FORM FOR THE INTERNATIONAL ECONOMIC AND TECHNICAL COOPERATIVE CORPORATION

简称 Abbreviated name	全称 Whole name
上海对外劳务	上海对外劳务合作公司
上海机械进出口	上海市机械进出口公司
上海机械设备	上海市机械设备进出口公司
南通	南通国际经济技术合作公司
扬州	扬州国际经济技术合作公司
连云港	连云港国际经济技术合作公司
南京海外建筑	南京海外建筑工程总公司
宁波技术进出口	宁波技术进出口公司
安徽建筑工程	安徽省建筑工程总公司
厦门建隆	厦门建隆经济技术合作公司
福建交通劳务	福建省对外交通劳务合作公司
南昌对外工程	南昌对外工程公司
潍坊	潍坊国际经济技术合作公司
齐鲁建设集团	齐鲁建设集团公司
汕头	汕头国际经济技术合作公司
广东海外建设	广东海外建设总公司
宁夏	中国宁夏伊斯兰国际经济技术合作公司
东北水利开发	东北水利水电开发总公司
铁道第三勘测	铁道部第三勘测设计院
航空工业规划	中国航空工业规划设计院
石化北京设计	中国石油化工总公司北京设计院
煤炭设计	北京煤炭设计研究院
化工第六设计	化工部第六设计院
机电设计	机电部设计研究院
成达化学	中国成达化学工程公司
冶金钢铁设计	冶金部钢铁设计研究总院

5. 旅　游　篇
INTERNATIONAL TOURISM

5—1 国际旅游者人数
INTERNATIONAL VISITOR ARRIVALS TO CHINA

单位：万人
Unit：10000 Persons

指标 Item	1990	1991	1992	1993
合计 Total	**2746.18**	**3334.98**	**3811.49**	**4152.69**
外国人 Foreigners	174.73	271.01	400.64	465.59
华侨 Overseas Chinese	9.11	13.34	16.51	16.62
港澳台同胞 *Compatriots	2562.34	3050.63	3394.34	3670.48
# 台湾同胞 Compatriots from Taiwan	94.76	94.66	131.78	152.70

* Compatriots from Hong Kong、Macao and Taiwan.

5—2 接待外国旅游者人数（按洲别分）
FOREIGN TOURIST ARRIVALS BY CONTINENT

单位：万人
Unit：10000 Persons

指标 Item	1990	1991	1992	1993
合计 Total	**174.73**	**271.01**	**400.64**	**465.59**
亚洲 Asia	91.52	138.78	184.80	233.23
非洲 Africa	1.17	1.74	2.67	2.77
欧洲 Europe	44.63	78.95	151.96	159.28
拉丁美洲 Latin America	2.36	3.51	5.60	5.93
北美洲 North America	28.08	38.34	43.94	50.48
大洋洲 Oceania	6.35	8.28	10.55	12.70
其他 Others	0.62	1.41	1.12	1.20

5—3 外国旅游者性别、年龄
FOREIGN TOURIST ARRIVALS BY SEX, AGE

单位：万人

Unit：10000 Persons

指标 Item		1990	1991	1992	1993
合计 Total		**174.73**	**271.01**	**400.64**	**465.59**
性别 Sex	男 Male	112.17	182.74	265.49	325.28
	女 Female	62.56	88.27	135.15	140.31
年龄 Age Group	16岁以下 Under 16	14.84	11.12	15.46	19.34
	16—30岁	45.42	66.79	105.09	123.52
	31—50岁	73.43	119.74	176.73	208.69
	51岁以上 Over 51	41.04	73.36	103.36	114.04

5—4 外国旅游者职业
FOREIGN TOURIST ARRIVALS BY OCCUPATION

单位：万人

Unit：10000 Persons

指标 Item	1990	1991	1992	1993
合计 Total	**174.73**	**271.01**	**400.64**	**465.59**
专业技术人员 Technician	31.50	35.95	41.03	39.53
行政管理人员 Official	30.66	26.37	47.55	30.77
商人 Businessman	36.96	57.42	90.29	122.53
办事员 Clerk		25.50	43.91	53.90
服务人员 Server		12.21	22.94	37.77
工人农民 Worker and Farmer	33.34	50.31	63.57	64.74
其他职业人员 Others	23.27	35.49	62.14	79.71
无职业人员 Freeman	19.00	27.26	29.21	36.64

5—5

外国旅游者所乘交通工具
FOREIGN TOURIST ARRIVALS BY MODE OF TRANSPORT

单位：万人
Unit：10000 Persons

指标 Item	1990	1991	1992	1993
合计 Total	**174.73**	**271.01**	**400.64**	**465.59**
船舶 Sea	31.94	50.35	74.50	81.57
飞机 Air	89.00	122.66	165.52	215.18
火车 Rail	7.31	29.23	50.28	47.08
汽车 Road	46.48	23.47	59.82	77.28
徒步 Foot		45.30	50.52	44.48

5—6

国际旅游者人数发展指数
INTERNATIONAL VISITORS INDICES

指标 Item	1990	1991	1992	1993
旅游者人数（万人） Tourism Visitors（10000 Persons）	**2746.18**	**3334.98**	**3811.49**	**4152.69**
发展指数 Indices	1517.9	1843.3	2106.7	2295.3
每年增长% Annual Changes of %	12.1	21.4	14.3	9.0

5—7

旅游外汇收入发展指数
TOURISM RECEIPTS INDICES

指标 Item	1990	1991	1992	1993
旅游收入（万美元） Tourism Receipts（us $ 10000）	**221758**	**284497**	**394687**	**468317**
发展指数 Indices	843.5	1082.1	1501.3	1781.4
每年增长% Annual Changes of %	19.2	28.3	38.7	18.7

5—8

旅 游 外 汇 收 入
TOURISM RECEIPTS

单位：万美元
Unit：US$ 10000

指标 Item	1990	1991	1992	1993
总计 Total	**221758**	**284497**	**394687**	**468317**
一、商品性收汇 Commodity Income	**77495**	**98906**	**128971**	**130908**
1. 商品销售收汇 Shopping	56371	70421	81097	83064
2. 饮食销售收汇 Food-Beverage	21124	28485	47874	47844
二、劳务性收汇 Service Income	**144263**	**185591**	**265716**	**337409**
1. 提供住宿收汇 Hotel Accommodation	49769	62735	96504	125365
2. 交通邮电服务收汇 Transportation & Communication	69404	81808	110639	152682
3. 其他服务项目收汇 Others	25090	41048	58573	59362

5—9

旅行社接待国际旅游人数
TOURISTS RECEIVED BY TRAVEL AGENCIES

单位：万人
Unit：10000 Persons

指标 Item	1990	1991	1992	1993
合计 Total	**131.00**	**170.98**	**175.91**	**170.13**
国际旅行社 CITS*	11.02	48.79	64.69	74.07
中国旅行社 CTS**	106.46	106.59	96.23	82.02
青年旅行社 CYTS***	13.52	15.60	14.99	14.04

* China International Travel Service，Head Office.

** China Travel Service.

*** China Youth Travel Service.

5—10 各月份接待国际旅游者人数 MONTHLY INTERNATIONAL VISITOR ARRIVALS TO CHINA

单位：万人
Unit：10000 Persons

月份 Month	1990	1991	1992	1993
全年 Whole Year	**2746.18**	**3334.98**	**3811.49**	**4152.69**
1月 JAN.	255.40	239.28	274.75	342.94
2月 FEB.	168.64	267.17	302.76	287.03
3月 MAR.	221.98	303.70	304.77	340.72
4月 APR.	247.78	283.25	337.23	373.44
5月 MAY	229.25	271.36	309.98	332.58
6月 JUN.	200.32	266.10	297.07	327.97
7月 JUL.	236.79	281.84	331.92	377.17
8月 AUG.	251.71	304.44	347.74	394.14
9月 SEP.	210.94	273.16	320.17	327.61
10月 OCT.	250.24	287.22	344.32	359.43
11月 NOV.	232.75	271.42	310.78	333.88
12月 DEC.	240.38	286.04	330.00	355.78

5—11 各月份接待国际旅游者人数比重 PROPORTION OF MONTHLY INTERNATIONAL VISITOR ARRIVALS TO CHINA

单位 Unit：%

月份 Month	1990	1991	1992	1993
全年 Whole Year	**100.0**	**100.0**	**100.0**	**100.0**
1月 JAN.	9.3	7.2	7.2	8.3
2月 FEB.	6.1	8.0	7.9	6.9
3月 MAR.	8.1	9.0	8.0	8.2
4月 APR.	9.0	8.5	8.8	9.0
5月 MAY	8.3	8.2	8.2	8.0
6月 JUN.	7.3	8.0	7.8	7.9
7月 JUL.	8.6	8.5	8.7	9.1
8月 AUG.	9.2	9.1	9.1	9.5
9月 SEP.	7.7	8.2	8.4	7.9
10月 OCT.	9.1	8.6	9.0	8.6
11月 NOV.	8.5	8.1	8.2	8.0
12月 DEC.	8.8	8.6	8.7	8.6

5—12 各月份接待外国旅游者人数
MONTHLY FOREIGN VISITOR ARRIVALS TO CHINA

单位：万人
Unit：10000 Persons

月　份 Month	1990	1991	1992	1993
全年　Whole Year	**174.73**	**271.01**	**400.64**	**465.59**
1月　JAN.	9.52	15.90	21.65	26.31
2月　FEB.	9.57	14.77	23.29	31.13
3月　MAR.	12.66	20.74	31.37	40.17
4月　APR.	13.83	22.09	32.03	38.50
5月　MAY	14.40	22.20	33.65	39.45
6月　JUN.	13.29	22.69	34.47	38.09
7月　JUL.	15.70	21.99	33.60	39.45
8月　AUG.	17.36	26.04	38.66	43.19
9月　SEP.	17.55	25.86	41.54	43.60
10月　OCT.	20.35	30.32	43.44	49.21
11月　NOV.	16.51	25.74	33.35	40.46
12月　DEC.	13.99	22.67	33.59	36.03

5—13 各月份接待外国旅游者人数比重
PROPORTION OF MONTHLY FOREIGN VISITOR ARRIVALS TO CHINA

单位　Unit：%

月　份 Month	1990	1991	1992	1993
全年　Whole Year	**100.0**	**100.0**	**100.0**	**100.0**
1月　JAN.	5.5	5.9	5.4	5.6
2月　FEB.	5.5	5.4	5.8	6.7
3月　MAR.	7.2	7.6	7.8	8.6
4月　APR.	7.9	8.2	8.0	8.3
5月　MAY	8.3	8.2	8.4	8.5
6月　JUN.	7.6	8.4	8.6	8.2
7月　JUL.	9.0	8.1	8.4	8.5
8月　AUG.	9.9	9.6	9.7	9.3
9月　SEP.	10.0	9.5	10.4	9.4
10月　OCT.	11.6	11.2	10.8	10.6
11月　NOV.	9.5	9.5	8.3	8.7
12月　DEC.	8.0	8.4	8.4	7.7

5—14　各月份接待华侨人数

MONTHLY OVERSEAS CHINESE ARRIVALS TO CHINA

单位：万人
Unit：10000 Persons

月 份 Month	1990	1991	1992	1993
全年 Whole Year	**9.11**	**13.34**	**16.51**	**16.62**
1月 JAN.	0.86	0.74	1.46	1.72
2月 FEB.	0.53	0.72	1.04	1.34
3月 MAR.	0.69	0.68	1.23	1.86
4月 APR.	0.88	1.05	1.37	1.90
5月 MAY	0.75	1.46	1.20	1.96
6月 JUN.	0.70	1.15	1.44	1.76
7月 JUL.	0.75	1.22	1.55	1.18
8月 AUG.	0.67	1.18	1.27	0.94
9月 SEP.	0.77	1.26	1.33	1.00
10月 OCT.	1.01	1.38	1.48	1.03
11月 NOV.	0.78	1.19	1.40	0.94
12月 DEC.	0.72	1.31	1.74	0.99

5—15　各月份接待华侨人数比重

PROPORTION OF MONTHLY OVERSEAS CHINESE ARRIVALS TO CHINA

单位　Unit：%

月 份 Month	1990	1991	1992	1993
全年 Whole Year	**100.0**	**100.0**	**100.0**	**100.0**
1月 JAN.	9.4	5.6	8.8	10.3
2月 FEB.	5.8	5.4	6.3	8.1
3月 MAR.	7.6	5.1	7.4	11.2
4月 APR.	9.7	7.9	8.3	11.4
5月 MAY	8.2	10.9	7.3	11.8
6月 JUN.	7.7	8.6	8.7	10.6
7月 JUL.	8.2	9.2	9.4	7.1
8月 AUG.	7.4	8.8	7.7	5.7
9月 SEP.	8.4	9.5	8.1	6.0
10月 OCT.	11.1	10.3	9.0	6.2
11月 NOV.	8.6	8.9	8.5	5.7
12月 DEC.	7.9	9.8	10.5	5.9

5—16

各月份接待港澳台胞人数
MONTHLY COMPATRIOT* ARRIVALS TO CHINA

单位：万人
Unit：10000 Persons

月份 Month	1990	1991	1992	1993
全年 Whole Year	**2562.34**	**3050.62**	**3394.34**	**3670.48**
1月 JAN.	245.02	222.64	251.64	314.91
2月 FEB.	158.54	251.68	278.43	254.56
3月 MAR.	208.63	282.28	272.17	298.69
4月 APR.	233.07	260.11	303.83	333.04
5月 MAY	214.10	247.70	275.13	291.17
6月 JUN.	186.33	242.26	261.16	288.12
7月 JUL.	220.34	258.63	296.77	336.54
8月 AUG.	233.68	277.21	307.81	350.01
9月 SEP.	192.62	246.04	277.30	283.01
10月 OCT.	228.88	255.52	299.40	209.19
11月 NOV.	215.46	244.49	276.03	292.48
12月 DEC.	225.67	262.06	294.67	318.76

* Compatriot from Hong Kong，Macao and Taiwan，the same to the next table.

5—17

各月份接待港澳台胞人数比重
PROPORTION OF MONTHLY COMPATRIOT* ARRIVALS TO CHINA

单位：Unit：%

月份 Month	1990	1991	1992	1993
全年 Whole Year	**100.0**	**100.0**	**100.0**	**100.0**
1月 JAN.	9.6	7.3	7.4	8.6
2月 FEB.	6.2	8.3	8.2	6.9
3月 MAR.	8.1	9.2	8.0	8.1
4月 APR.	9.1	8.5	9.0	9.1
5月 MAY	8.4	8.1	8.1	7.9
6月 JUN.	7.3	7.9	7.7	7.9
7月 JUL.	8.6	8.5	8.7	9.2
8月 AUG.	9.1	9.1	9.1	9.5
9月 SEP.	7.5	8.1	8.2	7.7
10月 OCT.	8.9	8.4	8.8	8.4
11月 NOV.	8.4	8.0	8.1	8.0
12月 DEC.	8.8	8.6	8.7	8.7

5—18

接待外国旅游者人数（按国籍分）
ANNUAL FOREIGN VISITOR ARRIVALS BY NATIONALITY

单位：万人
Unit：10000 Persons

	1990	1991	1992	1993
合计 Total	**174.73**	**271.01**	**400.64**	**465.59**
其中：日本 of which：Japan	46.33	64.09	79.15	91.20
菲律宾 Philippines	7.89	10.48	13.79	14.67
新加坡 Singapore	7.17	9.81	15.28	20.09
泰国 Thailand	6.79	8.86	14.72	15.23
印度尼西亚 Indonesia	2.69	5.52	8.96	11.05
朝鲜 Korea DPR	2.79	7.78	6.12	7.30
马来西亚 Malaysia	3.68	9.94	12.33	16.85
巴基斯坦 Pakistan	1.44	2.80	2.15	2.51
法国 France	5.07	8.60	11.62	11.50
德国 Germany，FR	5.62	9.24	12.13	13.88
英国 United Kingdom	7.89	11.46	12.98	15.39
意大利 Italy	2.63	4.54	5.70	4.88
荷兰 Nethlands	1.38	2.05	2.08	2.47
瑞典 Sweden	1.05	1.62	2.12	2.34
瑞士 Switzerland	1.15	1.87	2.36	2.63
原苏联 Former USSR	10.98	28.49	89.54	92.93
加拿大 Canada	4.76	6.92	9.31	10.50
美国 United States	23.32	31.41	34.63	39.97
澳大利亚 Australia	5.02	6.51	7.56	9.93
新西兰 New Zealand	1.00	1.21	1.62	1.90

5—19 各地区接待国际旅游者人数、人天数
INTERNATIONAL TOURISTS REÇEIVED BY REGIONS

地区 Region	人数（万人） Arrivals (10000 Persons)			人天数（万人天） Tourist Nights (10000 T. N)		
	1991	1992	1993	1991	1992	1993
北京 Beijing	132.15	174.81	202.75	466.12	611.76	709.93
天津 Tianjin	6.27	8.75	10.94	30.87	43.76	57.99
河北 Hebei	4.78	6.30	8.06	12.77	14.21	17.45
山西 Shanxi	4.28	4.82	6.65	10.14	12.32	14.86
内蒙古 Inner Mongolia	3.32	9.58	10.62	8.71	22.05	25.54
辽宁 Liaoning	14.75	18.73	21.89	63.03	70.85	85.10
吉林 Jilin	6.19	8.36	7.88	14.51	20.23	18.87
黑龙江 Heilongjiang	8.48	12.27	11.59	26.90	43.08	32.09
上海 Shanghai	98.18	125.31	124.84	291.90	340.51	353.65
江苏 Jiangsu	62.91	80.84	79.22	105.81	135.42	144.98
浙江 Zhejiang	47.35	59.74	59.59	96.04	120.79	122.35
安徽 Anhui	12.26	13.84	12.53	19.87	23.97	21.90
福建 Fujian	68.60	81.61	88.03	261.46	332.59	380.94
江西 Jiangxi	4.87	4.66	4.78	8.59	8.54	7.97
山东 Shandong	17.20	24.13	28.43	37.23	47.92	56.30
河南 Henan	8.78	11.01	12.85	15.90	20.72	22.88
湖北 Hubei	9.94	14.70	14.10	16.97	23.68	25.72
湖南 Hunan	10.30	13.11	15.01	20.72	24.16	22.52
广东 Guangdong	635.36	687.47	612.19	958.20	1059.04	980.94
广西 Guangxi	49.47	59.48	51.92	101.07	116.12	105.63
海南 Hainan	27.72	26.99	23.97	35.67	44.55	37.27
四川 Sichuan	21.26	31.71	28.99	58.21	71.16	62.76
贵州 Guizhou	3.75	7.63	10.25	6.75	13.14	19.82
云南 Yunnan	21.21	29.44	36.17	45.13	60.40	65.46
陕西 Shaanxi	31.01	41.48	45.76	73.60	91.85	95.99
甘肃 Gansu	7.75	7.99	7.26	13.45	13.02	12.04
青海 Qinghai	0.80	1.06	1.03	2.09	3.10	2.51
宁夏 Ningxia	0.29	0.36	0.29	0.90	1.04	1.00
新疆 Xinjiang	13.41	24.97	24.10	46.38	119.72	77.40

5—20 各地区接待外国旅游者人数、人天数
FOREIGN TOURISTS RECEIVED BY REGIONS

地区 Region	人数（万人） Arrivals（10000 Persons）			人天数（万人天） Tourist Nights（10000 T. N）		
	1991	1992	1993	1991	1992	1993
北京 Beijing	91.39	120.46	145.04	319.13	415.55	510.65
天津 Tianjin	3.84	5.53	7.30	22.59	31.80	41.33
河北 Hebei	2.98	3.95	5.81	8.27	9.24	12.71
山西 Shanxi	2.74	3.01	4.09	6.60	7.86	10.14
内蒙古 Inner Mongolia	2.39	8.53	9.73	6.20	19.24	22.76
辽宁 Liaoning	9.79	12.76	15.14	40.09	50.03	63.36
吉林 Jilin	3.63	5.32	5.63	9.24	14.51	14.35
黑龙江 Heilongjiang	5.15	8.82	8.73	18.74	32.63	23.99
上海 Shanghai	61.27	78.13	85.28	168.46	206.08	247.66
江苏 Jiangsu	30.05	37.31	45.52	52.17	65.27	80.78
浙江 Zhejiang	16.75	22.50	25.39	32.95	45.81	51.41
安徽 Anhui	2.39	2.71	4.04	4.51	5.47	7.42
福建 Fujian	12.22	15.90	19.30	38.68	55.79	72.06
江西 Jiangxi	0.94	1.30	1.56	2.38	3.08	3.17
山东 Shandong	9.95	12.71	14.47	21.08	24.26	30.99
河南 Henan	4.11	5.21	5.85	7.77	10.00	10.25
湖北 Hubei	3.06	4.02	4.67	5.62	6.84	11.41
湖南 Hunan	1.97	2.38	3.46	4.36	5.30	5.43
广东 Guangdong	73.67	93.55	94.68	142.13	174.64	194.54
广西 Guangxi	20.97	27.90	29.87	41.16	54.10	59.01
海南 Hainan	3.28	3.93	4.20	7.25	10.15	10.72
四川 Sichuan	8.01	11.09	11.79	26.86	29.74	28.06
贵州 Guizhou	1.04	1.87	4.26	2.32	4.10	8.75
云南 Yunnan	9.13	14.69	23.65	21.39	31.46	42.54
陕西 Shaanxi	23.78	34.86	38.63	55.59	76.49	81.37
甘肃 Gansu	5.87	5.69	5.68	10.07	9.55	9.47
青海 Qinghai	0.55	0.66	0.72	1.37	1.94	1.65
宁夏 Ningxia	0.19	0.21	0.19	0.64	0.66	0.64
新疆 Xinjiang	11.44	22.93	21.75	41.26	104.48	70.70

5—21

各地区旅游外汇收入
TOURISM RECEIPTS BY REGIONS

单位：外汇券万元

Unit：FEC¥ 10000

地 区 Region	合 计 Total			商品性收汇 Commodity Income			劳务性收汇 Service Income		
	1991	1992	1993	1991	1992	1993	1991	1992	1993
合计 Total	**1499108**	**2116622**	**2479726**	**531560**	**699027**	**757567**	**967548**	**1417595**	**1722159**
北 京 Beijing	449031	586686	718338	101951	136672	159696	347080	450014	558642
天 津 Tianjin	17566	28318	37241	7268	8995	7836	10298	19323	29405
河 北 Hebei	3975	10630	5100	1597	2095	843	2378	8535	4257
山 西 Shanxi	2729	3093	3764	396	700	649	2333	2393	3115
内蒙古 Inner Mongolia	1163	1359	2070	226	234	320	937	1125	1750
辽 宁 Liaoning	45760	55451	66599	16616	14837	10092	29144	40614	56507
吉 林 Jilin	4465	5995	6320	1171	1501	774	3294	4494	5546
黑龙江 Heilongjiang	4568	7372	7542	1690	1722	1408	2878	5650	6134
上 海 Shanghai	151453	315994	454118	55397	130038	137378	96056	185956	316740
江 苏 Jiangsu	49621	60960	74093	23467	27536	26963	26154	33424	47130
浙 江 Zhejiang	39421	54352	57774	8233	9315	7041	31188	45037	50733
安 徽 Anhui	4742	6715	8641	1001	1233	1369	3741	5482	7272
福 建 Fujian	62204	79412	91004	29196	30126	38369	33008	49286	52635
江 西 Jiangxi	2744	4276	6313	1120	1776	3159	1624	2500	3154
山 东 Shandong	27110	33933	39544	9910	11434	8676	17200	22499	30868
河 南 Henan	5708	8223	8872	1252	1282	1274	4456	6941	7598
湖 北 Hubei	11595	23517	26040	2620	3295	3137	8975	20222	22903
湖 南 Hunan	7289	12593	16889	2249	5790	6515	5040	6803	10374
广 东 Guangdong	433333	589439	574887	196511	232601	241487	236822	356838	333400
广 西 Guangxi	41513	55061	50468	6355	9003	7355	35158	46058	43113
海 南 Hainan	20228	31138	35228	15192	24668	27212	5036	6470	8016
四 川 Sichuan	23163	34782	42808	4063	5136	5396	19100	29646	37412
贵 州 Guizhou	1415	3778	8405	151	192	121	1264	3586	8284
云 南 Yunnan	42109	37222	59075	32430	22671	41771	9679	14551	17304
陕 西 Shaanxi	29252	41165	50034	7498	10024	9681	21754	31141	40353
甘 肃 Gansu	4546	5689	5017	717	624	360	3829	5065	4657
青 海 Qinghai	483	346	325	35	51	13	448	295	312
宁 夏 Ningxia	276	330	375	110	112	68	166	218	307
新 疆 Xinjiang	11646	18793	22842	3138	5364	8604	8508	13429	14238

5—22 各地区旅游商品性收入
TOURISM COMMODITY RECEIPTS BY REGIONS

单位：外汇券万元
Unit：FEC￥ 10000

地 区 Region	合 计 Total			商品销售 Shopping			饮食销售 Food-Beverage		
	1991	1992	1993	1991	1992	1993	1991	1992	1993
合计 Total	**531560**	**699027**	**757567**	**370652**	**439547**	**480692**	**160908**	**259480**	**276875**
北 京 Beijing	101951	136672	159696	52778	67085	80425	49173	69587	79271
天 津 Tianjin	7268	8995	7836	3509	4008	3322	3759	4987	4514
河 北 Hebei	1597	2095	843	1027	1643	629	570	452	214
山 西 Shanxi	396	700	649	134	152	187	262	548	462
内蒙古 Inner Mongolia	226	234	320	42	94	83	184	140	237
辽 宁 Liaoning	16616	14837	10092	11617	9193	3235	4999	5644	6857
吉 林 Jilin	1171	1501	774	881	1165	493	290	336	281
黑龙江 Heilongjiang	1690	1722	1408	1433	1321	1273	257	401	135
上 海 Shanghai	55397	130038	137378	41326	85878	75368	14071	44160	62010
江 苏 Jiangsu	23467	27536	26963	17364	18676	14171	6103	8860	12792
浙 江 Zhejiang	8233	9315	7041	4796	4157	3338	3437	5158	3703
安 徽 Anhui	1001	1233	1369	127	140	350	874	1093	1019
福 建 Fujian	29196	30126	38369	27245	28457	34993	1951	1669	3376
江 西 Jiangxi	1120	1776	3159	972	1628	3082	148	148	77
山 东 Shandong	9910	11434	8676	7635	8017	4888	2275	3417	3788
河 南 Henan	1252	1282	1274	806	486	477	446	796	797
湖 北 Hubei	2620	3295	3137	1442	1352	1606	1178	1943	1531
湖 南 Hunan	2249	5790	6515	1767	4945	5579	482	845	936
广 东 Guangdong	196511	232601	241487	138204	139694	163879	58307	92907	77608
广 西 Guangxi	6355	9003	7355	2972	4777	3057	3383	4226	4298
海 南 Hainan	15192	24668	27212	14657	24000	26584	535	668	628
四 川 Sichuan	4063	5136	5396	1863	2791	2694	2200	2345	2702
贵 州 Guizhou	151	192	121	84	50	11	67	142	110
云 南 Yunnan	32430	22671	41771	31440	21486	40846	990	1185	925
陕 西 Shaanxi	7498	10024	9681	3190	3217	2534	4308	6807	7147
甘 肃 Gansu	717	624	360	519	324	122	198	300	238
青 海 Qinghai	35	51	13	14	42	10	21	9	3
宁 夏 Ningxia	110	112	68	91	85	37	19	27	31
新 疆 Xinjiang	3138	5364	8604	2717	4684	7419	421	680	1185

5—23

各地区旅游劳务性收入

TOURISM SERVICE RECEIPTS BY REGIONS

单位：外汇券万元

Unit：FEC￥ 10000

地 区 Region	合 计 Total			#提供住宿 Hotel Accommodation			#长途交通 Long distance Transportation		
	1991	1992	1993	1991	1992	1993	1991	1992	1993
合计 Total	**967548**	**1417595**	**1722159**	**341160**	**523055**	**725491**	**336156**	**487005**	**570876**
北 京 Beijing	347080	450014	558642	116411	174784	261800	141912	194420	198483
天 津 Tianjin	10298	19323	29405	6109	9672	18050	1878	6030	6464
河 北 Hebei	2378	8535	4257	868	1285	850	152	233	184
山 西 Shanxi	2333	2393	3115	1009	924	970	524	795	975
内蒙古 Inner Mongolia	937	1125	1750	390	452	663	423	553	881
辽 宁 Liaoning	29144	40614	56507	13112	19500	30443	8678	11533	15052
吉 林 Jilin	3294	4494	5546	816	1327	1914	1303	1368	2454
黑龙江 Heilongjiang	2878	5650	6134	788	1524	1539	1661	2475	3612
上 海 Shanghai	96056	185956	316740	41126	78493	142824	22241	45440	109972
江 苏 Jiangsu	26154	33424	47130	11917	16493	25227	4118	5944	6677
浙 江 Zhejiang	31188	45037	50733	12120	17418	21639	7908	12069	11024
安 徽 Anhui	3741	5482	7272	1602	2325	3038	1030	1545	1919
福 建 Fujian	33008	49286	52635	8449	12711	15448	8990	13302	16252
江 西 Jiangxi	1624	2500	3154	698	795	1197	569	904	1249
山 东 Shandong	17200	22499	30868	6273	8708	13002	7305	9266	11911
河 南 Henan	4456	6941	7598	1192	1539	1868	2119	3185	3483
湖 北 Hubei	8975	20222	22903	2088	3177	5503	5799	14021	13504
湖 南 Hunan	5040	6803	10374	1508	2259	2636	2267	2717	3590
广 东 Guangdong	236822	356838	333400	87026	131116	130654	65054	87438	79522
广 西 Guangxi	35158	46058	43113	9600	10529	8806	19538	26598	28127
海 南 Hainan	5036	6470	8016	2929	3852	4618	894	1348	1626
四 川 Sichuan	19100	29646	37412	4594	6545	10305	9951	15584	18584
贵 州 Guizhou	1264	3586	8284	314	1036	1846	704	1689	4217
云 南 Yunnan	9679	14551	17304	2945	4994	5758	4392	6755	8303
陕 西 Shaanxi	21754	31141	40353	5999	8948	10848	9523	12882	16164
甘 肃 Gansu	3829	5065	4657	591	956	1000	1907	2671	2167
青 海 Qinghai	448	295	312	49	41	69	131	89	92
宁 夏 Ningxia	166	218	307	26	38	54	55	64	117
新 疆 Xinjiang	8508	13429	14238	611	1614	2922	5130	6086	4271

5—24（1） 重点城市接待国际旅游者人数
INTERNATIONAL VISITOR RECEIVED BY MAJOR CITIES

单位：万人
Unit：10000 Persons

城 市 City	1990	1991	1992	1993
合 计 Total	**931.67**	**1070.52**	**1277.87**	**1235.14**
北 京 Beijing	100.07	132.15	174.81	202.75
天 津 Tianjin	5.60	6.27	8.75	10.94
石家庄 Shijiazhuang	0.73	0.88	1.00	1.17
承 德 Chengde	1.14	2.25	3.23	4.02
秦皇岛 Qinhuangdao	0.97	1.33	1.44	1.71
太 原 Taiyuan	1.35	1.61	1.73	2.24
大 同 Datong	1.19	1.52	1.81	1.87
呼和浩特 Hohhot	0.91	1.62	2.05	1.84
沈 阳 Shenyang	4.19	5.01	6.51	8.31
大 连 Dalian	5.20	7.30	9.34	10.86
长 春 Changchun	2.48	3.00	3.87	3.41
吉 林 Jilin	0.95	1.61	1.85	1.46
哈尔滨 Harbin	5.04	6.79	9.51	8.42
上 海 Shanghai	89.30	98.18	125.31	124.84
南 京 Nanjing	26.33	22.13	26.84	24.25
无 锡 Wuxi	14.29	11.64	15.22	14.48
苏 州 Suzhou	26.16	22.77	29.62	29.60
连云港 Lianyungang	0.24	0.26	0.30	0.39
南 通 Nantong	0.96	1.10	1.58	1.95
杭 州 Hangzhou	38.83	39.02	48.96	45.96
宁 波 Ningbo	2.56	3.12	4.20	6.60
温 州 Wenzhou	0.68	1.11	1.49	1.63
黄 山 Huangshan		10.45	11.93	10.17
福 州 Fuzhou	15.90	14.81	17.44	16.27
厦 门 Xiamen	21.08	20.51	25.79	27.64

5—24（2） 重点城市接待国际旅游者人数

INTERNATIONAL VISITOR RECEIVED BY MAJOR CITIES

单位：万人

Unit：10000 Persons

城市 City		1990	1991	1992	1993
漳州	Zhangzhou	1.38	1.03	1.46	1.55
泉州	Quanzhou	23.90	23.66	26.69	29.17
九江	Jiujiang	0.77	0.85	1.08	1.09
济南	Jinan	2.06	2.56	3.60	3.98
青岛	Qingdao	5.24	6.09	8.31	9.43
烟台	Yantai	1.04	2.00	2.58	1.95
郑州	Zhengzhou	4.13	4.45	4.86	5.06
洛阳	Luoyang	2.82	3.37	4.59	5.87
武汉	Wuhan	8.54	8.96	13.38	12.71
长沙	Changsha	2.84	3.30	3.97	4.01
广州	Guangzhou	189.10	203.44	208.35	186.97
汕头	Shantou	17.67	19.83	17.95	18.25
珠海	Zhuhai	37.71	46.03	44.18	43.58
深圳	Shenzhen	148.24	182.98	214.37	169.03
湛江	Zhanjiang	1.76	2.68	4.05	3.32
南宁	Nanning	0.79	1.75	2.45	2.44
桂林	Guilin	48.49	42.91	50.86	43.91
北海	Beihai	0.32	0.26	0.29	0.46
海口	Haikou		11.81	13.67	12.71
三亚	Sanya		5.64	4.88	
成都	Chengdu	13.13	13.95	19.26	17.24
重庆	Chongqing	6.26	7.31	12.46	11.75
贵阳	Guiyang	1.98	2.68	4.70	6.67
昆明	Kunming	14.82	16.02	23.17	27.11
西安	Xi'an	25.88	31.01	40.16	43.50
兰州	Lanzhou	2.70	4.07	3.93	3.47
乌鲁木齐	Urumqi	3.95	5.44	8.04	7.13

5—25（1） 重点城市接待外国旅游者人数

FOREIGN VISITOR RECEIVED BY MAJOR CITIES

单位：万人
Unit：10000 Persons

城 市 City	1990	1991	1992	1993
合 计 Total	**272.25**	**379.35**	**496.53**	**559.49**
北 京 Beijing	63.75	91.39	120.46	145.04
天 津 Tianjin	3.55	3.84	5.53	7.30
石家庄 Shijiazhuang	0.41	0.47	0.52	0.63
承 德 Chengde	0.87	1.45	2.06	3.06
秦皇岛 Qinhuangdao	0.69	0.85	0.92	1.01
太 原 Taiyuan	0.72	1.00	1.16	1.60
大 同 Datong	0.81	1.08	1.36	1.48
呼和浩特 Hohhot	0.58	0.83	1.16	1.16
沈 阳 Shenyang	2.63	2.96	4.15	5.57
大 连 Dalian	3.58	5.21	6.76	7.80
长 春 Changchun	1.61	1.77	2.40	2.20
吉 林 Jilin	0.25	0.34	0.43	0.52
哈尔滨 Harbin	2.67	3.90	6.52	5.88
上 海 Shanghai	46.06	61.27	78.13	85.28
南 京 Nanjing	7.29	9.68	11.08	12.77
无 锡 Wuxi	3.85	5.70	7.43	8.77
苏 州 Suzhou	8.07	11.63	14.68	18.45
连云港 Lianyungang	0.15	0.15	0.16	0.23
南 通 Nantong	0.51	0.62	0.90	1.06
杭 州 Hangzhou	8.66	13.68	18.38	19.98
宁 波 Ningbo	0.91	1.28	1.77	2.85
温 州 Wenzhou	0.11	0.23	0.30	0.38
黄 山 Huangshan		1.92	2.03	3.08
福 州 Fuzhou	2.70	3.47	4.63	4.87
厦 门 Xiamen	4.17	6.68	8.37	10.89

5—25（2） 重点城市接待外国旅游者人数 FOREIGN VISITOR RECEIVED BY MAJOR CITIES

单位：万人
Unit：10000 Persons

城市 City		1990	1991	1992	1993
漳州	Zhangzhou	0.14	0.16	0.24	0.27
泉州	Quanzhou	0.96	0.73	0.94	0.85
九江	Jiujiang	0.19	0.20	0.35	0.35
济南	Jinan	1.27	1.47	1.53	1.72
青岛	Qingdao	2.23	2.66	3.81	4.88
烟台	Yantai	0.53	1.09	1.25	1.02
郑州	Zhengzhou	0.95	1.08	1.49	1.63
洛阳	Luoyang	1.79	2.45	3.02	3.44
武汉	Wuhan	2.29	2.82	3.68	4.21
长沙	Changsha	0.76	0.85	1.05	1.27
广州	Guangzhou	32.45	44.46	51.76	46.09
汕头	Shantou	5.88	7.67	7.78	7.92
珠海	Zhuhai	1.08	2.41	4.35	5.14
深圳	Shenzhen	9.32	10.84	16.98	20.32
湛江	Zhanjiang	0.29	0.32	0.41	0.50
南宁	Nanning	0.23	0.58	0.80	0.97
桂林	Guilin	14.77	19.92	26.49	27.93
北海	Beihai	0.07	0.06	0.06	0.10
海口	Haikou		1.90	2.59	2.73
三亚	Sanya		0.75	0.75	
成都	Chengdu	4.42	5.33	6.39	6.58
重庆	Chongqing	1.87	2.68	4.69	5.21
贵阳	Guiyang	0.57	0.70	1.08	2.64
昆明	Kunming	4.98	5.75	10.71	16.78
西安	Xi'an	15.40	23.78	33.63	36.37
兰州	Lanzhou	1.95	3.01	2.87	2.65
乌鲁木齐	Urumqi	3.26	4.28	6.54	6.05

5—26（1） 重点城市接待日本旅游者人数
JAPANESE RECEIVED BY MAJOR CITIES

单位：人
Unit：Person

城 市 City	1990	1991	1992	1993
北 京 Beijing	181742	276203	375554	392745
天 津 Tianjin	17954	18369	22468	25461
石家庄 Shijiazhuang	1648	2026	2291	2295
承 德 Chengde	1419	1617	2105	1860
秦皇岛 Qinhuangdao	1528	1884	2521	3103
太 原 Taiyuan	2972	4277	4224	5681
大 同 Datong	2776	3448	5201	6365
呼和浩特 Hohhot	2646	4231	5122	4600
沈 阳 Shenyang	10261	10470	11157	14908
大 连 Dalian	25146	35833	48996	54759
长 春 Changchun	5831	8080	9760	8256
吉 林 Jilin	753	1063	1026	813
哈尔滨 Harbin	9913	11527	11844	11502
上 海 Shanghai	225997	305754	372665	399703
南 京 Nanjing	19997	24964	24630	37013
无 锡 Wuxi	19954	27134	30289	34263
苏 州 Suzhou	31321	50279	61595	74532
连云港 Lianyungang	820	734	764	1283
南 通 Nantong	2377	4211	6082	6669
杭 州 Hangzhou	28674	42098	46845	49859
宁 波 Ningbo	4284	6028	7357	10758
温 州 Wenzhou	405	768	846	1162
黄 山 Huangshan		11484		9663
福 州 Fuzhou	6680	8527	11244	10986
厦 门 Xiamen	5698	8243	10425	13066

5—26（2）　重点城市接待日本旅游者人数

JAPANESE RECEIVED BY MAJOR CITIES

单位：人
Unit：Person

城市 City		1990	1991	1992	1993
漳州	Zhangzhou	289	342	576	760
泉州	Quanzhou	1111	848	1238	1089
九江	Jiujiang	1028	1048	1529	1816
济南	Jinan	4704	4796	5966	6363
青岛	Qingdao	9426	11605	15332	18724
烟台	Yantai	2158	3290	2297	2083
郑州	Zhengzhou	3070	3573	4508	4947
洛阳	Luoyang	9217	13002	14676	13943
武汉	Wuhan	5111	7495	8455	9713
长沙	Changsha	3158	3314	3668	4028
广州	Guangzhou	65536	73392	76067	67964
汕头	Shantou	2932	3232	3441	3983
珠海	Zhuhai	3436	10665	19436	18490
深圳	Shenzhen	28203	32503	38747	60729
湛江	Zhanjiang	792	765	853	1143
南宁	Nanning	456	891	976	1308
桂林	Guilin	49342	59059	66440	60060
北海	Beihai	227	228	173	278
海口	Haikou		3912	4975	5359
三亚	Sanya		1987	1812	1859
成都	Chengdu	11052	15012	15906	14321
重庆	Chongqing	3662	5709	7466	9200
贵阳	Guiyang	1198	1585	1845	1778
昆明	Kunming	12629	18570	20606	18606
西安	Xi'an	36453	62587	87676	103549
兰州	Lanzhou	9407	14336	11972	10253
乌鲁木齐	Urumqi	10575	17153	17331	16485

5—27（1） 重点城市接待泰国旅游者人数
THAILANDER RECEIVED BY MAJOR CITIES

单位：人
Unit：Person

城 市 City	1990	1991	1992	1993
北 京 Beijing	12118	15910	21575	25879
天 津 Tianjin	423	930	814	715
石家庄 Shijiazhuang	68	56	54	87
承 德 Chengde	229	441	810	657
秦皇岛 Qinhuangdao	76	76	318	164
太 原 Taiyuan	64	115	238	527
大 同 Datong	133		58	256
呼和浩特 Hohhot	79	41	82	36
沈 阳 Shenyang	216	292	417	612
大 连 Dalian	281	271	341	301
长 春 Changchun	219	456	490	309
吉 林 Jilin	37	117	167	133
哈尔滨 Harbin	225	250	207	349
上 海 Shanghai	6110	8870	8878	8839
南 京 Nanjing	3066	3329	3948	3167
无 锡 Wuxi	342	444	505	559
苏 州 Suzhou	1384	2179	2068	1385
连云港 Lianyungang	12	21	30	47
南 通 Nantong	19	29	56	81
杭 州 Hangzhou	2267	4747	3662	4693
宁 波 Ningbo	522	624	322	670
温 州 Wenzhou	17	22	14	41
黄 山 Huangshan		480		921
福 州 Fuzhou	456	442	547	570
厦 门 Xiamen	2801	2438	2890	2559

5—27（2） 重点城市接待泰国旅游者人数
THAILANDER RECEIVED BY MAJOR CITIES

单位：人
Unit：Person

城 市 City		1990	1991	1992	1993
漳 州	Zhangzhou	57	81	79	125
泉 州	Quanzhou	130	100	57	63
九 江	Jiujiang	67	87	61	422
济 南	Jinan	259	244	303	183
青 岛	Qingdao	406	308	393	272
烟 台	Yantai	109	72	205	33
郑 州	Zhengzhou	251	172	608	608
洛 阳	Luoyang	81	165	568	418
武 汉	Wuhan	326	419	610	263
长 沙	Changsha	105	209	212	333
广 州	Guangzhou	14985	20124	21197	18363
汕 头	Shantou	35116	37024	47655	41741
珠 海	Zhuhai	447	635	644	893
深 圳	Shenzhen	3962	6570	7179	5682
湛 江	Zhanjiang	99	53	43	64
南 宁	Nanning	100	118	276	454
桂 林	Guilin	3462	3616	4992	4270
北 海	Beihai	10	10	31	45
海 口	Haikou		1577	2247	2403
三 亚	Sanya		64	166	109
成 都	Chengdu	892	1127	1618	1757
重 庆	Chongqing	397	441	847	1088
贵 阳	Guiyang	537	365	538	1419
昆 明	Kunming	2705	3264	18996	52451
西 安	Xi′an	1498	2429	3848	3214
兰 州	Lanzhou	388	387	481	188
乌鲁木齐	Urumqi	249	310	533	188

5—28（1） 重点城市接待新加坡旅游者人数
SINGAPOREAN RECEIVED BY MAJOR CITIES

单位：人
Unit：Person

城市 City	1990	1991	1992	1993
北京 Beijing	18609	24991	38889	50011
天津 Tianjin	1195	1253	1822	2665
石家庄 Shijiazhuang	111	118	131	232
承德 Chengde	354	358	1368	4467
秦皇岛 Qinhuangdao	154	421	736	622
太原 Taiyuan	261	260	304	348
大同 Datong	77	63	164	414
呼和浩特 Hohhot	85	196	380	324
沈阳 Shenyang	451	769	1231	2275
大连 Dalian	522	719	899	1499
长春 Changchun	315	623	603	1312
吉林 Jilin	172	369	361	1114
哈尔滨 Harbin	585	806	1624	2314
上海 Shanghai	10218	12184	22021	24385
南京 Nanjing	4951	5874	8875	7573
无锡 Wuxi	954	2552	5403	9816
苏州 Suzhou	2494	4364	6293	10212
连云港 Lianyungang	63	42	41	78
南通 Nantong	54	78	113	285
杭州 Hangzhou	4107	7786	14805	16570
宁波 Ningbo	301	431	882	1499
温州 Wenzhou	70	194	289	298
黄山 Huangshan		1613		5970
福州 Fuzhou	5542	6914	9286	9397
厦门 Xiamen	10595	18450	24349	28512

5—28（2） 重点城市接待新加坡旅游者人数 SINGAPOREAN RECEIVED BY MAJOR CITIES

单位：人
Unit：Person

城市 City		1990	1991	1992	1993
漳州	Zhangzhou	413	377	545	574
泉州	Quanzhou	2452	1780	3622	2998
九江	Jiujiang	133	122	153	402
济南	Jinan	385	670	606	901
青岛	Qingdao	626	726	891	2338
烟台	Yantai	152	247	232	994
郑州	Zhengzhou	341	435	828	644
洛阳	Luoyang	138	396	451	500
武汉	Wuhan	769	887	1347	1640
长沙	Changsha	323	287	668	541
广州	Guangzhou	27539	33688	47906	38292
汕头	Shantou	10190	15023	11377	11805
珠海	Zhuhai	511	1764	2429	1530
深圳	Shenzhen	6443	8727	18034	19175
湛江	Zhanjiang	143	257	280	534
南宁	Nanning	64	125	248	491
桂林	Guilin	2619	5061	11992	12597
北海	Beihai	29	34	24	114
海口	Haikou		5147	6859	7178
三亚	Sanya		409	1048	1087
成都	Chengdu	1646	2128	3625	5674
重庆	Chongqing	702	1054	2558	2596
贵阳	Guiyang	908	1163	3693	15675
昆明	Kunming	1711	1685	9686	39051
西安	Xi'an	2275	6507	13679	9568
兰州	Lanzhou	305	936	815	1068
乌鲁木齐	Urumqi	208	780	969	1185

5—29（1） 重点城市接待英国旅游者人数

BRITON RECEIVED BY MAJOR CITIES

单位：人

Unit：Person

城 市 City	1990	1991	1992	1993
北 京 Beijing	28539	43007	43936	53197
天 津 Tianjin	1213	1406	1357	1957
石家庄 Shijiazhuang	160	191	215	142
承 德 Chengde	1258	3392	4737	5265
秦皇岛 Qinhuangdao	416	541	371	484
太 原 Taiyuan	247	269	311	599
大 同 Datong	210	154	233	406
呼和浩特 Hohhot	204	256	354	413
沈 阳 Shenyang	437	308	556	722
大 连 Dalian	442	537	560	939
长 春 Changchun	162	153	220	181
吉 林 Jilin	70	62	116	105
哈尔滨 Harbin	226	228	487	325
上 海 Shanghai	11050	18202	23293	24905
南 京 Nanjing	2235	4084	5539	7881
无 锡 Wuxi	842	2905	4763	6111
苏 州 Suzhou	2314	5335	7059	10679
连云港 Lianyungang	15	36	30	61
南 通 Nantong	48	69	91	182
杭 州 Hangzhou	1701	2569	4233	4419
宁 波 Ningbo	229	198	441	592
温 州 Wenzhou	11	66	54	63
黄 山 Huangshan		303		521
福 州 Fuzhou	324	454	413	675
厦 门 Xiamen	567	832	1019	1150

5—29（2） 重点城市接待英国旅游者人数

BRITON RECEIVED BY MAJOR CITIES

单位：人
Unit：Person

城市 City	1990	1991	1992	1993
漳　州 Zhangzhou	9	9	59	13
泉　州 Quanzhou	55	40	30	28
九　江 Jiujiang	65	59	208	48
济　南 Jinan	174	230	316	382
青　岛 Qingdao	712	936	1042	1830
烟　台 Yantai	90	118	47	76
郑　州 Zhengzhou	242	651	357	256
洛　阳 Luoyang	256	459	200	637
武　汉 Wuhan	1452	2056	2395	3707
长　沙 Changsha	512	525	623	682
广　州 Guangzhou	18101	21040	21093	19557
汕　头 Shantou	299	309	350	435
珠　海 Zhuhai	637	522	1247	1373
深　圳 Shenzhen	5209	6064	8058	8664
湛　江 Zhanjiang	252	277	512	431
南　宁 Nanning	100	204	142	454
桂　林 Guilin	9530	9924	15713	30765
北　海 Beihai	46	27	59	47
海　口 Haikou		502	523	550
三　亚 Sanya		380	363	283
成　都 Chengdu	2554	2915	3515	3331
重　庆 Chongqing	1142	1712	2190	2341
贵　阳 Guiyang	350	403	466	389
昆　明 Kunming	3392	3207	3673	3940
西　安 Xi′an	6803	16630	19361	27135
兰　州 Lanzhou	1273	1370	1191	1296
乌鲁木齐 Urumqi	936	1440	1399	962

5—30（1） 重点城市接待法国旅游者人数
FRENCHMAN RECEIVED BY MAJOR CITIES

单位：人
Unit：Person

城市 City	1990	1991	1992	1993
北京 Beijing	20269	36729	66437	68757
天津 Tianjin	245	694	1423	1302
石家庄 Shijiazhuang	96	140	166	144
承德 Chengde	764	1690	2412	2502
秦皇岛 Qinhuangdao	329	609	372	226
太原 Taiyuan	682	819	1104	1453
大同 Datong	1426	945	2119	2311
呼和浩特 Hohhot	177	269	1104	389
沈阳 Shenyang	194	311	352	422
大连 Dalian	215	286	400	559
长春 Changchun	51	42	132	85
吉林 Jilin	8	5	33	17
哈尔滨 Harbin	338	283	380	261
上海 Shanghai	11860	20584	39679	42177
南京 Nanjing	1643	3265	4709	4430
无锡 Wuxi	573	1577	3367	3177
苏州 Suzhou	3606	7103	13651	18893
连云港 Lianyungang	19	28	24	5
南通 Nantong	48	38	76	64
杭州 Hangzhou	2978	3624	6920	10081
宁波 Ningbo	211	313	296	620
温州 Wenzhou	100	246	369	306
黄山 Huangshan		475		968
福州 Fuzhou	358	283	301	309
厦门 Xiamen	255	413	466	493

5—30（2）　重点城市接待法国旅游者人数

FRENCHMAN RECEIVED BY MAJOR CITIES

单位：人
Unit：Person

城市 City	1990	1991	1992	1993
漳　州 Zhangzhou	14	10	12	14
泉　州 Quanzhou	13	3	6	2
九　江 Jiujiang	33	27	37	11
济　南 Jinan	197	183	210	309
青　岛 Qingdao	461	371	667	540
烟　台 Yantai	155	67	86	125
郑　州 Zhengzhou	343	340	288	479
洛　阳 Luoyang	1832	2098	3569	5232
武　汉 Wuhan	1561	2108	2715	4895
长　沙 Changsha	160	189	455	608
广　州 Guangzhou	13262	18279	25109	26728
汕　头 Shantou	728	888	767	700
珠　海 Zhuhai	350	444	2826	5925
深　圳 Shenzhen	3277	1954	4425	3297
湛　江 Zhanjiang	107	124	100	126
南　宁 Nanning	75	173	342	365
桂　林 Guilin	7823	11747	10876	20435
北　海 Beihai	71	39	51	35
海　口 Haikou		380	613	582
三　亚 Sanya		306	354	385
成　都 Chengdu	3575	4349	4649	2769
重　庆 Chongqing	1917	2726	8214	9835
贵　阳 Guiyang	146	258	397	417
昆　明 Kunming	2411	3110	3734	4001
西　安 Xi′an	7344	16854	38667	45471
兰　州 Lanzhou	1114	2000	3163	2480
乌鲁木齐 Urumqi	830	1230	1781	1202

5—31 (1) 重点城市接待德国旅游者人数
GERMAN RECEIVED BY MAJOR CITIES

单位：人
Unit：Person

城市 City		1990	1991	1992	1993
北京	Beijing	39460	59598	94110	119670
天津	Tianjin	1129	1090	1591	1989
石家庄	Shijiazhuang	90	77	146	86
承德	Chengde	1047	1444	1584	1715
秦皇岛	Qinhuangdao	430	427	290	332
太原	Taiyuan	738	736	1162	1105
大同	Datong	834	437	1163	957
呼和浩特	Hohhot	273	292	450	461
沈阳	Shenyang	733	555	749	1282
大连	Dalian	658	681	677	990
长春	Changchun	278	656	859	1191
吉林	Jilin	73	47	152	169
哈尔滨	Harbin	507	530	452	513
上海	Shanghai	15969	17861	24696	31188
南京	Nanjing	3374	3488	5281	4288
无锡	Wuxi	2467	3185	3580	5219
苏州	Suzhou	2367	4333	5728	8093
连云港	Lianyungang	18	30	13	9
南通	Nantong	72	79	102	204
杭州	Hangzhou	4058	5487	7500	10369
宁波	Ningbo	159	205	305	532
温州	Wenzhou	44	56	102	142
黄山	Huangshan		319		585
福州	Fuzhou	409	431	579	627
厦门	Xiamen	94	463	1371	1112

5—31（2） 重点城市接待德国旅游者人数
GERMAN RECEIVED BY MAJOR CITIES

单位：人
Unit：Person

城市 City	1990	1991	1992	1993
漳州 Zhangzhou	8	10	16	11
泉州 Quanzhou	87	66	29	33
九江 Jiujiang	18	50	54	37
济南 Jinan	711	487	444	1034
青岛 Qingdao	1494	1520	2201	2024
烟台 Yantai	143	207	73	123
郑州 Zhengzhou	472	422	596	619
洛阳 Luoyang	1822	2409	3656	5197
武汉 Wuhan	1809	1637	2641	3713
长沙 Changsha	421	388	468	803
广州 Guangzhou	19696	15032	16242	18765
汕头 Shantou	278	271	352	437
珠海 Zhuhai	356	776	1017	3275
深圳 Shenzhen	1496	1360	2063	1986
湛江 Zhanjiang	38	66	101	134
南宁 Nanning	72	150	237	267
桂林 Guilin	8225	9635	21165	15290
北海 Beihai	23	7	4	8
海口 Haikou		725	691	546
三亚 Sanya		623	636	996
成都 Chengdu	3543	3671	4353	4635
重庆 Chongqing	1890	2167	4339	5767
贵阳 Guiyang	293	439	303	487
昆明 Kunming	2863	3373	4803	5584
西安 Xi′an	8392	11659	25018	29668
兰州 Lanzhou	1372	1923	2336	2832
乌鲁木齐 Urumqi	1122	1656	1866	1311

5—32（1） 重点城市接待美国旅游者人数
AMERICAN RECEIVED BY MAJOR CITIES

单位：人
Unit：Person

城 市 City		1990	1991	1992	1993
北 京	Beijing	85573	95061	122917	142769
天 津	Tianjin	2854	3245	4775	5540
石家庄	Shijiazhuang	503	640	556	897
承 德	Chengde	787	1061	1203	1207
秦皇岛	Qinhuangdao	817	801	830	1028
太 原	Taiyuan	615	1144	776	1230
大 同	Datong	725	561	659	456
呼和浩特	Hohhot	638	875	913	976
沈 阳	Shenyang	2384	1836	2682	3689
大 连	Dalian	1723	1865	2403	3044
长 春	Changchun	617	559	1016	1043
吉 林	Jilin	179	177	59	267
哈尔滨	Harbin	1251	1337	1649	1833
上 海	Shanghai	46742	60696	77002	84470
南 京	Nanjing	6115	8645	10764	21228
无 锡	Wuxi	3907	5932	8633	8177
苏 州	Suzhou	5864	9362	13178	16876
连云港	Lianyungang	80	90	102	128
南 通	Nantong	269	303	684	755
杭 州	Hangzhou	10309	14490	20718	22968
宁 波	Ningbo	976	1195	1245	2093
温 州	Wenzhou	121	273	349	424
黄 山	Huangshan		1226		3211
福 州	Fuzhou	2818	1387	4827	5435
厦 门	Xiamen	2174	2638	3528	4104

5—32（2） 重点城市接待美国旅游者人数
AMERICAN RECEIVED BY MAJOR CITIES

单位：人
Unit：Person

城市 City		1990	1991	1992	1993
漳州	Zhangzhou	91	110	144	215
泉州	Quanzhou	338	256	112	101
九江	Jiujiang	205	186	316	197
济南	Jinan	1346	1592	1247	2292
青岛	Qingdao	2454	2362	4137	4325
烟台	Yantai	924	785	729	1974
郑州	Zhengzhou	1002	1145	1673	1575
洛阳	Luoyang	1105	1535	1628	1278
武汉	Wuhan	3526	5841	8883	8458
长沙	Changsha	1014	1107	1689	1929
广州	Guangzhou	47323	56173	60486	54512
汕头	Shantou	2516	3919	2645	2737
珠海	Zhuhai	1667	2119	3635	4071
深圳	Shenzhen	13374	14963	23075	26953
湛江	Zhanjiang	571	759	1004	736
南宁	Nanning	399	673	876	1006
桂林	Guilin	18552	29936	31132	32944
北海	Beihai	130	111	114	187
海口	Haikou		1434	1926	2524
三亚	Sanya		804	717	705
成都	Chengdu	5679	6661	9871	9153
重庆	Chongqing	3240	5928	9798	8196
贵阳	Guiyang	519	699	913	830
昆明	Kunming	5591	6137	8424	9323
西安	Xi'an	17241	33686	43415	46682
兰州	Lanzhou	1336	1741	1883	1805
乌鲁木齐	Urumqi	1894	2053	2886	3227

5—33（1） 重点城市接待加拿大旅游者人数

CANADIAN RECEIVED BY MAJOR CITIES

单位：人
Unit：Person

城市 City		1990	1991	1992	1993
北京	Beijing	14724	21331	23534	29184
天津	Tianjin	614	605	1007	1361
石家庄	Shijiazhuang	89	145	166	173
承德	Chengde	113	207	300	252
秦皇岛	Qinhuangdao	120	256	161	177
太原	Taiyuan	55	102	72	166
大同	Datong	107	13	149	57
呼和浩特	Hohhot	100	175	160	165
沈阳	Shenyang	255	243	370	581
大连	Dalian	305	334	495	512
长春	Changchun	155	160	338	107
吉林	Jilin	21	47	588	46
哈尔滨	Harbin	362	347	440	505
上海	Shanghai	8104	10777	13563	12563
南京	Nanjing	1373	1453	2002	2004
无锡	Wuxi	597	671	1163	1432
苏州	Suzhou	1410	2459	2641	3366
连云港	Lianyungang	20	15	41	55
南通	Nantong	81	60	65	88
杭州	Hangzhou	1904	2943	3496	3835
宁波	Ningbo	123	162	300	675
温州	Wenzhou	36	50	62	66
黄山	Huangshan		395		682
福州	Fuzhou	302	333	565	649
厦门	Xiamen	484	557	803	953

5—33（2） 重点城市接待加拿大旅游者人数
CANADIAN RECEIVED BY MAJOR CITIES

单位：人
Unit：Person

城市 City	1990	1991	1992	1993
漳　州 Zhangzhou	20	20	39	35
泉　州 Quanzhou	98	75	34	25
九　江 Jiujiang	28	83	53	11
济　南 Jinan	703	905	1184	536
青　岛 Qingdao	556	421	812	800
烟　台 Yantai	70	133	142	117
郑　州 Zhengzhou	262	390	180	349
洛　阳 Luoyang	140	96	146	116
武　汉 Wuhan	515	741	1557	3048
长　沙 Changsha	342	511	293	556
广　州 Guangzhou	12140	13433	15886	14070
汕　头 Shantou	591	573	621	707
珠　海 Zhuhai	329	364	776	1484
深　圳 Shenzhen	3809	3753	6855	5371
湛　江 Zhanjiang	112	110	171	206
南　宁 Nanning	104	208	321	353
桂　林 Guilin	3063	4042	4409	4797
北　海 Beihai	43	29	40	48
海　口 Haikou		296	535	558
三　亚 Sanya		206	141	170
成　都 Chengdu	1057	1225	1678	2029
重　庆 Chongqing	647	887	1239	1544
贵　阳 Guiyang	142	159	169	252
昆　明 Kunming	958	1460	1927	1665
西　安 Xi'an	2298	4126	10449	6610
兰　州 Lanzhou	472	374	419	469
乌鲁木齐 Urumqi	356	461	639	528

5—34（1） 重点城市接待澳大利亚旅游者人数
AUSTRALIAN RECEIVED BY MAJOR CITIES

单位：人
Unit：Person

城　市 City	1990	1991	1992	1993
北　京 Beijing	11265	16019	19945	23995
天　津 Tianjin	954	793	872	1137
石家庄 Shijiazhuang	101	95	87	157
承　德 Chengde	278	297	367	39
秦皇岛 Qinhuangdao	235	424	235	297
太　原 Taiyuan	194	284	275	514
大　同 Datong	203	42	66	94
呼和浩特 Hohhot	193	145	133	115
沈　阳 Shenyang	255	214	362	519
大　连 Dalian	308	317	324	436
长　春 Changchun	33	45	137	194
吉　林 Jilin	10	15	54	6
哈尔滨 Harbin	436	207	277	233
上　海 Shanghai	5269	6629	9130	11673
南　京 Nanjing	1363	1502	1794	1764
无　锡 Wuxi	415	517	969	1203
苏　州 Suzhou	709	1678	2764	1912
连云港 Lianyungang	23	25	6	14
南　通 Nantong	46	60	83	94
杭　州 Hangzhou	1455	1904	2821	2942
宁　波 Ningbo	116	220	293	586
温　州 Wenzhou	13	36	36	35
黄　山 Huangshan		296		494
福　州 Fuzhou	297	300	371	597
厦　门 Xiamen	542	564	805	822

5—34（2） 重点城市接待澳大利亚旅游者人数

AUSTRALINA RECEIVED BY MAJOR CITIES

单位：人

Unit：Person

城 市 City	1990	1991	1992	1993
漳　州 Zhangzhou	25	27	85	57
泉　州 Quanzhou	51	38	37	28
九　江 Jiujiang	76	65	144	70
济　南 Jinan	185	194	142	342
青　岛 Qingdao	351	395	583	890
烟　台 Yantai	60	89	73	197
郑　州 Zhengzhou	138	171	223	437
洛　阳 Luoyang	83	101	105	210
武　汉 Wuhan	578	792	1090	895
长　沙 Changsha	229	228	247	287
广　州 Guangzhou	11088	12721	13866	11788
汕　头 Shantou	775	573	575	512
珠　海 Zhuhai	165	121	663	1442
深　圳 Shenzhen	1985	2326	4311	3966
湛　江 Zhanjiang	111	61	99	115
南　宁 Nanning	103	112	163	216
桂　林 Guilin	3428	3591	6658	6039
北　海 Beihai	27	9	21	24
海　口 Haikou		373	506	487
三　亚 Sanya		215	119	103
成　都 Chengdu	1161	1182	1377	1798
重　庆 Chongqing	529	566	804	849
贵　阳 Guiyang	222	133	178	251
昆　明 Kunming	1321	1096	1695	1778
西　安 Xi'an	2106	3688	5949	3898
兰　州 Lanzhou	290	405	423	452
乌鲁木齐 Urumqi	449	710	671	363

5—35（1）

重点城市旅游外汇收入
TOURISM RECEIPTS BY MAJOR CITIES

单位：外汇券万元
Unit：FEC￥10000

城市 City	1990	1991	1992	1993
总计 Total	**1009788**	**1393333**	**1990134**	**2338453**
北京 Beijing	314541	449031	586686	718338
天津 Tianjin	11201	17566	28318	37241
石家庄 Shijiazhuang	528	734	770	844
承德 Chengde	300	665	877	1082
秦皇岛 Qinhuangdao	1042	1783	2363	1296
太原 Taiyuan	574	852	1063	1133
大同 Datong	530	423	500	511
呼和浩特 Hohhot	487	938	986	1479
沈阳 Shenyang	7592	8821	10271	12477
大连 Dalian	19320	30585	40734	52187
长春 Changchun	1313	2009	3443	4149
吉林 Jilin	401	591	842	813
哈尔滨 Harbin	3170	4359	6951	7006
上海 Shanghai	109797	151453	315994	454118
南京 Nanjing	15060	24090	28409	35357
无锡 Wuxi	6713	9194	11314	8983
苏州 Suzhou	7575	11151	14713	21527
连云港 Lianyungang	624	766	974	1354
南通 Nantong	1094	1291	1772	2728
杭州 Hangzhou	22819	34508	46824	46018
宁波 Ningbo	2106	3085	4018	7300
温州 Wenzhou	260	744	1309	1866
黄山 Huangshan		3765	5438	6447
福州 Fuzhou	14071	16614	21947	27720
厦门 Xiamen	22870	31585	40813	45973

5—35（2） 重点城市旅游外汇收入

TOURISM RECEIPTS BY MAJOR CITIES

单位：外汇券万元
Unit：FEC￥10000

城市 City		1990	1991	1992	1993
漳州	Zhangzhou	1839	1886	929	1050
泉州	Quanzhou	6975	8567	10600	11515
九江	Jiujiang	140	218	396	490
济南	Jinan	1482	2233	2410	7054
青岛	Qingdao	13534	19029	24138	28216
烟台	Yantai	961	1634	2278	1944
郑州	Zhengzhou	1585	3282	5209	5389
洛阳	Luoyang	1111	1813	2232	3047
武汉	Wuhan	9635	11173	20321	22446
长沙	Changsha	3424	3650	6194	9260
广州	Guangzhou	150017	175643	220847	203395
汕头	Shantou	23163	35379	23532	26533
珠海	Zhuhai	43120	74816	85046	84595
深圳	Shenzhen	99633	110464	213192	225132
湛江	Zhanjiang	1177	1404	2078	2911
南宁	Nanning	527	1178	2000	2315
桂林	Guilin	35551	39407	51550	46467
北海	Beihai	43	137	310	463
海口	Haikou		18365	29412	33277
三亚	Sanya		869	1032	
成都	Chengdu	8826	10897	16020	17865
重庆	Chongqing	7905	11532	17965	20501
贵阳	Guiyang	596	1006	2198	4222
昆明	Kunming	7463	11791	16048	19057
西安	Xi'an	19628	29051	40966	48960
兰州	Lanzhou	2535	3477	4304	3507
乌鲁木齐	Urumqi	4930	7829	11598	10895

5—36（1）

重点城市旅游商品性收汇

TOURISM COMMODITY INCOME BY MAJOR CITIES

单位：外汇券万元

Unit：FEC￥10000

城　　市 City	1990	1991	1992	1993
总　　计　Total	**352241**	**479456**	**642622**	**690731**
北　　京　Beijing	74821	101951	136672	159696
天　　津　Tianjin	4139	7268	8995	7836
石 家 庄　Shijiazhuang	180	214	154	116
承　　德　Chengde	148	153	151	128
秦 皇 岛　Qinhuangdao	410	899	1526	568
太　　原　Taiyuan	159	206	222	142
大　　同　Datong	105	77	104	64
呼和浩特　Hohhot	74	168	114	136
沈　　阳　Shenyang	4717	3580	3166	1784
大　　连　Dalian	5229	7904	8676	7985
长　　春　Changchun	549	636	995	452
吉　　林　Jilin	261	253	345	161
哈 尔 滨　Harbin	1420	1657	1665	1365
上　　海　Shanghai	36758	55397	130038	137378
南　　京　Nanjing	4363	8978	10992	12234
无　　锡　Wuxi	4390	5585	6029	3057
苏　　州　Suzhou	3727	6059	7220	8232
连 云 港　Lianyungang	406	489	661	960
南　　通　Nantong	567	571	801	1383
杭　　州　Hangzhou	4571	6613	7336	5578
宁　　波　Ningbo	852	1209	1078	948
温　　州　Wenzhou	77	38	52	69
黄　　山　Huangshan		840	1085	1206
福　　州　Fuzhou	5392	4842	4660	4846
厦　　门　Xiamen	11167	13329	14305	21932

5—36（2）

重点城市旅游商品性收汇
TOURISM COMMODITY INCOME BY MAJOR CITIES

单位：外汇券万元
Unit：FEC￥10000

城市 City		1990	1991	1992	1993
漳州	Zhangzhou	1705	1764	507	658
泉州	Quanzhou	5983	7398	9142	9931
九江	Jiujiang	55	66	91	34
济南	Jinan	593	607	826	1011
青岛	Qingdao	5569	7828	8906	6404
烟台	Yantai	465	811	824	321
郑州	Zhengzhou	43	396	408	294
洛阳	Luoyang	261	482	582	743
武汉	Wuhan	2807	2546	3104	3030
长沙	Changsha	1798	943	2354	3877
广州	Guangzhou	37346	42974	53741	52514
汕头	Shantou	18200	27845	12694	17268
珠海	Zhuhai	40418	68771	77249	76763
深圳	Shenzhen	54206	49710	80555	86697
湛江	Zhanjiang	140	168	197	80
南宁	Nanning	375	156	186	97
桂林	Guilin	6815	6038	8468	6964
北海	Beihai	11	21	140	75
海口	Haikou		14230	23709	26587
三亚	Sanya		619	619	
成都	Chengdu	844	1079	1334	817
重庆	Chongqing	1763	2529	3378	3132
贵阳	Guiyang	86	108	114	64
昆明	Kunming	1524	2418	2676	2676
西安	Xi'an	4441	7435	9951	9832
兰州	Lanzhou	345	352	265	120
乌鲁木齐	Urumqi	1964	3246	3560	2486

5—37（1） 重点城市旅游商品销售收入
RECEIPTS OF SHOPPING IN MAJOR CITIES

单位：外汇券万元
Unit：FEC￥10000

城　市 City	1990	1991	1992	1993
总　计 Total	**247724**	**326129**	**409984**	**415849**
北　京 Beijing	36533	52778	67085	80425
天　津 Tianjin	1952	3509	4008	3322
石家庄 Shijiazhuang	124	140	116	87
承　德 Chengde	110	49	53	26
秦皇岛 Qinhuangdao	265	731	1336	496
太　原 Taiyuan	47	46	43	32
大　同 Datong	65	27	26	9
呼和浩特 Hohhot	43	28	30	3
沈　阳 Shenyang	4319	3162	2869	1160
大　连 Dalian	2428	3533	3453	1837
长　春 Changchun	420	507	747	324
吉　林 Jilin	246	239	302	133
哈尔滨 Harbin	1257	1426	1305	1271
上　海 Shanghai	32524	41326	85878	75368
南　京 Nanjing	2491	5919	6980	7094
无　锡 Wuxi	3633	4498	4500	1217
苏　州 Suzhou	2693	4508	4544	3143
连云港 Lianyungang	378	464	597	886
南　通 Nantong	351	324	399	955
杭　州 Hangzhou	2663	3630	3107	2555
宁　波 Ningbo	648	900	756	513
温　州 Wenzhou	76	29	38	57
黄　山 Huangshan		53	217	205
福　州 Fuzhou	4716	3855	3830	3914
厦　门 Xiamen	10412	12670	13723	19809

5—37（2）

重点城市旅游商品销售收入
RECEIPTS OF SHOPPING IN MAJOR CITIES

单位：外汇券万元

Unit：FEC￥10000

城市 City	1990	1991	1992	1993
漳　州　Zhangzhou	1690	1756	484	640
泉　州　Quanzhou	5934	7335	9043	9823
九　江　Jiujiang	16	28	28	11
济　南　Jinan	373	247	346	334
青　岛　Qingdao	4409	6231	6435	3560
烟　台　Yantai	423	716	683	276
郑　州　Zhengzhou	37	246	183	152
洛　阳　Luoyang	111	249	224	241
武　汉　Wuhan	2023	1435	1346	1589
长　沙　Changsha	1647	666	1929	3332
广　州　Guangzhou	22410	24145	29481	29471
汕　头　Shantou	17654	26992	11837	16584
珠　海　Zhuhai	39131	65990	74286	74914
深　圳　Shenzhen	32337	18577	28194	32655
湛　江　Zhanjiang	75	90	110	26
南　宁　Nanning	367	130	120	45
桂　林　Guilin	3996	2745	4433	2810
北　海　Beihai	2	9	140	59
海　口　Haikou		14027	23444	26333
三　亚　Sanya		539	503	
成　都　Chengdu	572	615	830	549
重　庆　Chongqing	1091	915	1720	1153
贵　阳　Guiyang	59	58	31	5
昆　明　Kunming	1021	1464	1560	1814
西　安　Xi′an	1728	3189	3180	2420
兰　州　Lanzhou	310	324	236	82
乌鲁木齐　Urumqi	1914	3060	3236	2130

5—38（1） 重点城市旅游饮食销售收入

RECEIPTS OF FOOD-BEVERAGE IN MAJOR CITIES

单位：外汇券万元
Unit：FEC￥10000

城　市 City	1990	1991	1992	1993
总　计 Total	**104517**	**153327**	**232638**	**274882**
北　京 Beijing	38288	49173	69587	79271
天　津 Tianjin	2187	3759	4987	4514
石家庄 Shijiazhuang	56	74	38	29
承　德 Chengde	38	104	98	102
秦皇岛 Qinhuangdao	145	168	190	72
太　原 Taiyuan	112	160	179	110
大　同 Datong	40	50	78	55
呼和浩特 Hohhot	31	140	84	132
沈　阳 Shenyang	398	418	297	624
大　连 Dalian	2801	4371	5223	6148
长　春 Changchun	129	129	248	128
吉　林 Jilin	15	14	43	28
哈尔滨 Harbin	163	231	360	94
上　海 Shanghai	4234	14071	44160	62010
南　京 Nanjing	1872	3059	4012	5140
无　锡 Wuxi	757	1077	1529	1840
苏　州 Suzhou	1034	1560	2676	5089
连云港 Lianyungang	28	25	64	74
南　通 Nantong	216	247	402	428
杭　州 Hangzhou	1908	2983	4229	3023
宁　波 Ningbo	204	309	322	435
温　州 Wenzhou	1	9	14	12
黄　山 Huangshan		787	868	1001
福　州 Fuzhou	676	988	830	931
厦　门 Xiamen	755	659	582	2123

5—38（2） 重点城市旅游饮食销售收入

RECEIPTS OF FOOD-BEVERAGE IN MAJOR CITIES

单位：外汇券万元
Unit：FEC￥10000

城市 City	1990	1991	1992	1993
漳州 Zhangzhou	15	8	23	18
泉州 Quanzhou	49	63	99	108
九江 Jiujiang	39	38	63	23
济南 Jinan	220	360	480	677
青岛 Qingdao	1160	1597	2471	2843
烟台 Yantai	42	95	141	45
郑州 Zhengzhou	6	150	225	142
洛阳 Luoyang	150	233	358	502
武汉 Wuhan	784	1111	1758	1441
长沙 Changsha	151	277	425	545
广州 Guangzhou	14936	18829	24260	23043
汕头 Shantou	546	853	857	684
珠海 Zhuhai	1287	2781	2963	1849
深圳 Shenzhen	21869	31133	52361	54042
湛江 Zhanjiang	65	78	87	54
南宁 Nanning	8	26	66	52
桂林 Guilin	2819	3293	4035	4154
北海 Beihai	9	12		16
海口 Haikou		203	265	254
三亚 Sanya		80	116	
成都 Chengdu	272	464	504	268
重庆 Chongqing	672	1614	1658	1979
贵阳 Guiyang	27	50	83	59
昆明 Kunming	503	954	1116	862
西安 Xi'an	2713	4246	6771	7403
兰州 Lanzhou	35	28	29	38
乌鲁木齐 Urumqi	50	186	324	356

5—39（1） 重点城市劳务性旅游外汇收入
TOURISM SERVICE INCOME IN MAJOR CITIES

单位：外汇券万元
Unit：FEC￥10000

城市 City	1990	1991	1992	1993
总计 Total	**657548**	**913877**	**1337512**	**1647722**
北京 Beijing	239720	347080	450014	558642
天津 Tianjin	7061	10298	19323	29405
石家庄 Shijiazhuang	348	520	616	728
承德 Chengde	152	512	726	954
秦皇岛 Qinhuangdao	632	334	837	728
太原 Taiyuan	415	646	841	991
大同 Datong	425	346	396	447
呼和浩特 Hohhot	413	770	872	1343
沈阳 Shenyang	2875	5241	7105	10693
大连 Dalian	14091	22631	32058	44202
长春 Changchun	764	1373	2448	3697
吉林 Jilin	140	338	497	652
哈尔滨 Harbin	1750	2702	5286	5641
上海 Shanghai	73039	96056	185956	316740
南京 Nanjing	10697	15112	17417	23123
无锡 Wuxi	2323	3609	5285	5926
苏州 Suzhou	3848	5092	7493	13295
连云港 Lianyungang	218	277	313	394
南通 Nantong	527	720	971	1345
杭州 Hangzhou	18248	27895	39488	40440
宁波 Ningbo	1254	1876	2940	6352
温州 Wenzhou	183	706	1257	1797
黄山 Huangshan		2925	4353	5241
福州 Fuzhou	8679	11772	17287	22874
厦门 Xiamen	11704	18256	26508	24041

5—39（2）

重点城市劳务性旅游外汇收入
TOURISM SERVICE INCOME IN MAJOR CITIES

单位：外汇券万元
Unit：FEC￥10000

城市 City		1990	1991	1992	1993
漳州	Zhangzhou	134	122	422	392
泉州	Quanzhou	992	1169	1458	1584
九江	Jiujiang	85	152	305	456
济南	Jinan	889	1626	1584	6043
青岛	Qingdao	7965	11201	15232	21812
烟台	Yantai	497	823	1454	1623
郑州	Zhengzhou	1542	2886	4801	5095
洛阳	Luoyang	850	1331	1650	2304
武汉	Wuhan	6828	8627	17217	19416
长沙	Changsha	1626	2707	3840	5383
广州	Guangzhou	112670	132669	167106	150881
汕头	Shantou	4963	7534	10838	9265
珠海	Zhuhai	2702	6045	7797	7832
深圳	Shenzhen	45427	60754	132637	138435
湛江	Zhanjiang	1037	1236	1881	2831
南宁	Nanning	152	1022	1814	2218
桂林	Guilin	28736	33369	43082	39503
北海	Beihai	31	116	170	388
海口	Haikou		4135	5703	6690
三亚	Sanya		250	413	
成都	Chengdu	7982	9818	14686	17048
重庆	Chongqing	6142	9003	14587	17369
贵阳	Guiyang	510	898	2084	4158
昆明	Kunming	5939	9373	13372	16381
西安	Xi′an	15187	21616	31015	39128
兰州	Lanzhou	2190	3125	4039	3387
乌鲁木齐	Urumqi	2966	4583	8038	8409

5—40（1）

重点城市旅游宿费收入
RECEIPTS OF HOTEL ACCOMMODATION IN MAJOR CITIES

单位：外汇券万元
Unit：FEC￥10000

城市 City	1990	1991	1992	1993
总计 Total	**224663**	**322672**	**499126**	**700245**
北京 Beijing	82350	116411	174784	261800
天津 Tianjin	4728	6109	9672	18050
石家庄 Shijiazhuang	153	260	291	376
承德 Chengde	48	109	98	115
秦皇岛 Qinhuangdao	226	345	264	216
太原 Taiyuan	201	321	457	416
大同 Datong	106	102	123	103
呼和浩特 Hohhot	216	322	361	495
沈阳 Shenyang	1056	1865	2991	4707
大连 Dalian	6531	10589	15719	24768
长春 Changchun	279	316	831	1230
吉林 Jilin	51	108	202	229
哈尔滨 Harbin	624	709	1381	1333
上海 Shanghai	25525	41126	78493	142824
南京 Nanjing	5123	7080	8981	11234
无锡 Wuxi	1052	1462	2316	3235
苏州 Suzhou	1440	2302	3543	8014
连云港 Lianyungang	108	117	140	183
南通 Nantong	317	390	564	963
杭州 Hangzhou	7535	10861	15116	16843
宁波 Ningbo	416	724	1317	2986
温州 Wenzhou	81	198	355	513
黄山 Huangshan		1273		2029
福州 Fuzhou	3511	4201	5181	6689
厦门 Xiamen	3753	3431	6389	7330

5—40（2）

重点城市旅游宿费收入
RECEIPTS OF HOTEL ACCOMMODATION IN MAJOR CITIES

单位：外汇券万元
Unit：FEC￥10000

城市 City	1990	1991	1992	1993
漳州 Zhangzhou	60	59	187	191
泉州 Quanzhou	229	254	531	740
九江 Jiujiang	52	69	136	138
济南 Jinan	239	312	535	921
青岛 Qingdao	3267	4677	6534	10279
烟台 Yantai	167	330	454	397
郑州 Zhengzhou	156	488	723	1069
洛阳 Luoyang	293	548	588	617
武汉 Wuhan	1593	2017	2899	5264
长沙 Changsha	768	1321	1818	2430
广州 Guangzhou	35045	41299	49634	56849
汕头 Shantou		3573	5602	5130
珠海 Zhuhai	1305	3401	4642	4746
深圳 Shenzhen	20156	27108	59556	52685
湛江 Zhanjiang	326	348	533	631
南宁 Nanning	87	199	487	552
桂林 Guilin	6392	9172	9643	7682
北海 Beihai	14	44	84	201
海口 Haikou		2354	3178	3522
三亚 Sanya		228	363	
成都 Chengdu	1989	3077	3984	6271
重庆 Chongqing	928	1346	2312	3355
贵阳 Guiyang	109	226	601	988
昆明 Kunming	1622	2783	4226	5374
西安 Xi'an	4025	5920	8909	11476
兰州 Lanzhou	245	415	454	470
乌鲁木齐 Urumqi	166	373	944	1586

5—41（1） 重点城市旅游长途交通收入

TOURISM RECEIPTS OF LONG-DISTANCE TRANSPORTATION IN MAJOR CITIES

单位：外汇券万元

Unit：FEC￥10000

城　市 City	1990	1991	1992	1993
总　计 Total	**249349**	**308165**	**454374**	**540899**
北　京 Beijing	109115	141912	194420	198483
天　津 Tianjin	743	1878	6030	6464
石家庄 Shijiazhuang	48	55	38	55
承　德 Chengde	20	50	155	118
秦皇岛 Qinhuangdao	34	41	34	18
太　原 Taiyuan	87	97	163	83
大　同 Datong	60	82	108	97
呼和浩特 Hohhot	131	355	414	738
沈　阳 Shenyang	1208	2064	2698	4223
大　连 Dalian	4361	6532	8705	10662
长　春 Changchun	395	541	715	1863
吉　林 Jilin	58	90	109	168
哈尔滨 Harbin	785	1609	2379	3443
上　海 Shanghai	27606	22241	45440	109972
南　京 Nanjing	2964	3357	4962	5345
无　锡 Wuxi	166	185	210	241
苏　州 Suzhou	324	394	490	632
连云港 Lianyungang	29	39	59	41
南　通 Nantong	4	32	42	74
杭　州 Hangzhou	3551	7110	10506	7861
宁　波 Ningbo	225	328	793	2092
温　州 Wenzhou	74	430	672	986
黄　山 Huangshan		812		1511
福　州 Fuzhou	3292	2937	4919	6217
厦　门 Xiamen	2340	5701	8162	9810

5—41（2） 重点城市旅游长途交通收入

TOURISM RECEIPTS OF LONG-DISTANCE TRANSPORTATION IN MAJOR CITIES

单位：外汇券万元

Unit：FEC￥10000

城市 City	1990	1991	1992	1993
漳州 Zhangzhou	26	15	21	23
泉州 Quanzhou	75	79	124	135
九江 Jiujiang	13	20	15	47
济南 Jinan	248	357	375	3518
青岛 Qingdao	3619	4752	6489	8098
烟台 Yantai	149	346	618	865
郑州 Zhengzhou	1135	1721	2680	2839
洛阳 Luoyang	271	385	478	578
武汉 Wuhan	4352	5600	11943	11812
长沙 Changsha	450	567	704	898
广州 Guangzhou	37227	40922	57223	42312
汕头 Shantou		346	1315	831
珠海 Zhuhai	331	547	712	721
深圳 Shenzhen	3939	3944	8457	18788
湛江 Zhanjiang	552	765	1100	1498
南宁 Nanning	39	707	1185	1350
桂林 Guilin	17571	18503	24896	26039
北海 Beihai	17	29	36	86
海口 Haikou		877	1321	1518
三亚 Sanya		17	28	
成都 Chengdu	3891	4022	5637	6364
重庆 Chongqing	4123	5929	9947	11652
贵阳 Guiyang	301	502	976	2113
昆明 Kunming	3135	4298	6501	7895
西安 Xi′an	7360	9520	12871	14019
兰州 Lanzhou	1138	1809	2487	1906
乌鲁木齐 Urumqi	1767	2714	4012	3797

5—42（1） 重点城市旅游者平均停留天数
TOURIST'S AVERAGE LENGTH OF STAY IN MAJOR CITIES

单位：天
Unit：Night

城 市 City	1990	1991	1992	1993
北 京 Beijing	4.0	3.5	3.5	3.5
天 津 Tianjin	5.0	4.9	5.0	5.3
石家庄 Shijiazhuang	3.6	3.0	2.7	2.9
承 德 Chengde	1.7	1.6	1.7	1.9
秦皇岛 Qinhuangdao	3.4	3.8	2.8	2.4
太 原 Taiyuan	2.5	2.5	2.6	2.4
大 同 Datong	2.0	1.6	1.4	1.4
呼和浩特 Hohhot	2.9	2.9	2.7	2.4
沈 阳 Shenyang	2.9	2.6	2.8	2.9
大 连 Dalian	3.8	4.2	4.0	4.4
长 春 Changchun	2.2	2.1	2.3	2.5
吉 林 Jilin	1.9	2.0	2.3	2.4
哈尔滨 Harbin	3.1	3.3	3.8	3.1
上 海 Shanghai	2.8	3.0	2.7	2.8
南 京 Nanjing	1.8	2.0	2.0	2.2
无 锡 Wuxi	1.3	1.5	1.5	1.7
苏 州 Suzhou	1.2	1.4	1.4	1.4
连云港 Lianyungang	4.9	3.8	3.8	4.4
南 通 Nantong	3.4	3.7	3.7	2.9
杭 州 Hangzhou	2.1	2.0	2.0	2.1
宁 波 Ningbo	2.2	2.2	2.2	1.6
温 州 Wenzhou	2.9	3.2	3.2	2.8
黄 山 Huangshan		1.6	1.7	1.6
福 州 Fuzhou	2.2	2.8	2.8	3.5
厦 门 Xiamen	2.0	3.0	3.0	3.7

5—42（2） 重点城市旅游者平均停留天数

TOURIST'S AVERAGE LENGTH OF STAY IN MAJOR CITIES

单位：天

Unit：Night

城市 City	1990	1991	1992	1993
漳州 Zhangzhou	2.7	3.0	3.0	2.3
泉州 Quanzhou	5.0	5.2	5.5	5.9
九江 Jiujiang	1.6	1.4	1.9	1.4
济南 Jinan	3.1	2.0	2.0	2.2
青岛 Qingdao	3.0	3.0	2.9	3.0
烟台 Yantai	2.8	2.0	2.0	1.9
郑州 Zhengzhou	1.8	2.0	2.0	2.1
洛阳 Luoyang	1.4	1.5	1.5	1.5
武汉 Wuhan	1.8	1.8	1.6	1.9
长沙 Changsha	2.7	2.7	2.6	2.5
广州 Guangzhou	1.7	1.7	1.7	1.7
汕头 Shantou	2.6	2.2	2.3	2.2
珠海 Zhuhai	1.2	1.3	1.3	1.4
深圳 Shenzhen	1.2	1.4	1.4	1.6
湛江 Zhanjiang	2.7	1.9	1.6	2.0
南宁 Nanning	2.6	2.7	2.3	2.5
桂林 Guilin	2.1	2.0	2.0	2.1
北海 Beihai	2.6	2.3	1.8	2.3
海口 Haikou		1.4	2.1	1.8
三亚 Sanya		1.5	1.4	1.5
成都 Chengdu	2.6	2.7	2.5	2.4
重庆 Chongqing	2.0	2.2	1.4	1.5
贵阳 Guiyang	2.3	1.9	2.1	2.0
昆明 Kunming	2.2	2.1	2.0	1.7
西安 Xi'an	2.1	2.4	2.2	1.9
兰州 Lanzhou	1.8	1.7	1.5	1.6
乌鲁木齐 Urumqi	2.5	2.3	2.7	2.4

5—43（1） 重点城市旅游者平均消费额

TOURIST'S AVERAGE EXPENSE IN MAJOR CITIES

单位：元/人

Unit：FEC￥/Person

城市 City	1990	1991	1992	1993
北　京 Beijing	3143	3398	3356	3543
天　津 Tianjin	2000	2801	3236	3405
石家庄 Shijiazhuang	724	832	773	723
承　德 Chengde	264	295	272	269
秦皇岛 Qinhuangdao	1070	1342	1643	756
太　原 Taiyuan	425	530	616	507
大　同 Datong	444	278	276	274
呼和浩特 Hohhot	536	581	482	801
沈　阳 Shenyang	1812	1761	1577	1502
大　连 Dalian	3716	4192	4362	4808
长　春 Changchun	529	669	889	1218
吉　林 Jilin	421	367	454	556
哈尔滨 Harbin	629	642	731	832
上　海 Shanghai	1230	1543	2522	3638
南　京 Nanjing	572	1089	1058	1458
无　锡 Wuxi	470	790	743	620
苏　州 Suzhou	290	490	497	727
连云港 Lianyungang	2602	2954	3195	3480
南　通 Nantong	1141	1170	1124	1400
杭　州 Hangzhou	588	884	956	1001
宁　波 Ningbo	822	990	957	1106
温　州 Wenzhou	382	669	880	1142
黄　山 Huangshan		360	456	634
福　州 Fuzhou	885	1122	1258	1703
厦　门 Xiamen	1085	1540	1583	1663

5—43（2）　重点城市旅游者平均消费额
TOURIST'S AVERAGE EXPENSE IN MAJOR CITIES

单位：元/人
Unit：FEC￥/Person

城市 City	1990	1991	1992	1993
漳　州 Zhangzhou	1328	1824	635	676
泉　州 Quanzhou	292	362	397	395
九　江 Jiujiang	182	257	365	451
济　南 Jinan	720	871	669	1772
青　岛 Qingdao	2583	3126	2906	2992
烟　台 Yantai	928	819	884	996
郑　州 Zhengzhou	383	738	1071	1066
洛　阳 Luoyang	395	537	486	519
武　汉 Wuhan	1128	1247	1518	1765
长　沙 Changsha	1207	1107	1561	2311
广　州 Guangzhou	793	863	1060	1088
汕　头 Shantou	1311	1784	1311	1454
珠　海 Zhuhai	1143	1626	1925	1941
深　圳 Shenzhen	215	604	995	1332
湛　江 Zhanjiang	670	524	513	878
南　宁 Nanning	664	672	815	951
桂　林 Guilin	733	918	1013	1058
北　海 Beihai	133	524	1054	1003
海　口 Haikou		1555	2152	2619
三　亚 Sanya		154	211	
成　都 Chengdu	672	781	832	1036
重　庆 Chongqing	1263	1577	1442	1744
贵　阳 Guiyang	302	375	468	633
昆　明 Kunming	504	736	692	703
西　安 Xi'an	758	937	1020	1125
兰　州 Lanzhou	937	855	1095	1011
乌鲁木齐 Urumqi	1248	1439	1442	1528

5—44（1） 重点城市旅游部门营业收入
BUSINESS REVENUE OF TRAVEL AGENCY IN MAJOR CITIES

单位：万元
Unit：RMB￥10000

城市 City	1990	1991	1992	1993
北京 Beijing	76457	92088	92465	110821
天津 Tianjin	22132	28010	40108	61546
石家庄 Shijiazhuang	2498	5114	11928	18176
承德 Chengde	231	987	419	1072
秦皇岛 Qinhuangdao	594	505	697	5580
太原 Taiyuan	1163	8093	6744	10127
大同 Datong	1078	1324	1250	1904
呼和浩特 Hohhot	2788	3423	4225	6121
沈阳 Shenyang	6618	7878	7391	
大连 Dalian	1745	2675	3364	4745
长春 Changchun	2447	3283	3085	4373
吉林 Jilin	1551	815	3427	4709
哈尔滨 Harbin	7111	11022	11814	9699
上海 Shanghai	98611	65851	143402	258256
南京 Nanjing	16937	28280	47159	75396
无锡 Wuxi	8680	9246	12674	17675
苏州 Suzhou	2385	8526	11173	9692
连云港 Lianyungang	1029	2216	235	539
南通 Nantong	999	4879	6901	4948
杭州 Hangzhou	29843	38448	51499	46533
宁波 Ningbo	4561	5489	17913	28106
温州 Wenzhou	2124	3667	5618	9041
福州 Fuzhou	39129	24882	32562	44247
厦门 Xiamen	19391	23284	52781	63021

5—44（2） 重点城市旅游部门营业收入

BUSINESS REVENUE OF TRAVEL AGENCY IN MAJOR CITIES

单位：万元

Unit：RMB￥ 10000

城市 City	1990	1991	1992	1993
漳州 Zhangzhou	1333	1745	609	527
泉州 Quanzhou	5890	2441	10934	17515
九江 Jiujiang	1926	95	1666	2588
济南 Jinan	8481	9030	15110	27013
青岛 Qingdao	10442	15037	22066	34335
烟台 Yantai	559	3652	5667	6968
郑州 Zhengzhou	3165	3486	5353	9745
洛阳 Luoyang	1483	1299	1811	3108
武汉 Wuhan	6505	8458	24549	28054
长沙 Changsha	2524	2147	4877	7536
广州 Guangzhou	315320	355940	526023	636141
汕头 Shantou	45766	63757	50938	105040
珠海 Zhuhai	41373	61289	83426	118376
深圳 Shenzhen	195999	269118	374743	418725
湛江 Zhanjiang	8656	12752	20312	34829
南宁 Nanning	1503	7777	12552	15216
桂林 Guilin	20824	28281	34274	20371
北海 Beihai	1402	2082	3916	8989
海口 Haikou			51663	87885
三亚 Sanya			10123	21941
成都 Chengdu	11151	14952	19241	26181
重庆 Chongqing	3976	5636	8198	8577
贵阳 Guiyang	1739	2824	3822	9344
昆明 Kunming	15190	19630	33476	53625
西安 Xi'an	39974	39273	66774	114485
兰州 Lanzhou	4217	5451	7341	5807
乌鲁木齐 Urumqi	2125	3233	5151	3879

5—45（1） 重点城市旅游部门毛利额
PRE-TAX PROFIT OF TRAVEL AGENCY IN MAJOR CITIES

单位：万元

Unit：RMB¥ 10000

城 市 City	1990	1991	1992	1993
北 京 Beijing	37220	39506	48922	66612
天 津 Tianjin	15598	18571	28251	47456
石家庄 Shijiazhuang	760	1568	4272	6565
承 德 Chengde	99	467	172	655
秦皇岛 Qinhuangdao	117	202	246	4844
太 原 Taiyuan	216	5431	4266	5527
大 同 Datong	574	791	747	981
呼和浩特 Hohhot	1419	1977	2536	3679
沈 阳 Shenyang	2267	2538	3377	30166
大 连 Dalian	798	1162	1625	2428
长 春 Changchun	842	1272	1424	2071
吉 林 Jilin	1466	511	2013	3226
哈尔滨 Harbin	2692	4081	4606	4767
上 海 Shanghai	64062	41462	80565	140972
南 京 Nanjing	7583	14845	24252	43996
无 锡 Wuxi	3017	3354	5987	9640
苏 州 Suzhou	912	3456	4477	4088
连云港 Lianyungang	275	307	55	127
南 通 Nantong	376	2525	3836	2685
杭 州 Hangzhou	17658	21706	26472	25105
宁 波 Ningbo	2324	3170	10569	16896
温 州 Wenzhou	1539	2424	3840	6326
福 州 Fuzhou	15109	12237	17252	20861
厦 门 Xiamen	15630	14925	23360	29089

5—45 (2)

重点城市旅游部门毛利额

PRE-TAX PROFIT OF TRAVEL AGENCY IN MAJOR CITIES

单位：万元

Unit：RMB¥ 10000

城　市 City	1990	1991	1992	1993
漳　州 Zhangzhou	509	705	217	239
泉　州 Quanzhou	2553	2067	4384	8101
九　江 Jiujiang	1264	85	810	1728
济　南 Jinan	3217	4990	4859	12701
青　岛 Qingdao	6412	8734	13532	23926
烟　台 Yantai	182	2026	3561	4591
郑　州 Zhengzhou	1468	1791	2407	3607
洛　阳 Luoyang	713	824	1104	1157
武　汉 Wuhan	3444	4871	14375	15747
长　沙 Changsha	1066	1443	2029	3099
广　州 Guangzhou	175953	193795	294260	371624
汕　头 Shantou	13049	24887	12399	39353
珠　海 Zhuhai	19172	30295	46173	68663
深　圳 Shenzhen	90904	156641	206286	261374
湛　江 Zhanjiang	4680	6875	9476	20611
南　宁 Nanning	656	3758	6042	8751
桂　林 Guilin	5868	20292	25196	13078
北　海 Beihai	635	1316	2691	6472
海　口 Haikou			30363	57668
三　亚 Sanya			7309	16698
成　都 Chengdu	6255	6871	10221	14219
重　庆 Chongqing	595	685	898	793
贵　阳 Guiyang	806	1211	1928	6102
昆　明 Kunming	7832	11252	18973	28847
西　安 Xi′an	13913	21410	31155	44694
兰　州 Lanzhou	1183	1463	2016	2214
乌鲁木齐 Urumqi	893	1257	1764	2098

5—46（1） 重点城市旅游部门税金

TAX PAID BY TRAVEL AGENCY IN MAJOR CITIES

单位：万元

Unit：RMB￥ 10000

城 市 City	1990	1991	1992	1993
北 京 Beijing	2736	3125	3720	4625
天 津 Tianjin	906	1124	1664	2136
石家庄 Shijiazhuang	50	118	313	563
承 德 Chengde	28	27	7	35
秦皇岛 Qinhuangdao	22	24	28	212
太 原 Taiyuan	30	595	294	362
大 同 Datong	31	46	46	65
呼和浩特 Hohhot	104	127	178	228
沈 阳 Shenyang	221	253	253	2736
大 连 Dalian	54	80	103	154
长 春 Changchun	53	85	93	143
吉 林 Jilin	60	28	124	159
哈尔滨 Harbin	224	357	375	311
上 海 Shanghai	3762	2246	5550	10009
南 京 Nanjing	637	1113	1811	2474
无 锡 Wuxi	222	246	374	579
苏 州 Suzhou	66	247	303	266
连云港 Lianyungang	28	34	5	11
南 通 Nantong	41	200	282	224
杭 州 Hangzhou	1340	1305	1455	1785
宁 波 Ningbo	122	217	690	965
温 州 Wenzhou	94	134	221	414
福 州 Fuzhou	1169	850	1110	1521
厦 门 Xiamen	624	717	1660	2161

5—46（2） 重点城市旅游部门税金

TAX PAID BY TRAVEL AGENCY IN MAJOR CITIES

单位：万元

Unit：RMB￥ 10000

城 市 City	1990	1991	1992	1993
漳 州 Zhangzhou	35	59	18	22
泉 州 Quanzhou	200	95	386	800
九 江 Jiujiang	82	5	45	111
济 南 Jinan	175	267	332	1651
青 岛 Qingdao	362	623	821	1907
烟 台 Yantai	8	171	264	310
郑 州 Zhengzhou	110	115	149	195
洛 阳 Luoyang	40	46	56	70
武 汉 Wuhan	223	302	913	997
长 沙 Changsha	71	88	163	307
广 州 Guangzhou	10650	11508	17104	23841
汕 头 Shantou	1267	1769	1375	2982
珠 海 Zhuhai	1073	1794	2317	3551
深 圳 Shenzhen	6041	8429	13175	15596
湛 江 Zhanjiang	288	425	643	1337
南 宁 Nanning	18	276	466	622
桂 林 Guilin	421	1301	1631	1174
北 海 Beihai	58	93	179	424
海 口 Haikou			1830	3823
三 亚 Sanya			429	1099
成 都 Chengdu	318	421	529	814
重 庆 Chongqing	58	53	82	65
贵 阳 Guiyang	41	102	143	359
昆 明 Kunming	542	747	1236	1940
西 安 Xi′an	1058	1462	2273	2924
兰 州 Lanzhou	80	85	116	134
乌鲁木齐 Urumqi	65	86	143	175

5—47（1） 重点城市旅游部门营业费用

BUSINESS EXPENSE OF TRAVEL AGENCY IN MAJOR CITIES

单位：万元
Unit：RMB￥ 10000

城市 City	1990	1991	1992	1993
北　京 Beijing	15437	18467	24830	29689
天　津 Tianjin	7442	9721	13633	23369
石家庄 Shijiazhuang	484	837	2480	2962
承　德 Chengde	33	228	106	234
秦皇岛 Qinhuangdao	61	160	153	2622
太　原 Taiyuan	26	3198	2342	2888
大　同 Datong	343	503	428	606
呼和浩特 Hohhot	449	613	832	1278
沈　阳 Shenyang	690	889	1070	8530
大　连 Dalian	361	291	368	527
长　春 Changchun	591	789	966	1231
吉　林 Jilin	1146	322	1574	2095
哈尔滨 Harbin	935	1550	1551	1669
上　海 Shanghai	32188	19225	39794	35377
南　京 Nanjing	3301	5936	12541	18389
无　锡 Wuxi	1358	1538	2577	3988
苏　州 Suzhou	398	1461	1794	1572
连云港 Lianyungang	199	218	96	121
南　通 Nantong	223	864	1034	734
杭　州 Hangzhou	4855	6366	7416	6535
宁　波 Ningbo	824	1077	4808	5501
温　州 Wenzhou	893	1316	2079	2983
福　州 Fuzhou	11622	11632	8309	12486
厦　门 Xiamen	3762	6429	16373	16246

5—47（2） 重点城市旅游部门营业费用
BUSINESS EXPENSE OF TRAVEL AGENCY IN MAJOR CITIES

单位：万元
Unit：RMB￥ 10000

城市 City	1990	1991	1992	1993
漳州 Zhangzhou	317	546	125	148
泉州 Quanzhou	1011	786	1701	3554
九江 Jiujiang	705	64	514	1177
济南 Jinan	1198	2111	1818	6150
青岛 Qingdao	2627	3102	4415	7998
烟台 Yantai	148	1159	1647	2244
郑州 Zhengzhou	645	853	1157	1385
洛阳 Luoyang	349	396	477	501
武汉 Wuhan	1714	2511	6979	6248
长沙 Changsha	573	667	1076	1589
广州 Guangzhou	127020	132000	192697	239355
汕头 Shantou	8619	20911	9345	32437
珠海 Zhuhai	18465	17349	39108	58650
深圳 Shenzhen	76012	138675	156345	204625
湛江 Zhanjiang	3026	5115	5109	10029
南宁 Nanning	289	1842	2496	3482
桂林 Guilin	2551	15522	15244	9542
北海 Beihai	861	1096	1782	3371
海口 Haikou			14172	26329
三亚 Sanya			4000	8938
成都 Chengdu	2838	3338	5024	4568
重庆 Chongqing	205	204	159	206
贵阳 Guiyang	536	689	933	2469
昆明 Kunming	3554	3885	8715	12203
西安 Xi'an	9230	11412	16109	25959
兰州 Lanzhou	394	493	734	719
乌鲁木齐 Urumqi	303	388	566	955

5—48（1） 重点城市旅游部门企业管理费

ADMINISTRATION EXPENSE OF TRAVEL AGENCY IN MAJOR CITIES

单位：万元
Unit：RMB￥ 10000

城市 City	1990	1991	1992	1993
北京 Beijing	4570	5070	7952	17801
天津 Tianjin	11505	15095	22929	19943
石家庄 Shijiazhuang	152	275	708	1562
承德 Chengde	28	137	64	128
秦皇岛 Qinhuangdao	15	45	80	1301
太原 Taiyuan	108	491	950	115
大同 Datong	78	109	107	160
呼和浩特 Hohhot	697	881	1671	1906
沈阳 Shenyang	353	531	797	8211
大连 Dalian	179	378	574	1426
长春 Changchun		32	57	200
吉林 Jilin	158	402	195	842
哈尔滨 Harbin	638	941	1128	1271
上海 Shanghai	14288	9620	20000	4800
南京 Nanjing	1291	3417	3936	17172
无锡 Wuxi	690	763	1286	3070
苏州 Suzhou	150	532	813	817
连云港 Lianyungang	50	29	30	105
南通 Nantong	73	1473	1855	1087
杭州 Hangzhou	9329	10615	10566	6657
宁波 Ningbo	1143	1367	3379	5791
温州 Wenzhou	43	218	464	731
福州 Fuzhou			15494	3463
厦门 Xiamen	67	609	207	8143

5—48（2） 重点城市旅游部门企业管理费

ADMINISTRATION EXPENSE OF TRAVEL AGENCY IN MAJOR CITIES

单位：万元
Unit：RMB￥ 10000

城市 City	1990	1991	1992	1993
漳州 Zhangzhou	88	105	54	44
泉州 Quanzhou	338	1084	1422	2011
九江 Jiujiang	335	21	135	373
济南 Jinan	1130	1672	1499	4163
青岛 Qingdao	2838	3342	3769	4420
烟台 Yantai	89	505	879	1550
郑州 Zhengzhou	188	220	392	806
洛阳 Luoyang	195	250	339	437
武汉 Wuhan	626	793	2081	3804
长沙 Changsha	178	263	601	806
广州 Guangzhou	12562	13055	19058	23673
汕头 Shantou				
珠海 Zhuhai		9823		8880
深圳 Shenzhen			117	
湛江 Zhanjiang	1575	1859	3734	8205
南宁 Nanning	137	501	848	2285
桂林 Guilin	1756	12091	14844	11267
北海 Beihai	489	768	829	1364
海口 Haikou			9394	15987
三亚 Sanya			2738	4979
成都 Chengdu	1109	798	1353	1992
重庆 Chongqing	144	171	211	358
贵阳 Guiyang	251	528	626	1792
昆明 Kunming	1423	2867	4577	8566
西安 Xi'an	13474	23768	21183	35200
兰州 Lanzhou	293	308	494	598
乌鲁木齐 Urumqi	197	332	487	390

5—49（1） 重点城市旅游部门经营利润

AFTER-TAX PROFIT OF TRAVEL AGENCY IN MAJOR CITIES

单位：万元

Unit：RMB￥ 10000

城市 City	1990	1991	1992	1993
北京 Beijing	14477	12844	12420	14497
天津 Tianjin	−4255	−7369	−9975	2008
石家庄 Shijiazhuang	74	338	771	1478
承德 Chengde	10	75	−5	258
秦皇岛 Qinhuangdao	19	−27	−15	709
太原 Taiyuan	52	1147	680	2162
大同 Datong	122	133	166	150
呼和浩特 Hohhot	169	356	−145	267
沈阳 Shenyang	1003	865	1257	10689
大连 Dalian	204	413	580	321
长春 Changchun	198	366	308	552
吉林 Jilin	102	−241	120	130
哈尔滨 Harbin	895	1233	1552	1516
上海 Shanghai	13824	10371	15221	47585
南京 Nanjing	2354	4379	5964	5961
无锡 Wuxi	747	807	1750	2003
苏州 Suzhou	298	1216	1567	1433
连云港 Lianyungang	−2	26	−76	−110
南通 Nantong	39	−12	665	640
杭州 Hangzhou	2134	3420	7035	10128
宁波 Ningbo	235	509	1692	4639
温州 Wenzhou	509	756	1076	2198
福州 Fuzhou	2318	−245	−7661	3391
厦门 Xiamen	11177	7170	5120	2539

5—49′(2) 重点城市旅游部门经营利润

AFTER-TAX PROFIT OF TRAVEL AGENCY IN MAJOR CITIES

单位：万元

Unit：RMB￥ 10000

城市 City	1990	1991	1992	1993
漳　州 Zhangzhou	69	－5	20	25
泉　州 Quanzhou	1004	102	875	1736
九　江 Jiujiang	142	－5	116	67
济　南 Jinan	714	940	1210	737
青　岛 Qingdao	585	1667	4527	9601
烟　台 Yantai	－63	191	771	487
郑　州 Zhengzhou	525	603	709	1221
洛　阳 Luoyang	129	132	232	149
武　汉 Wuhan	881	1265	4402	4698
长　沙 Changsha	244	425	189	397
广　州 Guangzhou	25721	37232	65401	84755
汕　头 Shantou	3163	2207	1679	3934
珠　海 Zhuhai	－366	1329	4748	－2418
深　圳 Shenzhen	8851	9537	36649	41153
湛　江 Zhanjiang	－209	－524	－10	1040
南　宁 Nanning	212	1139	2232	2362
桂　林 Guilin	1140	－8622	－6523	－8905
北　海 Beihai	－773	－641	－99	1313
海　口 Haikou			4967	11529
三　亚 Sanya			142	1682
成　都 Chengdu	1990	2294	3315	6845
重　庆 Chongqing	188	257	446	164
贵　阳 Guiyang	－22	－108	226	1482
昆　明 Kunming	2313	3753	4445	6138
西　安 Xi′an	－9849	－15232	－8410	－18389
兰　州 Lanzhou	416	577	672	763
乌鲁木齐 Urumqi	328	451	568	578

5—50（1） 重点城市旅游部门利润额

NET PROFIT OF TRAVEL AGENCY IN MAJOR CITIES

单位：万元

Unit：RMB￥ 10000

城市 City	1990	1991	1992	1993
北京 Beijing	15909	13723	11620	15677
天津 Tianjin	−4192	−7230	−10150	1913
石家庄 Shijiazhuang	98	349	693	1922
承德 Chengde	−28	38	−24	272
秦皇岛 Qinhuangdao	9	−32	−14	712
太原 Taiyuan	89	1370	728	2153
大同 Datong	141	108	136	141
呼和浩特 Hohhot	−868	−487	−157	243
沈阳 Shenyang	1016	845	1267	10528
大连 Dalian	262	423	547	377
长春 Changchun	204	391	291	463
吉林 Jilin	113	−234	103	139
哈尔滨 Harbin	857	1201	1509	1531
上海 Shanghai	12049	9286	13367	50894
南京 Nanjing	2120	3906	4899	6064
无锡 Wuxi	715	625	1676	1897
苏州 Suzhou	271	1021	1159	1240
连云港 Lianyungang	9	26	−56	−59
南通 Nantong	30	−49	581	626
杭州 Hangzhou	2064	3486	6961	10163
宁波 Ningbo	261	540	1734	4743
温州 Wenzhou	556	735	1051	2192
福州 Fuzhou	2948	245	−7218	3920
厦门 Xiamen	11585	6991	4848	3236

5—50（2） 重点城市旅游部门利润额
NET PROFIT OF TRAVEL AGENCY IN MAJOR CITIES

单位：万元
Unit：RMB¥ 10000

城　市 City	1990	1991	1992	1993
漳　州 Zhangzhou	67	9	21	27
泉　州 Quanzhou	1055	160	1092	1721
九　江 Jiujiang	113	−5	121	116
济　南 Jinan	661	578	818	1112
青　岛 Qingdao	642	1695	4505	9744
烟　台 Yantai	−64	184	752	495
郑　州 Zhengzhou	532	605	809	1224
洛　阳 Luoyang	88	65	134	107
武　汉 Wuhan	833	1083	4108	5094
长　沙 Changsha	248	514	321	449
广　州 Guangzhou	26556	36180	64802	83780
汕　头 Shantou	3442	3892	3676	5090
珠　海 Zhuhai	−2856	−129	4083	−1770
深　圳 Shenzhen	11842	13258	49211	58943
湛　江 Zhanjiang	−115	−1256	46	1226
南　宁 Nanning	177	973	2603	2389
桂　林 Guilin	999	−8525	−7252	−8685
北　海 Beihai	−774	−644	−94	1313
海　口 Haikou			4644	13321
三　亚 Sanya			307	2041
成　都 Chengdu	1973	2207	3282	6419
重　庆 Chongqing	137	271	345	135
贵　阳 Guiyang	−36	−125	200	1074
昆　明 Kunming	2158	3589	4109	5960
西　安 Xi'an	−9945	−15164	−8547	−18016
兰　州 Lanzhou	404	642	696	780
乌鲁木齐 Urumqi	342	465	568	578

5—51 涉外饭店经济类型 TOURIST HOTELS BY OWNERSHIP

指标 Item	饭店数（座）Number of Hotels		客房数（间）Number of Rooms		床位数（张）Number of Beds	
	1992	1993	1992	1993	1992	1993
合计 Total	**2354**	**2552**	**351044**	**386401**	**737674**	**811521**
国营 State-owned	1683	1820	230660	255124	506954	561883
合营 Jointly State-collective	7	10	1207	1757	2506	3620
集体 Collective	184	208	18886	22029	41950	48778
个体 Private	4	16	82	484	182	954
外商独资 Wholly Foreign-owned	9	10	1856	2438	2773	3791
中外合资 Joint Venture	245	259	54326	58549	99253	105449
中外合作 Contractual Joint Venture	222	229	44027	46020	84056	87046

5—52 涉外饭店规模 TOURIST HOTELS BY CAPACITY

指标 Item	饭店数（座）Number of Hotels		客房数（间）Number of Rooms		床位数（张）Number of Beds	
	1992	1993	1992	1993	1992	1993
合计 Total	**2354**	**2552**	**351044**	**386401**	**737674**	**811521**
客房总数 500 间以上 Rooms Over 500	68	69	49152	50225	91535	90163
客房总数 500—499 间 Rooms Between 300 and 499	190	216	69490	79797	134605	155954
客房总数 200—299 间 Rooms Between 200 and 299	285	326	67946	78458	140564	160074
客房总数 100—199 间 Rooms Between 100 and 199	732	797	102608	112201	227228	252782
客房总数 99 间以下 Rooms Under 99	1079	1144	61848	65720	143742	152548

5—53 涉外饭店客房出租率 HOTEL ROOM OCCUPANCY

单位 Unit: %

指标 Item	1990	1991	1992	1993
合计 Total	**59.4**	**61.4**	**66.2**	**67.7**
按经济类型 By Ownership				
国营 State-owned	62.1	63.5	67.0	67.8
合营 Jointly State-collective	53.3	55.0	71.5	77.3
集体 Collective	58.0	65.9	68.1	67.9
个体 Private	50.9	60.0	63.4	52.1
外商独资 Wholly Foreign—owned	45.7	44.8	55.8	68.9
中外合资 Joint Venture	51.7	52.4	63.1	67.6
中外合作 Contractual Joint Venture	54.8	59.6	65.6	66.5
按饭店规模 By Capacity				
客房总数 500 间以上 Rooms Over 500	56.9	56.7	66.3	69.8
客房总数 300—499 间 Rooms Between 300 and 499	58.2	59.3	64.7	68.5
客房总数 200—299 间 Rooms Between 200 and 299	60.5	62.1	69.0	68.5
客房总数 100—199 间 Rooms Between 100 and 199	60.0	63.5	67.4	67.4
客房总数 99 间以下 Rooms Under 99	60.5	63.0	62.9	65.3

5—54 各地区涉外饭店数
TOURIST HOTELS BY REGIONS

单位：座
Unit：Number

地区 Region	1991	1992	1993
合计 Total	**2130**	**2354**	**2552**
北京 Beijing	203	234	232
天津 Tianjin	22	24	28
河北 Hebei	64	65	69
山西 Shanxi	22	26	27
内蒙古 Inner Mongolia	16	18	20
辽宁 Liaoning	73	74	75
吉林 Jilin	36	40	42
黑龙江 Heilongjiang	36	38	48
上海 Shanghai	85	94	98
江苏 Jiangsu	49	55	72
浙江 Zhejiang	64	66	84
安徽 Anhui	51	58	74
福建 Fujian	87	97	102
江西 Jiangxi	48	50	45
山东 Shandong	76	74	69
河南 Henan	20	20	23
湖北 Hubei	81	94	110
湖南 Hunan	38	45	60
广东 Guangdong	685	728	798
广西 Guangxi	57	63	69
海南 Hainan	44	67	69
四川 Sichuan	90	102	104
贵州 Guizhou	13	14	17
云南 Yunnan	40	56	56
西藏 Tibet	12	12	12
陕西 Shaanxi	23	33	33
甘肃 Gansu	26	28	29
青海 Qinghai	7	8	8
宁夏 Ningxia	13	13	15
新疆 Xinjiang	49	58	64

5—55 各地区涉外饭店客房数
HOTEL ROOMS BY REGIONS

单位：间
Unit：Number

地　区 Region	1991	1992	1993
合　计 Total	**321116**	**351044**	**386401**
北　京 Beijing	48510	50897	53091
天　津 Tianjin	4224	4904	4470
河　北 Hebei	10275	10445	11048
山　西 Shanxi	3592	4487	4431
内蒙古 Inner Mongolia	2417	2049	2669
辽　宁 Liaoning	9474	9532	10166
吉　林 Jilin	3749	3990	4572
黑龙江 Heilongjiang	5025	5108	5638
上　海 Shanghai	22184	24364	26122
江　苏 Jiangsu	8562	9672	12686
浙　江 Zhejiang	8618	9279	11412
安　徽 Anhui	5909	6277	8238
福　建 Fujian	11376	12350	13392
江　西 Jiangxi	6464	7095	8144
山　东 Shandong	10756	9273	9704
河　南 Henan	2995	3749	3578
湖　北 Hubei	11200	13870	17770
湖　南 Hunan	5591	5774	7917
广　东 Guangdong	82970	89773	97261
广　西 Guangxi	10885	11938	12982
海　南 Hainan	5368	7402	7839
四　川 Sichuan	14747	16705	17568
贵　州 Guizhou	2073	2161	2758
云　南 Yunnan	4872	7136	8083
西　藏 Tibet	1310	1280	1329
陕　西 Shaanxi	6452	8205	7982
甘　肃 Gansu	3989	4405	4554
青　海 Qinghai	1386	1321	1425
宁　夏 Ningxia	1465	1359	1594
新　疆 Xinjiang	4678	6244	7978

5—56 各地区涉外饭店床位数
HOTEL BEDS BY REGIONS

单位：张
Unit：Number

地区 Region		1991	1992	1993
合计	**Total**	**679458**	**737674**	**811521**
北京	Beijing	90946	95898	96095
天津	Tianjin	7972	9393	8749
河北	Hebei	25262	26157	26954
山西	Shanxi	7230	8802	9169
内蒙古	Inner Mongolia	5035	5109	5901
辽宁	Liaoning	18894	18962	19921
吉林	Jilin	9235	9321	9915
黑龙江	Heilongjiang	12650	12080	14003
上海	Shanghai	41464	45351	47467
江苏	Jiangsu	16975	19164	24642
浙江	Zhejiang	17712	19112	23165
安徽	Anhui	14463	14495	19325
福建	Fujian	23864	25401	27554
江西	Jiangxi	15322	16452	16343
山东	Shandong	23879	19999	21619
河南	Henan	6244	7978	7646
湖北	Hubei	26643	30913	38188
湖南	Hunan	11970	13326	18137
广东	Guangdong	177419	189417	206712
广西	Guangxi	22786	24826	26617
海南	Hainan	11280	15435	16255
四川	Sichuan	34427	38667	44021
贵州	Guizhou	4389	4681	5763
云南	Yunnan	11153	16336	17821
西藏	Tibet	2824	2833	2899
陕西	Shaanxi	12082	15416	15051
甘肃	Gansu	8955	10250	10606
青海	Qinghai	3104	3220	4110
宁夏	Ningxia	3260	2972	3534
新疆	Xinjiang	12019	15708	23339

5—57 各地区涉外饭店客房出租率
HOTEL ROOM OCCUPANCY BY REGIONS

单位 Unit:%

地 区 Region	1991	1992	1993
合 计 Total	**61.4**	**66.2**	**67.7**
北 京 Beijing	54.2	63.5	71.5
天 津 Tianjin	48.7	62.2	72.5
河 北 Hebei	52.3	56.3	53.2
山 西 Shanxi	68.6	63.9	65.6
内 蒙 古 Inner Mongolia	58.8	59.9	71.1
辽 宁 Liaoning	67.7	72.7	73.8
吉 林 Jilin	60.9	64.6	59.2
黑 龙 江 Heilongjiang	74.4	69.7	68.6
上 海 Shanghai	59.7	69.6	76.8
江 苏 Jiangsu	56.0	64.3	70.2
浙 江 Zhejiang	68.0	73.3	70.9
安 徽 Anhui	58.9	57.3	59.5
福 建 Fujian	61.7	63.0	66.1
江 西 Jiangxi	61.0	57.1	59.6
山 东 Shandong	59.4	69.1	77.1
河 南 Henan	58.5	64.6	61.7
湖 北 Hubei	63.3	62.8	63.9
湖 南 Hunan	67.6	63.0	64.1
广 东 Guangdong	68.5	73.8	71.2
广 西 Guangxi	48.7	54.5	55.0
海 南 Hainan	61.6	76.4	76.4
四 川 Sichuan	59.3	60.7	58.3
贵 州 Guizhou	58.2	63.5	72.0
云 南 Yunnan	73.5	66.8	66.5
西 藏 Tibet	26.4	28.7	28.5
陕 西 Shaanxi	43.4	46.1	48.9
甘 肃 Gansu	71.8	72.4	63.9
青 海 Qinghai	45.9	48.3	55.9
宁 夏 Ningxia	64.2	55.0	58.2
新 疆 Xinjiang	65.5	65.5	61.5

5—58 各地区国营涉外饭店数
STATE-OWNED TOURIST HOTELS BY REGIONS

单位：座
Unit：Number

地区 Region	1991	1992	1993
合计 Total	**1528**	**1683**	**1820**
北京 Beijing	114	125	122
天津 Tianjin	9	10	14
河北 Hebei	62	63	67
山西 Shanxi	21	25	26
内蒙古 Inner Mongolia	15	17	17
辽宁 Liaoning	48	49	50
吉林 Jilin	33	37	38
黑龙江 Heilongjiang	36	38	46
上海 Shanghai	59	68	69
江苏 Jiangsu	38	41	54
浙江 Zhejiang	45	47	62
安徽 Anhui	44	47	58
福建 Fujian	62	70	72
江西 Jiangxi	42	43	37
山东 Shandong	62	60	57
河南 Henan	16	16	19
湖北 Hubei	75	87	100
湖南 Hunan	33	40	54
广东 Guangdong	419	445	487
广西 Guangxi	34	38	44
海南 Hainan	29	45	46
四川 Sichuan	78	93	90
贵州 Guizhou	11	12	15
云南 Yunnan	27	40	38
西藏 Tibet	10	10	10
陕西 Shaanxi	12	15	17
甘肃 Gansu	25	27	28
青海 Qinghai	7	8	8
宁夏 Ningxia	13	13	15
新疆 Xinjiang	49	54	60

5—59 各地区合营涉外饭店数
JOINTLY STATE-COLLECTIVE TOURIST HOTELS BY REGIONS

单位：座
Unit：Number

地　区 Region	1991	1992	1993
合　计 Total	**8**	**7**	**10**
吉　林 Jilin			1
上　海 Shanghai	3	3	2
浙　江 Zhejiang	1		
福　建 Fujian			1
湖　北 Hubei			1
广　东 Guangdong			1
海　南 Hainan	4	4	4

5—60 各地区集体所有制涉外饭店数
COLLECTIVE TOURIST HOTELS BY REGIONS

单位：座
Unit：Number

地　区 Region	1991	1992	1993
合　计 Total	**171**	**184**	**208**
北　京 Beijing	36	35	34
河　北 Hebei	2	2	2
内蒙古 Inner Mongolia			2
辽　宁 Liaoning	4	4	4
吉　林 Jilin			1
黑龙江 Heilongjiang			1
上　海 Shanghai	3	3	3
江　苏 Jiangsu	1	3	6
浙　江 Zhejiang	7	8	10
安　徽 Anhui	5	7	12
福　建 Fujian	1	1	2
江　西 Jiangxi	1	2	3
山　东 Shandong	7	7	5
河　南 Henan	2	2	1
湖　北 Hubei	4	5	7
广　东 Guangdong	74	77	84
广　西 Guangxi	4	5	4
海　南 Hainan	2	3	3
四　川 Sichuan	5	3	4
云　南 Yunnan	11	13	14
西　藏 Tibet	1	1	1
陕　西 Shaanxi			2
甘　肃 Gansu	1	1	1
新　疆 Xinjiang			2

5—61 各地区个体涉外饭店数
PRIVATE TOURIST HOTELS BY REGIONS

单位：座
Unit：Number

地　　区 Region	1991	1992	1993
合　计 Total	**2**	**4**	**16**
广　东 Guangdong	2	3	15
海　南 Hainan		1	1

5—62 各地区外方独资涉外饭店数
WHOLLY FOREIGN-OWNED TOURIST HOTELS BY REGIONS

单位：座
Unit：Number

地　　区 Region	1991	1992	1993
合　计 Total	**4**	**9**	**10**
吉　林 Jilin	1	1	1
上　海 Shanghai	1	2	2
福　建 Fujian	1	1	1
湖　北 Hubei			1
广　东 Guangdong			1
海　南 Hainan	1	5	4

5—63 各地区中外合资涉外饭店数
JOINT VENTURE TOURIST HOTELS BY REGIONS

单位：座
Unit：Number

地区 Region	1991	1992	1993
合计 Total	**202**	**245**	**259**
北京 Beijing	53	74	75
天津 Tianjin	12	13	13
内蒙古 Inner Mongolia			1
辽宁 Liaoning	19	19	19
吉林 Jilin	2	2	2
黑龙江 Heilongjiang			1
上海 Shanghai	12	10	12
江苏 Jiangsu	5	6	7
浙江 Zhejiang	9	9	10
安徽 Anhui	2	4	4
福建 Fujian	8	11	13
江西 Jiangxi	2	2	2
山东 Shandong	5	5	5
河南 Henan	2	2	3
湖北 Hubei	2	2	2
湖南 Hunan	5	5	6
广东 Guangdong	35	41	45
广西 Guangxi	15	16	17
海南 Hainan	4	5	6
四川 Sichuan	6	3	7
贵州 Guizhou	2	2	2
云南 Yunnan	2	3	4
陕西 Shaanxi		9	1
新疆 Xinjiang		2	2

5－64 各地区中外合作涉外饭店数

CONTRACTUAL JOINT VENTURE TOURIST HOTELS BY REGIONS

单位：座

Unit：Number

地区 Region	1991	1992	1993
合计 Total	**215**	**222**	**229**
北京 Beijing			1
天津 Tianjin	1	1	1
山西 Shanxi	1	1	1
内蒙古 Inner Mongolia	1	1	
辽宁 Liaoning	2	2	2
上海 Shanghai	7	8	9
江苏 Jiangsu	5	5	4
浙江 Zhejiang	2	2	2
福建 Fujian	15	14	14
江西 Jiangxi	3	3	3
山东 Shandong	2	2	2
广东 Guangdong	155	162	165
广西 Guangxi	4	4	4
海南 Hainan	4	4	4
四川 Sichuan	1	3	3
西藏 Tibet	1	1	1
陕西 Shaanxi	11	9	13

5－65

各地区拥有500间客房以上的涉外饭店数
TOURIST HOTELS POSSESSING ROOMS OVER 500 BY REGIONS

单位：座
Unit：Number

地　区 Region	1991	1992	1993
合　计 Total	**61**	**68**	**69**
北　京 Beijing	21	22	24
天　津 Tianjin	1	2	1
河　北 Hebei	2	3	2
黑龙江 Heilongjiang		1	1
上　海 Shanghai	13	15	15
江　苏 Jiangsu	1	1	1
浙　江 Zhejiang	1	1	1
江　西 Jiangxi		1	2
山　东 Shandong			1
河　南 Henan		1	
广　东 Guangdong	13	13	13
广　西 Guangxi	1	1	1
四　川 Sichuan	1	1	
西　藏 Tibet	1		
陕　西 Shaanxi	5	5	5
甘　肃 Gansu	1	1	1
青　海 Qinghai			1

5—66 各地区拥有300—499间客房的涉外饭店数 TOURIST HOTELS POSSESSING ROOMS BETWEEN 300 AND 499 BY REGIONS

单位：座
Unit：Number

地区 Region	1991	1992	1993
合计 Total	**172**	**190**	**216**
北京 Beijing	32	33	36
天津 Tianjin	3	2	2
河北 Hebei	5	5	6
山西 Shanxi	3	5	4
内蒙古 Inner Mongolia	1		1
辽宁 Liaoning	5	5	6
吉林 Jilin	1	1	1
黑龙江 Heilongjiang	4	1	1
上海 Shanghai	13	16	18
江苏 Jiangsu	5	8	9
浙江 Zhejiang	4	6	6
安徽 Anhui		1	2
福建 Fujian	5	6	6
江西 Jiangxi	2	1	2
山东 Shandong	4	5	4
河南 Henan	3	2	1
湖北 Hubei	6	7	10
湖南 Hunan	4	1	3
广东 Guangdong	37	42	46
广西 Guangxi	11	10	13
海南 Hainan	1	1	1
四川 Sichuan	9	11	15
贵州 Guizhou	1	1	2
云南 Yunnan	1	3	5
西藏 Tibet		1	1
陕西 Shaanxi	5	8	6
甘肃 Gansu	3	2	3
青海 Qinghai	2	2	1
宁夏 Ningxia	1	1	1
新疆 Xinjiang	1	3	4

5—67 各地区拥有200—299间客房的涉外饭店数

TOURIST HOTELS POSSESSING ROOMS BETWEEN 200 AND 299 BY REGIONS

单位：座

Unit：Number

地区 Region	1991	1992	1993
合计 Total	**275**	**285**	**326**
北京 Beijing	33	32	35
天津 Tianjin	5	6	6
河北 Hebei	11	9	10
山西 Shanxi	3	4	3
内蒙古 Inner Mongolia	4	3	3
辽宁 Liaoning	10	10	10
吉林 Jilin	1	3	4
黑龙江 Heilongjiang	4	4	3
上海 Shanghai	17	16	18
江苏 Jiangsu	9	8	10
浙江 Zhejiang	5	5	8
安徽 Anhui	7	6	7
福建 Fujian	14	14	16
江西 Jiangxi	7	7	10
山东 Shandong	17	12	7
河南 Henan	4	4	6
湖北 Hubei	10	13	25
湖南 Hunan	8	8	8
广东 Guangdong	56	62	72
广西 Guangxi	14	16	17
海南 Hainan	5	7	8
四川 Sichuan	19	20	19
贵州 Guizhou	2	3	1
云南 Yunnan	4	6	7
陕西 Shaanxi	2	1	3
甘肃 Gansu	1	2	3
青海 Qinghai	1	1	
新疆 Xinjiang	2	3	7

5—68 各地区拥有100—199间客房的涉外饭店数
TOURIST HOTELS POSSESSING ROOMS BETWEEN 100 AND 199 BY REGIONS

单位：座
Unit：Number

地区 Region	1991	1992	1993
合计 Total	**670**	**732**	**797**
北京 Beijing	59	51	56
天津 Tianjin	6	6	5
河北 Hebei	25	27	30
山西 Shanxi	10	11	13
内蒙古 Inner Mongolia	4	5	7
辽宁 Liaoning	25	25	27
吉林 Jilin	14	11	12
黑龙江 Heilongjiang	13	14	19
上海 Shanghai	25	27	31
江苏 Jiangsu	18	19	32
浙江 Zhejiang	23	24	30
安徽 Anhui	20	19	26
福建 Fujian	28	31	36
江西 Jiangxi	21	26	19
山东 Shandong	26	22	29
河南 Henan	4	5	10
湖北 Hubei	36	45	40
湖南 Hunan	15	16	20
广东 Guangdong	165	188	188
广西 Guangxi	13	19	17
海南 Hainan	20	22	22
四川 Sichuan	35	41	43
贵州 Guizhou	7	5	8
云南 Yunnan	20	26	25
西藏 Tibet	2	2	3
陕西 Shaanxi	7	11	10
甘肃 Gansu	9	12	11
青海 Qinghai	1	1	3
宁夏 Ningxia	4	4	5
新疆 Xinjiang	15	17	20

5－69　各地区拥有99间以下客房的涉外饭店数
TOURIST HOTELS POSSESSING ROOMS UNDER 99 BY REGIONS

单位：座
Unit：Number

地　区 Region	1991	1992	1993
合　计 Total	**952**	**1079**	**1144**
北　京 Beijing	58	96	81
天　津 Tianjin	7	8	14
河　北 Hebei	21	21	21
山　西 Shanxi	6	6	7
内蒙古 Inner Mongolia	7	10	9
辽　宁 Liaoning	33	34	32
吉　林 Jilin	20	25	25
黑龙江 Heilongjiang	15	18	24
上　海 Shanghai	17	20	16
江　苏 Jiangsu	16	19	20
浙　江 Zhejiang	31	30	39
安　徽 Anhui	24	32	39
福　建 Fujian	40	46	44
江　西 Jiangxi	18	15	12
山　东 Shandong	29	35	28
河　南 Henan	9	8	6
湖　北 Hubei	29	29	35
湖　南 Hunan	11	20	29
广　东 Guangdong	414	423	479
广　西 Guangxi	18	17	21
海　南 Hainan	18	37	38
四　川 Sichuan	26	29	27
贵　州 Guizhou	3	5	6
云　南 Yunnan	15	21	19
西　藏 Tibet	9	9	8
陕　西 Shaanxi	4	8	9
甘　肃 Gansu	12	11	11
青　海 Qinghai	3	4	3
宁　夏 Ningxia	8	8	9
新　疆 Xinjiang	31	35	33

5－70 各地区国营涉外饭店营业收入

BUSINESS REVENUE OF STATE-OWNED TOURIST HOTEL BY REGIONS

单位：万元

Unit：RMB ￥ 10000

地区 Region	1991	1992	1993
合计 Total	**930663**	**1251917**	**1918777**
北京 Beijing	117864	162805	225106
天津 Tianjin	7310	9152	15594
河北 Hebei	20965	29173	31367
山西 Shanxi	7194	9597	15379
内蒙古 Inner Mongolia	5440	5257	10348
辽宁 Liaoning	25482	33759	47087
吉林 Jilin	11210	14232	22876
黑龙江 Heilongjiang	21604	24620	32958
上海 Shanghai	88160	133595	218734
江苏 Jiangsu	50312	71294	132799
浙江 Zhejiang	32587	34052	63915
安徽 Anhui	10264	13020	23599
福建 Fujian	23730	27889	50262
江西 Jiangxi	9703	13248	17687
山东 Shandong	34245	46782	72903
河南 Henan	8680	12502	16231
湖北 Hubei	20328	34255	51355
湖南 Hunan	9892	15948	24864
广东 Guangdong	317973	396213	625748
广西 Guangxi	14773	22321	32152
海南 Hainan	13383	25416	47040
四川 Sichuan	33975	53746	61937
贵州 Guizhou	2806	4802	4503
云南 Yunnan	7908	13021	19434
西藏 Tibet	2040	1771	1909
陕西 Shaanxi	8107	10519	12908
甘肃 Gansu	11043	13735	16623
青海 Qinghai	2443	4045	4049
宁夏 Ningxia	2222	2323	2913
新疆 Xinjiang	9020	12825	16497

5－71 各地区国营涉外饭店利润率
PROFIT RATE OF STATE-OWNED TOURIST HOTEL BY REGIONS

单位 Unit:%

地　区 Region	1991	1992	1993
合　计 Total	**10.2**	**11.2**	**11.6**
北　京 Beijing	14.9	11.3	15.6
天　津 Tianjin	8.3	9.5	15.7
河　北 Hebei	6.2	3.4	5.8
山　西 Shanxi	10.6	12.1	9.0
内蒙古 Inner Mongolia	6.3	4.5	16.9
辽　宁 Liaoning	15.4	16.4	18.0
吉　林 Jilin	8.7	4.3	7.5
黑龙江 Heilongjiang	7.8	7.9	13.0
上　海 Shanghai	13.5	10.9	14.4
江　苏 Jiangsu	11.5	10.3	5.3
浙　江 Zhejiang	13.6	17.5	15.4
安　徽 Anhui	17.9	19.1	9.3
福　建 Fujian	9.4	10.7	11.8
江　西 Jiangxi	10.1	11.1	9.9
山　东 Shandong	10.4	13.0	18.9
河　南 Henan	10.9	8.5	8.9
湖　北 Hubei	7.5	7.5	7.7
湖　南 Hunan	4.5	1.5	6.2
广　东 Guangdong	8.1	10.2	9.5
广　西 Guangxi	7.0	9.4	9.3
海　南 Hainan	−3.9	4.9	11.1
四　川 Sichuan	14.8	33.1	21.5
贵　州 Guizhou	−6.5	1.6	7.7
云　南 Yunnan	9.0	10.6	10.6
西　藏 Tibet	10.1	12.3	13.3
陕　西 Shaanxi	3.7	3.4	1.3
甘　肃 Gansu	12.9	11.1	8.4
青　海 Qinghai	−56.2	−36.7	−37.4
宁　夏 Ningxia	10.4	5.3	0.4
新　疆 Xinjiang	16.5	14.9	14.9

5—72（1） 重点城市涉外饭店数
TOURIST HOTELS IN MAJOR CITIES

单位：座
Unit：Number

城　市 City	1991	1992	1993
北　京 Beijing	203	234	232
天　津 Tianjin	22	24	28
石家庄 Shijiazhuang	2	2	3
承　德 Chengde	6	6	6
秦皇岛 Qinhuangdao	33	33	34
太　原 Taiyuan	7	8	8
大　同 Datong	3	3	4
呼和浩特 Hohhot	4	4	12
沈　阳 Shenyang	14	15	16
大　连 Dalian	38	38	36
长　春 Changchun	8	9	10
吉　林 Jilin	8	9	8
哈尔滨 Harbin	15	14	18
上　海 Shanghai	85	94	98
南　京 Nanjing	12	15	22
无　锡 Wuxi	7	7	10
苏　州 Suzhou	14	16	19
连云港 Lianyungang		3	3
南　通 Nantong		3	3
杭　州 Hangzhou	26	28	35
宁　波 Ningbo		10	12
温　州 Wenzhou		7	8
黄　山 Huangshan	18	19	22
福　州 Fuzhou	25	28	29
厦　门 Xiamen	24	28	33

5—72（2） 重点城市涉外饭店数

TOURIST HOTELS IN MAJOR CITIES

单位：座
Unit：Number

城市 City	1991	1992	1993
漳州 Zhangzhou	7	12	9
泉州 Quanzhou	7	6	7
九江 Jiujiang	10	9	7
济南 Jinan	10	7	8
青岛 Qingdao	29	27	21
烟台 Yantai			10
郑州 Zhengzhou	5	5	6
洛阳 Luoyang	5	5	5
武汉 Wuhan	14	18	27
长沙 Changsha	5	8	11
广州 Guangzhou	106	124	150
汕头 Shantou	38	36	27
珠海 Zhuhai	27	39	44
深圳 Shenzhen	98	154	178
湛江 Zhanjiang		13	14
南宁 Nanning	4	5	6
桂林 Guilin	21	30	27
北海 Beihai		8	9
海口 Haikou		29	29
三亚 Sanya		21	22
成都 Chengdu	22	13	22
重庆 Chongqing	12	13	13
贵阳 Guiyang	8	8	8
昆明 Kunming	12	24	25
西安 Xi′an	24	29	27
兰州 Lanzhou	8	7	9
乌鲁木齐 Urumqi	10	14	16

5—73 (1) 重点城市涉外饭店客房数
TOURIST HOTEL ROOMS IN MAJOR CITIES

单位：间
Unit：Number

城市 City	1991	1992	1993
北京 Beijing	48510	50897	53091
天津 Tianjin	4224	4904	4470
石家庄 Shijiazhuang	340	340	840
承德 Chengde	807	807	820
秦皇岛 Qinhuangdao	4881	4913	5422
太原 Taiyuan	1668	2115	1950
大同 Datong	322	323	400
呼和浩特 Hohhot	1177	743	1809
沈阳 Shenyang	1726	1857	2121
大连 Dalian	5321	5323	5248
长春 Changchun	1289	1359	1549
吉林 Jilin	811	865	945
哈尔滨 Harbin	2864	2680	2947
上海 Shanghai	22184	24364	26122
南京 Nanjing	2601	3053	4372
无锡 Wuxi	1484	1479	1922
苏州 Suzhou	2270	2929	3565
连云港 Lianyungang		267	294
南通 Nantong		621	618
杭州 Hangzhou	4745	5109	6262
宁波 Ningbo		1257	1436
温州 Wenzhou		804	858
黄山 Huangshan	2191	2133	2784
福州 Fuzhou	4407	4728	4682
厦门 Xiamen	3190	3887	4519

5—73（2） 重点城市涉外饭店客房数
TOURIST HOTEL ROOMS IN MAJOR CITIES

单位：间
Unit：Number

城市 City	1991	1992	1993
漳州 Zhangzhou	1086	1289	1175
泉州 Quanzhou	576	689	941
九江 Jiujiang	1319	1210	1238
济南 Jinan	1082	979	1136
青岛 Qingdao	4242	3567	3916
烟台 Yantai			1029
郑州 Zhengzhou	1002	1131	989
洛阳 Luoyang	731	536	639
武汉 Wuhan	2524	2781	5536
长沙 Changsha	1234	1480	2248
广州 Guangzhou	25524	30288	35010
汕头 Shantou	3590	3790	3324
珠海 Zhuhai	4640	5167	5519
深圳 Shenzhen	13395	20532	20978
湛江 Zhanjiang		2010	2181
南宁 Nanning	1352	1415	1789
桂林 Guilin	5202	6494	6266
北海 Beihai		1044	1409
海口 Haikou		3992	4033
三亚 Sanya		2017	2246
成都 Chengdu	5254	2819	5135
重庆 Chongqing	2307	2501	2683
贵阳 Guiyang	1430	1395	1748
昆明 Kunming	1824	4153	4451
西安 Xi'an	6480	7812	7489
兰州 Lanzhou	2142	2027	2269
乌鲁木齐 Urumqi	1884	2767	3196

5—74 (1) 重点城市涉外饭店床位数
TOURIST HOTEL BEDS IN MAJOR CITIES

单位：张
Unit：Number

城市 City	1991	1992	1993
北京 Beijing	90946	95898	96095
天津 Tianjin	7972	9393	8749
石家庄 Shijiazhuang	680	680	1687
承德 Chengde	2102	2102	2153
秦皇岛 Qinhuangdao	12017	12255	13380
太原 Taiyuan	3299	3862	4016
大同 Datong	632	731	871
呼和浩特 Hohhot	2424	1567	3881
沈阳 Shenyang	3466	3752	4202
大连 Dalian	9915	10030	9655
长春 Changchun	2555	2647	3075
吉林 Jilin	2218	2040	2118
哈尔滨 Harbin	7183	6039	7020
上海 Shanghai	41464	45351	47467
南京 Nanjing	4912	5745	8368
无锡 Wuxi	2995	2958	3913
苏州 Suzhou	4614	6012	6679
连云港 Lianyungang		472	541
南通 Nantong		1224	1245
杭州 Hangzhou	9520	10119	12558
宁波 Ningbo		2742	2798
温州 Wenzhou		1887	1894
黄山 Huangshan	5699	5126	6357
福州 Fuzhou	9087	9391	9409
厦门 Xiamen	6508	7905	9199

5—74（2） 重点城市涉外饭店床位数
TOURIST HOTEL BEDS IN MAJOR CITIES

单位：张
Unit：Number

城市 City	1991	1992	1993
漳州 Zhangzhou	2425	2846	2553
泉州 Quanzhou	1267	1464	1879
九江 Jiujiang	3104	2718	2746
济南 Jinan	2775	2034	2791
青岛 Qingdao	10120	8332	9172
烟台 Yantai			2021
郑州 Zhengzhou	2048	2264	2092
洛阳 Luoyang	1570	1076	1317
武汉 Wuhan	5807	6276	11670
长沙 Changsha	2605	2812	4570
广州 Guangzhou	53612	61631	72455
汕头 Shantou	7880	8240	7107
珠海 Zhuhai	8442	10977	12344
深圳 Shenzhen	28161	43031	44384
湛江 Zhanjiang		3993	4013
南宁 Nanning	2998	2957	3750
桂林 Guilin	10432	13290	12507
北海 Beihai		2413	2680
海口 Haikou		8190	8062
三亚 Sanya		4287	4813
成都 Chengdu	11725	6280	15115
重庆 Chongqing	4561	5135	5307
贵阳 Guiyang	2921	2787	3450
昆明 Kunming	3896	8965	9175
西安 Xi′an	12558	14596	14041
兰州 Lanzhou	4791	4585	5365
乌鲁木齐 Urumqi	4275	6041	11001

5—75

各地区旅游业企业数
ENTERPRISES OF TOURISM INDUSTRY BY REGIONS

单位：户

Unit：Number

地　区 Region	1991	1992	1993
总　计　Total	**3745**	**5911**	**10052**
北　京　Beijing	111	190	334
天　津　Tianjin	48	62	121
河　北　Hebei	129	223	377
山　西　Shanxi	74	130	227
内蒙古　Inner Mongolia	74	68	148
辽　宁　Liaoning	138	344	582
吉　林　Jilin	64	169	246
黑龙江　Heilongjiang	129	161	96
上　海　Shanghai	176	272	433
江　苏　Jiangsu	228	348	565
浙　江　Zhejiang	257	338	569
安　徽　Anhui	105	147	292
福　建　Fujian	260	332	505
江　西　Jiangxi	86	144	229
山　东　Shandong	120	288	533
河　南　Henan	97	146	272
湖　北　Hubei	77	133	257
湖　南　Hunan	94	176	289
广　东　Guangdong	651	778	1107
广　西　Guangxi	128	239	341
海　南　Hainan	112	188	494
四　川　Sichuan	211	356	769
贵　州　Guizhou	71	104	154
云　南　Yunnan	68	200	452
西　藏　Tibet	16	30	30
陕　西　Shaanxi	97	154	264
甘　肃　Gansu	48	84	119
青　海　Qinghai	15	22	41
宁　夏　Ningxia	8	11	46
新　疆　Xinjiang	53	74	160

5—76 各地区旅馆业企业户数
ENTERPRISES OF HOTEL INDUSTRY BY REGIONS

单位：户
Unit：Number

地区 Region	1991	1992	1993
总计 Total	**97265**	**105865**	**118856**
北京 Beijing	2996	3230	3542
天津 Tianjin	958	1037	1211
河北 Hebei	3563	3968	4502
山西 Shanxi	2529	2688	2999
内蒙古 Inner Mongolia	2612	3105	3518
辽宁 Liaoning	4657	5111	6052
吉林 Jilin	2861	2954	3466
黑龙江 Heilongjiang	4592	4984	5744
上海 Shanghai	2682	2718	2821
江苏 Jiangsu	6517	7104	8001
浙江 Zhejiang	3955	4222	4678
安徽 Anhui	4054	4335	4733
福建 Fujian	2395	2586	2977
江西 Jiangxi	3091	3420	3654
山东 Shandong	5716	6323	7166
河南 Henan	5185	5926	6277
湖北 Hubei	4888	5396	5816
湖南 Hunan	4206	4468	4884
广东 Guangdong	5254	5668	6834
广西 Guangxi	2773	3048	3459
海南 Hainan	538	626	881
四川 Sichuan	9756	10153	10911
贵州 Guizhou	1269	1420	1650
云南 Yunnan	3033	3263	3715
西藏 Tibet	65	59	78
陕西 Shaanxi	2653	3099	3572
甘肃 Gansu	1743	1940	2238
青海 Qinghai	429	472	562
宁夏 Ningxia	465	505	557
新疆 Xinjiang	1830	2037	2358

5—77 各地区旅游业从业人数

EMPLOYEES OF TOURISM INDUSTRY BY REGIONS

单位：人
Unit：Person

地 区 Region	1991	1992	1993
总 计 Total	**155137**	**217182**	**304201**
北 京 Beijing	8066	19768	24559
天 津 Tianjin	3351	3577	6143
河 北 Hebei	2889	6363	9677
山 西 Shanxi	985	2104	3765
内蒙古 Inner Mongolia	809	1124	2888
辽 宁 Liaoning	3701	9136	16460
吉 林 Jilin	1288	3017	4007
黑龙江 Heilongjiang	12696	13504	5524
上 海 Shanghai	14216	17200	20526
江 苏 Jiangsu	9221	8254	14401
浙 江 Zhejiang	11170	11994	15490
安 徽 Anhui	2148	3005	4534
福 建 Fujian	3849	5019	7142
江 西 Jiangxi	2063	3168	4996
山 东 Shandong	3142	6457	11946
河 南 Henan	5965	6752	8809
湖 北 Hubei	3510	4123	6766
湖 南 Hunan	1916	3464	5706
广 东 Guangdong	41213	53599	64366
广 西 Guangxi	2810	4593	6276
海 南 Hainan	4697	6331	16550
四 川 Sichuan	5322	7560	15722
贵 州 Guizhou	1754	2237	2790
云 南 Yunnan	2053	6169	10835
西 藏 Tibet	497	884	1325
陕 西 Shaanxi	2808	3376	5931
甘 肃 Gansu	1805	2665	3247
青 海 Qinghai	233	461	746
宁 夏 Ningxia	99	134	277
新 疆 Xinjiang	861	1144	2797

5—78 各地区旅馆业从业人数
EMPLOYEES OF HOTEL INDUSTRY BY REGIONS

单位：人
Unit：Person

地 区 Region	1991	1992	1993
总 计 Total	**1634117**	**1888208**	**2136172**
北 京 Beijing	30931	122712	128607
天 津 Tianjin	29966	33293	36171
河 北 Hebei	74062	84840	92917
山 西 Shanxi	41175	40605	50044
内蒙古 Inner Mongolia	36707	43208	44389
辽 宁 Liaoning	95847	103244	123620
吉 林 Jilin	45516	50651	54154
黑龙江 Heilongjiang	77959	84999	96941
上 海 Shanghai	77349	84955	91437
江 苏 Jiangsu	116282	123007	149838
浙 江 Zhejiang	56255	63438	70554
安 徽 Anhui	54029	57702	62297
福 建 Fujian	39201	40695	46492
江 西 Jiangxi	40980	49658	51003
山 东 Shandong	103052	116000	141770
河 南 Henan	90702	102591	111902
湖 北 Hubei	64957	76542	83823
湖 南 Hunan	48647	53207	59682
广 东 Guangdong	177369	198974	241199
广 西 Guangxi	40972	43441	49045
海 南 Hainan	16002	17162	24287
四 川 Sichuan	90822	101124	110751
贵 州 Guizhou	17476	18598	21604
云 南 Yunnan	34907	37784	43281
西 藏 Tibet	3275	3240	1803
陕 西 Shaanxi	58795	55715	58084
甘 肃 Gansu	31884	36586	39295
青 海 Qinghai	6535	7250	8724
宁 夏 Ningxia	6699	7406	7786
新 疆 Xinjiang	25764	29581	34672

5—79 各地区旅行社总数
TRAVEL AGENCIES BY REGIONS

单位：个
Unit：Number

地区 Region	1991	1992	1993
总计 Total	**1561**	**2594**	**3238**
北京 Beijing	65	116	233
天津 Tianjin	21	66	88
河北 Hebei	54	71	82
山西 Shanxi	30	61	54
内蒙古 Inner Mongolia	17	58	66
辽宁 Liaoning	70	104	238
吉林 Jilin	33	86	87
黑龙江 Heilongjiang	27	62	134
上海 Shanghai	84	101	131
江苏 Jiangsu	105	118	175
浙江 Zhejiang	117	191	151
安徽 Anhui	46	90	120
福建 Fujian	61	102	125
江西 Jiangxi	37	58	41
山东 Shandong	61	142	163
河南 Henan	38	84	102
湖北 Hubei	63	84	110
湖南 Hunan	36	66	110
广东 Guangdong	257	279	308
广西 Guangxi	55	97	109
海南 Hainan	50	69	84
四川 Sichuan	89	138	138
贵州 Guizhou	18	29	58
云南 Yunnan	22	94	124
西藏 Tibet	8	10	21
陕西 Shaanxi	36	71	68
甘肃 Gansu	20	43	45
青海 Qinghai	9	15	14
宁夏 Ningxia	8	9	10
新疆 Xinjiang	24	80	49

5—80 各地区一类旅行社*数

FIRST CATEGORY* TRAVEL AGENCIES BY REGIONS

单位：个

Unit：Number

地　区 Region	1991	1992	1993
总　计 Total	**73**	**136**	**164**
北　京 Beijing	22	31	23
天　津 Tianjin	1	1	1
河　北 Hebei	1	1	4
山　西 Shanxi	1	1	1
内蒙古 Inner Mongolia	1	3	3
辽　宁 Liaoning	3	3	5
吉　林 Jilin	2	2	6
黑龙江 Heilongjiang	2	2	4
上　海 Shanghai	1	12	13
江　苏 Jiangsu	2	2	11
浙　江 Zhejiang	3	6	7
安　徽 Anhui	1	3	3
福　建 Fujian	2	8	9
江　西 Jiangxi	1	1	2
山　东 Shandong	2	6	6
河　南 Henan	3	3	3
湖　北 Hubei	2	3	3
湖　南 Hunan	1	2	3
广　东 Guangdong	7	22	24
广　西 Guangxi	2	4	4
海　南 Hainan	1	3	4
四　川 Sichuan	3	4	4
贵　州 Guizhou	1	1	1
云　南 Yunnan	1	2	2
西　藏 Tibet	1	1	2
陕　西 Shaanxi	2	5	5
甘　肃 Gansu	1	1	2
青　海 Qinghai	1	1	1
宁　夏 Ningxia	1	1	1
新　疆 Xinjiang	1	1	7

*见附录指标解释 30。

See appendix to explanatory note 30.

5—81

各地区二类旅行社数

SECOND CATEGORY TRAVEL AGENCIES BY REGIONS

单位：个

Unit：Number

地　区 Region	1991	1992	1993
总　计　Total	**738**	**701**	**703**
北　京　Beijing	31	25	40
天　津　Tianjin	7	8	8
河　北　Hebei	17	17	14
山　西　Shanxi	10	12	10
内蒙古　Inner Mongolia	16	18	17
辽　宁　Liaoning	29	31	30
吉　林　Jilin	20	20	19
黑龙江　Heilongjiang	18	16	19
上　海　Shanghai	23	12	13
江　苏　Jiangsu	45	44	47
浙　江　Zhejiang	22	25	19
安　徽　Anhui	18	22	22
福　建　Fujian	29	26	27
江　西　Jiangxi	16	14	12
山　东　Shandong	21	13	14
河　南　Henan	25	24	17
湖　北　Hubei	21	20	19
湖　南　Hunan	15	12	27
广　东　Guangdong	181	170	166
广　西　Guangxi	25	25	24
海　南　Hainan	24	21	20
四　川　Sichuan	23	24	23
贵　州　Guizhou	11	11	11
云　南　Yunnan	13	15	14
西　藏　Tibet	7	8	12
陕　西　Shaanxi	23	20	15
甘　肃　Gansu	17	19	18
青　海　Qinghai	6	5	4
宁　夏　Ningxia	4	2	2
新　疆　Xinjiang	21	22	20

5—82 各地区三类旅行社数

THIRD CATEGORY TRAVEL AGENCIES BY REGIONS

单位：个
Unit：Number

地 区 Region	1991	1992	1993
总 计 Total	**750**	**1757**	**2371**
北 京 Beijing	12	60	170
天 津 Tianjin	13	57	79
河 北 Hebei	36	53	64
山 西 Shanxi	19	48	43
内蒙古 Inner Mongolia		37	46
辽 宁 Liaoning	38	70	203
吉 林 Jilin	11	64	62
黑龙江 Heilongjiang	7	44	111
上 海 Shanghai	60	77	105
江 苏 Jiangsu	58	72	117
浙 江 Zhejiang	92	160	125
安 徽 Anhui	27	65	95
福 建 Fujian	30	68	89
江 西 Jiangxi	20	43	27
山 东 Shandong	38	123	143
河 南 Henan	10	57	82
湖 北 Hubei	40	61	88
湖 南 Hunan	20	52	80
广 东 Guangdong	69	87	118
广 西 Guangxi	28	68	81
海 南 Hainan	25	45	60
四 川 Sichuan	63	110	111
贵 州 Guizhou	6	17	46
云 南 Yunnan	8	77	108
西 藏 Tibet		1	7
陕 西 Shaanxi	11	46	48
甘 肃 Gansu	2	23	25
青 海 Qinghai	2	9	9
宁 夏 Ningxia	3	6	7
新 疆 Xinjiang	2	57	22

附录 I　主要指标解释

1. 对外贸易统计及范围：海关统计是中国的官方对外贸易统计。统计依据是中国各地海关对进出口货物执行实际监管的进出口报关单。

海关统计包括中国对外贸易实际进出口货物；通过中国关境的转口贸易货物；来料或出料加工装配进出口货物；租赁贸易货物；中外合资经营企业、中外合作经营企业和外商独资企业进出口货物；国家间和国际组织无偿援助的物资以及华侨、港澳台同胞和外籍华人的捐赠品。

海关统计不包括：

未通过中国关境的转口贸易货物；进入保税仓库的货物；暂时进出口尚需复运出进口的货物；进出境运输工具添装的燃料和食品以及经过中国领土的直接过境货物。

2. 进出口商品分类：中国海关采用国际通用的贸易统计标准，列入海关统计范围的进出口货物均根据《中华人民共和国海关统计商品目录》归类统计。该目录是以海关合作理事会的《商品名称及编码协调制度》为基础编制的。本书也列出了按联合国《国际贸易标准分类》进行调整的分类表。

3. 进出口统计价格：进口货物统计到岸价格（CIF），出口货物统计离岸价格（FOB）。

统计价格分别以人民币和美元计值。如果成交价格为其它货币，则根据国家外汇管理部门公布的折算率分别折算人民币和美元。

4. 进出口国家（地区）：进口货物统计原产国，出口货物统计消费国。

原产国：指进口货物生产、开采或制造的国家（地区）。如果该货物经过数个国家（地区）加工制造，则以最后完成实质性加工的国家（地区）为原产国。

消费国：指出口货物实际消费的国家（地区），包括直接使用或进行加工的国家（地区）。不能确定消费国时，以最后运往国（地区）作为消费国。

5. 利用外资：指我国政府、部门、企业和其它经济组织通过对外借款、吸收外商直接投资以及其它方式筹措的境外现汇、技术、设备等。

6. 利用外资项目数：指依法批准的外国政府、国际金融组织的项目货款个数、外商投资企业个数以及海洋石油合作勘探开发合同个数（其它方式签订的利用外资协议只汇总金额，未计算项目个数）。

7. 协议外资金额：指对外已正式签订或批准的协议规定的可供我国使用的贷款金额和应由外商提供的项目投资。

8. 利用外资的国家（地区）：指外资来源或投资者的法人注册地所在的国家和地区。

除政府贷款按贷款国家名称统计外，其它方式吸收的外资按外国公司、企业或其它经济组织以其法人的注册所在地国家（地区）统计。

9. 实际利用外资金额：指利用外资协议（合同）的实际执行金额，包括现汇、实物和双方同意计价投资的劳务、技术等无形资本。

10. 对外承包工程：包括各对外承包公司以招标议标承包方式承揽的下列业务（1）承包的国外建设项目；（2）承包我国对外经援项目；（3）承包我国驻外机构的工程建设项目；（4）承包我

国境内利用外资进行建设的工程项目；(5)与外国承包公司合营或联合承包工程项目时我国公司分包的部分；(6)以服务成果向业主收费的技术服务项目（包括承担地形地貌测绘；地质资源勘探与普查；建设区域规划；提供设计文件、图纸、生产工艺技术资料和工程技术经济咨询；工程项目的可行性考察、研究和评估；进行技术指导和培训人员等)。

11. 对外劳务合作：指以收取工资的形式向业主或承包商提供技术和劳动服务的活动。我国对外承包公司在境外开办的合营企业，中国公司同时又提供劳务的，其劳务部分也纳入劳务合作统计。

12. 对外承包工程合同额：指对外承包公司签订的承包工程合同工作量，即在报告期内，我国各个对外承包公司同有关国家和地区签订的由我方承建的建设工程的合同项目和金额，既有对外承包总包工程，也有分包、转包工程（包括新建、扩建、改建、大修等项目）和单项工程项目的合同金额。对外承包工程合同额表明我国各个对外承包公司在有关国家和地区将要承建的工程规模和工作量。

13. 劳务合作合同额：指对外承包公司签订的劳务合作合同工作量，即在报告期内，我国各个承包公司同有关国家和地区签订的对该国家（地区）派出的我方劳务人员向国外业主提供劳务和技术服务的合同金额。劳务合作合同额表明我国各个对外承包公司在有关国家和地区将要承担的劳务合作规模和工作量。

14. 对外承包工程营业额：指对外承包公司完成承包工程的工作量，即在报告期内，我国各个承包公司完成境外所承包的建设工程的工程量、工作量或实物量的货币表现。完成全部项目的“营业额”，指合同最终结算金额。完成在建项目的“营业额”，指完成工程量、工作量或实物量的预算值，这可以按工程预算定额和费用标准计算，也可以按合同总金额乘以报告期内完成的工程量、工作量的百分比计算。

15. 劳务合作营业额：指对外承包公司完成劳务合作的工作量，即在报告期内，我国各个承包公司向有关国家（地区）的建设工程和企业所派劳务人员提供劳务和技术服务实际完成的工作量的货币表现。全部完成劳务和技术服务项目的“营业额”，指合同最终结算金额。在计算劳务合作营业额时，一般按合同总金额乘以报告期内完成工作量进度百分比的方法计算。

16. 国境内外资工程：指对外承包工程公司在国境内以外汇结算的承包和劳务工作项目。

17. 来华旅游入境人数：指来我国探亲访友、度假、观光、参加会议或从事经济、文化、体育、宗教等活动的外国人、华侨、港澳台同胞人数。统计时旅游者每入境一次统计一次。

来华旅游人数不包括下列人员：

(1) 应邀来华访问的政府部长以上官员及其随行人员。

(2) 外国驻华使馆人员。

(3) 常驻我国一年以上的外国专家、留学生、记者、商务机构人员等。

(4)乘坐国际航班过境的旅客、机组人员和在口岸逗留不过夜的铁路员工以及船舶驾驶人员和其他人员。

(5) 边境地区往来的边民。

(6) 回大陆定居的华侨、港澳台同胞。

（7）已在我国定居的外国人和原已出境又返回在我国定居的外国侨民。

（8）归国的我出国人员。

18. 有组织接待的来华旅游者人数：指经过旅行社、旅游公司、饭店等旅游接待单位及政府部门、群众团体等企事业单位组织接待的旅游者人数。包括来华旅游入境的所有外国人、华侨和经过上述部门接待的港澳台同胞。不包括不经任何单位接待，自己入境并在亲友家过夜的港澳台同胞。统计时团体由主办单位统计，零散客只统计入境第一站人数。

19. 外国人：指外国国籍的人，加入外籍的中国血统华人也计入外国人。

20. 华侨：指持有中国护照，但侨居外国的中国同胞。

21. 港澳台同胞：指居住在我国香港、澳门地区和台湾省的中国同胞。

22. 职业：指外国旅游者来华前从事的职业。

23. 旅游外汇收入：（也称国际旅游收入）指我国为入境的国际旅游者（包括过夜和不过夜旅游者）提供的商品及各种服务所得到的外汇收入。

旅游外汇收入分为两大类：第一类是商品性收入，第二类是劳务性收入。

（1）商品性收入：指提供给旅游者实物形式的商品而得到的外汇收入。包括销售商品和提供饮食所得到的外汇收入。

① 商品销售收入：指销售给旅游者商品而得到的外汇收入。如各种生活用品、工艺美术品、药品、书报杂志等。

② 饮食销售收入：指为旅游者提供膳食、饮料等而得到的外汇收入。

（2）劳务性收入：指为旅游者提供劳务性服务而得到的外汇收入。包括旅行社旅游业务费收入、宿费、长途交通费、市内交通费、邮政电讯费、文化娱乐费等各项费用收入。

① 旅行社旅游业务费收入：指旅行社营业外汇收入中扣除支付给有关部门的宿费、餐费、交通费、文娱活动费等费用开支后余下的翻译导游费、各项手续费及其它服务性收入。

② 宿费：指为旅游者提供饭店、宾馆客房住宿服务而得到的外汇收入。

③ 长途交通费：指为旅游者提供飞机、火车、轮船、汽车等长途运输服务而得到的外汇收入。

④ 市内交通费：指为旅游者提供市内交通服务而得到的外汇收入。

⑤ 邮政电讯费：指为旅游者提供邮寄文件、包裹、长途电话、电报等服务而得到的外汇收入。

⑥ 文化娱乐费：指为旅游者提供游览、游船、弹子房等各种文化娱乐服务而得到的外汇收入。

⑦ 其它：指上述各项目以外为旅游者提供其它服务，如医疗、美容、洗染等而得到的外汇收入。

24. 涉外饭店：指经有关部门批准，允许接待外国人、华侨、港澳台同胞的饭店。

25. 客房数：指涉外饭店实际可用于接待旅游者的客房间数。

26. 床位数：指涉外饭店实际可用于接待旅游者的床位数。

27. 客房出租率：指报告期内涉外饭店每天租出客房数之和除以饭店实有客房数与日历天数

之积。反映住宿设施的使用情况。统计时，不论是国际旅游者还是国内旅游者，只要使用了住宿设施，都应计算。计算公式：

$$客房出租率=\frac{报告期内每天租出的客房数之和}{报告期内实有客房数\times 报告期日历天数}\times 100\%$$

28. 一类旅行社：经营对外招徕并接待外国人、华侨、港澳台同胞来中国、归国或回内地旅游业务的旅行社。

29. 二类旅行社：不对外招徕，只经营接待第一类旅行社或其它涉外部门组织的外国人、华侨、港澳台同胞来中国、归国或回内地旅游业务的旅行社。

30. 三类旅行社：经营中国公民国内旅游业务的旅行社。

31. 合营饭店：合营一般包括全民与集体合营，全民与私人合营，集体与私人合营三种。本书中的合营饭店目前只有全民与集体合营一种。

32. 中外合资饭店：指按股权式的经济方式，即我方与外方共同兴建的饭店。合资双方按出资比例分配利润或亏损，共同经营，共担风险。

33. 中外合作饭店：指按契约的经营方式，即我方提供土地、劳动力等，外商提供资金、设备、材料、技术等，双方合作建成的饭店。合作双方按照协议确定双方的利润分配比例和各自应承担的风险。

34. 外方独资饭店：指在中国境内设立的全部资本由外商投资的饭店。

35. 企业户数：指已办理开业登记，直接从事生产经营，实行独立核算的工商企业。独立核算企业必须具备下列三个条件：(1) 行政上有独立的组织形式；(2) 独立核算盈亏，编制独立的资金平衡表；(3) 能独立与外单位进行业务往来并在银行开有独立帐户。

36. 从业人员：全民所有制、集体所有制工商企业的从业人员，包括固定职工、临时职工、计划外用工和其它用工，合营及其它经济类型工商企业的从业人员，还包括在企业中工作的私方人员。

APPENDIX Ⅰ EXPLANATORYNOTES

1. Foreign Trade Statistics and Coverage

China′s Customs Statistics are the country′s official external trade statistics. Customs Statistics cover all foreign trade goods actually entering or leaving China′s territory, including: goods under entrepot trade crossing China′s frontier; imports for inward processing and imports after outward processing; exports after inward processing and exports for outward processing; goods on lease with a change of ownership at the expiration of the lease; goods imported or exported by Chinese-foreign joint ventures, contractual joint ventures or wholly foreign-owned enterprises; goods under foreign-aid programs given gratis between governments or by the UN or other international organizations; goods donated by overseas Chinese, compatriots in Hong Kong or Macao, or Chinese with foreign citizenships.

The following classes of goods are excluded from the Customs statistics: goods under entrepot trade without entering China′s territory; temporary imports or exports with a subsequent re-export or re-import within a specified period; goods into bonded warhouses; ships′ and aircrafts′ bunkers and stores; non-trade imports or exports as well as goods passing through China′s territory for purposes of transport only.

2. Import and Export Commodity classification

Imports or exports are classified according to Commodity Classification for China′s Customs Statistics, which is based on the Harmonized Commodity Description and Coding System (HS for short), with some modifications to meet China′s special need. The book also displays the figures adjusted according to the UN′s SITC.

The results of China′s Foreign Trade Statistics are based on data derived from the declarations submitted to the Customs by importers and exporters or thir agents.

3. Import and Export Valuation

Inports: the recorded value of imports is the CIF value which is based on the transaction value and all freight、insurance and other charges incurred before discharging the goods at the first port of entry of China.

Exports: the recorded value of exports is the FOB valu at China′s port of shipment equivalent of the actual price at which the goods are sold.

The statistical value is expressed in RMB and USD respectively. Any transaction value in terms of a currency other than RMB or USD shall be converted into RMB of USD at the exchange rate between that currency and RMB or USD issued by the State Administration of Exchange Control.

4. Trading Partners

The country of origin is recorded for imports while the country of consumption for exports.

The Country of origin refers to a country or a region where the import goods have been produced, mind or manufactured. If th goods were processed or remanufactured in another country (region), the country (region) where the final process of the goods have been made will be considered as the country of origin. However, commodities whose nature of state have not been substantially changed will not be considered as having been porcessed or remanufactured.

The country of consumption refers to a country or a region where the export goods are to be consumed, utilized or futher processed. For instance where the country of consumption can not be determined, the last country (region) to which the goods are shipped is considered as the country of consumption.

5. Utilization of Foreign Capital

It refers to loans, direct foreign investment, commodity credits and other funds used by domestic institutions that are supplied from abroad and from Hong Kong, Macao and Taiwan.

6. Agreement Numbers of Utilization of Foreign Capital

It refers to the project numbers of the loans from the foreign governments and international monetary organizations, the numbers of the enterprises with foreign investment and the contracts numbers of the joint exploitation on offshore oil which are all approved according to law. The agreement of utilization of foreign capital which are signed in other ways are only collected into total amount without project numbers.

7. Agreement Amount of Utilization of Foreign Capital

It refers to the amount of the loans provided for China to use and the project investments supplied by the foreign businessmen in terms of the approved or signed agreements.

8. Country (region) of Foreign Capital

It refers to the country and region where the investor registers as a juridical person and the foreign capital and investment comes. In the statistic classification, as the other ways in absorbing foreign investment, country (region) refers to the place where the foreign companies, enterprises and other economic organizations register as juridical persons, except government loans just in terms of the name of the country.

9. Foreign Capital Actually Used

It refers to the amount which has been actually used according to the agreements and contracts, including cash, materials and invisible capital such as labour service and technology which both parties agree to take as investment.

10. Engineering Projects

Engineering Projects refer to foreign construction projects undertaken by Chinese contractors, turnkey projects supplied through Chinese foreign-aid programs, construction projects of Chinese organizations stationed abroad, technical assistance in the form of chargeable service, and complete plants and construction materials and supplies provided by Chinese contractors.

11. Labour Services

Labour Services refer to labour services provided to foreign employers by Chinese engineers, workers and management personnel, sent by China international economic and technical corporations to work in foreign countries.

12. Contractual Value of Engineering Projects

Contractual value of engineering projects refers to the amount of foreign construction projects undertaken by Chinese contractors. The projects and sum of money that are signed by international economic and technical corporations with related nations and regions, including the overall contracted foreign construction projects, the separately contracted projects and the transferred contracted projects (including the newly construction projects, the extension projects, the reconstruction projects and the overhaul projcts), and the contracted sum of money of each individual project, contractual volume of engineering projects shows the scale and amount of work of the contracted projects made by each international contracting corporation with selected nations and regions, during the reporting period.

13. Contractual Value of Labour Services

Contractual value of labour services refers to the contracted amount of work of labour services signed by international economic and technical corporations. That is to say the contracted sum of money are made by providing labour and technique service to foreign employers. Contractual value of labour services shows the scale of labour service and the amount of work will undertake by each international economic and technical corporation, during the reporting period.

14. Turnover of Engineering Projects

Turnover of the contracted projects refers to the amount of work that has been completed by the international economic and technical corporations. That is to say th accomplished amount of projects and work, and the physical quantity are reflected in the form of money, during the reporting period. The total completed turnover of the projects refers to the final settling accounts of the contract. The finished turnover of projects under construction refers to the estimated value of the finished amount of projects and work, and the physical quantity, it can be calculated according to the budget quota and cost standard of the porjects, or use the contracted volume time the percentage of the finished amount of projects and work, during the reporting period.

15. Turnover of Labour Services

Turnover of labour services refers to the amount of work of service cooperation with foreign countries completed by the international economic and technical corporations. That is to say the real completed amount of labour and technique service provided to foreign employers in the form of money, by each international economic and technical corporation, during the reporting period. The turnover of the total completed labour and technique service projects refers to the final settling accounts of the contract. While calculating the turnover of the labour service, it is common to use the total contracted volume time the percentage of the progress of the amount of work.

16. Domestic Projects With Foreign Capital

Domestic projects with foreign capital refer to the contracted and labour projects within the territory that would be settled by the international economic and technical corporations in terms of foreign exchange.

17. International Visitor Arrivals to China

International visitor arrivals to China refer to foreigners、overseas Chinese and compatriots from Hong Kong、Macao and Taiwan province who come to China for visiting relatives, attending meetings, spending holidays , sightseeing and going on business or engaging in culture、sports and religion. The figure is calculated by arrivals rather than the number of visitors.

International Visitor Arrivals do not include the following types of people:

a. Visiting government officials including minister, vice minister or higher and their accompanying members.

b. Diplomats of foreign Embassy in China.

c. Foreign experts, students, journalists, trade representatives, etc, in China at least one year.

d. Transistors and crew members of international airlines、ships and trains who stay at China's port of entry less than 24 hours.

e. Bordering inhabitants in and out of border areas.

f. Returning overseas Chinese and compatriots from Hong Kong、Macao and Taiwan province for permanent settlement.

g. Returning foreign inhabitants permanently residing in China.

h. Returning Chinese diplomats and other personnels from abroad.

18. The Number of Organized Tourists

Organized tourists refer to those tourists received by travel agencies、hotels、government bodies、associations and related enterprises. They include foreigners、overseas Chinese and compatriots from Hong Kong、Macao and Taiwan province. Visiting compatriots without any ground service offered and spending nights with their friends and relatives in the home are not counted. Arrivals are calculated at the first stop of their visit.

19. Foreigners

Statistically, foreigners refer to those holding foreign passports.

Foreign nationals of Chinese descent are also regarded as foreigners.

20. Overseas Chinese

Chinese nationals reside in foreign countries by holding Chinese passports.

21. Compatriots

Chinese nationals reside in Hong Kong、Macao and Taiwan Province.

22. Occupation

Occupation refers to the present occupation a visitor holds before visiting China.

23. Tourism Receipts

Tourism receipts refer to the foreign currencies foreign visitors spended on the commodities and the services provided to them. Tourism receipts breakdown into two categories: commodity income and service income.

1) Commodity income

Foreign receipts from the sales of commodities、food and beverage that are provided to foreign tourists.

a. Commodity receipts from sales of daily necessities、handicrafts、medicine、newspapers and magazines.

b. Food and beverage receipts from sales of food and beverage.

2) Service income

Foreign receipts from foreign tourists spended on travel agencies、hotel accommodations、mail and telecommunications、transportation and entertainment.

a. Income of travel agencies

Foreign currency income from guide interpretation、handling fee and other miscellaneous services. Expenditures of tourist on accommodation、meals、transportation、entertainment etc, are excluded.

b. Income of hotel accommodations

Foreign currency income from hotel and guesthouse rooms provided to the foreign tourists.

c. Income of transportation

Foreign currency income from train、passenger ship and bus services provided to the foreign tourists.

d. Income of coach services

Foreign currency income from coach services provided to the foreign tourists

e. Income of mail and telecommunications

Foreign currency income from the service of mail、long-distance call, telegram telex, etc, provided to the foreign tourists.

f. Income of entertainment services

Foreign currency income from the entertainment service including sightseeing、cruises、billiard, etc, provided to the foreign tourists.

g. Others

Foreign currency income from services including medical treatment、hair diessing、laundry、etc, provided to the foreign tourists.

24. Tourist Hotels

Hotels that accommodate foreigners、overseas Chinese and compatriots from Hong Kong、Macao and Taiwan province.

25. Number of Hotel Rooms

The actual number of tourist hotel rooms that can be used by tourisits.

26. Number of Hotel Beds

The actual number of hotel beds that can be used by tourists.

27. Room Occupancy Rate

It refers to the ratio between the number of occupied rooms and that of total rooms. The rooms occupied by both foreign and local tourists are included. The formula is:

$$\text{Hotel room Occupancy rate} = \frac{\text{Total number of room nights occupied in a reporting period}}{\text{Total number of room} \times \text{calender days in that periol}} \times 100\%$$

28. First Category Travel Agencies

It refers to those that liaise with foreign tour operators directly and receive foreign visitors、overseas Chinese、compatriots from Hong Kong、Macao and Taiwan who come to China or return to the mainland for travel.

29. Second Category Travel Agencies

It refers to those that do not liaise with foreign tour operators directly but receive foreign visitors、oversease Chinese and compatriots from Hong Kong、Macao and Taiwan who come to China or return to the mainland for travel and who are organized by the lst Category Travel Agencies or other departments concerned.

30. Third Category Travel Agencies

It refers to those that handle Chinese citizens to travel domestically.

31. Jointly-Owned Hotels

Generally Jointly-owned hotel Enterprises consist of 3 types: state and collective, state and individual, and collective and individual. The jointly-owned hotels mentioned in this book only covers state and collective owned hotels.

32. Joint Ventures Hotels

It refers to the management by share-holders, i. e. hotels jointly set up by Chinese and foreign venturers, with both parties sharing the profits and losses according to the rate of investment as well as risks in jointly running the hotel.

33. Contractual Joint Ventures Tourist Hotels

It refers to contract management. i. e. the Chinese side provides land、labour, etc, where as foreign cooperaters provide fund、equipment、materials、technology, etc. The two sides set up a hotel by cooperation provide and will work out, according to agreement, rate of profit sharing and risks.

34. Wholly Foreign-owned Tourist Hotels

It refers to a hotel invested with exclusive foreign capital.

35. Number of Enterprise

It refers to the enterprises which have registered for operation, and engaged directly in the porduction and operation and practised independent accounting.

The independent accounting enterprises should have the following three preconditions: 1)an independent administrative structure, 2)gains and losses being independently accounted and an independent balance sheet, and 3)ability to independently conduct business with other work units, and an independent bank account.

36. Employees

The tourism workers and personnel of the state-ownership and collective-ownership enterprises include regular staff、seasonal workers、non-staff and other employees, and the staff and employees of the jointly-owned and other economic type enterprises as well as individual partners.

附录Ⅱ 英文缩略语及符号
APPENDIX Ⅱ ABBREVIATIONS AND SYMBOLS

Bil.	Billion
Co. Ltd	Corporation Limited
Corp.	Corporation
Cum.	Cubic Metre
Doz.	Dozen
DPR	Democratic People′s Republic
EEC	European Economic Community
FEC¥	Foreign Exchange Certificate
FR	Federal Republic
Inter′l	International
IMF	International Monetary Fund
Is.	Islands
Kg	Kilogram
Km	Kilometre
Mil.	Million
N	Number of Item
Pc.	Piece
Prov.	Province
RMB ¥	Renminbi Yuan
SDR	Special Drawing Rights
Sqm.	Square Metre
Tn	Ton, Tonne
US $ or USD	United States of America Dollar
USSR	Union of Soviet Socialist Republics